主　办　北京华人经济技术研究所
协　办　南非华金国际集团有限公司
编　辑　《华人经济年鉴》编辑委员会

北京华人经济技术研究所
《华人经济年鉴》编辑委员会
地　址　北京东城区安德里北街甲 19 号 1-4-201
电　话　(010)64267439
传　真　(010)65225181
邮　编　100011

華人經濟年鑒

YEARBOOK OF THE HUAREN ECONOMY

2000 ~ 2001

华人经济年鉴编辑委员会编

朝华出版社
中国　北京

编 辑 说 明

一、本《年鉴》是一部旨在反映世界各国和地区华人经济的发展历史、现状以及报导有关论文、信息、资料和华人与世界各民族合作的学术性与实用性工具书。

二、本《年鉴》自2000/2001年版起栏目有所调整，对我国民营经济的研究和介绍成为另一重要内容。调整后栏目为：国际经济动态、世界各国和地区经济与华人经济、专论·资料、中国大陆个体私营经济。在述及国家和地区时按洲划分，洲内各国和地区按其英文名称字首排序，以供查阅方便。

三、本《年鉴》的资料来源力具权威性。由于涉及面广，资料出处不同，在编辑过程中，虽尽可能地加以订正和统一，但不足之处在所难免，切望指正。

四、本《年鉴》编辑过程中，承蒙诸多中外专家、企业家热情支持，承蒙很多出版社、刊物编辑部、宣传媒体和研究机构大力协助，承蒙国务院侨务办公室及全国侨联等给予关怀指导，谨致以衷心谢意。

五、本《年鉴》因栏目调整等原因，1999年版未能出刊，请读者见谅。

《华人经济年鉴》编辑部

2001. 9

本年鉴在国家工商行政管理总局商标局注册

目　录

第一篇

国际经济动态

第二篇

世界各国和地区经济与华人经济

美洲

北美

中美

非洲

第三篇

专论·资料

《附》:

第四篇

中国大陆个体私营经济

第一篇

国际经济动态

论当前的世界经济形势与发展趋势

王怀宁

一

当前，世界经济正在向好的方向转化，开始进入一个新的逐步加快增长的时期。这将使21世纪世界经济的发展有一个良好的开端。

在20世纪90年代，世界经济曾经历了第二次世界大战以后经济增长速度最慢的10年。在50和60年代，世界经济的年平均增长率曾高达5.5%，70年代由于发生石油危机下降到了3.5%，80年代由于发展中国家的债务危机进一步下降到3.0%，进入90年代后，东欧剧变、苏联解体使这些国家的经济严重滑坡；战后发达国家中经济发展最快的日本由于“泡沫经济”的破灭而陷入了经济长期停滞的困境之中；被视为世界经济亮点的东亚、东南亚国家，也在90年代后半期发生了严重的金融危机和经济危机；如此等等，致使90年代世界经济的年增长率仅略高于2.0%。经济增长缓慢，不断发生的金融危机和经济危机，使90年代的世界经济发展呈现出了低速而不稳定的特点。在90年代，除中国之外，只有美国经济一枝独秀，保持了良好的增长势头，从而重新加强了美国在世界经济中的地位和影响力。

现在，世界经济开始走出10年不太景气的低谷，正展现出将较快增长的前景。

二

20世纪末的90年代，世界经济低速而不稳定的发展，除了世界政治与经济格局的变化所带来的不利影响，使一部分国家发生了严重的经济困难之外，主要是由于许多国家未能适应世界经济发展的趋势，及时地调整产业结构和经济政策所造成的。

经过战后半个多世纪世界经济较快的发展，特别是科学技术的不断创新，使世界的社会生产力有了空前的提高。在这种情况下，世界经济的发展开始展现出两个主要的趋势，即经济信息化和经济全球化。人类社会的发展开始进入了一个重要的转折时期，即开始了从工业社会向信息社会的过渡。这种形势要求世界各国从产业结构到经济政策都进行必要的调整和变革。但是，由于过去社会经济发展的惯性和经济政策变化的惰性，许多国家一时还难以认清世界经济发展的主要趋势，未能跟上时代发展的步伐，及时调整它们的产业结构，并相应地改变其原有的经济政策，从而使他们的社会经济发展遇到了各种不同的困难和问题，不仅经济发展的速度大大放慢了，有的还发生了程度不等的危机，甚至长时期地陷入了经济的困境之中。最突出例子当数日本和东亚、东南亚国家。曾经以高速经济增长创造了战后“经济奇迹”的日本，在20世纪90年代却成了发达国家中经济情况最差的国家，就是因为未能认清世界经济的发展方向，仍致力于扩展已经越过顶点的一些传统产业，而未能把注意力放到发展新兴的信息产业上来。这不仅使日本经济进一步背上了陈旧产业的沉重包袱，而且在信息产业的发展上进一步拉大了与美国的差距。传统产业普遍的相对过剩使日本经济高速增长积累起来的大量资本无法得到充分的利用，只好沉积在流通领域里，许多便被投入到股票市场和房地产领域。这促使股票价格和房地产价格扶摇直上，在两三年的时间里竟上涨了三四倍，从而形成了严重的经济泡沫。到20世纪80年代末、90年代初，当发达国家发生一次新的周期性经济危机时，日本的“泡沫经济”一下子就迅速破灭了。日本经济因之陷入了严重的困境之中，迄今已长达10年之久。由于调整产业结构和改变原有的经济体制和政策都不是轻而易举的事，日本经济要想摆脱困境，走上正常、甚至较快的发展道路，看来还需要经过一段时间。日本作为世界第二经济大国，其经济长期陷入不景气之中，对整个世界经济带来的不利影响是很大的，特别是对与其经济关系密切的东亚、东南亚国家，影响就更大。近一二十年来以经济快速增长引起世人瞩目的东亚、东南亚国家，也是由于在自己国家的经济获得了较快的增长、而世界经济已经出现了新的发展趋势的情况下，未能及时调整产业结构和经济政策，在经济形势突然发生变化、特别是日本经济严重恶化的情况下，遂不可避免地发生了严重的金融危机和经济危机。东亚和东南亚国家曾被看作是世界经济中的亮点和希望所在，它们的经济发生困难和问题，当然也会对世界经济的全局带来不利的影响。近年来，这些国家也和日本一样，被迫对自己的产业结构和经济政策进行了一定的调整和变革。现在，东亚和东南亚国家的经济形势都已经有了不同程度的好转，可以预期，在不久的未来，它们的经济很有可能会重新焕发出新的活力，再次走上经济较快发展的道路。

在这世界经济发展的重要转折时期，只有美国较好地把握住了时机，大力发展了新兴的信息产业，在世界上率先建立了信息高速公路，并相应调整了许多相关的经济政策，致使美国在20世纪最后的10年里创造了战后最长的经济增长期，现在，这一经济增长期仍然在延续，一时还看不出很快会发生一次新的经济衰退的迹象。在战后很长一段时期里，美国曾经是发达国家中经济增长速度最慢的国家之一，而近10年来，却成了发达国家中经济增长最快的国家。特别是最近三四年，美国每年的经济增长率都在4.0%以上，是日本的三四倍，比欧洲联盟国家的平均增长率也高出一倍左右。在世界经济低速而不稳定的情况下，美国的经济情况更显得非常突出，以致被看作在美国已出现了一种“新经济”。美国的“新经济”，“新”就新在美国顺应了世界经济发展的新趋势，把国民经济的支柱产业从钢铁、汽车和建筑业，及时地转移到了信息产业上来，使信息产业在美国经济中所占的比重迅速增加到了10%左右，其在经济增长中的贡献率更已达1/3以上，比过去的三大经济支柱现在在经济增长中的贡献率加在一起还要大。信息产业不仅自身有了巨大的发展，而且还对其他国民经济部门进行了技术改造。过去的传统产业由于得到了改造，已使它们旧貌换新颜，从而大大提高了劳动生产率和国际竞争力，具有了新的活力。与此同时，美国还对一些经济政策进行了重要的调整，例如，改革了银行制度，放松了国家对银行业务范围的限制和管理；改变了财政政策，使长期困扰美国经济的财政赤字问题得到了解决，美国的财政开始从赤字走向盈余，现在每年的财政盈余已在1000亿美元以上；改变了货币政策，使之不单纯是为了控制通货膨胀，也要适当照顾到经济的发展；在微观上，则在反对垄断的同时，也鼓励企业的兼并与重组，以适应经济全球化带来的更加激烈的竞争；如此等等，都对美国这次持续而较快的经济增长起了积极的作用，使美国经济在世界经济不太景气的情况下成了世人瞩目的亮点。上述的各种因素在今后一段时期里大都仍将对美国经济继续起积极的推动作用。即使美国经济受经济周期运动规律的作用，今后仍然不可避免地会发生经济衰退，但这并不会因此而大大减弱上述因素可能带给美国经济的有利影响。

正是由于作为世界第一经济大国的美国，在20世纪90年代在经济发展上的良好表现，再加上国际协调机制的加强，世界经济才没有象有些人曾经耽心的那样，发生世界范围的通货紧缩、甚至发生类似30年代那样的经济大危机。

三

现在，世界经济形势已经逐步走向好转。许多国家和国际经济组织都对未来的经济发展作出了较为乐观的预测和估计。

美国经济迄今仍然保持着良好的增长势头。尽管为了防止美国经济增长过速，美国联邦储备委员会自1999年6月以来已经6次调高利息率，但美国的经济增长并未因此受到多大影响。从现在的情况看，2000年美国的经济增长率仍将达到4.0%左右。这样，自克林顿总统执政以来，美国经济的年平均增长率也将在4.0%左右。这是美国经济战后以来从未有过的已长达九年的较快增长。促成美国经济持续地较快增长的主要原因是以信息产业为核心的科学技术创新正方兴未艾。除信息产业外，生物技术、宇航技术、新材料技术、环保技术等等，都在迅速地发展，形成了新的产业群。新兴产业部门的涌现和发展，既扩大了生产和消费的领域，也增加了就业的机会。美国的失业率已降低到5.0%以下。就业的增加提高了居民的购买力和消费水平，从而成了推动美国经济增长的一个重要因素。进入21世纪之后，一般估计，美国经济仍将继续维持一段时间的经济较快增长，平均的年增长率可在3.0%以上。美国经济的持续、较快的增长，对于整个世界经济来说，当然是有利的。

欧洲国家的经济形势也在向好的方向发展。欧洲国家的一些报刊甚至以欧洲经济正在“蒸蒸日上”来形容当前的形势。经济合作与发展组织估计，2000年经济合作与发展组织成员国平均的经济增长率可达到4.0%。这是近一二十年来从未有过的较快增长。在未来的5~10年的时间里，欧洲联盟国家的年增长率虽可能仍不如美国快，但达到2.5%~3.0%的水平是有希望的。

日本经济自“泡沫经济”破灭以来，已长达10年处于零增长的困境之中。经过进行痛苦的产业调整和“经济结构改革”，现在已开始显露出走出低谷的迹象。但近期内日本经济仍然很难恢复到“泡沫经济”破灭前那样的增长速度。在未来的10年里，一般估计，日本经济的年增长率大概不会超过美国和欧洲联盟国家，很有可能会维持在2.0%~2.5%的水平上。这使日本在未来与其他发达国家进行的激烈经济竞争中将处于相对不利的地位。

现在，发展中国家的经济也在向好的方面发展。东亚和东南亚国家已从严重的金融危机和经济危机中摆脱出来，走上了经济复苏之路。一些国家（如韩国、泰国等）的经济已重新开始较快地增长。再加上中国经济一直保持着较高的经济增长率，致使亚洲的经济增长率，在未来的10~20年里，有可能达到5.0%以上，既高于发达国的经济增长速度，也高于世界的平均水平。这将使亚洲地区在经济上缩小与发达国家的差距。在亚洲金融危机和经济危机的影响下，拉丁美洲国家的经济曾一度陷入衰退。现在，大多数拉丁美洲国家的经济形势已经好转。据联合国拉丁美洲和加勒比经济委员会的估计，2000年拉丁美洲和加勒比地区的经济增长率可达4.0%左右。拉丁美洲的一些主要国家，如墨西哥、秘鲁、智利等，经济增长率将超过4.0%，巴西、阿根廷等也将在3.0%以上。在发展中国家中，只有非洲地区的经济情况差一些，这主要是受诸多战争和政治动乱的影响。但即使如此，非洲国家的经济增长率也仍然能达到3.0%以上。所以，从发展中国家经济的整体来看，形势是不错的。在今后一段时期里，发展中国家的经济增长率将会继续超过发达国家，一些新兴的工业国也将继续成为世界经济中的亮点所在。

中东欧经济转轨国家和独联体国家的经济形势也已有不同程度的好转。中东欧国家的经济止跌回升已经有好几年了。虽然它们的经济增长速度各不相同，时有反复，也都还没有恢复到经济转轨前的经济发展水平，但却已渡过了混乱和困难的时期。一些国家已使经济增长率达到了每年3.0%～4.0%甚至更高的水平，并不算低。独联体国家的经济形势则要差得多。有的国家经济甚至到现在也未能止跌回升。影响最大的俄罗斯，由于近10年的经济滑坡，其经济规模已仅及苏联解体之前的大约一半。但即使是俄罗斯，1999年也开始步入经济回升的轨道。尽管经济回升的速度并不快，大约只有1.0%左右，但总算走出了经济的低谷。根据俄罗斯政府制定的计划，从现在到2010年，俄罗斯经济的年平均增长率将为5.0%。若能实现这一目标，则俄罗斯今后的经济增长速度有可能超过世界经济的平均增长率，逐步恢复其在世界经济中原有的地位。

除了各个国家和地区的经济形势在向好的方向发展之外，现在的国际贸易和国际金融形势也在向好的方向发展，这对整个世界经济今后的较快增长是有利的。在前二三年国际贸易量的增长速度有所放慢之后，2000年国际贸易的发展正重新加快，国际贸易量的年增长率有望从前两年的不足4.0%达到6.0%以上。国际贸易是经济增长的发动机。国际贸易增长速度重新加快，势必会推动世界经济以更快的速度向前发展。

在20世纪90年代，国际金融领域不断发生的动荡和危机，曾是阻碍世界经济顺利发展的一个重要因素。现在，对国际金融领域的监管和国际协调机制已有一定的改进和加强。在今后一段时期里，国际金融领域将有可能不会象20世纪90年代那样频繁地发生严重的危机。近期内，世界范围严重的通货膨胀和通货紧缩看来都还不致于发生。相对较为稳定的国际金融环境，对进入新世纪后的世界经济发展将是有利的。

因此，从各个方面的情况看，在今后一段时期里，世界经济有可能逐步加快发展的步伐。根据世界银行的估计，在2001～2007年期间，世界经济的平均年增长率可能达到3.2%，而在20世纪90年代，世界经济的平均年增长率仅为2.3%。而经济合作与发展组织所作的预测则更加乐观，认为进入21世纪后世界经济的年平均增长率将会达到4.0%。当然，各个国际经济组织对世界经济增长进行计算的方法有所不同，因此，会产生一定的差异。但它们所作的预测，对进入21世纪后的世界经济都普遍看好，比较乐观，在这一点上却是一致的。对未来的世界经济发展进行预测不可能非常准确，因为影响世界经济发展的因素实在太多，再加上一些无法预料的事情，就更加无法进行准确的预测了。但是，对世界经济发展的方向和趋势作出较为切合实际的判断却是可能的。因此，作出世界经济在向好的方向发展、发展的速度会有所加快这样的判断，应该是可信的。

四

进入21世纪后，世界经济形势向好的方面发展，是由多种因素促成的。

首先，科学技术的加速创新和进步是决定世界经济形势转好的根本原因。在美国率先从工业社会向信息社会过渡之后，信息产业在世界范围正在迅速地发展。在日本，信息产业已经成为日本唯一一个年产值超过100万亿日元的最大产业部门。欧洲联盟国家也在努力发展信息产业，力图在近期内大大缩小在这一方面与美国的差距。不仅信息产业在世界范围内正在迅速地发展，而且一大批高新技术产业部门也在迅速地崛起。即使是发展中国家，在继续完成工业化任务的同时，也在努力发展高新技术产业，力争在经济发展水平上不致进一步拉大与发达国家的差距。正是科学技术的不断创新与发展，使世界经济重新具有了一定的活力。

其次，由于发达国家高新技术产业迅速发展，从而促成了新一轮世界范围的产业转移。这一方面使发达国家能更加集中精力去发展新的高新技术产业和部门，提高整个国民经济的效率和效益；另一方面，发展中国家也将在世界范围的产业转移中受益，它们可利用世界范围的产业转移，加快工业化的进程，使国民经济迈上一个新的台阶。从战后世界经济发展的历史经验中可以清楚地看出，在历次世界范围较大的产业转移过程中，世界经济的增长速度都是比较快的。这一次显然也不会例外。

再次，由于世界政治、经济格局的变化，在可以预见的将来，不大可能发生世界范围的战争和剧烈冲突。虽然局部战争仍将此起彼伏、连绵不断，但并无碍于世界和平的大局。世界各国因之将可致力于自己的经济发展，军备竞赛较之冷战时期也将有一定的缓和。这使今后相当长的一段时期里，世界各国将会面对较为良好的国际和平环境。世界各国当会珍惜这一来之不易的和平发展时期，加速自己国家的经济发展，从而也就会促使世界经济加速增长。

此外，还有一些积极的因素，如国际协调机制的加强、国际直接投资较快的增长、企业大规模地兼并与重组等等，也会在不同程度上促进世界经济的较快增长。

当然，世界经济所面对的也不都是有利的、积极因素，不利因素也不少。这正是世界经济将加速增长，但又不可能发展很快的原因所在。这些因素主要是：

(1) 世界经济的信息化和全球化要求有世界经济的一体化与之相适应，即建立世界范围统一的经济运行机制、规则、制度和秩序。但由于民族国家的存在，它们有不同的政治与经济利益，因此很难在世界经济的一体化方面达成共识，致使世界经济的一体化总是大大落后于经济信息化和全球化的客观要求。20世纪90年代世界经济陷入比较困难的局面与此就有一定的关系。这种情况在今后仍将继续存在，从而不利于世界经济的较快增长。

(2) 一些经济影响较大的国家，如日本、俄罗斯等，产业结构和经济政策的调整还需要有一段时间才能到位。在这种情况下，它们的经济一时还难以较快地增长。这当然会影响到整个世界经济的增长速度。

(3) 现在，世界石油价格已上涨到了很高的水平，每桶石油的价格已在30美元以上。石油作为最主要的能源，价格的居高不下，必然会影响到世界经济的增长。但当前石油价格的上涨，由于情况的变化，还不致于象20世纪70年代和80年代那样造成世界经济严重的危机。

(4) 为了防止由于经济增长较快和石油价格上涨可能引起的通货膨胀，一些国家，如美国和一些欧洲联盟国家，已把利息率提到了相对较高的水平上。在发达国家中，只有日本为了刺激经济走出零增长的困境，实际上仍然把利率压在零利率的最低水平上。相对较高的利息率当然会在一定程度上抑制经济的增长速度，使一些国家今后一段时期的经济增长速度不可能太快。

综合起来看，由于许多有利因素的推动，世界经济将继续向好的方面发展，增长速度会有所加快，但由于一些不利因素的同时存在，世界经济的发展速度也不会重现战后高速增长时期那样高的速度。适度的较快增长，这倒有利于世界经济的持续增长。所以，人们对世界经济未来的发展持一定的乐观态度，应该说不是没有根据的。

五

世界经济形势向好的方面发展，使中国在今后一段时期里面对的国际经济环境是比较有利的。我们应当充分利用这一有利的时期，把国民经济更快地搞上去。这就要求我们进一步地搞好改革开放，真正把一切工作的重心放到促进经济发展上来。为此，我们应特别注意如下几点：

(1) 真正落实科教兴国的战略，加大国家对科学技术和教育的投入，以改变目前中国政府对科学技术和教育的投入占国民生产总值的比重非常低下的情况。

(2) 根据世界经济的发展趋势和产业结构变化的方向，应尽快制订明确的产业政策，确定重点产业，以带动整个国民经济的较快发展。改变过去仅依靠地区政策来促进经济增长的状况，把经济政策的重点转移到产业政策上来。

(3) 要加速市场经济体制的建设，统一国内市场，努力克服地方保护主义，尽快清除计划经济的管理方式和影响，以迎接加入世界贸易组织可能带来的冲击和影响，尽可能地趋利避害。

(4) 要处理好经济发展与环境保护的关系，千万不要再犯先发展、后治理的错误，以使国民经济能够较为顺利地持续发展。

当然，我们应该做好的事情还很多，但只要我们认清发展的方向，抓住重点，做好了应该重点做好的工作，就能够在未来世界经济更加激烈的竞争中立于不败之地，迎来中华重新振兴的新纪元。

2000—2001 年：稳步增长的亚洲经济

中国社会科学院世界经济与政治研究所　**刘秀莲**

1999 年第四季度以来，亚洲国家和地区经济复苏程度超出了人们的意料。根据亚行 2000 年 4 月发布的预测，1999 年与 1998 年相比，亚洲 GDP 增长率迅速从 2.3%提高到 6.2%。东南亚地区 GDP 从下降 8%转为增长 3.2%，其中，韩国 GDP 从负 5.5%转为增长 10.7%；新加坡、中国香港和中国台湾地区 GDP 从下跌 1.9%转为增长 7%；泰国、马来西亚、菲律宾和印尼国家的 GDP 增长率也在 0.2%至 5.4%之间。南亚经济增长率为 5.5%。中亚地区经济增长率为 2.8%。亚洲国家和地区经济再次成为世界上经济增长最快的地区。

一、2000 年亚洲国家和地区宏观经济呈稳步增长态势

从 2000 年 1 ~ 6 月经济运行情况看，一些国家和地区经济已经恢复到危机前的水平，整个亚洲经济表现出强劲复苏并呈稳步增长态势。一季度，韩国 GDP 比 1999 年同期增长 12.8%，二季度增长 9.6%；一季度，马来西亚增长了 11.7%，二季度预计下降至 9%；一季度，新加坡增长了 9.2%，二季度预计下降至 7.7%；一季度，泰国也增长了 5.2%（比预测数字高出 7 个百分点）。一季度，中国香港特区 GDP 比 1999 年特区增长 14.3%，创出 1987 年第三季度以来的最高速度，也是同期亚洲地区内的最高增长率，二季度比 1999 年同期增长 10.8%①。虽然，进入二季度以来，亚洲许多国家和地区经济增长率出现不同程度的下滑，但是，对全年经济增长不会产生太大的影响。2000 年，亚洲通货膨胀率和失业率始终保持在低水平和较低水平，预计通货膨胀率将比 1999 年略有上升，达 3.75%（1999 年为 2.3%）；失业率在 3% ~ 5% 左右。促使亚洲经济快速复苏并稳定增长的主要因素是：

1. 国内需求由弱转强

进入 2000 年，亚洲国家和地区采取的财政货币扩张政策使该地区国内市场需求由弱转强，为经济增长提供了保障。国内消费市场需求扩大体现在多方面，包括汽车、住房、旅游消费和日常消费。其中，5 月份，韩国批发零售业销售业绩较 1999 年同期增加 14.3%；4 月份，香港特区零售业销售额较 1999 年同期增加 8%；4 月份，新加坡零售业销售指数较 1999 年同期上扬 26.3%，与 3 月份相比，汽车销售量增长 8.7%②。在消费需求转旺的同时，投资需求也在不断扩大，其中，一季度，韩国设备投资达到 63.6%，而 1999 年同期仅为 13%，5 月份设备投资较 1999 年同期增加 32.4%。韩国产业银行在对 2228 家企业进行调查结果显示，2000 年这些企业设备投资额预计较 1999 年大幅增加 22.1%，其中制造业企业设备投资额较 1999 年激增 43%③。预计，泰国国内投资增长率将由 1999 年的 3.4% 上升到 2000 年的 8.5%，而 1998 年这一指标为 −38.1%④。内需的扩大将有利于减轻政府大幅增加预算赤字开支来刺激经济复苏的压力，也有利于缓解亚洲经济过度依赖出口的压力。美国摩根投资银行最近认为，内需扩大将推动亚洲下阶段经济增长。

2. 出口增长速度继续加快，且增幅较大

由于世界经济的持续增长，今年以来，亚洲出口势头强劲对加速经济复苏十分有利。上半年，韩国、泰国、马来西亚、菲律宾和印尼出口均保持两位数增长率，贸易盈余大幅增加。其中，1 ~ 6 月份，印尼的出口比 1999 年同期增长了 34.95%（3 月份较上年同期增长 49.4%），6 月份出口额突破 50 亿美元，创历史新高，1 ~ 5 月份，印尼贸易顺差达 127 亿美元；上半年韩国的出口比 1999 年同期增长 25.7%（2 月份增幅达 36.6%），为连续第 14 个月增加，贸易顺差达 43.5 亿美元；泰国 1 ~ 5 月份出口较 1999 年同期增幅 22.7%⑤。而 1999 年大部分国家出口增幅一般在 15% 左右。据亚行预测，2000 年亚洲国家的出口将增长 7.6%，高于 1999 年的 6.4%。由于国际电子产品市场的旺盛需求，以及全球网络经济发展的加速，将给亚洲电子产品出口带来新的机遇。此外，随着亚洲各国和地区经济复苏加快，也将进一步促进地区内部贸易的发展，带动出口产品生产进一步恢复，从而更好地支持出口。随着出口额大幅增长，对外贸易出现大量盈余，许多国家的国际收支状况得到进一步改善，外汇储备也迅速增加。目前，东南

亚国家的国际经常项目盈余超过 580 亿美元，外汇储备增至 2000 多亿美元[⑥]，这无疑增强了偿债能力，增强了进口能力，同时也有利于稳定货币和维持低利率。

3. 结构改革初见成效

亚洲虽然在结构调整与改革过程中还存在许多问题有待进一步解决，但结构调整还是取得了一定进展，具体表现在：

① 不良债权明显减少。金融机构经过债务重组、核销不良债权和建立资产管理公司等手段，不良债权对贷款（或资产）总额比率明显减少，如泰国、韩国、菲律宾、马来西亚银行不良债权比率均有所减少，有些国家的呆账率已经降到 15%～16%。其中银行不良债权最严重的国家泰国的不良债权比率已从 1999 年一度达到的 46%降至目前的 30%以下。韩国 1999 年末金融机构不良资产为 66.7 兆韩元，与 1998 年 3 月的 112 兆韩元相比，减少了 45 兆韩元。一些国家的放贷活动开始活跃起来。因此，阻碍亚洲经济复苏的不良债权问题已经趋于缓解。

② 企业负债率大幅下降。企业经过改革、重组后，负债率大幅下降，如韩国大企业集团（4 大集团平均）的负债比率均已从 1998 年年末的 352%降至 1999 年年底的 200%以下。韩国政府要求在 2000 年企业负债比率降到 150%。在经过改革、重组之后，企业的经营状况普遍好转。如韩国前 10 大企业集团 1999 年经营业绩普遍得到改善，盈利率大幅跃升，其中以三星集团获利最多，1999 年比 1998 年大幅增加 912%[⑦]。2000 年上半年，韩国前四大企业集团经营业绩创下历年来新高记录，其销售金额较 1999 年同期增加 24.1%。而三星销售额比 1999 年同期增加 15%，纯利润达 4.4 万亿韩元，比 1999 年同期猛增 2.5 倍[⑧]。

③ 公司治理结构有所改善。亚洲各国和地区在经过第一阶段的改革与重组之后，已经初步完成了组织结构、健全法律法规等方面的改革。目前正在进行则重于加强自律性与创新能力为基础的改革，即彻底改变旧的经营观念，建立和完善现代企业制度的改革，以便使企业完全适应市场化和国际化的要求。在此方面，韩国已制定出第二阶段改革计划，计划在 2001 年 2 月底之前完成企业、金融业的结构调整，同时完成有关法律和规章的制定工作；在 2001 年底之前，改善市场软件，使市场经济能够发挥实际作用。

二、2000—2001 年亚洲主要国家经济走势及其特点

韩国：2000 年上半年，韩国经济已经恢复到了危机前的水平并保持稳定增长趋势。其生产、消费、投资和出口同步大幅增加。第一，2000 年 5 月份，工业生产指数较 1999 年同期增加 18.5%，为连续第 19 个月增加。同时，制造业设备利用率由 4 月份的 76.3%大幅提高至 81.0%。下半年，主要产业景气可能不如上半年畅旺，尤以造船、钢铁为明显，但整体而言，变动幅度不会太大。下半年，汽车、一般机械、半导体生产与出口仍可维持在 10%以上的水平[⑨]。第二，5 月份，批发零售业销售业绩较 1999 年同期增加 14.3%；设备投资较 1999 年同期增加 32.4%。在半导体、通信及汽车主要产业设备投资更加活跃的带动下，2000 年全年企业设备投资额将比 1999 年大幅扩增 31.1%，成为支撑韩国经济强劲复苏的主要动力之一。第三，6 月份，以海关通关额为基准的贸易顺差为 23 亿美元，创下近六个月以来最高水平。累计上半年韩国的贸易顺差额为 43.5 亿美元，若欲达到政府年度贸易出超目标 100 亿美元并非难事。第四，物价方面，受公用事业费与农产品价格上扬影响，即 6 月份之后，7 月份韩国物价再度大幅上扬，但是，韩国财政经济部 7 月

31 日公布，1～7 月，物价消费指数较 1999 年同期仅上扬 1.7%，仍维持相当平稳状态，但下半年仍面临通货膨胀的压力。第五，失业率创近两年多来新低。5 月份失业率只有 3.7%，为连续第四个月下滑，也是近 29 个月来单月新低记录。韩国统计处表示，由于景气复苏不会只限于少数几个产业，故预期 2000 年年底前失业率可望控制在 4% 以下[⑩]。第六，OECD2000 年 7 月 31 日预测，韩国 2000 年财政赤字占 GDP 的比重为 2% 至 2.5%。可动用的外汇储备从 1997 年 12 月 18 日的 39 亿美元增加到 2000 年 7 月末的 904 亿美元。外国直接投资从 1997 年的 70 亿美元增加到 1999 年的 155 亿美元，2000 年上半年为 57 亿美元[⑪]。韩国财政经济部 6 月 23 日发布的“2000 年下半年经济政策运行方针”显示，2000 年下半年，韩国政府仍将继续采取紧缩的财政政策与弹性的金融政策，以便为经济稳定发展奠定良好基础。由于国际原油价格上扬、消费增长趋缓等原因，预计下半年 GDP 增长率将减缓，韩国中央银行预测，下半年 GDP 增长率将从上半年的 10.9% 降至 7.2%。不过，2000 年 GDP 增长率依然可达 8.9%（原来预测为 6%）。

韩国结构调整虽然取得了明显成绩，但仍然面临加速结构改革的工作。韩国政府于今年年初公布了第二阶段经济改革方案，以深化迄今推行的金融、企业、劳动和公共部门的改革。第二阶段的改革目标是：提高韩国经济的透明性、效益性和公益性。具体来讲，在金融领域努力搞或债券市场，加强证券市场的健全性，改善金融机构的支配结构，鼓励金融机构进行合并及扩大经营规模；在企业改革方面，加强对大企业的综合信用监管体制，努力保持企业财务结构的稳定性，完善企业复生和倒闭制度，强化市场纪律，鼓励企业通过技术创新提高竞争力；在劳动领域，扩大最低工资制的适用范围，修改劳动保险法规，积极推进职业训练以适应劳动市场的需求；在公共部门建立符合知识经济时代的政府管理体系，提高国有企业经营的效益和透明度。第二阶段的改革侧重于以自律和创新为基础的软件改革，改革主要由市场机制来推动。

泰国：泰国经济复苏步伐虽然较慢，但世界银行官员认为，其复苏进程比较扎实。2000 年第一季度，制造业强劲增长 9.5%，其中，汽车部门增长 69.3%，电子相关产品增加 52.3%。在制造业强劲复苏带动下，一季度 GDP 增长率较 1999 年同期增长 5.2%。2000 年 1～5 月份，出口金额为 273.4 亿美元，进口金额为 230.9 亿美元，贸易顺差额 42 亿美元。进入 2000 年以来，泰国每月经常项目盈余保持在 8～10 亿美元之间，通货膨胀率保持在 2% 左右。但是，自 7 月份以来，泰铢对美元汇率出现贬值趋势，9 月 13 日下跌到 41.675:1 美元，是 1998 年 9 月以来的最低水平。泰铢贬值的一个主要原因是泰国的利率走势与美国相反，美国联邦储备局 5 月份调高隔夜利率至 6.5%，而泰国的 14 天利率却依旧维持在 1.5%[⑫]，因而使美元存款更有吸引力。到 2000 年 7 月份，泰国不良债权已降到 31.8%，而今年年初为 48%。泰国国家银行估计，到 2000 年年底，不良债权的比例可望减少到 23%。因此，泰国央行认为，只要泰国的经济呈增长趋势，就有能力解决不良债权问题。泰国国家经济和社会发展委员会 2000 年 7 月宣布，将 2000 年全年 GDP 增长率从 4.4% 提高至 5%。对此，国际著名金融信誉评估机构穆迪投资公司将泰国的投资信用等级从“垃圾”级提升至投资级。鉴于泰国经济已经进入复苏轨道，经过与 IMF 协商，泰国于 2000 年 6 月 19 日正式退出 IMF 援助计划。目前，泰国仍面临债务和财政赤字增加的压力以及需要进一步加快金融体系的改革。

马来西亚：1999年以来，马来西亚经济快速复苏，1999年取得5.4%的增长率。1999年第四季度开始达两位数增长为10.6%。2000年第一季度创下同1996年为历史新高的11.7%的经济增长率，第二季度，GDP增长率略有下降，达8.8%，2000年上半年取得10.3%的卓越增长。为此，马央行预测，2000年全年经济增长率将由政府较早时候预测的5.8%要高。制造业的强劲复苏和增长是经济快速复苏的主要动力，制造业占国内生产总值的比重为1/3强。2000年1～6月份，制造业销售额较1999年同期增加32.4%，其中4月份较1999年同期大幅增加23.3%。在制造业增长带动下，马来西亚2000年1～4月份工业生产指数为177.8，较1999年同期大幅增长22.2%。在对外贸易方面，2000年1～4月份，贸易顺差额与1999年同期的217亿马币相比略有减少，为196亿马币[13]。1999年第二季度开始，消费者物价指数上涨率维持在2%左右，进入2000年后1～4月份，平均消费者物价指数上涨率进一步下降至1.4%，5月份又下降到1.3%。受食品、运输与通讯、休闲娱乐等物价上涨影响，2000年全年物价上涨率将由马国政府先前预测的3.2%向上提升约1个百分点。马来西亚在1998年9月将马币兑美元汇率固定在3.80:1的水平上，并实行资金管制，以抑制资金外流。马币被低估刺激了出口，并带来了丰厚的经常项目盈余。截至2000年8月15日，马来西亚外汇储备保持在1204亿1000万零吉水平（约300多亿美元）[14]。马来西亚正在加快银行体制改革，目前大部分银行内部财务审核工作已经完成，马央行规定银行合并计划在9月份完成。

菲律宾：由于旷日持久的人质危机导致菲律宾政局不稳，受此影响，2000年菲律宾经济形势不尽人意。但据菲政府8月29日宣布，第二季度GDP增长度仍达到4.5%，比政府预测的数字高出一个百分点，整个上半年增长3.9%，这两个数字高于1999年同期的3.6%和2.2%[15]。4月份，工业生产较1999年同期仅增加3.6%，5月份，工业生产指数：产值增幅为20.6%，产量增长12.3%[16]。外贸方面，2000年上半年，出口比1999年同期增长11.5%，但低于14.3%的年度增长目标，4月份，进口额为104亿美元，小幅增加5%。2000年4月份，菲律宾16个省份中有15个省份呈现失业率上升情形，失业率达13.9%，远高于1999年同期的11.8%。通货膨胀率由7月份的4.2%上升到8月份的4.6%。今年以来，比索对美元汇率波幅较大，2000年1～5月份，比索兑换美元平均汇率为40.99，较1999年同期贬值6.7%。据英国经济学人资讯中心（ELU）预测，菲律宾比索兑换美元汇率2000年平均值为1美元兑换41.50比索，2001年为43.50比索[17]。上半年注册的投资额只有106亿比索（约4.57亿新元），比1999年同期下降了9%，因此，今年的投资难以达到去年的水平。上半年财政赤字达477亿比索（约20.26亿美元），已占全年625亿比索目标的76%[18]。2000年破产企业数字仍有增加，虽然许多企业已经从债务危机中解脱出来，但由于筹资困难，近期内难有大的发展。菲律宾目前正在进行的改革计划有：银行体系贷款改革；房屋理财技术援助计划；提高金融体系基础设施建设计划；金融产业监管系统；社会防范与住宅计划。

印度尼西亚：2000年上半年，印尼经济持续复苏。据印尼国家统计局资料显示，上半年GDP较1999年同期增长3.86%，其中第二季度增长4.1%。上半年出口比1999年同期增加34.95%，其中6月份增长9.6%，突破50亿美元，创历史新高，这主要得益于国际原油价格高涨使印尼石油与天然气出口增加所致。进口比1999年同期增长18.6%。上半年贸易盈余达155亿美元，创历史新高[19]。但由于印尼政局不稳以及暴利事件日增，使印尼盾对美元汇率出现贬值趋势，印尼盾于 7 月 5 日跌到 1 美元兑换 9305 印尼盾，创下近 16 个月的新低，并距 1999 年 10 月瓦希德就职总统以来已贬值 20%[20]。8 月份，印尼盾币值升值 7.9%。通货膨胀率上升，1～7 月份，通货膨胀率为 4.18%，已经高于经济增长率。上半年，外资投资金融为 23.25 亿美元，较 1999 年同期相比增长 23%[21]，但与 1999 年下半年相比大幅衰退。印尼当前银行系统的形势仍为严峻，有约 80% 的贷款收不回来，因此，银行没有能力向企业贷款。债务由危机前占 GDP 的 24% 上升到 90% 多（1470 亿美元)[22]，仅在本年度，偿还这些债务的利息就将耗去印尼政府全年税收的 45%[23]。同时，国营企业改革迟缓，在现有 144 个国营企业中，只有近一半约 72 个企业是健全的，其他都有待整顿，有些企业亏损额巨大，如不进行私有化和改组，将会成为国家财政的巨大负担。最近，印尼公布了新的改革方案，即更新电信、交通等基础设施、彻底改革银行和资本市场、解决大财团的债务、发展中小企业、改善卫生和营养计划、进行教育改革、改善法庭审理制度等。

印度：1997～1999 年，因受亚洲经济危机影响和进行地下核试验及政局不稳等因素的影响，印度经济处于停滞不前的状态。由于农业生产开始恢复，因而从 1999 年夏季起，经济形势开始好转。1998 年度（1998 年 4 月～1999 年 3 月）农业产值比上年度增加 6.6%，而 1997 年度是减少 1%。由于农村购买力增强，消费热升温，致使 1999 年度的工业产值增长率达到 8%，同 1998 年度的 4%相比实现了倍增[24]。印度中央统计局初步估计，1999 年度 GDP 增长率为 6.8%。由于印度 IT 产业持续增长，企业的经营状况良好，工资上涨带动了消费，扩大了内需，出口也保持两位数增长，因此，印度经济越来越呈现出良好发展势头。据此，亚洲开发银行预测，2000 年度（2000 年 4 月～2001 年 3 月）的 GDP 将增长 7%～8%。

三、2000 年下半年至 2001 年经济走势与预测

1. 2000 下半年至 2001 年经济走势

1999 年，带动亚洲经济复苏的主要因素是各国和地区采取的财政货币扩张政策。而 2000 年上半年与 1999 年有所不同，促进亚洲经济快速增长的主要因素则是：国内市场需求扩大、出口旺盛和生产设备投资的增加。这表明，亚洲经济的复苏已出现自律性恢复的征兆。根据亚行 4 月份预测，亚洲 2000 年 GDP 增长率可望达到 6.2%，与去年持平。亚洲新兴工业化经济体 GDP 增长率将平均达到 6.5%，2001 年将达到 6.0%，继续保持高增长率。东南亚地区的经济增长率将从 1999 年的 3.2% 上升到 2000 年的 4.6%。同时，联合国于 7 月份公布预测，南亚国家 GDP 增长将由 1999 年的 5.5% 上升至 2000 年的 5.75%，印度 GDP 将由 6.1%上升至 6.5%[25]，尼伯尔、巴基斯坦和斯里兰卡等国家经济表现较差。由于 2000 年上半年整个亚洲经济表现出强劲复苏并保持稳步增长态势，韩国、新加坡、泰国、马来西亚、中国香港特区等国家和地区纷纷调高 2000 年全年经济增长预测指标。其中，韩国央行于 7 月 7 日将全年 GDP 增长率调高至 8.9%，较 1999 年底预测的 7.2% 向上修正 1.7 个百分点；泰国经济和社会发展委员会 2000 年 7 月宣布，将全年 GDP 增长预测从 4.4%提高至 5%；马来西亚央行预测，全年 GDP 增长率将比政府早些时候预测的 5.8%上调到 8%；香港特区政府 2000 年 8 月 25 日宣布，将本地经济增长预测由 6% 调高至 8.5%。鉴于此，我个人认为，2000 年亚洲 GDP 增长率可望达到 6.5%，2001 年

仍有能力保持世界领先地位，GDP增长率将达到6%左右。由于经济恢复较快，亚洲一些国家和地区政府将扩张型货币财政政策逐步转向适度型扩张政策或适度紧缩型财政政策，一些国家和地区央行相继采用“通胀目标”政策，即通过实现一定的通胀率目标谋求物价稳定，以保持经济的稳定和持续发展。

但是，亚洲经济复苏道路上仍存在一些隐忧，第一，金融业调整进展迟缓。主要是银行庞大的坏账问题仍是经济复苏道路上的最大障碍，一些国家在处理不良债权问题上动作迟缓，效果不佳。虽然目前多数国家银行的呆涨率已经下降到了10%～40%（金融危机时为15%～80%），但ADB认为，这一指标仍高于1994年墨西哥的8.3%[26]因此，金融机构仍不能为企业提供足够的贷款，特别是印尼大部分银行仍处在资不抵债的状况。亚洲国家银行在进行债务重组时，往往采取由政府发行金融债券，或政府担保由资产管理公司发行金融债券的形式。这种处理不良债权的措施，虽然有效地改善了银行业的整体资产状况，使银行不良债权的比率迅速下降，但造成或将造成财政赤字和造成国家债务规模进一步扩大，将对国民经济长期发展造成不良影响。第二，许多企业仍无能力偿还银行债务，企业调整困难重重，不少企业的开工率还远没有达到危机之前的水平。第三，从2000年上半年促进亚洲经济增长的主要因素中可以看出，亚洲经济的复苏已经出现自律性恢复征兆，但是，这种自律性恢复增长的基础仍不十分牢固。因此，一旦世界经济形势发生逆转，特别是美国经济发生逆转，亚洲经济发生逆转的可能性并不能完全排除。此外，世界油价不断攀升也会给亚洲部分国家和地区经济造成直接或间接的影响。据美国美林公司预测，如果国际石油价格维持在平均每桶33美元的价位，2001年亚洲经济的增长率将下降0.5个百分点，而泰国、韩国和菲律宾的经济增长率将下降1至1.2个百分点[27]。

2. 亚洲能否再度发生金融危机？

最近，国外一些学者和有关机构指出，亚洲有可能再次发生金融危机。其理由大致有四点：一是最近东南亚一些国家的货币再次受到贬值的压力，如2000年7月11日，泰铢汇价达1美元对40泰铢，创下1999年10月以来新低水平；印尼盾自2000年1～4月间大致维持在1美元兑7000印尼盾，但5月份后则加速贬值，于7月17日达1美元兑9500印尼盾，创下近1年4个月以来单月新低水平；2000年7月初，菲律宾比索对美元的比价创下1998年1月以来单月新低水平，为1美元兑45比索[28]。二是一些国爱财政赤字和债务明显增加。三是美国提高利率给亚洲货币造成沉重压力；四是一些国家政治和社会动荡加剧，从而削弱了投资商对这些国家的信心。

对国际舆论的这种担心和警告，确实应该引起亚洲国家和地区政府予以足够的重视，加快结构改革步伐，以便增强抵御金融风险的能力。但是，也应看到，亚洲经济经过两年的调整与改革已经取得一定成效，特别是金融机构的不良债权明显减少；企业负债率大幅下降，公司治理结构有所改善，企业经营效率得到不同程度的提高，以及目前宏观经济呈稳步增长态势。因此，导致1997年金融危机的几个基本因素，如过高不良债权和企业过高负债率；严重的经常项目逆差；币值高估和缺乏灵活性的固定汇率制度；缺乏监管和透明度的国际金融体系，都在不同程度上得到了改善。因此，尽管亚洲经济依然存在种种隐忧，但亚洲重新陷入危机的可能性不大。

---

① 文中数字根据各国和地区央行统计数字汇编。

② 中国台湾《国际经济情势周报》2000年总第1346期。

③ 中国台湾《国际经济情势周报》2000年总第1332期。

④ NewsNet Asia Japan，2000年2月29日。

⑤ Http：/www．info．xinhua．com/2000年6月14日。

⑥《人民日报》2000年8月15日。

⑦ 中国台湾《国际经济情势周报》2000年总第1332期。

⑧ 中国台湾《国际经济情势周报》2000年总第1347期。

⑨ 中国台湾《国际经济情势周报》2000年总第1349期。

⑩ 中国台湾《国际经济情势周报》2000年总第1346期。

⑪ 韩国《经济新闻》2000年7月9日。

⑫ 新加坡《联合早报》2000年9月14日。

⑬ 中国台湾《国际经济情势周报》2000年总第1346期。

⑭ www．zaobao．com/2000年8月23日。

⑮ www．zaobao．com/2000年9月7日。

⑯ 菲律宾统计局新闻稿，2000年7月27日。

⑰ 中国台湾《国际经济情势周报》2000年总第1342期。

⑱ www．zaobao．com/2000年8月15日。

⑲ www．zaobao．com/2000年8月16日。

⑳ 中国台湾《国际经济情势周报》2000年总第1346期。

㉑ Japan External Trade Organiztion，2000年7月28日。

㉒ 香港《邮报》2000年7月7日。

㉓ www．zaobao．com/2000年8月20日。

㉔《日本经济新闻》2000年7月4日。

㉕ UN，World Economic Situation and Prospects 2000，July 2000。

㉖ 新加坡《商业时报》2000年3月18日。

㉗ 美国《亚洲华尔街日报》2000年9月5日。

㉘ Japan External Trade Organiztion，2000年7月19日。

国际贸易信息化趋势日益加强

中国社会科学院世界经济与政治研究所　倪月菊

20世纪末期兴起的信息革命，使世界经济从工业化向信息化发展，国际经济关系也呈明显的信息化倾向，国际贸易关系也不例外。展望21世纪初期的国际贸易，可以预见：有关信息技术、信息产品以及信息服务的贸易比重将日益增大，同时，国际贸易方式与支付手段也日益电子化、信息化，从而使国际贸易的信息化趋势日益加强。

一、飞速发展的国际信息贸易

国际信息贸易指的是与信息产品、信息技术和信息服务有关的一切跨国贸易形式和活动。随着信息时代的到来，发展信息技术产品贸易已受到世界各国的普遍重视。取消关税，降低信息产品成本，促进信息技术产品贸易自由化更成为各国的普遍要求。《信息技术协议》的达成正反映了这样一种要求。信息贸易也以此为契机得到了长足的发展。表现在：

1．信息产品贸易高速增长

据统计，从1996年到1999年，信息产品贸易额由7704亿美元上升到9248亿美元，年均增长6.3%，大大高于同期国际贸易2.4%年均增长率。信息产品贸易在国际贸易中所占的比重也由1996年的14.3%上升到1999年的16%[①]。如图1所示，美国、欧洲和日本是世界信息产品的三个重要市场，占世界市场份额的77%。作为世界信息革命领头羊的美国占比重最大，达到35.4%，其次是欧洲和日本，分别占30.9%和10.8%[②]。

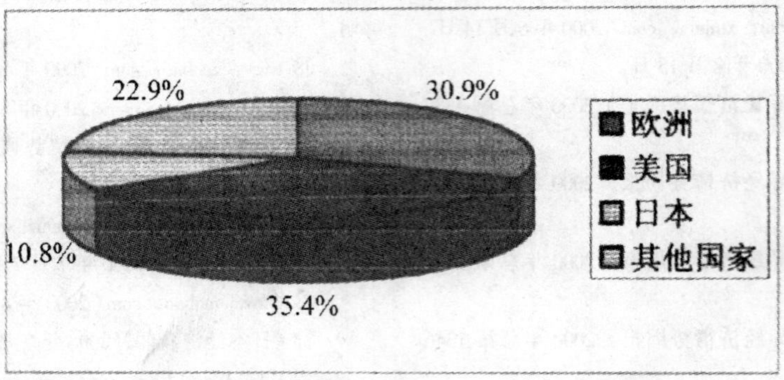

图1　1999年信息技术产品世界市场份额分布

美国信息产品贸易的增长速度很快。据统计，20世纪90年代，美国信息产品进出口贸易额的年均增长率分别为12.3%和9.5%。虽然在贸易额不断增长的情况下，贸易赤字也在不断增加，1999年达到创记录的659亿美元（参见图2），但这并不意味着美国信息技术产品国际竞争力的下降。因为美国的信息技术公司常常以其海外子公司销售的产品为外国公司服务，而不是由它们的美国企业出口产品。以1997年为例，美国信息技术公司海外子公司的对外销售额为1960亿美元，而类似行业美国公司的对外销售额为1214亿美元。同年，海外子公司对美国的销售额为1100亿美元，所以，实际美国公司的的“销售顺差”为860亿美元[③]。

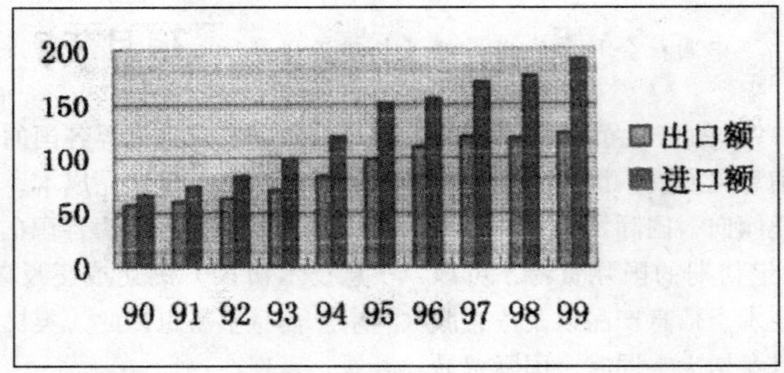

图2　美国信息产品贸易状况（单位：10亿美元）

资料来源：美国商务部《数字经济2000》，2000年6月公布。

美国、欧洲和日本等发达国家虽然占据着近4/5的世界信息市场份额，但一些发展中国家奋起直追。特别是与上述三大市场相邻国家信息贸易的增速十分惊人。以中国为例，20世纪90年代的信息产品贸易额年均出口增长率为31.6%。1999年的出口增长率达到45%，出口额为390亿美元。2000年第一季度的增长更为惊人，出口额达到108.1亿美元，比上年同期增长52.6%。目前，信息产品出口额占中国外贸出口总额的20.1%，成为中国外贸出口的新增长点。

2．信息服务贸易迅速增长

20世纪90年代以来，世界服务贸易一直以高于货物贸易的速度增长。其中，保险、银行和电信等技术和知识密集型服务不仅贸易量大，而且增长速度超过了旅游业。以1996年为例，保险、银行和电信等服务贸易额在世界服务贸易出口额中已占到46%。随着信息和电信技术的发展，服务活动及其过程的可贸易性进一步增强，加之全球范围内产业结构的调整和各国服务市场的进一步开放，世界信息服务贸易日益增长和扩大。以美国为例，从1990年到1998年，其信息服务贸易的进出口额分别增长6%和13.2%，贸易顺差也由1997年的9亿美元上升到1998年的18亿美元（参见图3）。其中，计算机和其信息服务（包括软件专利费）的进出口增长最快。1990年到1998年期间的年均增长率分别达到33.1%和23.7%。1998年，其出口额达40亿美元，顺差近10亿美元，接近信息服务贸易总额的1/7。特别是由外国公司支付的软件专利费超过32亿美元③。

国际信息贸易之所以获得如此快速的发展，这与信息产业的发展密不可分。而信息产业的发展又是各国政府对发展信息产业的普遍重视的必然结果。

信息产业将在新的世纪里成为世界经济和各国经济发展的“火车头”。因此，很多国家将其视为在21世纪提高本国在世界市场上竞争力的“生死存亡”的产业，加大投资，扶植和发展这一与国家经济命脉息息相关的产业。美国现在每年投资450亿美元，一方面构筑信息通信基础设施，另一方面加大力量开发新一代软件等计算机领域的高新尖端技术。据欧盟的不完全统计，欧盟成员国每年投资信息产业280多亿美元。日本每年投资约250亿美元，主要用于信息产业的研究和开发，目的是建立以光纤通信网为基础的新一代基础设施。韩国拟订了中期投资发展计划，到2004年要投资4万多亿韩元，开发新一代因特网、光纤通信、软件等6项重点信息产业技术①。

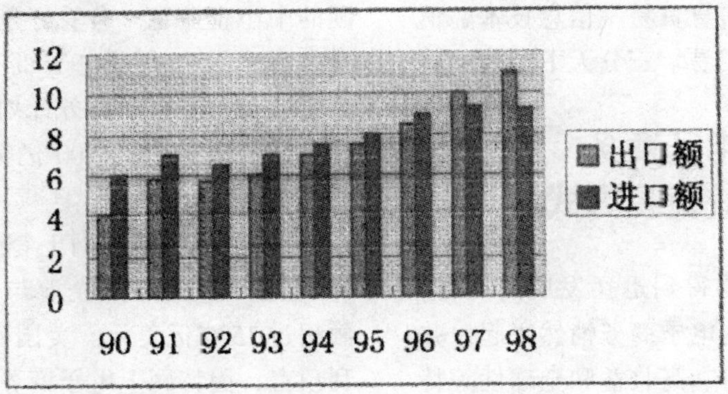

图3　美国信息服务贸易状况（单位：10亿美元）
资料来源：美国商务部《数字经济2000》，2000年6月公布。

许多发展中国家也充分认识到了发展信息产业的重要性，掀起了信息革命的浪潮。如巴西在1999年底制订了“网络社会计划”，铺设巴西信息高速公路，并投资19亿美元在全国进行试点。新加坡在建成覆盖全国的高速光缆网后，又起草了2000～2001年的信息技术政策，旨在将信息技术渗透到各阶层国民生活中去。

在各国政府的大力支持和扶植下，信息产业获得了长足的发展，成为带动全球经济发展的火车头。以美国为例，从1995年到1999年，信息产业产值以每年17%的惊人速度增长。这种有力的增长使信息产业在经济总产值中占的比例从1994年的6.3%提高到2000年初的8.3%。在1995年到1999年间实际国内生产总值增长的近1/3是信息产业拉动的[5]。欧盟和日本信息产业在整体经济中的比重逐年上升，呈现出将要唱主角的势头。据国外预测，今后几年世界信息产业年均增长将高达30%以上。到2001年，全球信息产业的总产值将达到3.5～5万亿美元，成为全球第一大产业，在世界经济的发展中起着举足轻重的作用。

信息产业的发展带动了信息贸易的发展。相信，随着各国发展信息产业的政策和措施的实施和不断完善，信息贸易将获得进一步的发展。预计到2000年，全球信息产业的贸易额会超过1万亿美元。在21世纪初期，信息贸易仍将保持高速增长势头，到2010年，信息产品贸易额可望翻一番，达到2万亿美元。国际信息贸易的地位将越来越重要，其在国际贸易中所占份额将不断扩大，从而使国际贸易出现由商品贸易（消费品、生产资料贸易）、劳务贸易（运输、旅游、工程承包）和信息贸易（信息技术、信息商品和信息服务贸易）三分天下的局面。

二、电子商务挑战传统贸易方式

在信息技术贸易得到迅猛发展的同时，通过网络从事交易的电子商务悄然兴起，并以其高效率、低支付、高收益和全球性等特点迅速为世界各国所认同，成为“一股绝对不可阻挡的力量”。许多经济学家认为，电子商务不仅将从根本上改变传统的事业竞争思维和行为，而且将日益成为信息化时代全球商界最有效的竞争手段之一。因此，贸发会将之誉为“提高贸易效率的革新方法”。

由于受到各国政府及企业家们的格外关注，因此电子商务发展很快。据统计，自1995年起，每12～18个月电子商务交易额就能增长1倍，而且这种高速增长态势将持续下去。1999年，约有1/4的上网者进行过网上购物，网上交易额约为1100亿美元[6]，与1998年的484亿美元相比，增长了约142%。

美国是世界上电子商务发展最快、普及率最高的国家。在世界所有的电子商务中，约有80%是在美国发生的[7]。美国的个人和企业通过因特网的电子联网出现了惊人的发展。目前，美国上网人数中32%使用过电子交易方式，64%的人从网上挑选过想要购买的物品；约10%的产品销售通过电子商务完成，估计今后两年将增加到44%[8]；美国电子交易已相当普及。美国商务部1999年6月发表的一份报告指出，从1998年的第三到第四季度，美国网上贸易量增加了34%，达到每天34万起；而从1998年第四季度到1999年第一季度，网上贸易量迅速增加了47%，达到了创记录的每天50万起。1999年，美国的企业对消费者电子商务额为241亿美元，比上年同期增长195%。美国的中小企业也十分看好电子商务的发展前景，因而大力发展电子商务，1999年，中小企业在实施电子商务计划方面大大增加投资，投资金额大约100亿美元，是1998年的约2倍。

预计2000年的网上零售总额将创造出480亿美元的记录，企业与企业之间的交易额超过1500亿美元。美国商务部长威廉·戴利预言，因特网上电子商务的发展速度如今超过了人们预想的速度，并将成为新世纪推动美国经济发展的强劲动力[9]。

欧洲理所应当是继美国之后网络革命的下一个站点。然而长期以来欧洲人受当地电话收费高、因特网上英语占主导地位之苦，使欧洲人的在线服务步履艰难，除瑞典以外，欧洲其他主要国家的因特网用户占总人口的比率以及人均网上销售额都大大低于美国（参见表1）。据加特纳集团估计，即使到了今天，也只有13%的欧洲人在家上网远远落后于美国的43%。当美国人的网上消费如火如荼地开展起来时，1999年欧洲的电子商务零售额只有54亿美元，企业间的电子商务额约为135亿美元。面对日新月异的互联网和电子商务，已经大大落后于美国的欧洲国家只有痛下决心迎头赶上。

表1　欧洲主要国家的因特网用户数量及网上销售额

国家	因特网用户（占总人口比）	网上销售额（美元/人）
法国	10%	9.20
德国	15%	16.30
意大利	8%	5.40
瑞典	48%	86.0
英国	23%	26.0
美国	43%	112.0

资料来源：福里斯特研究公司，全球信息公司

始于1999年初的免费上网服务让欧洲网络市场为之振奋，吸引了不少跃跃欲试的上网者。1998年经常浏览互联网的欧洲人超过1400万，到1999年则猛增到3400万，增长了1倍多。据纽约的一家市场调研公司统计，到2003年这一数据有望比1998年翻三番。在企业对企业电子商务方面，欧洲人正奋起直追。受欧洲发行统一货币的鼓舞，从前那些令消费者们不知所措的文化和语言障碍已大大削弱。欧洲企业正在以比美国人更快的速度向电子商务领域挺进。据福里斯特公司预测，在2004年前，欧洲地区的电子商务规模将以三位数的年增长率增长，约达到1.6万亿美元，相当于美国电子商务规模的一半[10]。

德国是欧洲地区电子商务发展最快的国家。1999年6月1日德国《法兰克福汇报》刊登一篇题为《德国不久将在欧洲电子商务往来中名列第一》的文章，称德国将在2000年首次坐上欧洲电子商务往来的头把交椅。届时在全德国范围内通过电子数据网络出售的商品和服务将达到69亿马克左右，从而使德国位列英国（68亿）、斯堪的纳维亚国家（36亿）和法国（32亿）之前。2001年欧洲的电子商务可能会出现一次飞跃，至少达到1000亿马克。德国将继续以240亿马克占据着网上交易数额的最大份额。

席卷全球的网络经济热潮给拉美提供了新的发展契机。与发达国家相比，拉美地区因为基础设施落后和因特网起步较晚，网络经济相对落后，但近年来呈高速增长的势态，发展前景乐观。据美国摩根—斯坦利公司公布的报告，去年底拉美地区因特网用户已达860万人，随着电信基础设施的改进和上网费用的逐步下调，拉美地区的网络用户今后几年还将激增，预计到2003年网民人数将达到3670万。因特网用户的不断增加带动了地区网络经济的迅速发展。1999年拉美地区网络产业收入为44亿美元，预计到2003年地区网络产业收入将高达243亿美元。美国安德森咨询公司前不久对巴西、阿根廷、墨西哥、哥伦比亚和委内瑞拉等国的大公司进行的调查表明，这些国家80%以上的公司制定了和网络相关的发展计划，1/3的公司认为在今后5年内公司收入的20%将来自因特网产业。据报道，世界著名的软件库公司已经将拉美地区作为公司今后的发展重点之一，计划在拉美投资30亿美元发展网络产业。此外，由于大型网络服务商力图建立地区间的网络，近年来拉美主要国家因特网服务市场的兼并活动十分活跃，也吸收了大量投资。可见拉美电子商务的发展前景十分广阔。

亚洲是网络和电子商务发展较快的地区。截止2000年3月，亚洲地区的上网人数达6890万，比1999年3月增长155%。1999年企业间的电子商务额达到88亿美元。据Data quest预测，未来4年亚洲地区企业间电子商务额将增长34倍。而企业与消费者之间的交易亦将增长7倍。4年后可达

400亿美元。日本是亚洲地区电子商务发展最快的国家。虽然目前其电子商务的发展仍远远落后于美国，如1998年其电子商务零售额为650亿日元，仅为美国的1/35。但随着日本网络经济的迅速发展，今后其电子商务交易额也将突飞猛进地发展。据日本通商产业省和安德森咨询公司预测，到2003年，日本的电子商务交易额将达到3.16兆日元，相当于美国同期电子商务额的1/7⑪，从而大大缩小与美国之间的差距。

电子商务之所以能够在全世界范围内获得如此迅速的发展主要得益于以下几个因素：

1. 互联网的迅猛发展

互联网是电子商务的关键。1995年以来，国际互联网发展极为迅速。到2000年3月，全球在线人数已经由1995年的约300万人增加超过3.04亿人，与1999年的1.71亿人相比，增长了78%。美国和加拿大的在线人数仍在全球在线人总数中占最大的比重。近年来，亚洲互联网的发展最为迅速，1999~2000年的增长速度高达155%，大大高于其他地区的增长率。(参见表2)。

表2 在线人数状况（百万人）

国家或地区	1999年3月	2000年3月	增长额	增长率(%)
非洲	1.1	2.6	1.5	136
亚洲	27.0	68.9	41.9	155
欧洲	40.1	83.4	43.3	108
中东	0.9	1.9	1.0	111
美国　加拿大	97.0	136.9	39.9	41
南美洲	5.3	10.7	5.4	102

资料来源：NuaInternet Surveys

2. 电子商务的自身优势

电子商务之所以倍受青睐，是因为它在改变了传统的面对面直接交易或洽谈方式的同时，也创造了新的交易渠道。与传统商务活动相比具有许多明显的优势。

(1) 降低交易成本

尽管建立和维护公司的网址需要一定的投资，但是与其他销售方式相比，使用国际互联网的成本已经大大地降低了。有研究表明，使用国际互联网作广告媒介，进行网上促销活动，可以增加10倍的销售量，而成本只有传统广告及邮寄广告的1/10。另外，企业在网上提供有效的客户支持服务（customer support）可以大量减少电话咨询的次数，进而节省大量开支和人员投入。经验表明，借助互联网来创造并销售一种商品或服务，生产成本可能降低5%~10%；使用因特网的企业，其基础设施投资回报率可以达到21%~68%⑫。

(2) 缩短生产周期

电子商务的实现使生产周期缩短。因为有了网络的协助，企业可以直接联系供货商、工厂、分销商和客户，以电流般的高速度处理各种事务。这不仅加快了订单处理和产品的发送，从而缩短了商品的循环周期，而且节约了用于产品设计的时间。以通过互联网络协同工作，共同完成一个研究和开发项目。

(3) 24小时不分时区的商业运作可以增加商业机会

由于世界各地存在时差，进行国际商务谈判就相当不方便。对企业来讲，每天提供24小时的客户支持和服务费用相当昂贵。然而，国际互联网的网页，为全球的用户提供不间断的信息源；企业的销售会因向客户提供24小时的网上随时交易而增加。

(4) 减轻对实物基础设施的依赖

传统企业的创建必须有相应的基础设施支持，如仓储设施、产品展示厅、销售店铺等，而现代企业则是通过在国际互联网上设立网页来开辟新的销售渠道。国际互联网络为那些新兴的虚拟运作企业提供了发展机会。在虚拟运作的情况下，企业可以尽量少持有库存，或根本不持有库存，也可以不具备实物运作空间。例如，著名的网上虚拟书店Amazon，com尽管持有一定的库存，但它除了网址之外根本就没有实物零售店铺。

总之，电子商务的优势对企业的意义非同寻常，它对企业的渗透力远远超过了200年前的工业革命。在工业革命中，一家公司在3年或5年内错过良机会在激烈的角逐中失败，而如今的电子商务则会大大加速这一进程。如果一个企业错过此次技术改革的良机，就会很快被淘汰。

3．各国政府的大力支持和推动

电子商务的优势和美好前景已经引起世界各国的广泛关注。它们充分认识到，谁在电子商务领域领先，谁就能在未来的国际市场竞争中抢得先机。于是，各国政府纷纷出台各种鼓励和刺激其发展的政策，以求在这个全新的战场上夺取一席之地。

美国是制订全面电子商务政策的第一个国家。1997年1月，针对即将到来的全球性商业网络，美国商务部提出了纲领性的文件—《全球电子商务政策框架》。文件从财务、法律、市场准入三个方面，全面阐述了美国电子商务的观点与政策措施。鉴于美国已有1/5的企业在线采购，而且其采购额占世界在线采购总额的一半以上，美国积极倡导"网上贸易免税"，并在制订一项至少在一段时间以内免征特别税的协议方面，与欧盟达成一致。

现在已有很多国家和地区仿效美国，把电子商务作为发展重点，德国是最典型的一个例子。针对当前电子商务仅被一些大公司或大的行业集团所采用，而广大中小型企业则犹豫不决的状况，德国政府认为，促进大量中小型企业采用电子商务手段来提高生产效益，开发新的市场，政府负有不可推卸的责任。为此，1997年11月18日，德国经济部宣布了促进中小型企业进入电子商务领域的方案，1997年12月1日又共同宣布了促进成立电子商务能力中心的方案。

澳大利亚政府也非常重视电子商务的发展。政府制订了"网上商业计划"，在全国范围内向企业提供培训和示范服务，帮助它们掌握网上交易的新技术。此外，澳政府至少每六个月发布一次电子商务统计，以使人们更好地了解本国在相关领域的进展，以及与国际竞争对手之间的差距。

亚洲一些国家，如日本、韩国、新加坡和中国等，也不断出台各种政策和措施，以促进电子商务的发展。可见，各国政府的大力支持和推动是电子商务发展的重要因素。

上述因素有力推动了电子商务的发展，而且，由于在未来其作用将日益扩大。因而，可以预见，在21世纪初期，电子商务将以更加惊人的速度增长。至于增长的幅度究竟能有多大？不同的研究机构得出的预测结果也不尽相同。最保守的估计是，在此后的三四年时间里，网络贸易额有望达到现在的5倍[13]。我们预计，2000年的全球电子商务额将达到3500亿美元以上，2001年有望突破6500亿美元。到2010年，全球电子商务额估计能达到3～3.5亿美元，约占国际贸易总额的30%～40%。并将呈现出以下特点：

第一、美国仍将是全球电子商务的先锋。其电子商务额将2000年和2001年可望分别达到2000亿美元和4000亿美元以上。但其在全球市场的比重将由目前的80%逐步下降至60%左右。到2005年左右将进一步下降到50%，2010年降到40%左右。欧盟和亚洲的电子商务将持续3位数的增长。到2005年，欧洲电子商务占全球电子商务的比例将由目前的10%左右上升至30%以上；亚洲也将由80%上升至15%以上。

第二，企业与企业间的电子商务(B2B)将越来越受到推崇。各主要行业的企业间在线贸易比例在全部交易额中所占的比例将直线上升。高盛公司的调查报告显示，到2004年，计算机和航天航空业的在线交易额将占其全部交易额的35%；电子、化学工业、汽车、医疗设备和运输业的比例也将分别达到 25%、20%、18%、17% 和 17%（参见图 4）[14]。预计，到 2010 年，全球电子商务交易额的 80%～90% 是以 B2B 模式实现。

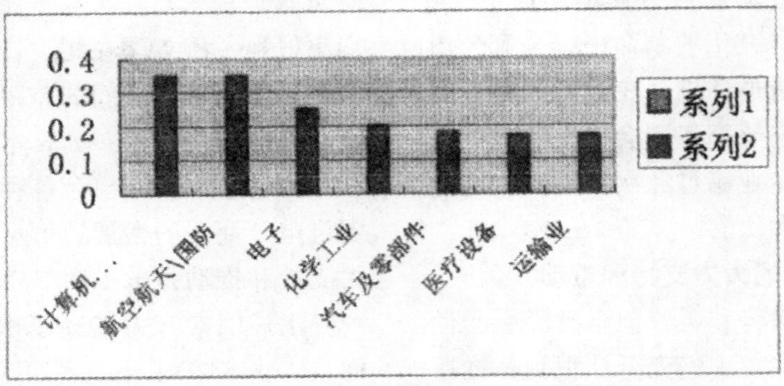

图 4　2004 年主要行业在线交易额与全部交易额之比

第三、互联网可能逐步成为全球最大的自由贸易区。1997 年，占全球电讯服务收入 95% 的国家和地区达成《基础电讯协议》，并于 1998 年 1 月日起正式生效。1997 年，占全球信息技术产品贸易额 92.5% 的国家和地区又达成《信息技术协议》，并于 2000 年 1 月前取消信息技术产品贸易的关税。1997 年 5 月，美国政府宣布了一项互联网免税区的建议。同年 7 月，克林顿公开推出《全球电子商务框架》方案，并首次提出“互联网络自由贸易区”的新概念，很快得到加拿大、日本和欧洲等国不同程度的支持。因此，世贸组织第二次部长会议决定到下一次部长会议前不对电子商务征收关税。这个决定很可能继续下去。而这意味着互联网可能逐步成为全球最大的自由贸易区，从而使国际贸易进一步朝着自由化方向发展。

第四、有关电子商务的法律、法规将不断出台，并日臻完善。电子高务应用后产生了一系列法律问题，如：无形产品的网络交易对征收海关进出口关税和国内其他财政税收产生政策和管理方面的新问题；网络信息的隐私权与知识产权保护问题；电子数据及网上信息的证据效力问题；电子签名和认证问题；书面的形式要求问题；网上贸易纠纷如何仲裁、电子文件的法律效力、电子资金转账的合法性；有关合同成立的一系列问题，如合同成立的时间，发盘的撤回、撤消、有效接受等；海运提单的转让问题等等。以上的问题都要求在贸易立法上做出相应的调整和变更。使之有利于保护贸易当事人的合法权益，促进国际贸易遵循统一的国际条约和国际惯例运行。法律制定的成功与否将直接关系到电子商务活动能否顺利开展。世界各国都在期待一部国际统一法律法规的出台。世界各主要国家和国际组织正在积极进行努力。相信在 2010 前，世界贸易组织将通过一部相关的法律法规以规范各国的电子商务行为，促进电子商务的发展。

除上述两大趋势外，国际贸易的信息化趋势还将表现在国际竞争力构成要素的变化和新贸易保护措施的倾向上。

前面已经提到，随着信息产业的发展，信息技术水平已经成为一国经济实力的象征。因此，国与国之间对信息的生产、传播、反馈与使用能力上的差异，即信息资源比较优势在国际贸易中的地位越来越重要，国际贸易中信息技术因素成为贸易国或企业国际竞争力的构成要素。国家或企业的信息处理效率成为其参与国际竞争的基础和条件，信息基础设施的发达程度和信息产业的规模比重都极大地影响了一国在国际贸易甚至在世界经济中的竞争实力和竞争地位。这种情况也使发展中国家原来具有的自然资源及廉价劳动力的比较优势的重要性降低。而发达国家几乎控制和垄断着世界信息资源，发达国家之间的信息贸易约占国际信息贸易的90%～92%。所以，随着信息资源和信息贸易重要性的日益增强，发达国家在国际贸易中的地位将不断得到加强。

此外，随着信息贸易的迅速发展，“新贸易保护措施”将不断向信息服务领域倾斜，特别是知识产权保护问题将日益突出。在网上进行贸易的商品既有有形商品，也有无形的图书、软件、音像制品等商品。对于这类商品各国虽然都有相应的知识产权法予以保护，但由于网络的特殊性，任何人都可以通过网络阅读和下载，从而使其产权所有人受到经济损失。由此而引发的知识产权之争也将愈演愈烈。

---

① 日本贸易振兴会《信息技术影响全球贸易增长——2000年国际贸易白皮书》，2000年8月10日。

②《国际经贸消息》，2000年5月12日。

③ 美国商务部《数字经济2000》，2000年6月公布。

④ 国家信息产业部部长吴基传在全国科技兴贸工作会议上的讲话。

⑤ 同上。

⑥《国际经贸消息》，2000年7月21日。

⑦ 美国商务部《数字经济2000》，2000年6月公布。

⑧ Jonathan Coppel《电子商务：影响及政策挑战》，OECD工作论文，NO. 252

⑨《欧洲在电子商务领域远远落后于美国》，《参考资料》，2000年4月3日。

⑩ 丁宝忠：《美国电子商务现状与前景》，载《参考资料》1998年8月10日。

⑪ 美国商务部报告《正在兴起的数字经济Ⅱ》，1999年6月发表。

⑫ 美国《商业周刊》，2000年第四期。

⑬ 日本贸易振兴会《日本电子商务市场报告》，1999年公布。

⑭ 丁宝忠：《美国电子商务现状与前景》，载《参考资料》1998年8月10日。

⑮ Jonathan Coppel《电子商务：影响及政策挑战》，CECD工作论文，NO. 252。

⑯《国际经贸消息》，2000年3月9日。

世界经济结构的重新调整与国际经济合作

中国社会科学院世界经济与政治研究所　**徐更生**

80年代，发达国家大力发展了以微电子、电子计算机等高科技产业为先导的信息革命。特别是美国，还在努力发展信息技术的同时，以信息技术装备和改造了传统产业部门，使之逐步成为知识密集型的产业，从而使美国经济迅速从工业经济转变为信息经济。因此，美国经济在摆脱了90年代初的危机以后，实现了持续高速增长，而且形势继续看好。而欧盟国家和日本等发达国家由于80年代忽视了传统产业部门的技术改造，因此在危机以后经济迟迟不能顺利恢复，至今看不到经济强劲上升的势头。种种迹象表明，世界经济正面临着以信息技术和生命技术等高新技术改造传统产业部门的巨大任务。在这个过程中，随着发达国家高新科技的发展和传统产业的全面改造，一些成熟技术将不可避免地要向广大发展中国家扩散，从而促使世界范围内出现一个国际经济合作的高潮。

本文拟就未来国际经济合作高潮的政治和经济背景及其发展前景，谈谈个人的一些见解。

国际政治形势相对稳定

第二次世界大战以来的半个世纪里，由于美苏两个超级大国的对立和争夺，闹得世界很不安宁。随着苏联的解体，超级大国之间争夺的矛盾暂时得到了解决。原苏联不仅因为其本身及原东欧国家社会制度的剧变而不复存在，而且它的继承者——俄罗斯也因为经济改革的缺乏成就及国内民族之间的纷争而迟迟不能摆脱经济危机的阴影。从现在的情况来看，俄罗斯的经济危机已经到达谷底。但是，它要想恢复到原苏联解体以前的实力，恐怕至少要到2010年以后。尽管俄罗斯不会放弃它昔日称霸世界的梦想，但是至少在今后15年内无力使世界重新出现以往两个超级大国争霸的局面，因而世界可能出现一个相对平静的时期。

然而“两极”世界的结束，并不意味着今后世界要由美国这个世界上唯一的超级大国来主宰。恰恰相反，由于另一个超级大国的解体，原来被掩盖起来的美国与其他国家之间的矛盾却暴露了出来。世界正由原来的“两极”逐步变成“一超多强”的格局。在“多强”之中，首先是日本和欧盟，过去由于原苏联威胁的存在，它们不得不求助于美国的保护。现在既然苏联已经不复存在，它们就开始对美国提出挑战，要求在国际事务中与美国平起平坐。其次，俄罗斯并不甘心成为美国及其他发达国家的小伙伴，在它发现亲西方政策行不通以后，正在竭力恢复它的大国形象。此外，随着经济的高速、持续发展，中国无疑也正在成为世界一大强国。但无论是日本、欧盟、俄罗斯，还是中国的力量，都还不是美国的对手，至少在今后相当长一段时间内都不能取代美国在世界上的地位。不过，对于维持世界和平和安定来说，“一超多强”显然要比“两极”世界好得多，因为多个大国和国家集团的并存，可以从各个方面制约美国的行动，从而更加有利于保持世界的相对稳定。

当然，这决不能保证未来世界将是和平、稳定的。实际上，未来的世界局势仍将是多变的，不安宁的。因为个别地区和国家之间、或国家内部矛盾和斗争不时在产生和激化。例如，近些年来在前南斯拉夫地区、海湾和中东地区、中亚地区以及非洲的苏丹、扎伊尔、埃塞俄比亚及厄立特里亚等战斗连年不断，但多数是属于地区和国家内部矛盾和冲突的结果，只要没有大国的挑唆和介入，未必会引起更大范围的冲突。即使有个别大国出自某种目的，谋求介入和干预某个地区和国家的局部战争和冲突，但是它们的行动正受到越来越多的国家及国际间维护和平力量的制约，因而他们也未必能得逞。因此，可以预言，在未来相当长的时间内，世界仍将维持“局部动荡，大局稳定”的局面。

在冷战结束以后，政治和军事的矛盾和斗争得到了一定程度的缓和，但同时，各国之间的经济矛盾和斗争却突出了出来，不时地威胁到和平局面的延续。事实上，近年来许多国家之间时常因为经济矛盾而闹得不可开交，相互以“经济制裁”、“报复”相威胁，形势似乎一触即发，但是往往在最后一刻，双方互作让步，化争斗为玉帛，达到妥协。看来，经过两次世界大战以及战后长期的战火和动乱的洗礼，越来越多的国家和人民渴望和平，不愿意为一时的经济利益而刀兵相见。因为一时的经济利益而大动干戈的结果，必将更加严重地损害自己的利益。因此，近年来国际间有一股越来越强大的力量，制约着非和平力量的滋长，从而使世界得以保持相对的平稳。其中，联合国的维和力量就是这样的一股力量。尽管在联合国的维和行动中个别大国往往夹杂着控制或左右当地局势的自私企图，但是由于广大成员国的参与，个别国家越来越难以实现它们的目的。只要另一个超级大国还没有恢复到足以形成超级大国对立的程度，只要其他大国为保护自己的政治和经济利益仍然敢于同个别大国闹独立，个别大国的行动就可能受到限制，世界和平的局面就可能得以维持。

世界经济已进入新的调整时期

80年代，世界经济曾经历了一个较长时期的经济增长。在这个期间，发达国家，特别是美国大力发展了以微电子、电子计算机等高科技产业为先导的信息革命，使它们率先进入了信息经济时代。尤其是美国的发展，对于世界经济具有深刻的影响。它在80年代大力增加投资，发展包括集成电路、计算机软件、个人电脑、光缆等在内的信息产业的同时，努力以信息技术装备和改造钢铁、汽车和化工等传统产业部门，使之逐步成为知识密集型的产业，从而使美国经济迅速从以传统制造业为中心转向以高科技产业为中心，从工业经济转变为信息经济。因此，在摆脱了90年代初的经济衰退以后，特别是克林顿总统入主白宫以后，率先提出了“信息高速公路”计划，美国经济进入了强劲增长的时期。尽管美国联邦储备委员会把2.5%的经济增长率和6%的失业率视为保持经济持续稳定增长的调控目标，但是1997年的经济增长速度仍高达3.8%，而失业率却下降到了4.9%；公司利润从1990年的4000亿美元增加到1997年的7000亿美元；通货膨胀率由1991年的4.5%下降到1997年的1.5%，实现了所谓的“低通货膨胀的经济增长”，并且经济形势继续看好。于是，无论是在美国国内还是在国外，许多经济学家都乐观地把当前的美国经济称之为“新经济”。不管这种称谓是否恰当，美国经济估计还将有一个较长的增长时期，并将对整个世界经济的发展产生重大影响。

然而与美国的情况相反，无论是欧洲国家，还是日本在走出危机以后，经济复苏和增长都遇到了很大的困难，至今看不到经济强劲增长的势头。欧盟国家由于国际市场需求不定，国内消费不旺，投资者信心不足，以及各国政府为达到规定的实现经济货币一体化的标准而采取的紧缩政策，经济情况不妙，1996年欧盟国家的经济增长率只有1.8%，1997年虽然上升为2.6%，但仍然远低于危机前的水平。特别是失业率不仅没有下降，反而扶摇直上，多数国家达到了历史的最高水平。反过来，高失业又增加了政府的福利开支，使本来已经很高的政府赤字雪上加霜。最后，必将约束经济增长的速度，从而陷入了“高失业——高赤字——低增长率”的恶性循环。同样，日本由于“泡沫经济”和不良债券的影响，经济增长迟迟不能来到。尽管1996年它的经济加速发展，增长率达到4.1%，1997年却下降到了0.9%，1998年的经济形势更加不妙，增长速度可能接近零。

美国与欧盟及日本情况不同的根本原因，除了欧盟各国和日本在体制上多有缺陷，不能完全适应信息时代经济发展的需要以外，主要是在80年代发展信息产业的同时，没有及时以最新的信息技术改造传统的制造业部门。迹象表明，世界经济又到了调整和优化产业结构的关键时刻。近些年来，美国正是依靠信息产业的发展，不仅使一些“夕阳工业”得以新生，而且围绕着“信息高速公路”的发展，为国家创造了许多就业机会，使美国的经济实力增长，它的产品的国际竞争力在世界上连年名列前茅。欧洲和日本想要走出经济困境，最终还得依靠及时调整它们的经济体制和产业结构。前者需要改革它们的包括社会福利制度在内的社会经济制度，降低生产成本，提高生产效率和产品的国际竞争能力；而后者则应该努力培养新型的骨干产业，形成以内需为主导的产业结构，实现通过个人消费和企业设备投资带动的经济增长，同时还要进一步加大经济的开放度，特别是开放金融等服务业，实现国际化。正由于发达国家经济面临着新一轮产业结构的调整和经济体制进一步改革的任务，因而它们的经济增长也将持续一个较长的时期。与此同时，各国可持续发展战略的实施也将有力地促进世界经济、首先是发达国家经济的高速发展。自从1992年6月里约热内卢联合国环境与发展大会以来，可持续发展已经成为世界各国为之奋斗的共同目标，围绕节约资源和保护环境而发展起来的各种“清洁生产技术”，以及有关的环保产业，也将成为世界经济新的增长点。这是发达国家经济发展的又一个极好的机遇。因此世界上有不少人认为，世界经济已经进入了“一个新的黄金时代”，有人甚至预言，它将持续几十年。笔者虽然很难准确地说出这个增长期将持续多少年，但是它至少可以能维持到下世纪初。尽管在2000年前后，可能经历一次经济衰退，但是由于上述原因，这次衰退的程度不会很大，远不足以中止世界经济的增长进程。

然而，世界经济结构的重新调整对于广大的发展中国家来说，既是机遇，又是挑战，而且挑战或许大于机遇。因为在这一轮增长中，最具关键意义的因素是以信息技术为代表的现代科技在经济中的广泛应用。而在信息技术等高科技领域内，发展中国家不具有优势地位。尽管随着经济全球化的发展，发达国家在国内调整和优化产业结构的同时，必定会把许多成熟的技术转移到基础较好的发展中国家，从而为它们提供新的发展机会。但是，未来发展中国家的这种经济发展，基本上仍然依靠发达国家的技术转让。因此，随着发达国家最先科学技术的发展，发展中国家与发达国家之间在技术上的差距必然趋于扩大。

近二三十年来，以东亚“四小龙”和中国为代表的发展中国家经济实现了高速增长，它们在世界经济中的比重日益提高。但是，自1997年7月开始的东亚金融危机表明，即使是东亚发展中国家，在经济体制上还存在着许多不适应经济全球化发展的严重障碍，它们随时可能使这些国家陷于困境。可见，发展中国家还应该根据经济全球化发展的需要，对本国的经济体制进行适时的调整，增强抵御经济风险的能力，消除经济发展中的隐患。尽管经过这次东南亚金融危机后的调整，东亚以至于其他发展中国家的经济仍可能以较快的速度增长。但是从长期来看，由于技术上的严重滞后，人们有理由怀疑，发展中国家的经济总量能否像以前希望的那样逐步接近和超过发达国家。这就要求发展中国家认清形势，抓住机遇，重视教育与科技发展，及时调整经济政策，改善国内投资环境，尽量维持经济以较快的速度发展。

在未来一段时间内，如果要说世界上有什么难以把握的话，那就是原苏联和东欧国家，它们的经济前景令人捉摸不定。其中，一部分东欧国家的经济情况已经明朗化，它们正在加速恢复和发展自己的经济。但即使是那些国家，也不可能在2000年以前使它们的经济恢复和达到经济转轨开始前的水平。至于原苏联的主要继承者——俄罗斯及其他独联体国家的情况则令人担忧。主要是由于民族矛盾和内部政治斗争的缘故，这些国家的发展趋势尚不明朗，难以把握。例如，俄罗斯经济虽然在1997年达到谷底，并实现了0.4%的经济增长率。但是1998年夏季又陷入了金融危机，估计今年的经济增长速度只能达到0.8%。即使从现在开始，俄罗斯经济逐步趋于恢复，但要达到巨变前原苏联1990年的水平，也只能是2010年以后的事了。至于独联体中的其他国家，如乌克兰以及一些尚处于动乱状态的国家的经济仍然没有摆脱危机状态，如果能在2000年达到经济危机的谷底就算是比较理想的了。

因此，可以这样说，在今后一段时间内，除了独联体和前南斯拉夫地区的某些国家难以把握以外，整个世界将处于经济平稳增长的时期。但由于世界各国将更加重视提高经济发展的质的方面，以及为解决一系列结构性问题，发达国家在世纪之交的经济增长率大约维持在2.5%～3.0%左右。所有发展中国家经济的年平均增长率可望达到5.0%左右，而东亚在克服了金融危机以后经济增长速度会逐步恢复，但会低于以前达到的7%～8%的水平。中东欧国家的经济增长速度可能介于这两者之间。俄罗斯和其他独联体国家如国内政治形势安定，其经济可望在今后三、五年内摆脱危机，并先后出现回升，但仍难以摆脱经济困难的局面。

发展国际经济合作的良机

世界两个超级大国争霸局面的结束，为各国的经济发展创造了和平的环境。同时，由世界性经济结构的重新调整而引起的持续发展，为国际间的经济合作开辟了广阔的前景。在今后一段时间内，世界经济的发展将从各个角度要求国际间开展更为广泛的经济合作。

第一，在经济全球化的发展趋势下，新的科技革命及由此而引起的世界性产业结构调整与优化，为加强各国之间的经济合作创造了良好的条件。在新一轮世界科技革命中，新能源、新材料、电子技术、通讯技术、生命科学、海洋工程和宇航工程等最新技术，正加速崛起，特别是“信息高速公路”的迅速发展，带动了一系列高技术产业部门的发展。那些在科学技术上处于领先地位的国家，顺应经济全球化的发展趋势，正努力依靠现代信息技术，改造和优化产业结构，节约资源投入，提高产品以至国家经济发展的质量。发达国家新一轮经济结构调整的实质是，以最新的科学技术代替原有的技术，从而以更新和更高的产品质量去占领国内外市场。所谓“以新技术代替原有技术”，并不意味着“放弃”或“销毁”原来已经形成生产力的技术。因为这些技术的产品在当今和今后一段时间内在世界上还有市场，因此它们不会被轻易地销毁掉，而是根据“产品的生命周期”，梯度地转移到经济发展程度较低的其他国家或地区去进行生产。因此，这种经济结构的调整必然带来技术和设备向其他国家（包括一部分发展中国家）转移的过程。也就是说，随着经济结构调整进程的发展，发达国家将会把一部分已被最新技术更替下来的产业部门的生产转移到国外去。因而，这也是发达国家技术向次发达国家和地区扩散的过程。这对发展中国家加速实现工业化是一个极为有利的机会，也为有些国家的经济实现跳跃式发展提供了机遇。然而只有那些能够创造良好投资环境和具有较高文化及技术素质的劳动力的国家才能抓住这个机会，加速自己的发展进程。

第二，世界各国可持续发展战略的实施，主要从环境保护和自然资源的节约两个方面为国际间的经济和技术合作开辟了新的领域。一方面，自从70年代初以来，特别是环境保护的一系列重要的国际会议的结果，世界各国（首先是发达国家）的政府和人民群众的环境保护意识日趋增强，都把环境保护和持续发展作为自己的奋斗目标。但是由于水和空气等资源是无国界的，一个国家的水资源和空气资源的污染，必然会影响到自己的邻国甚至更远的地方，因此，环境的治理和保护需要跨国的一致行动。也就是说，环境保护要求国际间的合作。从现在来看，环保产业将极其迅速地发展成为一个最具发展前途的产业。据估计，到2000年，世界对于环保产品的总需求将达到3000亿美元以上，而且它还将加速发展。不仅如此，环境保护产业也是各国之间最容易开展合作的领域。另一方面，战后，随着各国经济的发展和居民生活水平的提高，各国使用的自然资源越来越多，地球上资源的开采速度与它们的储量之间的矛盾越来越大，许多资源眼看很快就会被消耗殆尽。为了给后人留下更多的资源和生存条件，研制和开发节能、节约原料投入和代用品的技术，已经成为各国科学研究的重要任务。

尽管目前世界上的环境污染主要是由于发达国家造成的，但是也不可否认，随着广大发展中国家（主要是迅速发展的发展中大国）的经济发展；对水和空气的污染也日趋增加。因此，在发达国家和发展中国家之间逐渐达成了一种共识，即在节约自然资源和保护环境方面，双方应该携起手来。发展中国家在资金和技术方面都有相当大的困难，它们需要发达国家在资金和技术上的支持；而发达国家为了自身的利益，也愿意在这个领域内与发展中国家开展合作，帮助发展中国家改善和保护环境。尽管目前更多的还是口头上的承诺，真正执行起来还会有反复，但这毕竟是大势所趋，资源和环境保护的国际合作前途广阔。

第三，一些发展中国家和地区，特别是东亚地区经济的高速发展，培育出一系列新兴市场，它们必然会吸引一些国家与之开展广泛的国际经济和贸易合作。近些年来，东亚“四小”、中国以及印尼、泰国、印度等国经济的高速度发展，使它们很快成为世界上新兴的市场，从而吸引着越来越多的国家和企业与之做生意，或投资设厂，开展经济合作。一个例子是，随着亚洲国家经济的高速发展，欧洲国家生怕落后于美国和日本等国而与迅速飞腾的东亚国家无缘，积极与亚洲国家搞好关系，并于 1996 年 3 月在曼谷与东盟等亚洲国家共同主持召开了首届亚欧会议。会议决定，建立面向 21 世纪的“亚欧新型伙伴关系”，在经济、政治、安全、文化和科技交流等方面发展全面合作。会议还决定每两年召开一次首脑会议，讨论两大洲的合作事宜。这一系列会议不仅会促进各国间贸易的发展，而且必将在亚欧国家之间的经济和技术合作方面产生积极的影响。欧盟委员会副主席布里坦在第一次亚欧会议后不久认为，欧洲各国和企业投资亚洲有助于加强欧洲企业在全球的竞争力。尽管东亚金融危机暴露了它们在体制上的许多问题，但是经过调整以后，它们仍将在较长的时间内维持经济的高速增长，只是速度可能比以前稍稍放慢一些，但它们的经济可能因此而走上更加健康发展的道路，从而有助于国际间技术和经济合作的进一步发展。

第四，同样，原苏联与东欧国家经济由原来的计划经济体制向市场经济体制的转变，也为许多国家提供了发展国际经济合作的广阔天地。从 1990 年前后开始，原苏联与东欧国家先后放弃了原来的计划经济体制，转而实行市场经济体制。尽管他们从计划经济向市场经济的转变有快有慢，但是，不管哪一类国家要想取得经济改革的成功，都需要从外部取得技术、资本和物质上的帮助，否则它们的经济体制改革很难完成。这就为它们与许多国家（不仅是发达国家，而且也包括广大发展中国家）开展国际经济合作提供了机会。

第五，从全球范围看，直至下世纪初，发达国家的资本供应充足，从而为发达国家与缺乏资本的亚洲及其他发展中国家之间的经济合作，提供了财力资源。从现在来看，由于发达国家的储蓄大于投资需求，以及公共基金的快速膨胀，至少在今后 10 年内，发达国家的资本是富裕的；而另一方面，广大的发展中国家急切地需要发展本国经济，但是普遍地缺乏资金，而且由于发展中国家的经济具有较好的发展前景，因此发达国家相当一部分过剩资本会流向发展中国家，从而在为发达国家的资本创造利润的同时，广大发展中国家的经济也必然得到相应的发展。但是，应该指出，在大约 2010 年以后，由于发达国家社会老年化程度的进一步发展和社会福利开支的大幅度增长，发达国家的资本（特别是公共基金）剩余可能逐步减少，从而会使它们可以用于对外投资的资本越来越少。因此，发展中国家应该关注这一点。

对于中国来说，应该牢牢抓住所有这些发展同其他国家经济合作的机遇。从我国经济发展的进程来说，现在正是我国利用国际资本和技术，发展本国经济的最佳时机。为此，我们应该在调整和优化经济结构上，努力发展教育和科研事业，进一步完善技术引进政策，防止低水平的重复建设，并在引进的基础上，努力消化和创新，力求在加强国际经济合作，发展国内经济的同时，保护国内资源和环境，实现持续发展的战略目标。

90 年代中期世界经济新一轮企业兼并风潮探析

中国社会科学院世界经济与政治研究所　王春法

自从 1993 年以来，世界经济中开始出现的新一轮企业兼并高潮在北美和欧洲国家引起了巨大的反响，一些声誉卓著的大企业不断成为兼并热点。许多学者认为，强强联合是这次世界企业兼并浪潮的一个突出特点。那么，这次兼并高潮与此前的历次兼并高潮究竟有何不同？其原因如何？此次企业兼并高潮将对世界经济产生何种影响？本文将对这些问题分别加以分析和回答。

90 年代中期世界企业兼并概况

经过近五年的沉寂以后，发达国家企业界自 1993 年又掀起了新的一轮企业兼并狂潮。在短短三年多的时间里，世界企业兼并史的一个又一个纪录被刷新，一些声誉卓著的大企业不断成为兼并热点。有资料表明，在 80 年代企业兼并高潮的 1988 年，美国兼并总额曾达到 3360 亿美元的历史最高水平。此后，世界范围兼并活动迅速减少，1990 年为 1900 亿美元，1991 年为 544 亿美元，1992 年为 726 亿美元。但是，从 1993 年起，以美国为中心的世界企业兼并活动再起高潮，当年全球兼并交易额即达到 2269 亿美元，其中仅欧洲企业收购美国企业的金额即达 400 亿美元以上。1994 年，全球企业兼并成交额达到 3410 亿美元，较 1993 年兼并交易额多出 50% 以上。1995 年，世界企业兼并活动继续走高，当年前 10 个月的全球企业兼并和购买交易总额已逾 6534 亿美元，其中美国在前 8 个月的兼并总额即达 2700 亿美元以上，从而成为世界企业兼并史上最为引人注目的一年。1996 年，世界各国的企业兼并活动不仅没有稍事休整的迹象，反而愈演愈烈，整个兼并活动日益趋向大型化，对整企业社会经济的冲击也愈来愈大。美国的西南贝尔公司以 170 亿美元收购太平洋电话系统集团公司、波音公司与麦道公司的合并等，均在世界企业界激起了巨大反响。美国以外的国家，如法国、加拿大等的兼并活动也非同凡响，加拿大报业巨头多伦多汤姆逊公司以47亿加元收购了美国明尼苏达州的韦斯特出版公司，从而确立了其在国际电子信息数据库领域的主导地位；加拿大的波塔什公司也以11.8亿美元兼并了北美最大的氮肥生产业美国的阿卡蒂安公司，从而成为世界上最大的化肥生产企业，并且正在尝试将其触角伸向欧洲。在法国，1996年全国合并和兼并总额达2630亿美元（13800亿法郎），创历史最高纪录。其中，在1996年头10个月中，外国公司在法国的并购金额高达95亿美元（500亿法郎），接近这些公司1993年全年并购金额的两倍。如果算上德国赫施集团12月为收购其子公司罗素优克福公司所付的180亿法郎，1996年全年的兼并金额可能创纪录地超过130亿美元（680亿法郎）。有资料表明，1996年世界企业兼并案达22729起，总金额达到11400亿美元以上，创历史最高纪录。进入1997年以后，世界范围的企业兼并活动依然强劲。据美国《华尔街日报》援引证券数据公司的统计，1997年上半年世界范围内的企业合并兼并交易额约合6920亿美元，较去年同期增加18%。其中，美国企业兼并合并额为3660亿美元，较去年同期增加16%，创下了新的历史纪录。美国企业兼并案中，价值超过10亿美元的企业兼并案达74起以上，大大超过了去年的49起。举目瞩目的波音—麦道公司合并资金达133亿美元，合并后其产值可以达到338.47亿美元，职工人数可以达到16.8万人，可控制世界商用飞机70%的市场份额，在美国12家按行业划分的大型航天航空企业中居于首位。从目前的情况看，美国国防企业的兼并活动已经接近尾声，电信企业与信息娱乐企业的兼并活动基本上已经完成，银行业的兼并规模也已经有收缩的迹象。在加拿大，虽然由于美国企业大举进军其零售百货市场，从而使加拿大零售业掀起了一股强劲的资产重组风潮，但其企业兼并的势头也已经不如1995年。另一方面，由于跨国企业兼并风头正劲，以及美国企业兼并风潮的影响，许多学者认为，欧洲将紧随美国出现企业兼并高潮，而且法、英等国的企业兼并活动也较为活跃。根据有关资料，1997年上半年欧盟内部总共发生了1051笔跨国企业兼并合并交易，总价值达288亿英镑（约合462.6亿美元）；而去年同期此类交易只有982笔，总金额为270亿英镑。其中，美国企业投资114亿英镑，收购了305家企业，其中大部分是英国企业；在德国，总共有229家价值35亿英镑的德国企业被买走；荷兰被兼并的总额达到14亿英镑，总计63家企业被兼并。现在，即使欧洲头号经济大国德国，也开始放松对企业兼并合并的管制。1997年上半年，德国共有874家企业被兼并或者合并，其中年营业额在1亿马克以上的达153家，较上年同期增加42%；年营业额在10亿马克以上的企业有34家，较上年同期增加283%。7月中旬，巴伐利亚联合银行和巴伐利亚裕宝银行宣布，将于1998年合并成为巴伐利亚裕宝银行，从而一跃成为拥有7610亿马克借贷总额、190亿马克自有资产和1600亿马克托管资产的德国第二大银行和欧洲第五大银行。甚至在此次世界企业兼并活动中表现并不十分活跃的日本也开始发生变化，出现了企业兼并进一步发展的趋势。日本电信公司于5月份宣布将兼并国际电信电话公司，以对付日本电信公司的竞争。1998年上半年，美国花旗银行与旅行者公司合并以及克莱斯勒公司与德国奔驰公司合并，再次在世界上掀起了巨大的波澜。从目前的情况看，这次兼并浪潮虽然还将持续一段时间，但显然已经达到了鼎盛时期。

90年代 世界企业兼并的特点

综合世界各国企业在90年代初以来企业兼并浪潮的表现，我们可以看出，这次世界性企业兼并浪潮的特点主要表现为以下几点：

第一，从兼并企业的筹资渠道来看，90年代的企业兼并方式有了显著变化。在80年代的兼并浪潮中，杠杆收购（LBO_S）的兼并方式非常盛行，其主要做法是：兼并企业通过发行风险大、资信程度低的高利率债券即垃圾债券来大量举债，然后再买进那些市场价值远远低于实际价值的企业的股票，经过整顿以后，以高价卖出，以便从中牟取暴利。但在90年代的企业兼并浪潮中，大多数兼并企业是以大量发行新股票来筹集兼并资金或者以股票交换的方式进行兼并的。由于美国经济多年持续增长，通货膨胀率和利率也已经多年走低，美国股票市场出现了多年少见的强劲牛市，股票价格大幅度上涨。在这种情况下，依靠股市筹资既简便易行，又不会影响到兼并企业的现金状况，使企业免于从一开始就被压在债务的大山之下，因而成为兼并企业的首要选择。具体做法是：兼并企业增加发行本公司股票，并以本公司股票替换目标公司的股票，从而实际上确立对于目标公司的控制权。目标公司的股东也不会因此而失去其股权，只是这种股权从目标公司转移到了兼并公司。以1993年大西洋贝尔公司收购电信公司为例。由于投资人相信这一举动有利于太平洋贝尔公司的发展，因而在收购案宣布时不仅没有抛售太平洋贝尔公司的股票，反而大量收购，促使公司股票价格上扬5.875美元，而电信公司的股票价格也上扬了3美元之多。太平洋贝尔公司为进行此次兼并活动而新发行股票额高达200亿美元之巨。1994年8月底，美国家庭用品公司以每股95美元、总金额85亿美元竞购美国腈胺公司，较之股票交易所价格每股高出32美元。股市繁荣促进了企业兼并，而企业兼并反过来又进一步促进了股市繁荣。此外，股票交换、经营者收购（MBO_S）等企业兼并方式也较为流行，集投资者和经营者于一身的所谓新型“积极投资者”即兼并经纪人异常活跃。1994年，美国西部公司与顶天通信公司将两者的移动电话业务合并，成立一家总销售额135亿美元、拥有客户200万的新公司，1995年，美国药品制造商阿普约翰公司与瑞典法尔马西亚有限公司以130亿美元的成交额合并。1996年12月，波音公司与麦道公司以140亿美元合并，也都是通过股票交换方式完成交易的。

第二，兼并的规模巨大。在1980年以前的世界企业兼并史上，超过10亿美元以上的兼并案件非常罕见。在80年代的兼并浪潮中，虽然企业兼并活动的重点转向公开上市公司，10美元以上的兼并案时有所见，但极少有突破百亿美元大关的兼并案例。在90年代的兼并浪潮中，由于大型上市公司成为各宗兼并案的主角，兼并金额动辄在百亿美元以上，甚至数百亿美元的兼并案件也屡见不鲜，而且所涉及的交易对象都是一些声誉卓著的大公司。以美国为例。1993年太平洋贝尔公司以294亿美元的高价兼并了电信公司，美国电报电话公司以174亿美元兼并了麦考蜂窝通信公司；1994年维亚科姆公司以100亿美元兼并了派拉蒙文化交流公司；1995年迪斯尼公司以190亿美元兼并美国广播公司，大通曼哈顿银行与化学银行合并，成立一家资产总额达3000亿美元的新的大通曼哈顿银行，阿普约翰公司以130亿美元实现了与瑞典法尔马西亚公司的合并，美国第一商业银行以103亿美元兼并美国第一州际银行；1996年刚刚合并成立九个月的洛克希德-马丁公司以100亿美元兼并了洛拉尔公司，太平洋贝尔公司以230亿美元兼并纽约电话公司，西南贝尔公司以170亿美元兼并太平洋电话系统公司，英国电信公司以208亿美元兼并美国第二大长途电话公司MCI通信公司，波音公司以140亿美元与麦道公司合并，成为世界上最大的商用飞机公司等。此外，在欧洲也出现了一些规模上百亿美元的兼并案例。如此波澜壮阔的企业兼并场面，在世界经济发展史上的确还是第一次出现，说它是一次令人震惊的兼并狂潮一点也不过分。

第三，企业兼并的动机发生了巨大变化。在80年代的兼并活动中，企业进行兼并的主要动机是通过兼并直接获取利润，因此，许多企业在兼并了其他企业之后不是认真地进行经营，而是在进行初步整顿之后，将其化整为零出售，从中渔利。但是，在90年代的兼并活动中，企业的主要动机已经变为出于战略考虑，而不仅仅是出于短期获利动机。企业兼并的基本趋势并不仅仅是大企业兼并小企业，经营良好的企业兼并掉业绩不良的企业，而且还有许多兼并案例是交易双方出于战略考虑而寻求优势互补，携手并进，共同应对各种挑战。专门研究公司兼并的华盛顿律师约翰·奥尔森指出："90年代的联合是以完全不同的心理状态为基础的。现在的问题是争取市场上的战略优势，推动80年代生意人的急功近利在这里不起作用"。大通曼哈顿银行董事长在该银行与化学银行合并后的一次记者招待会上即指出：两家银行的合并"是一种战略上的合并而不是出售一家银行"。有人在研究了医药行业的兼并活动之后指出，目前的交易表明，面对日益不稳定的市场，企业希望得到安全。事实上，不仅医药行业如此，寻求安全，也是大部分企业兼并的共同特征。拓展服务体系、扩大市场份额、获取先进技术等，成为加强企业安全的有效途径，而企业兼并则是达此目标的有效手段。比如说，IBM公司兼并莲花软件公司，是看中了它在软件开发领域所具有的雄厚实力；阿普约翰公司兼并瑞典法尔马医药公司，是因为后者拥有较强的技术开发力量，新产品开发能力较强；第一联合银行兼并第一诚信银行，是为了获取技术改造经费，以加快用新的电子交换系统替换各地分支机构的步伐。第一芝加哥银行兼并NBD银行也是出于类似的目的。正是由于90年代兼并活动的主要动机是公司长远的发展战略，因此，兼并企业付给目标企业的价格一般都比较高，以至于有专家惊呼"目前付出的价格简直太大了"。例如，赫希斯特公司为收购科普利制药厂而付出了相当于该制药厂20年营业额的价钱，而一般的行业标准是相当于4年的营业额。维亚科姆公司以100亿美元的价格兼并了派拉蒙文化交流公司，但许多分析家认为该公司甚至连80亿美元也不值。如此不惜血本的收购活动，的确令许多人感到震惊。国内学者也认为"90年代西方企业兼并是一次战略兼并"。这主要表现为：跨国企业兼并，是企业力求在国际范围内适应力量对比变化进行实力调整；企业兼并的一个重要目标就是控制新兴部门，争夺先进技术，增强企业实力地位；企业兼并的范围直接指向文化领域，争夺文化娱乐企业的斗争空前激烈①。

第四，此次兼并高潮是以美欧国家为中心的。美国近年来一直占世界兼并总额的半数以上，个别年份甚至达到2/3以上。加拿大企业界在此次兼并浪潮中也非常活跃，1995年其西格拉姆公司以78亿加元收购了美国的MCA公司。在欧洲，法国号称是此次兼并浪潮的第三大中心。其他欧洲国家在这次兼并高潮中的表现也十分活跃，并且确实有一些大动作，比如英国葛兰索公司以150亿美元获得了宝威医药公司的控制权，荷兰国际集团以10亿美元接管倒闭了的巴林银行，英国哈里佛房屋抵押公司与利兹房屋抵押公司合并成为英国第三大持牌银行，芬兰堪萨斯银行与芬兰联合银行合并成为梅里银行，英国劳埃德银行与英国信托储蓄银行合并成为资产总额1500亿英镑、拥有1200万客户和3000个分支机构的英国最大商业银行——劳埃德—信托储蓄银行，德国赫希斯特公司以72亿美元兼并美国马里恩—梅里尔—道制药公司，意大利的卢克斯奥蒂卡集团以14亿美元买下了美国的SHOE公司的眼镜销售网，等等。值得指出的是，德国在对待企业兼并方面的表现确实令人费解，因为德国企业强化兼并的趋势与联邦政府强化反垄断力度的趋势同时并存。比如，1995年2月，德国莱茵—威斯特伐里亚电力公司下属的德国第三大建筑企业霍赫蒂夫公司增加其对另一建筑巨头霍尔茨曼公司的持股比例一事，就因反卡特尔局的反对而搁浅；但另一方面，1997年3月26日德国两大钢铁巨头克虏伯钢铁公司与蒂森钢铁公司签署成立联合钢铁公司（蒂森钢铁公司资本占60%，克虏伯公司资本占40%）的协议却得到了联邦政府的批准，从而产生了德国战后经济史上最大的一次钢铁企业合并案。相比之下，尽管日本等国家和地区也有一些企业兼并活动，但其企业兼并活动主要集中于银行等少数部门，兼并规模和影响的广泛性，均无法与北美国家相提并论。例如，日本在80年代的世界兼并浪潮中，挟日元大幅升值之势，展开了声势浩大的跨国兼并活动，大量收购美国企业。但在90年代的兼并浪潮中，日本企业兼并几乎没有大的动作，只是东京银行与三菱银行合并成为资产额达5300亿美元的当时世界第一大银行、以及大和银行与住友银行合并成为资产总额6100亿美元的新世界最大商业银行等事件，在世界金融界引起了一些轰动。据日本山一证券公司统计，1994年日本国内企业兼并案为322件，总金额为2763亿日元；而同年美国企业兼并案为7469件，兼并金额为28万亿日元；1995年上半年，日本企业兼并案只有178件，全年外国企业兼并日本企业的总金额只有48亿美元，较之外国企业收购美国企业的680亿美元投资，简直是小得可怜。有学者认为，在世界兼并浪潮迅速兴起的情况下，“日本的企业兼并今后也定会有一个大的发展”[②]。但从1996年和1997年上半年的发展动向来看，尽管出现了一些企业合并将会加速的迹象，但无论在国内企业合并方面，还是在跨国企业兼并方面，日本都远远落后于美国和西欧国家。

第五，90年代的企业兼并浪潮中，跨国兼并规模大，影响深远，而且欧洲企业在这个过程中扮演了重要角色，以至有学者认为，这次企业跨国兼并浪潮是以欧洲为中心形成的。以1995年为例。当年世界企业跨国兼并总金额为2290亿美元（多数股权兼并额为1350亿美元），为1988年水平的两倍。在这次企业兼并浪潮中，欧洲国家在各地区的跨国企业兼并中处于最高水平，而且主要是在欧盟内部进行的。就在这一年，外国企业兼并了价值500亿美元的欧洲公司，其中英国为240亿美元，法国为100亿美元。与此同时，欧洲企业投资660亿美元在国外进行企业兼并活动。其中，英国企业花费了180亿美元，德国企业投资了150亿美元，法国企业投资70亿美元。在这些企业兼并活动中，欧洲内部的兼并占42%，从1994年的200亿美元增加到1995年的260亿美元。在1995年进行的35起总金额达710亿美元的10亿美元以上的跨国企业兼并案中，欧洲企业占了16起，其中7起为收购美国企业，其余则多为欧洲联盟内部的跨国兼并活动，主要是德国和法国企业兼并英国企业（7起）。同年，美国企业投资380亿美元进行跨国企业兼并，主要是在石油与天然气领域进行的。其中，皇冠软木与封装公司投资52亿美元收购法国的Carnaudmetalbox公司，中央和西南公司以19亿美元收购英国的Seedboard公司以及西南公司投资

17亿美元收购西南电力公司等，均是举世瞩目的巨大企业兼并案。另一方面，1995年，外国企业投资490亿美元收购美国企业，其中最大的是德国赫希斯特公司投资71亿美元收购美国的麦里恩迈里尔道公司，和加拿大企业西格雷姆公司投资57亿美元收购美国的MCA公司，以及英国的大都会皮尔斯伯里公司投资26亿美元收购美国的PET公司等。1996年，美国企业的跨国企业兼并件数为460笔，总金额达157亿英镑。根据联合国贸易与发展组织发表的《1997年度世界投资报告》，1996年全球发生的10亿美元以上跨国企业兼并案达45起，总金额达2750亿美元，扣除持股交易额，相当于全球对外直接投资总额的47%左右。其中，在1996年发生的20起最大跨国企业兼并中，仅有一起涉及美国和西欧以外的国家和地区，跨大西洋兼并交易在国际企业兼并中占有主导地位。1997年上半年，美国企业仅在欧洲就投资114亿英镑进行了305项跨国兼并，其中大部分为英国企业，特别是英国电力部门的企业。此外，今年上半年美国企业还兼并了108家德国企业，较去年同期增加80%以上。有人认为，“现在看来毫无疑义的是，1997年全年，美国公司的采购热将达到新的纪录”。在德国，1997年上半年共有229家德国企业被买走，总金额为35亿英镑，而1996年上半年只有190件跨国兼并案，总金额也只有15亿英镑。在荷兰，外国企业对荷兰企业的兼并案为63起，金额为14亿英镑。即使在跨国兼并不很活跃的日本，跨国兼并金额也从1994年的11亿美元增加到1995年的45亿美元。此外，发展中国家也深深地卷入了这场世界跨国企业兼并浪潮之中，他们占有1995年世界跨国企业兼并金额的1/10以上③。

第六，90年代的企业兼并活动虽然也有一些混合兼并的案例，但它更多地表现为同行业兼并以及向相关行业扩张的趋势，而不是象80年代那样简单地广铺摊子，兼并许多与其核心业务毫无关系的企业。因此，横向兼并是90年代的这次企业兼并的主要特征。不仅如此，在企业兼并活动如火如荼地进行的同时，企业分解活动也进行得有声有色。有资料表明，在60、70年代和80年代前期，美国大中型公司经营的一大特点是铺摊子，扩展业务种类，经营多样化，带有盲目贪大求全的倾向，这在当时对公司的实力的扩展和业务的发展起到了一定的促进作用。但是，随着美国国内和世界经济形势的变化，这一经营战略的弊端也与日俱增。经营业务过于繁杂，对公司的有效运转带来了很大的困难，导致竞争力下降，这是许多大型公司近年来发展不快的重要原因。从近年的股票市场情况来看，运转灵活、产品更新快、市场适应能力强，从而导致利润收入高的企业的股票最受青睐，吸收资金又多又快。为此，美国企业在90年代中期普遍展开了较大规模的企业经营结构调整活动，具体作法主要有：通过分解式交易，处理掉非核心业务，重点经营传统产品。以美国通用汽车公司为例，在80年代的兼并潮流中，通用汽车公司于1985年兼并了以生产卫星通讯设备和军用通讯产品为主的休斯公司，并将其业务经营范围扩大到数据设备、租车等多种业务。但从经营利润情况看，这一战略措施的效果并不理想。1996年，通用公司盈利49.6亿美元，比1995年的68.8亿美元大大下降。在这种情况下，通用公司从1997年初即决定进行结构调整，将休斯公司所属占销售额41%的军用产品部门出售给专营军用品的雷声公司，同时让租车业务另立门户，并计划将目前约占销售额38%的汽车电子设备生产收归汽车生产部门，让休斯公司专门经营卫生通讯设备。市场人士预测，通用公司将来有可能会让休斯公司独立出去，专门经营汽车产品，以利于与其他汽车公司竞争。美国报纸也认为，通用公司最近开始的调整，是朝着专营汽车的方向迈出了一大步。百事可乐公司则是通过集中资金，力保主体产品来维持其市场地位的。在70年代，当可口可乐公司在美国和世界各国大量设厂开发市场之际，百事可乐的竞争战略是以经营业务多样化来对付可口可乐的“产地多样化”，先后购买了必胜客、肯特基家乡鸡快餐连锁店，1990年又以35亿美元兼并了墨西哥风味的塔科贝尔快餐连锁店。但是，由于快餐业竞争十分激烈，百事可乐众多的快餐店经营并不理想，却占用了大量的资金。1994年，快餐店占用的资金占百事可乐公司总资金的48%，严重影响了饮料产品及其市场的开发，使得近年来百事可乐的市场不断被可口可乐蚕食，国内和国际市场不断缩小。这迫使百事可乐公司改变经营结构，于1997年年初决定出售快餐业务，以更多的资金来经营百事可乐饮料，力图扭转颓势。另外一种比较流行的企业结构调整方式是，分割企业业务以方便经营管理。早在1993年，美国电报电话公司就一分为三，即年销售额为490亿美元的AT&T通讯服务公司、年销售额200亿美元的设备制造公司和年销售额60亿美元的计算机制造公司。有着110多年历史的西屋公司，由于近年来兼并了不少与电气主体业务无关的经营项目，包括1994年以54亿美元兼并哥伦比亚广播公司和1996年又以39亿美元兼并了无限广播公司，因而严重影响了公司的运转。1995年，公司年经营收入达96亿美元，而年利润额仅有1500万美元。公司营业额在美国500家最大公司中列第135位，而以利润排列则落后到第441位，被人们称为“美国老工业地带昏昏欲睡的官僚大企业”。在这种情况下，西屋公司于1996年11月决心进行结构调整，将公司一分为二，两个公司都带西屋公司大名，一个专门经营传统的电力和电器产品，另一个专门从事广播、电视经营。1997年1月份，美国通用仪器公司一分为三，和摩根·斯坦利公司分为两家分别经营证券和资产管理业务的子公司，同西屋公司的调整具有异曲同工之妙。经济分析家们预计，突出公司经营业务重点、和集中资金保障主体业务等结构调整措施，将会大大提高这些公司发展速度，从而有效地增强竞争力。这些公司本身也对调整后的前景看好。通用汽车公司认为，通过一系列结构调整，它可以扭转去年销售下滑的不利局面。美国通用仪器公司也预测，结构调整将使该公司今年的利润增加40%，比去年提高10个百分点以上，休斯公司首席执行官阿姆斯特朗表示，调整后的休斯公司的卫星及通讯设备销售额，到2001年将翻一番。这种情况表明，美国企业目前所进行的并不是象80年代那样简单的投机购产活动，而是一种资产重组活动。许多大公司在大规模兼并其他同行业企业的同时，也不断对自身的经营结构和资产结构进行调整。

90年代
世界企业兼并浪潮的成因

那么，这次大规模的企业兼并高潮是怎样形成的呢？据我们分析，其原因主要有以下几点：

第一，有关国家、特别是美国政府的政策变化促成了这次兼并高潮的出现。美国自克林顿政府于1992年上台执政以后，先是提出全面进行卫生保健体制改革，而后又于1994年通过了允许跨州设立银行的法案，1996年2月又通过了公正电讯法案。在这种政策变化的影响下，美国的医疗企业率先进行了大规模的企业兼并活动，1993年默克制药公司以60亿美元兼并从事医院服务的梅德科药品服务公司，哥伦比亚保健公司以55亿美元兼并从事医院业务的美国医院有限公司，以42亿美元兼并了盖伦保健公司；1994年，美国家庭用品公司又以85亿美元收购美国腈胺公司，罗奇公司以50亿美元买下了生产关节炎药品的新特克斯公司，利利公司以40亿美元买下了从事折扣药品销售的PCS保健系统公司，法国的桑诺菲公司出资16亿美元购买美国斯特林—温斯罗普公司的一家医药分部；1995年，一些国外大公司也加入这股浪潮之中，德国赫希斯特股分公司以71亿美元兼并了美国的马里恩—梅里尔—道化学公司，英国的葛兰索公司以150亿美元获得了宝威医药公司的控制权，美国的阿普约翰公司则以130亿美元兼并了瑞典的法尔马西亚制药有限公司等。由于受美国医药企业兼并、特别是英国和德国企业与美国企业联姻的影响，瑞士两大制药企业奇巴—盖吉公司和山德士公司于1996年3月闪电般地宣布合并，成立Novartis公司，全力发展医药保健、农业用化学品以及生物技术产品。在银行界，自80年代以来各州均致力于放松银行业管制，使美国银行的平均规模有所扩大。到1993年，美国的商业银行总数已经减少到1.13万家，而分行总数却增加到5.5万家。1993年10月，美国的两家地区银行凯公司和社会公司合并成立了资产总额达580亿美元的美国十大银行之一，从而拉开了美国银行企业合并的序幕。1994年8月国会通过允许跨州设立银行“里格—尼尔1994年跨州营业和跨州设立分行效率法”，并使银行企业跨州兼并合法化以后，美国的银行业兼并又掀起了高潮。1995年，美国第一商业银行以103亿美元兼并美国第一州际银行，从而创下了美国银行兼并与合并的最高纪录。1996年4月，大通银行以100亿美元兼并了化学银行从而一跃成为资产总额达2970亿美元的美国第一大银行；此外，第一联合银行以54亿美元收购了第一信诚银行公司，美国PNC银行以30亿美元兼并米特兰克银行，芝加哥第一银行与底特律国民银行合并成为资产达1234亿美元的美国第7大银行，克利夫兰国民城市银行以21亿美元兼并特格拉金融公司，国民银行以16亿美元兼并美国南方银行，美国威尔斯法格银行以交换股权方式斥资100亿美元，兼并第一州际银行并组成资产总额1070亿美元的美国第八大银行等，也都是一些引人注目的银行兼并事件。1997年4月，美国纽约银行家信托公司以16亿美元兼并AB证券公司，成为美国国内有史以来最大的商业银行兼并证券公司案。据银行家们估计，如果照目前的趋势发展下去，到2000年美国的商业银行将减少到数千家。不仅如此。银行企业的跨国兼并也非常盛行，1995年世界银行金融业跨国企业兼并金额达1000亿美元以上。在法国，根据J. P摩根银行的总经理乔治·范埃克观点，银行业由于过分分散并且被使之陷入瘫痪状态的成本问题所禁锢，在今后的一段时间里，法国银行业也将会出现大规模的企业合并浪潮。电讯业的合并既是技术进步的产物，又是政府政策放宽的结果。事实上，早在1993年，电讯企业的合并就已经开始了。在1993年美国20件最大兼并案中，电信企业兼并案占到将近1/3。其中，大西洋贝尔公司兼并电信公司和美国电报电话公司兼并麦考蜂窝通信公司，分别以294亿美元和174亿美元的交易额而居前两位。1994年，美国西部公司和顶天通讯公司将两者的移动电话业务合并，成立了一家总销售额达135亿美元、并且拥有200万客户的大型电讯公司。从事无线电话业务的内克斯特尔电信公司，以27亿美元兼并了戴尔—佩奇公司的无线电话业务和摩托罗拉公司的移动无线电通讯业务，维亚康姆公司以96亿美元兼并了派拉蒙通讯公司。1995年，西格雷姆公司以57亿美元兼并了松下MCA公司，西屋电器公司以54亿美元兼并了哥伦比亚广播公司。1996年2月国会通过公正电信法案，取消市内电话和长途电话服务、有线电视、广播电视和无线电通讯服务之间的业务必须分开经营的规定，允许它们相互在对方的业务领域开展活动，从而使这一兼并浪潮进一步达到了前所未有的高度。在这一法案的促进下，美国西南贝尔公司以 170 亿美元收购了太平洋电话系统集团，美国大西洋贝尔公司以 230 亿美元的交易额与纽约电话公司合并，成为一家资产总额达 400 多亿美元的大型电信公司，从而成为美国电信业有史以来最大的企业合并案。同年年底，英国电信公司又以 208 亿美元兼并美国第二大长途电话公司—— MCI 通信公司，从而成为美国历史上最大的一宗外来兼并案。可以说，政府政策的改变是医药保健业、银行业和电信业企业兼并高潮出现的一个直接原因。

第二，技术进步、特别是信息技术进步，对于此次兼并高潮的出现起了举足轻重的作用。早在 80 年代的企业兼并浪潮中，信息娱乐产业就是跨国企业兼并活动、特别是日本企业跨国兼并的一个焦点。这一基本特点不但没有因为时代的变化而改变，反而有进一步加强的趋势。信息技术进步显然是解释这一特点的重要原因。从根本上说，技术进步对于企业兼并有两方面的作用：其一，加强有关行业自身的发展与集中趋势；其二，促使市场交易成本降低，使企业内部的信息沟通更加便利，企业管理人员的管理跨度进一步加大，从而为企业边界的变动和企业规模的扩大提供了更大的可能性。从构成信息娱乐业主体的计算机产业和媒体娱乐业来看，一方面，由于以计算机为基础的信息技术的发展，计算机产业不仅自身发展迅速，而且出现了与其他产业部门相互交叉的趋势。1993 年美国总统克林顿提出建设国家信息基础设施（NII）即信息高速公路计划以后，美国政府和私营企业在信息领域的投资都迅速增加，信息高速公路建设，已经迅速发展成为一个庞大的高新技术产业部门。有资料表明，美国的信息高速公路建设总计需要投资 4000 亿美元以上，其中政府拟在今后 20 年内投资 300 亿美元用于这方面的开支。欧盟的信息高速公路计划在今后 10 年内至少需要投入 1500 亿埃居才能保证其顺利实施，其中欧盟《白皮书》规定欧盟在 1994～1999 年将拨款 670 亿埃居用于支持交通、医疗和教育等重点领域，其余差额部分将由成员国私人企业和公共企业分摊。英国计划在今后 10 年中投资 380 亿英镑用于信息高速公路建设，英国电信局并于 1994 年 2 月宣布，将投资 100 亿英镑来建立一个光纤通信网。在加拿大，由 9 家私营电信企业组成的斯坦托集团公司宣布，将在今后 10 年内投资 60 亿美元建设信息高速公路。据该公司估计，在加拿大建成信息高速公路将需要投资 200 亿美元以上，因而会相应地兴起一个信息高速公路经济。日本的曼陀罗计划从 1994～1999 年为期 5 年，计划预算规模为 1 万亿日元。韩国的信息高速公路计划将耗资 553 亿美元；新加坡政府则计划用 25.7 亿美元来发展信息技术和信息产业。台湾计划在 10 年内投资 100 亿美元用于发展信息高速公路。粗算起来，在今后 10 年内全世界将有 8000～10000 亿美元的投资用于信息高速公路建设。对于非信息产业的企业而言，进入这样一个市场前景广阔的行业的最佳途径就是兼并该部门的既有企业，该行业现有维持生存的唯一选择就是合并或者兼并同行企业。维亚康姆公司在 1993 年以 84 亿美元兼并娱乐公司、和 1994 年以 100 亿美元兼并派拉蒙文化交流公司，1993 年电信公司以 33 亿美元兼并自由有线电视公司，美国西方公司以 25 亿美元兼并时代—沃纳娱乐公司，家庭采购网络公司以 23 亿美元兼并 QVC 有线电视公司，西屋电器公司在 1994 年以 54 亿美元兼并哥伦比亚广播公司等，属于前一种情况；而 1995 年迪斯尼公司以 190 亿美元兼并大都会—美国广播公司，时代—沃纳公司以 80 亿美元兼并特纳公司以及 IBM 公司收购莲花计算机公司，则属于后一种情况。另一方面，信息技术的发展，必然也会促进信息相关产业的扩张与发展，促使这些产业部门出现兼并与合并的趋势。有资料表明，美国的电信业和信息处理产业，目前的年销售额达7000亿美元以上。由于数字通信技术打破了各种信息媒体之间的传统界限，从而使电信业务可以最大限度地同多媒体信息服务业务结合起来，而联邦政府的有关法规又废除了各种有关业务必须严格分开经营的传统规定，因而促进了信息娱乐产业的新一轮兼并风潮。因此，从根本上说，信息技术的发展，是信息娱乐产业出现新兼并浪潮的一个主要原因。

第三，冷战后国际环境的变化。自80年代中期以来，由于国际范围的冷战格局有所缓和，美国开始了持续的国防预算削减进程。相对萎缩的军火市场不足以支持太多的军工企业，从而促使军工企业加紧集中趋势。有资料表明，美国军火公司收到的订单已经从1989年的1730亿美元下降到1993年的733亿美元。从1986年到1994年，美国的国防预算削减了大约一半以上。1996年，美国的国防预算只有2400亿美元，而且这一数字在今后几年里不但不会增加反而会继续减少。由于国防预算削减意味着军品市场萎缩，军工企业陷入空前激烈的竞争之中，一些市场规模较小的专业化军工产品供应企业所面临的困难尤大，有的企业甚至连续数年出现严重亏损。在这种情况下，军工企业不得不走联合之路，试图通过合并和兼并来寻求生存。美国国防部也明确表明，在政治上支持形成少数庞大的、在世界上有竞争能力的企业单位，以便通过合理化和规模生产以减少成本。从1993年起，美国国防工业的兼并合并活动进入高潮，兼并规模不断扩大。1994年，诺思罗普公司以21亿美元兼并了制造飞机的格鲁曼；1995年初，洛克希德公司以100亿美元的交易额与玛丽埃塔—马丁公司合并成立洛克希德—马丁公司，而在此之前马丁—玛丽埃塔公司已经兼并了十多个其他企业，其中有GE空间公司、林—坦科—沃特空间公司的导弹制造部门，以及福特、因特异、IBM、施乐和优利等公司的军备业务；1996年初，洛克希德—马丁公司又以100多亿美元兼并了另一家美国军工巨头洛拉尔公司；与此同时，诺思罗普·格鲁曼公司以36亿美元买下了西屋电器公司的防务系统电子设备生产业务。有报道说1986年被通用汽车公司收购的休斯电子公司计划以80亿美元卖掉年销售额为60亿美元的军备部门，得克萨斯仪器公司则希望以20～25亿美元卖掉它的电子仪器部门，而雷声公司正站在十字路口。这个营业额达120亿美元的康采恩，其约一半营业额来自民用产品业务，如厨房用品、工业建筑、飞机制造业配件等。为了在五角大楼的主要供货商行列里占有一席之地，它必须同其他企业合并。华尔街有人猜测，作为第一步，诺斯罗普—格鲁曼将兼并得克萨斯仪器公司的军备业务，雷声公司兼并休斯公司的军备业务；第二步是诺斯罗普和雷声合并。如果中心场地上行将进行的企业兼并得以完成，那么1997年底最大的军备企业将只剩下像波音—麦道、洛克希德—马丁和诺斯罗普—格鲁曼这样一些庞然大物了。制造导弹的雷声公司是否能够通过兼并休斯电子公司而保住全国第四的名次，这一点还不能肯定。有资料表明，美国大型军备企业的数目在过去的几年中，已经减少了一半左右。

第四，持续的经济增长，为企业进行大规模兼并活动提供了较为充裕的资金。从1991年走出经济增长的谷底以来，美国的经济增长已经持续了70多个月，成为战后第三个长经济增长周期。从1993年到1995年，美国经济增长率分别为2.3%、3.6%和1.9%；同期加拿大经济增长率分别为2.2%、4.0%和2.3%。从工业生产增长率来看，1991～1995年美国平均为2.8%，加拿大为2.3%。持续的经济增长意味着企业利润可以保持在较高水平。根据美国《商业周刊》1996年11月发表的对900家大公司的调查，从1992年年中到1995年年中，这些企业的平均季度利润增长率超过30%。1995年美国500家大公司的利润平均上升了13.4%，1996年估计仍将保持在两位数以上；在加拿大，1995年企业利润则达到了创纪录的660亿加元。西欧国家虽然从1995年开始出现经济增长速度下降的局面，但前几年的强劲经济增长势头，已经为企业应付任何可能的经济衰退打下了坚实的基础。总之,长期的经济繁荣使大多数企业资金充盈，并为它们进行兼并活动提供了充足的资金。另一方面,由于经济长期繁荣所带来的股票价格持续攀升和股市繁荣,也使企业资产无形升值,投资者对企业经营实绩的评价、以及对其经营前景的预期明显看好,从而为企业以发行新股方式进行兼并创造了有利条件。美国道琼斯股票指数近年来屡创新高,1996年年底达到7000点的历史最高纪录,1997年年中甚至上升到8200点的惊人水平。在美国历史上,持续的经济增长繁荣必然带来股票市场的繁荣和企业兼并高潮的出现,这一次当然也不例外。有学者认为,由于美国在90年代进入了一个经济增长周期与股市繁荣周期以及企业兼并与收购周期交叠的时期,故在今后一段时期内,美国股市仍将保持繁荣局面,而不可能发展“黑色星期五”那样的悲剧。“美国这次股市景气真正结束之时,也将是企业兼并与收购繁荣与经济增长结束之日”④。从经济增长对于企业兼并活动的支撑作用来看,这种观点显然是有道理的。

第五，最后，但并非最不重要的一点是，进入90年代以来，随着世界经济全球化的深入发展，世界经济的同质化和市场化程度迅速提高，各国经济业绩和企业绩效的评价标准越来越趋于一致，从而使国际市场上的竞争空前激烈。有西方学者认为，90年代以来推动企业进行经营战略调整和组织管理改革的两个主要动力就是技术创新和经济全球化。

企业响应环境变化示意图

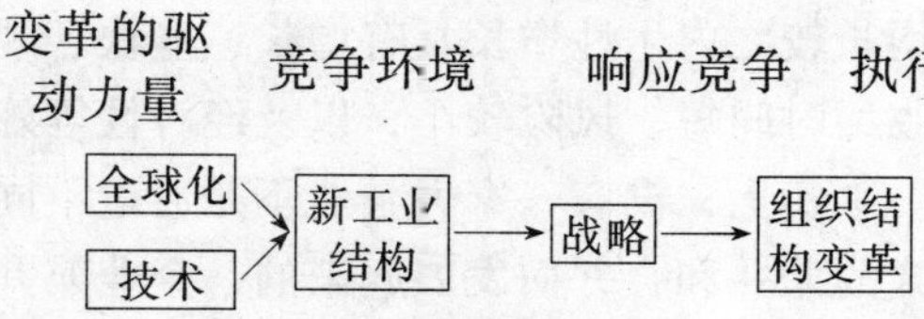

（资料资源：斯蒂芬．P．布莱德雷等主编：《全球化、技术与竞争》，哈佛商学院出版社1993年第4页。）

正是为了对这种日益增加的技术与全球市场的竞争压力作出反应，发达国家和发展中国家的跨国经营企业，都越来越追求通过国外直接投资和非股权投资来进一步发展全球化经营，以便开发新市场或者利用生产要素优势来建立国际生产网，而“合并和兼并是它们最偏爱的国外生产途径。事实上，1994年和1995年所增加国外投资中相当一部分是企业并购引起的”⑤。90年代的企业兼并风潮，之所以能够发展成为一种国际现象，其原因也在于此。有的学者甚至认为，在现代国际竞争中，只有在世界同行业竞争中居于前几位的大企业集团才能够确保生存，强强联合、大象联姻正是反映了这种跨国经营企业发展的总体趋势。

90年代
世界企业兼并的影响

那么，迄今为止已经持续了3年之久的企业兼并活动，将会对世界经济产生何种影响呢？我们认为，这次兼并高潮对于世界经济的影响，主要体现在以下几个方面：

其一，企业兼并将进一步促进各种经济资源的优化组合，提高企业的经营效率，进而加强其市场竞争能力。在西方国家，自从现代意义上的企业产生以来，通过企业兼并促进企业发展和通过技术创新促进企业发展，一直就是企业的两种基本发展战略。如果我们把企业通过技术创新而获得的增长称为内生性增长，而把企业通过兼并获得的增长称为外生性增长的话，那么很显然，外生性增长较之内生性增长具有增长速度快、现金收回时间短、风险较小，以及经济性等好处。事实上，没有一家大企业不是通过不同形式的兼并和合并而发展起来的，企业兼并与合并成为资本集中的主要形式。就微观而言，西方资产重组理论认为，通过兼并实现资产重组至少具有以下几个优点：(1) 通过企业兼并，可以扩大企业经营规模，从而产生规模经济收益；(2) 企业兼并，可以促进企业资源的优化组合，从而促进生产率的提高；(3) 通过企业兼并，进入新的行业可以使兼并企业缩短学习曲线，节省学习成本；(4) 企业兼并所形成的经营多元化，可以降低企业经营风险，使企业在较长时期内保持稳定发展；(5) 企业兼并，可以扩大企业的市场份额，加强企业的市场竞争能力；(6) 企业兼并，可以节约企业的市场交易成本，最大限度地减少市场的不确定性。此外，如果政府规定企业亏损可以冲抵此后一定的利润，则通过兼并亏损企业还可以获取税务方面的好处。从宏观上看，企业兼并可以使资源在更大范围内实现优化配置，从而使整个经济运行效率得到较大幅度的提高。以美国国防工业为例，美国国防部支持军工企业进行兼并和合并的一个主要目的，就是希望通过此举促进企业扩大经营规模，降低经营成本，从而使不断下降的国防预算可以最大限度地发挥作用。美国通用汽车公司也认为，减少与公司打交道的供应商已经成为一个重要趋势。1996年美国重新夺回世界竞争力排行榜第一的桂冠，不能说与这次企业兼并与合并浪潮所带来的企业国际竞争力增强毫无关系。因此，企业兼并作为一种典型的资产重组活动，虽然属于企业的微观行为，但其对整个国民经济的宏观影响显然也不可低估。有的学者甚至直接称企业兼并为一种"有效的经济增长机制"⑥。

其二，企业兼并与合并浪潮，将极大地促进股市繁荣。企业兼并与股票投机是一对孪生姐妹，因为企业兼并既是一个价值创造过程，同时也是一个价值释放过程，而这两者都会促成股票升值，从而导致股票投机和股市繁荣。西方财务理论认为，由于企业兼并与合并所带来的信息传递，会使投资者重新评价被兼并企业（即目标企业）的业务实绩，进而刺激投资者增加购买被兼并企业的股票，最终促成兼并企业与被兼并企业的股票升值。有资料表明，与友好接管相比，敌意兼并一般可使目标企业的股东得到30%～50%的额外收益，而收购企业股东的额外收益在4%左右⑦。企业兼并对于股票市场的这种促进作用，在近年来美国股市的空前繁荣中已经得到了充分的验证。1995年2月，美国道—琼斯工业股票平均指数还只有4000点，同年11月21日突破5000点。自1996年年初以来，纽约股市道—琼期30种工业股票平均价格指数，从年初以来44次创历史最高纪录，7月达到6000点，11月25日首次突破6500点，达6547.79点，比年初上扬约25%，年底甚至一度达到7000余点的峰值。据1996年12月25日出版的美国《巴伦周刊》报道，美国上市公司股票的全部市值，已经超过美国的经济产值，达7.7万亿美元。1995年和1996年，道—琼斯指数已分别上升33%和27%。进入1998年以后，道—琼斯股票平均指数一路上扬，在4月份甚至达到9500点以上。在美国股市繁荣的带动下，欧洲股市也保持了较高水平。英国、德国、瑞士、荷兰、西班牙、瑞典、挪威、匈牙利、丹麦、爱尔兰、加拿大、南非等国，主要股市也都在1996年9月后陆续攀升到历史最高点。日本股市在1995年因受本国经济不景气的影响而持续低迷，但在1996年随着经济状况改善，到

12月13日，日经指数已升到20339.29点，比1995年年中上升约25%。进入1997年以后，由于受到美国股市持续高攀的影响，全球股市在8月份之后一直牛气冲天。因此，从某种意义上说，90年代的股市繁荣很大程度上是靠企业兼并与合并浪潮动起来的，是一种企业兼并繁荣。只要企业兼并浪潮能够继续保持下去，股市繁荣就会仍将保持一段时期。

其三，90年代的企业兼并浪潮，既是各国经济全球化的产物，同时又必然会进一步加强经济全球化趋势，促使世界市场的进一步扩大和深化。我们知道，企业是以现代市场的充分发展为基础的。经济全球化的深入发展，使各国分散的国内市场迅速融合成为真正统一的世界市场，从而为各国企业的发展提供了更为广阔的空间和余地，为全球企业的产生创造了坚实的基础。另一方面，企业兼并的发展，又使发达国家的企业经营规模迅速扩大，其业务活动的重点，开始从一国一洲扩大到整个世界，经济竞争的主战场，逐步从国内市场转向国际市场。企业竞争的着眼点是争取在世界市场上取得更大的市场份额。美国的一位企业负责人就说：在你的竞争对手变得越来越大时，你几乎不得不发展得越来越大，以便平起平坐，那是连续不断地你追我赶的竞争。之所以如此，一个重要的原因就是这些企业担心，世界经济区域化集团化将使它们失去市场。世界市场的扩大和深化以及其同质化程度的加深，使投资者对于企业经营业绩的评估标准也更加趋向一致。在这种情况下，各国企业间的竞争将更为直接、激烈，发达国家企业的国际地位将会明显提高。为了加强企业的竞争能力，大型企业在加强彼此之间的策略联盟的同时，还越来越多地进行跨国企业兼并。跨国兼并，将成为未来几年世界经济中企业兼并的一个突出特征。

但是，值得注意的是，我们在给予近年来的企业兼并活动对于世界经济发展的促进作用以充分估计的同时，还必须注意其对于世界经济的负面影响，特别是对于广大发展中国家经济的负面影响。这种负面影响主要表现在：

其一，随着企业兼并的进行，企业规模必定也会相应地有所扩大，因而发达国家的企业将会进一步加强其国外经济扩张活动，其对世界经济政治事务的影响力也将进一步加强。这是因为，企业兼并固然有提高企业和整个国民经济效率的一面，但这同时也是公司实力加强和垄断发展的过程。在这种情况下，跨国经营企业能够更加有效地控制向发展中国家的技术转移，从而加大跨国公司对于发展中国家经济发展的影响；而发展中国家在通过跨国公司引进国外先进技术时，将面临着更少的选择，因而不得不付出更高的成本；与此同时，由于供应商减少，发达国家政府更容易对跨国公司的技术转移活动、特别是针对发展中国家的技术转移活动进行监督和管理，从而加强发达国家对于发展中国家经济政治事务的影响力；再者，随着跨国公司的国际经营活动的扩张，国际贸易的内部化趋势将越来越强烈，国际贸易活动将进一步向大型跨国公司集中。跨国公司的影响所及，将不仅仅局限于发展中国家，而且也将对发达国家的政治经济事务产生重大影响，从而真正成为世界经济中的“章鱼”。举例言之，波音公司与麦道公司合并的消息公布以后，美国有报道就认为，波音公司即将在全球舞台上扮演更为重要的角色，它在全世界的商业利益，将对范围广泛的一系列政策产生影响。美国政府官员也认为这项交易将会加大波音公司的经营给美国对外政策带来的困难，认为“我们现在不得不提出的问题是，对波音公司有好处的事是否对美国在全世界的利益有好处。这个问题通常不容易回答”[⑥]。

其二，企业兼并将使大多数发达国家政

府面临着巨大的反托拉斯法压力，因为企业兼并必然会影响到市场结构，加强兼并企业的垄断地位。以美国的国防工业为例。经过长达3年之久的兼并高潮之后，美国军工企业的数目大大减少。现在，对于这种因为军工企业合并而形成的市场结构是否有利于国防利益，即使华盛顿专门研究国防问题的防务政治家们也不再那么有把握了。为了对这一问题进行更为深入的分析，作为咨询委员会的国防科学委员会已经受命研究出一种预警系统，以便探讨竞争在军备订货方面是否还起作用。是五角大楼的打算得以实现，由于美国的军火商是世界上最大的武器制造商，所以，目前所剩下的三四个超级康采恩是在相互竞争中压低成本和价格呢，还是由这些康采恩瓜分市场并成为垄断企业，这已经不仅仅是使美国感兴趣的事情。虽然克林顿总统已经明确表示将加强实施反托拉斯法的力度，但迄今并没有强有力的措施公布出来，甚至在美国的司法部内部就是否应该加强反托拉斯力度的问题上，还存在着激烈的争论。在欧洲国家，德国在反垄断方面始终持比较坚决的态度，而法国虽然声称已经松开了“老虎钳”，但对于外国企业在法国的兼并活动仍然比较谨慎。如何既要鼓励企业从事适当的兼并活动，同时又不会对市场结构产生严重影响，这是各国反托拉斯机构面临的共同课题。

其三，出于追求企业经营效率的需要，大多数企业在兼并之后必然要大幅度裁员，以便压缩固定开支，增加企业利润。虽然大多数企业在被兼并时都会提出被兼并企业职工的安排问题，并且一般也会给予相当优惠的辞职待遇，但裁减人员作为提高企业资产运营效率的重要措施是一种非常流行的做法。因此，企业兼并将不可避免地影响到就业市场，尤其是高级企业管理人员的就业状况。举例来说，大通曼哈顿银行与化学银行合并以后，立即宣布将其雇员人数从7.5万人减少到6.3万人，裁员幅度在16%以上。同时，新的大通曼哈顿银行还宣布将与微软公司合作，逐步用电脑替代手工作业，将节省下来的开支用于开发利用最新的通讯技术成果。在美国的国防工业领域，由于激烈的兼并活动，美国军备工业在过去几年中已经裁员110万人，总共390万个工作岗位被裁减了110万个，裁员幅度将近30%。可以肯定地说，在未来的几年中，由于企业兼并而产生的企业裁员风潮仍然将持续一段时期。

总之，90年代中期以来的世界企业兼并风潮，是在世界经济全球化深入发展的大背景之下，以欧美国家企业为主，推动形成的全球性企业重组活动，其主旨是通过在世界范围内优化资源配置，来进一步提高企业的国际竞争能力。在这个过程中，诞生了一大批真正以世界市场为基础、以国际分工为纽带、在世界范围内进行资源配置的世界性大企业。它们冲破了国家边界和民族藩篱，褪去了身上最后一丝民族特性，成为真正的全球企业。显然，这些全球企业，较之仅仅从事跨国经营的企业更有资格称为未来世界经济的基本细胞。从这个意义上来说，90年代中期的世界企业兼并风潮，对于世界经济进一步发展的影响是不言而喻的。

---

① 龚维敬：“90年代西方企业兼并是一次战略兼并”，载《世界经济》1996年第6期。

② 殷立春：“日本企业兼并现状剖析”，载《世界经济》1996年第7期。

③ 联合国贸易与发展会议：《1996年世界投资报告》第7—18页。

④ 滕藤、谷源洋主编：《1996—1997世界经济形势分析与预测》第21—22页，中国社会科学出版社1997年版。

⑤ 联合国贸易与发展会议：《1996年世界投资报告》，第6页。

⑥ 吴德庆、邓荣霖主编：《企业兼并问题研究》，中国人民大学出版社，1992年版，第23页。

⑦ 滕藤、谷源洋主编：《1996—1997世界经济形势分析与预测》，中国社会科学出版社1997年版第20页。

⑧ 美《纽约时报》1996年12月17日文。

90 年代国际直接投资的特点及回顾

中国社会科学院世界经济与政治研究所　**刘景竹**

90 年代国际直接投资的趋势性特点

90 年代以来，国际直接投资不仅成为经济全球化进程中的一支生力军，而且增长势头强劲。这是因为，世界资本市场及其流动性和一体化的规模越来越大，数十亿美元的国际流动资本在全世界寻找可盈利的投资场所；各国对各类规章制度的解规和解除垄断，大大扩大了开放全球舞台供外国竞争的规模。据估计，“全球可竞争的”世界经济值①，将从 1995 年的约 4 万亿美元增加到 2000 年的 21 万亿美元以上②；计算机和通讯方面的技术革命为全球竞争增添了经济因素；私有化、贸易与投资体制的改革，为国际直接投资提供了新的场所和便利条件；以及国际竞争和大型跨国公司投资战略的变化（转向寻求市场和获取战略资本），竞争舞台的复杂性和资本市场强行规定的严格纪律，使各公司要么专业化，即在自己选择的领域成为世界级公司，要么退出竞争。因此，今后十年，世界经济中将出现空前规模的公司改组和合并。回顾近年来国际直接投资的变化，主要呈现以下一些趋势性特点：

（一）国际直接投资对经济周期的变化日趋敏感。

各国经济的周期性波动，通过国内外条件的互相作用会对国际直接资本流动产生正相关影响。美国经济于 1990 年进入衰退，1992 年开始回升；欧洲经济于 1990 年步入衰退，1993 年出现复苏；日本经济于 1992 年中期陷入危机，直到 1997 年复苏的基础还没有坚实起来。同期，三方的国际直接投资（流入量和流出量）也相应萎缩和膨胀。1993 年，美国吸引的外国直接投资比上年增加了 131%、对外直接投资增长了 92.0%，分别达到 435.34 亿和 748.37 亿美元；1994 年，欧盟对外直接投资比上年增长了 16.2%，为 1128.36 亿美元、引进外国直接投资于 1995 年走出低谷，较上年扩大了 53%，为 1108.84 亿美元。日本的对外直接投资至今没有恢复到危机前的水平，即 316.2 亿美元。发展中国家③，尤其东南亚地区经济在 90 年代的持续增长，大大促进了国际直接投资的流入，成为全球投资的热点地区，不仅如此，该地区的对外直接投资也有长足发展（图 1、图 2）。

（二）发展中国家在国际直接投资中的地位显著提高，但发展极不平衡。

80 年代中期，发展中国家吸引的外国直接投资，占世界外国直接投资流入总存量的比重为 29.23%，总计 2178.16 亿美元。90 年代以来，发展中国家，尤其亚洲和拉丁美洲地区经济的持续稳步发展，吸引了大量的外国直接投资。1996 年，吸引外国直接投资 1290.71 亿美元，相当于 80 年代中后期年均流入量的 5 倍多，由占世界流入总量的17.34%上升至36.96%，累积金额达283.60亿美元，约占世界总存量的28.71%。尽管总存量扩大了13.02%，发展中国家在国际直接资本流入中的地位并没有发生太大的变化。究其原因，部分应归咎于发达国家间的对外直接投资膨胀得更为迅速（表1）。

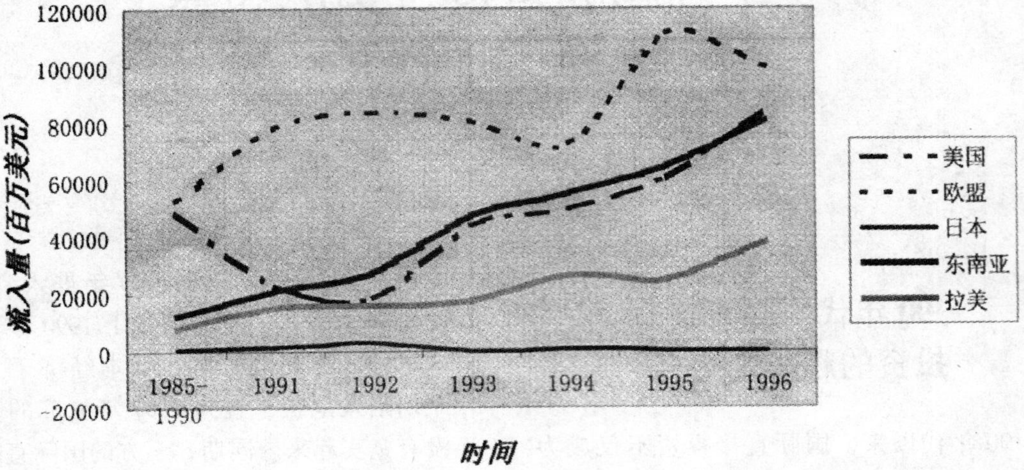

图1　外国直接投资流入量的变化

资料来源：根据联合国贸发会《1997年　世界投资报告》有关数据制作。

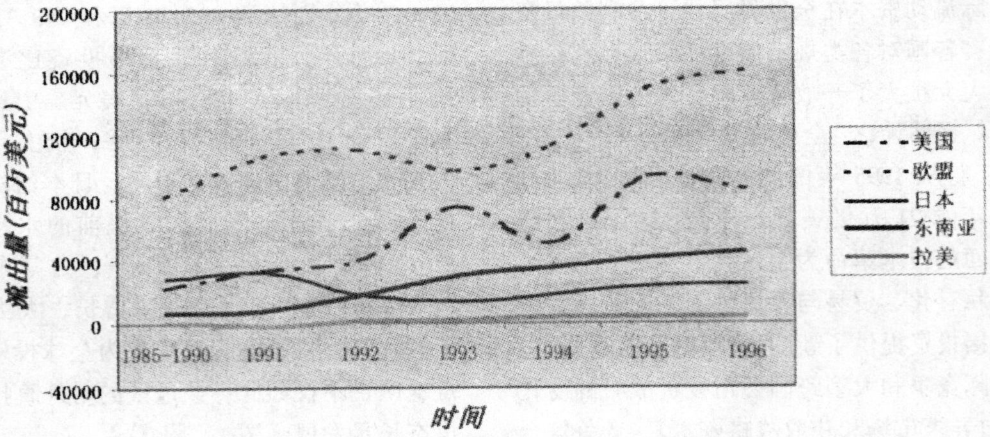

图2　外国直接投资流出量的变化

资料来源：同图1。

表1　国际直接资本投资流入量的地区与国别构成（亿美元）

东道国或地区	1985～1990年（平均）		1995年		1996年	
世界	1419.30	100%	3165.24	100%	3492.27	100%
发达国家	1168.63	82.34%	2055.49	64.94%	2078.96	59.53%
美国	486.23	34.26%	608.48	19.22%	846.29	24.23%
欧盟	526.85	37.12%	1108.84	35.03%	994.16	28.47%
英国	190.23	13.40%	220.30	6.96%	300.53	14.46%
日本	3.75	0.26%	0.41	0.01%	2.20	0.06%

续表

东道国或地区	1985～1990 年（平均）		1995 年		1996 年	
发展中国家	246.17	17.34%	966.57	30.53%	1290.71	36.96%
东南亚地区	123.57	8.71%	651.75	20.59%	812.41	23.26%
中国	26.54	1.87%	358.49	11.35%	423	12.11%
拉丁美洲地区	81.45	5.74%	254.24	8.03%	385.63	11.04%
巴西	13.15	0.93%	48.59	1.54%	95.00	2.73%
非洲地区	27.50	1.94%	50.26	1.59%	52.79	1.51%
尼日利亚	6.90	0.49%	18.30	0.58%	17.20	0.49%
中东欧地区	4.49	0.32%	143.17	4.52%	122.61	3.51%
波兰	0.26	0.02%	36.59	1.16%	51.96	1.49%

资料来源：根据联合国贸发会《1997 年　世界投资报告》有关数据计算合成。

发展中国家在吸收外国直接投资方面，发展极不平衡，但有迹象显示，越来越多的国家开始向外国直接投资敞开大门。1996 年，发展中国家所吸收的外国直接投资中，东南亚地区占 62.94%，拉丁美洲和加勒比地区占 29.88%，非洲（包括南非）仅占 4.09%。东南亚地区所吸引的外国直接投资比 1995 年增加了 24.65%，达 812.41 亿美元，为世界流入总量的 23.26%。80 年代中后期，其年均流量是 123.57 亿美元，占发展中国家流入总量的 50.20%、世界的 8.71%。应该指出的是，外国直接投资在东南亚地区的急剧扩张与该地区经济的高速发展，和积极鼓励外资流入政策一脉相承。中国自 1987 年实行改革开放以来，采取了一系列有利于外资流入的政策，成为发展中国家吸引外资金额最多的国家。1996 年，引进的外国直接投资达 423 亿美元，仅次于美国（846.29 亿美元），成为世界第二大引资国；累积金额达到 1691.08 亿美元，约占发展中国家的 18.22%，世界的 5.23%。其次是新加坡（94.4 亿美元）、印度尼西亚（79.6 亿美元）、马来西亚（53 亿美元）和印度（25.87 亿美元）。近年来，越南和柬埔寨加快了引进外资的步伐。越南 80 年代中后期年均引资 0.3 亿美元，1995 年达 20 亿美元，比 994 年扩大了 1.5 倍多，1996 年又增加了 7.8%，达到 21.56 亿美元。90 年代初，柬埔寨在引进外资方面还是一片空白，1996 年共引资 3.5 亿美元，相当于 1995 年的 2.3 倍。

1996 年，拉丁美洲地区吸引的外国直接投资达到了创纪录的水平，比上年增加了 51.68%，增幅超过了东南亚地区，为 385.63 亿美元，占世界外国直接投资流入总量的 11.04%，约为 80 年代中期年均流入量的近 5 倍。近年来，拉美地区外资迅速增长的部分原因应该归咎于该地区各国政府积极采取的经济自由化和私有化政策。良好的投资环境和区域内大市场不仅强烈地吸引着外国投资商纷纷踏至，而且也使该地区的受资国呈现出多元化趋势。80 年代中后期，吸引外国直接投资超过 10 亿美元的国家只有墨西哥、巴西和百慕大三个，1996 年增至八个国家：巴西（95 亿美元）、墨西哥（75.35 亿美元）、阿根廷（42.85 亿美元）、秘鲁（35.56 亿美元）、智利（31.4 亿美元）、哥伦比亚（30 亿美元）、百慕大（21 亿美元）和委内瑞拉（13 亿美元）。巴西是拉美地区吸收外国直接投资最多的国家，几乎比 1995 年的 48.59 亿美元翻了一番。

1996 年，流向非洲的直接投资虽比上

年扩大了5.03%，达到52.79亿美元，累积金额703.35亿美元，但就其地位而言，无论占发展中国家，还是占世界国际直接投资流入总量或总存量的份额，均在缩小。同80年代中期相比，其总存量增加了1.2倍，但份额却由占发展中国家累积总金额的14.63%下降为7.58%。显而易见，非洲地区吸收外国直接投资的速度远远低于发展中国家的平均水平。流入非洲的投资主要集中于石油生产国。尼日利亚是该地区吸引外国直接投资最多的国家，1996年约17亿多美元。其次是埃及（7.4亿美元）和摩洛哥(4亿美元)。

近年来，中东欧经济转轨国家所实施的经济市场化的改革方针，大大加快了其吸引外国直接投资的步伐。80年代中后期，年均吸引外资金额只有4.49亿美元，1996年则达到122.61亿美元，较之增长了26倍多，成为全球引进外国直接投资增长速度最快的地区。然而，由于该地区在经济转轨过程中存在着许多不确定因素，致使外国投资者或做试探性投资，或驻足观望，外资流入起伏较大。1996年的引资金额就比1995年减少了14.336%，累积存量463.63亿美元，远远低于印度尼西亚的水平（585.63亿美元）。尽管如此，波兰却倍受外商青睐，1996年外国直接投资流入量达到51.96亿美元，比上年增加了42%，累积金额137.24亿美元。其次是匈牙利（19.82亿美元）和俄联邦（18亿美元），但后两者分别比1995年减少了56.15%和11.76%。

90年代,发展中国家在对外直接投资方面有长足进展。80年代中期,发展中国家对外直接投资犹如凤毛麟角,少得可怜,只有106.31亿美元,累积金额约326.11亿美元,仅为世界对外直接投资总存量的4.72%。1996年,发展中国家对外直接投资达到521.87亿美元,相当于80年代中期的5倍多,由占世界流出总量的4.32%一跃升至为15.05%,累积金额达到2929.21亿美元,相当于国际直接资本流出总存量的9.22%,比80年代中期提高了近5个百分点(表2)。

表2　国际直接投资流出量的地区与国别构成　　（亿美元）

输出国或地区	1985~1990年（平均）		1995年		1996年	
世界	1555.78	100%	3387.29	100%	3468.24	100%
发达国家	1449.28	93.15%	2907.09	85.82%	2940.14	84.77%
美国	215.96	13.88%	929.29	27.43%	849.02	24.48%
欧盟	802.85	51.60%	1491.98	44.05%	1603.72	46.24%
英国	251.77	16.18%	423.60	25.21%	534.99	15.45%
日本	278.12	17.88%	225.10	6.65%	234.40	6.76%
发展中国家	106.31	6.83%	475.96	14.05%	521.87	15.05%
东南亚地区	73.78	4.74%	416.27	12.29%	456.75	13.17%
中国	6.96	0.45%	20.00	0.59%	22.00	0.63%
香港	20.62	1.33%	250.00	7.38%	270.00	7.78%
拉丁美洲地区	13.54	0.87%	39.19	1.16%	38.50	1.11%
巴西	2.88	0.19%	13.84	0.41%	9.71	0.28%
非洲地区	11.58	0.74%	12.09	0.36%	15.04	0.43%
南非	0.77	0.05%	5.62	0.17%	7.18	0.21%
中东欧地区	0.18	0.01%	4.24	0.13%	6.23	0.18%
俄罗斯	…	…	1.91	0.06%	4.06	0.12%

资料来源：根据联合国贸发会议《1997年　世界投资报告》有关数据计算合成。

雁行发展模式在东南亚经济发展中始终发挥着重要作用。进入 90 年代以来，亚洲新兴工业化国家和地区由于面临国内生产成本不断提高的压力，以及国外次新兴工业化国家，如马来西亚、印度尼西亚、泰国和中国等经济高速发展的诱惑和挑战，开始进行结构调整。一方面，将不再具有比较优势的产业以直接投资的方式转向周边国家，另一方面，加大对发达国家，尤其美国的直接投资，以期直接获得西方先进技术、管理经验和市场。1996 年，东南亚地区对外直接投资达到 456.75 亿美元，较上年增长了 9.72%，相当于发展中国家对外直接投资流出量的 87.52%；累积金额达到 2266.67 亿美元，约占发展中国家对外直接投资总存量的 77.38%。中国的香港特区是发展中国家和地区对外直接投资增长最快、金额最大的地区。1996 年，年投资额达 270 亿美元，比上年增加了 8%，是 80 年代中后期年均输出量的 12 倍多，累积存量达 1121.56 亿美元，相当于发展中国家对外直接投资总存量的 38.29%。中国的对外直接投资虽起步较晚，但发展很快，1996 年达到 22 亿美元，比上年增长了 10%，相当于 80 年代中期的两倍多，成为继香港、新加坡（48 亿美元）和韩国（41.88 亿美元）之后，发展中国家第四大对外直接投资国。另一个值得一提的是，韩国自 1993 年起开始成为资本净输出国后，韩国大宇公司以其 119.46 亿美元的对外资产业绩首次跻身于 1996 年世界第 52 大、发展中国家第一大跨国公司（连续数年）之列。在联合国贸发会公布的 1996 年发展中国家 50 家大型跨国公司中，东南亚占 33 个。1993 年也有 33 个国家和地区榜上有名，但中国无一家上榜。本次中国有 7 家公司连续两年金榜题名。（图 3）

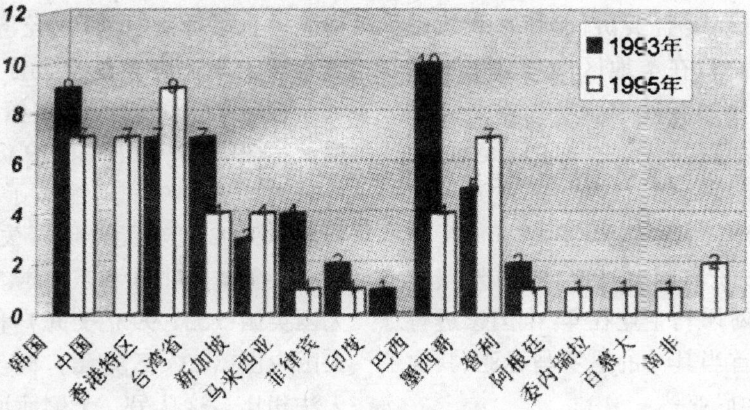

图 3　发展中国家 50 家大型跨国公司国别构成变化(1993 ~ 1995)

资料来源:根据联合国贸发会《1995 年　世界投资报告》第 30 页,附录Ⅰ.1 中表 1,《1997 年　世界投资报告》第 32 页,表Ⅰ.8 有关数据制成。

近年来，以巴西、智利、委内瑞拉和墨西哥为代表的拉丁美洲及加勒比地区的对外直接投资也有较快的发展。1996 年达到 38.5 亿美元，虽比 1995 年减少了 1.76%，比创纪录的 1994 年（41.71 亿美元）减少了 7.7%，但仍不失为投资增长较快的年份。目前，累积金额已达 288.54 亿美元，约占发展中国家对外直接投资总存量的 9.85%。委内瑞拉石油公司以其 67.96 亿美元的对外资产实力第一次荣登发展中国家第 2 大、世界第 88 大跨国公司宝座。此外，还有 15 家公司被列为发展中国家大型跨国公司。

非洲地区的对外直接投资很少，但呈逐渐增长态势。80 年代中后期，年均 11.58 亿美元，1995年12.09亿美元，1996年达到15.04亿美元。南非和尼日利亚是主要的资本输出国，约占该地区直接资本输出的2/3强。1996年，南非的South African Breweries Limited（饮料公司）和Barlow Limited（多样化公司）首次被誉为发展中国家50家大型跨国公司，依次列第30和38位，打破了由东南亚和拉美地区大型跨国公司一统天下的局面。

中东欧转轨国家的对外直接投资继1994年达到创历史纪录的6.79亿美元之后，1995年减少了37.56%，为4.24亿美元，1996年又增加了46.93%，升至6.23亿美元，累积存量25.46亿美元，远不及墨西哥32.34亿美元的累积金额。导致该地区对外直接投资大起大落的部分原因是，大部分投资均集中在区域内，尤其集中在独联体内，因此受区域内经济波动的影响大。1995年1～9月份，仅俄联邦、乌兹别克斯坦及哈萨克斯坦就分别与独联体伙伴国签署合资协议项目1042、63和40个④。此外，旨在本地区内建立出口网络，推动本国出口的对外投资开始增多。匈牙利是仅次于俄联邦和波兰（0.8亿美元）的第三大对外直接投资国。1996年，达到创纪录的0.58亿美元。该年，匈牙利国家银行登记在册的对外投资许可证385例，另外核准许可证74例。匈牙利企业在44个国家进行了初始性投资，首当其冲的是罗马尼亚、其次为美国和斯洛文尼亚⑤。

纵观发展中国家参与国际直接投资活动的全貌，人们不难做出如下判断：东南亚地区和拉丁美洲地区将保持活跃态势，中东欧地区以及非洲地区正在引起国际投资商的广泛兴趣，经济增长快，有较大国内市场的国家和地区将成为未来国际直接投资的热点。

（三）发达国家仍然是国际直接投资的主导力量，但各国差距拉大。

继1995年发达国家间的国际直接投资大幅增长，创历史纪录后，1996年再创新高，直接资本流入量扩大了1.14%，为2078.96亿美元，占国际直接投资流入总量的59.53%，累积金额达22585.06亿美元，相当于国际直接投资流入总存量的69.85%；直接资本输出量增加了1.19%，达2940.14亿美元，占国际直接投资流出总量的84.77%，累积金额达28827.01亿美元，相当于国际直接投资流出总存量的90.70%。同80年代中后期相比，直接资本流入量增长了77.90%，流出量增长了1倍多，流入与流出存量均增长了3倍多，尽管如此，仍大大低于发展中国家的增长速度，所以，无论流量还是存量，发达国家在国际直接投资中的地位都在相对下降（表1、表2）。

1996年，美国、欧盟和日本三方的直接投资约占发达国家的90%。美国依然占据霸主地位，欧盟的相对地位缓慢下降，日本严重滑坡。三方间的差距进一步扩大。

美国经济自1992年走出危机以来，已连续扩张了近80个月。经济强劲增长，投资利润丰厚，有力地推动了国际资本的流动。1996年，美国的直接资本流入比上年增长了39.08%，达846.29亿美元，流出量虽减少了8.64%，即缩减了80.27亿美元，降至849.02亿美元，仍不失为世界上最大的直接资本输出国和东道国。资本输出第二大国英国（534.99亿美元）和资本输入第二大国中国（423亿美元）同美国悬殊甚大，无法相比。这从另一个侧面说明，美国经济和美国市场是如何为国际投资商所看好。

在美国的直接投资中，大约70%投向发达国家，30%流向发展中国家。美国的投资伙伴主要为欧盟、日本、加拿大，以及拉丁美洲和东南亚地区。其中，首屈一指的当数欧盟，约占美国直接资本流入量的67.6%、流出量的43%。由于受本地区经济调整的影响，欧盟对美国的直接投资比1995年减少了4个百分点，占美国直接资本流入量的67.6%，为571.9亿美元；来自美国的直接投资缩小了 6.6 个百分点，为美国直接投资流出量的 43%，达 367.22 亿美元。

日本是美国的第二大投资伙伴国，约占美国直接资本流入的 16.2% 和流出的 3.9%，日本经济的持续衰退，使日本大型跨国公司加大对美国的资本投入，以求公司的长期发展和缓解因双边巨额贸易逆差所带来的诸多贸易摩擦问题，为此，1996 年日本对美直接投资比 1995 年增加了 7.6 个百分点，所占份额翻了一番，相当于美国直接资本流入量的 16.2%，达 137.05 亿美元。然而，仍然远远低于投资高峰期（1988～1991 年间）年均水平的 1/3；美国投向日本的直接投资增加了 2.2 个百分点，为其直接资本输出量的 3.9%，达到 33.31 亿美元。

拉丁美洲地区是美国的第三大投资伙伴，得天独厚的地理位置，以及进一步深化的经济私有化、投资自由化和法制化成为美国跨国公司的投资“天堂”。1996 年，美国投向该地区的直接资本，由占其总流量的 15.7%（1995 年）上升为 19.7%，达 167.26 亿美元。据拉美与欧洲关系中心公布的一项调查报告⑥，1990～1995 年，美国超过欧洲，成为拉美地区最大的直接投资者。占这一时期进入该地区 660 亿美元直接投资的近一半。来自美国的生产性资本优先看中墨西哥、巴西和阿根廷的投资机会。主要投入汽车和电信部门，以及私有化计划。

东南亚地区经济的持续发展，潜在和显在的巨大市场，良好的投资环境，成为美国直接资本投资的新场所。1996 年的投资额达 64.05 亿美元，约占美国对外直接投资总额的 7.5%，比上年减少了 18 亿多美元⑦。

欧盟作为一个整体，是世界上最大的直接资本输出地区。1996 年，共输入直接资本 994.16 亿美元，比 1995 年减少了 10.44%；输出直接资本 160.372 亿美元，比上年增加了 7.55%。部分原因是，1992 年欧洲统一大市场启动后，欧盟各成员国开始将投资重点由区域为转向区域外。1992～1994 年，对非欧盟成员国的直接投资，由占欧盟对外资直接投资总额的 28% 扩大为 45%。欧盟的主要投资伙伴是欧盟各成员国、北美、中东欧转轨国家。

欧盟各成员国在国际直接投资活动中的表现各不相同。英国处于领先地位，无论直接资本输入或输出，1995 年均创纪录，分别增长了 113.88% 和 49.79%，为 220.30 亿和 423.60 亿美元；1996 年又分别扩大了 36.42% 和 26.30%，达到 300.53 亿和 543.99 亿美元，占欧盟直接资本进出额的 30.23% 和 33.36%。欧盟的其他主要直接资本输入国是法国（208.09 亿美元，比上年减少了 12.33%）与西班牙（63.96 亿美元，增长 4.54%）；主要直接资本输出国有德国（286.52 亿美元，比上年减少 17.88%）、法国（251.86 亿美元，增长 34.44%）。欧盟 15 个成员国中，7 个国家的直接资本流入量和 6 个国家的直接资本输出量比 1995 年减缩（表 3）。

表 3　欧盟各成员国直接资本输入和输出降幅排行

排行	国家	直接资本输入额（亿美元）		降幅（%）
		1995 年	1996 年	
1	瑞典	142.73	54.86	61.56
2	德国	89.40	38.51	56.92
3	荷兰	107.66	62.90	41.58
4	爱尔兰	23.17	14.55	37.20
5	意大利	48.78	37.39	23.35
6	法国	237.33	208.09	12.32
7	希腊	105.3	10.04	4.65
1	瑞典	107.33	48.47	54.84
2	爱尔兰	8.20	4.93	39.88
3	比利时卢森堡	113.09	89.83	21.19
	德国	348.90	286.52	17.88
5	意大利	69.25	58.66	15.29

资料来源：根据联合国贸发会《1997 年　世界投资报告》第 303、308 页附录表 B.1、B.2 计算合成。

日本经济自1992年中期陷入衰退以来，对外直接投资大副下降。1992年比投资高峰期的1991年（316.20亿美元）减少了24.47%，为1793.90亿美元。此后，投资额虽有增长，但非常缓慢。1996年达到234.40亿美元，虽比1995年的225.10亿美元增加了4.13%，仍然没有恢复到历史最高水平。日本的直接资本输入一向很低，仅为发达国家之间资本流入总量的0.11%，约为22亿美元，比1995年增长了四倍多，但远远低于高峰期（1992年）的27.56亿美元，仅相当于该年的79.83%⑧。

日本的对外直接投资主要流向北美、东南亚、欧洲、拉丁美洲和中近东地区。1996年，日本的十大投资伙伴依次是：北美（占其投资总额的45.8%）、英国（7.2%）、中国（5.2%）、印度尼西亚（5.0%）、中国香港特区（3.1%）、泰国（2.9%）、新加坡（2.3%）、荷兰（2.3%）、开曼群岛（2.2%）和加拿大（2.1%）。在1996年的日本对外直接投资中，制造业增长了25.1%，其中，汽车制造业的投资增长最快，为125%，木材与造纸业增长98.8%；下降最多的是纺织业，减少了32.3%。非制造业的投资扩大了22.5%，其中，对水产业的投资增长了104.2%，金融保险业扩大了66.1%；服务业的投资减少了56.0%。对商业部门的投资继1995年增长了132.1%以后，又扩大了22.5%。

1996年，日本向北美地区的投资比1995年增加了15.8%，为2.5933万亿日元，约占其直接资本流出总量的47.9%。其中，对制造业的投资扩大了36.4%，达9904亿日元，约占其投资总额的43.5%；汽车制造业的投资增加了487.1%，为2559亿日元。向金融、保险以及服务业的投资增加了193.3%，达4604亿日元⑨。

东南亚地区是日本的第二大投资伙伴。1996年，日本放慢了对该地区的投资。1995年比1994年增长182%，为1.1921万亿日元，相当于总投资的24.1%。1996年仅增长了9.7%，合1.3083万亿日元，占总投资的24.2%。自1993年以来，日本加大了对北美制造业的投资，流向东南亚地区的投资于1996年减少了4.4%，达1.3083万亿日元，由占日本对外制造业投资的42.8%降为32.6%。部分原因是，对中国的投资大幅度下降，全产业缩减了34.5%，制造业下降39.7%。此外，对马来西亚、韩国和菲律宾制造业的投资也减少了3.0%、11.5%和22.1%。

欧洲是日本的第三大投资伙伴。1996年，日本对该地区的投资只有微量的增长，即只增长了0.3%，达8305亿日元，占日本对外直接投资总额的15.4%。英国经济的不断向好，极大地吸引着日本投资商。1995年，对英投资增加了47.5%、达3332亿日元，对制造业的投资扩大了93.7%，为834亿日元；1996年，全行业再增长了16.2%，达到3873亿日元，制造业又扩大了89.1%，合1578亿日元。日本对英国投资的行业特点是：①世界经济全球化使企业得以在世界范围内扩大对其生产体制的调整。基于此种考虑，日本加大对英国汽车制造业的投资，以期扩大在当地的汽车生产能力；②继1995年掀起购并和新建机电工厂风以来，余波未尽，机电投资继续增加；③银行业等金融子公司的交易持续活跃，旨在提高银行及金融保险业经营水平的投资增长迅速。

日本对拉丁美洲地区的投资是以北美自由贸易区、南方共同市场等区域性组织有可能进一步形成更大型地区性组织为背景的。1996年直接投资增长了33.9%，达5008亿日元，占其对外总投资的9.2%，其中，对制造业的投资猛增了444.8%，达到1077亿日元，相当于对该地区投资的3349%。1996年，流向波新的投资增长了6436%，为993亿日元，投向金属与非金属产业的投资大幅上升了 643.6%，达到 625 亿日元；对开曼群岛的投资增加了 82.6%，为 1173 亿日元。开曼群岛是日本的第九大投资伙伴。

纵观发达国家，尤其美国、欧盟和日本，在国际直接投资中力量消长的变化、以及投资的国别和产业别的变化，可以预料，本次投资高峰不会是非常短命的。

（四）国际直接投资日益集中于少数跨国公司、少数行业。

近年来，跨国公司对外直接投资呈现两种趋势，一是存量急剧膨胀，1996 年继 1995 年增长了 66.3% 以后，又扩大了 13.5%，约合 31781.69 亿美元。二是投资日益集中于少数跨国公司、少数行业。1993 年，占总数 0.3% 的全球 100 家大型跨国公司拥有全球对外直接投资总存量的 1/3，对外资产高达 1.3 万亿美元；其国外分机构的销售额相当于价值 6 万亿美元的全球跨国公司境外销售总额的 1/4，约合 1.5 万亿美元。1995 年，占总数不到 0.3% 的全球大型跨国公司拥有 1.7 万亿美元的对外资产，超过世界境外资产总额的 1/5；其境外分支机构的销售总额比 1993 年扩大了 26%，接近 2 万亿美元，相当于世界跨国公司境外销售总额的 1/3。在 10 个能够提供有关资料的发达国家中，有 7 个国家的前 25 家大型跨国公司的对外直接投资等于或超过本国对外直接投资存量的 50%。它们依次是：挪威（86.8%）、澳大利亚（80.0%）、芬兰（69.0%）、瑞典（59.0%）、英国（57.0%）、美国（51.0%）和加拿大（50.1%）[⑩]。

在全球 100 家最大型跨国公司中，欧盟、美国和日本公司始终占据着主导地位。但在 1995 年其地位有所松动，多元化趋势朦胧可见。1993 年美欧日公司占 95 家；1995 年则占 87 家（图 4）。值得一提的是，韩国大宇公司和委内瑞拉石油公司的加盟，标志着发展中国家的跨国公司正在逐渐强大起来，不过，要走的路还很长。同名列第 100 位的法国 Pechiney SA（境外资产 58 亿美元）相比，发展中国家第三大跨国公司，墨西哥 Cemex SA 拥有的境外资产相当于前者的 72.9%，为 42.26 亿美元[⑪]。

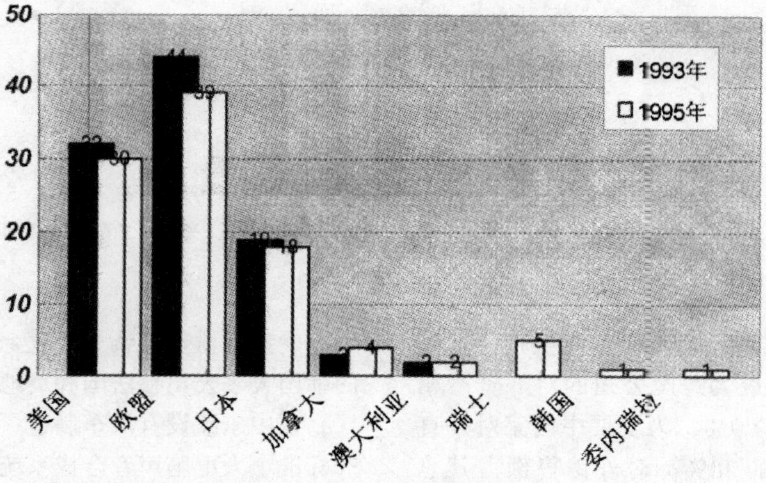

图 4　全球 100 家大型跨国公司国别构成变化（1993～1995）

资料来源：根据联合国贸发会《1995 年　世界投资报告》第 20 页，表 1 7，《1997 年世界投资报告》第 29 页，表 1.7 有关数据制成。

荷兰皇家壳牌公司（Royal Dutch Shell 英国/荷兰）已连续 5 年名列全球 100 家大型跨国公司之首。1995 年，其境外资产近 800 亿美元。紧随其后的 9 家公司依次是，美国福特汽车公司、通用电器公司、埃克森公司、通用汽车、德国大众、美国国际商用电器、日本丰田汽车公司、瑞士雀巢和日本三菱公司。这些公司不但境外资产最多，且获取的利润也最多。荷兰皇家壳牌公司以利润额第一，销售额第六的业绩成为世界15家最大公司中唯一一家非美非日公司。然而，美国公司取得的利润最多。在利润最多的50家公司中，美国占31家；在利润最多的10家公司中占7家。美国埃克森公司和通用电气公司分别居利润排行的第2和第3位，成为利润超过60亿美元俱乐部的成员。1996年，美国通用汽车公司（1680亿美元）和福特公司（1470亿美元）的销售额居世界榜首，取代了雄居榜首长达两年之久的3大日本综合商社⑪。

全球100家大型跨国公司的行业分布主要集中在石油、冶金和采矿业，电子、通讯和宇航业，汽车制造业，化工和制药业等，高技术密集型产业和战略资源密集型产业（图5）。公司的专业化程度高，采取多样化经营的公司只有几家。美国公司涵盖的经营范围较广，几乎包揽了上述各类产业；欧洲公司多集中于研究与开发密集型产业，如石油化工和制药业；日本公司则主要集中于电子设备产业。

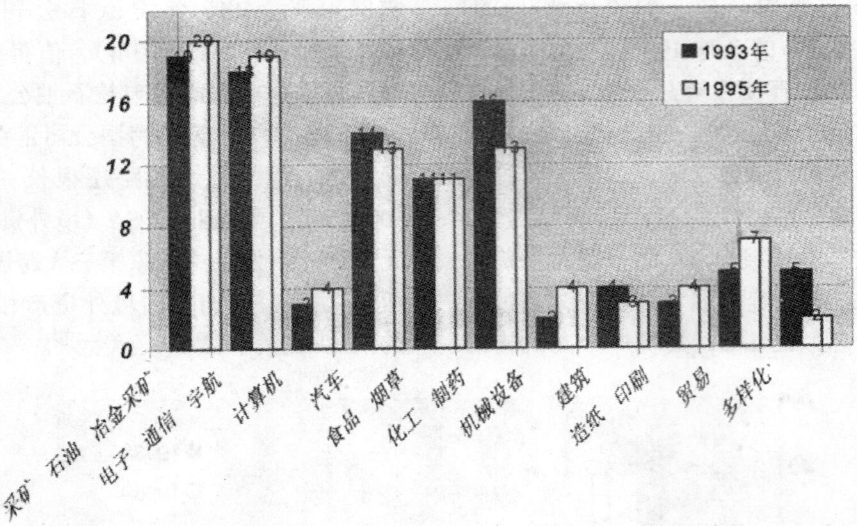

图5 全球100家大型跨国公司产业别变化（1993—1995）

资料来源：根据联合国贸发会《1995年 世界投资报告》第20页，表1.7，《1997年 世界投资报告》第29页，表1.7有关数据制成。

发展中国家跨国公司的情况类似于发达国家。其50家最大跨国公司的对外资产相当于其总资产的9%，为发展中国家对外直接投资总存量的10%；对外销售额占其总销售额的30%。在这50家公司中，亚洲地区占了64%、拉美地区占36%（图3）；行业分布主要集中于多样化经营、电子和通信、石油与冶炼、食品与烟草、建筑等（图6）。劳动密集型和资源密集型产业较多，但也有少数高科技密集型产业，如，雄居榜首的韩国大宇公司在法国和奥地利建有家电工厂，在中东欧设有汽车制造厂；新加坡以生产标准个人电脑声音合成系统为主的创新科技公司（Creative Technology）占有该类产品全球市场的60%以上。其生产厂房和集后服务与技术支持中心，遍及美国、欧洲和东南亚地区。然而，大多数发展中国家的对外直接投资一般均在本地区内进行。

90年代以来，国际直接投资的部门结构发生重大变化，自然资源部门所占比重日趋紧缩，高技术密集型产业和服务部门所占比重正在不断扩大。

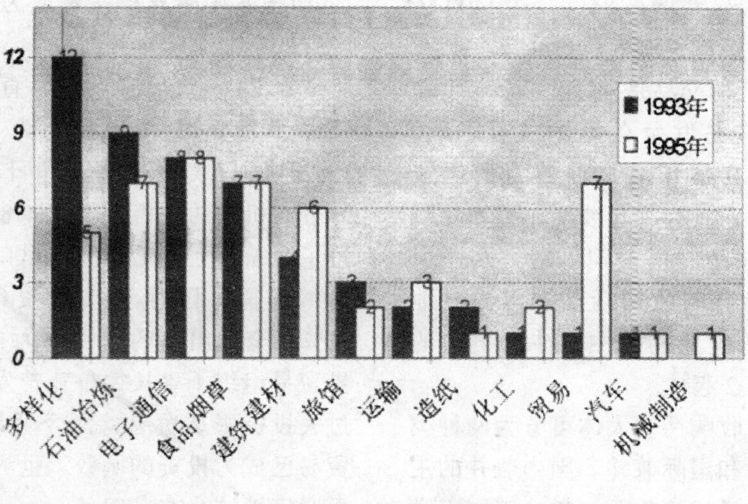

图6　发展中国家50家大型跨国公司产业别变化（1993～1995）

资料来源：根据联合国贸发会《1995年　世界投资报告》第30页，附录Ⅰ.1中表1，《1997年　世界投资报告》第32页，表Ⅰ.8有关数据制成。

1970年，投入自然资源部门和服务部门的资本分别占外国直接投资总存量的23%和31%；1990年则分别为11%和50%[13]。近年来，随着信息技术的发展和数字化时代的到来，全球经济生活开始发生变化，逐渐从受制于稀缺资源中解放出来，为此，高技术密集型产业和服务部门，成为大型跨国公司的投资重点。例如，日本索尼电子公司总裁土井先生于1997年9月21日宣布，鉴于人们对资本密集的数字技术类电子产品需求的日益旺盛，公司决定改变投资战略，停止对亚洲的投资，把生产厂地搬到靠近国内及西方市场的地方，以适应日益增长的业务速度和迎接数字化时代的挑战。

在按对外资产排行的全球100家、发展中国家50家大型跨国公司中，位于前5位的公司主要集中在石油、汽车和电子工业部门，只有墨西哥的Cemex SA例外，属建筑行业。从总体上看，经营石油、冶金和采矿，电子和通信，以及化工与制药业的公司数量均呈上升趋势。相比之下，发达国家公司在汽车、计算机等技术密集型和高技术密集型产业具有相当的竞争实力，发展中国家公司则在贸易、运输、旅馆和多样化经营方面有所建树。双方在比较优势方面的差异在此表现得淋漓尽致（图5、图6）。

（四）企业兼并与收购成为国际直接投资的重要形式。

90年代初，由美国掀起的本世纪第五次兼并浪潮，引发了一股发达国家和部分发展中国家为主，通过国际直接投资方式进行企业兼并与收购的热潮。1995年共达成了约4600个企业兼并与收购协议，1990年为1760个，增加了1.5倍多。美国公司签约的占80%，欧盟占40%，日本占38%。近年来，发展中国家也有所表现，其份额由27%（1990～1992年）升至35%[14]。1996年世界企业兼并与收购总额增长了16%，远远高于国际直接投资增长2%的水平，达到2746亿美元，相当于国际直接投资流入总量的78.63%。其中包括作为证券投资的价值1630亿美元的多数股权交易，约占全球国际直接投资流入总量的46.67%；自80年代末以来，国际兼并与收购已持续增长了8年。1995年比1988年增长84%，达1400亿美元，为国际直接投资流入总量44%。1996年超过10亿美元的交易是45起，1995年是35起。大部分交易发生在发达国家之间，尤其欧美之间。1996年最大的23起跨国兼并与收购交易中，只有一起涉及非美和非欧企业，即南非的Nethold公司；跨大西洋交易在国际企业兼并与收购活动中占主导地位。10起最大的企业购并中，涉及美国的有7起，加拿大2起[15]。

企业兼并与收购活动大体可分为两种类型，即国内兼并和国际兼并。国内兼并的主要动机是追求规模经济效益，如，美国麦道公司与波音公司的合并。1995年，美国境内的兼并与收购占其外国直接投资的85%，新投资仅占15%。1996年，美国的国内兼并高达4200亿美元，远远高于国际兼并与收购。国际兼并与收购的动因则主要有两个：进入某些仍然处于隔裂状态的市场，和通过收购当地公司的形式，以最快捷的方式进入东道国市场[16]。大部分兼并与收购活动发生在同类市场，尤其发生在具有良好的商业文化氛围和拥有活跃的大型股市的两个不同国家的公司之间。美国和英国是企业兼并与收购的最大参与者，1996年约占世界多数股权收购的40%，出让的57%。在跨国界的价值1626.86亿美元的企业兼并与收购中，金额超过100亿美元的多数股权收购者依次为：美国、英国、加拿大、荷兰与德国；金额超过100亿美元的出让者为：美国与英国，金额低于100亿超过50亿美元的出让者有：法国与德国。发展中国家金额超过10亿美元的收购者有：智利、马来西亚和香港；金额超过10亿美元的出让者有：巴西、阿根廷、哥伦比亚、智利和秘鲁。跨国企业兼并与收购的领域主要涉及化工、银行与金融业、商业服务、不动产、造纸与印刷、食品与烟草、零售与批发业、石油与采矿、以及电机与电子工程等各部门内部[17]。

（五）国际直接投资成为推动国际贸易发展的主力军。

自80年代后半期国际直接投资迅速增长以来，全球贸易亦大为发展（表4）。1992年，仅美国、德国和日本跨国公司国外分支机构的销售额就达4.8万亿美元，超过了4.5万亿美元的世界出口总额。1991～1996年间，国际直接投资年均增长率为12%，全球出口的增长率为7%。为此，世界贸易组织干事长德鲁克曾发表见解，认为过去投资服从贸易，而今贸易服从于投资，贸易已成为投资的函数。世界贸易正由投资而紧密地结合在一起。

表4　国际直接投资与国际贸易的增长

项　　目	以1995年价格计算（亿美元）	年均增长率（%）	
		1986～1990	1991～1994
FDI流量	3150	24.7	12.7
FDI存量	27300	19.8	8.8
跨国公司分公司销售额	60220	17.4	5.4
专利费收入	410	21.8	10.1
跨国公司分公司总产值	14100	11.0	11.4
商品及非要素服务的出口	47070	14.3	3.8

资料来源：联合国贸发会《1996年　世界投资报告》第5页，表Ⅰ.2。

跨国公司通过实施垂直一体化或水平一体化战略，把东道国的生产纳入了其国际生产体系，从而推动了国际贸易的发展。1982～1994年，外国分公司的出口由7320亿美元扩大到18500亿美元，增长了1.5倍；占外国分公司出口总额的比重从46.0%上升为55.3%。值得注意的是，外国分公司的出口占其销售总额的比重却由31%下降至28%[18]。这意味着，自占领市场取代追求廉价劳动力成为国际直接投资的主要动机以来，跨国公司正在转向以东道国国内市场为导向的投资。有迹象表明，越来越多的投资转向了服务领域（表5）。

表 5 多数股权交易的跨国界企业兼并与收购的部门构成

	1989 年	1996 年
所有部门	1236.45 亿美元	1626.86 亿美元
初级产业	3.65%	4.0%
第二次产业	60.16%	36.58%
第三次产业	36.19%	59.36%

资料来源：根据联合国贸发会《1997 年 世界投资报告》第 362 页附录表 B.9 有关数据计算合成。

1993 年，在 OECD 各成员国制成品贸易中，产业内部贸易占 2/3，1975 年仅为 1/2。不仅如此，跨国公司间的企业内贸也在迅速发展。以美国为例，1983～1993 年，企业内部出口占母公司出口总额的比重由 34% 升为 44%，企业内部进口占母公司进口总额的比重从 38% 增加到接近 50%。同期，企业内部进出口占美国进出口总额的比重分别由 83% 增加到 86%、从 55% 扩大为 64%。此外，同一母公司属下的各分公司间的出口占企业内贸总额的比重从 37%（1977 年）升至 60%（1993 年）。而且，设在发展中国家，尤其亚洲地区比重由 30%（1977 年）增至 44%（1993 年），非母公司分公司间的出口占分公司出口总额的分公司间的内部贸易的增长速度，远远快于设在发达国家的美国分公司间内部贸易的增长。在欧洲，非母公司分公司间的企业内贸，也已高达 50% 左右⑲。

国际生产一体化将发展中国家纳入国际分工体系之中。大量资金流入发展中国家，促使商品多国籍化趋势不断加强，最终产品的原产地日益模糊。以日本丰田车为例，其许多零配件来自其东南亚供应商，如，菲律宾的变速器、印度尼西亚的汽油发动机和离合器、以及马来西亚的电动配件等。

不仅如此，国际生产一体化还加速了世界服务贸易的发展。随着通信与计算机技术的快速发展，许多服务领域，尤其信息密集型产业，如，金融服务、咨询与工程设计、计算机与信息服务、专业服务、航空和饭店业国际预约服务、研究与开发、教育与数据服务、以及其他部门的信息密集型业务等，变得更易于贸易。1991 年，世界服务贸易的年均增长率是 5.5%、1992 年一跃为 12.5%，同期，商品贸易的年均增长率分别为 4.9% 和 6.3%。1992 年，因对外直接投资引发的国际技术转移支付额高达 370 亿美元，为当年世界贸易总额的 4%，其中，80% 属于企业内贸⑳。另据世界贸易组织估计，1995 年商业服务贸易增长 14%，约合 1.2 万亿美元，相当于商品贸易额的 1/4㉑。

（六）有关国际直接投资的双边和多边协议大量增加，国际直接投资环境进一步改善。

90 年代以来，许多国家政府积极采取经济自由化和投资自由化政策，有力地推动了国际直接投资的发展。国际直接投资的迅速膨胀不仅加速生产的国际化，扩大企业内部贸易，促进全球贸易发展，同时，把各国经济与全球经济、投资国与受资国间的经济命运紧紧地联系在一起。鉴于此，保障投资国和受资国双方利益，避免产生一方受益、另一方受损的零合游戏结局，便成了各国政府，尤其发展中国家政府的一项重要的政策目标。1991～1996 年间，全球共有 313 国次对国际直接投资体制进行了 599 项改革，其中 96.5% 为促进投资自由化方面的改革，对国际直接投资进行限制的改革仅 27 起，占 4.5%㉒。1996 年，65 个国家对其所实施的 114 条措施进行了 138 处修改，其中 98 项与投资自由化有关，包括增加优惠待遇（34%）、营造更自由的经营环境（25%）、扩大除优惠待遇以外的各类鼓励措施范围（8%）、放宽批准规定（7%）、减少有关外方所有权和进入部门限制的规定（7%）、增加担保（4%）和放松管制（4%）；主张对外资采取收紧态度的包括加强管制（5%）和减少鼓励措施（7%）㉓。

有关国际直接投资的政策，包括国内的、双边的、地区的、地区间的和多边的五大类。由于国际直接投资涉及的利益集团，既包括政府、企业，也包括工会和以消费者为代表的其他利益群体，所以，政府在制定政策时必须兼顾各方利益才行。在对国际直接投资的认识和预期方面，东道国和跨国公司的态度有许多截然不同之处，那么，怎样才能把两者的利益统一起来呢？政府政策的切入点又在何处？应该看到，由国际直接投资所引发的生产国际化是两者利益的交汇处，因此，也就理所当然地成为政府政策的切入点。（注：着重点为编者所加。）这里，政府政策的主要目标应是维护和保持市场的竞争性。要做到这一点，需要政府在财政和货币政策方面予以配合，此外，还需要政府在贸易和国际直接投资政策上保持一种不偏不倚的态度。政府的国际直接投资政策既要有其他政策的配合，自身也要有连贯性，要首尾一致和始终如一。其作用就如同一个过滤器，把各类政策对商品、服务和生产要素所产生的综合效果，通过它，即市场竞争，达到提高效率、增强企业竞争力，促进国民经济增长与发展的目的。与国际直接投资相关的政策，涉及面既广泛又深入，其重要性已越来越为企业和国家所重视。面对挑战，各国政府除继续坚持创造良好的投资环境和规范对外资的管制外，便是积极同其他国家、地区和国际组织签定有关国际直接投资的投资协议，制定好游戏规则。

双边协议的扩展速度令人瞩目，60年代达成75个（其中有发展中国家参与的2个）、70年代167个（14个）、80年代386个（64个）。截止到1997年1月，全球共有162个国家（地区）间共签定了政府间双边投资保护协定1330个，其中，90年代签署的协议约占71%。仅1996年，就签订了约180个，几乎每两天就有一个这样的协议产生。

进入90年代以来，发展中国家间所签定的双边协议数量已达到508个，而80年代仅64个左右，由占总数17%上升到38%[24]。这表明双边协议的缔约方格局发生了重大变化，即由发达国家——发展中国家的垂直式格局，向发展中国家——发展中国家的水平式格局发展。中国、韩国、阿根廷和埃及，是发展中国家签订双边协定最多的国家。协议的对象中本地区内成员占相当比重。截至1996年底，中东欧转轨国家共签署了530个双边协议，其中，16%为区域内协议，39%为同发展中国家签署。罗马尼亚共签订了82个双边协议，比任何一个非经合组织成员国签订的双边协议都多（表6）。

表6　双边投资协定的地区与国别结构

（截至1997年1月　部分国家）

国家	发达国家				发展中国家		中东欧转轨国家	总计
	西欧	美国	日本	其他	区域内	区域外		
罗马尼亚	20	1	—	—	3	40	15	82
中国	16	—	1	3	21	18	4	80
韩国	14	—	—	1	13	10	11	49
阿根廷	13	1	—	3	9	10	8	44
埃及	12	1	1	1	5	13	10	43

资料来源：根据联合国贸发会《1997年　世界投资报告》第366页，附录表B.10制作。

显而易见，各国政府积极参与签订国际直接投资协定，推动国际直接投资在国际间自由流动已成潮流。

1996年国际直接投资的回顾

随着发达国家经济逐渐向好，尤其美国经济连续近80个月的强劲增长，发展中国家经济，尤其东南亚地区和拉丁美洲地区经济的持续高速发展，国有企业私有化，投资自由化，贸易自由化，经济全球化，使国际直接投资的动机发生了重大变化，由廉价劳动力导向型转为东道国国内市场导向型的国际直接投资。电子通信技术的迅猛发展和广泛应用，使地球变得越来越小，不仅拉近了国与国之间的地理距离，拓展了人们的时空概念和遐想空间，同时，也使国际资本在全球范围内更自由地流动，为此，跨国公司的融资渠道变得更加通畅、便捷和多元化。1996年，国际直接资本就是在这样的大环境下展开的。

跨国公司是国际直接投资的主要载体。其数量增长之快令人叹为观止。1996年母公司约增加了1.8万家，总计4.5万家；其国外分支机构增加了1万多家，共达28万余家。发展中国家的母公司约占总数的17.63%，达7932家。80年代末发展中国家仅有3800家。

1995年，国际直接资本流入量增长了40%，达到创纪录的3165.24亿美元，发达国家增长了44.69%；发展中国家增长了6.45%。同期，国际资本流出量增长了34.89%，发达国家增长了38.83%；发展中国家增长了15.98%。为此，国际直接投资进入自70年代初以来的第三个高峰期。1996年，国际直接资本投资再创新高，流入量增加了10.33%，为3492.27亿美元；流出量扩大了2.39%，达468.24亿美元。这一年，全球共有54个和12个国家分别创吸引业外资和输出直接资本的历史最高纪录。与前两次不同的是，本次的支撑点在于众多的发展中国家积极参与国际直接投资活动㉕。尽管发达国家仍然是增长的原动力，发展中国家的作用亦不容忽视㉖。

1996年度，全球最大的10名直接资本输入国依次为：美国（846.29亿美元）、中国（432亿美元）、英国（300.53亿美元）、法国（208.09亿美元）、巴西（95亿美元）、新加坡（94.40亿美元）、印度尼西亚（79.60亿美元）墨西哥、（75.35亿美元）、西班牙（63.96亿美元）和荷兰（62.90亿美元）；最大的10名直接资本输出国是：美国（849.02亿美元）、英国（534.99亿美元）、德国（286.52亿美元）、中国香港特区（270亿美元）、法国（251.86亿美元）、日本（234.40亿美元）、荷兰（199.84亿美元）、瑞士（104.84亿美元）、意大利（56.66亿美元）、瑞典（48.47亿美元）和西班牙（46.29亿美元）。这里，无论引资还是投资，美国均名列前茅，并遥遥领先㉗。

---

① 指向产品市场、劳务市场和资本市场的全球竞争开放的世界经济值。

② 简·弗雷泽和杰雷米·奥本海姆：“对具有全球概念的企业来说，世界是它们可以获利的地方”（美国）《国际先驱论坛报》1997年9月22日。

③ 本文中的发展中国家包括南非，发达国家不包括之。

④ 联合国贸发会：《1997年　世界投资报告》第105页，注释86。

⑤ 同上，第98页。

⑥“美国对拉美直接投资超过欧洲”（巴西）《圣保罗周报》1997年1月7日。

⑦ 联合国贸发会：《1997年　世界投资报告》第44页，表ⅠⅠ.1。

⑧ 联合国贸发会：《1997年　世界投资报告》第303、308页 附录表B.1、B.2。

⑨ 关根 宏澍：“1996年度我国对外直接投资动向”日本输出入银行 海外投资研究所：《海外投资研究所报告》1997年7月7日　第126~148页。

⑩ 联合国贸发会：《1997年　世界投资报告》第34页。

⑪ 同上，第29~33页，表Ⅰ.7、Ⅰ.8

⑫“世界500家”（美国）《幸福》杂志　1997年8月4日。

⑬ 联合国贸发会：《1995年　世界投资报告》第10页。

⑭ 联合国贸发会：《1997年　世界投资报告》第ⅩⅤⅠⅠ页。

⑮ 联合国贸发会：《1997年　世界投资报告》第11页；第264页，附表A.2。

⑯ 经济合作与发展组织：“特点：国际直接投资的近期动向”《金融市场动向》1997年6月67期 第21~22页。

⑰ 联合国贸发会：《1997年 世界投资报告》第353~365页，附表B.7、B.8、B.9。

⑱ 联合国贸发会：《1997年　世界投资报告》第268页，附录表A.%。

⑲ 联合国贸发会：《1996年　世界投资报告》第104～105页。

⑳ 联合国贸发会：《1995年　世界投资报告》第36～41页。

㉑ "金融指标"，英国《经济学家》1997年5月3日第111页。

㉒ 联合国贸发会：《1997年　世界投资报告》第18页，表Ⅰ.4。

㉓ 同上，第19页，图Ⅰ.13。

㉔ 联合国贸发会：《1997年　世界投资报告》第19页，图Ⅰ.14。

㉕ 第一次高峰发生在1979～1981年，支撑点为对少数盛产石油国家的投资；第二次高峰发生在1987～1990年，支撑点为发达国家间相互投资的迅速膨胀。

㉖ 根据联合国贸发会"《1997年　世界投资报告》第303～312页，附录表B.1，B.2有关数字计算。

㉗ 同上。

世界粮食问题及中国的对策

中国社会科学院世界政治与经济研究所　徐更生

近几年来，由于世界粮食生产①停滞而消费量迅速增长，粮食库存下降，粮食问题再次成为世界各国及舆论界关注的焦点，特别是中国的粮食供应问题成了世界和国内舆论的热点问题。本文拟简要论述世界粮食供求形势、生产潜力、价格趋势，及中国粮食问题的对策。

世界粮食的供求现状及前景

随着各国经济现代化的发展，非生产用地急剧增加，荒漠化严重，可用于谷物生产的耕地不断减少，淡水资源日趋紧张，而且污染严重；而另一方面，人口却在持续增长，特别是世界最贫困的国家和地区的饥荒问题有增无减，长期以来世界粮食问题倍受各国政府和舆论界的关注。特别是最近10年来，世界谷物的产量陷于停滞状态，基本上维持在17亿吨②左右，国际谷物贸易量稳定在2亿吨上下，而消费量却趋于增加，结果世界粮食储备趋于减少（表1）。

表1　近10年来世界谷物的供求状况（单位：百万）

指　标	1988/89	1989/90	1990/91	1991/92	1992/93	1993/94	1994/95	1995/96	1996/97	1997/98
播种面积(公顷)	686.1	693.2	693.2	690.7	692.1	683.7	685.0	681.2	702.1	693.2
总产量(公吨)	1546.2	1667.1	1766.7	1706.1	1787.5	1712.2	1760.6	1710.6	1870.4	1890.1
出口量(公吨)	211.5	217.8	202.3	220.9	218.7	202.3	216.0	204.0	209.8	207.2
消费总量(公吨)	1637.0	1682.7	1723.4	1720.6	1749.4	1758.1	1773.5	1763.8	1836.5	1861.8
期末储备(公吨)	319.3	295.3	338.5	324.6	362.5	316.6	303.6	250.4	284.3	312.6

资料来源：根据美国农业部（农业展望）杂志各期第23表汇总。

实际上，自80年代以来，世界粮食生产的增长远赶不上世界人口的增长。在这段时间内，世界人口的年平均增长速度大约为1.7%，但是世界谷物总产量从1986/87年度③达到16.81亿吨以后，一直处于上下波动，缓慢增长状态。按三年平均计算，从

1985～87年的平均产量16.53亿吨增加到1993～95年的17.28亿吨，增加7400万吨，平均每年增长0.57%；同期，消费量从16.39亿吨增加到17.65亿吨，增加12600万吨，年平均增长0.9%；出口量从1.89亿吨增加到2.07亿吨，增加1800万吨，年平均增长1.1%。在这种情况下，世界谷物储备量发生了明显的变化。在80年代上半期的谷物增产的基础上，1985/86年度的谷物期末库存上升到4.32亿吨，相当于当年消费总量的27%，即可供应世界人口生活99天；1986/87年度这两个数字分别为27%和102天；1987/88年度为24%和91天。可是，从那时起，世界谷物储备总量呈现下降趋势。

近来，粮食问题之所以受世界舆论界特别关注，与1995年世界性的粮食减产直接有关。当年世界谷物产量比上一年减产了3%，而消费量只减少1%，结果到1996年年中，世界谷物储备减少到相当于当年消费量的14.2%，只够世界人口消费51.8天，为70年代中期以来的最低点。1996年世界谷物产量比上一年增长了1.58亿吨（增长9.25%），达到了世界谷物生产的最高纪录，初步扭转了世界谷物生产下降的趋势。但由于同年消费量增加了7270万吨以上；1997年年中，世界谷物的储备量只增加到2.84亿吨，相当于当年消费量的15.5%，仍然只能供养全球人口生活55.7天，仍远低于联合国粮农组织（FAO）公布的相当于当年消费量17～18%的粮食安全系数。1997/98年度的谷物总产量继续上升1.05%，达到18.9亿吨，再创世界谷物产品的历史纪录。1998年年中世界谷物储备总量相当于当年消费总量的16.9%，略低于世界粮食安全储备的最低水平。只要世界谷物储备还有缺口，世界各国就不会放松对于粮食问题的关注。因为近10几年来谷物生产的规律是，丰收一二年以后，总是要减产一二年。因此，世界谷物问题不可能一劳永逸地得到解决的。

从长远看，世界粮食供应始终是个严重的问题。据估计，到2020年世界人口总数将达到77亿[④]。在一般情况下，2020年全球对谷物的需要将比1990年增加55%，达到26.8亿吨；畜产品增加75%，达到2.84亿吨；薯类增加50%，达到8.78亿吨[⑤]。为了满足这一增长，全球的谷物年平均增长率应该达到1.5%，畜产品增长1.9%，薯类增长1.4%。但是，随着世界经济，特别是广大发展中国家经济发展的加速，世界对于粮食的需求还将进一步增加。因此，关于世界能否养活如此巨大的人口，就成了人们议论的重点。

不管怎么说，要养活世界上越来越多的人口，决不是一件轻松的事情。只有依靠世界各国政府和人民的努力，保持生态环境，增加生产，节约使用，才能养活、养好世界上所有的人口。

世界谷物的生产潜力

从长远看，为满足全世界人口的生活需要，世界粮食增产的任务是极其繁重的。无论怎么增产也不会嫌多。好在粮食需求的增长并不是一步到位的，而是逐步增长的。我们相信，未来科学技术的发展及人类食物结构的变化，一定会缓和世界性的缺粮问题。

从近期看，粮食增产的途径较多，增产的可能性较大。首先，目前世界各国还有不少可耕地用于生产食物。根据联合国粮农组织的资料，目前世界上还有3.6亿公顷以上闲置的可耕地，主要集中在南、北美洲，俄罗斯，非洲以及大洋洲等地。但是，在这些土地中，有许多开发难度极大，不是一下子能利用得上的。当然也有一部分是比较容易利用的，如果将美国、加拿大、欧盟国家目前停耕的耕地恢复生产，就可使谷物产量增加4000万吨以上。此外，一些正在发展中的国家，在一段时间内忽视了粮食生产以后，近年来也开始恢复和扩大粮食生产。但是从整体上说，通过扩大耕地面积的方法来增加粮食产量的前景十分有限。

从长期来看，未来世界粮食供应问题的解决，主要得依靠农业科学技术的发展及其成果在生产中的广泛应用。其中，单位面积产量的增加是未来谷物增产最主要的方面。也就是说，增加科学研究投资在粮食增产中具有决定性的意义。一般来说，目前发达国家用于农业科研方面的公共投资为它们农业总产值的2~5%，高收入的发展中国家为1~2%，而低收入的发展中国家则在0.5%以下。而低收入国家为满足他们人口增长的需要，谷物的年增长幅度要高于世界平均数0.4个百分点，畜产品高1.1个百分点，薯类高0.3个百分点。因此低收入国家的科研投资增长率应该达到1%，从长远看应为2%，才能适应本国对粮食需求的增长⑥。

为了增加食物产量，农业科研除了在动植物育种方面以外，还应该在以下几个方面取得突破性进展：病虫害防治和动植物保护，化肥和农药的生物替代，改进农业投入（如灌溉）的质量和使用，改进作物管理技术，保护和改良土壤并提高它们的生产率，淡水资源的保护和利用，等等。目前，世界各国谷物的单位面积产量还很低，如果各国能通过增加合理施肥及灌溉，特别是通过生物技术开发和利用优良品种等措施，世界谷物增产的前景还很大。1994年，世界各国的谷物平均产量为每公顷2.83吨（合亩产188.7公斤），其中，荷兰为7.146吨（每亩476.4公斤），法国为6.554吨（每亩436.9公斤），德国为5.721吨（每亩381.4公斤），美国为5.572吨（每亩371.5公斤）⑦。应该说，美国的谷物种植业比较粗放，单产也并不很高。如果充分利用和发挥科学技术的作用，二三十年以后世界粮食的平均单产提高到美国目前的水平不是不可能的。那就是说，到那时，即使维持现有的耕地，世界谷物的总产量就可以满足那时世界人口对于谷物的需求，更何况根据美国和其他一些国家的试验，每公顷小麦的最高产量可以达到14.5吨，水稻28.0吨，玉米22.2吨，高粱21.5吨，即使是大麦和燕麦也可以达到11.4吨和10.6吨⑧。如果考虑到今后生物技术的发展，粮食的单产定会有很大的提高。当然，其难度极大，而且需要时间。例如，美国的杂交玉米从发明到全国推广前后竟用了二三十年的时间。何况今后谷物的增产还要解决水和肥料的供应及使用问题，还有待于各国科研水平和农民素质的普遍提高。

但是，当前形势的发展似乎对解决粮食问题有利。一方面，各国已经开始注意增加和保持粮食产量；另一方面，从最近美国农业政策发展变化看，美国以至于世界都将出现一次新的农业革命。美国《1996年联邦农业完善与改革法》规定，经过7年的过渡，美国将完全取消实行了60多年的生产控制和为农场主提供的直接补贴，农场主从1996年开始有权完全根据世界市场的需要来耕种自己的土地，再也不受政府计划的约束。这一变化可以使大农场主放开手脚，采用最新科学技术，增强美国农业的竞争力，美国农业必将有一个大的发展。与此同时，其他国家的农民为了生存和发展，也将竞相采用最新科学技术，发展本国的农业生产，最终使世界农业（首先是谷物生产）上一个新的台阶。

目前，世界粮食供应正面临着严重困难，决不能掉以轻心，必须想方设法发展科学技术，努力增加食物生产和供应。但另一方面，我们相信，这种困难还不至于达到不可克服的程度，因而任何悲观失望都是不必要的。

世界粮食的价格趋势

近年来，世界粮食问题之所以如此引人注意，说到底是因为，前几年世界粮食市场价格迅速上涨，特别是1995年世界谷物产量的大幅度下降，致使全球人均谷物产量倒退到了1966年的水平，1996年年中，谷物库存下降到了70年代中期以来最低点的缘故。

如果研究一下近10年来世界谷物价格变化趋势，也许有助于我们认识和预测未来世界谷物价格的走势。如上所述，80年代上半期，世界谷物生产有了较大幅度的增长。1984年世界谷物产量猛增到16.47亿吨，1985年为16.62亿吨和1986年为16.81亿吨。结果使世界谷物库存急剧增长到4亿吨以上。与此相适应，世界谷物市场的价格也逐步下降，到1987年达到最低点：每吨小麦为114.27美元，玉米为76.76美元，高粱为74.01美元。这个谷物价格上升的周期是从1987年开始的，到1996年为止，小麦价格上涨了81%，玉米上涨了113%，高粱上涨了107%。

仔细观察自1987年起世界谷物生产停滞以后谷物价格的变化趋势，可以看出世界粮食价格的升降与世界谷物生产与期末库存量的高低有着极为明显的关系：产量与库存量增加，价格就下降；反之，则上涨。随着世界谷物产量从1986年度的高点逐步下降到1995年度的17.08亿吨和期末库存量从4.62亿吨下降到2.50亿吨，每吨小麦的价格相应地从1987年的114.27美元上升到1996年的206.87美元（最高点为1996年5月的261.62美元），上涨了81%（与1996年最高点相比，上涨128%）；玉米相应地从76.77美元上涨到164.16美元（最高点为1996年5月的203.53美元），上涨了113%（与最高点相比，上涨165%）；高粱从74.01美元上涨到153.53美元（最高点为1996年5月的190.54美元），上涨了107%（与最高点相比，上涨157%）。特别是自1995年世界谷物大幅度减产以来，谷物价格急剧上涨。1995年4月至1996年5月，小麦的价格从每吨148.81美元上涨到261.61美元，上涨了76%，玉米从109.83美元上涨到203.53美元，上涨了85%，高粱从107.47美元上涨到190.54美元，上涨了77%。1996年和1997年的产量和储量的连续增加，才使世界谷物价格大幅度地下降（表2）。

表2　世界粮食产量、库存和价格之间的关系

	1987	1988	1989	1990	1991	1992	1993	1994	1995	1996	1997
产量	1660.4	1546.2	1667.1	1766.7	1706.1	1787.5	1712.2	1760.6	1710.6	1870.4	1890.1
库存	407.6	319.3	295.3	338.5	324.6	362.5	316.6	303.1	250.4	284.3	312.6
粮价											
小麦	114.27	154.87	170.86	136.69	129.34	151.75	140.73	150.28	177.10	206.87	159.84
玉米	76.77	107.47	112.20	109.84	108.26	104.72	103.14	107.87	123.22	164.16	117.32
高粱	74.01	99.21	106.29	104.32	105.90	103.54	100.78	105.90	123.22	153.53	113.77

注：①年份：产量和库存指生产年度（1986代表1986/87年度），粮价指日历年度；

②单位：产量和库存为百万吨；粮价为美元/吨。

③谷物价格为美国海湾港口的离岸价格；

资料来源：根据美国农业部经济研究局：《农业展望》各期数字汇总。

众所周知，当谷物生产相对于消费量而言处于供应紧张的情况下，谷物价格必然上涨。然而谷物价格的上涨，又必然鼓励农民的种粮积极性，因此谷物生产及库存也随之会增加。自从1996年世界谷物丰收已成定局以后，世界市场的谷物价格开始明显回落。到1997年3月，小麦的价格已经降到139.26美元，玉米和高粱下降到114.17美元和111.41美元，分别比1996年5月下降46.8%、43.1%和41.5%。实际上，1998年3月的谷物价格与1995年4月的水平相比，每吨小麦还下降了9.55美元，玉米尚高4.34美元，高粱尚高3.94美元⑨。

但由于目前世界谷物库存仍低于粮食安全线，因此世界谷物价格还可能出现波动。然而在未来一段时间内，世界谷物产量还可能继续增加，库存也会处于回升的过程之中，因此谷物价格不致于大幅度上涨。从长远的观点看，由于科学技术的发展和生产成本的下降，世界谷物价格可以保持稳定或略有下降。

当然，世界谷物价格也会因为个别国家从世界市场大量购进谷物而出现骤涨的情况。但是，这种冲击是暂时的。如果这种需求是比较稳定的话，那么随着各谷物主要生产国摸清世界谷物的总需求以后，就会相应地扩大谷物的播种面积，谷物产量就会增加。随着谷物供应量的增加，价格也会趋于平稳。但是如果这种需求是不确定的，谷物生产国就不敢贸然增加谷物种植面积，谷物产量也不会有相应的提高，结果世界谷物市场供应始终偏紧，从而也会使价格保持在较高的水平上。因此，平抑因个别国家突然大量进口粮食而引起的世界谷物价格上涨的关键在于，尽可能稳定谷物进口国的谷物进口量。只要加大它们对于谷物需求的透明度，世界谷物生产量和供应量就可能增加，价格也会趋于平稳；否则，世界谷物生产难以增加，价格也会偏高，广大的缺粮国（特别是发展中国家）就会受害。

中国的粮食安全与对策

由前述可知，世界粮食问题虽然严重，但尚无大的危险。也就是说，中国粮食安全的国际环境是有保障的。应该说，美国战略研究所所长莱斯特·布朗对中国未来粮食供应的担心不是凭空捏造的。确实，在我国当今经济高速发展的过程中，在某种程度上正重蹈欧美国家经济发展过程中大量浪费和破坏自然资源的覆辙。例如，在经济发展过程中，为追求暂时的经济利益，许多地方正在大片良田上建设工厂、道路，甚至不顾条件盲目圈地建立“开发区”，并把土地以极低的价格卖给、甚至奉送给开发区内的厂商，致使耕地面积迅速减少；盲目使用化肥和农药，破坏土壤结构，使耕地的生产力下降；工业和城市的发展，酸雨危害严重，淡水资源的短缺和污染，严重地影响了谷物生产的发展。而另一方面，我国的人口还在继续增长，由于人们生活水平的提高，及饮食结构的变化，使生产畜产品所需的饲料急剧增长。所有这些都预示着，中国解决粮食问题的迫切性和严重性。

但是，布朗博士对中国缺粮程度的估计，无论如何是太过分了，原因是他完全否认科学技术在未来粮食生产中的作用。正因为如此，他对中国缺粮数字的估计几乎没有什么人附和他的。与他的估计相反，华盛顿的国际粮食政策研究所认为，中国在2010年和2020年的谷物净进口量将保持在4300万吨左右。但是，这个数字会随着经济发展速度、收入增长的幅度以及农业投入品价格的高低等因素的变化而发生变化。例如，根据他们的估计，如果在农业研究、农业及灌溉投资的增加速度，从每年3.5%增加到4.5%，中国的谷物生产将比上述估计增加3600万吨，于是她将由谷物的净进口国变为净出口国；如果她在农业研究和灌溉方面的投资从3.5%减少到2.5%，谷物生产将下降5000万吨以上，2020年中国进口的谷物将达到7600万吨以上[10]。我们认为，这个估计可能更接近中国的实际。

我们认为，中国的粮食问题只能主要依靠自己：一是要增加食物生产，二是提倡节约，三是适当增加进口。

第一，增加“食物”生产，首先是要转变观念，即变“粮食”（谷物）为“食物”。中国习惯于把粮食的范围局限于“谷物”，从而把解决粮食问题的希望完全寄托在谷物上面。而谷物只有从耕地上才能生产出来，因而加大了人口对于为数极少（约1亿公顷）的耕地面积上的压力。其实，人类吃饭的目的无非是吃饱肚皮和给人以营养；反过来说，凡是能吃饱肚皮和给人以营养的东西都应该是粮食，即“食物”。如果我们能够把粮食的观念从谷物变为食物，那么我们解决食物问题的希望就不仅仅寄托在少数耕地上，而是可以利用全国960万平方公里（9.6亿公顷）的国土面积和300多万平方公里的海域面积，这样我们解决粮食问题的思路和途径就宽广了许多。我们不仅可以改良和充分利用现有的耕地，增加各种高质量的谷物和饲料作物的生产，而且还可以改良和开发草原、草山、草坡和滩涂，发展畜牧业生产；利用丘陵和山地发展林果业；积极开发和利用江湖海面，扩大水生食物的生产等，为全国人民提供丰富多样的食物。只要把解决食物问题的思路从谷物上摆脱出来，多渠道解决食物问题的思路也就有了，中国的食物问题就可能比较顺利地得到解决。其次，应该增加对农业科学研究，特别是生物工程方面的投资，加速科研成果转化为生产力的过程，使用高产、高质量的作物品种，采用科学的灌溉及施肥方法和植物保护措施，生产出越来越多的食物。最后，我们还必须努力完善粮食的生产组织和流通渠道。也就是说，以农业和农村的产供销和农工商一体化为目标，通过发展农村地区多种经营和非农产业，大量转移农业劳动力，逐步扩大农业的经营规模，实现农业及粮食生产的规模经济。在我国目前的情况下，政府还必须对“食物”生产给予必要的支持，使农民生产“食物”能取得与从事其他事业大致相等的利润；否则农民就不会积极从事商品化的“食物”生产。

第二，爱护粮食，减少收割、贮藏过程中的损失。由于我国在粮食的收割、运输和贮藏过程中使用的手段和设备落后，大量眼看到手的粮食不能及时地收割，掉粒现象特别普遍，在运输过程中又有大量的谷粒在途中丢失。这是最大的浪费。尤其是由于农村里没有完善的贮藏设备，许多地方使用的是土粮库，既没有温度调节，也没有湿度调节，鼠吃与霉烂变质的现象特别普遍。更有一些北方农村地区，由于没有足够的贮藏设备，许多粮食在露天贮藏，日晒雨淋，损失不计其数。为此，我们必须下力气增加农村中的收割、运输和贮藏设施，保护即将到手的劳动果实。

同时，还要改变饮食习惯，限制酒类生产，改白酒为果酒，提倡自助餐制度。不合理的粮食消费习惯，也是我国粮食大量浪费的原因。首先是酒类生产消耗了大量谷物。现在几乎各地都有自己的啤酒和白酒厂，耗费了国家大量的粮食。在这方面，仅仅采用高税制是不够的，因为税收可以转嫁到消费者身上，丝毫不会减少生产者的利润。这里可以用生产许可和限额及提高生产的卫生标准等，强行限制酒类生产。同时，从节约粮食和保护健康的角度鼓励人们生产和饮用果酒，并且从价格和税收方面予以优惠。另外，中国人的饮食习惯既不卫生，也会造成巨大浪费。我们建议，大力提倡推广自助餐制度，吃多少，拿多少，既卫生，又不浪费。无论是饮酒，还是用餐方式的改革，都是一种移风易俗的革命，难度极大，但是为解决我国的粮食问题，我们必须迎着困难上。而且越早抓越主动，越好。无论是在收割、运输和贮藏过程中减少粮食损失，还是改变饮食习惯，改饮果酒和推广自助餐制，任何一种措施所能节约的粮食，都要远远超过我国目前粮食进口的数量。

第三，利用国外的土地资源，增加粮食进口。我国土地资源匮乏，但土地不能进口，因此我们应以粮食进口利用国外的一部分土地资源。我国以世界耕地面积的7%养活世界人口的22%，功不可没，进口一部分粮食理所当然。此外，进口部分粮食于我有利：(1) 进口一部分粮食可以适当地减轻我国人口对于粮食的压力，以减轻粮食生产对于耕地的压力，使耕地得以休养生息，有利于地力的恢复，提高土地产出率。(2) 我国粮食生产的规模太小，生产力低小，成本太高，从长期来看，我国的粮食价格肯定持续高于世界市场，我们完全可以利用本国的一部分土地来生产附加值更高的其他作物，用出售高附加值产品来换取一部分粮食的做法，从经济上讲是合算的。(3) 由于粮食的比较利益太低，少种一些粮食，多种一部分其它高附加值的经济作物，有利于农民很快致富。

但是，我国的粮食进口量应控制在当年消费量的10%以内，最好控制在5000万吨以内。其理由是：(1) 粮食供应过分地依靠国外市场具有一定的危险性。但在90%以上依靠国内供应的情况下，即使发生世界性自然灾害或禁运，我们仍可以依靠国内的粮食生产来进行调节，不致于发生大的饥荒，因此是安全的。(2) 受我外汇供应的限制，不可能更大规模地进口粮食。(3) 受我国港口和运输能力的限制，再多的进口也无法运往内地。

确实，如果我们宣布，我国今后5年平均每年要进口譬如3000万吨谷物，难免会引起世界粮食市场价格的一时上扬，但另一方面，世界主要产粮国马上会根据这个需求重新安排第二年的粮食生产计划。随着粮食供应量的增加，粮食价格就会趋于平稳，因而不会对世界粮食价格造成威胁。当然，增加中国的粮食进口，并不等于放弃我国的粮食基本自给政策。但是适当进口粮食，可以缓解中国的粮食问题。

有人担心，公开宣布我国为粮食进口国的地位，会使我国处于被动地位。其实不然。首先，由于我国进口粮食的比例很小，而且在冷战以后的今天，美国已经不可能对我实行粮食禁运，因此不会对我国的粮食安全造成威胁。其次，增加我国粮食进口的透明度，各主要粮食生产国必然会相应扩大各自的粮食生产，增加世界市场上的供应量。在这种条件下，我国作为一个主要粮食进口国，不仅不会被生产国牵着鼻子走，反而可以从中得到好处。因为在世界市场粮食供应充足的条件下，不仅市场价格趋于稳定，而且我国作为大进口国，无论在粮食品种、质量和价格上都有挑选的余地。在这种情况下，往往不是我有求与他人，而是他人有求于我。这种形势会逼迫各粮食供应国从自身利益出发，与我搞好关系，个别供应国也就不可能垄断对我的粮食供应。因此，我国的粮食安全环境是有保障的。

为了保证我国粮食的供应，争取有利条件与美国签订长期谷物供应协定；同时尽可能实现多渠道进口粮食，减少对个别国家粮食的依赖程度。美国是当今世界上最主要的粮食供应国，从它那里进口一部分粮食是不可避免的。但除了美国以外，加拿大、阿根廷、澳大利亚、法国、泰国甚至越南也是当今世界上重要的粮食出口国，我们应该有意识地从更多的国家进口粮食。进口粮食的渠道越多，我国粮食安全的国际环境就越有保障。

---

① 本文所指的“粮食”，是指包括谷物、块茎作物、

畜产品、水产品、水果及蔬菜等在内的所有“食物”，而不是我国传统意义上的“粮食”（即谷物）。但是，本文的论述重点确实是谷物部分。所用数字的含义，文中都有具体说明。

② 本文采用的是美国农业部的资料，其中谷物包括去掉谷糠的大米和小麦及杂粮的原粮。

③ 在农业生产或市场年度上，1984/85 年度也可以 1984 年（或年度）表示。

④ 联合国：《世界人口前景：1996 年估计》1996 年。

⑤ Rosegrant, Mark; Mercedita Agcaoili-Sombilla; and Nicostrato D. perez, Global Food Projections to 2020: lmplications for lnvestment. Food, Agriculture, and the Environment Discussion Paper No. 5. Washington, D. C.: IFPRL, 1995.

⑥ Pinstrup-Andersen, Per and Rajul Pandya-Lorch, The Role of Research ln The Outlook For World Food, Agricultural Outlook Forum, USDA, February 24, 1997.

⑦ 世界粮农组织：《生产年鉴》。1994 年。

⑧ 转引自厉为民、黎淑英：《世界粮食安全概论》。中国人民大学出版社 1988 年版，第 41 页。

⑨ 以上关于谷物价格的资料系引自美国农业部《农业展望》1998 年 5 月。

⑩ Huang, Jikun; Scott Rozelle; and Mark Rosegrant. China's Food Economy to the Twenty-First Centrury: Supply, Demand and Trade. Food, Agriculture, and the Environment Discussion Paper 19. Washington. D. C.: IFPRI.

南非华金国际集团有限公司

董事长 苏华杰

企业概况

南非华金国际集团有限公司〔HUAJIN (SA) INTERNATIONAL GROUP (PTY) LTD〕是在南非共和国注册的法人公司，董事长苏华杰、总经理朱军，在北京设有代表处，代表杜连宝。主要从事有色金属、化工、炉料、耐火材料等方面的原材料、产品、设备和技术的进出口业务。并获得中国四十一家大型企业(金堆城、民和镁厂、吉炭、株硬、洛耐、金川等)的全权委托，是在南非及非洲的独家代理。主要负责联系客户、贸易洽谈、原材料、产品、设备和技术等项目的进出口、投资设厂安排、合同履行等一切事务。华金集团已成功的将多种中国产品打进南非及非洲市场，目前经营的中国镁锭和钨粉已占南非市场80%的份额，氧化铝和钼铁占南非市场20%以上的份额。在南非COLUMBUS STAINESS，BOART LONGYEAR，CENCOR，NLMAGLTD，METALLURG，ISOCR，HIGHVELD，MICROSTEEL，SCAW METALS，LEVERPONDS，OLIN，ALUSAF，NED，BANK，ABSA BANK等众多大企业的支持下，取得了很好的业绩。多年来，没有发生过一单业务纠纷。南非华金国际集团在南非矿产冶金界和中国有色金属行业中享有很高的声誉。

在代表处的策划下，在北京开办4个企业(北京华之金投资顾问有限公司、北京祥发地产开发有限公司、北京祥发科技有限公司、北京华杰影视艺术有限公司)。2000年9月响应中国政府开发大西北的号召，在内蒙古集宁市注册公司—集宁至诚冶金有限公司，投资约2亿元人民币，目前已经发运意大利进口设备，100个车皮的设备，到12月10日已有76个车皮到达集宁厂区，筹备建厂，将生产硅钙合金，预计2001年底投产后，将是此种产品全球最大的企业。

苏华杰先生　简介

苏华杰先生祖籍陕西，出生于广东，华侨(中国籍，南非永久居民)，是著名的南非爱国侨领、实业家和社会活动家。现任南非华金国际集团董事长、南非祥发国际集团总裁、南非南中贸易促进会会长，早年在泰国创业，1975年到达南非，创办了南非祥发国际集团和南非华金国际集团。他认为：要真心促进南中经贸，必须自己首先身体力行。他义无反顾地充当了南中贸易的垦荒者，以经贸接触为切入点，全力推进。他协助中国外经贸部在南非建立了“长城集团”。他是南非工商企业界第一位到中国投资的企业家，已在中国设立了四个机构(南非祥发国际集团西安代表处、南非南中贸易促进会北京代表处、南非华金国际集团北京代表处，华杰国际文化教育基金会)，和11个企业〔祥发(西安)房地产开发有限公司、西安博龙电子有限公司、西安华悦酒店、华杰国际广告(陕西)有限公司、西安王府餐饮娱乐有限公司、西北建设报、陕西华金物业发展有限公司、北京祥发房地产开发有限公司、北京华之金投资顾问有限公司、北京华杰影视艺术有限公司、北京祥发科技发展有限公司〕。祥发(西安)房地产连续三年(96、97、98)被评为西安市纳税大户。博龙电子开发了50多项科研成果，其中五项获国家专利，而且获得陕西省二个金奖和三个银奖。计算机多屏显示技术，整体达到国内领先水平。他支持国内高等教育，捐款成立基金会；组织全体员工带头捐款救助失学儿童。

他的投资在中国取得了很好的经济和社会效益，引起了强烈的反响。为了促进南中贸易，把中国产品推向南非，他在南非注册了南非华金国际集团，获得中国四十一家国有大型企业(金堆城、民和镁厂、株硬、洛耐、青花、吉炭、金川、大石桥特耐等)的全权委托，是这些企业在南非及非洲的独家总代理。主要负责原材料、产品、设备和技术等项目的进出口、投资设厂安排、合同履行等一切事务。

苏先生被《世界华人名人录》称为“南中经贸合作第一人”。他创办的企业是一个实力雄厚的跨国集团，多年来，他披一身风雨，播一路友谊，用心血和汗水在南非和中国之间架起了一座民间友谊之桥，实实在在地促进着两国间的经贸合作。

作为南中贸易促进会会长，奔波于二国之间，他发现互相之间了解太少了，于是作为社会活动家的苏华杰先生在繁忙的商务中，拿出巨资，挤出大量时间支持、参与了众多的社会活动。五年多来，在中国和在南非接待了30多个高级代表团，精心安排约400多人次的商务考察、成功访问。在中国和南非就接待了4000多人次的咨询和访问。

1994年1月全额资助中国现代国际关系研究所出版了专门介绍南非政治、经济、文化的第一部大型中文工具书《南非经济——贸易与投资指南》。全额资助西北大学出版了《外国留学生基础汉语——你问我答》、《留学生短期班——汉语会话课本》。1994年5月29日在北京人民大会堂成功的举办了“祥发杯”首都各界名人桥牌邀请赛，国家领导人及首都各界名人一百二十余位出席，赛前，苏华杰先生向全体来宾介绍了南非的政治、经济、文化、历史等概况，受到热烈欢迎。1995年3月他资助和支持“南湖杯”世界华人“我的一天”征文活动。1995年12月他全额资助中国非洲问题研究会出版了大型专著《迈向二十一世纪的非洲》，1995年1月在北京举行的庆祝中国南非建交大会，他资助了全部费用。1998年8月和1999年月，欧洲华人华侨社团联合大会在布达佩斯和法兰克福举行，苏先生被特别邀请为嘉宾出席了大会，是非洲侨界唯一的代表。1999年12月他资助全部费用，在北京召开了中国非洲问题研究会成立20周年大会，即21世纪中非关系发展战略研讨会，专门研究落实江泽民主席关于加强对非工作的指示。2000年2月28日苏华杰先生向中国非洲问题研究会提供办公场所、设备、工作人员薪金等，中国非洲问题研究会举行隆重的揭牌仪式。20年来中国非洲问题研究会终于有了自己的办公地点。2000年4月他又全额资助中国非洲问题研究会出版了《21世纪中非关系发展战略报告》一书。2000年6他应邀出席全国政协主办《二十一世纪论坛2000年会议》。2000年8月25日出席在柏林举行的全球华侨华人推动中国和平统一大会，非洲共有8个国家，15位代表，这是非洲华侨华人首次组团出席国际会议，苏华杰先生当选为大会主席团成员。2000年

9月3日湖北省人民政府举行"走进非洲"—湖北对非洲投资贸易研讨会，蒋祝平省长邀请苏华杰先生讲演，苏先生因感冒未能出席，派专人宣读书面讲话：揭开湖北和非洲经贸发展的新篇章。2000年9月9日，他应邀出席在青岛举办的《2000年世界华人论坛》，是出席会议的100名海外代表之一，是非洲唯一的华人代表。苏华杰先生在论坛上发表了题为《加入WTO对中国经济的影响》的讲演，引起了与会者的共鸣，产生了强烈地反响。10月22日，中国国家副主席胡锦涛在北京人民大会堂会见了出席《2000年世界华人论坛》部分(20名)知名代表，苏华杰先生应邀参加了会见。2000年10月10日《中非合作论坛—北京2000年部长级会议》召开，其中部长近100名，这是中非关系史上的一次伟大创举。苏华杰先生被邀请作为特邀嘉宾出席了会议。2000年11月1日—6日应内蒙古自治区党委邀请，考察了赤峰市、包头市、呼和浩特市、集宁市等地，11月2日出席了赤峰市政府举办的《加入WTO对中国经济的影响—苏华杰先生专题讲座》，11月6日出席内蒙古实施"走出去"战略暨中非经济合作报告会，这次报告会由苏华杰先生主讲。他为中国了解南非，了解非洲，发展中非人民的友好关系，为促进中国与南非、中国与非洲的政治、外交、经贸、文化、体育活动做了大量的工作。他筹建和领导的商会一贯致力于推动南非与中国的经济、贸易和技术交流，促进华人华侨在南非的生存和事业的发展，更好地发挥其在促进中南经贸合作、科技文化交流中的桥梁作用。

全国工商联主席经叔平向苏华杰先生了解非洲经济情况

苏华杰先生担任很多社会职务，也获得了很多荣誉。除南非南中贸易促进会会长外，他还是南非中华工商联合会永久名誉会长，中国《西北建设报》理事长，华杰国际文化教育基金会会长，中国非洲问题研究会顾问，北京、湖南、哈尔滨海外交流协会的理事和顾问，广东省、浙江省、西安市侨联顾问，被青岛市授予"友好使者"的称号，被中国非洲问题研究会授予"中非友好之桥"的称号，被选为北京市侨联华商联谊会第一届理事会副会长，被西北大学授予名誉教授，被同济大学亚太研究中心授予特约研究员，被广东省、福建省、西安市聘为侨联顾问，当选为陕西省侨联常委，陕西省外商投资企业会常务理事，陕西省政协委员，湖南省人民政府经济社会发展咨询团顾问，《世界华人名人录》高级顾问等。香港各界庆祝回归委员会顾问，香港侨界庆祝中华人民共和国成立五十周年筹备委员会名誉主席。多年来，中国政府总理每年邀请他出席国庆，他应中、英政府的邀请，作为全球华人华侨300名代表之一，出席香港交接仪式。他应邀出席香港侨界庆祝中华人民共和国成立五十周年大会和在北京举行的建国五十周年国宴和观礼，他应中葡政府的联合邀请，作为全球华人华侨100名代表之一，出席澳门政权交接仪式。

苏华杰先生为推动中国与非洲更多更广泛的交往，为促进中国和南非、纳米比亚之间的建交、经贸合作，为推动世界华人华侨的联合和团结，为反台独促祖国统一的大业作出了突出的贡献，多次受到党和国家领导人的亲切接见，受到了中国和南非政府领导人及社会各界广泛的赞誉。

全国政协副主席、中华全国工商联合会主席经叔平

访经叔平先生

邱 健

编者注：去年初冬本刊编委邱健女士访问了全国政协副主席、中华全国工商联合会主席经叔平。话题是从经老如何从旧中国上海滩的一个民族工商业者成为中华工商联合会主席、全国政协副主席的风雨历程开始的。全文刊登在《文化交流》杂志(2001 年第 2 期)现节录其中论及海外华商和中国大陆民营经济部分。

"经济大使的民间外交"

经老的公关才能来源于新闻专业的通才锻炼和他对各个层面的广泛接触。加之他有广博的知识，游刃有余的办事本领和豁达的气度。他在国际上结交了很多朋友，其中包括一些大财团的总裁和政界要员，很多人评论他有外交官的风度，于是他又有了"经济大使"的称号。1984 年 10 月，经叔平访问英国并在伦敦举办了由他主编的《中国投资指南》一书的发行会，其间，他应当时英国首相撒切尔夫人之邀请，到唐宁街 10 号首相府进行了一次私人会晤。首相问："我 12 月份要到中国去签署中英联合声明，除了做这件事外，在发展两国关系方面，我还能做点什么？"经叔平当时没有正面答复她，只说："前不久，德国总理科尔访华，他花了四分之三的时间谈两国经济合作和经贸交往，四分之一的时间谈政治。"撒切尔夫人明白了他的意思。在她访问中国的第二年春天，就派出了英国工商代表团来到北京，此行中英双方都收获颇丰。

经老认为，中国的非公有制经济面对世界经济一体化和我国市场进一步对外开放的趋势，要做好迎战的准备，因此首先要了解外面世界，让中国的民营企业了解世界，让世界了解中国的民营企业，工商联要作他们之间的桥梁和纽带。在这个思想指导下，作为中国工商界的领袖人物和他领导下的工商联，广交四海宾朋，不断沟通与保持民间贸易交流合作的途径。仅从 1993 年以来，全国工商联派出访问 35 个国家和地区的 57 个团组中，安排民营企业家随访的有 300 多人次，还迎接了 261 批海外工商业组织的来访，从而形成了以港澳台为中心，辐射五大洲的海外联络网，有力地促进了招商引资工作，扩大了全国工商联这个民间组织在海外的影响。

1997年，经老再次率团参加在加拿大温哥华举行的第四届世界华商大会。他不仅在会外利用各种机会进行一系列和旧友新知的会晤，相互交流，探讨合作途径，而且还在大会上作了题为“华商共携手，迈向新世纪”的演讲，引起了世界华商的普遍关注。他说:“我们看到，世界华人的成就，不仅仅体现在东方之珠的香港，今天华人企业家的足迹几乎遍布世界。他们在各自侨居地辛勤开拓，努力经营，建立了自己的事业，有些人已经成为享誉世界的实业巨人，为当地的经济与社会做出了贡献……”他说:“中国已向世界开放了一个庞大的市场，当中国出现这百余年来未曾有过的发展机遇时，它也为世界华商显示出自己的经济力量和为在华投资提供了用武之地，任何有远见的人都不该坐失这个良好的机会。”

推动中国非公有制经济发展

从新中国诞生之初，召开全国政协第一届会议时，经叔平就曾两次列席政协会议，此后一直是政协委员，并连续担任过六、七、八届政协常委，九届政协副主席。像他这样伴随政协走过半世纪风雨历程的元老，在政协委员中可谓凤毛麟角了。

改革开放以来，担任三届全国工商联重要领导职务的经叔平不顾年事已高，经常亲自到一些地方和企业考察，切实了解非公有制经济在发展中遇到的困难，通过各种渠道尽力为拥有8000万人的民营经济的发展鼓与呼。近年来，全国工商联在经老领导下，大大加强了在人民政协中的参政议政力度，不断提出一些涉及国计民生、事关非公有制经济发展的重要提案。

如今，民营经济已从初期的流通型向生产型发展，由一人一摊、家庭作坊向前店后厂、产供销一体化、企业化经营发展，股份制形式正成为民营企业谋求新发展的首选形式，一些初具规模的民营企业还正涉足新的经济领域，向更高层次攀升。

经老说，从目前非公有制企业蓬勃发展的情况来看，无论从营业额、出口比重和就业人口来看，都不容忽视它的地位。仅从就业人口来看，至2000年6月份统计，民营企业从业人员就拥有2800万人次，加上从事个体经济人员和外资企业的职工，非公有制经济实际为国家解决了近亿人口的就业问题，这是一支多么庞大的力量。

21世纪是新经济时代，新经济的出现，将会为非公有制经济提供极大的空间。经老说，在新的形势下，我国非公有制经济不但在国内要发挥作用，还要同国际经济接轨，成为全球的一部分。

廣東南海市樵東陶瓷有限公司

QIAODONG CERAMICS CO.,LTD. OF NANHAI CITY.GUANGDONG

总经理 刘凌空先生

作为中国陶瓷行业的一员，我们公司的历程可以说就是中国改革开放进程的缩影；作为中国最大陶瓷产区中的大型企业之一，我们公司的历程就是珠江三角洲民营企业发展历程的缩影。与中国发展并进，向世界水平迈步，始终是公司经营的方向。我们相信：中国陶瓷业一定会与我们的祖国一起，整体经济实力在世界经济不断变化的格局中占据日益重要的位置。

南海市樵东陶瓷有限公司是一家专业生产建筑陶瓷产品的大型企业，位于西樵山旅游度假区太平工业区。拥有当代先进的陶瓷生产设备，荟萃优秀的专业人才，采用先进的生产技术，在激烈的市场竞争中不断发展壮大。

面向社会，服务大众是樵东人坚定的信念；不断创新产品适应用户的要求，竭诚为顾客提供品质优良.花色新颖的产品是樵东人永恒的目标。1996年樵东牌水晶砖大量上市，使色彩 缤纷的装饰世界进入水晶砖时代；1998年渗花抛光砖，大颗粒抛光砖的推出，使樵东牌产品档次上了一个新台阶；防污抛光砖的上市，因遇污渍而不染倍受用户青睐；1999年公司又推出了蒙娜丽莎品牌，2000年相继推出梦幻砖.彩斑石.超微粉.仿古砖等装饰佳品，为用户提供更多的选择；尤其是艺术拼图砖的高雅格调，在有限的空间增添无限的艺术境界……

注重用户利益和社会效益是樵东人一贯的宗旨。公司不断加强质量监控体系，完善检测手段，以国际检测标准为依据率先通过市级企业标准审查。1999年全面实施ISO9002质量标准体系，使企业的管理水平得到显著提高，10月28日通过国家质量认证机构的审核认证。2000年6月被评为国家建设部指定工程建设优良产品生产基地。公司正持续实施ISO9002质量体系标准，确保产品和服务质量，为广大用户提供质优物美的产品和优良的服务。

地址：广东省南海市西樵山旅游度假区太平工业区 电话：0757-6823088 6823008 传真：0757-68220

佛山市蒙娜丽莎实业有限公司

MONALISA INDUSTRY CO.,LTD. OF FOSHAN CITY

左起：财务总监陈峰；董事、副总经理张旗康；董事、副总经理邓启棠；董事长萧华；董事、总经理刘凌空；副董事长、副总经理霍荣铨；

营销中心

蒙娜丽莎瓷砖

MONALISA TILES

感受艺术 品味生活

樵东牌产品系列

- 星点砖系列
- 仿古砖系列
- 仿麻石系列
- 雅光砖系列
- 翡翠石系列
- 丽晶砖系列
- 彩斑石系列
- 按摩砖（金刚布纹砖）
- 金星石系列
- 艺术拼图系列
- 渗花抛光砖系列
- 梯级砖系列
- 金花米黄系列

蒙娜丽莎牌产品系列

- 雪花白石系列
- 仿古砖系列
- 澳宝石系列
- 雅光砖系列
- 云影石系列
- 丽晶砖系列
- 彩斑石系列
- 按摩砖（金刚布纹砖）
- 幻彩石系列
- 艺术拼图系列
- 渗花抛光砖系列
- 梯级砖系列
- 金花米黄系列
- 洁具类系列

荣誉ISO9002国际质量体系认证

地址：广东省佛山市江湾一路16号 电话：0757-2713633 2713033 传真：0757-2713133

正泰集团

九届全国人大代表、正泰集团公司董事长南存辉

正泰集团总部位于浙江省乐清市柳市镇，是以正泰控股(集团)公司为核心，以生产工业电器为主导的民营股份制企业，始创于1984年7月。1994年2月，组建温州正泰集团，后更名为正泰集团。1997年初，在集团内进行股份制改造，组建了浙江正泰电器股份有限公司。1998年3月，改组为正泰(控股)集团。现有员工5500多名，厂区占地面积14万平方米，总资产7亿元。拥有6大专业公司、40多家成员企业，另有协作层企业800多家，在全国设有500多家销售公司和特约经销处，并在国外设立了5个公司和20多家总代理，逐步形成了"组织结构层级化、经济成份股份化、生产分工专业化、产品品种多元化、销售网络国际化"的跨国、跨地区、跨所有制的现代企业集团。主要产品有高低压电器、输配电设备、通信设备、仪器仪表、汽车电器、建筑电器和计算机软件等100多个系列、5000多个品种、20000多个规格。

集团实行母子公司制，业已形成以集团公司为投资中心，子公司为利润中心和成本中心的管理模式，初步走上了现代企业制度的轨道。"正泰"商标被认定为"浙江省著名商标"，被国家工商局列为全国重点保护商标。产品销往30多个国家和地区，并被国内20多个省、市技术监督部门列为"免检"产品。1998年，实现销售额20亿元，是中国低压电器行业最大的产销企业，名列全国"百强"民营企业第八位。

董事长南存辉荣获"全国乡镇企业家"、"首届中国机械十大杰出企业家"、"'97中国机械风云人物"、"中国经营大师"、"浙江省突出贡献企业经营者"、"浙江省优秀企业家"、"浙江省功勋乡镇企业家"、"浙江省十大杰出青年"、"温州市改革开放十大风云人物"等称号，并当选为浙江省工商联副会长、全国工商联常委、九届全国人大代表。2000年被评为"中国十大杰出青年"。

恒安集团

企业介绍

恒安集团总裁：许连捷

恒安创立于1985年，是最早进入中国卫生巾市场的外资企业之一。凭藉中国妇幼卫生用品市场的迅速扩大，十几年中恒安的业务不断成长，目前已建立起的覆盖整个中国的销售及分销网络和在中国14个省市设立的17家公司，使恒安成为中国第一大妇女卫生巾制造商和主要的婴儿纸尿裤制造商。

恒安以中国驰名商标“安尔乐”及“安乐”、“安儿乐”三个著名品牌生产与销售100多个规格、品种的妇女卫生巾和纸尿裤，并拥有原辅材料配套生产能力。

恒安注重产品创新。通过研究开发和技术引进，恒安产品品质不断提升，始终保持与世界妇幼卫生用品发展潮流同步，使恒安保持在中国市场较强的竞争力。

恒安坚持以质取胜的经营方针，通过管理的加强和严格的质量监控体系，以保持产品的高质量。目前，恒安的主要生产设施和产品均已获得ISO9002质量体系和产品质量认证。在恒安的发展过程中，始终不忘企业对社会的责任，恒安积极参与社会公益事业，以回报社会对企业的关心和支持。

乌鲁木齐铁路局工程处第二工程段

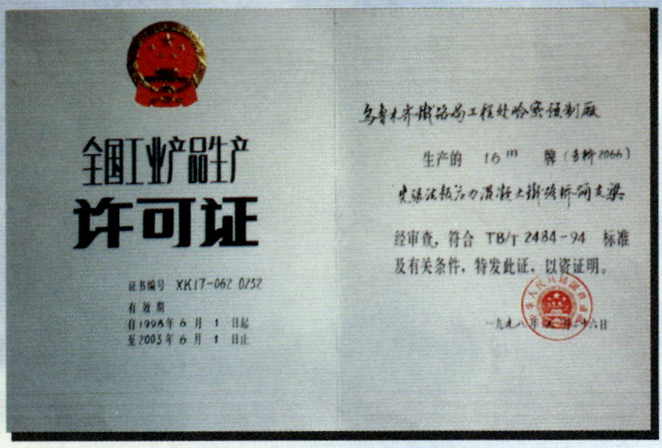

国家颁发的桥梁生产许可证

段长　赵清贵

党委书记　白智清

第二工程段组建于1971年，是乌铁局综合性施工企业，现在固定资产1800万元，下设线路、房建、混凝土预制、机修等施工单位和多经、集经、技协等经济实体，具有承建铁道工程、大中型土石方、工业与民用建筑、给排水工程、20米以下钢筋混凝土铁路桥梁、16米以下先张预应力铁路桥梁、工业大型房屋构件、φ150－500cm下水管预制、既用线桥涵顶进等生产能力；尤其是16米以下先张法预应力铁路桥梁，已通过国家级认证，大型屋面板被自治区评为优质产品。

第二工程段建段二十多年来，先后参加了南疆铁路建设、南北疆铁路桥梁生产、兰新线站场改造及生产生活设施和职工家属住宅、修建了哈密机务段机车轮修库和哈密车辆段大库，其中24米跨度预应力屋架质量良好。在兰新复线建设、既有线提速施工中，二段人更是抓住机遇，迎难而上，发扬“自强、求实、开拓、奋进”的企业精神，保安全、抢工期、抓质量、创效益，经二段全体干部职工辛勤努力生产的20米以下混凝土铁路桥梁遍布兰新复线、南北疆铁路及南疆铁路西延线上，疏勒河、柳园、哈密、吐鲁番、乌西等编组站，正在乌鲁木齐铁路局铁路运输生产上发挥着极为重要的作用。

随着改革的深入，第二工程段干部将努力开拓市场，走出新疆，面向全国参与市场竞争，现已竞标宝兰二线刁家川大桥及渝怀线锦江大桥隧道工程，将以信誉和实力赢得广大用户，开辟出一条适合施工企业发展的道路，为乌铁局工程处改制为乌鲁木齐铁路工程(集团)有限公司创造条件，为第二工程段今后的不断发展加倍努力。

二段预制厂制管车间

二段预制厂大型尾面板生产厂区

二段提速施工顶进桥涵

兰新线提速工程

二段自制轨道车走行吊架

二段轨道车走行吊架设 24 米军钢便梁施工

二段提速工程小半径曲线改造土方施工

兰新线桃尔沟 3-16 米双线中桥

哈密铁路分局物资供应段

段长 王守信

党委书记 崔志祥

哈密物资供应段位于哈密火车站北侧，占地面积23万平方米，其中库区面积达14.5万平方米，拥有30余栋砖混型仓库，3座大型料棚，5条铁路专用线，货物装卸线达1100双米，是乌鲁木齐铁路局大型仓储供应基地之一。主要储备供应销售金属材料、建材、石油产品、五金交电化产品、有色金属、各种工具设备、劳保用品以及铁路机车、车辆线路专用材料、平均储备品种达8000余项，定额储备资金1069万元。

多年来，我段坚持集采专供、节支创效，送料上门、

座右铭：

我们会做得更好

精心点收

库区作业

上门提货

企业精神：

诚信开拓　追求卓越

服务一线的经营原则，致力实践“及时齐备、质优价廉、保证供应、责任赔偿”的承诺服务，200年底，物资供应额突破5.7亿元，创历史最高纪录。

由段自行开发设计的物资管理网络系统已初具规模，具有实施物资查询，电子订单、上报资金查看库存、业务处理功能。获国家级科技发明奖2项，自治区级1项，铁道部级14项。

哈密物资供应段还适应市场经济的需要，积极开拓市场，建有果品饮料厂，石料厂，塑料编织袋厂。我段生产的胡萝卜汁、活性乳、大白粉、塑料袋运销区内外，取得较好的经济效益和社会效益。

哈密物资供应段在北京、上海、郑州、乌鲁齐有常设采购办事处，与全国各地200多家生厂家和经销商有稳定的经销业务，与全路100家物资企业有业务往来，是东疆地区具有物资息流大，装卸运输能力大，供应销售量大的三大”物资企业。

1983年，哈密材料厂(物资供应段的前身)被为铁道部“仓储管理先进单位”，十面红旗之。

1991年，获铁道部“全优仓储荣誉证书”。

1998年，物资供应段果品厂生产的活性乳、萝卜果汁在全国第十届科技发明展览会上获优产品奖。

1988至2000年连续13次获乌鲁木齐铁路局储管理第一名。

截止2000年6月30日，全段无任何职工伤事故5402天，取得自建段以来无任何火灾事41年的优异成绩。

库区龙门吊卸车作业场景

库区一角

服务一线

胡罗卜果品饮料成品清点

侧叉车生产站段送料

地址：哈密铁路物资供应段

邮编：839000

电话：0902~2323187

传真：0902~2311029

E-mail:-hm@xj cninfo.net

哈密铁路新达高新技术公司

总经理 王海生

哈密铁路新达高新技术公司自1996年成立以来，突出以高新技术为本的发展思路，紧紧围绕铁路运输市场的需求，用技术创新不断研究开发适销对路的高新技术产品，满足铁路产业升级的需要。近年来，完成了如下主要自动控制工程的设计、施工任务以及行车安全的监控仪表和机械设备：

1、乌西客技站防错办安全控制系统

2、乌鲁木齐西站峰前防溜控制系统、峰尾可控停车器控制系统；

3、乌鲁木齐北站站场平面调车控制系统；

4、郑州北站上行编组可控停车器控制系统；

5、郑州北站下行编组场可控停车控制系统；

6、大连北站编组场可控制车器控制系统；

7、哈密站编组场可控停车器控制系统；

8、哈密站货场多媒体闭路监控系统；

9、乌鲁木齐西站驼峰场打风机房自控系统；

10、乌鲁木齐西站峰场风管路排污控制系统；

11、乌鲁木齐西站峰头峰尾电视闭路监视系统；

12、XD—Ⅱ型机车综合测温仪

13、轨道式清雪车。

还有大批量制作的电子安全显屏，以及根据用户需求研制开发的多自动控制项目。

以上项目经回访用户，使用单位映良好，对保障行车安全提高企业管水平、增加经济效益都发挥了高新技应有的作用。使公司在激烈的技术市竞争中站稳了脚跟，也走出了一条科与经济紧密结合的发展之路。

公司决心继续按照“创新、产业亻的科技工作指导方针，秉承“不务虚名崇尚实干”的企业精神，用高质量加成本的高新技术产品为铁路运输战线广大客户竭诚服务。

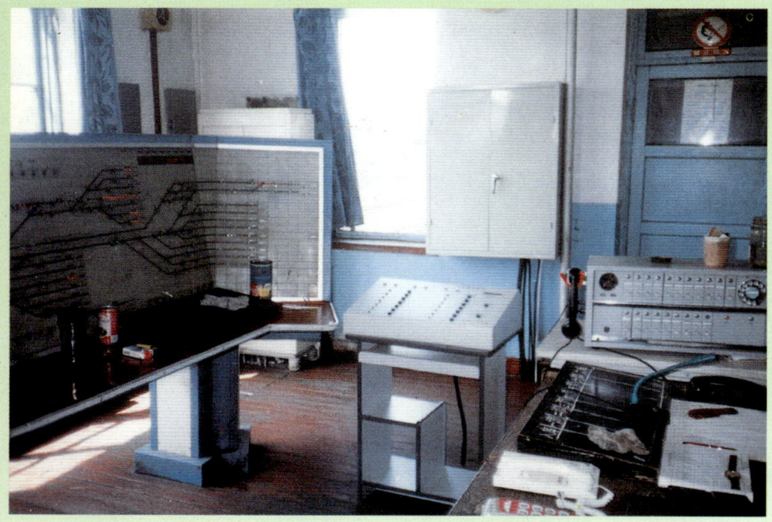

大连北站编组场可控行车器控制台

新达＝自动化＋高质量＋低成本

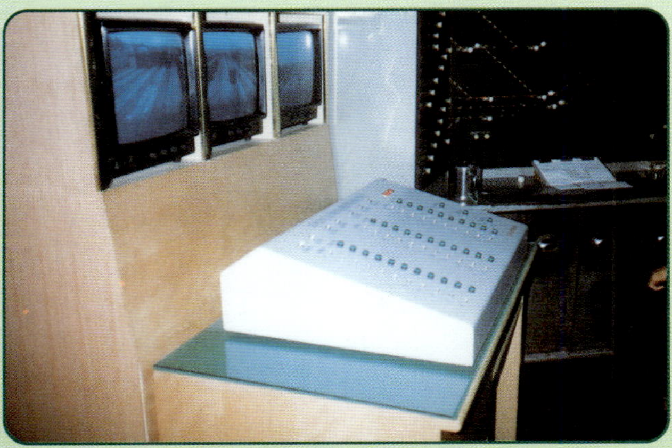

郑州北站上行编组场可控行车器控制台

郑州北站上行编组场可控停车器的控制台

郑北站上行编组场可检停行车器控制台

自动雕刻机正在刻制印刷电路板

哈密铁路工务段

段长 马苗生

党委书记 冯树华

哈密工务段提速6种精神

认真负责　组织严密的科学管理精神
敢于拼搏　强攻硬上的艰苦奋斗精神
边学边干　勇于实践的务实创新精神
顾全大局　团结协作的集体主义精神
不计得失　连续作战的无私奉献精神
全员参与　同心共干的创优争先精神

哈密工务段企业精神

爱岗敬业　无私奉献
艰苦奋斗　创优争先

及时养修桥梁设备，确保提速后行车安全

为提速会战积极备料

利用新型设备养护提速线路

哈工段领导班子成员畅谈段远景发展规划

哈密工务段地处新疆东大门，管辖兰新复线东起新疆与甘肃交界的红柳河1150公里，西至了墩1452公里间604公里正线、138.07公里站段岔特线、525组道岔、98座桥、427座涵和2处有人看守道口的线桥养护维修任务。现有职工957人，是一个由汉、维吾尔、回、蒙古、藏、苗、哈萨克、裕固等8个民族组成的大家庭。

自1959年12月31日，哈密工务段建段以来的40多年间，工务人发扬"爱岗敬业、无私奉献、艰苦奋斗、创优争先"的企业精神，走科技兴段之路，线桥设备养修的科技含量和养修质量不断提高，安全周期不断延长，安全管理工作走上科学化、规范化的轨道，培养造就了一支吃苦耐劳、素质过关、作风过硬的干部职工队伍，企业的改革发展步入快车道的良性循环。

特别是在近年来，随着西部大开发、铁路大提速和二次创业的需要，全段以加强线桥设备养修技术含量为手段，以改善养修作业和管理方法为保障，向机制改革要安全，向干部作风要安全，向职工素质要安全，向设备质量要安全。逐步完善了以职工竞争上岗劳动用工制、干部管理考核制、安全管理逐级负责制、养修安全质量成本承包责任制等一系列的制度措施办法，规范管理，有序运作，调动了干部职工的工作积极性，增强了干部职工心系企业改革发展的团结凝聚力、向心力。企业文化建设、安全文明标准线建设和精神文明建设稳步推进，各项工作呈现出欣欣向荣的良好局面。

在2000年的提速大会战中，哈密工务段承担着全局提速施工任务近50%以上的工作量，面对任务重、时间紧、标准高、要求严的实际，全段干部职工上下一心，以"安全管理争一流，养修提速创样板"为目标，团结拼搏，知难而进，战严寒酷暑，斗雨雪风沙，全面安全优质按期完成了提速施工任务，得到了部领导、路局、分局的高度评价和赞誉。

1990年以来，2次被评为路局先进党委，6次被评为铁道部安全优秀工务段，3次被评为路局模范"职工之家"，4次被评为路局先进团委，红光养路工区于1994年被团中央、铁道部团委授予"青年文明号"工区，并一直保持荣誉至今。

截止2001年4月1日，全段实现无行车责任重大、大事故4706天。其中，生产一线班组中红光养路工区、哈密桥梁工区创下万天以上无事故的好成绩。

哈密站更换提速道岔施工忙

提速施工与养修工作同时进行，站线职工正在更换岔心

头顶烈日，秣马励兵的提速机械捣固队

随时提醒施工队员注意作业安全

换下来正在移走的旧道岔

哈密铁路工务段
邮编：839001
电话：0902-2721345
传真：0902-2721345

南疆铁路临时管理处多元经济管理中心

多元经济管理中心主任　董新民

多元经济管理中心党委书记　李勇

南疆铁路临管处多元经济管理中心成立于1997年，它是临管处多元化系统企业管理机构，下设综合部、企划部、财务部、集经科、生活科等五个职能部门，管辖商贸旅游公司、基建工程公司、华力运销公司、客货服务公司、华兴有限责任公司、华隆煤炭公司、生活服务公司、采石场、劳动服务公司等9个直属公司和15个站段多经企业，从业人员2208人。经济收入逐年递增，为南疆的经济建设做出了突出的贡献。

南疆铁路临管处多元经济管理中心，积极推行“客货并举、运贸结合、融合发展、繁荣陆桥”的经营策略，树立“强化直属、放活站段、依托主业、开拓市场、以‘两黑一白加旅游’为突破方向”的经营指导思想，经过多年的不懈努力，现已基本形成以运输代理、仓储、商贸、饮食服务业、施工业、宾馆旅游、煤炭、石油运销等支柱产业为重点的经营体系。

中心主任董新民、党委书记李勇携全体员工，满怀热忱，愿与社会各界朋友携起手来，共创多经大业。

库尔勒地区中心幼儿园

大陆桥铁道旅行社

南铁科盛家电商场

多元经济管理中心

库尔勒采石场

华力运销公司自备的罐车

库尔勒车站梨疆批发市场

库尔勒车辆段

库尔勒车辆段隶属于南疆铁路临管处，为一客货混合段，担负着南疆铁路1487公里的客货车运用及检修工作，现有职工928人，下设9个职能股室、13个车间、49个班组。其中8个运用车间、5个检修车间，另有胜利桥、库林阿曼2个风闸所，库西、艾支线2个爱车驻在所，轮台一油龙整备所。现检修库有段修台位8个，站修台位24个，客车整备线9.5条和一个4台位的洗罐站。

段长 余跃刚

党委书记 齐同方

库尔勒车辆段自成立以来，段党委结合本段自身改革发展的实际，立足现实，着眼未来，不断推出适合于本段的发展规划。1999年实施“委托管理”模式，突出车间、班组在管理中的主体地位，安全逐级负责制得到有效落实。2000年在全局运输生产站段中率先开展ISO 9000质量保证体系认证，并于年底通过认证。使之进一步完善、规范了安全生产管理标准、作业标准和质量控制标准。同时不断加大工装设备、工艺流程的科技投入、科技改造。建成了全局较为领先的标准化轴承间，轮轴检测、轮对探伤、货车转向架、制动梁、车钩检修流水线、配件检修工艺线等6条基础工艺线。段修从6台位增加到8台位，达到年出段修300辆的检修能力。在生产中实行了网络计划出车，推选“定点检修、集中检测、异地维修，网络供料”的修制改革；扩大换件修范围，成立“质量控制中心”实行“一车一档”加大质量监控的力度。在现场实行定置管理、作业区域色带管理，极大的降低了职工的劳动强度，提高了劳动效率。“库辆人”以他敢打硬仗、勇于奉献的吃苦精神，在得到认可的同时，也树立了库尔勒车辆段富有特色的企业形象。

“努力做得最好，努力做最好的”在不断激励着全体干部职工向新的、更高的目标奋进。

检修车间绿色走廊

轮对检修线

库辆段检修大库远景

客车检修线

制动梁检修流水线

车辆检修大库

车辆检修大库

制动梁检修流水线

轴承计量检测

库尔勒电务段

段长　魏　勇

党委书记　陈静平

行使民主权力

丰富多采的文化活动

库尔勒电务段始建于1984年10月16日，现有职工549人，担负着南疆铁路即有线吐鲁番至库尔勒西间共计41个站，476公里线路的有、无线通信信号设备的维护和库尔勒铁路枢纽电话、电报及数据信息的传递、无线寻呼业务。

该段自成立以来，坚持“严细求实，团结奋进”的企业精神，勇于开拓，敢于拼搏，不断加大科技和职工教育的投入，使管理工作向规范化、制度化迈出了可喜的步伐，职工队伍整体素质有了较大的提高。《信号器材综合测试台》获局科技二等奖，《接地故障查找仪》获得自治区科技进步三等奖、第三届丝路发明博览会银牌奖、第83届巴黎国际发明博览会法国邮电部专项奖，同时还有多项成果获得路局科技进步三、四等奖，有效地促进了安全管理的有序可控。

安全是铁路运输生产永恒的主题。库电段党委领导班子把“规范管理，强基达标”的重心落在全面落实安全管理逐级负责制和全面推进职工素质达标两项重点工作上，作为抓好安全生产的根本措施。

落实逐级负责制在建立有效的管理机制上下功夫，明确责任、权力和利益，实现“以岗位定责任，以责任定权力，以贡献定收入”。

大力推进“素质达标工种”，不断提高职工队伍的整体素质，树立“岗位靠竞争，竞争靠素质”的意识，本着干什么，学什么，练什么的原则，实现“以素质定岗位，以岗位定收入”的目标，极大地调动干部职工爱岗敬业的积极性。

截止2000年，库尔勒电务段3次被路局授予“先进党委”和双文明建设“先进单位”以及安全文明标准线“先进集体”等殊荣，连续6年被临管处授予“好班子”荣誉称号，多次被路局评为“党风廉政建设先进集体”及临管处“综合治理达标先进单位”。

在新的一年里，随着西部大开发的实施，该段全体员工将紧紧把握二次创业的历史机遇，坚持“人民铁路为人民”的宗旨，大力强化企业管理，使库尔勒电务段在安全、质量、效益、服务等方面不断迈上新台阶。

精检细修

学技术 练硬功

精检细修

学技术 练硬功

阿克苏工务段

段长　马新峰

书记　李圭琪

"三讲"教育动员大会

阿克苏工务段组建于1998年5月1日，前身为原鱼儿沟工务段。鱼儿沟工务段位于南疆铁路线的东始端，其前百公里处于吐鲁番盆地西北边缘，大部分为干旱少雨地带，年最高气温48℃，最低气温零下35℃，有白杨河、格斯山和库米什三大风口，后百公里线路通过天山腹地，山高沟深，地势险峻，多处桥隧相连。该地段年气温绝对高24℃，最低温度零下35℃。其管辖连线桥设备200公里，有职工450人，固定资产18亿。

多年来，鱼儿沟工务段的广大干部职工在路局、临管处和兄弟单位的大力支持下，战风沙，斗酷暑，坚持"安全第一，预防为主"的思想，狠抓"三级"安全质量运行和线路设备优质活动，注重企业文化建设，连续五年创建并保持了路局、部级安全优质工务段的称号，先后被评为自治区二级企业、一级企业和路局先进文明单位，乌鲁木齐市南山矿区先进文明单位，段领导班子连续多年被评为路局、临管处勤政廉洁的好班子。阿克苏工务段在1998年5月1日组建后，根据实际情况开展了职工岗位练兵和业务技术、职业首先、法律法规知识的学习。1998年11月15日段机关正式进驻库车，开始接管新线。接管后，段机关职能机构设置按实际需要，以重新组阁，形成精干，高效而有序运作实施的机制。段设综合办公室、线路、桥梁、设备、人保、教育、财务、材料室，有职工117人，到2000年职工增加到414人。段管辖下设7个线桥领工区，一个维修中心。1999年，全段广大干部职工在上级党委的领导下，发扬艰苦奋斗，无私奉献的精神，全面完成了上级交办的各项工作任务，同时，段也被评为临管处"学习、团结、廉洁、勤政"的好班子。2000年，全路大提速的会战拉响了起汽笛，阿克苏工务段全段干部职工在"艰苦创业、无私奉献、奋力拼博、争创一流"精神的鼓舞下，团结协作，众志成城，经受了恶劣环境、工作难度带来的困难，战胜了二次提速会战中难以想象的困难，出色地完成了上级下达的任务指标，确保了提速目标顺利实现。阿克苏工务段也被评为临管处艰苦创业双文明建设单位；荣获局安全优质工务段称号。2000年还被评为路局"勤政廉洁"先进单位、临管处先进单位。段多次被评为路局多经系统先进企业。

购制新型电动起道机大大减轻了职工劳动强度

军民共奏抗洪曲

库鲁克养路工区连：肖塔、野云沟、库鲁克、策达雅4个养路工区；

轮台养路领工区：阳霞、塔拉克、二八台、轮台4个养路工区；

库车养路领工区：雅克拉、牙哈、库为、新和4个养路工区；

羊塔克养路领工区：伊斯克苏、特尔希克、羊塔克、咸水沟4个养路工区；

阿克苏养路领工区：玉尔滚、帕曼、阿克苏、三角地4个养路工区；

库车桥梁领工区：库车桥梁工区；

阿克苏桥梁领工区：阿克苏桥梁工区。

阿克苏工务段管辖范围变更：

1998年5月由K490+00公里处延伸至K987+300公里处。

1999年12月由K490+00公里处延伸至K1020+000公里处。

阿克苏工务段管辖内线桥设备表：

项目：

正线：530公里　站线：53.710公里　道岔：77组　道口：118处　桥梁：293座／14070延长米

涵渠：1606座／16536延长米。

加强线桥质量维修，配合大机完成护轨作业

以“二次创业”为契机；对道岔进行全面更换

阿克苏工务段新貌

《华人经济年鉴》

(1997-1998)出版座谈会

美国驻华使馆文化专员、二秘贺侠先生在会上致贺词

《华人经济年鉴》1997-1998年版出版座谈会由北京华人经济技术研究所主持，于1997年12月17日在北京召开。出席座谈会的有：外交部、国务院侨办、全国侨联、现代国际关系研究所、中国社会科学院有关研究所、新华通讯社、人民日报海外版、光明日报、中国国际广播电台、北京市人民政府办公厅等有关负责人，部分驻华使馆官员及《年鉴》编委近百人。当天中央电视台晚间新闻予以报导。

▶ 美国驻华使馆公使参赞狄长礼先生夫妇

▶ 乌兹别克斯坦驻华大使沙·阿·阿利莫夫先生(中)、参赞哈希莫夫先生(右)与编委王本项

◀ 俄罗斯驻华使馆一秘格里戈里耶夫、弗拉基米尔先生(左)

▶ 主编：宫达非(右二)、谷源洋(右一)葛兰(左一) 顾问：陈亚琦(左二)

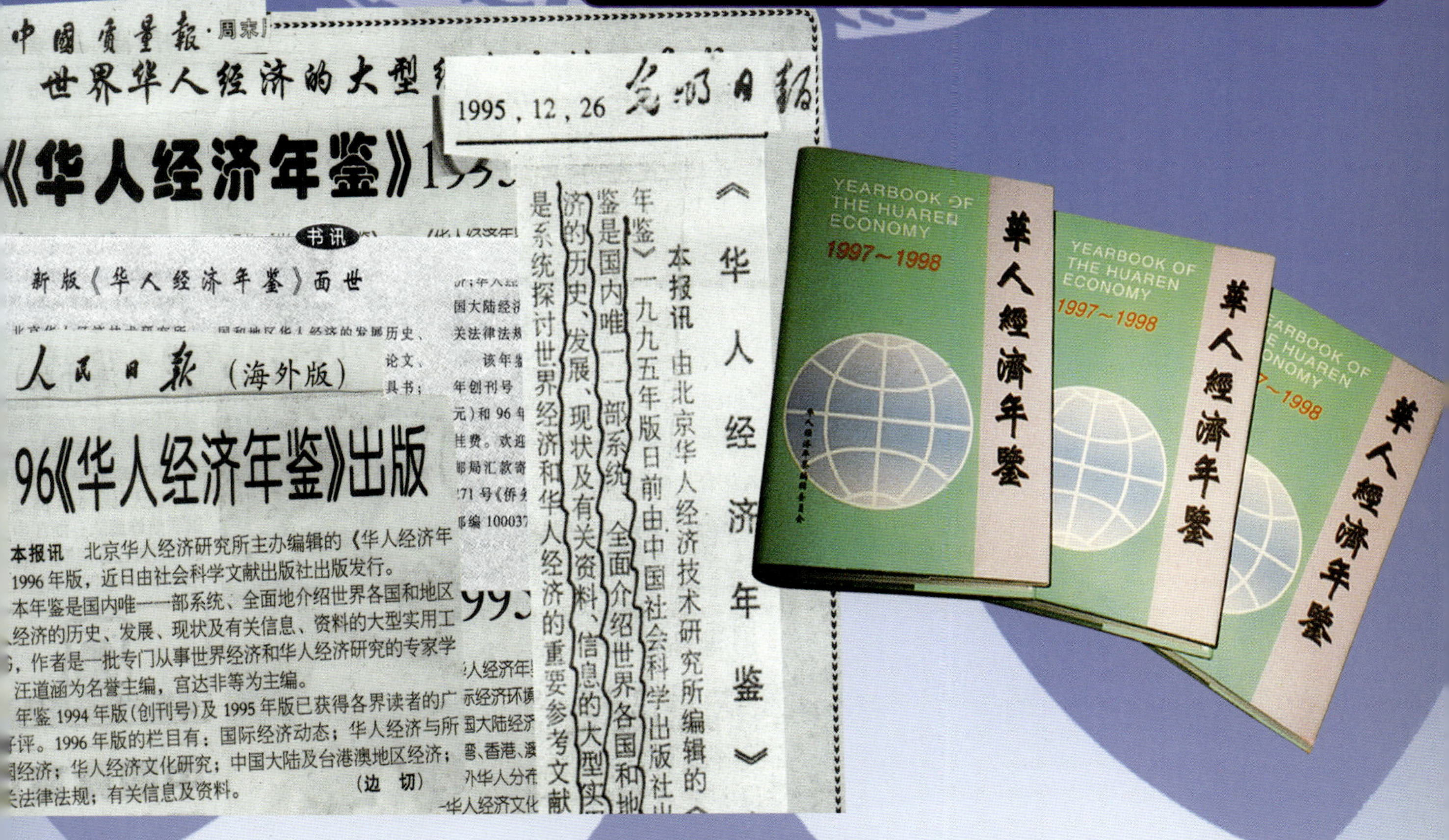

人民日报海外版、光明日报、中国质量报、侨务工作研究等报刊关于《华人经济年鉴》的报导与介绍

铁道部北京铁路局北京科学技术研究所

北京铁路局北京科学技术研究所创建于1959年1月，是铁道部北京铁路局所属致力于铁道运输行业新技术开发应用的综合研究所。设有机务、车辆、理化、综合、机械5个研究室；3个新技术开发公司；科管情报及办公室2个职能科室。现有职员82人，其中有国家级专家1人，高级工程师23人，工程师及其他中级技术人员26人。

北京科研所坚持“立足本局，面向全路，发挥优势，研发并举”的科研方针，积极开展科研成果转化活动。以推动中国铁路科技进步为宗旨，以“安全、效益、质量”为中心，致力于铁道运输、机车车辆、线路桥梁、通信信号、节能环保、计算机应用、物理和化学等专业的研究。近几年来相继完成了几十项科研课题，获得了22项国家专利，6项科研产品获国家重点新产品称号，部分产品已进入国际市场。

北京科研所将一如既往地以高质量的产品和优质的服务，面向广大用户开展技术转让、技术开发、技术咨询和培训服务。热忱欢迎各界朋友进行广泛的技术交流、技术合作。

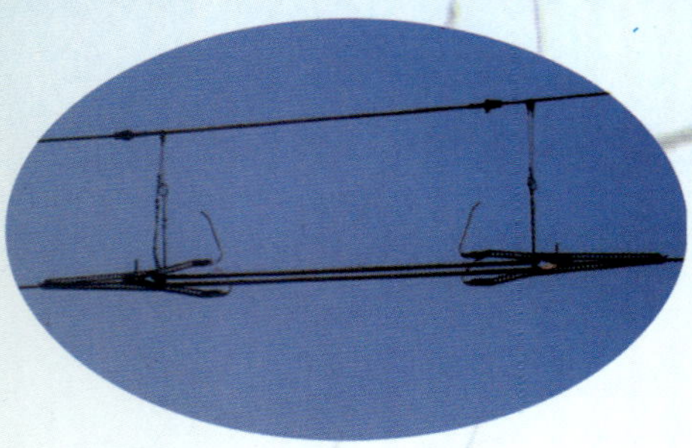

BF-1型分相绝缘器

BTK-1型接触网铝合金补偿滑轮组

铁道部、北京铁路局领导在全局技术创新大会参观北京科研所展区

WKLC40新型
车空调控制柜

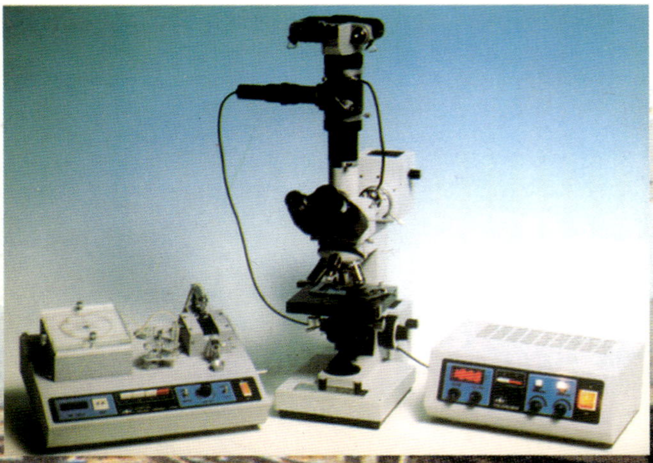

FTP-X1(系列)分析式铁谱仪系统

地　址：北京市复兴路6号　邮编：100860　联系人：刘生辰、范文　电　话：010-63216943　021-26943(路)
传　真：010-63216913　021-26913(路)　E-mail:jtksb@public3.bta.net.cn　http://www.bjrailtech.cn

第二篇

世界各国和地区经济与华人经济

亚　　洲

文　莱（Brumei）

国名　文莱达鲁萨兰国（Brumei Darussalam）

面积　5765平方公里

人口　31.6万人（1999年）

首都　斯里巴加湾市（Bandar Seri Begawan）

国内生产总值(1999年):约58.5亿美元

人均国内生产总值(1999年):20000美元

货币名称:文莱元

汇率（1998年2月）：1美元＝1.63文莱元

简　况

位于东南亚加里曼丹岛北部。北濒南中国海，东南西三面与马来西亚的沙捞越州接壤，国土被分隔为不相连的东西两部分。海岸线长约161公里。属热带雨林气候，终年炎热多雨。年均气温28℃。

古称渤泥。15世纪伊斯兰教传入，建立苏丹国。16世纪初达到极盛时期。16世纪中期起，葡萄牙、西班牙、荷兰、英国等相继侵入。1888年沦为英国的保护国。1941年被日本占领。1946年英国恢复对文莱的控制。1984年1月1日英国放弃了其掌握的文莱外交和国防的权力，文莱正式宣布独立。全国划分为4个区：文莱—穆阿拉、白拉奕、都东、淡布隆。

经　济

石油和天然气是经济支柱，但非油气产业的比重有所上升，1998年因受国际石油市场低速、东南亚经济危机等因素的影响，经济发展和财政状况受到较大影响，全年经济增长率仅能维持在1%左右。1999年继续发展服务业及制造业，并推动粮食自给自足目标，加强农、淮业及造林等，使经济增长率达5%。

工矿业　以石油、天然气开采和提炼为主，石油储藏量佑计达14亿桶。可连续开采约20年，天然气储藏量估计达3220亿立方米，可连续开采约35年。建筑业是新兴的第二大产业，其他还有食品加工、家具制造、陶瓷、水泥、纺织等，约660家小规模的制造厂。

农业　自文莱发现油藏之后，传统的农、林、渔业对该国经济的重要性日渐式微。农地面积为7000公顷，占全国总面积1.2%。农林渔业的产值在国内生产总值所占比例近3%。种有小面积的水稻，还有橡胶、胡椒、椰子等热带作物。80%食品依赖进口。大米自给率为25%，蔬菜、牛肉、蛋类、家禽等已实现自给或近乎自给。

旅游业　主要旅游景点有独具民族特色的水村、赛福鼎清真寺、苏丹皇宫、文莱博物馆、杰鲁东公园等均为外来游客必到之处。

交通运输　水运是重要的运输渠道。穆阿拉深水港是主要港口，主要供出口石油和液化天然气使用。首都有国际机场。

财政金融　国家财政收入主要依赖石油和天然气的出口收入，其次为对外投资的收入。官方外汇储备约380亿美元，无外债。

同我国的关系　两国于1991年9月30

日建交。

华人经济

1999年，文莱华侨华人人口49300人，占全国总人口的15%。以上统计未包括未取得居留权的37000余名客藉劳工和技术、专业人员，其中多为自马来西亚、印尼、新加坡、香港等地迁来的华人，如果一并计算则华人人口总数当在86000人以上。

文莱华人祖籍以福建省居多数。此外为广东、海南、潮州等地。华人多聚居于首都斯里巴加湾市，约占总数35%。

华人经济受金融危机影响不大，概况如下：

(一) 商业

杂货业　为海外华商传统行业。1999年华商杂货业有310家，每家平均资本约75000美元，多属家族经营的传统杂货店、超级市场，销售日用品、食品罐头、面包、饮料、烟酒等。占当地市场近50%，自身有资金者往往自行进口部分货品，并兼营批发业务。

贸易业　华人专营贸易业的约50余家，每家平均资本额约10万美元，占当地贸易业10%左右。华商进口商多向新加坡、泰国、马来西亚、香港、菲律宾、台湾及中国大陆进货。形成华人经营网络。在营业上显居优势，因之也取得外国汽车、烟、酒等厂商在文莱的总代理权

餐饮业　华商餐饮业大都能掌握当地人民的消费倾向，提高质量与服务水平，尤其是香港华商，有的个人前往经营，或与当地华商合资，或在观光旅馆内设餐厅。规模大者提供餐间表演节目及香港点心，现共有45家。平均每家资本约12万美元，计有中餐、西餐、快餐、自助餐及咖啡屋等，约占当地一成。

其他尚有华商经营的旅游业、运输业、电子电器业、医药业等。

(二) 工业及房地产业

机械业　华商从事车辆、电器、船舶及各类产业机械维修业务，进而发展零件制造、装配机械业，现有34家，每家平均资本约15万美元。

塑胶加工业　现有4家，平均每家资本约15万美元，产品包括家用器皿、建筑材料、各种机器工具的组配件，范围十分广泛。

营建业　1970年以后，文莱陆续开展各项重大公共工程及住宅的兴建，吸引香港及新加坡华商前往承揽，曾盛极一时。但至90年代后，各项大型工程先后竣工，当地人士营建商崛起，竞争剧烈，部分华商已转向他处发展，现有60家，平均每家资本100万美元，多兼从事房地产投资及交易。

其他工业尚有食品加工业16家，每家平均资本额4万美元。成衣业8家，每家平均资本90万美元。还有木板厂7家，平均资本20万美元。

(三) 农业及采石业　华商经营大中型农场的有5家，农户18家，种植菜蔬、水果，每家平均资本20万美元。另有养鸡厂7家、养殖渔业3家，他们是文莱市场的主要供应商。

华商从事采石业的有3家，每家平均资本100万美元，占当地70%。

柬埔寨（Cambodia）

国名 柬埔寨王国(kingdom of cambodia)
面积 181035平方公里
人口 1162.65万（1999年）
首都 金边

国内生产总值： 30亿美元（1999年）
人均国内生产总值： 290美元(1999年)
货币名称： 瑞尔（RIEL）
汇率（1999年12月）：1美元 = 3895瑞尔

简 况

位于中南半岛南部。东和东南部同越南接壤，北部与老挝相邻，西和西北部与泰国毗邻，西南濒临暹罗湾。海岸线长约460公里。属热带季风气候，年均气温为24℃。

公元1世纪下半叶建国，历经扶南、真腊、吴哥等时期。9世纪—14世纪，吴哥王朝为鼎盛时期，国力强盛，文化发达，创造了举世闻名的吴哥文明。1863年沦为法国保护国。1940年被日本占领。1945年日本投降后再次被法国殖民者占领。1953年11月9日柬埔寨王国宣布独立。1993年5月23日~28日，柬埔寨在联合国驻柬临时权力机构的组织和监督下举行大选，产生制宪会议。9月21日，制宪会议通过新宪法，决定恢复君主立宪制。9月24日，西哈努克亲王签署新宪法，制宪会议转为国民议会。11月2日柬王国政府正式成立，柬进入和平重建时期。柬全国分为20个省和4个直辖市。

经 济

1999年柬国经济增长率为5%，比1998年的1.3%为佳，主要因农产丰收，出口增加等。

资源 矿藏主要有金、磷酸盐、宝石和石油，还有少量铁、煤。林业、渔业、果木资源丰富。木材种类多达200余种，盛产贵重的柚木、铁木、紫檀、黑檀、白卯等热带林木，并有多种竹类。森林覆盖率仅占全国总面积的40%，储量11亿多立方米。洞里萨湖为东南亚最大的天然淡水渔场，素有“鱼湖”之称。西南沿海也是重要渔场，多产沙丁鱼、金枪鱼、巴士鱼。

工业 柬国各项工业中，以食品业为首要，产值高达总数的54%。其次为化学及机械工业约占16%，其他工业包括电力工业、纺织工业等。在纺织业方面，由于目前世界上有26个国家给予柬国优惠关税及免配额优惠，未来前景看好。

农业 农业是柬国民经济的第一大支柱。目前农业生产值占国内生产额的44%左右，农业人口约占就业人口的75%，可耕地面积670万公顷。主要农产品有稻米、玉米、大豆、薯类等，稻谷种植占全部耕地面积的80%。碾米工业在其工业中因而占有相当的比重。马德望省素有粮仓之称。全国有橡胶园10万公顷，年产橡胶5万吨。渔业是另一项可以研究进行投资的事业，养殖业也有潜力。

服务业 近年来，柬服务业发展迅速。1998年，服务业产值43040亿瑞尔，占国内生产总值40.04%，从业人数64万，占总劳力的15.6%。主要从业项目为交通、通讯、商品批发与零售、酒店和餐饮、旅游、银行与保险、房地产、医疗卫生等。

交通运输 以公路和内河运输为主，主要交通线集中于中部平原地区以及洞里萨湖流域。北部和南部山区交通闭塞。

公路 全国公路总长1.5万公里。最重要的公路有三条：1号公路从金边通往越南胡志明市，4号公路从金边通往西哈努克港，5号公路从金边经马德望通向柬泰国边境。

铁路 全国有两条铁路，一条是金边—波欠，全长385公里，可通曼谷；另一条是金边—西哈努克市，全长270公里，是交通运输的大动脉。

水运 柬国境内河川有三，一是湄公河，一是洞里萨湖，一是百色河，构成柬国相当广阔的水运网络。

空运 正快速成长中，国内外开通7条航线。国内有波成东、暹粒、磅清扬三个大型机场。

同我国的关系 中柬于1958年7月19日正式建交。

华人经济

据资料统计，2000年柬埔寨华侨华人约有50万人，占柬国人口的3%左右。20余年前，因受战乱影响，不少华侨华人前往美国、加拿大、法国、澳大利亚，澳门等地，导致华侨华人人口大量流失，估计约有10多万人。

柬国华侨华人多来自广东省，占华侨华人总数的80%以上，其次为福建省。由于原籍不同，语言大体分为潮州话、广州话、海南话、客家话和闽南话五种。其中因潮州籍人较多，因此潮州话在柬国华侨华人中较为流行。

柬华侨华人大多从事商贸和小工业，约占70%，其中又以杂货零售业为主，遍布全国各个角落，供应当地人民生活必需用品。此外，亦有部分华侨华人积累资本，逐步由小商贩上升到零售商、经纪商或贸易商。他们在销售经营方面自有一套产、供、销渠道。其次是经营工业，约占20%，多属加工性质。也有从事农、渔业，约占10%，多以种植橡胶、胡椒、蔬菜为主，极少部分华侨华人在沿海捕鱼为生。

柬埔寨华人从事经济事业，对于早期柬国资源开发和经济发展贡献颇大。其后，柬国经济因受战火破坏，华人经济亦遭沉重打击。不过随着政局的趋稳，柬政府为了积极重建经济，放宽对当地华人的限制与排挤，给华人经济带来重建与恢复的生机，华人以其经济基础及海外关系网络，成为柬国经济重建最有力的支持，而因战火外移的华人也纷纷返回原地参加建设。历尽苦难的柬籍华人终于又获得了重整家园，发展华人经济的机遇，同时也为柬国经济做出了贡献。柬籍华人在各项食品及工业产品生产收购、贩运、加工及出口销售等方面发挥重要功能。以橡胶工业而言，战后华人将残缺不全的机械拼凑起来，进行生产技术改良，较有规模的有李和创办的手工业胶厂，陈川池的堆斯陵胶厂，林应祥、王汉明、陈章华合资的其利隆胶厂和速光塑胶厂，杜瑞通、吴兴利、唐振明合作创办的民族之光橡胶厂，以及陈牛师傅的橡胶圈厂等，均能迅速发展，获得优异成就，就是明显的例子。

因华侨华人熟悉环境，通晓柬语与华语，所以多能在国外投资者与该国政府间充当桥梁，协助促成经贸关系的联系与合作。柬籍华人的社会地位与经济地位日渐提高。

另一方面，华人后裔中不少已柬埔寨化，参与柬博寨人民的一切活动，许多人已身为政府公务员。在柬埔寨王国政府官员中，有不少是华裔子孙。

如今，柬埔寨政府推行多元文化政策，先在1990年公开使用华文，后又于1992年正式同意恢复和新办华文学校。同时，政府实行经济开放政策，吸引了众多前来投资兴办实业的外商，而外商中使用华文华语者占了大多数，华语成了主要的沟通语言。为此，许多企业在招聘员工的广告中把“谙华语”列为主要条件之一，因之“懂华语易谋生”便成为柬城乡百姓的共识。目前，全柬华校如雨后春笋，迅猛发展，共有华文学校70多所，学生4万多人。此外，夜校班，各种语言学校华文班、家庭式华文实习班，以及华人补习学校的学生，也有1万多人。

东帝汶（East Timor）

名称 东帝汶（East Timor）
面积 14874 平方公里
人口 104 万（1998 年）
首府 帝力（Dili）

简 况

位于东南亚努沙登加拉群岛最东端，包括帝汶岛东部和西部北海岸的欧库西地区，以及附近的阿陶罗岛等。西部与印尼西帝汶相接。境内多山，平原、谷地属热带草原气候，其他地区为热带雨林气候。年平均气温 26℃。12 月至翌年 3 月为雨季，4 月至 11 月为旱季，年均降水量 2000 毫米。

16世纪，葡萄牙殖民者入侵，1613年荷兰势力侵入，并排挤葡势力至东部地区。1859年葡、荷签订条约，重新瓜分帝汶岛。帝汶岛东部及欧库西归葡，西部并入荷属东印度(今印尼)。1942年日本占领东帝汶。战后葡恢复对东帝汶的殖民统治，1951年名义上改为海外省。1960年第15届联大通过了第1542号决议，宣布东帝汶岛及附属地为葡国管理的领土。

经 济

经济较落后，基础设施差。一些地区的居民基本上处于自然经济状态，以农业为主。地处热带，自然条件好，已发现的矿藏有金、锰、铬、锡、铜等。在帝汶海有储量丰富的石油和天然气，石油储量估计在 10 万桶以上。农牧业为其经济主要成分，主要农产品有玉米、稻谷、薯类等，粮食不能自给。经济作物有咖啡、橡胶、椰子等。经济作物主要供出口。交通不便，许多路只能在旱季通车；帝力港为深水港；包考镇有国际机场，可起降大型飞机。

华人经济

据历史记载，1436 年华人发现“满山是檀香木”而开始定居、采伐和经商，比葡萄牙和荷兰人早到了整百年。华人在东帝汶定居后，主要是通商，做檀香木生意，大规模买卖咖啡和农作物，并在首府帝力和主要市镇开店做零售。几乎东帝汶的四百家商店有 95％是华人经营的，大部分咖啡输出也由华商经营，甚至在一些地区的咖啡种植园，过去几十年来都是华人开发与创立。华人在东帝汶有一大半已同当地人结婚生子，成了东帝汶土生华裔，连皮肤也变黑了。

东帝汶在内战和动乱时期也曾发生过反华浪潮，一些华人商店被抢劫和烧毁。80 年代以后，华人又在首府帝力等主要市镇开设商店，经营着各行各业的商业和服务业活动，如家用物品、粮食、汽车零件、电子和家庭燃料供应等。帝力一家很大的超市就是由一位黎姓女华裔开设的，她的外祖父是在葡萄牙统治时代由广东移民东帝汶的。

目前居住在东帝汶的华侨华人约 1 万余人，主要集居于首府帝力，原籍多为澳门、广东一带。他们已在当地生根落叶，拥有整 500 多年的历史。华人在帝力开办华校，让华人子弟学习华文华语，所以东帝汶华人大部分还能讲流利的华语，在当地还有华人的社会组织。由于华人勤劳、俭朴，且愿从事一般当地人不愿做的工作，因之与当地人关系融洽。

印度尼西亚（Indonesia）

国名 印度尼西亚共和国（The Republic of Indonesia）

面积 1919445平方公里

人口 20925.5万（1999年）

首都 雅加达（Jakarta）

国民生产总值（1999年）： 1000亿美元

人均国民生产总值（1999年）： 680美元

货币名称： 印度尼西亚盾

汇率（1999年12月）： 1美元=7025盾

简 况

位于亚洲东南部，地跨赤道，由太平洋和印度洋之间17508个大小岛屿组成，其中约6000个有人居住。海岸线长3.5万公里，属热带雨林气候，年平均气温25～27℃。

公元3～7世纪，有的岛建立了一些分散的王朝。13世纪末14世纪初，爪哇形成强大的麻喏巴歇封建帝国。15世纪先后遭葡萄牙、西班牙和美国的入侵。1602年荷兰在印尼成立具有政府职权的“东印度公司”，开始长达300多年的殖民统治。1942年日本入侵，1945年日本投降后爆发8月革命，8月17日宣告独立，成立印度尼西亚共和国。

经 济

1999年由于亚洲金融危机逐渐消除，印尼经济增长率由负转正。全年增长0.2%，比上一年的衰退10%以上已有很大的差异。当前经济上的最大课题是如何扩大吸收外资，以使饱受金融危机冲击的经济得以复原。

工矿业 印尼矿业大部分受国营企业控制，一般私人企业均以签订合约方式，与国营企业共同投资发展，主要矿产及能源有锡矿、煤炭、原油、天然气及铁矿砂、铝矾土。工业发展的方向是加强外向型的制造业，该业是印尼经济的重要支柱。主要部门有：钢铁与基本金属、化工、造纸、汽车、木竹籐加工、球室、鞋业、纺织成衣等。其中鞋类外销量向来占全球鞋类出口量的35%～40%。

农林渔牧业 印尼为世界最大热带农业国之一，一直以农矿为经济增长的动力。目前印尼每年生产橡胶130万吨，占全球31%。由于印尼土地适合种植橡胶，如采取改进措施，有可能成为全球最大橡胶生产国。印尼其他主要农产品有稻米、玉蜀黍、椰子、咖啡等。

印尼森林资源丰富，为重要经济资源。合板、纸与纸浆、加工木材包括家具在内外销甚旺。印尼水源充沛，饲料产量多，有优越畜牧条件，但大多为小规模经营，肉类产量尚不敷国内需求。

印尼幅员广大，海域辽阔，水产资源丰富，水产品向为外汇收入主要来源之一。1998年虾类出口量为10.8万公吨，外汇收入为15亿美元。

旅游业 政府重视旅游业，注意开发旅游点，兴建饭店，培训人员和简化手续，对42个国家和地区的游客可免办签证，外国游客逐年增加。旅游已成为仅次于石油、天然气、纺织品和木材的第五大创汇项目。估计至2005年印尼观光客将达1000万人次，外汇收入可达150亿美元。主要旅游点有巴厘岛、婆罗浮屠佛塔、日惹皇宫、多巴湖等。

交通运输

铁路：总长约6500公里，其中约5000公里在爪哇，1300公里在苏门答腊岛。

公路：总长372414公里，其中道路状况良好的公路144724公里。

水运：在印尼占有很重要的地位，尤其在苏门答腊和加里曼丹。拥有各类河运、海运船只4932艘；港口总数392个。主要港口有雅加达的丹或不碌国际港、泗水的丹戎佩拉和棉兰的勿老湾。

空运：近10年来，印尼的航空运输有显著发展。印尼鹰记航空公司为最大的航空公司。其次为鸽记航空公司、辛巴迪航空公司，均经营国内国际航班。全国有179个民用机场，6个可起降宽体客机。苏加诺—哈达机场是国内最大的机场。

同我国的关系　1950年4月13日两国建交。

华人经济

早在公元6世纪，就有中国佛教徒怡净来到印尼的穆阿拉、占碑等地的寺庙学习佛经。随后，中国商人也来到印尼，带来中国的丝绸、布匹、瓷器、漆器、金银、钢铁、农具、纸张、茶叶、药材和多种手工制品做生意。还有一些中国劳工和农民来到印尼。在当地社会落地生根，定居下来。他们现在不但采用了印尼人的姓名，而且在语言、生活习惯、文化认同方面，也都已融入印尼社会，与一般印尼人无异。他们绝大多数选择了印尼国籍。2000年印尼华人有1100万，约占印尼2亿多人口的4%以上，是东南亚华人最多的国家之一。长期以来，他们同印尼人民友好相处，在争取印尼的独立和发展经济事业中作出了贡献。现在印尼语的外来语中就有中国的闽南话。

在印尼发展民族经济中，华人资本是一支不可忽视的力量。他们经过世世代代的艰苦奋斗，勤俭经营，不仅积累了资金，掌握了技术，而且还有丰富的经营管理经验和众多沟通城乡物资交流的商业网点，虽然如此，印尼人与华人之间由于历史原因长期存在着矛盾。50年代，苏加诺政府封闭和接管了华人主要企业和银行，还制订了《禁上外侨经营零售商法案》，华人经济受到打击，印尼经济发展也受到损害。60年代末，苏哈托执政后，改善了对华人的政策，政府在大力引进和利用外资的同时，积极鼓励国内私人资本参加国家经济建设。1967年颁布了《解决华人的基本政策》的法令。80年代中期以来，印尼政府在经济上采取了一系列改革措施，经济发展较快，印尼华人经济也取得了成就，得到发展。近20余年来，华人资本由原来的小规模农业和零售业，发展至制造业、金融业、石油及化学等重要部门。而经营方式亦走出了传统的夫妻店、父子公司、兄弟公司的模式，成立了股东及董事会制，分开所有权及经营权，并使股票上市，另外企业本身也由单一行业的小公司走向多元化的大公司，并拓展成企业集团，顺应世界潮流，引进外资发展外向型经济。行业概况如下：

（一）商业

是印尼华人的传统行业，以批发及零售为主。华人投资经营大型百货公司、购货中心、连锁店及超市，发展迅速。华商陈展福经营的马达哈利企业，为印尼最大的百货商场，成立于1991年，已增至70家以上。华商吴裕明家族于1971年10月投资的英雄超级市场公司，为印尼规模最大超市企业。在印尼各主要都市有多家连锁店。该公司多元化经营，开设小型超市、大批发店及折扣超市以吸引顾客。印尼 Gelael 超市为成立最久的超市，在印尼各大都市共有 25 家以上之分店，并拥有肯德基炸鸡、双圣冰淇淋的代理权。此外，华商大型百货业尚有徐清华的 Nega Mall、林德祥的 Suter Mall、黄奕聪的 ITC Roxy Mas、林文正的 Super Mall、刘振和的 Pasaraya、吴沂的 Jatinegara Plaza 等。在贸易方面，规模最大也是最成功的贸易商为华商曾国槐、国辉兄弟及华商阿斯特拉。

（二）金融业

印尼华人在金融业一直占有重要地位，许多华人财团均有自己银行，其中林绍良家族所属中央亚细亚银行最具历史及规模，国内分行逾 500 家。林绍良家族及林文镜投资在香港设有第一太平银行控股公司。另外尚有黄奕聪家族所有的投资控股公司、李文正家族所属力宝银行、李文正家族并在香港设立力宝华润公司及力宝公司、饶耀武家族所属金融银行、李东庆家族所属峇厘银行、吴家熊家族所属大马财务控股公司、刘振和等所属 P. T. Bank Imdonesia Paya 等。亚洲金融危机爆发后，华资银行受冲击程度相当惨重，1999 年在缓慢复苏中。

（三）工矿业

1. 木材加工业：印尼伐木及木材加工业大部分为华人企业所经营，其中以印尼木材大王彭云鹏的巴利多太平洋集团发展最快，该企业自 80 年代中期开始涉足房地产、制造业、银行业及石油化工业。黄双安的材源帝集团为印尼第二大木业集团，拥有 400 万公顷的特许伐木区及 10 余家合板厂，在国外拥有 60 余家分公司、企业员工约 3 万人。郑建盛的哈山集团也以木材起家，其下属企业有 30 余家公司从事与木材有关的行业。

2. 制糖工业：印尼现有糖厂共 70 家，而以华商林宝兴的 SP 企业集团与马来西亚糖王郭鹤年共同合资的楠榜古农玛努糖厂规模最大，年产量 12 万吨，以产白沙糖为主，有员工 1800 人。其次为林绍良三林集团所经营的楠榜马打篮白沙糖厂，年产量 10 万吨。

3. 造纸及纸浆业：黄奕聪所属金光集团系于 1978 年投资纸业创立集伟化工纸业，其后又于 1987 年收购永吉纸业而成为印尼最大纸业生产者。

4. 水泥业：林绍良企业集团于 1973 年在雅加达以南约 40 公里的芝比浓所创办的印尼水泥集团，年产量约 1000 万吨，为印尼及东南亚最大规模的水泥厂。

5. 纺织业：郑年锦企业集团下属的 P. T. Argo Pants 为印尼最大纺纱厂。郑氏企业除经营纺织外，还有钢铁、橡胶、手套、房地产、自行车厂、饲料工厂、电子及化学纤维等事业。

6. 化学工业：华商朱福松的 ABC 集团下属的国际化学工业公司，为印尼最大干电池制造商，以生产 ABC 品牌闻名，共有 4 家工厂，年产 16 亿个。华商林德祥经营的象记集团，制造轮胎。华商高立文经营的禾花麻集团，为印尼大制药厂。华商何筱昆兄弟所属现代摄影集团，制造软片及销售摄影器材。

7. 丁香烟工业：为与印尼一般人民生活有关的消费品制造业，大部分为华人所经营。其中以华商蔡道行家族的盐仓集团下属的 P.T.Gudang Garam 公司规模最大。其次为林天宝家族的三宝那集团所属 P.T.Hanjaya Mandala Sampoeran 公司。林氏企业除了丁香烟业务外，也涉及银行、房地产、贸易、运输业，并与越南华商合作投资 200 万美元兴建香烟厂。

8. 汽车及机车工业：印尼汽（轿）车装配公司约有 20 余家，其中以彭云鹏、林绍良等人的阿斯特拉（Astra）公司最大。该公司近年来也从事重工业、金融服务、基础建设及农业等行业。林绍良集团的 P. T. Indomobil Niaga Internasional 公司，生产铃木轿车为印尼第二大汽车制造业。

印尼机车业绝大部分为华人经营。其中以彭云鹏等华人的阿斯特拉公司规模具同业之冠，其所生产的本田（Honda）机车，在印尼国内市场占有率超过40%。

9. 食品工业：印尼食品工业为华人传统行业之一，原系小规模经营，近年来不少华人企业引进现代化设备，扩大生产并使产品多元化拓展外销。以林绍良集团下属的P.T. Indofood Sukses Makmur公司规模最大，其所生产的速食面，在印尼市场一直维持控制地位，市场占有率约达9成，并外销世界30多个国家。该公司除生产速食面外，尚有碾磨面粉、调味品、零食、婴儿食品、咖啡等产品。

除上述行业外，华商在工业园区、房地产业都有巨额投资，有些项目处于计划兴建中。华人在矿业方面投资不多。

（四）农林渔牧业

华人原系小规模经营随着印尼经济发展，一般人民生活水平的提高，及国内市场需要，多发展成企业化经营方式。如黄奕聪经营的金光集团原以椰子种植及加工业起家，现因大量投资生产棕榈油而有印尼食油大王之称。黄双安材源帝集团的大洋渔业公司拥有渔船150艘经营渔业，后又增加渔船163艘，并从事渔产品加工。现大洋渔业公司的冷冻鱼产品95%外销，以日本、中国大陆、泰国、新加坡、香港等地为其主要市场。林绍良、黄奕聪共同投资经营的P.T. Indomilk公司，以生产牛奶制品为主，尤以纸盒装的鲜乳风行全印尼，其产品除供国内市场需要外，尚外销新加坡、越南、缅甸和孟加拉等国。

老挝（Laos）

国名　老挝人民民主共和国（The Lao People's Democratic Republic）

面积　236800平方公里

人口　529.7万（1999年）

首都　万象（Vientiane）

国民生产总值（1999年）：约10亿美元

人均国民生产总值（1999年）：约330美元

货币名称：基普

汇率（1998年12月）：1美元＝4400基普

简　况

位于中南半岛北部，属内陆国家。北邻中国，南接柬埔寨，东界越南，西北达缅甸，西南与泰国毗连。湄公河流经西部1900公里。属热带、亚热带季风气候。5月～10月为雨季，11月～次年4月为旱季。年平均气温20℃～30℃，年平均降水量1250毫米～3750毫米。

公元8世纪建澜沧王国。14世纪为鼎盛期。1893年沦为法国保护国。1940年9月被日本占领。1945年10月12日宣布独立。1946年法国再次入侵，1954年7月签署关于恢复印度支那和平的日内瓦协议，法国从老挝撤军，不久美国取代法国。1962年签订关于老挝问题的日内瓦协议。1975年12月宣布废除君主制，成立老挝人民民主共和国。全国共有16个省；1个直辖市：万象市；1个行政特区：赛宋本。

经　济

老挝以农业为主，占全国90%的劳动力。工业基础薄弱。1986年以来，积极推动经济改革，将中央计划的经济型态转为市场经济，实施价格及贸易自由化。同时整顿金融秩序，扩大农业生产等措施，已见成效。

资源　有锡、铅、钾、铜、铁、金、石膏、煤、盐等矿藏。迄今得到少量开采的有锡、石膏、钾、盐、煤等。水力资源丰富。森林面积约900万公顷。全国森林覆盖率约42%，产柚木、紫檀等名贵木材。

工矿业　矿产业蕴藏量丰富，但仅煤、锡、石膏开发较多。制造业主要集中在首都万象地区，以农业加工、林业产品、制药、香烟、啤酒、塑胶、成衣纺织等行业为主。从业人口约10万人，约占总劳力的4.2%。

农林牧业　农林业为老挝经济中最重要的产业，占国内生产总额的56%左右。农作物主要有水稻、玉米、薯类、咖啡、烟叶、花生、棉花等，全国耕地面积约67.8万公顷。老挝原野面积约为80万公顷，主要畜禽饲养有肉牛、水牛、乳牛、猪、山羊和鸡。

交通运输　老挝为内陆国家，无出海口，境内也没有铁路，主要靠公路、水运和航空运输。湄公河可以分段通航载重20吨～200吨的船只。公路总长21620公里，水运内河航道总长4600公里。空运有七条国际航线，通向中国、泰国等国家，万象的瓦岱机场是惟一的国际机场。

同我国的关系 1961年4月25日中老建交。

华人经济

老挝是一个经济不发达的国家，当地人大都从事农业，华人多从事工商业。华人在老挝经济中起着举足轻重的作用。长期以来，无论是在法国殖民统治时期，还是老挝独立后，当局对华侨华人均采取较为宽松的政策，鼓励华人发展经济，开发和建设老挝。尽管独立后，老挝当局受越南、柬埔寨的影响，于1959年颁布实施了禁止华侨从事12种职业的法令（这12种职业分别是海关人员；水陆运输业；移民局职员；武器弹药；收音机及零件；印刷业；司机；林业；柴炭；典当业；肉鱼业和理发业），对当时老挝的华侨华人社会造成了一定的冲击。但迫于经济发展的需要，特别是为了解决国内资金困难等问题，老挝政府同时又颁布实施鼓励外侨投资条例。外侨凡是投资工商业及农工矿业的开发，均享受政府提供的优惠，这在一定程度上促进了老挝华人经济的发展。此外，对于华人加入社团组织，老挝政府一般都不加以干涉。

1975年老挝人民革命党夺取政权，废除了君主制，建立起老挝人民民主共和国，并与越南结盟。受到越南影响，老挝于1976年采取强制政策，强制华侨华人弃商从农，还封闭了商店和工厂。1978年，以迫使桑努等地的华侨迁出老挝为起点，老挝当局开始没收华侨华人的财产。1976～1979年，当局又借口实行币制改革，将华人手中的游资搜刮一空，致使华侨华人的利益受到极大的损害。尽管当局仍允许华人经营小本生意，但繁重的苛捐杂税令华人难以维持。从事农业的华人，政府只分给少量土地和口粮，生活十分艰苦。华人纷纷逃亡，有的去了泰国、新加坡、印尼，有的转入欧美各国。资本稍厚的华侨华人几乎都已逃离，只有少数人留在老挝艰难地生活。

20世纪70年代末，老挝政府推行的一系列排华政策，不仅严重损害了华侨华人的政治经济利益，而且给老挝自身经济的发展造成了巨大的影响。1984年是老挝国内经济出现严重困难的一年，特别是严重的资金匮乏影响了老挝的发展，加上此时印支局势的变化发展，促使老挝政府重新调整了对华侨华人的政策。开始注重保障华人的经济利益，允许他们从事各种经济活动，部分逃到泰国等国的华人开始陆续回到老挝。1986年，老挝实行开放政策，允许各种经济成分并存，华人开始重操旧业。1988年，随着中老关系的改善，老挝的华侨华人政策日渐宽松。1988年11月，万象的中华理事会率先成立，之后琅勃拉邦、巴色、沙湾拿吉等地的中华理事会也相继恢复活动。老挝华侨华人习惯了当地生活，已逐步同当地社会融为一体。历史上，老挝的华人已经开始了与当地民族的融合过程。老挝北部从云南等地移居来的华人，由于在文化及民族特性上与老挝人相同或相近，加上本身没有什么经济基础，多从事田间劳动，因此，他们很早就与当地人自然同化。另外，老挝法律明文规定，外侨不能购买不动产。为了生存与发展五成以上的华人男子娶当地女子为妻，也有一些华人女子嫁入当地。由此可见，老挝新一代华人约有二分之一以上是老、华混血儿。老挝的入籍政策相当宽松，只要缴纳一定的税款，华人可选择临时或长期居留，并只要以老挝人的名义注册即可经营各行各业。长期以来，华人已自然而然地同当地民族融合在一起。这为今后华人与当地人的进一步同化创造了条件，提供了可能性。尽管如此，老挝华人同化于当地人仍需要一个长期的发展过程。老挝经济基础薄弱，华人大都比当地人富有，几乎每个家庭在国外都有亲友，同外界的联系相对密切；而且改革开放后，中国有不少人到老挝经商发展，成为当地的新侨民，1999 年老挝华侨与华裔人口约在 17 万人以上。大多聚居于首都万象。

老挝华人多数从事进出口、批发、零售等小型工商业，规模不大，但均自成系统，销售网络遍及全国。并与泰国、越南、香港、台湾华商联系，建立产品输出入管道，为当地市场的主要供应者。1975 年以后，由于局势变化，华人一度失去往昔商业地位。1986 年以后随着老挝新经济政策的实施，华人所经营的小型工商业已渐恢复。加上来自各国华商在老挝投资的带动下，柬籍华人渐与外商合资经营伐木及锯木事业，利用老挝天然资源拓展经营规模与领域。此外，不少泰籍华商公司至老挝投资纺织业、生产化学肥料、种植橡胶树、经营酒店业、银行业等，多与当地华商结合，而且移至在外的老挝华商，也陆续返还原居地以图发展。

台商在老挝投资的厂商有 36 家，经营行业最多者为木材加工业，其余为银行、饭店、成衣、纸业、塑胶、建筑工程等。目前，最具代表性的为今日制材集团高信义。

台商经营的威捷企业，8 年前即在万象设立家具厂，至今已在老挝投入 3000 多万美元资金，员工约 300 人，所生产的家具回销台湾或销往日本，为该业规模最大者。

马来西亚（Malaysia）

国名 马来西亚（Malaysia）
面积 329758平方公里
人口 2183万（1999年）
首都 吉隆坡（Kuala Lumpur）

国内生产总值：（1998年估计）：1339.39亿林吉特

人均收入：（1998年）11817林吉特（约合3013美元）

货币名称： 林吉特

汇率（1998年）：1美元=3.8林吉特（固定汇率）

简　况

马来西亚全境被南中国海分隔成东、西两部分。西马位于马来半岛南部，南与新加坡、北与泰国接壤，东临南海，西濒马六甲海峡；东马位于加里曼丹岛北部。海岸线总长4192公里。属热带雨林气候。内地山区年均气温22℃～28℃，沿海平原为25℃～30℃。

公元初，马来半岛为羯荼、狼牙修等古国。15世纪初，以马六甲为中心的满剌加王国统一了马来半岛的大部分。16世纪开始，先后被葡萄牙、荷兰、英国占领。20世纪初完全沦为英国殖民地。沙捞越、沙巴历史上属文莱，1888年两地沦为英国保护地。二次大战中，马来亚、沙捞越、沙巴被日本占领。战后，英国恢复其殖民统治。1957年8月31日，马来亚联合邦宣布成立。1963年9月16日，马来亚联合邦同新加坡、沙捞越、沙巴合并组成马来西亚（1965年8月9日新加坡退出。）全国分为13个州。包括西马的柔佛、吉打、吉兰丹、马六甲、森美兰、彭亨、槟榔屿、霹雳、玻璃市、雪兰莪、丁加奴以及东马的沙巴、沙捞越。另还有首都吉隆坡和纳闽联邦直辖区。

经　济

1997年发生的东南亚金融危机，使马经济遭受严重打击，马币对美元的汇率下跌46%，股市综合指数下挫近半。1998年马金融危机继续深化。马政府采取了扩张性经济政策，公布国家经济复苏计划，并宣布外人投资自由化规定，实行货币管制措施，取得一定成效。1999年经济增长率为5.4%。

工业 政府鼓励以本国原料为主的加工工业，重点发展电器、汽车装配、钢铁、石油化工、纺织品等。1998年制造业就业人数232.11万，占全国就业人口的27.1%。

矿业 以锡、石油和天然气开采为主，1998年矿业总产值估计为93.99亿吉林特，占国内生产总值的7%。

农牧渔林业 马国经济农作物以橡胶和油棕为首要，其他包括可可、椰子、稻米、胡椒、茶叶、热带水果等。稻米自给率为76%。耕地面积约414万公顷，占可耕地面积的30.6%。农业人口约占总劳动力之15%。马国已宣布加紧进行重植再生林计划，以减少对进口纸浆的依赖。渔业以近海捕鱼为主，近年来深海捕捞和养殖业有所发展。淡水养殖计划每年将可生产100公吨鲜鱼。

旅游业 是国家第三大经济来源。1998

年外国旅游者690万人，外汇收入118亿林吉特。拥有饭店约1276家。主要旅游景点有岛屿、沙滩、洞穴、古老建筑和花园等。

交通运输 全国有良好的公路网，公路和铁路主要干线贯穿马来半岛南北，航空业亦较发达。在陆路方面，全长850公里的南北大道贯穿马来半岛西岸11个州，充分发挥了运输的功能。水运方面内河运输不发达，海运80%以上依赖外轮。空运方面民航由马来西亚航空公司经营，有飞机64架，辟有104条航线，其中68条为国际航线。1996年11月，第二家航空公司——亚洲航空公司投入运营。主要机场有吉隆坡新国际机场、槟城机场。

同我国的关系 1974年5月31日，两国建立外交关系。

华人经济

早在1400年前就有华人到马来西亚的槟榔屿与马六甲定居，并与当地人通婚。18世纪后期，英国占领马来亚后，华人移民增多。19世纪末，英国殖民者在马来亚开辟种植园和采矿，需要廉价劳动力，从中国东南各省招募劳工，到20世纪40年代初，已有242万人移居马来亚。但到第二次世界大战后，很少有华人移居马来亚。所以现在有90%的华人是在马来西亚当地出生的。

现在华人大都居住在东马和西马，但西马较多。他们分布在马来半岛西海岸的槟榔屿、雪兰莪、霹雳、森美兰、马六甲和彭亨等地，占马来西亚人口的33%～66%。东马的华人约占马华人总数的12%，他们大都居住在沙捞越州。据1998年中期统计，马来西亚华人共有580万人（有的资料为616万人）。

现在的马来西亚华人大多是早年与马当地妇女通婚的后裔。年长的华人还讲祖籍的方言，还保持原来中国的风俗和习惯。

马来西亚华人是马来西亚第二大民族，多年来华人在马经济中发挥了很大的作用。但从70～80年代起由于马来西亚政府实行“新经济政策”，使华人经济的发展受到限制。90年代以来，马来西亚实施“国家发展政策”，对马国内经济和华人经济发展提供了有利条件。1991年，马政府制定的国家发展政策，纠正了过去执行新经济政策存在的问题，强调经济增长与利益分配的均衡发展，鼓励不同民族间的经济合作。国家发展新政策实施以来，国内各民族包括华人都为发展马来西亚经济出力，华人为马来西亚经济发展作出了重要的贡献，并得到马政府的肯定。马政府还为华人颁发“优秀企业家”奖。

一部分华人经过长期奋斗，已有较大的经济实力，在马来西亚的商界和金融界有较大的影响。1997年亚洲金融风暴后，马来西亚经济受到较大的冲击，经济增长速度放慢，但马来西亚华商受到的影响较小，企业仍取得佳绩。1997年11月香港《亚洲周刊》评出的《国际华商500》中马来西亚占90家，仅比1996年少3家。

马来西亚华商，经营业务大部分多样化，与其它地区较不同的是，不少马来西亚华商经营彩票和种植业。由于近几年马来西亚积极发展旅游业，及主办国际会议，也使不少华商进入旅游区和度假村的业务范围。

华人在马国从事的行业甚多，就商业而言有11万余家，主要为杂货业、餐饮业及贸易业。工业约有1万家，以机械、建筑和食品制造为主。农矿业有500家。马来西亚前十大华商企业多以房地产、投资控股、旅游等商业为主。

其中位居榜首的是林梧桐、林国泰的云顶有限公司（Genting Berhad）及名胜世界公司（Resorts World Berhad），事业横跨投资控股、种植、博彩、酒店、房地产、纸业、发电业、公共事业、经营风景区、高尔夫球场、房地产管理及出租公寓与无所不包的投资控股公司，并投资菲律宾博彩业，为一多元化及国际化的综合大企业，股票公开上市。但1997年至1998年因金融风暴侵袭，东南亚经济结构受到重创，华人各业均受不少影响。1999年随亚洲经济复苏而有显著复原。各业情况如下：

商业 杂货业10万余家，资本额1万至数十万马元，是华人经营最多的行业。近年来大型超市纷纷成立，连锁型式增多，其中如华商钟廷森所属宝森公司（Posim Berhad）拥有百货公司30余家，并在中国大陆投资百盛百货公司。郭孔演兄弟所属玻璃市种植公司（Federal Flour Mills Berhad）为农产品加工综合企业，亦设立销售部门。陈志远所属成功集团（Berjaya Group Berhad）亦为综合大企业，设立消费品销售部门，其投资控股的成功胜家公司（Berjaya Singer Berhad）销售消费品及从事投资控股。邱继炳所属泛马工业公司（Pan Malaysian Berhad）为投资控股综合大企业，拥有百货店、专业店、大型超级市场。李金友的绿野集团（Country Heights Holdings Berhad）拥有大型购物中心，也是综合大企业。

餐饮业 1万余家，资本额1万至10万马元，多为小规模经营，近来受不景气影响，多家餐馆惨淡经营。

贸易业 5000余家，1997～1998年因马币贬值，进口成本大幅提高，加上马国各产业萎缩，人民消费力大减，对进口业打击很大。华商曾德发所属美达公司（Metro Plex Berhad）为投资控股综合大企业，从事建材贸易；庄平中所属胜利木艺工业公司（Timbermaster Industries Berhad）为木材加工及出口贸易业；陈伯勤所属Granite Industries Berhad为木地加工制品及机械贸易业；颜光星所属PK Resourees Berhad为肥料及农业化学品、一般化学品的制造、进口及销售业。上述杂货业大集团均兼营贸易业，李金友的绿野集团拥有世贸中心，自营贸易业。

旅游及娱乐业 旅游业400余家。因马币汇率下滑，前往马国旅游者有渐渐增多之势。娱乐业450家。其中较具规模的酒店、旅游休闲或度假区开发共有11家。依次为杨忠礼机构（YTL Corp. Berhad）为综合大企业，拥有酒店。陈志远所属成功集团除经营酒店、旅游、度假及康乐设施开发外，并从事博彩及彩券管理；玻璃市种植公司经营酒店及保龄球与娱乐中心；美达公司经营酒店及休闲业；泛马工业公司经营酒店及度假区；马联工业公司经营酒店旅游景区并旅游服务；Granite Industries Berhad经营酒店、休闲及娱乐服务；又郭令燦所属丰隆产业公司为国际酒店及房地产大投资集团，事业遍及新加坡、菲律宾、香港及中国大陆，在马来西亚经营酒店及度假中心；刘耀全所属亚太置地公司经营酒店；温典光等所属雪兰莪产业公司经营酒店；陈振南所属陈兴陈发展公司经营酒店及风景区开发。郭氏兄弟所属香格里拉（马来西亚）公司，为国际性综合企业，投资新加坡及澳大利亚、马来西亚。此外李金友所属绿野集团拥有最大的国际级商务酒店、休闲酒店、游乐园、高尔夫球场，并拥有私人的波音专机，供公司接待大客户之用。

关于博彩业，除云顶集团发展为国际性综合大企业外，甘文丁机构及马来西亚种植公司所属马化控股公司也除博彩业外，从事金融服务、公用事业及房地产投资。

金融保险业 华商各大企业多经营金融部门。如郑鸿标的大众银行、黄金明的Pan Global Berhad。因马国未开放外人设立保险公司，故华商与当地人士合作经营保险业仅5家。

房地产投资开发及租赁管理业 为华商大企业主要经营的事业，其中云顶公司居首位。

其他商业 医药业220家，中医业的前景看好。运输业1000余家，服务效率是该行业经营主力。

工业 马来西亚华商大企业集团多经营制造业，电子、电器业有3000余家，台商以电子业居多。机械、仪器制造商3000多家。化工业200余家。纺织业500余家，纺织品有配额限制。食品制造业3000余家。建筑业3000余家。另有五金、木材业、运动器材、玩具等，分布十分广泛。

农林渔业 约有500多家，华人占此市场约10%，但面对技术及劳力问题，经营不易。其中综合大企业从事种植业，为首的是云顶公司。

矿业 开采锡矿为主，近年来多家关闭，已是夕阳行业。现多开采石矿供建筑业所需。华商为首者为林云林所属金务大公司(Gamuda Berhad)。

缅　甸（Myanmar）

国名　缅甸联邦（The Union of Myanmar）

面积　676581平方公里

人口　约4640万（1998年3月）。

首都　仰光（Yangon）

国民生产总值（1999年）：约250亿美元

人均收入（1999年）：约400美元

货币名称：缅元（Kyats）

汇率（1999年）：1美元=6.2683缅元

简　况

位于中南半岛西部。东北与中国毗邻，西北与印度、孟加拉国相接，东南与老挝、泰国交界，西南濒孟加拉湾和安达曼海。海岸线长3200公里。属热带季风气候，年平均气温27℃。

1948年1月4日，缅甸脱离英联邦宣布独立。1988年9月23日，将缅甸联邦社会主义共和国改名为缅甸联邦。1997年11月15日，国家恢委会更名国家和平与发展委员会。全国分7个省和7个邦，即伊洛瓦底省、马圭省、曼德勤省、勃因省、仰光省、实皆省和德林达依省。

经　济

自然条件优越，资源丰富，工农业发展缓慢。近年来经济有显著增长，但国民所得仍偏低。

资源　矿产资源主要有锡、钨、锌、铝、锑、锰、金、银等，宝石和玉石在世界上享有盛誉。石油和天然气蕴藏量较大。森林资源丰富，全国拥有林地3412万公顷，覆盖率为50%左右，是世界上柚木产量最大的国家。水力资源虽极为丰富，但由于缺少水利设施，尚未得到充分利用。

工业　缅政府预计在全国共兴建17个工业区，以推动国内生产和出口，创造就业机会。缅甸制造业以劳力密集型的民生日用品加工业为主。全国53338个企业中，私人企业有51101个。全国工业从业人数约166.6万，占总劳动力的9.07%。工业主要有小型机械制造、纺织、印染、碾米、木材加工、石油和天然气开采、制糖、造纸、化肥和制药等。

农林牧渔业　农业为国民经济基础。为了促进农业的发展，满足日益增加的粮食需求以及增加农产品出口外汇收入，缅甸政府1999年年初以来已将大批荒地租凭给私人经营。农业产值占GDP的65%，农业劳动力为1150.7万，约占全国总就业人数的62.68%。耕种面积为2304万英亩。主要农作物有水稻、小麦、玉米、花生、芝麻、棉花、豆类、甘蔗、烟草和黄麻等。该国为中南半岛米仓之一。

缅甸扩大造林，柚木举世闻名，每年柚木产量大约是30万公吨。竹亦是缅甸的主要林产品之一。

畜牧渔业以私人经营为主，缅甸总共有长达2832公里的海岸线，渔业资源十分丰富。1990年开始同一些外国公司合资开办鱼虾生产和出口加工企业。缅甸牧地面积虽仅占全国总面积5%，但林区亦可放牧，饲料产量丰富，牧畜业发达，生产牛、猪、绵羊、山羊、驴、鸡等。

交通运输 原以水运为主。近年来，政府大力修筑公路和铁路，陆路运输有了较大发展。而兽力仍为山区及未通公路地带的主要运输动力。全国有大小机场43个，与13个国家地区建立直达航线。国内航线17条，大城市和主要旅游景点均已通航。

同我国的关系 1950年6月8日两国建交。

华人经济

早在一百多年前的满清时期，华侨便已漂洋过海先后来到缅甸，过着刻苦耐劳的侨居生活。近20余年来，我国云南省进入缅甸经商者日多，加上缅甸政府宣布1996年为“缅甸旅游年”，欢迎外国旅客观光，同时由于开放泰国边界三道关卡，泰国华商也纷纷进入缅甸进行交易投资活动，有的还设法领取当地少数民族国民身份证，以便长期居留。估计至1999年在缅华侨华人人口已达300万人以上，除聚居主要城市外，散处全缅各地。华侨华人以福建省、广东省、云南省祖籍居多，其他如江苏、浙江、四川、山东、湖北、湖南、广西以及东北各省籍人口也不少。华商从事的经济事业极为广泛：

（一）商业

1. 进出口贸易业：获准登记的进出口商、经纪商和合营公司，已达4500多家，并有逐渐增加的趋势，使华商贸易业所占比重加大。

2. 杂货业：为缅甸华人经济的基础。估计华商经营该业者有25000多家，每家资金约200万缅元左右，多属家庭经营，随着缅人民购买力的提高，不断扩充供应货品范围。

3. 餐饮业：华人中餐馆为了适应缅人民生活水平提高外出用餐逐渐增加、外商到缅推广贸易，以及缅开展旅游年观光旅客增多等客观条件，不断扩充场所，美化环境，并在餐间增加表演节目，吸引顾客，加速餐饮业的发展。

4. 布匹成衣业：现约有7000多家，每家资金约600万缅元至5000万缅元不等，多从香港、新加坡及中国大陆进口成衣销售。

5. 小食店：原为摊贩。自缅政府禁止设摊经营后，便改成租赁巷内住宅继续营业。现仰光约有2000多家，每家资本约在100万至200万缅元之间，除供应当地人民喜爱的鱼汤米粉外，还供应传统的小吃，如炒面、饺子、春卷、鱼粥、豆汤、粽子、发糕等，颇受欢迎。

6. 茶室：当地居民或华人在茶室小聚品茶、用点心，洽谈交易，或交换商界信息，或叙谈友情，已成为当地一种文化时尚，也是居民生活的环节。目前，华人在仰光市经营大小茶室约700余家，供应品种包括中西式点心，印度烘饼，油煎饼、包子等，每家资本小者为100多万缅元，大者约4000万缅元上下，90%以上系福州籍华人经营。随着缅经济成长，而逐渐开拓营业规模。

7. 运输业：缅甸华人在运输业一向居重要地位。华商傅维顺代理新加坡联发轮航公司在缅业务。郭氏有限公司在缅经营货柜航运业务，董事长为郭璋周。华商苏振文经营内河伊江航运业等，都表明华商在缅促进对外物资交流与国内货物畅通的作用。另华商从事内河及沿海传统航运者大小约700余家，资本从500万缅元至8000万缅元大小不等。陆上运输早先多为滇籍侨胞的马帮，以牲口载运货物，曾为全球华人事业的一特色，近年缅政府致力开辟公路，华商经营汽车运输者日增。

其他行业：中西药店及诊所在仰光即有800余家；经营乐器及玩具者约200余家，

资本每家100多万缅元至3000万缅元之间。旅馆业约2000多家，多系资本约在500万缅元左右的家庭营业客栈，马来西亚祖籍福州的华商郭鹤年投资兴建的仰光国贸饭店与香格里拉酒店则属国际观光旅馆。另，诸如建筑业，金饰店，照相业，银行业等亦是缅华商从事的行业。

（二）工业

缅华商从事机械修理属传统行业，但多为小型家庭式经营；食品加工业约5000家，每家资本约600万缅元至9000万缅元不等，生产各种罐头食品、牛奶、饼干、海味、果品等，颇有发展前途；纺织业约500余家，资本大的7000万缅元左右，小的则约800万缅元左右，产品包括粗支棉纱、胚布等初级品种，由本地市场扩展到外销，供外国厂商加工所需；化学制品工业，在仰光内地约有400多家，资本大至7000万缅元，小则600万缅元；手工制作皮鞋及皮质拖鞋，是祖籍广东华商的传统行业，品质优良，塑料和橡胶拖鞋则以福建籍华商从事的较多。另外，电器业、造纸业、碾米业及榨油业、铝器及瓷器制品，玉石矿和宝石矿的开采与切割加工。塑料制品加工业、矿泉水制造业、卷烟业等，也都有华商经营。

（三）农林渔牧业

华商在缅从事农业耕种的仍有10多万人，专营畜牧业者约600多家。在仰光市郊华商经营蔬菜及畜牧业，规模大的约数千万缅元，华商以简易渔具在沿海及内河进行渔捞作业。此外从事伐木业的历史较久，也颇具规模。

菲律宾（Philippines）

国名　菲律宾共和国（ the Republic of philippines）

面积　299700平方公里

人口　7445.4万（1999）

首都　大马尼拉市（Metro Manila）

国内生产总值（1999年）：765亿美元。

人均国内生产总值（1999年）：1050美元

货币名称：菲律宾比索

汇率（1999年）：1美元=40.25比索

简　况

位于亚洲东南部，北隔巴士海峡与中国台湾省遥遥相对，南和西南隔苏拉威西海、巴拉巴克海峡与印度尼西亚、马来西亚相望，西濒南中国海，东临太平洋。共有大小岛屿7107个，其中吕宋岛、棉兰老岛、萨马岛等11个主要岛屿占全国面积的96%。海岸线长约18533公里。属热带海洋性气候，高温多雨。

早在西班牙殖民者入侵之前，菲律宾就有许多土族部落和马来族移民建立的割据王国。1521年，麦哲伦率领的西班牙远征队到达信岛。1565年西班牙侵占菲律宾，统治菲300多年。1898年6月12日，菲律宾宣告独立，成立菲历史上第一个共和国。同年，美国通过对西班牙战争后签订的《巴黎条约》占领了菲律宾。1942年，菲律宾被日本占领。二次大战结束后，菲律宾再次沦为美国殖民地。1946年7月4日，美国被迫同意菲律宾独立。菲全国划分为13个地区，73个省，2个分省和60个市。

经　济

1997年7月，席卷东南亚的金融危机给菲国经济造成较大冲击，比索贬值34%，为有史以来最低点，股市大幅跌落，物价上扬，利率高攀，失业人数增多。但与东南亚其他国家相比，菲所受损失和影响相对较小。1999年菲经济逐渐走出金融危机阴影，但工业增长仍低迷，失业率居高不下，在东南亚国家中属偏高水平。

资源　主要有铜、金、银、铁、铬、镍等20条种。铜蕴藏量约37.16亿吨，金1.36亿吨，镍1.27亿吨。有丰富的地热资源，预计有20.9亿桶原油标准能源。在巴拉望岛面北部海域发现石油，储量为3.5亿桶。森林面积1588万公顷。

工矿业　工矿业总产值占国民生产总值的30%左右。在菲国主要产业中，食品业为第一大制造业，产值约占所有制造部门的42.3%。由于建筑业的蓬勃发展，金属电机及机械业也增长快速。

农林渔业　农业产值281亿美元，占国内生产总值的20.7%。农地面积约为95万公顷，占全国总面积的30%。稻类是菲国人民主食，其他主要农产品为玉米、椰子、甘蔗、腰果、香蕉、咖啡豆等。1999年农业生产增加6.6%。

菲森林资源丰富，有红木、樟木等名贵木材。

现已开发的海水、淡水渔场面积达2080平方公里，菲捕捞技术仍比较落后。

服务业 在国民经济中占有主要地位，其产值占国民生产总值的46.5%左右。近几年来，服务业产值逐年增长。旅游业也是菲国外汇收入重要来源之一。

交通运输 以公路运输为主。铁路不发达，均集中在吕宋岛。航空运输主要由国家航空公司经营，全国各主要岛屿间都有航班。

同我国的关系 1975年6月9日中菲建交。

华人经济

据有关史料记载，中菲两国人民早在唐代已有来往，宋元时代已有贸易往来，但华人大批到菲律宾定居及发展经济，则是在明末时期。到1602年已达3万人。这些华人大部分是来自福建省的泉州和漳州，其中海澄县人民又占80%，其次是广东人。16世纪中叶至17世纪中叶，华人在菲律宾即已开拓和扩展商业、手工业、运输业、农渔业和自由职业等经济事业。

华人在菲律宾的经济发展史上，一直扮演重要的角色，尤其是引进外国的技术、资本与生产设备，开创初期的农耕和手工业。近年来，菲华商大力发展制造业、房地产、金融业，并通过证券市场操作，收购企业，结成大集团，扩大对菲经济的影响力与贡献。据统计，菲股票公开上市的工商控股公司45家，华商为大股东的约有20家。华商拥有全菲1000家最大公司和所有中小型公司中的半数，并在纺织及成衣、漂染、铜铁、五金、制糖、塑胶、木材加工、建筑材料、百货及金融等行业占优势。据2000年资料统计，菲律宾华侨华人共约200万，祖籍属福建省晋江的近70万人。获准居留权的约5万人。

（一）商业

杂货及贸易业 菲政府自1954年实施零售业菲化后，除部分非籍华商继续经营杂货零售业外，大多转移发展制造业。据菲华人商店联总会资料估计，目前华人商店已增至8500余家。供应菲国人民生活必需品、华商制造业所需机器设备、组配件、人造原料等，维持菲制造业的正常运作，并行销当地厂商及华商制造业者之产品，对于稳定物价贡献至大。近年来菲人口自然增长，消费能力提高，华商杂货及贸易业亦多累积资本，新建百货公司，扩建大型商场，扩大营业规模，充分满足市场需求。

餐馆业 目前华商经营的餐馆已达3000余家，1/3分布在大马尼拉地区，其余在宿务、纳卯等城市，供应便餐、快餐，便利工商业者就餐。同时亦投资开设和经营五星级豪华餐厅，提供社交场所和接待国际观光旅客。其中快乐蜂食品公司的快餐连锁店已发展至文莱、越南，也是唯一排名国际华商500大企业。其次热带茅屋食品快餐、药品及面包综合连锁店，也是华商创新的经营方式。

银行保险业 菲华商经营银行业具有丰富经验和较大规模。现菲华经营银行有13家，在菲国内、香港、台北及美国各地设立分支机构达1千家左右，资产总额超过1千亿比索，并继续在各地设立分行或收购银行，或投资金融业，由地方性银行逐步发展为国际性企业，甚至投资关系企业，构成大集团。首都、联盟、中兴、交通、建南、金融、国华、菲律宾信托银行等，均为甚具规模之华资银行，在菲经济复兴下，业务均获成长。此外，菲华经营保险业者已达23家之多，且发展至国外及香港设立分支机构或创设关系企业。

航运及仓储业 华商早期在菲从事沿海及岛际航运事业，虽规模不大，但是为当时客货运输的主干。为配合航运业亦连带经营仓储业及近代冷仓库运输业等。现在马尼拉经营者共12家，资本达百亿比索。近年来，菲通过华商冷冻仓储及陆上冷藏运输系统，扩大外销虾类等海鲜、蔬菜、水果，争取了大量外汇收入。

5. 医药业：华商经营医药亦具规模，销售中西药，并进一步设厂加工，现全菲约有1000余家，投资总额达12亿比索，多属中小型企业。

（二）工业

钢铁及五金制品工业 目前华商经营电炉炼钢厂多家，设备与技术多来自台湾或欧美，将废铁炼制成钢锭，再加工为各种型钢、钢筋，以供机械、五金制品、电机、建筑及各项工程建设所需。现有机械及金属制品工业100家，小五金制品已外销，并发展组配件制造业，供应各种机械维修所需。汽车零件不但供应装配厂，亦已输出国外销售。

纺织及成衣工业 这是菲当前极具发展潜力的劳力密集工业。目前在大马尼拉地区有大规模华资成衣厂25家，资本共25亿比索。国内华商及香港华商投资者不断增加，且多具规模，带动华商成衣业迈入国际市场。

电子及电器机械器材工业 菲电子及电器产品于1991年出口值已在菲跃居首位。华商经营电子及电器制造业已达200余家。

木材加工业及建筑材料工业 菲政府禁止原木外销，鼓励木材制品出口。近5年来建筑业的蓬勃发展，带动华商木材加工及建材产业的成长，现有300余家华商企业。

食品加工业 菲的农、渔、牧产品丰富，有利于食品加工业发展，现产品包括肉类、鱼类、蔬果等加工品，还有果汁、汽水、啤酒及饼干等，有广大直销市场。华资经营食品业达200余家。巅峰公司所属两家，均名列国际华商500大企业内。其他亦发展为综合性及国际性大企业。

烟草工业 菲的烟厂几乎全为华商经营，现有烟厂共6家。为提高质量，20年前即聘请国外专业人员改良烟草和卷烟配方，颇收效果，其雪茄烟驰名国际，菲华对烟草种植与加工外销之贡献，深获菲国人士好评。

化学工业 菲华商从事化学制品工业范围十分广泛，最初以生产日用品及化妆品为主，后逐渐扩展至中型原料产品、中间制成品与较大规模之成品等，涵盖酸、纸浆、纸张、纸箱、肥料、橡胶制品、塑胶制品、合成清洁剂、肥皂、化妆品及其它日用化学品。现已增至200余家，其中有四分之一在大马尼拉地区。

杂项工业制品 杂项工业多劳力密集工业，现为菲外销主要产业，近年台湾厂商及香港华商将生产线移往菲作业，更增强菲华商阵营。其现有产品涵盖塑胶、橡胶及真皮制鞋类、玩具及玩偶、球类、球拍、体育休闲用品、游戏娱乐用品、旅行箱及手提包工业、纸箱及纸盒制造业、钮扣工业、阳伞等。

（三）农业

早在西班牙统治期间，华人即在菲进行农耕，传授给本地人种植技术，奠定了菲农业发展基础。但由于商业投资获利较为迅速，因此华人在农业方面投资少。现菲华商联总会主办华人从事农渔业技术座谈，成效卓著，已促成菲华农渔业的全面发展。

园艺 菲华人多种植蔬菜、花卉、水果等高经济价值作物。近年发展种植草菇业数十家，供应本国市场并制罐外销，同时还种植香蕉及其它热带果树，外销日本等国。

畜牧业 菲华畜牧业经营正朝企业化发展，早在70年代即请台湾养猪专家来菲指导。华商福牧农业有限公司是全球华人最大的畜牧业，居世界同业第二位，拥有饲料作物种地328公顷，自建全自动化饲料加工厂，自国外引进优良猪种，仅在两年期间，即在全菲各地猪肉市场占居重要地位。福牧及另一家罗宾娣农场均已有30年历史。

渔业 菲华渔业多在内海及沿海作业，规模不大。近年来发展养殖渔业，以养虾业较具规模，主要是台湾企业与菲企业合作，并聘请台湾专业人员协助指导。现有幼虾孵化场约20家，养虾场10家，已成为大宗外销产品，由于生产成本低，极具竞争能力。

尤金隆先生是菲律宾宿务海藻业大王，其旗舰公司——森博格公司是东南亚最大的加工出口企业，在世界海藻业排名第三名。1995年该公司出口海藻加工产品金额为4085万美元，占菲律宾海藻出口总额的41%，居于全菲18家海藻公司的榜首。尤金隆现任菲律宾海藻工业协会会长，菲律宾第七区出口商联会主席，菲律宾欧洲工商协会主席，并挂意大利驻宿务名誉领事衔。1988年被评为菲律宾十大杰出青年，1992年荣获菲律宾食品技术协会工业成就奖和1994年菲律宾贸工部出口商品突出奖。

新加坡（Singapore）

国名 新加坡共和国（The Republie of Singapore）

面积 647.5平方公里

人口 353万（1999年）

国内生产总值（1999年）：约950亿美元

人均国内生产总值（1999年）：约30.6美元

货币名称：新加坡元

汇率（1999/12/31）：1美元＝1.6655新元

简 况

新加坡属城市国家。位于马来半岛南端、航运要道马六甲海峡的出口，北隔柔佛海峡与马来西亚为邻，南隔新加坡海峡与印度尼西亚相望。由新加坡及附近约60个小岛组成，其中新加坡岛占全国面积的91.6%。地势低平，平均海拔15米。属热带海洋性气候，常年高温多雨。年平均气温24～27℃，日平均气温26.7℃。年均降水量2353毫米。

新加坡古称淡马锡。8世纪建国，属印尼宝利佛逝王朝。18世纪～19世纪是马来西柔佛王国的一部分。1824年沦为英国殖民地，一直是英国在远东的转口贸易商埠和在东南亚的主要军事基地。1942年被日本占领。1945年日本投降后英国又恢复了殖民统治，次年改为直辖殖民地。1959年实行内部自治，成为自治邦，英国保留国防、外交、修改宪法、颁布“紧急法令”等权力。1963年9月16日并入马来西亚。1965年8月9日脱离马来西亚，成立新加坡共和国，同年9月成为联合国成员国，10月加入英联邦。

经 济

1997年下半年，一场金融风暴几乎席卷了整个东南亚地区。相比之下，新加坡在这场金融风暴中免遭重创，其产业结构，特别是金融体制都经受了考验。但由于新加坡幅员狭小，资源短缺，国内市场有限，与地区经济关系密切，也受到邻国经济危机的影响。1998年下半年，新加坡经济面临衰退的威胁。新加坡政府不断采取各种措施预防经济衰退，提高未来经济的竞争力。1999年新加坡的经济增长率达5.4%，较1998年的1.5%改善很多。

新加坡传统经济以商业为主，包括港口贸易、加工出口、航运等。独立后，坚持自由经济政策，加紧发展资本密集、高增值的新兴工业。以制造业和服务业为经济增长的双引擎，不断提升产业结构，目前尤为重视信息产业，已投资在全岛建立“新加坡综合网”。为进一步促进经济增长，近年来大力推广区域化经济发展战略，加速向海外投资，积极开展在国外的经济活动。

工矿业 目前为世界第六大资讯工业制造及供应国。有电子、石化、炼油、修造船、电器、纺织、交通设备等部门，还是世界第三大炼油中心。

农牧渔业 在国民经济中所占比例不到1%。家禽饲养以牛、绵羊、猪为主。肉类供应尚需依赖进口。粮食全部靠进口。净进口鱼类年达 4 万余公吨，蔬菜仅有 5% 自产，绝大部分从马来西亚、中国、印尼和澳大利亚进口。另培养胡姬花外销，并饲养观赏鱼类已获成果。

旅游业 旅游业是新加坡外汇主要来源之一。1998 年到新游客 624 万人次，主要是亚州周边国家，有酒店客房 3 万间，酒店住房率达 71%。

交通运输业 新加坡为国际运输枢纽，海空客货运输发达。公路总长约 3000 公里，其中高速公路 111.6 公里，铁路总长 67 公里（均为电气化）。水运方面，是世界重要转口港，有 500 多条航线连接世界 700 多个港口。空运方面新加坡是联系亚、欧、非、大洋洲的航空中心。新加坡航空公司与世界 68 家航空公司建立了联系。航线连通世界 50 多个国家的 133 个城市。

同我国的关系 1990 年 10 月 3 日两国建立外交关系。

华人经济

1999 年新加坡华人 274 万左右，约占新加坡人口总数的 78%。华人经济是新加坡经济的主要力量，新加坡本地的主要大财团，几乎清一色是华裔家族开办的。新加坡工业总产值中 54.4% 是外国资本，完全本地资本（主要是华资）占 20%，本地与外地合资的工业资本占 25%。在全外资、合资的工业中，有许多是台湾、香港及其他东盟国家的华人资本，因此，华人在新加坡工业产值等方面所占的比例要比统计的数字还要高。华人企业集团近年发展较快，在新加坡的 6 大银行中，有 4 家是华资银行，其中作为三大银行集团的华侨银行、大华银行和发展银行的规模不断扩大，均已跻身于世界 500 家最大银行之列。大华银行是国内资产最多的企业集团之一，控制了崇侨、利华、远东、工商银行，在国内外的银行分支机构多达 130 多家，附属公司 70 多家。除银行金融业外，该集团的经营范围已扩展到投资、地产、旅游、船务以及采矿业等；华侨银行集团是国内经营历史最长的银行集团，控制了新加坡银行，四海通银行，拥有的附属公司达 30 多家，其中国内上市公司有 4 家；郭芳枫为首的新加坡丰隆集团以经营金融和地产业为主，在新加坡和香港拥有上市公司 6 家。它是国内最大的地产发展商，拥有众多的发展项目。其他著名的华人企业集团还有：地产大王黄廷芳为首的远东机构、以建筑工程为核心业务的林增控股集团、从事百货零售业的美罗控股集团等。

受东南亚金融危机的影响，除新加坡中小企业损失较大外，华人大型企业也受到一定影响。如由于新加坡 6 大银行银行贷款到马来西亚、印尼、泰国、韩国、菲律宾的款额有 3.2%，使其因贷款不履约的风险升高。6 大银行为提拨更多的呆账准备金因应，造成其 1997 年盈利陡降 30%。新加坡最大的银行发展银行 1997 年的集团纯利仅有 4.364 亿新元，下降 35%。因此，1998 年 3 月信贷评级公司“穆迪”降低新加坡 6 大银行的评级，从稳定调低到悲观。由于需要拨出准备金，加上商业机会减少，“穆迪”预测这些银行 1998 年和 1999 年的净利将低于正常水平。7 月 24 日，信贷评级公司“惠誉”也发表文告说，虽然新加坡的经济在今年第一季度表现还不错，但是随着关系密切的区域国家经济走下坡路，新加坡不可能避过影响。因此该公司降低了新加坡四大银行的评级，并警告新加坡经济衰退可能为本地银行带来问题。新加坡银行截止 1997 年的不良贷款比率是 2% 至 3%，1998 年 7 月已增加到 4%，“惠誉”预测在未来两年内，比率将增加到 10%，银行的贷款损失可能高达 60 亿新元。

1998 年 7 月末发布的半年业绩说明，

为缓冲金融危机构成的风险，新加坡的大华、华侨、华联、发展四大银行集团1998年上半年总共拨出11.6747亿新元的准备金，比上年同一时期多253.8%，导致4家银行的净利率锐减39.9%，只得7.6616亿新元。大华银行在上半年以2.5643亿新元的净利遥遥领先，成为最赚钱的银行。规模最小的华联银行虽然落在后头，但它在这段非常时期的表现却是最优异的，净利跌幅在4家银行中最低，只比1997年上半年少了27.9%，而跌幅最惨重的是发展银行，净利减半至1.7857亿新元。

但是，金融危机造成泰国、马来西亚等国家廉价抛售企业，也给新加坡华人企业向邻国发展提供了良好的机遇，他们果断地抓住了这些机遇。在国内经济不景气的情况下，华人企业进一步扩大对外投资，他们对中国和印度的大规模的工业园区进行投资，在越南和缅甸也开展业务。

1999年新加坡华商在各主要行业的情况为：

一、工矿业

新加坡已发展为世界电子产品供应中心之一。华人电子业取得快速增长，至1999年6月底股票市值名列华商500大企业者已增至10家，仅次于金融业。为首的创新科技公司市值升至19.739亿美元，显示华商电子业已具规模。在机械及交通器材制造业方面，华商虎豹公司及哥胜公司为主要经营者，1999年仍名列华商500大企业内。印尼华商投资的亚洲食品及佳福公司则以农产加工品著称。华商建筑业及房地产开发业投资不断增强，至1999年名列国际华商500大企业者达10家，其中不少已成为综合性国际大企业，城市发展公司市值51.3443亿美元，排名第22，显见其规模之大。其次为长春产业公司，发展有关的建材贸易业，以及投资酒店等，从事房地产租赁、管理等。华商化学产品业的发展、使制药、化妆品、玻璃器皿制造都是重要产业。

二、商业及服务业

华商经营海运事业具有规模，并发展有关事业，有4家名列国际华商500大企业内，其中海山金公司及太平洋航运公司经营持续增长。旅游方面，华商投资酒店具规模，7家名列国际华商500大企业内，并发展其他事业。华商房地产业者兼投资酒店业，上榜者4家。其中香格里拉酒店为华商国际酒店连锁店的一环，良木园酒店也在南太平洋岛国发展酒店连锁店，均为具规模的国际性企业。新加坡为国际金融中心之一，华商金融业呈现兴旺，现有银行、金融保险业及股票经纪业12家，名列国际华商500大企业。为首的华侨银行，1999年6月底股票市值96.6897亿美元，排名第9，其次大华银行67.6419亿美元，排名第14，均为海外华商及东南亚国家最大银行。华商银行投资附属事业也具规模，华侨银行所属事业8家名列国际华商500大企业内，市值连国本行共计144.5696亿美元。其次大华银行附属事业5家名列500大企业内，连同本行股票市值92.9550亿美元。构成海外华商两个最大集团，而且未上市及未列入500大企业内的附属事业，尚不计算在内。华商从事贸易、批发、百货零售或便利商店、购物中心者多具历史及规模，现共有8家名列国际华商500大企业内。其中罗敏申公司比较专业，并发展投资控股公司。佳福公司为印尼华商三林集团所属，以食品贸易、分销、零售及经营超级市场为主。华侨银行所属的海峡贸易公司，是多元化发展经营的成功者。大华银行所属联合工业公司，是东南亚著名企业，原有印尼华商三林集团所占20%股份，现转移由菲律宾华商吴奕辉所有。该企业发展贸易、制造业及房地产均具规模，所附属的新加坡置地公司名列华商500大企业第113名，连同本公司股票市值合计19.2520亿美元。华商新加坡报业控投公司，时报出版社公司及创新科技公司，从事文字、电子等多媒体事业发达，均名列国际华商500大企业内。百胜控股公司经营医院、药物及相关药品，具有规模，市值8.8662亿美元，名列国际华商大企业第125名，并且在澳大利亚投资收购医院，从事医疗及药品销售，是海外华商突出的行业。在国际贸易方面，华商在国际市场具有竞争实力，尤其是与东南亚各地华商的联系，有利于发展综合性大企业，现有8家名列国际华商500大企业内，其中永泰控股公司重点业务为成衣及其配件、建筑材料及用品贸易、房地产开发、投资、管理及提供管理服务。华丰公司从事一般保险、仓库租赁、消费品贸易、打桩基础工程、建筑及土木结构工程、房地产投资，以及其他企业的投资控股，经营范畴无所不包，构成综合企业大集团。

泰国（Thailand）

国名　泰王国（The Kingdom of Thailand）
面积　513115平方公里
人口　6146万（1998年）
首都　曼谷（Bangkok）

国内生产总值（1999年）：1113亿美元
人均国民收入（1999年）：2200美元
货币名称：泰铢
汇率（1999/12/31）：1美元=37.45铢

简　况

泰王国位于中南半岛中部，与柬埔寨、老挝、缅甸、马来西亚接壤，东南临泰国湾，西南濒安达曼海。海岸线2600公里。热带季风气候。全年分为热、雨、旱三季。年均气温24～30℃。

1238年开始形成较为统一的国家。先后经历了素可泰王朝、大城王朝、吞武里王朝和曼谷王朝。原名暹罗。16世纪，葡萄牙、荷兰、英国、法国等殖民主义者先后入侵，19世纪末，曼谷王朝五世王大量吸收西方经验进行社会改革。1896年，英法签订条约，规定暹罗为英属缅甸和法属印度支那之间的缓冲国。暹罗成为东南亚唯一没有沦为殖民地的国家。1932年6月，人民党发动政变，改君主专制为君主立宪制。1938年銮披汶执政，次年6月改称泰国。泰国现有76个府。

经　济

1997年7月2日泰国发生金融危机，致泰铢巨贬，股市重挫。金融风暴导致国内约290万人失业，受伤最重的是建筑业，40%工人失业，金融业和汽车制造业解雇1/4员工，30%的商家处于倒闭边缘。另外房地产市场也陷入危机中。由于泰政府多次采取措施，1998年后经济逐步复甦。1999年经济增长率4.1%，出口增加，制造业快速增长，内需恢复，金融危机冲击已显著淡化。

资源　主要有钾盐、锡、褐煤、油页岩、天然气，还有锌、铅、钨、铁、锑、铬、重晶石、宝石和石油等。其中钾盐储量居世界第一，锡储量占世界的12%，油页岩蕴藏量达187万吨，褐煤蕴藏量约20亿吨，天然气蕴藏量约16.4万亿立方英尺。森林覆盖率为20%。

工业　主要工业门类有采矿、纺织、电子、塑料、食品加工、玩具、汽车装配、建材石油化工等。泰国为实现21世纪成为东南亚汽车装配中心的目标，自1991年起实行汽车业自由化，发展迅猛。现有汽车制造厂15家，市场占有率最高的汽车生产商为日本丰田汽车。汽车和相关行业产值超过3000亿铢，在东南亚居首位。

农业　泰国是以农业为主的国家，农产品是外汇收入的主要来源之一，主要生产稻米、玉米、木薯、橡胶、甘蔗、绿豆、麻、烟草、咖啡豆、棉花、棕油、椰子果等。全国耕地面积为2070万公顷，占全国土地面积的38%。泰国是世界上著名的大米生产国和出口国。泰国也是亚洲第三大海产国，仅次于日本和中国，近年来渔获量价值均达250亿铢以上。虾产为最大宗，是世界第一产虾大国。泰国砂糖出口居世界第二位。泰国的橡胶产量居世界首位，达180万吨，约占世界总产量的1/3，其中90%用于出口。

旅游业 近年来泰国旅游业展很快，已成为该国外汇收入的主要来源之一，赴泰外国游客，1998年超过700万人次，创汇2800亿铢。游客主要来自欧、美及日本等亚洲国家和地区，近两年来，中国赴泰游客大幅增加，据泰国旅游部门统计，1998年中国赴泰游客约70万人次。服务业比较发达，配套设施齐全。全国现有客房约6万间。著名的曼谷东方饭店以其优质服务连续多年被评为世界著名旅游饭店之首。

交通运输 以公路运输和空运为主。铁路总长4452公里，主要是窄轨。公路全长46047公里，各府县都有公路相连。水运方面，湄公河和湄南河是泰国两大内河水路运输干线；海运线可达日、美、欧、中国和新加坡。曼谷是最重要的港口，承担全国95%商品出口和几乎全部商品进口的吞吐量。空运方面，国际航线可达欧、美、亚及大（洋洲）40多个城市。曼谷廊曼机场是东南亚各航线班机起落最多的机场，根据一项调查报告显示，到2010年，预计曼谷廊曼机场将会有5800万旅客出人，运输货物总量也将达250万吨。

同我国的关系 1975年7月1日，中泰两国建交。

华人经济

1999年，泰国华侨华人已达645万（有的资料统计已超过1000万），其中约10万人来自台湾。在东南亚国家中，泰国华人融入当地社会的程度最深，华人经济在整个社会经济发展中都占有举足轻重的地位。这主要是泰国政府一贯采取鼓励华人、华侨与泰国社会融合的政策，使泰国的华人、华侨与泰国的主体民族在经济、社会、文化等各个领域都已融合为一体。

华人经济事业的范围遍布各行各业，商业类大约近27万家，工业也有1万家，华人对泰国经济影响力甚大。

商业 商业是海外华人经济的基石。1999年泰国华人经营杂货业总数超过10万家，平均每家资本额约60万美元以上，经营项目遍及五金、百货公司、建材、食品、杂货、书店、金行等。其中谢国民所属SHV Group卜蜂集团辖下Siam Makro Public Co.，Ltd经营大型自助式购物中心，销售消费品。餐饮业（包括酒楼、咖啡厅、娱乐场所）近10万家，平均资本额也在16万美元左右，生意甚佳。贸易业约1800家，进出口各项民用日用品、汽车、机械等，利润可观，平均资本额在50万美元以上。其中华裔章纳瓦扎成立塔信、辛纳瓦电脑电讯公司，获美国国际商业机器公司（IBM）电脑代理权，是电脑及电讯设备及制品、组配件事业进出口商。台商黄光明等所属的台达电子（泰国）公司，制造及出口供电脑、电讯、办公室与家电用的电子组配件。医药业包括中西药行、药厂、中西医诊所、医院，业绩辉煌。娱乐业包括酒吧、歌舞院、KTV、酒廊、戏院等逾3.2万家，平均资本额约25万美元以上，生意尚可。

房地产 房地产业受亚洲金融风暴的冲击，使股市的投资减少，经济不景气，也导致两三年前推出的不少房地产建筑计划进展速度减缓。1999年华人从事建筑和房地产业的约有1800家，包括筑路、筑桥、建筑业、工地拓展等。

金融业 华资银行有50家，平均资本额约达5000万美元以上。华资银行股票多公开上市，受到公众的普遍欢迎，故在华资银行的股东中，不少为泰国人。华资盘谷银行是全世界华商中最大的银行。是华人陈弼臣创办。

工矿业 据1999年资料，华人从事机械、仪器业约有2400余家，包括汽车、工作机车、工厂机械、医药仪器等，发展迅速，利润可观。其中尤以汽车业为最。其他如电器、化工、纺织、食品制造业等，也获取了可观的利润。电子电器业约有2500家，为家庭用具、办公室用具、电缆、电脑零件等。化工业约300家，规模较小，为农业用化学肥料、杀虫剂及工业化学原料的制造。但近年来自台湾、香港、新加坡等地华商投资化学工业日众，而泰华商的小型化工业者也扩增生产设备，以提高泰华商在化工业的比重。华商郑明如家族经营的化工事业，如泰旭玻璃、泰旭苛性钠等，形成泰国玻璃集团，尤其泰旭玻璃一度控制了90%泰国平板玻璃市场。纺织业工厂约200家，业绩可观。食品制造业约400家，包括各项有关食品和粮食加工业，利润尚佳。矿业约650家，包括开拓矿坑、宝石等，竞争较少，获利甚大。

交通与观光事业　华资交通事业约有800家，平均资本额达60万美元以上，近年业绩尚称平稳。而全球性的华商也有加入泰国海陆交通事业的建设，协助促进当地交通工业发展。另华资观光旅游事业超过了万家，其中旅馆、酒店各近4000家，有多家为五星级大酒店。如香港上海大酒店公司与泰华业者合作在曼谷兴建酒店及其他物业。国宾酒店集团投资200亿铢兴建位于博他耶宗天海滨的国宾宗天大酒店，拥有5400间客房，成为世界最大酒店。

农林渔牧业　近年泰华商从事农林业约200家，资本额约600万美元以上，包括农产品加工出口商、木材进口商、畜牧业、米出口商等。从事渔业约4300家，资本额约800万美元以上。包括渔业加工出口、捕养渔业等，发展平稳。如由谢国民领导的卜蜂集团，为一跨国性农业、工业、贸易集团，目前该集团在泰国的养鸡业、鸡肉加工、动物饲料及养虾饲料市场的占有率极高，成为世界最大的饲料生产公司。该集团目前在泰国证券市场上市计有曼谷土产、曼谷农业实业、户仑东北饲料、卜蜂饲料等。该公司为提高国际竞争，努力寻找先进科技来发展泰国农业，使其能赶上国际水准。

另外，为了适应经济发展的需要，华人的第二、三代子女多接受高等教育，投身于经济基础建设，尤以通讯、高速公路、地铁等交通事业成绩最显著。

越南（Viet Nam）

国名 越南社会主义共和国（The Socialist Republic of Viet Nam）

面积 331690平方公里

人口 7800万（1999年）

首都 河内（Hanoi）

国内生产总值（1999年）：约300亿美元

人均国内生产总值（1999年）：350美元

货币名称：越南盾

汇率（1999/12/31）：1美元=14028越南盾

简 况

位于中南半岛东部，北与中国接壤，西与老挝、柬埔寨交界，东部和南部邻南海。海岸线长3260多公里。属热带季风气候，高温多雨。年平均气温24℃左右。北方分春、夏、秋、冬四季，7月~11月多台风。南方一年分雨旱两季。5月~10月为雨季、11月至次年4月为旱季。

公元10世纪开始建立封建国家。1884年沦为法国保护国。1945年9月2日宣布独立，成立越南民主共和国。同年9月法国重新入侵越南。1954年7月签订关于恢复印度支那和平的日内瓦协会，越南北方获得解放，南方仍由法国（后成立由美国扶植的南越政权）统治。1973年1月，越美在巴黎签订关于在越南结束战争、恢复和平的协定，美军从南方撤走。1975年5月南方全部解放，1976年4月选出统一的国会，7月宣布全国统一，定国名为越南社会主义共和国。行政区划将全国划分为57个省和4个直辖市。

经 济

经济以农业为主。1986年越共"六大"以来，积极推行革新开放路线，经济持续增长。1998年，在亚洲金融风暴和国内自然灾害的双重影响下，经济出现滑坡。金融风暴带来的主要影响为外人直接投资金额减少，出口减少，尤其出口到亚洲国家的贸易金额减少60%。但经济仍保持适度增长，1998年经济增长率4.7%，居东盟之首。1999年积极推动成立经济特区，经济增长率为4.4%。

资源 地理位置优越，矿产资源丰富，种类多样。主要有煤、铁、钛、锰、铬、铝、锡、磷等。其中煤铁储量较大，分别为35.9亿吨和8.6吨。林地面积930万公顷。

工矿业 越南全国在1999年内需求450万吨肥料，而国内生产能力仅能满足约155万吨，其余必须依赖进口。其他制造业主要有：能源及原料、钢铁、纺织成衣、橡胶及塑料、汽车、制鞋、电子工业等。其中成衣加工业为越南最大创汇的重要出口产业之一。员工高达50万人。制鞋业全国共有80家制鞋企业。估计2000年出口值将达15亿美元。

农业 越南是传统农业国。农业人口约占总人口的80%，耕地及林地占总面积的60%。粮食作物包括稻米、玉米、马铃薯、番薯和木薯等，经济作物主要有咖啡、橡胶、腰果、茶叶、花生、蚕丝等。1998年虽受自然灾害影响，农业仍获较好收成，粮食总产量达3180万吨，大米外销315.1万公吨，全年出口总值达10亿美元。主要经济作物产量分别为：咖啡45万吨，茶叶5.2万吨，橡胶18.7万吨，腰果16万吨。

越南海产资源丰富，是鲍鱼、鲐鱼、虾、玳瑁等专产区。有140余万公顷池塘、河川、沼泽区养殖水产，水产量名列世界第19位，养虾产量第5位。

越南原野面积约有33万公顷以上，适宜畜牧业发展，已从自给自足转为商业发展。

旅游业　发展迅速，是重要外汇来源之一，2000年游客约300万人次。

交通运输　近年来，交通运输业取得较好的经济效益。但交通运输仍为越经济中的薄弱环节。主要交通运输系统包括：(1) 公路10.5万公里，其中仅1/8为柏油路；(2) 7条铁路主干线，最重要者为连接河内至胡志明市之路线，长达1762公里；(3) 外海及内陆水运系统，码头设施落后，有7个大港口；(4) 三个国际机场及10余个国内机场，有民用客机30架。

越南旅游业发展迅速，是重要外汇来源之一，估计2000年游客人数可增至300万人次。

同我国的关系　中越两国于1950年1月18日建交。

华人经济

公元10世纪中叶越南立国之后，就有中国人移居。古代，中国人移居越南的原因以避难或谋生为主。到近代19世纪中叶以后，中国人移居越南的人数迅速增加，从几万人增至1921年的19.5万人，1931年的26.7万人。到1949年，越南华侨人数迅猛增至150万人，主要从事生产建设、工商贸易。中华人民共和国成立后，中国人移居越南的人数很少。但加上人口自然增长因素，至1975年在越南的华侨已达180万人。由于华侨一般都勤奋努力，长于经营，早已掌握越南主要经济领域。1975年以前，华人占有80%的越南工业，50%的金融，90%的货物批发，50%的零售业，以及大多数的食品加工销售。

越南政府对华人华侨的政策有一个曲折演变过程，华人华侨的处境也随之变化不一。1975年南部全部解放，1976年全国统一之后，因受到政治压力，加上金融货币变动，使得华侨离乡背井，沦为难民，据估计约有150万越南华侨华人迁住世界各地。随着越南实施市场经济制度，以及持续进行欢迎外人投资政策的实施，散处全球各地的越南华侨，开始陆续返回越南原侨居区，投资重整生产事业。这批已积累相当经济和市场开拓经验的越南华侨，确实带动了越南经济发展，大有恢复1975年以前南部华人坐掌当地经济龙头之势。依据有关资料显示，1998年越南华侨华人共120万，占全国人口约1.5%，遍布越南全国各省市，其中80%聚居南部地带，尤以商业中心胡志明市为最，在该市的500万人口中，华人大约有50万人，占该市人口总数的12%，余者定居湄公河平原及接近中国大陆的各省辖市。在胡志明市6000家私营公司中，华人经营的公司约占20%。同时，他们还办了15万个个体小企业。

尽管越南华侨华人不是特别富裕，但除了他们本分勤奋耐劳外，坚持儒家传统、信仰佛教和基督教，对他们融入越南社会起到了很大帮助。随着越南经济改革持续推动，华人在越南具有相当数量的贸易和商务活动，行业区分概况如下：

（一）商业

餐饮业　越南华人原即擅长经营餐馆、酒家行业。1974年时，华人经营餐馆约有

4000家，其后，当地几乎已无华人餐馆可言。近年随着越南政策调整，经济增长，华人餐馆业已逐渐恢复，1999年约有3000家左右，大都集中南部地区。其中较具规模的餐馆，在堤岸有八达、天虹、爱华、大罗天；在胡志明市有云景楼、美景楼、堤岸小食，以及陈皇后街、孙寿祥街等地的餐馆。

金融业 越南推行经济改革，鼓励民间发展生产，融资市场应运而生，尤其在胡志明市，华人窖藏黄金、现金及经营所得甚丰，包括越南银行，南方银行及第一银行相继成立。较具规模的越华商业银行和南方商业银行的崛起，显示越南华人经济力量日益庞大，地位更形重要。越华银行成立于1992年9月，为越南私人银行中实力非常雄厚的一家。南方银行成立于1993年，由胡志明市华人工商界集资成立。由著名华人社会名流林德、文锡河、杨文德分别出任董事长、常务副董事长、副董事长等职。越南华资金融业现有11家，总资本额高达2100万美元。

其他商业 越南华人经营的商业尚有杂货业、贸易批发业、旅游业、医药业、运输业等，以及一般流动摊贩，主要集中在胡志明市。

（二）工业

机械制造业 目前仅有简易机械及其零组件的制造、加工、维修，总数约900家，总资本额为1000万美元，是当地华营工业较大者。

橡塑胶制品工业 越南华人从事橡胶、塑胶制品、化妆品业者约达9000余家，集中在胡志明市，总资本额约为800万美元。其中塑料制品方面，以第五郡家用塑料部门如隆成、福成、新立成和大同进四个营业单位较为有名。在橡胶制品方面，胡志明市著名华商尤凯成经营的平仙鞋业公司是最大私营制鞋公司，拥有三个工厂，工人4000余人，产品外销20余国。

食品制造业 越南华人食品制造业，以农产品、水产品、西点面包等加工制造为主，约为50余家，总资本额达130万美元，其中以1940年成立的胡志明市“泉记牛肉干”较有名；目前已在澳洲设立分行，产品外销泰国、香港、柬埔寨、法国等地。

建筑业 华人建筑业约有50家，总资本额达140万美元。其中规模较大者为陈俊才、罗锦源等知名华商为首的越华建筑公司。

其他工业 尚有华人电子电器业220家，总资本额约580万美元；纺织业330家，总资本额约620万美元；化工业55家，总资本额为230万美元，主要生产化妆品。

（三）农矿业 越南华人从事农林渔牧及矿业者不多，农林渔牧业约为220家，总资本额60万美元；矿产开发业10家，主要从事大理石、花岗石采集出口，总资本额仅为25万美元。

综观以上，越南华人经济力量虽已今非昔比，但据估计，目前华人至少仍拥有胡志明市2/3的小型工业，以及2/3的商业，可见华人对越南的经济发展仍有举足轻重的影响。

2000年底，一批温洲籍商人启程前往越南胡志明市创办温州中国商品城。这是温州人继在巴西、阿联酋、中亚五国等地兴建海外市场后，在异国他乡开拓的又一个“中国商品城”，以便将温州生产的服装、眼镜、鞋类、锁具、打火机、阀门、低压电器、摩托车配件等优势产品打入越南市场。温州个体经营者刘志光说，胡志明市是越南南部最大的港口城市，也是越南最大的商品集散中心，拥有巨大的消费市场，是很有吸引力的。

日本（Japan）

国名 日本国（Japan）

面积 37.78万平方公里

人口 1.2663亿（1999年2月）

首都 东京（Tokyo）

实际国民生产总值（1998年）：485.3万亿日元，约合3.67万亿美元

人均国民生产总值（1998年）：约合28890美元

货币名称：日元

汇率（1999/12/31）：1美元=102.1日元

简　况

日本是位于太平洋西侧的岛国。西隔东海、黄海、朝鲜海峡、日本海与中国、朝鲜、俄罗斯相望，由北海道、本州、四国、九州4个大岛和约3900多个小岛组成。海岸线长3万多公里，多海湾和良港。属温带海洋性季风气候。6月多霉雨，夏季多台风。1月平均气温北部-10℃，南部10℃；7月北部18℃，南部26℃。

公元4世纪中叶出现统一的国家—大和国。5世纪初，大和国势力扩及朝鲜半岛南部。公元645年通过大化革新，建立起以天皇为绝对君主的封建的中央集权国家体制。12世纪末进入“幕府”时期的封建社会。1868年实施“明治维新”，废除了封建割据的幕藩体制，建立了统一的中央集权国家，恢复天皇至高无上的统治，发展资本主义，并逐步走上对外侵略扩张的道路。在第二次世界大战中战败，1945年8月15日宣布无条件投降。1947年5月实施新宪法，由绝对天皇制国家变为以天皇为国家象征的资本主义议会内阁制国家。全国划分为1都（东京都）、1道（北海道）、2府（大阪府、京都府）、43个县。

经　济

日本为仅次于美国的世界第二大经济强国，但受泡沫经济后遗症和1998年亚洲经济危机的影响，使其经济衰退2.9%。1999年日本经济由低谷复苏，经济增长率为0.3%。

资源　矿产资源贫乏，除煤、锌有少量储藏外，绝大部分依赖进口。

森林面积2462万公顷，占国土总面积的66.6%，与芬兰、瑞典并称为森林国，但木材55.1%依赖进口，是世界上进口木材最多的国家。水力资源丰富，水力发电量约占发电总量的3.5%。近海渔业资源丰富。

工业　日本为工业先进国家，产品品质获国际肯定。工业是国民经济的主要支柱，产值占国内生产总值的40%。在日本产业结构中，制造业所占比例最高，对日本经济发展影响最大，在国际上也最具竞争力。80年代，加快以电子技术、生物技术和新材料为重点的高技术产业的发展。1986年，电子工业产值超过汽车业成为日本第一大产业。

工业主要集中在太平洋沿岸地区，京滨、阪神、中京、北九州为四大传统工业地带，70年代以后又出现北关东、千叶、濑

户内海及骏河湾等新兴工业区。

农林牧渔业 日本地狭人稠，可耕地面积偏少，人力成本高昂，不利于农业发展，农林业就业人口持续下降。主要农产品为水稻、小麦、白萝卜、大豆、白菜、苹果、胡瓜、马铃薯等。日本人民嗜食海鲜类食品，日本虽四面环海，渔业及养殖业虽甚发达，但仍不敷所需，每年仍需从国外进口大量水产品，所以日本也是最大水产品输入国。

交通运输 客运以铁路和公路为主，货运以公路和海运为主。在陆运方面，自国营铁道开放民营后，铁路运输系统即分成日铁与民铁两大系统。日铁以长途为主，民铁以短距离为主，紧密连结各大小都市，构成一铁路网。海运方面，因日本四面环海，对外贸易依存度甚高，对外输出入皆以海运为主。

旅游业 日本景色优美，有海岸、高山、幽谷、温泉等旅游资源，每年都吸引许多外国人赴日旅游。

同我国的关系 1972年9月29日，中日两国政府发表联合声明，两国实现邦交正常化，1973年1月互设大使馆。

华人经济

日本华侨华人可分为台湾籍、大陆籍、香港籍及其他等3大类。早年日本华侨以台籍居多，80年代末期人数骤增。根据有关资料统计，至1998年底，日本华侨华人已达27.2万人，占在日151万外国人总数的18%，仅次于在日韩国和朝鲜人（63.8万），继续保持第二大外国族群的地位。

统计显示，在日华侨遍布日本全国47个都道府县，其中尤以东京、大阪、神奈川、琦玉、千叶、兵库、爱知等七地最集中，各在万人以上。单是东京及其周边的琦玉、千叶、神奈川四地即达13万余人，占在日中国人总数的48%以上。

从出生省别看，上海人最多，已达4.1万多人。其次是台湾（3.8万人）、黑龙江、辽宁、福建、北京、吉林和江苏。上述8省市总数超过21万，占全部在日中国人七成半以上。而来自边远省份青海、宁夏、云南、贵州、海南、甘肃和新疆者，仅为百多人、数百人，反映了各地地域、历史、经济差别的现实。

在日华侨华人是一个年轻的群体。20岁以下的未成年人达3.98万，20～49岁者达21万多人，两者合并占在日华侨华人总数的九成二以上。另有3万多人是早期日本华侨的后裔。

日本是个工商业发达的经济大国，因日本土地及人事费用俱高，对于一般资金不足的旅日华侨实无力从事重大投资事业，而华侨人口比例远低于东南亚其他国家的华侨华人，故多从事中小型商业或餐饮等服务性行业。而且新华侨因资金薄弱或为学生，多为受薪阶层。但就整体而言，日本华侨大多能刻苦勤俭，生活日益改善，其中从事工商业者所经营事业逐渐发展，颇有成效。

1. 贸易业： 多属规模较小、员工不多的中小型贸易公司。据统计，贸易公司最多者为东京都会区有140家，琦玉县17家、千叶县19家、山形县3家，青森县及宫城县各1家、大阪辖区54家、静冈县及神奈川县共45家。较具历史的有薛国梁的富国物产、林瑞祥的HUMAX集团、刘介宙的永昌贸易、刘秀忍的三和商事、大江贸易及龙门集团等。但目前经营业绩或影响并不大。

2. 餐馆业： 日本侨营餐馆向以中华料理著名。近年来台湾料理亦逐渐兴起，如都会区的台南担仔面，梅园、千叶县的东龙阁、神户南京町的侨营餐馆。东京著名餐馆颇多，如1974年落成的东京大饭店，建筑费用即25亿日元，装璜富丽堂皇，可容千人集会，为著名高级社交场所。目前侨营餐馆在都会区分布如下：琦玉县26家、千叶县30家、新潟县9家、山梨县4家、青森县4家、秋田县5家、山形县2家、宫城县30家、群马县4家、京都5家、横滨中区中华街一带有200家。曾以中华民族文化色彩为街道特色，大众化价位，年营业额超过700亿日元的王鹤明，在中华街经营中华料理餐饮投资额约500亿日元。宫城县的陈金钟经营元禄寿司和海霸王，有近百家连锁店，在日颇富盛名。杨永镜的皇宫大饭店、游彻的京华楼、陈财旺的梅花饭店、陈江舟的龙凤阁、黄云霖的香港大饭店、曾淑铭的聘珍楼（在横滨、池袋、涉谷及大阪等地均设分店），皆为知名中华料理餐馆。横滨、神户的中华街侨营餐馆林立，都是日人品尝中华料理的好去处。华商庞竞康（日文名：林康弘）经营的中国、日本料理餐馆、中华糕饼制造贩卖及冷冻食品、新鲜温室蔬菜等饮食有关事业，北至日本北海道，南至香港，计有18个店铺及关连企业，其资本额2.2284亿日元。年营业额达100亿日元以上，为横滨华商饮食餐馆业之冠。

3. 咖啡吃茶店：日本华侨华人经营咖啡吃茶店多达2000余家，是仅次于经营餐馆的第二大行业，业绩普遍良好。该行业所需资金较少，且收入稳定。

4. 房地产业：因所需资金庞大，所以华侨华人从事房地产业者较少，仅有100多家，在大阪辖区有26家，较著名的有方澄霖的永和商事、刘介宙的霞浦开发、林瑞祥的惠通商事等。业者多采取保守心态经营，以防风险。

5. 娱乐业：日本流行电动小钢珠游戏——俗称PACHINKO（柏青哥），华侨经营该业者甚多。著名的有宫城县罗阿房的光洋产业，拥有多家电动小钢珠连锁店。此外华侨亦有开设夜总会、电影院、麻将馆等，除东京大都市外，亦分布于各地，其中大阪辖区有48家，静冈县及神奈川共50家。较著名的有林瑞祥的惠通商事会社夜总会，为8层楼大厦，员工2000余人，主要营业项目有舞厅及餐厅等。

6. 旅馆业：日本华侨经营旅馆业者共有30余家，属于观光级旅馆者有东京的罗府宫殿、新华盛顿旅社、横滨的亚士都、假日大饭店、千叶县的市松观光旅馆等多家。旅馆业虽然需要庞大资金，但由于日本旅游业发达，人民重视休闲生活，所以该行业还能稳定发展。

7. 运输及旅游业：日本对外贸易量持续增长，所以华侨从事此行业者大多能稳定发展。旅游业者生意也兴隆，有40余家，还有不断增加的趋势。其中东京李北川经营联合海外旅行社、龚新平的泰新旅行社、游天雄的国际旅行社、琦玉县彦锦川的海外旅行社及大阪孙鹏的泰新企业会社等较具规模。

8. 高尔夫及保龄球业：华侨经营高尔夫球场者有刘介宙在茨城县霞蒲的国际高尔夫球场、林再旺在北海道金川路的凤林乡林俱乐部高尔夫球场、谢天得设在东京都的陈清波摩登高尔夫球场。此外，林瑞祥的惠通商事会社在东京新宿区、千叶县及汤河原均设有保龄球馆，尤以新宿区保龄球馆，营业兴旺。

9. 珠宝百货业：日本四面环海，适于养珠事业发展，已故神户华侨郑旺的珍珠株式会社从养殖、加工、销售，以采一买作业经营，为日本华侨经营上一大特色。其他尚有华侨余家润的余家真珠店、王金泉的三东贸易株式会社、林登芬的三泰商事、陈文川的陈文川真珠店等。华侨经营百货业者不多，但林康浩、瑞荣兄弟1960年在熊本市创立的微笑堂，营业则保持持续增长，自创业时150平方米的服装店，发展成在熊本58处设立超级市场的大公司，集团年营业额达14亿美元。

10. 杂货业及食品业：华商经营杂货业者主要分布在华侨或留学生聚居较多的都会

区，如东京的新宿、池袋、新大久保等及各地中华街，主要货品来自香港等地。在食品业方面，最著名者为大阪的吴百福（日文名佐藤百福）的日清食品株式会社首创速食面的制作方法，5年内席卷日本速食业，营业额持续大幅提升。1963年股票在东京上市，1970年与味之素及三菱会社合资在美国设立日清工厂，现在洛衫矶及宾西法尼亚州各设厂生产“美国日清”速食面，也在巴西圣保罗、新加坡及德国分别建厂生产，另对5个国家提供技术协助，在日本制造厂也增至4家，另附属公司1家，是华商食品业发展为国际性大企业集团。陈金钟的元禄株式会社，其产品除供应所属的元禄寿司的百家连锁店外，在主要的生鲜超市也陈列贩卖。此外，杨立宁的日玉食品、罗邦强的“五五一”蓬莱食品、陈芳福的柳月堂西点面包、施敬仁的凤月堂等均颇富盛名。

11. 医药业：华侨在日本从事医药业的颇多，估计人数已近2000人，自己开设诊所及医院者超过400家。其余则服务私人诊所、教会医院、研究机构等。其中早期旅日已故华侨曾进勇除自行创业外，并创办杏林医科大学，目前在日本属于第一流的医学大学。此外较具规模的有黄焕延的尻内医院、苏世祺的苏医院、杨辉雄的吉野医院、林益夕的林医院及郭安雄的大和耳鼻喉科等。1987年由黑龙江赴日时，只有8000日元的柳河，今天他不仅拥有15家治疗院，还在日本创办了黑龙江中医药大学日本分校。华侨经营药品业以输出医疗器材及药品居多。著名的有詹俊耀的东菱药品株式会社，从事制造药品，员工达500人。吕祯辉的太阳药局、何可炎的静电机工业会社销售物理治疗用的静电产品等。

其他行业如金融业、电子资讯业、文化事业等，也都有华商经营。

韩国（Korea，Republic of）

国名 大韩民国（The Republic of Korea）
面积 99299平方公里
人口 4754.3万（1999年）
首都 汉城（Seoul）

国内生产总值（1999年）：4067亿美元
人均国民收入（1999年）：8581美元
货币名称：韩元
汇率（1999年4月1日）：1美元=1224韩元

简 况

韩国位于亚洲大陆东北朝鲜半岛的南半部。东濒日本海，西面与中国山东省隔海相望。半岛海岸线全长约17300公里（包括岛屿海岸线）。地形多为丘陵和平原，地势比半岛北半部低。属温带季风气候。年均降水量1500毫米左右。公元1世纪后，朝鲜半岛一带形成高丽、百济、新罗三个古国。公元7世纪中叶，新罗在半岛占据统治地位。公元10世纪初，高丽取代新罗。14世纪末，李氏王朝取代高丽，定国号为朝鲜。1910年8月沦为日本殖民地。1945年8月15日获得解放。同时，苏美两国军队以北纬38°线为界，分别进驻北半部和南半部。1948年8月15日大韩民国宣告成立。

经 济

1997年底，韩国爆发金融危机，韩币汇率猛泻，在自身努力和国际社会的支援下，1998年已度过外汇危机，并进行结构性调整。1999年经济增长率为10.7%。

资源 韩国矿产资源较少，已发现的矿物有280多种，其中有经济价值的有50多种。有开采利用价值的矿物有铁、无烟煤、铅、锌、钨等，但储藏量不大。由于自然资源匮乏，主要工业原料均依赖进口。

工业 主要生产部门有钢铁、汽车、造船、电子、纺织等。浦项钢铁公司是世界第二大钢铁联合企业。造船能力居世界第二。汽车产量居世界第五位。电子工业以高技术密集型产品为主，是韩国最大出口产业。韩国为世界十大电子工业国之一，半导体集成电路发展尤为迅速。

农林牧业 耕地面积195万公顷，主要分布在西部和南部平原、丘陵地区。主要农作物为稻米、大麦、大豆、水梨及苹果等，其中以稻米占大宗。森林面积约占全国面积的80%，林木蓄积量正逐年增加中。畜牧业主要以鸡、猪及肉牛为主，家畜饲养业呈逐年增加趋势。

旅游业 韩国风景优美，国内有许多文化和历史遗产，旅游业较发达。全国有42家饭店达到国际标准。主要旅游点很多，如板门店、汉城的宫殿等。

交通运输 陆、海、空交通运输均较发达。全国已建成铁路网和高速公路网。以陆路运输为主，在客运方面，主要依赖公路，近83%的客运量由公路承担。货运方面，国内主要依靠公路运输，国际货运则依赖海运，航空货运仅负担少部分。

同我国的关系 中韩于1992年24日建交。

华人经济

中国和朝鲜半岛邻毗。当年中国山东省烟台、临沂一带的老百姓，或飘洋过海，或北闯关东，辗转来到朝鲜半岛。日本投降时，朝鲜半岛的华人华侨约有8万人，其中6万在北方，约2万人在南方。朝鲜战争爆发后，半岛分成朝鲜和韩国。一部分华侨华人返回了大陆，一部分则移居到了美国或台湾。

1999年，韩国华人、华侨人数达到5万人，其中华侨占63%，约有2.9万人。聚集在汉城的华人华侨约有7000人，其余的主要集中在釜山和仁川两个港口城市。在韩国的外侨中，华侨约占1/4。

韩国的华人华侨中，有七成从事餐馆业、杂货业和医药业。其中五成是餐馆业者，余下的三成主要是经营旅游及贸易。上世纪70年代以前，华资餐馆业在韩国十分兴盛。50年代时，韩国的餐馆业为华资餐馆所独占。60年代，在华侨经济衰退的情况下仍然一枝独秀，发展到4000多家。70年代以后，由于韩国人参与竞争，华资餐馆减少，到1983年时仅剩下1000余家。为适应经济发展和在竞争中取胜，近年来，侨资餐馆向着设备、管理现代化的方向努力，出现了一些高档宾馆和饭店。医药业也是韩国华侨、华人从事的一大行业。据1983年统计，当时有华侨、华人经营的中医院59家，中药房61家；西医院7家，西药房15家。韩国华侨、华人在农牧业方面趋向式微，在资金和管理科技方面竞争力不强。据1984年统计，当时有华资农场46家，牧场4家。同时经营商业的华侨、华人也很少。

这些事业一般规模不大。其原因除了与华侨资本不足外，也与韩国政府为保护本国的民族企业家，对外侨实施了诸多的限制分不开。韩国的华侨及外国侨民在寻求融资时，必须支付较高的利息，经过极为严格的审查手续等等。这样就使得外侨企业经营成本上升，难以与负担较轻的韩国企业家进行竞争。在韩国，外侨在购置房地产受到政府限制，每个人只可购置200坪（相当于660平方米）的土地。这样小的土地面积无法进行较大规模经营。在政府的种种限制下，华侨经济不断萎缩。

近年华侨华人经营的行业概况如下。

（一）商业

1. 餐饮业：在韩华人大多数仍以经营餐饮业为主。目前共约680余家。资本额为1544亿韩元。餐饮业以汉城市220家为最多，每家资本额在韩币7000万至6亿之间，其次为釜山市102家，资本额平均2亿韩币，其他各大城市也均有华人餐馆，分布甚广。

2. 杂货业：目前华商经营杂货业有24家，资本额约37亿韩元。杂货业系韩国华商主要行业之一，仅次于餐饮业，绝大部分属中小型，为家族经营，主要供应项目为从中国大陆、香港、台湾进口餐饮用料和一般食品、南北货的批发零售，一般营业情况尚好，但无更大发展空间。

3. 医药业：韩国对中医较笃信，因此，中医药业也属华商经营的热门行业，目前约有205家（中、西医药业），总资本额约335亿韩元，发展前途较其他各业为佳。此外，华商经营西医药业情况也良好。在龟浦地区开设医院的华商谭道温，其资本额约100亿韩元，拥有该地区50%的市场占有率。

4. 旅游业：韩国自1989年开放该业以来，来自中国大陆、香港、台湾的旅客人数成倍增长，给韩国旅游事业带来繁荣。华人子弟因熟悉当地语言和华语，投入旅游业者日增，目前有42家，总资本额100亿韩元。

5. 土产礼品业：因受韩国物价高涨、经济不景气影响，华商经营的土产、礼品店生意日渐萎缩。该业主要销售人参、冬菇、松茸、蜂蜜、毛毯、皮件及紫水晶等，约有60家，主要分布于汉城地区。

6. 贸易业：华商贸易有43家，总资本额68亿韩元。近年来韩国政府已渐趋开放，拥有永久居留权的外侨，只要条件符合规定，也可顺利取得执照，从事进出口业务。

7. 其他行业：目前华商金融保险业有3家，总资本额68亿韩元，包括华侨开设的典当铺，资本额约10亿韩元在内。尚有经营布匹店、玩具店、中文补习班、家俱行、酒店和包装业等家族经营型小企业。

（二）工业

1. 电子电器业：1999年华商电子、电器业有7家，资本额约3亿韩元，多属小本经营的电器、冷冻设备、电脑配装等事业。

2. 建筑房地产业：1999年共有3家，多系小本经营的建筑包工和以室内装修为主。

3. 食品制造业：1999年华商食品制造业有4家，资本额约25亿韩元，主要是制造中式点心、水饺、花卷、馒头等供应中国餐馆及一般零售业者，经营尚属稳定。

4. 其他行业：旅韩华侨在当地经营的工业项目中，除上述行业外，尚包括模型和铸造等业。

（三）农业

华侨在春川地区有一户经营畜牧业，有2至3户在仁川周边地区经营农业。

孟加拉（Bangladesh）

国名 孟加拉人民共和国（The People's Republic of Bangladesh）

面积 143998平方公里

人口 12694.8万（1999年）

首都 达卡（Dhaka）

国内生产总值（1999年）：约330亿美元

人均国民生产总值（1999年）：约400美元

货币名称 塔卡（Taka）

汇率（1999/12/31）：1美元=51塔卡

简 况

位于南亚次大陆东北部的恒河和布拉马普特拉河冲击而成的三角洲上。东、西、北三面与印度毗邻，东南与缅甸接壤，南濒孟加拉湾。海岸线550公里。全境85%的土地为平原，东南部和东北部为丘陵地带。大部分地区属亚热带季风型气候，湿热多雨。全年分为冬季（11月~2月）、夏季（3月~6月）和雨季（7月~10月）。年均气温为26.5℃。冬季是一年中最宜人的季节，最低气温为4℃，夏季最高气温达45℃，雨季平均气温30℃。

孟加拉族是南亚次大陆古老民族之一。孟加拉地区曾数次建立过独立国家，版图一度包括现印度西孟加拉、比哈尔等邦。16世纪，孟已发展成次大陆上人口最稠密、经济最发达和文化昌盛的地区。18世纪中叶，成为英国对印度进行殖民统治的中心。19世纪后半叶，成为英属印度的一个省。1947年印巴分治，孟被分为东西两部分，西部归印度，东部归巴基斯坦。1971年3月，东巴宣布独立，1972年1月，正式成立孟加拉人民共和国。全国划分为六个行政区，下设64个县。

经 济

孟加拉是农业国，1999年继续推行市场经济和私有化政策，改善投资环境，大力吸引外国投资，积极创建出口加工区，优先发展农业。

工业 孟国工业以民生基本工业为主，制造业就业人口仅占总劳动人口的14%。工业以麻、皮革、制衣、绵纺织和化工为主。黄麻加工业前景看好。成衣制造业是近年发展最迅速的产业，主力产品为棉制衬衫，主要销往美国和俄罗斯。成衣业每年为孟国赚取外汇60%。化工业主要产品为氮肥，大量销往亚洲邻近国家。

农林渔牧业 农业是主要经济命脉，约占GDP 30%，农业人口占全国总就业人口的半数。主要农产品首推稻米；其次为黄麻，产量占全世界产量的25%，居第二位，多数外销，为全球最大的黄麻外销国。孟长期开发森林，供应国内所需木材及燃料，森林面积约200万公顷，覆盖率约13.4%。畜牧业颇有发展空间，饲养畜禽以牛、羊为主。孟国渔产资源蕴藏丰富，渔业产值占GDP的3%。

交通运输 以内河航运为主，承担65%的货运量和38%的客运量。最大港口吉大港拥有完善的码头设施，为最重要商港。海运公司有海轮17艘，总吨位25.2677万吨。内河航运线总长约6000公里（旱季3800公里）。主要港口的年吞吐量为280万吨。孟国的铁路和航运由国营部门经营，禁止私人投资。达卡齐亚机场和吉大港机场为国际机场。

同我国的关系　1975年10月4日两国建交。

华人经济

最早进入孟加拉国的华侨多系自印度迁移去的，其中部份已取得居留权，目前分别聚居在首都达卡和吉大港两大都市。据1999年资料，在孟的华侨及华裔总数共约1000余人。

孟国华侨华人经营的事业，多为印度、巴基斯坦及斯里兰卡华侨华人经营事业的延伸，约有60余家，包括制鞋、中餐馆、牙医及手工艺品等。近年来台商到孟国开设花旗国际鞋业公司，投资总额约370万美元，专营欧洲市场的鞋业订单，为新兴华人经营事业中较具规模的。此外亦有从事贸易的，如经营成衣、电子、电器，以及食品加工等。另外也有少数华人从事农业畜牧等事业。

不 丹（Bhutan）

国名 不丹王国（The Kingdon Bhutan）
面积 4.6万平方公里
人口 206万（1999年）
首都 廷布（Thimphu）

国内生产总值（1999年）：约4亿美元
人均国民所得（1999年）：约500美元
货币名称 努扎姆（Ngultrum），简写为Nu，与印度卢比等值
汇率（1999/12/31）：1美元＝43.502努扎姆

简 况

不丹位于喜马拉雅山南坡，其东、北、西三面与中国接壤，南部与印度交界，西南部与锡金毗邻，为内陆国。北部山区气候寒冷，中部河谷较温和，南部丘陵平原属湿润的亚热带气候。

公元7世纪是吐蕃王朝属地。9世纪成为独立部落。12世纪后，藏传佛教竹巴噶举派逐渐成为执掌世俗权力的教派。1907年建立不丹王国。1910年1月英国同不丹签订《普那卡条约》，规定不丹对外关系接受英“指导”。印度独立后，于1949年8月同不丹签订《永久和平与友好条约》，规定不丹对外关系接受印度“指导”。1961年后，不丹国王多次公开表示要保持自己的主权和独立。1971年不丹加入联合国。1985年成为南亚区域合作联盟成员。全国划分为4个行政区、20个县。

经 济

不丹经济以农业和林业为主。50年代实行土地改革后，90%以上的农民拥有自己的土地、住房，平均每户拥有土地一公顷多。近年来，第二、第三产业发展较快。

资源 有白云石、石灰石、大理石、石墨、石膏、煤、铅、铜、锌等矿藏。水力资源丰富。森林约占国土面积的71%。

工业 有少量采矿、发电、制造业。多为中小企业，主要生产和制造蜡烛、火柴、肥皂、铅笔等日用品和食品。不丹的水电资源蕴藏量约2万兆瓦（MW）。目前仅约2%的水电资源得到开发利用。彭登水泥厂经扩建后，目前生产能力达到日产量800吨，年产量达13.9万吨。85%的产品面向印度市场。电力、酿酒、水泥、食品加工、化学制品和矿业占工业总值的90%，其中采矿业产值占1.3%，制造业占11%。

农牧林业 全国90%以上的人口从事农、牧、林业。耕地面积为13.7万公顷。粮食基本能自给。主要农作物有玉米、稻谷、小麦、大麦、荞麦、马铃薯和小豆蔻。牧地有2700平方公里，畜牧养殖较普遍，有黄牛、牦牛、水牛约50万头，猪、羊约16万只。森林占全国面积的71%，资源丰富，有开发空间。主要树种有婆罗双树、橡树、松树、冷杉、云杉、桦树等。以丰富的名木花草闻名，并盛产水果。

旅游业 是不丹外汇的重要来源之一。1974年开始对外开放旅游业，但政府仍控制较严，一般只接受团体旅游，所有寺院、

宗教圣地均不对外开放。每年3~6月和9~12月是旅游季节。

交通运输 山区仍以马、牛、骡为主要运输工具。有两个小型飞机场，开设了从帕罗分别至加尔各答、仰光、曼谷等地的航班。

华人经济

不丹因地理环境关系，华人移民很少，1999年华侨人数为100人左右，多从事农耕。

印 度（India）

国名 印度共和国（The Republic of India）

面积 3166414平方公里

人口 9.5522亿（1997年）

首都 新德里（New Delhi）

国内生产总值（1999年）：约4000亿美元

人均国民生产总值（1999年）：430美元

货币名称 卢比（Rupee）

汇率（1999年）：1美元=42卢比

简 况

印度位于南亚次大陆。与巴基斯坦、中国、尼泊尔、锡金、不丹、缅甸和孟加拉国为邻，濒临孟加拉湾和阿拉伯海。海岸线长5560公里。属热带季风气候，气温因海拔高度不同而异，喜马拉亚山区年平均气温12~14℃，东部地区26~29℃。

印度是世界四大文明古国之一。公元前2000年前后创造了印度河文明。公元前325年形成统一的奴隶制国家。1526年建立莫卧儿帝国，成为当时世界强国之一。1600年英国入侵，建立东印度公司。1757年开始沦为英国殖民地。1849年全境被英国占领。1947年6月，英国将印度分为印度和巴基斯坦两个自治领。同年8月15日，印巴分治，印度独立。1950年1月26日，印度共和国成立，为英联邦成员。

经 济

印度经济在1991年是个转折点，已初步形成了市场经济体制。1997年由于亚洲金融危机等因素影响，经济增长速度减慢，汇率一度下滑到最低点。近年印度总体经济已呈起飞之势。印度是世界第三大科技人才资源大国，有8家公司进入了世界200家增长最快的企业的前列。被认为是世界上第10个工业发展国家。

资源 印度资源丰富。铝土储量和煤产量均占世界第五位，云母出口量占世界出口量的60%。截至1996年底，印度主要资源可采储量铁矿石97.54亿吨，铝土22.53亿吨，煤463.89亿吨（不含焦煤），石油8.96亿吨，天然气6970亿立方米，黄金86吨。

工业 印度的纺织、食品、精密仪器、汽车、航空和空间等新兴工业发展迅速。原油提炼能力近6000万吨，但原油产品仍需部分进口。电子工业是印度近年迅速崛起的产业，家用电器的产值占电子工业总产值的40%以上，彩电产量超过130万台。电脑和软件业发展迅速，每年创汇数亿美元。钢铁也是印度重要工业之一，共有6家一贯作业的现代化炼钢厂，其中5家属国营，近年来鼓励民间兴建炼钢厂。

农林渔牧业 农业为印度的最重要产业，也是主要出口项目，农业产值占其国内生产总值的1/3，农业劳动力占印度劳动人口的64%。全国耕地面积约172万平方公里，稻米产量1.2亿公吨，占全球产量22%。小麦产量6930万吨，居世界第三大产国。蔬菜、水果的产量也居世界重要地位。

印度森林面积为68.5万平方公里，木材以热带硬木为主。

印度海岸线有7500公里，渔业资源非常丰富，其沿岸海域被列为世界第八大产鱼区，因渔捞业尚不发达，每年产量约230万吨。牧地面积占全国总面积3%，畜牧业较少企业化经营。

交通运输 铁路是印度最大的国营部门，也是主要运输手段，总长度62000公里，居亚洲第一位，世界第四位。公路总长度约200万公里，是世界第三大道路网。近年公路运输量约以每年10%增长。目前，公路承担着全国80%的客运量和60%的货运量，全国日平均客运量为6000万人次。

水运方面，共有53家海运公司，其中30家承担远洋运输业务。全国河、海港口共约240个，其中海港150个。孟买为全国最大港口，海运的1/5和集装箱运输的1/2经过此港。

航空方面，印度有6个国际机场，另有许多小机场，其航线遍及全国各大小城镇。

同我国的关系 1950年4月1日两国建交。

华人经济

据资料统计，1990年印度的华侨华人约16.7万人，有汉族、藏族、维吾尔族、哈萨克族等。以藏族华侨华人为最多，大都是自西藏移居印度的，占华侨华人总数的80%，主要聚居于班加罗尔、西姆拉、加尔各答等地区。

汉族华侨华人祖籍多为广东梅县，其次为湖北、山东、江苏、浙江、福建等省，人口总数约为2万多人，占13%，80%聚居在加尔各答、新德里及孟买等地。近年来，由于印度人口众多，劳动力过剩，致工资低廉，汉族侨胞所经营的企业，大受影响，汉族青年男女多离开印度，前往发达工业国家另谋出路。如海员、机工、木工多到东南亚及港澳地区，或至美国、加拿大、瑞典、奥地利等国。故汉族华侨华人人口增长不高。

维吾尔族及哈萨克族侨胞，人口仅约千余人，散居于偏远地区，多为散工、小贩或受雇于农牧业，流动性较大，属于低收入者，生活艰苦，人口增长率亦低。

印度华侨华人的经济事业，多因民族不同而经营情况各异，经济状况也悬殊。总体而言，印度华侨华人经营行业的种类为机器制造业、手工制鞋业、餐饮业、镶牙业、洗衣业、理发美容业、木器与设计业、食品加工业、杂货业、农产加工业与旅馆业等。汉族华侨华人多经营制鞋和制鞋业，餐馆业、进出口业和牙医业。华侨华人从事的行业概况如下：

制皮革业 皮革业为华商的传统行业，因印、巴与南亚邻近国家出产牛皮、羊皮材料，成本低廉，取材方便，因而皮革业基础稳定，广东梅县籍华商多经营此业，具有近70年的历史。现从事制革业者约有300家，有的颇具规模，如著名的IEC（INDIA ENGLAND CHINA）制革厂，设备日趋自动化，年产量甚高，除供应国内外，还出口英、法及欧洲各国。

制鞋业 华商制鞋业是制革业的延伸，在印度也有数十年历史，多系手工制造，近年来有部分改为机器加工。业者多集中于加尔各答冰定街及各大城市，也有的零散分布在印度各地的大小城镇。产品自制自售，以手工精良与款式新颖著称。目前，华商经营鞋业约为150家以上，投资金额大者230万卢比以上，小者约近80万卢比。

餐馆业 华商在印度开设餐馆的为数不多，目前有40余家，资本额在数百万卢比以上，大小规模不一，大型的有员工50~60人以上，小型者则为家庭营业，大多设在加尔各答。近年来还有香港华商前往经营，或者当地制革业者转投资经营，如中华饭店、南京酒楼等，营业情况甚佳。其中较具规模的有王玉堂在孟买所经营的少林村餐室，投资额达2000万卢比以上，具国际旅游水平，在印度颇为著名。印度政府近年来大力发展旅游业，加上人民生活水平提高，从而促进了餐馆业的发展。

进出口业 华商进出口业多经营食品罐头、南北杂货、制革与制鞋机器、零件，化工原料等，主要供应对象为餐馆业及皮革业。出口以印度红茶及其他土特产品为主。在加尔各答地区有5家制造制皮革机械业及维修业等工厂。资本额均在百万卢比以上。其产品除供应印度制革业外，也销往其他国家，如陈氏机械公司、陈氏电器公司、谢氏电器修理公司等，均有知名度。另，经营红茶及土产物品出口的华商有4家。

牙医业 华商从事牙医业者，均为湖北籍人，现仍营业者有40家左右，分布在印度新德里、孟买、加尔各答等各大城市。目前当地政府核发牙医业执照逐渐严格，业者必须具备医学院的学历方可领取执照。由于华医镶牙补齿，技艺精湛，甚获好评，是华人经济事业的特色之一。

旅馆业 华人叶林胜投资5000万港币（约600万美元）所创设的国合旅馆，有高级设备，其内附设有国花电发美容院，颇具规模。其次，香港华商文华东方国际集团与印度 Modi Overseas 投资合作兴建的大观光旅馆也是知名的。其他华商经营的旅馆，较知名的尚有张钧在班加罗尔开设的张氏旅社，附设有蓝天餐室。

农林渔牧业 为藏族华侨华人的重要生计，据统计目前约有4000余家。早期抵印度的获有印度政府的授田，多种植粮食及杂粮作物，或引种阿萨姆红茶、大豆、高粱等特用作物，并发展养牛、鸡等副业。后期抵印度的生活条件较差，多以打工和从事手工业为主。在大吉岭藏族华侨华人聚居的地方，有中小型纺织厂、制衣厂或日用品制造厂。

维吾尔和哈萨克族华人人数不多，以在加尔各答郊外贩卖日用品为主，住在农村的则从事农耕、畜牧业，或受雇农家，做牧场散工。

马尔代夫（Maldives）

国名　马尔代夫共和国（The Republic of Maldives）

面积　300平方公里

人口　30万（1999年）

首都　马累（Male）

国内生产总值（1999年）：约52亿美元

人均国内生产总值（1999年）：约1900美元

货币名称：拉菲亚

汇率（1999/12/31）：1美元＝11.77拉菲亚

简　况

马尔代夫是印度洋上的一个群岛国家，南北长约800公里，东西宽约130公里，位于印度南部约600公里，斯里兰卡西南部约670公里处。由19组环礁、1200多个珊瑚岛组成，分布在约9万平方公里的海域内，其中202个岛屿有人居住。地势低平，平均海拔1.2米。马国位于赤道附近，具有明显的热带气候特征，炎热潮湿，无四季之分，年平均气温28℃。

公元1116年建立苏丹国。近400年来，先后遭受葡萄牙和西班牙、荷兰殖民主义者的侵略和统治，1887年沦为英国保护国。1932年改行君主立宪制。1952年成为英联邦内的共和国。1954年恢复君主立宪制。1965年7月26日宣布独立。1968年11月11日建立共和国，实行总统制。全国分南北两个区，每区设次官一名，管辖若干组环岛。

经　济

马国是印度洋上著名的度假胜地。渔业、旅游业和船运业是经济的三大支柱。马政府强调发展国民经济，提高人民生活水平，实行小规模的开放型经济政策。

资源　拥有丰富的海洋资源，有各种热带鱼类及海龟、玳瑁、珊瑚和贝壳之类的海产品。

工业　工业不发达，仅有小型船舶修造厂、海鱼和水果加工及纺织等手工业。近几年建立了几个外资服装加工厂。工业产值仅占国内生产总值的5.8%。

农业　全国可耕地面积6900公顷，主要以椰子和椰肉为外销产品，椰子生产在马农业中占有重要地位，约有100万棵椰子树，占产品总产量的4成左右。其他农作物有小米、玉米、香蕉和木薯。随着旅游业的扩大，蔬菜和家禽养殖业开始发展。

渔业　渔业是马国民经济的重要组成部分。资源丰富，盛产金枪鱼、鲣鱼、鲛鱼、龙虾、海参和少量的石斑鱼、鲨鱼、海龟和玳瑁等。鱼类主要出口美国、斯里兰卡、泰国和德国。

旅游业　近年来，旅游业已超过渔业，成为该国第一大经济支柱。目前全国旅游岛已发展到74个，形成一岛一饭店的特色，拥有1.1万张床位。

交通运输　主要交通工具是船。陆上交通局限于首都马累，自行车为陆上交通工具。海运业主要经营香港到波斯湾和红海地区及国内诸岛间的运输业务，拥有50多艘商船。民航事业不发达，有6条国际航线和11条包机航线通往马累，马累也有定期航班飞往附近及欧洲国家。

同我国的关系　1972年10月14日两国建交。

华人经济

1999年马尔代夫华侨人数估计为100人，他们大多从事旅游相关行业。

尼泊尔（Nepal）

国名　尼泊尔王国（The Kingdom of Nepal）

面积　147181平方公里

人口　2338.6万（1999年）

首都　加德满都（Kathmandu）

国内生产总值（1999年）：约45亿美元

人均国内生产总值(1999年)：约1100美元

货币名称：尼泊尔卢比

汇率(1999/12/31)：1美元=68卢比

简　况

内陆山国，位于热马拉雅山南麓，北邻中国，其余三面与印度、锡金接壤，国境线全长2400公里。全国分北部高山、中部温带和南部亚热带三个气候区。北部冷季最低气温为-41℃，南部夏季最高气温为45℃。

公元前6世纪建立王朝。公元1769年沙阿王朝统一尼泊尔并延续至今。1814年英国入侵后，迫使尼泊尔将南部大片领土割让给印度。1846年~1950年为拉纳家族统治时期，国王大权旁落。1923年英承认尼泊尔独立。

经　济

尼泊尔为农业国，其经济以农业及观光业为主，因此受气候影响大。90年代初，尼开始实行“自由、开放和出口型”经济政策，以吸引我国投资。近年经济已呈持续稳健增长。

资源　铜、铁等矿藏资源丰富，但只得到少量开采。水力资源也十分丰富，水电蕴藏量为8300万千瓦，约占世界水电蕴藏量的2.3%，其中2700万千瓦可发展水利发电。

工业　尼国系内陆国家，对外联络运输不便，工业发展受到限制，基础薄弱，规模小，机械化水平低，发展缓慢。主要有制糖、纺织、皮革制鞋、食品加工、香烟和火柴、黄麻加工、砖瓦生产和塑料制品等，多以销售当地市场为主。

农业　耕地面积为326.7万公顷。农业人口占全国总人口的90%。农作物以旱作为主。稻米为尼国人民的主食，其他农产品有小麦、玉米、甘蔗、根茎类作物和粟等。

旅游业　尼泊尔是文化古国，且地处喜马拉雅山南麓，自然风光独特，气候宜人，徒步旅游和登山业比较发达，每年接待游客达30万人次。

交通运输　尼国因山地多，牦牛为高山间的代步工具。陆地以公路为主，在境内各城市间，则有小型飞机航线为辅助，形成山地内陆国的交通特色。

同我国的关系　1955年8月1日中尼建交。

华人经济

1999年，尼泊尔华侨华人约有27000人，大多数为藏族侨胞。在加德满都经营中小型餐馆者共5家，资本额约3000~4000美元。另有经营小型机器压面、加工制造面食店者约4家，资本额约在3000美元。经营旅馆业者1家，属客栈方式，仅为临时住宿场所。华侨除经营上述行业外，尚有经营手工纪念品小商店及自行车租售店。多数均在当地从事小型农作或受雇充当农牧业的劳力。

巴基斯坦（Pakistan）

国名 巴基斯坦伊斯兰共和国（The Islamic Republic of Pakistan）

面积 796095平方公里

人口 15233万（1999年）

首都 伊斯兰堡（Islamabad）

国内生产总值（1999年）：约600亿美元

人均收入（1999年）：约500美元

货币名称：巴基斯坦卢比。

汇率（1999/12/31）：1美元=51.76卢比。

简　况

位于南亚次大陆西北部，南接印度，东北与中国毗邻，西北与阿富汗交界，西邻伊朗，南濒阿拉伯海。海岸线长980公里。全境3/5为山区和丘陵地，地势西北高、东南低。除南部属热带气候外，其余属亚热带气候。年平均气温27℃。

巴基斯坦为南亚第二大国，于1949年脱离大英帝国独立，是世界上最大的清真教国家。

经　济

以农业为主，依赖外援。1998年5月，巴核试验招致国际制裁，外援和外资基本停止，经济陷入极端困境，还贷能力受到严重影响。

资源 主要矿产储备有：天然气4411亿立方米、石油1.6亿桶、铁4.3亿吨、铜4.12亿吨、铝土7400万吨，还有大量的铬矿、大理石和宝石。森林覆盖率为4.8%。

工业 巴国工业产品出口值占外销额一半以上，而制造业占GDP近两成，纺织工业及食品加工业为巴国制造业的主干。其他还有毛纺织、制糖、造纸、烟草、制革、机器制造、化肥、水泥、电力、天然气、石油等。

农牧业 农业为巴国重要产业，农业产值约占全国生产总值的1/4。主要农产品有稻米、小麦、大米、棉花、菸叶、甘蔗等，稻米是主要的外销作物。全国可耕地面积5768万公顷，其中实际耕作面积2168万公顷。农业人口约占总劳动力的48.6%。

巴国原野面积约为5万平方公里，占全国陆地面积的6.5%，畜牧业发达，占巴国农业产值达30%。畜禽饲养以牛、羊为主，其他则有驴、骆驼及马。

交通运输 国内客货运输以公路为主。近年来，公路和空运网的增加远远快于铁路。2000年铁路和公路运输量的比例达到33:67。

同我国的关系 1951年5月21日中巴建交。

华人经济

巴基斯坦的老一代华侨华人多系早年从印度迁往的，以汉族居多，约占总数的80%，其余是维吾尔族、哈萨克族。汉族华侨华人多聚居在西北边境省、奎达、拉合尔以及卡拉奇等地。维吾尔族、哈萨克族侨胞则散处于拉合尔、萨克尔图、阿西吉度、卡拉奇等地。汉族华侨华人祖籍多属广东、山东、湖北等省。近年来新移民成分较为复杂，东南亚的新加坡、香港等地华商前往投资贸易者增加，部分已取得居留权，而成为新华侨华人。据统计，1997年巴国内华侨华人共约5万人。

汉族华侨华人多从事制革业、制鞋业、餐馆业、牙医、服装、成衣杂货业等。维吾尔、哈萨克民族侨胞所经营的则以畜牧及贩卖日用品居多。东南亚等地华侨前往投资的行业，则有制鞋机械、医药用品和加工业等。

制革业 现有华商经营制革厂30多家，大、中、小型各占1/3，祖籍多为广东省梅县，近年也有其他省籍华商加入。由于巴国生产牛皮及羊皮，制革材料充裕，故制革业成为华商经营的重点行业之一，产品行销欧亚两洲地区。

制鞋业 华商制鞋厂约有50余家，均拥有中、小型铺面。用手工缝制，技术皆传自印度，式样新颖，颇具发展潜力，产品普遍受欢迎。一般都自制自售，工料均优于机器生产的塑料鞋。近年也有华商自台湾引进塑胶皮产品，物美价廉。尽管售价略高，但仍畅销。华商工厂分别散处于卡拉奇、拉合尔、奎达等大小城市。

餐馆业 菜式可分为南北风味，南方风味的广东菜馆多为粤籍侨胞所经营，多设在巴国首都、卡拉奇等大城市；北方风味的菜馆较具规模和历史，大多为山东及湖北籍华商经营。巴近年来发展旅游事业，对餐馆业稍有帮助。南北风味菜式，皆受当地人士欢迎，营业情况尚佳。

牙医业 多是经由印度迁去的。湖北籍侨胞多营牙医业，现有8家。虽属传统行业，但该业资格已为当地政府所限制，故多兼营制扎纸花，借以增加副业收入。

成衣业 华商经营的成衣业有10余家，分设于各大城市，为新兴且具有发展前途的华商事业，主要从事男女成衣加工制作，以及承做团体制服。另外也有部分缝制款式流行的男女时装，批销百货服饰业。近年来香港、台湾及新加坡等地外销成衣及休闲服饰已经进入巴国，由于进货方便，华商从事成衣加工业及进口销售业已日渐增加。

除上述行业外，汉族华侨华人还有从事日用品贩卖，以及工程装修、照相等。来自新疆维吾尔族、哈萨克族的华侨，多由印度辗转迁居巴基斯坦，因缺少资本及商业常识，多以劳力谋生，如修理皮鞋、修磨刀剪、受雇放牧牛羊和烤肉，或做零散杂工，生活较为清苦。

斯里兰卡（Sri Lanka）

国名 斯里兰卡民主社会主义共和国（The Democratic Republic of Sri Lanka）

面积 65610 平方公里

人口 1914 万（1999 年）

首都 科伦坡（Colombo）

国内生产总值（1999 年）：约 150 亿美元

人均国民生产总值（1999 年）：约 850 美元

货币名称：卢比

汇率（1999/12/31）：1 美元 = 72.17 卢比

简　况

位于亚洲南部，是南亚次大陆南端印度洋上的岛国。西北隔保克海峡与印度半岛相望。接近赤道，终年如夏，年均气温 28℃。各地年均降水量 1283 毫米 ~ 3321 毫米不等。风景秀丽，素有"印度洋上的珍珠"之称。

斯里兰卡于 1948 年脱离英国独立，1972 年 5 月 22 日改称斯里兰卡共和国。1978 年 8 月 16 日改国名为斯里兰卡民主社会主义共和国，仍为英联邦成员国。全国分 9 个省：西方省、中央省、南方省、西北省、北方省、北中央省、东方省、乌瓦省和萨巴拉加穆瓦省。

经　济

斯里兰卡是以种植园经济为主的农业国。1997 ~ 1998 年亚洲金融风暴对斯国带来负面影响，外资来源减少，出口也遭受竞争压力。1997 年起政府推行自由竞争和对外开放的经济政策，积极争取外资。1998 年，在全球经济困难的情况下，该国保持 3.5% 的中速经济增长率，1999 年增长率约为 5%。

资源 主要矿藏有石墨、宝石、钛铁、锆石、云母等，石墨、宝石、云母等已开采。渔业、林业和水力资源丰富。

工业 制造业是斯国经济增长的动力，工业以民生用品及农渔产品加工为主，以成衣及纺织业最发达，占其工业总值的 40%，也是主要外销产品，占总出口金额的 50% 以上。其他尚有烟草、造纸、木材、化工、石油加工、橡胶、塑料和金属加工及机器装配等工业，大多集中于科伦坡地区。

农业 可耕地面积 400 万公顷，已种植 200 万公顷。农业人口（包括林、牧、渔业）占全国总人口 72.2%。主要作物为茶叶、橡胶、椰子和稻谷。斯国原为最大茶叶出口国，后来才被他国所取代。

旅游业 斯国观光旅游资源丰富，近年的旅客人数每年均有数十万人次。旅游者主要来自德国、英国等西欧国家和印度。

交通运输 交通方便。全国有公路 2.8 万公里，铁路 1944 公里，远洋轮船 8 艘。科伦坡机场为国际机场。

同我国的关系 1957 年 2 月 7 日两国建交。

华人经济

1999 年斯里兰卡华侨华人共约 4000 人，

分别居住在首都科伦坡及康提等几个大城市。新移民中以香港、新加坡及马来西亚华人较多。近年斯国欢迎外国人投资，放宽居留权取得的条件，因而东南亚各地区华人以及台湾厂商有不少前往该国设厂，取得居留权者，日渐增多。

主要华侨华人经济事业为：

餐馆业 约有20余家，散处于首都科伦坡和康提两大城市，南部坎迪也有小型餐馆，其中较具规模且营业时间较长者，有北平饭店、乐宫饭店、新新饭店、馥莲饭店及中华咖啡馆等。

制鞋业 为粤籍梅县华人的传统事业，技术多系由印度延传而来，多分设于首者科伦坡及康提两大城市，总共约10余家。

牙医业 牙医业现有4家，也是从印度延传而来，为湖北籍华人所经营，分设于科伦坡市，经营者均属学历较高，并取得执照者。

贸易及杂货业 多为山东省藉移民所经营，较具规模者有科伦坡市内的上海公司、新中华商店等。部分商品来自台湾，包括衬衫、雨衣、雨鞋、毛巾、肥皂粉、成衣、运动服、休闲服、女用化妆品，以及塑胶制品、雨伞、电子零件、医护器材等。

绸布业 多为山东、江苏两省籍华人所经营，约有10余家，多开设于科伦坡市内，较具规模者有中国布庄、中华丝绸店、香港商店，南京商店等。营业范围为销售丝绸布疋，兼销日用品及手工艺品，系从中国国内进口，目前江浙丝产品及廉价手工艺品已逐渐进入斯国市场。

旅馆业 有2家，均在科伦坡市，一家系属馥莲饭店兼营的旅馆，另一家为国际观光旅馆。

红花油业 粤籍华人林百全创制出一种治疗风湿病的良药红花油，其原料为印度及缅甸特产肉桂油，及西藏特产的红花，为当地华商事业一大特色。

其他 除了上述行业外，尚有部分华人担任导游，或做木工，或贩卖旅游纪念品、古董、玩具等。目前为了适应斯国引进外资政策，还有10家台商在该国投资建厂，从事螺丝、螺帽、手工具、成衣、毛衣针织、电话机及鱼网的生产。其中以同光企业的螺丝帽及手工具工厂为最具规模。

巴林（Bahrain）

国名 巴林国（The State of Bahrain）
面积 706.5平方公里
人口 63万（1997年）
首都 麦纳麦（Manama）

国内生产总值（1999年）：约85亿美元
人均国民收入（1999年）：约14000美元
货币名称：巴林第纳尔
汇率（1999/12/31）：1美元=2.6596第纳尔

简　况

位于波斯湾中部的岛国。界于卡塔尔和沙特阿拉伯之间，属热带沙漠气候，炎热、潮湿。平均气温7~8月为35℃，1~2月为15℃。年平均降水量53毫米。

公元前3000年即建有城市。公元前1000年腓尼基人到此。公元7世纪成为阿拉伯帝国的一部分。1507年~1602年遭葡萄牙人占领。1602年~1782年处于波斯帝国的统治之下。1783年宣告独立。1820年英国入侵巴林，强迫其签订波斯湾总和平条约。1880年沦为英保护国。1971年3月，英宣布其同波斯湾诸酋长国签订的所有条约在同年年底终止。1971年8月14日巴林宣布独立。

经　济

巴林是海湾地区最早开采石油的国家，虽地小人疏，其生产石油的优势，发展炼油工业，近年来很有成果。石油收入占国内生产总值的20%，占政府收入和公共支出的一半以上。巴林还是海湾地区银行和金融中心。截至1998年第三季度，巴林有182家本国银行和外国银行分行或办事处，总资金额为700亿美元。

资源 已探明石油储量约1.1亿桶，燃气储量约1470亿立方米。巴林连续四年被联合国评为阿拉伯国家在开发人力资源方面的第一名。

工矿业 ①铝业：铝品出口已成重要外汇来源之一，日本是其重要出口市场。②石油化学工业：与沙特阿拉伯、科威特共同投资设立的海湾石化工业公司产品全部外销，主要市场为东南亚和日本。③炼钢业：为能源密集产业之一，支持修船业及提供开采石油所需的机械设备。④海水淡化工业：炼油、炼铝等工厂皆自设厂处理所需的淡化水。巴林继续兴建海水淡化工厂。目前日产石油16万桶，天然气2760万立方米。

农业 农业在巴林并不发达。全国可耕地面积5880公顷，约占全国总面积的8.8%，实际种植面积3780公顷。从事农业的人口不足7000人。只生产少量根茎类作物及蔬果。粮食主要靠进口。

交通运输 境内无铁路。首都和主要城镇有公路相连，各级公路总长2600多公里。萨勒曼有一深水港，可停泊6万吨级轮船。巴林是连接东西方的空中交通枢纽。目前约有40家航空公司每周229班次落巴林机场。

通讯 1969年，巴林开通中东地区第一个卫星地面站，成为该地区的通讯中心。目前巴林拥有四个卫星地面站。

同我国的关系 1989年4月18日，中巴正式建立外交关系。

华人经济

巴林华侨华人不多，共约48人，有来自台湾的华侨约10人。其中华侨华人开设的公司有3家，投资金额也不多，在巴林所占比例极少。其中华人经营的餐馆业2家，即华宫餐厅及香港饭店，资本分别为60万美元、40万美元。由于巴林积极推广旅游业，虽然餐厅到处林立，但此行业仍可平稳经营。另外华人还开设一家顶好面包店，资本约20万美元。

塞浦路斯（Cyprus）

国名　塞浦路斯共和国（The Republic of Cyprus）

面积　9251平方公里

人口　854800人（1997年）

首都　尼科西亚（Nicosia）

国内生产总值(1999年)：约130亿美元

人均国民收入(1999年)：14000美元

货币名称：塞浦路斯磅

汇率(1991/12/31)：1美元＝0.57471塞磅。

简　况

位于地中海东北部，为地中海第三大岛。海岸线长782公里。属于亚热带地中海型气候，夏季干热，冬季温湿。夏季平均气温28℃～35℃，冬季4℃～10℃。

公元前1500年，希腊人移居塞岛。后曾被埃及、波斯等国征服。公元前58年并入罗马帝国。公元395年后归属拜占庭帝国。1571年由奥斯曼帝国统治。1878年被割让给英国，1925年为英直辖殖民地。1959年2月19日与英国、希腊、土耳其签订《苏黎世—伦敦协议》，1960年8月16日宣布独立，成立塞浦路斯共和国。1961年加入英联邦。独立后，希、土两族多次发生冲突。1974年后，土族北移，并于1975年和1983年先后宣布成立北塞浦路斯土耳其共和国，形成两族南北分裂局面。全国划分为6个行政区：尼科西亚、利马索尔、法马古斯塔、拉纳卡、帕福斯和凯里尼亚，凯里尼亚和法马古斯的大部分及尼科西亚的一部分由土族控制。

经　济

塞浦路斯是农业国家，出产麦类、油橄榄和水果，是典型的地中海型农耕经济，农产品加工出口略有基础。同时，塞国是地中海较有名的旅游胜地，旅游收入也是经济支柱之一。近几年塞经济持续发展，人民生活水平不断提高。经济增长率1999年为5%。

资源　矿藏以铜为主，其他有黄铁、铬和石棉。近年来矿源接近枯竭，开采量逐年下降。

工业　加工制造业在国民经济中占有重要地位，但多小型企业。较有规模者为水泥制造业，年产100万吨以上。其他主要工业为食品加工、纺织等。工业从业人员4.5万人，占总劳动力的26%。

农业　农地面积占全国总面积15%，生产水果、菜蔬、根茎类作物等，农业人口3.5万人，占从业总人口的13%。

旅游业　塞国是著名的观光景点，旅游业发达，从事旅游业的人口占总人口的25%以上。1998年，外国游客总数为220万人次，创汇17.6亿美元，旅游收入占国内生产总值的19.3%。

交通运输　陆上交通以汽车为主，无铁路，有公路17000公里。塞海运业发达，拥有商船数居世界第五位。有14家外国航空公司与塞通航。塞国的土族区拥有13艘商船的船队，总吨位为1.9万吨。

同我国的关系　1971年12月14，日两国建立大使级外交关系。

华人经济

据有关资料统计，2000年在塞国的华侨华人约有700多人，他们多聚居于首都及几个旅游胜地。其中有来自中国大陆的移民和来自香港、印度、泰国等地华人血统的移民，他们大多数为二三十岁的年轻人，多属打工族，许多是在中餐馆打工，有的边打工，边上学。也有开公司做进出口贸易和劳务输出的。

塞国大学的学费一年约为7000美元。学位、学制和英国教育体制接轨。在此地毕业者可得到英国承认，可去英国继续深造。

塞国法律规定，严格保护本国人就业和经济利益，因此在这里不可能有纯粹的中餐馆和中国老板。最多只能占股份49%，另一多半一定为塞国人所有。

塞国民风淳朴，社会安定，环境清幽宁静，是吸引移民来此的重要因素。同时塞国致力发展观光事业，近年香港及东南亚华人也多前往度假，因此也带动了当地华人谋生事业的发展。

以色列（Israel）

国名 以色列国（The State of Israel）
面积 20770 平方公里
人口 610.1 万（1999 年）
首都 耶路撒冷

国内生产总值（1999 年）：约 1000 亿美元
人均国民收入（1999 年）：16500 美元
货币名称：新谢克尔（NIS）
汇率（1999/12/31）：1 美元 = 4.154 谢克尔

简 况

位于亚洲西部。东接约旦，东北部与叙利亚为邻，南邻亚喀巴湾，西南部与埃及为邻，西濒地中海，北与黎巴嫩接壤，是亚、非、欧三大洲结合处，地理位置十分重要。海岸线长 198 公里。地中海型气候，夏季炎热干燥，最高气温 39℃，冬季温和湿润，最低气温 4℃左右。

犹太人远祖是古代闪族人的支脉希伯来人。起源于约 4000 年前的美索不达米亚，后因躲避自然灾害迁徙至埃及尼罗河三角洲东部。公元前 13 世纪末开始从埃及迁居巴勒斯坦。1917 年英国占领巴勒斯坦，1922 年 7 月 24 日国际联盟通过了英国对巴勒斯坦的"委任统治训令"，规定在巴建立"犹太民族之家"。1947 年 11 月 29 日，联合国大会通过决议，决定在巴勒斯坦分别建立阿拉伯国和犹太国。1948 年 5 月 14 日，以色列国正式成立。全国划分为 6 个区，30 个分区，31 个市，115 个地方委员会，49 个地区委员会。

经 济

以国经济发展蓬勃，以出口及科技发展为导向，促进经济成长，降低失业率。近几年更推进外汇市场自由化，以使国内产业更具国际竞争力。农业、工业、科技及军工等部门技术水平较高。私人企业比重较大，但政府对主要部门控制严格，许多大的企业都由工会掌管。合作经济主要以农村中的基布兹（集体社）和莫沙夫（合作社）为主。

资源 矿产资源较贫乏，主要有钾盐、石灰石、铜、铁、磷酸盐、镁、锰、硫磺等。森林占总面积的 5.7%。

工业 工业较为发达。主要有科技产业、国防工业及钻石产业等。以科技产业在电子通讯、医疗诊断仪器、电脑软件、光学及精密仪器等领域均具世界水准；国防工业极为发达，电子作战、武器系统及航太科技尤为显著；钻石切割研磨业为其外销产业。拥有世界罕见的加工技术，现有钻石研磨工厂 800 余家，从业员工 1.2 万余人。

农业 以色列一直努力以农业为经济发展的基础，农地面积约为 43 万公顷，主要农作物为小麦，农业人口占总人口数的 3.5%。渔业已现代化。原野面积占全国面积 6.9%，主要饲养肉牛、绵羊等。

旅游业 旅游业在经济中占主要地位。以国有独特的旅游胜地和众多的名胜古迹，每年都有数以百万计的人来以游览观光，90%以上的旅客来自欧洲和美洲。

交通运输 陆地运输的货物占一半，船舶和航空运输各占 1/4，通讯业产值占

1/10。其他收入来自各种服务设施，包括仓储和停放设施。国内公路运输发达。

同我国的关系　中以两国于 1992 年 1 月 24 日建交。

华人经济

1999 年，以色列华侨华人共约 150 人，其中来自香港、越南等地者约 100 人，来自台湾者约 30 人。

华侨华人的经济事业主要为餐饮业、贸易业及旅游业。华人经营的小型中餐厅有 5 家，资本共约 12 万美元，有邱文元的金龙餐厅、黄罗君的新台湾餐厅、李壮生的李园餐厅、陈有毅的中国餐厅等。贸易业 2 家，包括钻石商逢德义。杂货业 1 家，资本约 10 万美元。从事旅游业的有张珍珍与张宝贤。而来自中国大陆的移民因无居留权，多从事餐厅及零售业，或为行商。

约 旦（Jordan）

国名 约旦哈希姆王国（The Hashemite Kingdom of Jordan）

面积 97740平方公里

人口 648.3万（1999年）

首都 安曼（Amman）

国内生产总值（1999年）：约75亿美元

人均国民收入（1999年）：约1350美元

货币名称：约旦第纳尔

汇率（1999/12/31）：1美元=0.709约旦第纳尔

简 况

位于亚洲西部，阿拉伯半岛的西北。西与巴勒斯坦、以色列为邻，北与叙利亚接壤，东北与伊拉克交界，东南与南部和沙特阿拉伯相连。约旦基本上是个内陆国家，亚喀巴湾是唯一出口。首都安曼和西部山地属亚热带地中海型气候，气候温和。平均气温1月为7℃~14℃，7月为26℃~33℃。

约旦原是巴勒斯坦的一部分。公元7世纪初属阿拉伯帝国版图。公元1517年归属奥斯曼帝国。第一次世界大战后沦为英国委任统治地。1921年英国以约旦河为界，把巴勒斯坦一分为二，西部仍称巴勒斯坦，东部建立外约旦酋长国。1946年3月22日英承认外约旦独立。

1949年定国名为约旦哈希姆王国。其国体为君主立宪，政体为责任内阁制。全国共分12个省：安曼、伊尔比德、马安、扎尔卡、拜勒加、马夫拉克、卡拉克、塔菲拉、马德巴、杰拉什、亚喀巴、阿吉隆。

经 济

约旦系发展中国家，可种地面积小，资源依赖进口。国民经济主要支柱为侨汇、外援和旅游。是中东国家中少数需进口石油的国家。现阶段政府实施的政策，以经济自由化为主轴，包括降低关税和民营化措施，减少基本品补贴，放松外汇管制等。

工矿业 约旦主要工业为制造业和矿业。矿产主要为磷、钾矿，是全球三大磷矿出口国之一。现有两个自由贸易区。轻工业和小型加工业，有采矿、炼油、食品加工、玻璃、纺织、塑料制品、卷烟、皮革、制鞋、造纸等。

农业 农业不发达。耕地面积约50万公顷，多集中在约旦河谷。每年所需粮食和肉类，主要靠进口。水资源缺乏是该国发展农业的主要障碍，主要农作物有小麦、大麦、玉米、蔬菜、水果、橄榄等。森林面积约为7万公顷，原木产量为9000立方米，牧地面积约79.1公顷，占总面积8.9%，主要饲养绵羊、山羊、鸡、肉牛、骆驼等。

旅游业 是约旦的三大经济支柱之一，又是主要外汇来源之一。

交通运输 以公路运输为主。公路建设发展很快，已基本建成沟通全国城乡的公路网。铁路全长618公里，客运量3.13万人次，货运量378.95万吨。公路总长8000公里，有汽车约30万辆。年运输量达900多万吨。海运方面，位于约旦南部、红海北部的亚喀巴港是约旦唯一港口和进出口贸易集散中心，年货物吞吐量可达2000万吨。空运方面，约旦皇家航空公司拥有各种飞机17架，国际航线48条。客运量约为180万人次，货运量6.5万吨。

同我国的关系　1997年4月7日，中约建立外交关系。

华人经济

据有关资料统计，1999年约旦华侨华人约600人，主要来自中国大陆、台湾、印度等地。

在约旦的华侨从事工商业的共11家，即餐馆业8家，贸易业1家，食品制造业1家，纺织业1家，其中以餐馆业经营状况较好。

餐馆业：餐馆业8家，资本额共90万美元，占当地该业的2%。其中中华餐厅、台湾观光饭店、华园饭店、川园餐厅、金龙餐厅、明星餐厅、成吉思汗等7家，均设在安曼，另1家中餐厅设在亚喀巴港。蒯松茂开设的中华餐厅资本额为15万美元，约占当地1%，营业兴隆，是在安曼开设的第一家中国餐厅。

纺织业：纺织业1家，较具规模，资本额约1万台币。

其他：贸易业1家，资本额约50万美元，经营纺织品进口及转口业务；食品制造业1家，资本额约1万美元，系家庭营业，供应餐馆业及当地超级市场。

科威特（Kuwait）

国名 科威特国（The State of kuwait）

面积 17818平方公里

人口 223.7万（1998年）

首都 科威特城

国内生产总值（1997年）：309亿美元

人均国内生产总值（1997年）：17482美元

货币名称：科威特第纳尔，1第纳尔=1000菲尔斯

汇率（1999/12/31）：1美元=0.304科威特第纳尔

简　况

位于亚洲西部波斯湾西北端，与沙特、伊拉克相邻，东濒波斯湾，同伊朗隔海相望。海岸线长213公里。有布比廷、法拉卡等10多个岛屿。属热带沙漠气候，炎热干燥。最热月分为6月~9月，气温在28℃~55℃，最凉月份为12月~2月，气温在8℃~18℃。1月~5月降水较多，年平均降水量在25毫米~177毫米之间。

7世纪时，科威特是阿拉伯帝国的一部分。1581年起哈立德家族进行统治。1710年居住在阿拉伯半岛内老的阿奈扎部落中的萨巴赫家族迁移到科威特，1756年取得统治权，建立了科威特酋长国。1871年成为奥斯曼帝国巴士拉省的一个县。1899年英国强迫科签订秘密协定，从而英成为科的宗主国，1939年正式沦为英国的保护国。1961年6月19日宣布独立。1990年8月2日，科被伊拉克侵占和吞并，1991年2月复国。行政区划上全国共分5个省，首都省、哈瓦里省、艾哈迈迪省、法尔瓦尼亚省、贾哈拉省。

经　济

科威特靠石油累积了大量资金，是典型因石油而致富的国家。当前石油、天然气为国民经济的主要支柱，其产值占国内生产总值的40%，占出口创汇的95%。非石油项目产值占国内生产总值的60%，其中农、渔业0.4%；制造业13.3%；电气、水0.1%。

资源 石油和天然气储量丰富。现已探明的石油储量为968亿桶，占世界储量的10%，居世界第四位。1994年初估计天然气储量为1.498万亿立方米。

工矿业 近年科国制造业每年均以10%以上的速度增长。工业以天然资源的炼制，加工、运输为主，其次为食品加工业与机械车辆、家电等维修业。科国拥有世界最大汽车修理厂，共有300个作业单位，另有44个拥有800个车位的停车场。目前原油日产量206万桶，实际产油能力达250万桶。日炼油能力86万桶。

农业 科国的农牧业产值并不高，可耕地面积约14182公顷，以种植蔬菜为主。近年来，政府重视发展农业，但农业产值在国内生产总值中的比例仍不足1%。牧地面积13万公顷，饲养肉牛、乳牛、绵羊、鸡、骆驼及马等。农牧产品主要依靠进口。渔业资源丰富，除自给外略有出口。

交通运输 交通运输十分发达，以公路

为主，全国有公路约4796公里，其中高速公路约300公里，与邻国伊拉克和沙特阿拉伯直接相通。每户平均拥有汽车3.7辆，由于汽油价廉，人民爱用大型豪华汽车，为美国车辆的大市场之一。首都国际机场班机通往五大洲主要国家，每年乘客300多万人次。主要港口是舒威赫港和舒艾巴港。

同我国关系 1971年3月22日，中科正式建交。

华人经济

据1999年资料统计，科威特华侨华裔约6500人。其中来自中国大陆的有6000人，原籍台湾的40人，余为其他地区移民。华人经营餐厅3家，资本共约80万美元，其中两家系华宫餐厅（AHAMADIA）连锁店，属地道中菜。由于食物调理口味及装潢颇受当地人士喜爱，故生意兴隆。该餐厅系台湾籍华人经营，在巴林及沙特阿拉伯有分店。另马来西亚华商杨忠礼机构与英国詹连（Joho Laing）合作承揽科国复建工程，其在科国的技术工程人员多为马来西亚华人。此外，科国华人多为工薪阶层。

黎巴嫩（Lebanon）

国名 黎巴嫩共和国（The Republic of Lebanon）

面积 10452平方公里

人口 323.6万（1999年）

首都 贝鲁特（Beirut）

国内生产总值（1999年）：160亿美元

人均国民收入（1999年）：约4600美元

货币名称：黎巴嫩磅

汇率（1999/12/31）：1美元=1501黎磅

简 况

黎巴嫩位于亚洲西南部地中海东岸。东北部邻叙利亚，南界巴勒斯坦、以色列，西濒地中海。海岸线长220公里。沿海夏季炎热潮湿，冬季温暖。沿海平原和贝卡谷地7月平均气温最高32℃，1月平均最低气温为2~7℃。

公元前2000年为腓尼基的一部分。以后相继受埃及、亚述、巴比伦、波斯和罗马统治。7~16世纪初并入阿拉伯帝国。1517年被奥斯曼帝国占领。第一次世界大战后沦为法国委任统治地。1941年6月英国在自由法国部队协助下占领黎巴嫩。同年11月自由法国部队宣布结束对黎的委任统治。1943年11月22日，黎宣布独立，成立黎巴嫩共和国。1946年12月，英、法军全部撤离黎巴嫩。全国分5个省，省以下依次设县、乡。

经 济

黎巴嫩曾有中东瑞士的美誉，天然资源极为丰富，曾是中东非产油国中最富裕的国家。

黎是阿拉伯世界中商业活动最发达的国家之一。商业和服务业产值占国内生产总值的70%以上，享有中近东贸易、金融、交通和旅游中心的盛名。

资源 矿产资源贫乏，且开采不多。主要矿藏有、铁、铅、铜、褐煤和沥青等。

工业 黎国是相当工业化的国家，制造业多属小型经营，且以内销为主，主要项目有成衣、纺织、皮件、木制家具及食品业。制造业大多集中在黎国中部，共有厂商约25000家。

农业 全国可耕地面积30万公顷，占全国总面积30%。农产品以水果和蔬菜为主，水果产值占农业产值的51%，主要是柑桔、苹果、葡萄和香蕉，年出口水果约26万吨。黎每年有大量水果及蔬菜运往波斯湾沿岸地区，向为阿拉伯国家蔬菜供应国。粮食主要靠进口，粮食耕种面积共8万公顷，种植大麦、小麦、玉米、马铃薯等。经济作物有烟草、甜菜、橄榄等，其中烟叶占农业收入的6%。

旅游业 黎原为中东旅游胜地。旅游收入占国民收入的20%以上，内战期间，旅游业一蹶不振。近年正在恢复，旅客人数每年均超过100万人次，并带动了纪念品的产销。

交通运输 黎巴嫩首都贝鲁特是欧亚非

航空枢纽，距香港与英国伦敦航程均为7小时左右，为欧亚班机中途加油站。公路贯穿全境，贝鲁特港为主要贸易港，年吞吐量为400万吨，有3个码头，12个泊位。

同我国的联系 1971年11月9日两国建交。

华人经济

2000年在黎国生活的华侨华人总数约30人，其中很多是女性。这些妇女都是因为与黎巴嫩人结婚，而长年定居黎国的。如经敏敏原籍上海，在香港读书时认识黎巴嫩人MILMAD，毕业后结婚，到黎巴嫩定居北部特黎波里已达15年。经敏敏丈夫家族在此有近千亩果园，种满橄榄树。夫妇二人参与经营，生活稳定。罗宝珍原籍台湾，与黎巴嫩籍丈夫Fouad于1984年由台湾到黎巴嫩定居。他们开设一间大型超级市场，楼高四层，一至三层是售货区，鲜肉蔬果、家用电器、珠宝首饰应有尽有。地下室设洗衣工场，顶楼是办公室。当地华人不多，但罗宝珍特地在超级市场另辟一角专卖中国食品。王相如原籍台湾，与丈夫PIERRE定居在富裕地区东贝鲁特。他们夫妇经营的业务主要是航运速递，全球有34个分公司。其他业务包括建筑、保险、贸易等等。除了拥有两幢房子外，王相如在黎巴嫩还有五块土地，在台湾和美国也有物业。1999年他们在中国山东投资建了一座女子学校，帮助偏远地区失学的儿童。陈霜莹原籍香港，丈夫是黎巴嫩人Issa，他们在香港开设一家贸易公司，但定居在黎巴嫩。他们还在当地开设一家迪斯科娱乐厅以满足当地人消费，盈利颇丰。当地工薪阶层每月一般有4800元港币左右，但消费水平高，一杯普通饮料连税要接近100元港币。

其他如刘燕与黎巴嫩丈夫RICHARD，在黎开设一家影音器材商店。上海籍的罗炜与黎巴嫩丈夫ANTOIRE在黎开设一家诊所。罗炜丈夫是做整容手术的，而罗炜则成为第一个在黎巴嫩的华人针灸医生。

黎巴嫩妇女结婚后都不工作，但上述来自中国的妇女，已经融入当地社会，却仍能施展各自的才华。

黎国华侨华人所从事的行业，仍以经营餐厅为主。

阿　曼（Oman）

国名　阿曼苏丹国（The Sultanate of Oman）

面积　30.95 万平方公里

人口　246 万人（1999 年），绝大多数是阿拉伯人

首都　马斯喀特（Mascat）。

国内生产总值（1999 年）：约 140 亿美元

人均国内生产总值（1999 年）：约 4900 美元

货币名称：阿曼里亚尔

汇率（1999/12/31）：1 美元 = 0.3845 里亚尔

简　况

位于阿拉伯半岛东南部，与阿联酋、沙特、也门等国接壤，濒临阿曼湾和阿拉伯湾。海域线长 1700 公里。除东北部山地外，均属热带沙漠气候。全年分两季，5～10 月为热季，气温高达 40℃以上；11 月至翌年 4 月为凉季，平均温度约为 24℃。

阿曼是阿拉伯半岛最古老国家之一。公元前 2000 年已广泛进行海上和陆路贸易活动，并成为阿拉伯半岛的造船中心。公元 7 世纪成为阿拉伯帝国的一部分。1624 年，建立亚里巴王朝，其势力曾扩张到东非部分海岸和桑给巴尔岛。18 世纪中叶，建立赛义德王朝，定国名为马斯喀特苏丹国。1507 年起，先后遭葡萄牙、波斯和英国的入侵与占领。1920 年，阿曼被分为马斯喀特苏丹国和阿曼伊斯兰教长国。1967 年统一为马斯喀特和阿曼苏丹国。1970 年 8 月 9 日，卡布斯发动宫廷政变，宣布改国名为阿曼苏丹国并沿用至今。1973 英国军队撤出阿曼。全国划分为 3 个省：马斯喀特省、佐法尔省、穆桑达姆省；还有五个地区，共包括 59 个州。

经　济

阿曼的经济政策是依赖市场需求公平竞争的自由市场经济。阿曼自 1967 年开始出产石油并外销，提供了经济发展计划的强力后盾。1976 年始进行 5 年一期的经济建设发展计划，该计划主要目的在于发展非石油工业，以减轻阿曼对石油作为该国主要财政收入来源的依赖。

资源　现已探明石油储量近 54 亿桶，天然气储量 28.5 万亿立方米，煤储量约 3600 万吨，金矿储量约 1182 万吨，铜储量约 2000 万吨，铬 100 万吨，还有银及优质石灰石等。水产资源丰富。

工业　目前仍以石油开采为主，同时积极支持和鼓励兴建中小型工业以安置本国劳动力。通过与外资合作发展加工业，建立依靠本国资源的外向型工业，主要为石油化工、炼铁、化肥等工业。现正筹建的炼铝厂预计每年可生产 48 万吨铝锭，将来可与巴林、阿联酋并列海湾三大产铝国。

农业　约 40% 以上人口从事农、牧、渔业。农地面积仅占全国总面积的 0.3%。可耕地 101350 公顷，主要种植水果、烟叶和蔬菜。粮食作物以小麦、大麦、高粱为主，不能自给。渔业是阿曼传统产业，是阿

曼非石油产品出口收入的主要来源之一，自给有余，年产鱼类产品480万吨。阿曼是阿拉伯半岛牲畜主要出产国之一，牧地面积占全国总面积47.1%，主要禽畜饲养以鸡、山羊最多，绵羊、肉牛、乳牛次之。畜产品仅供该国国内消费，骆驼与驴为山区主要交通工具。

交通运输 无铁路，运输主要依靠公路，全境皆以柏油高级路面衔接，以首都为中心兴建公路网，总里程54公里。

水运方面，海港主要有卡布斯港、赖苏特港和法赫尔石油运输专用港。

空运方面，阿曼航空公司系公私合营企业，有8架飞机，主要担负国内客货运输。

同我国的关系 1978年5月25日同我国建交。

华人经济

1999年阿曼华侨华人约100人，多来自东南亚国家，主要经营的行业有香港华商从事的贸易业1家，资本约20万美元，经营范围包括陶瓷、地毯、家具及手工艺品等，占同业3%～4%；中医诊所1家，资本约5万美元；船务代理商3家，每家资本额约20万美元；另1家是华商与阿曼国家渔业公司合作的远洋渔业公司，营业颇佳。

沙特阿拉伯（Saudi Arabia）

国名 沙特阿拉伯王国（Kingdom of Saudi Arabia）

面积 224万平方公里

人口 绝大部分为阿拉伯人，2089.9万（1999年）

首都 利亚得（Riyadh）

国内生产总值（1999年）：约1300亿美元

人均国民收入（1999年）：约8000美元

货币名称：沙特里亚尔

汇率（1999/12/31）：1美元=3.7503里亚尔

简 况

位于阿拉伯半岛。东濒波斯湾，西临红海，同约旦、伊拉克、科威特、阿联酋、阿曼、也门等国接壤。海岸线长2437公里。地势西高东低，西部高原属地中海式气候，其他地区属亚热带沙漠气候。夏季沿海地区气温38℃～39℃，内地有时高达54℃；冬季气候温和。年平均降雨不超过200毫米。

公元7世纪，伊斯兰教的创始人穆罕默德的一些继承者建立阿拉伯帝国，8世纪为鼎盛时期，版图横跨欧、亚、非三洲。11世纪开始衰落，16世纪为奥斯曼帝国所统治。19世纪英国侵入，当时分汉志和内志两部分。1924年内志酋长阿卜杜勒—阿齐兹·沙特兼并汉志，次年自称为王。经过30年征战，他终于统一了阿拉伯半岛，于1932年9月23日宣告建立阿拉伯王国，定这一天为沙特国庆。全国划分为6个省、12个小省。6个省是：东部、利雅得、麦加、麦地那、哈伊勒、北部边疆。

经 济

沙特实行自由经济政策。石油工业是该国经济的主要支柱，在国民经济中起主导作用，以石油收入为主要经济来源。1993年起开始实行几项重要经贸措施，包括：（1）1993年时申请加入WTO，朝向经济自由化目标；（2）鼓励私人企业雇用沙特本地人，以求企业人力本土化；（3）致力经济多元化，减少对石油的依赖；（4）平衡政府收支，至2000年达收支平衡目标。

资源 以“石油王国”著称，石油储藏量居世界之首。已探明的石油储量为2612亿桶，占世界总储量的26%。天然气储量为6.12万亿立方米，占世界总储量的3.9%，居世界第五位。此外还有金、铜、铁、锡、铝、锌等矿藏。水力资源以地下水为主，地下水总储量为36万亿立方米，按目前用水量计算，地表以下20米深的水源可使用320年左右。目前该国共有25个海水淡化厂，日产7亿加仑水，是世界上最大的淡化海水生产国，淡化水占全国饮用水的46%。蓄水池共有184个，拥有6.4亿立方米蓄水能力。

工业 石油和石化工业为经济命脉，年产原油4亿～5亿吨，保持每日产油800余万桶。石油收入约400亿～500亿美元。政府充分利用本国丰富的石油、天然气资源，大力引进国外的先进技术设备，建立先进的外向型企业，逐步改变依赖石油出口的单一经济结构。沙国外汇储备雄厚，参与各国投资计划，特别是炼油工业，以确保其原油海外市场，并进一步获取海外加工利益。

农业 沙特特别重视农业。全国有可耕地3200万公顷，耕种面积360万公顷。农业收入占国民生产总值的13%。政府鼓励农民扩大种植面积，推广农产品多样化，增加水果蔬菜生产，力求农产品自给自足。农产品出口额占非石油出口总额的25%。目前沙国已在小麦、椰枣、鸡蛋方面实现自给，粮食自给率为98%，蔬菜为85%，水果为70%，鱼为52%，肉类为46%。特产品椰枣为外销产品。

交通运输业 沙国对外货运以东西两岸的达曼与吉达港为主，客运由以上两地与首都利亚德国际机场承担。而运载原油外销为沙国的最大交通事业，经营中的油轮达数十艘，为全球最大石油运输业。公路总长19万公里，其中高速公路4400公里。

同我国的关系 1990年7月21日，中沙建立大使级外交关系。

华人经济

1999年在沙国的华侨华人（包括华裔在内）约17万人，其中主要为新疆籍，其次为甘肃，宁夏、青海等省籍，台湾籍的约180人。另西藏籍华侨约400余人，多从事小商业及劳务工作。

沙国对外来移民限制较多，如成立公司或商号均须沙国籍人士做担保，因此华侨华人在沙国投资者为数不多。

华侨华人经济概况如下：

现华侨经营杂货业有3家，资本约30万美元，销售成衣及杂货等。维吾尔族籍华商（拥有沙国籍）经营的杂货零售业则多达1000余家。占当地1%。餐馆业30余家，其中在沙国西部者12家，中部与东部有20家，加拿大籍华人谭德明在吉达及扬波市各经营餐厅一家；华侨马仁援在塔伊夫经营中国餐厅一家；新加坡籍华人石贤龙经营中型中国餐厅一家；台湾新移民林昭铭在沙国首都利亚得经营来来餐厅，资本共约800万美元，采取中国宫殿式装潢，菜式适合沙国人士口味，有多家连锁店，并兼营中式外卖快餐，生意兴隆。另有维吾尔籍华商，一般多经营烤肉及抓饭卖店。华商经营贸易业5家，资本共约200万美元，均属小本经营，台湾籍华商吴克勤在沙国东部达曼经营东方食品贸易公司，进口中式食品及餐具，供应沙国地区的中餐厅和泰国餐厅等。还有运输业2家，资本约50万美元，也属小本经营。建筑业5家，资本共约5000万美元。华商丁海瀛在沙国西区经营建筑工程业15年，累积资本约500万美元，承揽各项工程；华商凌崇迈在首都利亚得承揽小型道路、桥梁工程。此外，台湾籍华侨徐鸿则与沙国商人合资500万美元，经营旅行箱制造厂，自创ASALL品牌，占沙国市场1/4，营业颇佳。另，曾任沙国御医的华人张聪敏，在沙首都开设耳鼻喉科诊所近30年，医术高明，求诊者众多，常有专程从四五百公里远处来的患者求诊。

沙国华侨第二代子女多获沙国籍，有公民权，求学就业均便利。在沙国受高等教育或专业训练后，可在沙国政府任公务员，或任教授、教员、记者、医师、工程师和医护人员等。

土耳其（Turkey）

国名 土耳其共和国（The Republic of Turkey）

面积 77.945万平方公里

人口 6559万（1999年）

首都 安卡拉（Ankara）

国民生产总值（1999年）：约2100亿美元

人均国民收入（1999年）：约3300美元

货币名称：土耳其里拉

汇率（1999/12/31）：1美元＝543.204里拉

简 况

地跨亚、欧两洲，大部位于小亚细亚半岛。邻格鲁吉亚、亚美尼亚、阿塞拜疆、伊朗、伊拉克、叙利亚、希腊和保加利亚，濒地中海和黑海。海岸线长3518公里。沿海地区属亚热带地中海式气候，内陆为大陆型气候，年均气温分别为14℃～20℃和4℃～18℃。

土耳其人史称突厥，是历史悠久的古国，8世纪由阿尔泰山一带迁入小亚细亚区，13世纪末建立奥斯曼帝国，16世纪为鼎盛期，20世纪初沦为英、法、德等国的半殖民地。1923年10月29日成立土耳其共和国。全国行政区划等级为省、县、乡、村，共分81个省。

经 济

1980年以来，土耳其开放自由贸易，20年来每年经济平均都增长5%。1998年由于俄罗斯金融危机等原因，土经济及外贸出口受到一定影响。1999年经济增长率约3%。

资源 矿产资源丰富，主要有硼、铬、铜、铁、铝矾土及煤等。三氧化二硼和铬矿储量分别约7000万和1亿吨，均居世界前列。煤炭储量约65亿吨，多为褐煤。森林面积2000万公顷。但石油、天然气紧缺，需大量进口。

工业 有一定规模，其中纺织、食品加工、能源、化工、钢铁、水泥、汽车、纸张工业发展较快，因低廉劳工成本及就近取得的羊毛、毛皮、棉花等成衣原料的优势条件，已成为欧盟的第三大纺织服饰供应地。

农业 具有一定水平，现有耕地2850万公顷，占全国陆地总面积35.8%。近年来，机耕面积扩大，农业人口占就业总人口的46%，主要农产品为小麦类，其次是根茎类的作物，其中榛果为全球70%的供应国，粮食和水果等自给自足，并均有出口。农业产值占国内生产总值的21%。

旅游业 目前旅游业是土国仅次于纺织业的第二大产业。

交通运输 以陆路为主，公路运输发达。铁路总长8607公里，其中电气化铁路939公里。全国国家级和省级公路网长度达60848公里。空运方面，近年来航空业发展较快，计有民航飞机66架，国际航线51条，国内航线14条。机场主要设在伊斯坦布尔、安卡拉等地。

同我国的关系 1971年8月4日同我国建交。

华人经济

1999年土耳其的华侨华人（包括华裔）共约8万人，其中早期来自新疆并已加入土耳其籍的（约5万人）占多数，其余是近年由中国大陆和台湾移居土国的。

华商在土耳其主要从事的行业为餐馆业、文具、皮件等服务业及贸易业。

泰国华商大企业卜蜂集团在土耳其投资设立饲料厂，投资总额超过2500万美元，并经营养鸡场和食品加工业等。贸易业有4家，资本额50万美元，分别从事电脑零配件、医疗器材及纺织原料进出口。新疆籍华商及台湾新移民多经营小型皮衣加工厂。礼品文具业约10家，资本约20万美元。

华商餐馆业有8家，资本共约100万美元，营业情况颇佳。早年移居土国的华侨获土国政府拨给农用地垦殖，多从事耕作，稍有积蓄他们便逐渐转业销售成衣及日用品杂货等，分散于土国各大城市，如伊斯坦布尔、安卡拉、阿达纳等地。

阿拉伯联合酋长国
(United Arab Emirates)

国名 阿拉伯联合酋长国(The United Arab Emirates)

面积 83600平方公里

人口 280万(1997年)

首都 阿布扎比(Abu Dhabi)

国内生产总值(1998年):463亿美元

人均国民收入(1998年):15747美元

货币名称: 迪尔汗,1迪尔汗=100菲尔斯

汇率(1999/12/31):1美元=3.6729迪尔汗。

简 况

阿联酋位于阿拉伯半岛东部,北濒波斯湾,海岸线长734公里。西北与卡塔尔为邻,西和南与沙特阿拉伯交界,东和东北与阿曼毗连。属热带沙漠气候。全年分热季(5~10月)和凉季(11~翌年4月),热季气温高达40~50℃;凉季一般为7~20℃。偶有沙暴。年平均降水量约100毫米,多集中于1~2月间。

公元7世纪隶属阿拉伯帝国。自16世纪开始,葡萄牙、荷兰、法国等殖民主义者相继侵入。1820年英国入侵波斯湾地区后,强迫当地七个酋长国与其签订《永久休战条约》,此后逐步沦为英国的保护国。1971年3月1日,英国宣布同波斯湾各酋长国签订的条约于年底终止。同年12月2日,阿拉伯联合酋长国宣告成立,由阿布扎比、迪拜、沙迦、哈伊马角、富查伊拉、乌姆盖万和阿治曼七个酋长国组成联邦国家。行政区划由以上七个酋长国组成。

经 济

以石油生产和石油化工工业为主,同时注重发展经济多样化。政府把发展多样化经济,扩大贸易,增加非石油收入在国内生产总值中的比例当作首要任务;同时,经贸政策以自由化为原则,商业活动发达,已吸引海外诸多厂商前来投资。杜拜Jebel Ali自由区已有千余家厂商进驻,另沙咖国际机场自由贸易区也有200多家厂商前往设厂。该自由区外人可拥有100%股权,利润可100%汇出,且公司税有15年的豁免权。

资源 石油和天然气资源非常丰富。已探明的石油储量为978亿桶,占世界石油总储量的9.4%,居世界第三位。天然气储量为5.8万亿立方米,居世界第五位。

工业 以石油工业为主,制造业方面还有天然气液化、炼铝、塑料制品、建筑材料、服装和食品加工、肥料业、电缆业等工业。阿联酋为中东主要水泥产地,半数生产系供外销。

农牧渔业 农业不发达。农地面积占全国总面积0.88%,农业以蔬菜与水果为主,已有水果外销欧洲及邻近国家。该国所属经济海域内盛产鱼类及珍珠。渔业产品可满足国内需求的50%。珍珠则多外销。畜牧业规模很小,主要肉类依赖进口。

交通运输 境内无铁路，各酋长国之间由现代化交通公路相连，公路总长约3171公里。水运有15个港口，308个码头（总长45公里）。港口年吞吐量为3700万吨，迪拜拉希德港是中东第二大深水港。空运有6个国际机场、10个直升机机场。阿已同包括中国在内的35个国家签订了双边航空协定，世界各国的60个航空公司有定期航班飞往阿国各机场。

同我国的关系 1984年11月1日两国建交。

华人经济

1999年阿拉伯联合酋长国的华侨华人约200人，其中台湾籍约占一半。

阿国华商经营贸易业11家，营业规模不大，进出口杂货、文具、珠宝、工艺品、食品、汽车零件、成衣、废铁、海产品和手表等，其中中国大陆移民经营的贸易业规模较大。其次为餐馆业4家，有在阿布扎比的陶德本经营的柔柔餐厅、在迪拜的韩学斌经营的中华餐厅，既具历史又具规模，将中餐速食化，颇受当地居民喜爱。另拥有两家餐厅，一家兼营西点面包，资本额约40万美元。由于中式餐厅数目不断增加，竞争日趋剧烈。第三为运输代理业3家，他们是中华航空公司、长荣航空公司及立荣海运公司的代理商。第四为制造业，有宏碁电脑公司在迪拜设立的装配厂及发货中心。此外，华商郭文焜及黄茂森合资在加巴阿里自由区设置的小型彩色笔制造厂，雇用员工五六十人。

阿塞拜疆（Azerbaijan）

国名 阿塞拜疆共和国（The Republic of Azerbaijan）

面积 8.66万平方公里

人口 728.4万（1999年2月）

国内生产总值(1998年)：15.93万亿马纳特

人均国民生产总值(1998年)：207.9万马纳特

货币名称：马纳特（1997年8月15日发行）

汇率（1998年)：1美元=3868.42马纳特

简　况

阿塞拜疆共和国位于外高加索东南部，面积8.66万平方公里（包括面积为4400平方公里的纳戈尔诺-卡拉巴赫地区）。东濒里海，南邻伊朗和土耳其，北靠俄罗斯联邦，西接格鲁吉亚和亚美尼亚。共和国58%左右的领土为山区，盆地面积大约为40%，平原相对稀少，是由河流冲击而成，仅为领土的10%。独立初期，阿塞拜疆共和国划为一个自治共和国（纳希切万），1个自治州（纳戈尔诺-卡拉巴赫，目前处于分立状态），65个区，69个城市，130个镇和1123个村。由于与亚美尼亚的战争，部分领土和市镇被占领和破坏。首都巴库是外高加索最大的城市。

经　济

资源 阿塞拜疆共和国的矿产资源十分丰富。其中最重要的是石油、天然气、铁矿、多金属矿和明矾石。阿塞拜疆很早就开始开采石油和天然气，本世纪初首都巴库便享有“石油城”的美誉。20年代，阿塞拜疆的石油产量占前苏联的95%，占世界石油产量的50%。该共和国石油储量十分丰富，油质非常优良，主要产油区为阿普舍隆半岛、库拉-阿拉克辛低地、里海上的采油场—石油礁。近年来，里海近海石油的探明储量逐年增加，已成为阿塞拜疆最主要的石油产区。阿塞拜疆的经济发展目前主要依靠开采石油资源。石油现有储量大约为13～15亿吨，95%以上在里海海底。阿塞拜疆国家石油公司从事所有阿境内油田的开采，并同国外公司进行合作。铁矿的主要产区集中在小高加索的沙姆霍尔地区。多金属矿包括铬、钛、锰、钴、镉、铜等。此外，该共和国还出产砷化物、重晶石、黄铁矿、溴、岩盐、碘、石膏、沥青等。阿塞拜疆的森林覆盖率较低，仅占全境面积的12%左右，林区主要集中在小高加索山脉与库拉河谷地带。阿塞拜疆的水力资源也比较丰富，在库拉河上建起的明盖恰乌尔等大型水库和水力发电站，是该国电力的主要来源之一。

该共和国现有居民728.4万人（1999年2月），其中城市人口为397.4万人，农村人口为360.1万人。人口密度为每平方公里87.5人。居民中男性占49%，女性占51%。适龄劳动人口占人口总数的54%，16岁以下的人口占35%。阿塞拜疆人口属年轻型、增长型。90年代初自然增长率为1.6%左右，由于战乱人口的增长速度减缓，1992～1996年平均年自然增长率为0.82%。共和国的劳动力资源为406万人，其中在官方劳动部门登记的失业人员有3.2万人（1996年）。在工业中就业的人口为50万人，在农、林、渔业中就业人口为84.7万人。1995年在国有企业、国家机关和组织中就业的人数占就业人口总数的59.6%（1991年为67.5%），在私人经济中就业的占39.3%（1991年为29.2%），在合资和合作企业中就业人数占0.6%（1991年为0.1%）。

经济政策 1991年独立以后，阿塞拜疆的经济状况一度急剧恶化，国内生产总值比苏联解体前下降了40%，连续几年居高不下的通货膨胀率使居民的生活水平大幅度下降，国家的外汇储备几乎等于零。其主要原因是：同亚美尼亚的战争；与前苏联各共和国之间的经济联系中断；价格的上涨导致贸易状况的明显恶化。1994年纳卡地区停火以后，1995年初共和国政府开始把注意力转移到实施全面稳定经济计划。这项计划得到了国际货币基金会的支持。1996年阿塞拜疆的经济形势有所好转，国内生产总值较之1995年增长了1.3%，这是阿独立后第一次出现生产回升。

农业 几十年来，阿塞拜疆农业的集约化和专门化有了一定的发展。该共和国是前苏联棉花、优质烟草的主要产地之一，还是种植早熟蔬菜和葡萄的基地。该国的葡萄和葡萄酒的产量均列在前苏联各共和国的首位。柑橘、油橄榄等水果的产量也相当可观。植棉业是阿塞拜疆农业的主要部门之一，此外还大量种植优质烟草。谷物、茶叶、葡萄和水果的种植也占有重要地位。种植业在农业总产值中约占65%。桑蚕业在阿塞拜疆有悠久的历史，每年可生产5000吨左右的蚕茧。阿塞拜疆还生产茶叶，粮食作物以小麦、水稻为主。该国的畜牧业以养羊业为主，饲养美利奴羊、巴尔巴斯肥尾羊等粗毛羊，以肉毛两用和肉奶两用为主。阿塞拜疆地处亚热带，日照充足，气候温暖，境内分布着30多种土壤，拥有发展多种作物种植业和畜牧业的良好条件。

工业 阿塞拜疆有发达的石油加工工业、石油化学工业、机器制造业、有色冶金工业、轻工业和食品工业。阿塞拜疆的经济支柱是与石油有关的能源生产。石油开采在前苏联时期仅次于俄罗斯居第二位，独立后仍是工业的基础，约占工业总产值的2/3左右。阿塞拜疆还出口棉花等原料。长期以来，阿塞拜疆过分偏重发展重工业，形成了很不合理的经济结构。在前苏联实行的生产专业化分工中，阿塞拜疆的专业化部门是石油、天然气工业及与之相联系的化学工业和机械制造业。石油工业是该国经济的支柱。石油化学工业发达，主要生产合成橡胶、矿肥、硫酸等；机械制造业的主要产品是石油设备、电机产品、各种仪器、机床、发动机等。此外，还有金属、管道、船舶等产品。由于充足的燃料，该国建起了阿利拜腊姆等大型火力发电站，并在此基础上，依靠能源的富足，发展起100多个工业部门。但轻工业除棉纺、丝织、地毯业比较发达以外，其他部门基本上处于较低水平。该共和国的食品工业以葡萄酒酿造业、罐头和鱼品工业最为驰名。

阿塞拜疆的石油天然气加工业、机器制造业、金属加工业都集中在巴库及其周围。黑色冶金业的主要企业是苏姆盖特轧管厂和达什克桑采矿选矿联合工厂，其他工业企业多分布在城市内或城郊。位于阿普歇伦半岛上的巴库油气田，从19世纪70年代开始进行工业开采。机器制造业主要生产油气开采设备。石油化工生产化肥和合成橡胶。轻工业主要是净棉、纺织和制毯业。食品工业主要是酿酒、罐头、鱼制品、制茶和烟草业。里海产的鲟鱼子酱远近驰名。

交通运输 运输主要靠铁路。铁路运输占年货运总量的60%，境内铁路运营线路总长度为2070公里，其中包括较长的电气化铁路。最主要的铁路干线是巴库—阿利亚特—阿克斯塔法，四通八达的铁路网还与北高加索、格鲁吉亚以及通往黑海港口的铁路相连。公路总长为2.59万公里，其中有2.44万公里为硬路面，主要用卡车运输。阿塞拜疆的内河运输和航空运输也较发达。内河航运线的总长度在500公里以上，开通了上希尔万、萨木尔阿普舍隆等人工运河。座落在里海之滨的巴库是大型港口，有开往所有里海沿岸港口和俄罗斯伏尔加河口岸的轮船。船运的发展，加强了阿塞拜疆与中亚和俄罗斯西伯利亚地区的联系，缩短了运输路程，每年可加大两倍的运输量，并可以省时5到6倍，还可以节省运费。阿塞拜疆国内有30多条航空路线，首都马库有飞往独联体国家62个城市的航班。目前阿塞拜疆已新开通了多条通往亚洲和欧洲的国际航线。共和国境内还有巴库—阿利拜腊姆累等输油管道和卡拉达格—苏姆盖特等天然气管道，直接通往格鲁吉亚、俄罗斯等邻近国家。

中国与阿塞拜疆的经贸关系 中国于1991年12月27日宣布承认阿塞拜疆共和国独立。随后不久，中国经贸代表团1992年1月12～14日访问阿塞拜疆。经过谈判，双方签署两国政府间贸易协定。1992年4月2日，中国和阿塞拜疆建立大使级外交关系。

华人经济

阿塞拜疆的华人数量很少，目前没有准确的数字统计。根据阿塞拜疆驻中国大使馆介绍，目前在阿塞拜疆首都巴库有一些华人从事商贸活动，但人数很少。这些人大都没有获得在阿塞拜疆长期居住的权利，流动性极强。他们只是作一些贸易，规模很小，对城市的经济生活没有产生影响。(孙壮志)

亚美尼亚（Armenia）

国名　亚美尼亚共和国（The Republic of Armenia）

面积　2.98万平方公里

人口　379.84万（1999年1月）

国内生产总值（1998年）：9519亿德拉姆

人均国民生产总值（1996年）：约174574.3德拉姆

货币名称：德拉姆

汇率（1998年12月）：1美元＝518.90德拉姆

简　况

亚美尼亚是位于外高加索南部的内陆国家，南接伊朗，西邻土耳其，北与格鲁吉亚、东南与阿塞拜疆的纳希切万自治共和国交界，面积2.98万平方公里。人口379.84万（1999年1月），主体民族为亚美尼亚族，占93.3%，首都埃里温。

经　济

自然资源　亚美尼亚的土壤和植被具有高山地带特征。土壤多为褐色土和山地黑钙土，境内散布有死火山、火山岩、火山土。生长蓦植物，东北部和东南部为阔叶林，森林覆盖率12%，境内有季利然自然保护区和霍斯罗夫斯克自然保护区。以火山、山地草原和山地草甸景观为主的特殊地貌，为亚美尼亚提供了丰富的霞石正长岩、大理石、彩色凝灰岩、玄武岩、浮石、花岗岩等矿藏。有色金属资源（铝、铅、锌、汞、金、银、铬、铜、铜钼）丰富，其中尤以铜著称，主要产地是卡贾兰和阿加腊克，综合性黄铁矿型铜矿还是钼的主要来源。此外亚美尼亚境内还有砂金和金的原生矿床，有少量铁矿，火山带还发现单独的银铁矿。水力资源丰富，是该国的主要能源。

经济形势　亚美尼亚独立后，经济上面临着巨大困难。1988年12月7日的地震受灾面积占全国领土的40%，包括21个城市和342个乡村，受灾人口上百万，工农综合体损失超过20亿卢布，国民经济损失达85亿卢布。紧接着爆发的亚美尼亚和阿塞拜疆之间的民族冲突，造成经由土耳其和阿塞拜疆的主要陆路运输多次受阻，不仅使得4.2万节车厢的200万吨各种农用物资没能运到亚美尼亚，更使得数十万人无家可归，亚经济蒙受了极大的损失。再加上由于苏联解体导致的各共和国间经济纽带的断裂和向市场经济转轨期间特有的复杂形势，使得亚美尼亚的经济形势十分严峻。

主要经济政策　亚美尼亚独立后，实行了向市场经济过渡的政策。但在整个1992和1993年，由于严重的能源和燃料危机，亚很难实行完整的经济改革政策。只是有一个根据在美国的亚美尼亚人的方案所作的初步设想，即按照亚洲四小龙的样板，发展耗费资源小的高技能密集型产业。

主要实行了以下政策：

一、加快私有化进程，建立新的市场结构。1991年2月22日，最高苏维埃通过了亚政府提议的私有化原则，该原则把物质生活和服务部门的国营企业、机关、住房以及生产和非生产用途的财产，都归于私有化的范围之内，大型国营企业的私有化则通过改组为股份公司的方法来实现。

1992年，亚议会集中讨论了国营企业私有化法案、保护外国投资法案、鼓励经营和银行活动法案等一系列有关法案，以及保护居民利益在向市场经济过渡中免受伤害的加强居民社会保护措施、保护消费者权益等法案，打算在半年内使服务、商业、建筑和加工工业领域全面实现私有化。1994年通过了国有企业私有化名单，决定劳动集体参加这些企业的管理工作并掌握20%的股份。

在私有化政策的推动下，亚美尼亚的私人经济成分比重不断上升，据亚政府估计，1990年私人经济成分在国民生产总值中占8%，1995年达到52%，1996年达到了75%，其中60%的商业和服务行业企业，50%的加工企业属私有财产。

二、压缩生产，与国际组织建立联系，以消除经济上对原苏联的过分依赖。为缓解能源危机，保证居民生活所需的能源，亚共和国国民经济活动委员会几次决定一些工业企业停产；该国已被接纳为国际货币基金组织的成员，并参加了由3个巴尔干国家和6个原苏联的加盟共和国组成的“黑海经济共同体”。

三、稳定消费市场，消除“影子经济”。目前，亚美尼亚的影子经济猖獗。据亚统计局的资料，仅1995年一年就约有4亿美元的收入没有纳税，小买卖不纳税的数额高达全部交易额的50%，从事建材、日用品、面包和面包制品生产的人经常逃税，许多个体户的经营活动根本不登记。仅埃里温一地从事个体劳动的人就多达7~8万，但登记注册的只有1/10，而大型生产单位又不实报其经营规模。

四、精简经济管理机关。为改变经济管理混乱不堪的局面，亚总理几次在报告中提到精简管理机关，要求对政府现设的22个部，8个国家管理局，1个检查局以及26个直属政府机关尽快进行合并裁减。

五、制定财政、海关政策，稳定发展，逐步提高人民生活水平。为摆脱财政上入不敷出的窘况，稳定不断下跌的本国货币，推行强硬的利率政策，严格控制财政支出，用行政手段使通货膨胀率下降；贯彻总统关于税率额度和缴纳费用限额的命令，以对农业经济及不具有法人地位的企业所有者提供国家保护；制定海关政策，对80%~90%的进出口商品种类实行免税。但居民生活并未改善，反而因为冻结工资、拖延发放补助金、减少供电和供水而有所恶化。

工矿业 工矿业在国民经济中占主导地位，重化工业部门主要有：从事铜、铝等矿产开采和冶炼的有色金属工业，制造仪表、电机、机床等产品的机械制造业，生产塑料、合成橡胶、玻璃纤维等的化学工业，以及石油工业和建筑材料工业等。电力工业也较发达，水电和核电在前苏联均名列前茅。轻工业部门主要有：针织业、制鞋业，以及以生产葡萄、白兰地酒和蔬菜、水果罐头为主的食品工业。轻工业和食品工业约占工业总产值的2/5。

农牧业 农牧业因自然环境限制，相对较落后。全国耕地面积300万公顷，其中农作物播种面积40万公顷，种植业依靠人工灌溉，以栽培葡萄、果树和蔬菜为主，主要粮食作物是小麦、大麦和玉米，经济作物有甜菜、烟草和天竺葵，粮食不能自给。畜牧业饲养牛和羊，以奶、肉两用为主，养羊业最发达。土地虽然已经私有化，但这一进程没有与土地所有权的登记、农牧业服务和农工综合体的私有化，以及对农牧业部门必要的投资同步进行，提供给私人农场主购买生产资料、维修农牧业设备、修整灌溉渠的现金和贷款严重不足，对农牧业生产造成不利影响。许多土地几年没有施肥，也没有采取预防病虫害和防治杂草衍生的措施，因此农牧业产量不尽人意。

交通运输业 航空运输业发达，但主要方式是铁路和公路运输。天然气管道是从阿塞拜疆共和国和北高加索（经过第比利斯）铺设过来的。铁路总长840公里，公路总长7700公里，其中硬路面7400公里，空运建立了27条航线，年货运量2.04万吨，客运量96.67万人次，旅客周转量10.65亿人/公里。

旅游资源 亚美尼亚境内的主要风景名胜有：1. 塞凡湖。塞凡湖是亚美尼亚著名的旅游胜地，位于亚美尼亚东部的塞凡洼地上，坐落于群山之中，风景秀丽，是亚美尼亚境内最大的湖，也是世界著名的高山湖。湖面海拔1905米，面积1360平方公里，最深处83米。该湖接纳28条河流，湖水流入里海，湖域由大小塞凡湖两部分组成，盛产鱼类，尤以鳟鱼为多。2. 埃奇米阿津，亚美尼亚古都。位于埃里温以西，1945年前被称为瓦加尔沙特。公元前2世纪见于史籍，曾作为亚美尼亚首任大主教的驻节地。城中教堂建筑独具特色，有首任大主教恩利格坦纳建于303年的埃奇米阿津大教堂、建于618年的里普西梅教堂和建于630年的加扬尼教堂。其中里普西梅教堂中央建有小穹顶，是亚美尼亚早期建筑艺术的优秀代表。3. 加尔尼，古亚美尼亚城堡和居民点。位于埃里温以东27公里处，曾是铜石并用时代的居民点，城堡大约建于公元前2世纪。主要古迹有：公元1世纪时的希腊罗马爱奥尼亚柱式的多神教庙宇，防护墙废墟，建有大厅、住房和浴室的1~3世纪时的大庄园等。4. 兹瓦尔特诺茨教堂，又叫永久灵验教堂。位于埃奇米阿津附近，建于公元641~661年，是中世纪早期的古教堂。现仅存遗址，旁边的博物馆里陈列着发掘出的遗址残片。后人根据发掘出的底座、柱廊、柱头、地基和建筑残片，推断出该教堂是用彩色凝灰岩砌成，原为3层，外观为圆形圆顶，内部为四瓣形，带回廊，正面有假连拱、雕刻和浮雕，在拱门和大浮雕上雕有教堂建筑师和总建筑师的形象，其它各面装饰有镶嵌画和壁画，另外还有刻在一米长的石板上的日晷等。

旅游业和服务业 由于亚美尼亚经济不景气，近年以来旅游业和服务业出现萧条和萎缩状况。

华人经济

在亚美尼亚获得永久居住权的华人中，从事商业活动的人很少。另外，有一部分中国人在亚美尼亚进行商贸活动，这部分人流动性很强，没有永久居住权，主要是倒卖国内的廉价商品等。据亚美尼亚驻中国使馆提供的材料，目前，在首都埃里温有华人开办的中国餐馆。（孙壮志）

格鲁吉亚（Georgia）

国名 格鲁吉亚（Georgia）
面积 6.97万平方公里
人口 543.75万（1998年）
首都 第比利斯

国内生产总值（1998年）：68亿拉里
人均国内生产总值（1998年）：1250拉里
货币名称：拉里
汇率（1998年12月）：1美元＝1.8拉里

简 况

格鲁吉亚共和国位于南高加索中部和西部，西南与土耳其接壤，西面濒临黑海。该共和国是一个山国，它的领土面积的80%为山地和山麓地带，一半以上的领土面积处于海拔1000米以上。面积6.97万平方公里。人口543.75万人。主要民族是格鲁吉亚族，其他民族有奥塞梯、阿布哈兹、亚美尼亚、俄罗斯、阿塞拜疆、希腊、犹太、乌克兰等族。多数人信仰东正教，少数信奉基督教和伊斯兰教。首都是第比利斯。

经 济

格鲁吉亚独立以来的经济已滑至谷底，但尚未摆脱危机状态。格产业结构不合理，资金、能源和原材料短缺，其居民至今仍被限制用电和停止煤气供应。企业开工不足，基本的生活必需品仍无法自给。

工矿业 格鲁吉亚自然资源比较贫乏，主要矿产有锰矿石、煤、铜矿等。水力资源丰富，蕴藏量1550万千瓦。其他矿藏还有石油、漂白土、硅藻土、玛瑙、耐火材料、混凝土制作所用的粘土，以及铅、锌、贵重的建筑用石和建筑饰面用石等。前苏联时期，格鲁吉亚的重工业主要有采矿、冶金、钢铁、化学、机械制造、石油化工、电力、木材加工等工业部门。重工业产品有锰、煤、多种金属、生铁、合金钢、钢管、电力机车、金属切削机床、载重汽车、机床、小型飞机、电机、仪器仪表、化工设备、建材、农机、化肥、钢筋混凝土等。

格鲁吉亚的锰矿质地优良，品位较高，是该国的主要矿藏。恰图拉矿区锰矿石储量丰富，与乌克兰的尼科波尔是前苏联锰矿集中地区，使前苏联的锰矿石储量和产量均占世界第一位。

轻工业有造纸、毛纺、丝纺、棉纺、针织、服装和制鞋等部门。主要产品有纸张、针织内外衣、其他纺织品和鞋类。其中针织品和鞋类生产，在前苏联占有较重要地位。食品工业有罐头食品、酿酒、榨油、制糖和制茶等部门。格鲁吉亚食品工业中有三种产品产量在前苏联占领先地位，即葡萄酒、粗加工茶叶和罐头。

格鲁吉亚有东、西、中三大工业区。东部工业区以首都第比利斯为中心，这里的工业产值和工人人数均占全国的一半以上。中部是以库塔伊西为中心的另一工业区。西部是由沿海几个工业中心构成的第三个工业区。三个工业区沿铁路线自东向西逐渐展开，各种企业分布均匀。

农牧业 格鲁吉亚是传统的农业国，农业专业化水平较高，在原苏联时期是农业比较发达的地区。

独立以后的格鲁吉亚，在很长一段时间内处于政治动荡和经济危机之中，农业生产也受到极大的影响。

1995年格鲁吉亚经济状况有所好转，1996年农业产值为14.33亿拉里，占国民生产总值的33%，比上年增长5%（按可比价格）。据1996年的统计数字，格鲁吉亚可垦植土地460万公顷，农业用地300万公顷，其中耕地80万公顷，割草场10万公顷，牧场180万公顷。水果和浆果种植面积9.3万公顷，产量（除柑桔外）逐年下降，到1996年降至25万吨，是格鲁吉亚独立以来的最低点。葡萄园种植面积9万公顷，1996年产量35万吨，每公顷生产3640公斤，比1990年产量下降了将近一半。其他作物还有烟草和挥发油料作物等。

1996年谷物播种总面积是28.1万公顷，比1990年的谷物播种总面积增加了1.02万公顷，主要是玉米播种面积大大增加。1990年的玉米播种面积是10.7万公顷，到1996年增加到14.9万公顷，占全国各类作物播种面积的53%。1994年格鲁吉亚的谷物产量开始回升，到1996年达到65.2万吨，比上年增加了13.6万吨，平均每公顷产量达2290公斤，比上年增加了310公斤。

蔬菜种植面积在1996年是2.6万公顷，比1990年减少了9900公顷，该年产量达40.3万吨，是上年产量的97%。平均每公顷生产13600公斤。1996年马铃薯的播种面积是2.6万公顷，比上年增加2800公顷，产量28.6万吨，平均每公顷产12100公斤。

畜牧业占农业总产值的29%。1997年格鲁吉亚总计牲畜存栏数10万头，其中牛5万头，猪3万头，羊（包括山羊和绵羊）6万只。1996年产肉总量15万吨，奶53万吨，蛋3.5亿个，毛3000吨。

格鲁吉亚的南北山麓地带是水果、茶和其他经济作物的散布区和牧区，而中间的低地和平原则是葡萄、谷物和其他农作物主要种植区和肉、奶主要产区。

旅游与服务业　格鲁吉亚旅游资源丰富，该国风景优雅，气候温和，植物种群丰富，旅游疗养设施健全。有数以百计的旅馆和疗养院、80多条旅游路线，上千个旅游景点和较为便利的陆路、海路和空路运输条件，每年接纳游客和疗养者百万人次以上。博尔若米、加格拉、新阿方、皮聪达、苏呼米、茨哈尔图博等地是著名的矿泉疗养区和气候性疗养区。首都第比利斯也是主要的旅游城市。历代王宫贵族、前苏联和格鲁吉亚人民对这里的旅游疗养资源不断开发，加上民族迁徙带来的丰富历史文化积淀，使格鲁吉亚的旅游业冲破其国土面积小的局限，在前苏联时期成为著名的旅游胜地。独立后的格鲁吉亚政府继承了前政府高度重视旅游和疗养事业的政策，在同前苏联各共和国经济联系中断、国家传统外汇来源告罄的情况下，进一步把发展旅游业当作创收外汇的重要手段。每逢旅游旺季，政府总是调动各种力量，从交通、物资供应、食宿条件、出入境手续办理等方面，为旅游业提供保证与方便。政府还在经济形势恶化的大背景下，尽可能调集物资和人力，对原有的旅游和疗养设施进行维修和养护。由于格鲁吉亚逐步向市场经济过渡，一些合资和私人的旅游机构开始出现，并在旅游事业的发展中发挥一定的作用。目前，从前苏联各共和国前往格鲁吉亚十分方便，不必办理入境手续。若从独联体以外的国家去格鲁吉亚旅游，则需办理入境签证。尽管如此，旅游业仍受近年战乱的影响，其收入在国民经济中不占重要地位。

交通运输业　格鲁吉亚地势复杂，主要运输方式是铁路运输。其铁路干线在中央区域的平原和低地，由东向西沿伸。巴库至巴统的铁路干线贯穿全境，是南高加索最重要的交通枢纽。由于山地修筑铁路十分困难，公路运输在这些地方具有重要意义。公路总长2.16万公里，其中硬面公路总长为2.03万公里。在海运方面，格鲁吉亚黑海沿岸的波提和巴统是两个重要港口。每年经波提运出锰矿石，运进煤、铁矿石、化肥和粮食。经巴统运进运出的主要是石油和石油制品。两个港口都有通往全世界的航线。货运量74.819亿吨·公里。此外，还有巴库至巴统的石油管道，以及阿塞拜疆到北高加索的天然气管道。在空运方面，格鲁吉亚有飞机航线通往前苏联各大中心城市，也有支线把国内各区联系起来。

同我国的关系 中国于1991年12月27日宣布承认格鲁吉亚共和国独立。1992年6月9日，中格两政府代表在格首都第比利斯签署两国建交联合公报，建立大使级外交关系，设立大使馆。

华人经济

格鲁吉亚的华侨数量很少，大多是在19世纪40～60年代从中国西北部地区迁移过去的。他们与当地居民通婚，并受格鲁吉亚的文化教育和风俗熏陶，已逐渐融入格民族，成为格鲁吉亚人民的组成部分。由于格近年的战乱和经济危机，以及法制不健全，投资环境差等因素，目前格没有中国企业，基本上没有留学生。1995年9月，新疆一商贸公司在格首都第比利斯开办了一家中国餐馆，把中国的饮食文化带入了外高加索地区这个最美丽的城市。（苏畅）

哈萨克斯坦（kazakhstan）

国名 哈萨克斯坦共和国（The Republic of kazakhstan）

面积 271.73万平方公里（据1994年中国地图出版社出版《世界地图集》），为世界最大内陆国家

人口 1564万（1998年1月）

首都 阿斯塔纳（1998年6月10日迁入）

国内生产总值(1998年)：17477亿坚戈

货币名称：坚戈

汇率（1998年底）：1美元＝84.5坚戈

简　况

位于欧亚大陆结合部中亚地区的哈萨克斯坦，面积271.73万平方公里，1998年人口1564万人，城市人口约占55%，农村人口约占45%。哈萨克斯坦是由100多个民族组成的多民族国家，其中哈萨克人占51%，俄罗斯人占32%，其他民族占17%。哈萨克斯坦人口密度为每平方公里5.8人，是典型的地广人稀的国家。1995年哈政府公布的在哈华人约13万人，其中仅阿拉木图市就有8万人，最近两年，华人数量有所减少，据了解，目前在阿拉木图华人不超过3万人。

经　济

该国土地资源十分丰富。全国拥有农牧业用地达2.22亿公顷，其中农业用地达2564.4万公顷，其余为牧场、林场和其他用地。广袤的土地为发展农、牧、副业提供了良好的条件。

哈萨克斯坦也是矿产资源非常丰富的国家。那里的矿藏不仅种类多，品位高，而且蕴藏量大，易于开采。现已探明铁矿石储量达80亿吨，铬铁矿石储量2亿吨，铜矿石储量11亿吨，铅矿石储量1100万吨，锌矿石储量1400万吨。此外尚有铝矾土、锰、钨、钛、镉、钡、铌、金、铀、钽等有色金属、稀有金属和贵金属。

哈萨克斯坦能源资源也相当丰富。已探明煤的储量为1624亿吨，石油储量为20多亿吨，这还不包括近年来发现的里海油气储量。据哈报称，仅里海属于哈萨克斯坦的部分即蕴藏石油达120亿吨。

哈萨克斯坦还蕴藏有大量非金属矿，如钾盐、磷钙土、萤石、硫酸钡、食盐、石棉等。

对哈萨克斯坦而言，最具有经济价值的矿藏当属石油、有色金属、黑色金属、煤等。靠资源立国特别是靠石油立国，已成为该国发展经济战略的优先方面。

仍在改革中的经济体制 独立以来，该国对经济体制进行了重大改革，目前改革尚未完成，仍在进行之中。改革的目标是将过去长期推行的计划经济体制改为市场经济，由封闭型经济改为开放型经济，使本国经济尽快与世界经济一体化。独立6年多来，哈经济体制发生如下变化：1. 改革了计划体制，对绝大多数商品取消了指令性计划，改为市场调节；2. 改革了价格体制，从1992年起放开了绝大多数商品的价格，1995年起又放开了能源和粮食的价格；3. 建立了

一系列商品交易市场，为新型市场主体创造竞争环境，如仅食品交易市场即达42个，其他还有建筑材料市场、石油销售市场等；4．改革所有制关系。通过三个“私有化”纲要，该国已于1997年8月完成了“小私有化”。目前该国零售食品额83.3%由私人企业完成的，国营部分仅占2%。大中型企业也实现了股份化。另外，还有近50家大型工矿企业交给外国公司管理。如果说，1991年该国国有企业占90%以上，那么，到1997年私有制企业已占到80%。除工业、交通、邮电外，私有制企业在各部门中的影响已占绝对优势。50%的国内总产值是由私有制企业创造的；5．改革了财政金融体制，改变了过去由中央银行一统天下的局面，建立起各种所有制的商业银行，中央银行也开始独立经营；6．外贸体制也在发生变化，国家垄断外贸的格局已被打破，多种所有制成分参与外贸活动；7．农业体制也发生变化。90%以上农业企业通过建立小型家庭农场、合作联社、股份公司等多种形式已经实现了非国有化和私有化。目前土地能否自由买卖仍有争议，但已允许有条件出售。

以能源和冶金为支柱的工业 丰富的自然资源为哈萨克斯坦发展工业提供了有利的条件，而原苏联推行的“劳动分工”政策却使哈萨克斯坦工业发展出现畸形。原苏联将哈萨克斯坦作为工业原料和能源的供应基地，重点发展冶金、煤炭、石油开采等工业，使能源和冶金工业成为该国的支柱产业，其他工业尤其是轻工、机械和新兴工业产业落后。哈独立后，领导人认识到工业结构不合理，意欲改造，然而由于资金短缺，加上急需发展换汇产品，结果有限的投资仍继续投向原有支柱产业部门，使工业结构不合理的状况非但没有克服，反而加大。

1996年，哈萨克斯坦拥有独立核算的工业企业4211个，职工人数91.6万人。1997年，工业各部门产值占工业总产值的比重如下：电力工业占3.5%，能源工业占27.1%，黑色冶金占12%，有色冶金占13.7%，化工和石化工业占2.1%，机器制造和金属加工占5%，林业、木材加工和造纸占0.7%，建材工业占2.2%，轻工业占2.1%，食品工业占17.4%，粮食加工和饲料工业占2.2%。上述数字说明，能源和冶金工业在该国占举足轻重的地位。

能源工业以煤、石油和天然气为主。该国曾有1989年产煤1.38亿吨的历史，不过，1997年煤产量只有7258万吨。主要煤田有卡拉干达煤田、埃基巴斯图斯煤田、图尔盖煤田、迈库边煤田等。石油开采是该国仅有的几个达到解体前生产水平的部门之一，1997年原油产量达2577万吨，而1989年为2540万吨。该国主要油田分布在西部，有田吉兹油田、乌津油田等。天然气产量不算很大，但产量在逐渐增长，1997年达到81.1万立方米。目前尚不能满足本国需求，需从乌兹别克斯坦进口一部分。

冶金工业方面，黑色冶金和有色冶金两部分皆较发达，其中以有色冶金更为突出。1997年，该国产精铜砂31.6万吨，精铜30.26万吨，铝矾土109.42万吨，铅（以下皆为1996年产量）6.73万吨，锌17.1万吨，镍1.34万吨。此外，还有贵金属和稀有金属，即黄金10300公斤，银41.4吨，钛1.24万吨等。最著名的有色冶金企业有：乌斯季卡缅诺戈尔斯克铅锌联合企业、乌斯季卡缅诺戈尔斯克钛镁联合企业、额尔齐斯多金属联合企业、杰兹卡兹甘矿冶联合企业、巴尔喀什炼铜联合企业、奇姆肯特铅厂、巴甫洛达尔铝厂、塞米巴拉金斯克冶炼厂、捷克利铅锌联合企业等。黑色冶金工业也较发达，1997年产铁矿石1296万吨，钢388.9万吨，钢材303万吨，马口铁84.5万吨。著名钢铁企业有哈萨克斯坦钢铁厂、阿克纠宾斯克铁合金厂、卡拉干达钢铁厂、叶尔马克铁合金厂等。

其他重要工业产品还有：化肥15.1万吨（1997年产量，下同），电能519.84亿度，大型拖拉机2058台。轻工和纺织产品产量较少，且质量无法与进口商品竞争，是该国工业中最薄弱的环节。

步履维艰的农业 哈萨克斯坦是个农业大国，在苏联时期曾有“粮仓”之称。80年代全国人口1600万人，谷物年平均产量在2000万吨以上。独立后的1992年谷物产量达到2977万吨。此后产量大幅度下降。1996年为1124.2万吨，1997年为1130.9万吨，1998年为641.58万吨。其他农作物也是如此。

农业产值下降，与播种面积减少、农业投入不足、政策不利于农业和改革尚未发挥实效有关。1991年播种面积达到3518万公顷，1996年降至2564万公顷，1997年仅为2184万公顷，分别较1991年下降27%和38%。农业投入也严重不足。该国1990～1991年农业部门得到4.2万台拖拉机和2.5万台联合收割机，而1994年只得到78台拖拉机，联合收割机一台也没有增加。1991年该国施用化肥约120万吨，1994年仅为25万吨。1997年用于农业建设的投资仅占该国投资总额的0.9%。另外，农业职工收入仅相当于工业职工收入的30%。因此，人员流失严重。缺资金、缺人才，农业萎缩在所难免。该国政府已注意到农业问题的严重性，故在国家制订的1998～2000年的议事日程中，将“解决最尖锐的农村问题”列为优先考虑的方面，答应从政策、资金等方面给予支持。

以铁路和公路运输为主的交通运输业 哈萨克斯坦幅员辽阔，但缺少直接出海口。铁路、公路、航空和管道运输为主要运输手段，其中以铁路和公路运输为主。近年来，受经济危机影响，货运和客运量都呈现下降趋势。

1996年该国拥有铁路2.18万公里，硬质路面公路11.36万公里，运输管道0.79万公里。

华人经济

1995年哈官方公布的在哈华人约13万人，仅阿拉木图市就有8万人。近年来有所减少，但阿拉木图市的华人仍在1～3万人之间。哈华人多数是在苏联解体后进入该国的，居住年限超过10年的不多。另外，流动性大，故哈方难以作出准确的人数统计。华人多数以经商为主，规模一般不大，也有少数人从事餐饮业、加工业。阿拉木图郊区的巴拉霍卡大市场系哈甚至中亚国家日用品主要集散地，在此经营者多数为华人。这里经营的商品以中低档为主，可满足哈中低收入阶层的需要，颇受欢迎。近两年，华人经济开始向大型化和正规化方向发展。来自新疆维吾尔自治区的一位企业家，在阿拉木图独资修建了亚联商贸城，投资额达200万美元以上。来自马来西亚的一位华人，在阿拉木图收购了一座规模较大的家具制造厂和一家商业银行，目前是投资较大的华人项目。台资顶新集团也在该国从事方便面业务，其营业额也相当可观。不过，总的来说，哈萨克斯坦的华人经济远不能与东南亚国家相比，目前正在困难的条件下寻求发展。

（常庆）

吉尔吉斯斯坦（Kyrghyz）

国名 吉尔吉斯共和国（Kyrghyz Republic）

面积 19.85万平方公里

人口 473万（1999年1月）

国内生产总值（1998年）：338.9亿索姆

人均国民收入（1998年）：219.5索姆

货币名称：索姆

汇率（1998年12月）：1美元=29.23索姆

简 况

吉尔吉斯斯坦（全称吉尔吉斯共和国），位于中亚东北部，北邻哈萨克斯坦，西南邻塔吉克斯坦，西邻乌兹别克斯坦，东南和东面与我国接壤。该国边界线总长4500公里，东西长925公里，南北宽453.9公里。全国面积19.85万平方公里。人口473万（1999年1月）。其中主体民族吉尔吉斯人265.61万，占总人口的59.7%。在吉国境内有中国回族移民后裔——东干族4万人左右和长期定居的华侨300~400人。

经 济

吉尔吉斯斯坦既是个自然资源比较丰富的国家，也是个工农业并重的国家。

自然资源 **矿物资源** 吉尔吉斯斯坦矿产资源相当丰富。已探明的矿床、矿点有2000多处，主要矿产为有色金属和稀有金属，如黄金、汞、锑、铅、锌、锡、铜。其中锑的产量占世界第三位，汞的储量估计有2.5万吨，产量占独联体第二位。黑色金属有铁、锰，以及煤炭、石油和天然气等。

水力资源 吉尔吉斯斯坦拥有丰富的水力资源，在原苏联15个加盟共和国中位居第三。该国河流很多，其中最大最长的是纳伦河。它流经共和国境内535公里，除供灌溉外，河上修筑有多座大型梯级电站。吉境内有大小湖泊1923个，水面总面积6836平方公里，占国土面积的3.4%。除了这些天然湖泊外，还修筑了一些大型水库，其中托克托吉尔水库的面积为284平方公里，库容量在200亿立方米。

生物资源 吉境内有500多种脊椎动物，其中有鱼类49种，鸟类335种。有高等植物4000余种，云杉、柏、槭、白杨、柳、白桦等树木比较常见。吉尔吉斯斯坦还富有各种饲用植物、药用植物、挥发油料植物，以及含杀虫毒质、含橡胶和含生物碱的植物。

工 业 吉尔吉斯斯坦的工业主要是在前苏联30年代的工业化时期及其以后建立和发展起来的。卫国战争后的几十年中，吉尔吉斯斯坦的工业在全苏帮助下，通过利用本共和国的自然资源、劳动力和科技潜力，发展速度进一步加快，到1979年，工业产值已占社会总产值的57.5%。但自80年代以来，尤其自苏联解体以来，吉国工业生产由发展速度减慢，停滞不前，到陷入危机状态。1996年工业形势虽有好转，但仍未摆脱危机。

吉尔吉斯斯坦的工业主要包括机器制造和金属加工业、建材工业、有色冶金业、燃料工业、电力工业、轻工业和食品工业。

机器制造和金属加工业 吉尔吉斯斯坦

的机器制造和金属加工业主要集中在首都所在地楚河盆地。这里交通便利，大多数科研单位和高等院校都在这里，为机器制造和金属加工业的发展提供了有利条件。这个工业部门的一些产品曾远销英、德、法等发达国家。但近年来生产能力大幅下降，如1995年生产汽车8辆（1990年生产2.51万辆）、检拾压捆机200台（1990年23400台）、金属切削机床30台（1990年1300台）。据报道，目前，吉正与俄罗斯联合生产飞机，1998年在比什凯克首次组装10架图-154型飞机，计划从2000年起，每年生产140架飞机。

建材工业　吉尔吉斯斯坦建材资源丰富，如石灰石、石膏、正长岩、大理石、石英砂等，分布都很广泛，这无疑有助于建材工业的发展。近年来，一些产品产量明显下降。例如水泥产量1990年138.73万吨，1995年30.95万吨；装配式钢筋混凝土构件和配件1990年125.17万立方米，1995年7.52万立方米；标准砖1990年8.19亿块，1995年8000万块。

有色冶金工业　有色冶金是吉尔吉斯斯坦重点发展的工业部门之一。它是在共和国具有丰富锑、汞等矿藏的基础上建立和发展起来的。据报道，吉尔吉斯斯坦汞、锑的年生产能力分别为650吨和2万吨。近年来，加拿大和吉尔吉斯斯坦合作开发、冶炼吉国的库姆托尔金矿，富有成效，至1997年已生产黄金17吨。

燃料工业　燃料工业是吉尔吉斯斯坦最早建立的工业部门之一。1913年，有27个煤矿，800多工人；有两个石油开采点，50多名工人，年产原油3000吨。苏联时期，吉尔吉斯斯坦煤炭、石油工业发展很快。60年代，吉尔吉斯斯坦被称为中亚四国的“煤仓”，原煤产量每年达450多万吨。近几年燃料工业产品产量不断下降。1995年，煤炭产量为47.4万吨，1996年为43.2万吨；石油产量1995年为8.85万吨，1996年8.4万吨；天然气1995年3570万立方米，1996年2560万立方米。

电力工业　吉尔吉斯斯坦水力资源丰富，这为它电力事业的发展提供了得天独厚的优越条件。1990年发电量曾达到140亿千瓦时。1995年发电量为122.83亿千瓦时，1996年为136.78亿千瓦时。

轻工业　轻工业在吉尔吉斯斯坦经济中一直占据重要地位。1994年以前，其产值在各工业部门中首屈一指。1994年轻工业产值占工业总产值的1/5以上。近年来，轻工业生产大滑坡。1995年，生产长短袜880万双（1990年曾达3370万双）、针织品150万件（1990年曾达2030万件）、靴鞋70万双（1990年曾达1160万双）、各类布匹2320万平方米（1990年为1.343亿平方米）、地毯和地毯制品98万平方米（1990年为200.4万平方米）。

食品工业　苏联时期，食品工业是吉尔吉斯斯坦发展迅速的工业部门之一。早在30年代就建成了诸如肉联厂、烟草厂、面包制品厂等一大批企业。苏联解体后，吉国的食品工业生产也连年滑坡。1995年肉制品产量9200吨（1990年11.4万吨）、奶制品1.46万吨（1990年25.8万吨）、动物油2000吨（1990年1.25万吨）、植物油2600吨（1990年1.40万吨）、砂糖6.97万吨（1990年38万吨）。1998年工业总产值为210.5亿索姆，比1997年增长4.6%。255种主要工业产品中有97种增产，107种减产，51种停产。

农牧业　吉尔吉斯斯坦的农业分种植业和畜牧业两大部门。1996年农业总产值155.07亿索姆，比1995年增长13.1%。耕地面积141.7万公顷，牧场901.5万公顷。

种植业　吉尔吉斯斯坦的种植业主要包括粮食作物、经济作物、饲料作物以及马铃薯和瓜菜作物的种植。1996年各类作物的播种面积总计为119.4万公顷。其中，粮食作物的播种面积为61.6万公顷，占总播种面积的51.6%；经济作物的播种面积为12.6万公顷，占10.6%；马铃薯和瓜菜作物的播种面积为8.8万公顷，占7.4%；饲料作物的播种面积为36.4万公顷，占30.4%。

粮食作物以小麦、黑麦、稻米、大麦、燕麦和玉米为主。1996年小麦、稻米、大麦、燕麦和玉米的播种面积分别为45.2、0.5、10.8、0.2和4.6万公顷。1996年粮食（加工后）总产量142.4万吨，虽比1995年增加44.3万吨，但比1990年减少7.9万吨。

经济作物主要是棉花和甜菜。棉花产地主要集中在奥什州和贾拉勒阿巴德州；甜菜产地主要集中在楚河谷地。1996年棉花播种面积为3.1万公顷，甜菜1.4万公顷。同年，籽棉产量7.3万吨，比1995年减少0.2万吨；甜菜16.8万吨，比1995年增加5.9万吨。

1996年，马铃薯种植面积4.9万公顷，比1995年增加0.7万公顷。同年马铃薯产量为56.2万吨，比1995年增加13.1万吨；蔬菜种植面积3.3万公顷，比1995年增加0.3万公顷。1996年蔬菜产量36.5万吨，比1995年增加4.6万吨。此外，1996年，水果和野果的产量2.4万吨，葡萄2.2万吨。

1996年，饲料作物的种植面积为36.4万公顷，比1995年减少2.8万公顷，比1990年减少27.7万公顷。多年生饲草仍以苜蓿和驴喜豆为主，占饲草作物的98%～99%。

畜牧业　吉尔吉斯斯坦的畜牧业包括养羊业、养牛业、养马业、养猪业、养禽业以及养蜂业。畜牧业占农业总产值的54%左右。

吉尔吉斯斯坦养羊业产值占畜牧业产值的60%以上。该国具有发展养羊业的十分优越的条件：水草丰茂，牧场广阔。全年可以通过转场进行放牧，生产成本低廉。吉国对羊的品种进行了长达几十年的不断改良，目前饲养的细毛羊和半细毛羊已占97%以上，粗毛羊基本上被淘汰。

养牛业产值占畜牧业产值的30%以上。饲养的牛主要是阿拉套牛和阿乌利埃牛两个优良品种。牛平均体重400多公斤，平均产奶2400多公斤。

据苏联官方统计，在联盟解体前夕的1991年初，吉尔吉斯斯坦主要牲畜的存栏数是：羊1000万只，牛120万头（其中母牛50万头），猪40万头；各类家禽1390万只。吉独立后，畜牧业同其他经济部门一样，生产连年下降，至今没有多大起色。到1997年，全国羊的存栏数只有370万只，牛80万头（其中母牛40万头），猪10万头，家禽210万只。1996年肉类产量（屠宰重）18.6万吨（1990年25.4万吨）、奶类产量88.5万吨（1990年118.5万吨）、蛋类产量1.6亿个（1990年7.14亿个）、毛类产量（自然重）1.22万吨（1990年3.9万吨）。

吉尔吉斯斯坦是多山之国，花草繁茂，适于养蜂业的发展。苏联解体和吉国独立后，养蜂业生产也呈滑坡趋势。1990年，吉尔吉斯斯坦曾有36万个蜂群，到1996年只剩下5万多个蜂群，蜂蜜的产量也随之相应地由1万吨减至370吨。但吉国专家认为，该共和国的高山草地及蜜源植物依然存在，只要经营得当，养蜂业仍有可能复兴，外国人也愿给予资助，以使吉国的养蜂业尽快恢复、兴旺起来。目前，吉尔吉斯斯坦的蜂蜜生产者在相互联络，尽快成立养蜂协会。而且该国卡拉科尔市的巴尔·切列克股份公司、贾拉勒阿巴德市的奥尔诺克公司、托克托吉尔市的缪兹托尔公司都在全力经营养蜂业的生产。这些公司向客户提供的不仅是蜂蜜，还有蜂王浆、蜂蜡、蜂胶及花粉。养蜂场综合利用资源，生产多种产品，就是在能源、运价昂贵的今天，仍有利可图。

旅游业 吉尔吉斯斯坦有不少名胜古迹、疗养胜地和自然保护区，为该国旅游业的发展提供了有利条件。

名胜古迹 在克拉斯诺列钦古代城堡遗址，有发掘出来的索格狄亚那人的城堡（建于公元4～5世纪）和高大的泥塑佛像（12米以上）；在奥什州卡拉达里亚河畔的乌兹根市，有教堂召集教徒祈祷的宣礼楼以及3座圆顶陵墓（建于11～12世纪）；在托克马克市以南15公里处，有中世纪布拉纳古城遗址和清真寺高塔（通称布拉纳塔，建于11世纪）；在塔拉斯河上游，有吉尔吉斯古代民族英雄玛纳斯纪念陵墓（建于14世纪）。这座陵墓是当时中亚流行的正门穹顶砖结构。平面布局呈圆形，圆顶和圆形正门上覆盖有天幕，入口处有矢状壁龛，正面镶着装饰精致的图案和题词的赤色陶砖。过去曾遭破坏，1969～1970年修复。在伊塞克湖州中心普尔热瓦利斯克市附近，有俄国旅行家、中亚考察家尼·米·普尔热瓦利斯基博物馆和陵墓。

旅游和疗养胜地 该国的主要旅游和疗养胜地是伊塞克湖，中国史书称图斯池、热海或清池。它位于天山北麓，伊塞克湖盆地，是高山不冻湖，冬季水温0～4℃，夏季20～24℃。湖面海拔1609米，长178公里，最宽60公里，面积6280平方公里，平均深度278米，最深702米，由80条靠山上冰雪融化形成的大小河流汇集而成。蓄水量1735立方公里。在世界高山湖泊中，其水面面积仅次于南美洲的的的喀喀湖，居世界第二；其深度和水量居世界第一。湖水微咸，含盐度为5.8‰，不能饮用和灌溉，可定期航运。该湖7米深处，有一座被水淹没的古城遗址。沿湖地带大部分是美丽的沙滩浴场。湖畔是包括乔尔蓬—阿塔、杰特奥古兹、阿克苏、杰尔加兰和塔姆加等疗养地的伊塞克湖疗养区。这里湖光山色，风景秀丽，气候宜人，有储量丰富、清澈见底的矿泉水和可用以治病的湖泥，还有设备齐全、非常舒适的现代化旅游宾馆，是十分理想的游览和疗养胜地。

自然保护区 该国较大的自然保护区有：(1) 伊塞克湖自然保护区。建于1948年，面积73.3万公顷，是游禽类最大越冬地之一。山区有大角鹿、野山羊，还能见到雪豹。(2) 萨雷—切列克自然保护区。在奥什州境内，位于恰特卡利山脉的南支脉。建于1960年，面积2.386万公顷，有葱茏茂密的胡桃—里类林和景色美丽的萨雷—切列克湖。这里有白爪熊、獾、狍、西伯利亚大角野山羊，羱羊、野猪、野鸡和古鸡等。(3) 别什阿拉自然保护区。位于恰特卡尔谷地，1979年建立，面积1.82万公顷，生长胡桃和桧树林，有雪豹、金雕、鹗和游隼等。这些自然保护区，空气清新，风光旖旎，常常使游览者陶醉其中，流连忘返。

旅游者情况 据吉尔吉斯斯坦官方统计，1995年，吉国共接待国内外旅游者25.29万人次，这些旅游者在吉逗留98.01万人日。其中，非常住旅游者1.94万人次，逗留18.33万人日；常住旅游者3.76万人次，25.32万人日；国内旅游者19.59万人次，54.36万人日。

交通运输业 吉尔吉斯斯坦的交通运输以公路为主包括公路、铁路、水运、空运和管道运输等运输方式。1996年，各交通运输的货运总量2863.77万吨，客运总量2.596亿人次。1998年货运总量3590万吨，客运总量4.3亿人次。

公路运输 在山地国吉尔吉斯斯坦，公路运输在各类运输中担负着主力军的作用。公路线总长度2.34万公里，其中硬面公路1.7公里。目前，该国拥有载重汽车6400辆，私人小轿车16.53万辆，公共汽车3500辆，无轨电车232辆。1996年，货运量2730万吨；客运量2.580亿人次，其中公共汽车

1.988亿人次，出租汽车310万人次，电车5610万人次。1998年货运量3440万吨，客运量公共汽车3.6亿人次，电车6600万人次。

铁路运输　铁路线总长度400公里。1996年，铁路货运量130万吨，客运量100万人次。1998年货运量144万吨，客运量62.6万人次。

水上运输　吉尔吉斯斯坦唯一能通航的航道只有伊塞克湖。该湖全年均可航行。航运线长576公里，共有6个码头和一些停靠站。全国有货船20只，客货两用船1只。1996年货运量3万吨。1998年货运量3万吨。

航空运输　航空运输在沟通吉尔吉斯斯坦与其他国家的联系和国内各地之间的联系方面起着重要作用。目前，吉尔吉斯斯坦国家航空公司同18家国外机场开辟了航线。比什凯克市的玛纳斯国际机场，与莫斯科、圣彼得堡、新西伯利亚、乌法、加里宁格勒、叶卡捷琳堡、塔什干、杜尚别等城市都有定期航班；与独联体国家以外的安卡拉、伊斯坦布尔、迪拜、卡拉奇、新德里、法兰克福、汉城、乌鲁木齐、天津等城市有不定期航班（其中一部分属旅游包机性质）。在国内，首都比什凯克同一些州首府和一些区中心也有定期航班。主要航线使用的是图154、图134、雅克40、安24、伊尔62等大型客机。1996年货运量7700吨，客运量60万人次。1998年货运量9500吨，客运量43万人次。

管道运输　管道运输是一种新的运输方式，它的发展和油气开采量的增加紧密相连。吉尔吉斯斯坦南部油田的原油先由管道输送到阿萨克，然后再由管道干线输送到伊万诺夫斯克炼油厂。主要的天然气管道线有穆拉别克—塔什干—比什凯克—阿拉木图、迈里赛—贾拉勒阿巴德—卡拉苏—奥什、费尔干纳—卡达姆斋、乌尔萨季耶夫斯卡亚—海达尔肯。这些输气管道的气源均来自乌兹别克斯坦。据报道，苏联解体后，因吉不能及时支付购买天然气的款项，有些输气管道已被关闭。

财政金融　1996、1997和1998年初，在吉尔吉斯斯坦登记注册的商业银行数目分别是18、20和19家，商业银行的分行数目分别是141、127和126家。其中获得外汇许可证的商业银行数目分别是17、16和18家。截到1998年底，吉内外债总额共约17亿美元，外汇储备1.9亿美元。

外贸　吉尔吉斯斯坦的出口商品主要是黑色金属、皮革、羊毛、棉花、稀有金属和白炽灯泡等，进口商品主要是机械设备、医疗设备、汽车、家电、食品、酒类、药品和服装等。主要贸易伙伴是俄罗斯、乌兹别克斯坦、哈萨克斯坦、土耳其、中国、德国、法国、加拿大和瑞士等国。

吉与世界90多个国家和地区有贸易关系。1998年1月~11月外贸总额为12.3亿美元，比1997年同期增长4.7%。其中进口额为7.6亿美元，出口额为4.7亿美元，贸易逆差为2.87亿美元。

同我国的关系　自1992年1月中吉建交以来，两国贸易和经济合作关系稳步发展。

据我国官方统计，中吉贸易额由1992年的3458万美元上升到1995年的2.31039亿美元，增长5.68倍。1997年两国贸易额为1.06亿美元，比1996年增长1%。1998年中吉贸易总额为1.98亿美元，其中中方出口额为1.72亿美元，进口额为2569万美元。

华人经济

据前苏联官方统计，截止1991年底，吉尔吉斯斯坦境内有数十名持中国护照，并取得当地长期居住证的中国公民（华侨）。

后来，其中一些人去世，一些人移居别国，剩下者仍在吉境内继续生活。近几年，我国特别是新疆地区又有人在改革开放的形势下，通过各种渠道陆续来到吉尔吉斯斯坦，并在那里长期定居，开公司，办企业，从事商业活动。目前，在吉尔吉斯斯坦长期定居的华侨估计约有300~400人。吉境内尚未出现华侨开办的颇有影响和较大的公司、企业。

吉境内的中吉合资企业和中国独资企业也在快速发展。1993年这两类企业有18家，1994年发展到75家，目前已达130多家。其中，已取得突出成绩和巨大成功的是，中国北京朝阳区三里屯街道办事处与吉尔吉斯斯坦卡拉巴尔特市粮食加工联合体于1992年合资兴办的科特拉普面食厂。该厂日产挂面、方便面45吨，年产量超过1.2万吨。它的产品不仅占领了中亚市场，而且还远销西伯利亚等地区。中吉合资兴办的以专营（批发、零售）中国商品的吉尔吉斯斯坦中国国英商品城（中心）也颇具规模。该商品城总裁由中国公民、毕业于吉尔吉斯国家科学院的副博士研究生、吉国外贸与工业部首席中国商务顾问何成羽担任。该商品城位于吉国首都比什凯克市中心的繁华商业区，总占地面积15000平方米，首期推出营业面积4000平方米。这个商品城设有商务中心、货币兑换处以及储蓄所、仓储室、宾馆、中式餐厅、娱乐厅等配套服务设施。该商品城表示，它秉承促进中国与独联体诸国的贸易、科技、文化交流与合作的宗旨，竭诚为中国企业以集团优势开拓独联体市场提供全方位的服务。该商城还在北京、南京、南昌、喀什等城市设立代表处或联络处。

此外，在吉尔吉斯斯坦还有属于华人、华裔的东干族4万人。他们是中国回民的一支。其主体是1862~1877年陕西、甘肃回民起义失败后，逃到吉尔吉斯斯坦等中亚地区定居的中国回民及其后裔。一百多年来，他们在婚丧嫁娶、衣食住行等方面一直保持着中国的传统习惯。他们主要从事种植业、加工业、手工业、畜牧业和运输业等经济活动，为吉尔吉斯斯坦的经济建设和发展作出了有益的贡献。（刘庚岑）

塔吉克斯坦（Tadzikistan）

国名 塔吉克斯坦共和国（The Republic of Tadzikistan）

面积 14.31万平方公里

人口 600万（1997年）

国内生产总值（1998年）：10119亿塔吉克卢布

人均国内生产总值（1998年）：约169000塔卢布

货币名称：塔吉克卢布

汇率(1998年12月)：1美元=943塔卢布

简　况

位于中亚东南部的塔吉克斯坦共和国，东部、东南部与中国新疆接壤，南部与阿富汗交界，西部与乌兹别克斯坦毗邻，北部与吉尔吉斯斯坦相连。面积为14.31万平方公里，东西长700公里，南北宽350公里。边界线总长3000公里。1997年人口600万，其中城市人口163.3万，占27.3%，农村人口433.7万，占72.7%。人口平均密度为每平方公里41.7人。有大小民族86个，主体民族为塔吉克族，占总人口的65%，乌兹别克族占26%，俄罗斯族占2%，鞑靼族占1.4%，吉尔吉斯族占1.3%，其他民族仅占4.3%（1994年）。塔吉克族大都信仰伊斯兰教，多数为逊尼派，少数为什叶派。全国分为三个州和一个区。

经　济

资源

水利资源　境内河流稠密，水利资源十分丰富，500公里以上的河流有4条，100~500公里长的河流有15条。主要河流有喷赤河、瓦赫什河、阿姆河、锡尔河、泽拉夫尚河和卡菲尔尼甘河。湖泊水面面积和冰川面积共计有1万多平方公里。水面积约占全国总面积的6.9%。

水力资源　居原苏联第二位，仅次于俄罗斯联邦，总蕴藏量在6400万千瓦以上，水力资源潜力前景可观。在人均水力资源的拥有量方面，在世界头几位中占有一席之地。水力资源现有潜力为3200万千瓦，可以生产3000亿千瓦小时的电力。目前，塔拥有坝高达300多米的装机容易为300万千瓦的努列克水电站，是中亚地区最大的水电站。

矿产资源　品种较多，比较丰富。已探明的矿产地有400多处，共有50种矿产原料，其中100多处矿产地正在开采。铀矿储量居原苏联蓄位（在列宁纳巴德州奇卡洛维斯基镇有原苏联第2大铀提炼基地）。还有包括石油、天然气、煤、锑、铋、铜、金、铁、铝、锰、汞、钼、镍、银、锡、钨、锌、重晶石、硼、明矾石、铝土矿、霞石、正长岩、建材、白云石、萤石、磷灰石、岩盐、石棉、宝石等矿产，已探明的列宁纳巴德州的银矿，其储量有数万吨。准备开采和部分开采的有金矿、锑矿、汞矿、钨矿、宝石矿和比较名贵和宝石矿等。该国的红宝石享誉全球。有色金属矿、铝的产量较大，也是主要的出口产品，但石油和天然气储量不大。各种有色金属矿开采难度较大。

动物资源　有丰富的动物资源。据统

计，有哺乳动物80多种，鸟类365种，爬行动物49种，无脊椎动物种类更为繁多。

植物资源　种类也比较多，十分丰富。共有5000多种。

工　业　工业是国民经济的最主要部门，1990年工业产值为53.62亿卢布，占社会总产值的56%以上。工业包括电力工业、燃料工业、有色金属工业、化学和非化学工业、机器制造和金属加工业、林业、木材加工和纸浆造纸工业、工业建筑材料工业、轻工业和食品工业。

电力工业　有生产廉价电力的巨大潜力，是工业中的优势产业。苏联时期，自60年代起，相继建成数座大中小水电站。主要水电站有：凯拉库姆水电站（装机容量为12.6万千瓦）、佩列伯特水电站（装机容量3万千瓦）、戈洛夫纳亚水电站（装机容量21万千瓦）、中心水电站（装机容量1.86万千瓦）、努列克水电站（装机容量300万千瓦）。同时还建成杜尚别火电站（装机容量22.6万千瓦）和亚万火电站（装机容量24万千瓦）。1990年发电量为181亿度，人均发电量为3422度。正在建设中的还有更大的罗汞水电站（装机容量为360万千瓦）和桑格图金水电站（装机容量为89万千瓦）。1996年该国总发电量已减到150亿度。

有色冶金工业　它是工业的主导部门，以开采矿产资源为主。已探明的有色金属种类很多，在费尔干纳盆地已发现多种金属矿床，如钨、钼、铜、金、银、铅、锌等有色金属；在中部山区已探明有金、钨、汞、钼等矿藏；在帕米尔地区已探明有金、钨、钼、铝、铀等。有色冶金企业有：塔吉克里加尔铝厂，于1975年建成投产，年产铝7万吨；安佐勃采选联合企业，主要生产锑、汞等产品。塔英黄金开采合资企业，1996年生产了3吨纯产品，以及铅锌精矿、白银、锶、稀土元素加工企业和铀选矿企业。原苏联制造第一颗原子弹用的铀就取自该国。

轻工业和食品工业　这两个部门是塔在原苏联专业化分工中的主要方向，在工业中占有重要地位，其产值占该国工业总产值的2/3，就业人数占工业部门就业人数的一半。轻工业包括轧棉、缫丝、纺织、制毯、制革等。塔共有17家轧棉厂，可加工该国收获的全部籽棉，有几家大型纺织联合企业，凯拉库姆制毯联合企业是中亚最大的制毯企业之一。前不久建立的塔中PUWTA企业，是世界上最大的地毯联合企业。还有两家大型绸丝生产企业，数十家缝纫生产企业。食品工业主要从事蔬菜、水果和葡萄加工。

主要工业品产量

项目 \ 产量 \ 年份	1990	1991	1992	1993	1994	1995	1996
电力（亿度）	181	176	168	177	170	148	150
石油（万吨）	10	10	6	4	3	3	3
天然气（亿立方米）	1	1	1	0.5	0.3	0.4	0.5
煤炭（万吨）	50	30	20	20	10	3	2
水泥（万吨）	110	100	40	30	20	10	5
化肥（万吨）	8	8	5	2	1	1	1
布疋（亿平方米）	2.08	1.83	1.35	1.14	0.654	0.448	0.233

资料来源：《1995年独联体国家统计年鉴》1996年莫斯科俄文版第48、49、50、51页。《1996年独联体国家统计年鉴》1997年莫斯科俄文版第47、48、50、52页。

燃料工业　主要是煤炭、石油和天然气。塔煤炭储量不少，但开采规模不大。石油天然气开采数量也不大。

机器制造业　这类工业还不够发达，主要产品有金属切削机床、变压器、纺织机械设备及配件、拖拉机配件、农机具及配件、汽车配件、电冰箱等。

化学工业　它是主要工业部门之一。有氮肥厂和大型电化学联合企业。化学工业主要产品有氮肥、塑料、人造树脂、苛性纳和苏打等，但产量都不高。

建材工业　主要产品有水泥、装配式钢

筋混凝土构件、石棉瓦、石棉、大型混凝土壁块等。

近几年来，塔各工业部门生产不景气，工业企业停产数量占 1/3 以上。目前工业产值占国内生产总值的 35%。主要工业品产量见下表。

1998 年，塔工业总产值为 6070 亿卢布，比 1997 年增长 8%。

农牧业 它是第二大物质生产部门。该国地处荒漠地带，农业用地很少。现有农业用地 430 万公顷，其中耕地为 90 万公顷，牧场为 340 万公顷。日照充足，一些地区一年可种二三茬农作物。气候干燥少雨，蒸发强烈，绝大部分地区种植业只有在灌溉条件下才能进行。大部分耕地属灰钙土土壤，在灌溉有保证的情况下，各种作物都能获得好收成。在 90 万公顷农作物播种面积中，粮食作物占 23%，经济作物面积占 40%，饲料作物占 30%。由于大部分耕地用于种植棉花，致使该国粮食不能自给，不得不进口粮食。1996 年粮食收成不错，但依然需进口粮食。

主要农产品产量（单位：万吨）

项目＼产量＼年份	1991	1992	1993	1994	1995	1996
谷　物	28.6	25.7	25.3	21.2	24.9	54.8
籽　棉	81.4	44.2	52.4	53.1	41.2	31.8
土　豆	18.1	16.7	14.7	13.4	11.3	10.8
蔬　菜	62.8	54.3	48.5	49.3	48	39.7
水　果 干　果	17.7	18.1	14.7	14.8	14.9	12.6
葡　萄	12.1	10	8.7	8	9.6	12.2

资料来源：《1995 年独联体国家统计年鉴》，1996 年莫斯科俄文版第 431 页。《1996 年独联体国家统计年鉴》，1997 年莫斯科俄文版第 448 页。

农业主要种植小麦、大麦、水稻、玉米、马铃薯等。

植棉业 是种植业的主导部门。该国是前苏联最主要的棉花产地之一，以单产高、纤维细和质量好而闻名。塔棉花产量居前苏联第 3 位，仅次于乌兹别克斯坦和土库曼斯坦，而单位面积产量居首，主要以长绒棉为主。在其他作物方面，还种植马铃薯、蔬菜、葡萄、水果等。

畜牧业 以养牛业和养羊业为主。主要提供肉、奶、毛、皮等畜产品。独立以来，受经济危机影响较大，牧畜存栏数和主要畜产品产量连年下降，见下表。

牲畜存栏数和畜产品产量

项目＼产量＼年份	1991	1992	1993	1994	1995	1996	1997
牛(包括奶牛)(万头)	140	140	120	130	130	120	110
绵羊、山羊(万只)	330	340	300	290	270	250	230
猪(万头)	20	10	10	4	4		
肉类(屠宰重万吨)	8.6	7	5.9	6.2	5.6	4.6	
奶类(万吨)	58.7	50.9	47.6	46.7	44.9	17.6	
蛋(万个)	45500	29600	16000	7900	6300	600	

资料来源：《1995 年独联体国家统计年鉴》，1996 年莫斯科俄文版第 432 页。《1996 年独联体国家统计年鉴》1997 年莫斯科俄文版第 449 页。

1998 年农业总产值为 3560 亿卢布，同 1997 年相比，增长 6.5%。其中籽棉产量为 38.3 万吨，粮食 49.4 万吨，蔬菜 33.2 万吨。

交通运输 铁路很不发达，空运较发达，主要靠公路。该国独立以来，由于资金紧张，公路、铁路都停留在苏联解体前的水平上，没有任何发展。要发展经济，就必须发展交通运输。目前，交通运输业已严重影响该国经济的发展，尤其是急待发展与南亚和东亚国家相接的公路和铁路。

公路 1991 年公路全长共有 13500 公

里，其中有12500公里的沥青路。境内公路基本成网。近几年来，由于修路、护路工作跟不上，到1990年，公路全长减到13000公里，沥青路减到12300公里。1991年共有载重汽车12000台，私人小汽车22.13万辆，公共汽车4200辆，无轨电车314辆，1994年载重汽车减少到9700台，私人小汽车减到18.49万辆，公共汽车减到3600辆，无轨电车减到296辆。1991年，公路货运量为7340万吨，公路客运量为3.758亿人次，1994年，公路货运量为860万吨，客运量为0.824亿人次，1995年货运量减少到630万吨，客运量为0.846亿人次。

1998年货运量为380.2万吨，客运量为8233万人次。

铁路　1991～1995年铁路全长未变，共有500公里。1991年货运量为640万吨，客运量为110万人次，1995年货运量为90万吨，客运量为50万人次。近几年，无论是货运量还是客运量，减少的幅度都很大。铁路总长918公里。1998年新修从库尔干秋别到库利亚布铁路50公里。1998年货运量63.78万吨，客运量71.19万人次。

空运　1991年货运量为1.1万吨，客运量为210万人次，1995年货运量减少到900吨，客运量减到20万人次。1998年航空货运量为4000吨，客运量为23.65万人次。

旅游业　它很有发展潜力。首都杜尚别是旅游观光胜地。杜尚别的建筑很有特色，大部分建筑为平房，大型的公共建筑不多。整个城市像座花园。郊外绿树成荫，风景如画。每年吸引了国内外大批游客。

塔保存着许多历史古迹，主要有：位于伊斯法拉附近的哈兹拉提一巴巴的陵墓（10～12世纪）；位于库利亚布附近的米尔·辛得·哈马达尼的陵墓（14～17世纪）；位于若盏市的伊斯兰教长陵墓（14～17世纪）。

主要游览景点有：1. 共产主义峰，在帕米尔西北部的科学院山脉与彼得一世山脉的交叉处。2. 凯拉库姆“民族友谊”电站和水库，在若盏市东边，锡尔河岸。规模宏伟的水库每天吸引着成千上万的旅游爱好者。3. 霍贾奥比加尔姆气候疗养区，在塔中部吉萨尔山脉南侧的右沙尔林附近，是国内著名的温泉胜地。4. 伊斯坎捷尔湖，位于塔中部，是旅游避暑、疗养的胜地。5. “老虎沟”自然保护区，位于喷赤河北部，是原苏联在塔建立的第一个国家级自然保护区。6. “罗米特”自然保护区，在吉萨尔山脉南侧，是个高山自然保护区，从杜尚别到自然保护区有70公里，有汽车运输，十分方便。

对外贸易　目前，塔已同世界71个国家和地区建立了经济贸易关系，包括欧洲的英国、法国、德国、荷兰、奥地利、瑞士、意大利、瑞典、挪威、波兰、匈牙利、南斯拉夫；亚洲的中国、土耳其、伊朗、巴基斯坦、阿富汗、日本；以及西方美国、加拿大等国。美国、英国、加拿大、中国等国家已在塔投资开办合资企业。1991年初，塔全国只有32家合资企业，投资额仅111.5万美元，由于政局不稳和战乱，使许多外国企业家望而却步。截止1996年塔有合资企业、公司和商行250多家，其中70%是生产企业，许多大型企业是最近建立起来的。目前，塔正在继续建立吸引外资的重要企业。

传统出口商品主要是棉花、棉纱、地毯和地毯类制品、葡萄酒、毛类、土特产品、有色金属精矿、水泥、石棉水泥制品等。进口商品主要是粮食、燃料、植物油、白糖、日用消费品、纺织品、糖果点心、精密仪器、工业原料、润滑油、运输工具、生铁、钢材、木材、化纤、药品、医疗器材等。

近几年来，塔最主要出口商品是棉花、粗铝、水泥。最主要进口商品是粮食、植物油、白糖。

1992年塔向独联体国家出口棉花3.7万吨，向世界其他国家出口棉花1.3万吨；1995年，向独联体国家出口棉花4万吨，向世界其他国家出口棉花8.1万吨。粗铝大部分是向世界其他国家出口。塔主要是从荷兰、奥地利、瑞典等国进口粮食。

同我国的关系 塔中两国山水相连，是睦邻友好的邻邦。自1992年两国建交以来，相互间的友好合作关系得到了稳定、顺利、持续、健康的发展。

华人经济

在塔居住的华人数量很有限。由于语言、文化、民族风俗、生活习惯等各方面的差异，加之塔又是内陆高山国家，独立前，塔属社会全封闭的国家，独立后，由于长期战乱等诸因素，华人在塔长期居住的只是零散的很有限的一小部分人。他们在塔从事的也是微不足道的个体经营。（刘启芸）

土库曼斯坦（Turkmenistan）

国名 土库曼斯坦（Turkmenistan）
面积 49.12万平方公里（1997年）
人口 499.35万（1999年1月1日）

国内生产总值（1998年）：13.2万亿马纳特

人均生产总值（1998年）：264万马纳特

货币名称：马纳特（1993年11月1日发行）

汇率（1998年12月）：1美元=5350马纳特

简 况

土库曼斯坦位于中亚的西南部，北邻哈萨克斯坦，东北与乌兹别克斯坦接壤，南界伊朗，东南接阿富汗，西临里海，与阿塞拜疆相望。面积仅次于哈萨克斯坦，是中亚五国中的第二大国，在独联体中位居第四。全境地势平坦，有4/5的土地是低平原，沙漠占土地面积的80%。境内卡拉库姆沙漠是世界第四大沙漠。气候属大陆干燥性气候。

该国自然资源丰富，尤以天然气和石油更为突出。目前已探明的天然气储量高达20.81万亿立方米，约占世界总储量的1/4（储量和产量在独联体中仅次于俄罗斯，占第二位，天然气被誉为该国的“蓝金”）。石油储量120亿吨（储、产量居独联体第二位）。此外，还有丰富的芒硝、碳酸钙、碘、钾盐、重晶石、溴等化工原料以及黄金、白金等多种有色和稀有金属；有石灰石、砂石、石膏、砾石、石英沙等建材资源；有380万公顷的森林，森林覆盖率为7.9%，居中亚五国之首。

该国是个多民族国家，主要民族有土库曼族（占72%）、俄罗斯族（占10%）、乌兹别克族（占9%），以及哈萨克族、鞑靼族、乌克兰族、亚美尼亚族等。官方语言为土库曼语，通用语为俄语。居民大多信仰伊斯兰教（属逊尼派）。全国划分为5个州（阿哈尔州、巴尔坎州、列巴普州、马雷州和塔沙乌兹州），16个市、46个区、74个城镇。首都阿什哈巴德。

土库曼斯坦于1991年10月27日宣布独立。同年12月21日以创始国身份加入独联体。1995年12月12日成为获联合国承认的永久中立国。

经 济

刚独立时，该国经济特点是，经济基础较为薄弱，结构单一，以石油天然气工业为支柱产业；农业基础薄弱，以种植棉花为主，粮食不能自给。其经济自给能力有限，所需商品的70%需从独联体其他国家进口。

工业：以能源为主。土库曼斯坦在1924年加入苏联前，工业基础十分薄弱，仅有一些对农产品和某些矿物原料进行初加工的小企业，生产设备简陋，工业技术落后，生产能力和水平低下。入盟苏联后，经过几十年建设，工业有很大发展，现拥有石油、天然气、化工、轻纺、食品、机器制造、电力、建材等多种工业部门。主要工业部门是天然气工业、石油工业、化学工业和制毯业，它们是该国工业的四大支柱，其中尤以石油天然气工业最为突出。1996年工业部门构成是：天然气占40.6%，轻纺工业占24%，食品工业占8.1%，石油加工业占6.9%，建材业占4.2%，化工占2.8%。1992至1995年的工业生产，除1993年增长4%以外，其他各年均下降。1992、1994和1995年，工业产值分别下降14.9%、25%和6.9%。从1996年开始工业获大幅度增长，这年工业产值增长率为17.9%。1997年工业产值4.7万亿马纳特（占国内生产总值的44%），比上年又增长19.6%。

天然气工业　它是该国工业和经济最主要的支柱性产业。天然气的储量和产量均居中亚五国之首，达21万亿立方米，约占世界总储量的30%，产量的90%以上可供出口。其主要产地有沙特雷克、纳伊普、阿拉恰克、古古尔特利等。独立前，天然气产量连年增长，1989年由1971年的168.99亿增至899亿立方米。独立后，由于乌克兰等独联体国家无力支付和连年拖欠进口天然气的款项，因而土天然气产量和供应量大为减少。1996年产量由1991年的843亿减至352亿立方米。目前，该国正在与伊朗、土耳其等国合作，大力兴建独联体国家以外的新输气管道。据该国总统说，待新管道建成后，到2020年要使其天然气产量增至高达2300亿立方米。

石油工业　它是该国工业的另一个支柱性产业。土石油资源也较丰富，储量达120亿吨，主要分布在西部里海沿岸平原以及切列肯半岛西部近海水域。该国是原苏联和独联体的主要产油国之一。1991年石油产量达570万吨，其后3年，1992、1993和1994年分别降为520万吨、490万吨和410万吨。到1995年止降回增，增至446万吨，1997年又增至472.37万吨。该国生产采油和炼油设备的主要城市是阿什哈巴德和马雷。所产石油基本在国内提炼，在克拉斯诺沃茨克市和查尔朱市各有一座大炼油厂，年加工能力为500～1000万吨。主要石油加工产品有汽油、柴油、煤油、润滑油等。轻油和重油产品主要供应中亚和独联体国家。1996和1997年石油加工品产量由1995年的420万吨增至450万吨和474.09万吨。1998年开采天然气132.8亿立方米，石油628万吨，石油加工2533.4万吨。

独立后天然气、石油、石油加工品产量

	1991年	1992年	1993年	1994年	1995年	1996年	1997年
天然气（亿立方米）	843	601	653	356	323	352	173
石油（万吨）	570	520	490	410	446	440	470.37
石油加工（万吨）	—	—	—	—	420	450	474.09

资料来源：根据土库曼斯坦官方公布的历年数字汇编。

轻纺工业　它是土工业的一个主要部门。1996年产值约占工业总产值的1/5。该国轻纺工业的特点是以纺织业为主，其产值约占整个轻纺工业的2/3。轻纺工业主要有轧棉、棉纺、毛纺、丝纺、织毯、缝纫、制革、制鞋等部门。因该国盛产棉花、羔羊和蚕茧，因而棉、毛、丝纺业较为发达。此外，织毯业享有盛名，用卡拉库尔优质细羊毛织造的地毯及其制品远销50多国，在国际市场上颇受欢迎。从总体上看，土库曼斯坦轻纺工业生产工艺较落后，花色品种单调，特别是日用轻工消费品，如家电等生产较薄弱，多数日用消费品的品种和产量远不能满足本国需要，质量也有待提高。独立后多数轻纺商品的产量不断滑坡下降。如1989年纺织品和鞋的产量是5360万平方米和560万双，1994年分别降至3130万平方米和180万双。到1995年才有所增长，分别为3490万平方米和190万双，但远不及独立前的生产水平。

化学工业　它为该国主要工业部门之一。化学工业以开采和加工天然化工原料为主。主要大型化工企业有：克拉斯诺沃茨克化工联合企业、查尔朱化肥厂、卡拉博加兹戈尔硫磺厂、切列肯碘溴厂、别克塔什硫酸联合企业等。主要化工产品有矿肥、碘、溴、硫酸、硫酸钠、芒硝、过磷酸钙、氟化铝、农药、聚乙烯薄膜、合成洗涤剂、肥皂等。其中有些品种在前苏联占有重要地位。如前苏联40%的硫酸钠、24%~28%的碘和溴均产自该国。1995年生产矿肥6.85万吨，硫酸7.6万吨。

电力工业　它是土重点投资和发展的部门。沙俄时期，土库曼几乎无电力工业，1913年只有一座小水电站，装机容量仅1200千瓦，1922年发电量也只有110万千瓦小时，1924年加入苏联后经过几十年建设，特别是在60年代，查尔朱电厂（1963年）、涅比特达克电厂（1964年）、别兹梅英电厂、克拉斯诺沃茨克电厂（1966年）、马雷厂（1968年）第一批大发电厂建成后，使电力事业迅速发展。1991年发电量高达145亿度，在中亚五国位居第二，仅次于哈萨克斯坦。该国能源丰富，电力以火电为主。它的电力自给有余，因此，可向其他国家输出。独立后电力生产减退，1992和1994年发电量分别降为132亿度和105亿度。

食品工业　它也是土主要工业部门。其产值占工业总产值的8.1%（1996年），仅次于天然气和轻纺工业。但从总体上讲尚较薄弱，有不少食品的产量不能满足本国需要，靠进口，食品工业以榨油和油脂业以及酿酒业为主。油脂业主要分布在东部的拜拉姆拉里市、北部的塔沙乌兹和西北部的查尔朱等城市。酿酒业主要分布在首都和格奥克捷佩、卡拉别索尔等地。肉类和乳品业不多，大多集中在一些大城市。1995年一些主要食品产量为：肉（工业加工）1.59万吨，奶制品9.12万吨，动物油19.84万吨，面粉43.3万吨，面包43.3万吨，通心粉制品1.78万吨，米33万吨，水果蔬菜罐头3000万标准听、糖果制品75万吨，鱼制品（包括罐头鱼）7700吨。该国肉、奶制品和植物油等食品需从独联体国家进口。如1992年从独联体国家进口肉和肉制品2.95万吨，奶和奶制品26.84万吨。

建材工业　由于建材资源丰富，建材工业成为工业的一个主要生产部门。1996年的产值占工业总产值的4.2%。建材工业的主要产品有三类：一是除钢材外的各种建筑材料，如水泥、石灰、砖瓦等；二是非金属矿产品，如石棉、石膏等；三是用水泥加工制作的水泥管、水泥杆等。建材业分布较广，全国各州、各大城市几乎都有建材厂和大型预制件房屋建筑厂。其中，别兹梅英大水泥厂和阿什哈巴德玻璃联合企业是独联体和中亚国家中较有名的大型企业。别兹梅英是全国最大的建材业基地，除有大水泥厂外，还有石棉水泥板厂和石棉水泥管厂。建材业以产水泥最突出，生产的水泥自给有余。1991年（独立时）主要建筑材料产量为：水泥108.46万吨，石棉水泥板6690万标准块，石棉水泥管和套管1595标准公里，玻璃510万平方米，砖3.062亿块。1992年水泥产量最高达110万吨，向独联体国家出口42万吨。1996年产量降为43.7万吨。

机械工业　机器制造和金属加工业是该国一个正在发展的新兴部门。机械制造工业主要分布在阿什哈巴德和马雷等大城市，以生产采油、采气、炼油、采矿和化工机械为主，主要机械产品有冷塔式通风机、离心式水泵、采油和采气设备、炼油设备、电缆、油槽机、煤气灶等。总的来讲，该国机械工业门类品种较少，不齐全，而且工艺也较落后。目前，机械工业产品远不能满足本国的需要，需从国外进口。

农牧业 该国国土面积的80%是沙漠，常年缺水，因而农业历来是其经济的薄弱环节。前苏联时期，由于大兴农田水利工程，大力垦荒，加速农业机械化和提高化肥产量，经过几十年的建设，农业有了很大发展。1980年，农作物播种面积和农业产值比1913年分别增长2倍和2.9倍。农业以种植棉花为主，粮食、奶和奶制品等农产品不能自给，需从其他独联体国家进口。独立后头5年（1991~1995年），除1993年农业产值比上年增长8%之外，其他4年均下降，1991、1992、1994和1995年分别比上年下降4%、9%、11%和10%。从1996年开始农业止跌复增，这年农业产值增长17.9%。1997年农业产值为2.1万亿马纳特(占国内生产总值的19%)，比上年又增长14%。现有可耕地1700万公顷，耕地面积132.9万公顷，水浇地131.3万公顷。1998年，农业较上年增长24%，产值3.3万亿马纳特，占国内生产总值的25%。非国有农业经济的比例由上年的54%扩大到62%。

种植业 它是该国农业的主要部门，约占农业总产值的70%以上。由于前苏联时期农业经济分工专业化，土长期以种植棉花为主，1990年棉田占农作物总播种面积的50.6%，皮棉产量达145.7万吨，占前苏联棉花总产量的28%，在前苏联中居第二位，仅次于乌兹别克斯坦，是个产棉大国。所产棉花的2/3出口，其中，一半以上向独联体国家出口。谷物以小麦和大麦为主，也种植少量水稻。谷物种植面积不到棉田面积的1/3。该国的气候和沙质土壤较适宜于葡萄、瓜果等园艺作物的生长，所产葡萄和瓜果的含糖量高达28%。1997年籽棉和小麦产量为63.02万吨和67.68万吨，分别比上年增长44.5%和42.7%. 蔬菜产量为26.54万吨，比上年下降14.5%。1998年主要农产品产量为籽棉70.7万吨，小麦124.52万吨，蔬菜27.63万吨。

近3年主要农产品产量

	1995	1996	1997
籽棉（万吨）	130.4	43.6	63.02
小麦（万吨）	86.13	47.43	67.68
蔬菜（万吨）	24.55	31.01	26.54

资料来源：1995、1996、1997年土库曼斯坦社会经济情况报告。

畜牧业 它在土农业中占有重要地位，产值占农业产值的46.8%（1997年）~52%（1998年）。畜牧业以养羊为主，饲养绵羊和山羊。所产的卡拉库尔绵羊在世界享有盛誉，其驰名国外的地毯就是用这种羊所产的优质细羊毛织造的。前苏联时期，其羔皮产量约占全苏的20%，居第二位。此外，还饲养牛、猪、马、骆驼等牲畜和家禽。该国闻名世界的阿哈尔捷金马能在缺水少食情况下穿越广阔沙漠，曾多次获国际比赛奖牌，成为土库曼人民的骄傲，在独立后新国徽图案上就印有此马。1995年，羊、牛、猪存栏数分别为378万、34.4万和7.3万头，肉、奶、蛋产量分别为11.1万吨、72.7万吨和2.7亿个，羊毛产量1.1万吨(1994年)。

独立后主要畜产品产量

	1991年	1992年	1993年	1994年	1995年
肉（万吨）	10	9.8	10	9.9	11.1
奶（万吨）	45.8	47.1	50	71.6	72.7
蛋（亿只）	3	2.93	3	2.5	2.7
毛（万吨）	0.9	1.02	1.08	1.1	—

资料来源：根据土库曼斯坦官方公布的历年材料汇编。

交通运输业 该国境内大部分是沙漠，铁路密度在前苏联各国中属最低之列，总体交通在独联体国家中比较落后。交通运输有铁路、公路、水运、空运和管道运输等。该国独立后，由于苏联解体，各国联系削弱，其交通运输亦受到影响。

铁路　是该国运输的骨干。1997年铁路总长由1989年的2120公里增至2292公里，1998年达2312公里。主要铁路干线有两条：一条从里海之滨的克拉斯诺沃茨克由西向东连接首都阿什哈巴德、马雷、查尔朱等大城市，通往乌兹别克斯坦的塔什干，是贯通东西部和东北部的大动脉。另一条是由查尔朱向西北沿阿姆河经塔沙乌兹市通往乌兹别克斯坦的北部。1992年开始兴修由捷詹通往伊朗境内马什哈德的铁路，已于1996年5月建成通车。1997年全国铁路货运量870.8万吨，客运量567万人次。1998年货运量900万吨，客运量500万人次。

公路　是该国运输业的支柱，连结全国城乡各地。最重要的公路是克拉斯诺沃茨克——阿什哈巴德——查尔朱干线。1997年全国公路总长1.35万公里，公路货运量23420.4万吨，客运量130万人次。1998年23300万吨，客运量10.61亿人次。

水运　该国内河运输能力不大，航线总长1300公里。主要航道有阿姆河和卡拉库姆运河，但有季节性。1997年内河货运量164.9万吨。此外，还有里海的海运，与阿塞拜疆首都巴库之间有轮渡，航线长338.1公里。1996年海上货运量12.34万吨。重要港口有土库曼巴什港、阿拉贾港和贝克达什港。1998年海运货运量13.9万吨，内河货运量200万吨。

空运　首都阿什哈巴德是全国空运中心，与独联体各国首都和若干大城市之间有定期航班。与独联体以外国家的有飞往伊朗、土耳其、巴基斯坦等国首都的航线。它主要机场有5个：尼亚佐夫机场、土库曼巴什机场、马雷市机场、塔沙乌兹市机场和查尔朱市机场。1997年航空客运量为150万人次，货运量8200吨。1998年货运量5000吨，客运量90.4万人次。

管道运输　它承担天然气和石油的运输。全国输气管长1320公里，输油管长650公里。现有的输气输油管道是苏联时期建的，有两条大管道把土库曼生产的石油、天然气输往俄中部地区和乌拉尔。1997年管道运输量为2365.76万吨。独立后确定修建三条新管道：一是经伊朗、土耳其到欧洲，全长约4000公里。二是经阿富汗到巴基斯坦，全长1500公里。三是经乌兹别克斯坦、哈萨克斯坦、中国到日本海，全长6000公里，其中第一条已付诸实施。其余两条尚在积极与有关国家磋商筹划之中。

邮电通讯业　在独联体中它相对较落后。1991年邮电企业（局、所）由1985年的563个增至580个，拥有职工约5000人，电话机由1990年的25万部（每百户拥有6.4部，首都每百户拥有16部），增至26.57万部。1992年电话机增至29.4万部，邮电通讯业收入为9.95亿卢布。前苏联时期，与苏联以外电讯联系需经莫斯科接转，独立后已开通与许多国家的国际线路。

商业　该国独立后，商业由国营商业、合作社商业、集体农庄商业、合资商业和私营商业等多种成分组成，其中以国有商业和合作社商业为主。目前，在商品零售总额中国有商业约占6/10，占主导地位，合作社商业居第二位。1993年初，全国拥有商店和售货亭8275个（其中商店56家），公共饮食企业3960个。1991、1992、1993年商品零售额分别比上年下降13.4%、36.5%和5.5%。1994年商品零售额为117.1亿马纳特，比上年下降56.5%。直到1997年才止跌复增，比上年增长4%。

财政金融业　由于天然气等能源充足，人口少，因而该国独立后财政情况较好，较稳定，未出现象俄罗斯等独联体国家的财政危机。1991年财政盈余5亿卢布，1993年又盈余1亿马纳特。从1994年以来，虽有赤字，但很低微。1997年财政收入和支出分别为22285亿和22625亿马纳特，赤字340亿，仅占国内生产总值的0.3%。为何头几年财政连年盈余，而后却出现赤字呢？这主要是因为乌克兰等独联体国家拖欠该国天然气进口款（仅乌克兰一国，到1997年3月就拖欠该国7亿美元）。为此，土不得不适当压缩对独联体国家的天然气出口。

该国银行分为国家银行和商业银行。主要商业银行有外经银行、土库曼银行、投资银行等。1993年11月1日发行本国货币马纳特，官方汇率为2马纳特兑换1美元。但到1994年，由于受俄罗斯卢布大跌的影响，马纳特也随之一跌再跌。1997年12月汇率跌至5350马纳特兑换1美元。如何稳定货币是该国政府需解决的一大任务。但从总体看，该国财政情况不错，独立以来一直是独联体国家中的债权国。1998年财政预算收入65770亿马纳特，支出68080亿马纳特。

旅游业　土库曼斯坦独立后制定了旅游业发展规划，颁布了旅游法。1994年成立土库曼斯坦国家旅游公司。该公司在伊朗、阿联酋、巴基斯坦、德国、英国、俄罗斯等独联体国家均设有代表处。1995年接待外国游客2.93万人，旅游收入14.96亿马纳特。1997年接待外国游客1.16万人，旅游收入10.11亿马纳特，占国内生产总值的0.95%。独立后旅游业已成为国民经济一个新的增长点。其主要景点有著名的古城遗址尼萨、巴哈尔琴地下湖、格奥克捷佩土清真寺和梅尔夫古城等。土外国旅行者旅游局，专门从事外国游客的住宿、导游等服务。此外，国际青年旅行社也从事国际旅游服务。同中国有业务联系的是土库曼国际服务公司。

同我国的关系　中土1992年1月6日两国建交。

据中国海关总署统计，1998年，双方贸易总额为1252万美元。其中中方出口额为1029万美元，进口额为222万美元。

华人经济

中土往来历史悠久，早在中国汉代张骞通西域时，古老的丝绸之路构通了中国同中亚，包括土库曼在内的经贸联系。在土库曼古墓中发现不少中国古瓷器。目前在土的华侨为数尚不多，其中劳工约有300多人，此外还有一些经商的华人。华人主要在阿什哈巴德，有部分在马雷、查尔朱等州府。在土经商的华人以新疆人居多。土境内的华人主要从事商业、餐饮食品业，也有部分华人经营农业。（施玉宇）

乌兹别克斯坦（Uzbekistan）

国名 乌兹别克斯坦共和国（The Republic of Uzbekistan）

面积 44.74万平方公里

人口 2386.7万（1998年）

国内生产总值（1998年）：13588亿苏姆

人均国内生产总值（1997年）：56932苏姆

货币名称：苏姆（1994年7月1日发行）

汇率（1999年2月）：1美元=112.62苏姆

简 况

乌兹别克斯坦共和国有129个民族，其中乌兹别克族约占73%。俄罗斯族占8%，塔吉克族占5%，哈萨克族占4%，鞑靼族占3%，卡尔卡拉帕克族占2%。其他民族还有吉尔吉斯、土库曼、朝鲜、乌克兰、土耳其、维吾尔等。主要宗教为伊斯兰教，属逊尼派。此外，还有东正教、天主教、佛教等。首都为塔什干市。乌兹别克斯坦是位于中亚中部的内陆国，南邻阿富汗，北面和西北面与哈萨克斯坦接壤，东面与吉尔吉斯斯坦和塔吉克斯坦相连，西南面与土库曼斯坦毗邻。

经 济

自然资源 乌兹别克斯坦自然资源丰富，具有经济发展的良好条件。目前已发现2700多处矿藏，包括100种左右的矿物原料，其中60多种已开发生产。已勘探出的矿产储藏量估计为9700亿美元。一些重要矿产的储量在世界名列前茅，如黄金储量占世界第4位，开采量占第7位；铜的储量占第10~11位，铀的储量占第7~8位。已探明的天然气储藏量达2万亿左右立方米，煤炭超过20亿吨，有160多处石油产地。这些战略资源不仅能自给，还能出口国外。已探明的黄金、白银和其他贵金属、稀土金属产地超过40处。每年出产大量的铜、铅、锌、钨等多种有色金属。乌境内还发现了20处大理石矿产地、15处花岗岩和辉长岩矿产地。镶面石总储藏量超过8500万立方米，磷钙土的储藏量约1亿吨，钾盐、岩盐也比较丰富。吸引国外大公司向采矿业和矿物加工业投资，是给共和国带来可观收入的经济政策。目前已经有来自美国、英国、日本的公司与乌方合作开采黄金。

经济形势 1991年乌兹别克斯坦独立后，经济一度出现了较大的滑坡。1992年同1991年相比，国内生产总值下降16.5%，工业产值下降13.4%，农业产值下降8.3%，国民收入减少17.5%。由于共和国政府在向市场经济过渡的过程中，注意国家控制和分阶段逐步进行，经济比较快地趋于稳定。1995年国内生产总值达到近3000亿苏姆，同1990年相比，国内生产总值相当于81.8%，工业产值相当于99.9%，农业产值相当于89%，生产的下滑势头和通货膨胀得到了初步的控制。1996年国内生产总值较之1995年增长1.6%，其中工业产值增长6.0%。

由于较早地实现了经济的稳定和采取了比较慎重的改革措施，独立以来乌兹别克斯坦工农业在中亚地区的地位有所上升。棉花产量在中亚地区所占的比重由64%增到66%，粮食由7%增加到12%，肉由20%增加到26%；石油产量从占8%增加到18%。目前乌兹别克斯坦能够生产占中亚地区80%的化肥、94%的化学纤维，54%的天然气、66%的皮棉。矿产资源的开采和加工，在乌经济中占有优先的地位。

目前在乌兹别克斯坦约有3000家外资企业，4500家股份制企业，2万家农场，83%企业已实现私有化。共和国每年开采70多吨黄金，其开采量居世界第8位。现在，乌兹别克斯坦没有外债。

经济改革 独立后乌兹别克斯坦的经济体制开始发生变化，一是明确向市场经济过渡，在保持国家宏观调控的条件下，实行新的管理体制和所有制形式：二是逐步克服经济的畸形发展，摆脱对外依赖，实现经济的独立。目前乌兹别克斯坦的经济体制还处于过渡当中，但方向是比较明确的。主要包括：（一）实行自由竞争的经营机制，缩小国家管理经济的权限。使企业、公司、农场成为具有法人地位的独立经营主体，国家只发挥指导作用；（二）通过非国有化和私有化改变所有制关系，减少国有经济的比重；（三）逐步放开价格，通过市场调节供求关系，建立市场经济体系；（四）实行对外开放，努力同国际经济接轨，引进外资，学习国外先进的工艺和管理方法；（五）强调国家在经济活动中的宏观调控职能；（六）形成比较完善的社会保障制度，以保持社会的安定。

共和国政府制定了比较系统的改革计划。经济改革至今已经历了两个主要的阶段。第一个阶段的任务主要是：为改革奠定必要的法律基础，进行私有化，形成多种成分的经济，在农业中确立新型的经营制度和分配关系，保证经济和社会政治的稳定。到1994年底这一阶段基本结束。第二阶段的主要任务是：深化私有化的进程，稳定乌兹别克斯坦本国货币，实现基本的结构改造。在改革中最重要的是进行逐步私有化和非国有化，由国有资产管理委员会及其地方的下属机构负责，方式是：不足150人的小企业通过拍卖、破产清理或者在交易所出售；大中型企业改造为无限股份公司或拍卖、破产清理等。到1997年初，私有企业和小企业已超过10万家，遍及所有经济领域。

改革几年的成果主要在于：（一）取得了宏观经济稳定，主要经济指标实现了增长；（二）完善了本国的货币制度；（三）市场关系的基础大体上形成，确立了新的银行、金融、保险体系和税收、审计制度，从事各种交易、租赁活动的市场网络遍及全国；（四）私有化进展迅速，目前在非国有经济组织中的就业人数占就业人口的70%；生产性国民收入的70%、工业产值的53.5%、农业产值的97.7%，来自非国有成分经济；第五，经济结构改造的战略任务付诸实施，建立了一批新的工业部门，如汽车制造业、纸浆造纸业等。

经过结构政策的调整，乌兹别克斯坦在一些重要产品方面的自给程度明显提高。过去66%的小麦、50%的马铃薯、30%的肉和25%的牛奶需要进口，现在已经大幅度减少了。1991~1994年乌兹别克斯坦的石油产量增加了1倍，天然气增加了13%，天然气产量在独联体超过了土库曼斯坦，仅次于俄罗斯，居第2位。

部门经济

农业 乌兹别克斯坦是古老的灌溉农业国，农业在共和国的经济中占有重要地位，产值占国内生产的1/3，就业人口大约为全部劳动力的一半。农业产值中棉花生产占

40%，近年来由于不断扩大粮食的种植面积，棉花的产量有所下降。现有灌溉耕地420多万公顷，是共和国实现粮食自给的基础和出口产品的源泉，种植业产品的95%是在这些耕地上生产的。植棉业是农业的专业化部门，棉花产量目前大约400万吨，居世界第五位，出口皮棉的数量在世界上占第二位。共和国的养蚕业很发达，产量过去在前苏联占全国的50%以上，每年蚕茧订货约3万吨。水果、水稻和油料作物的种植也占重要地位。在费尔干纳盆地、泽拉夫尚绿洲以及阿姆河、锡尔河流域，盛产葡萄、瓜果，其中食用葡萄和酿酒用的葡萄含糖量达18%～27%，在国外市场上很受欢迎。畜牧业以生产毛、肉两用为主，生产和出口大量羔皮，高质量的卡拉库尔羔皮每年的收购量为150万张。此外，还出产粗羊毛1.8万吨。乌兹别克斯坦是中亚重要的蔬菜产地，每年生产各种蔬菜270～300万吨，其中有西红柿、黄瓜、葱、洋白菜、胡萝卜、食用甜菜、茄子、辣椒等。乌兹别克斯坦栽种的西红柿（每年100多万吨），干燥物质含量为5%～6%，糖分含量2%～7%。农业产值占国内生产的1/3，棉花产值则占农业的40%，是农业中的主要出口产品。此外，生丝、水果和蔬菜也大量出口国外。

虽然乌兹别克斯坦的农业依然有增长的潜力，但自然条件在某种程度上限制了农业的发展。该国3/4的土地是草地、沙漠和半沙漠。农业生产集中在自然和灌溉条件优越的盆地，因为过去没有合理经济地利用水资源，造成了大量的生态问题。

1996年主要农业产品产量为：粮食356.2万吨，籽棉335万吨，蔬菜249.7万吨，肉46.1万吨，牛奶340.4万吨。

1998年农业产值5451亿苏姆，比上年增长4%。农业产值占国内生产总值的26.4%。1998年粮食产量325万吨，籽棉320万吨，牛奶349.5万吨，鸡蛋11.64亿个。

工　业　乌兹别克斯坦在前苏联时期建立了较为齐全的工业体系，目前大约有2200家大中型工业企业和3万多家小型企业。共和国发展起了机器制造、飞机和汽车制造、电力、有色金属、化学、金属加工等重工业部门，轻工业和食品工业是共和国的传统部门，近年来又兴建了棉纺、制毯、丝织等工业。目前轻工业企业的产值已占工业总产值的20%多。食品工业主要是榨油。烟草、酿酒、罐头等加工业也是经济的重要部门。煤炭开采主要有安格林露天煤矿等。天然气开采工业主要集中在布哈拉州和卡什卡达里亚州。机械制造业主要集中在塔什干、撒马尔汗、安集延等城市，中亚2/3的机器制造产品是乌兹别克斯坦企业生产的。目前在这一领域有100多家股份制企业，并且联合成大型联合体、控股公司和金融工业集团。乌兹别克斯坦能够生产棉花种植、收割和加工用的农业机械，还是中亚地区唯一生产养蚕和纺纱机械的国家。黑色冶金业主要分布在别卡巴德。有色冶金业主要集中在阿尔马雷克等地。化学工业主要生产化肥、合成树脂、塑料和化纤等。

乌兹别克斯坦工业中的许多部门在中亚地区占有重要地位。共和国建有37座电站，不仅能保证本国经济的需要，还输送到邻国。共和国的工业集中于加工农业原料、为农业提供设备和材料。轻工业，包括棉花加工占工业生产的39%，食品和再加工部门占13%，重工业偏重于为农业生产提供工具。采矿业在目前的经济增长方面具有重要意义，其中乌兹别克斯坦的黄金生产在世界上占第7位。乌兹别克斯坦目前还是世界十大天然气开采国之一。1995～1996年基础工业部门的产量大幅提高，其中包括石油天然气开采、煤炭、机器制造、金属加工等工业部门。目前工业在国内总产值中占29%，建筑业占13%，劳务占22%。

近年来，乌兹别克斯坦主要工业产品的产量为：1996年电力454亿千瓦小时，1998年石油810万吨，天然气548亿立方米，煤炭295.3万吨，钢35.71万吨，1996年小汽车2.5万辆，化肥100万吨，水泥330万吨，布匹亿立方米，鞋550万双，电视机13.9万台。1998年工业总产值9504亿苏姆。

建筑与房地产业 乌兹别克斯坦拥有巨大的潜力，每年有能力完成总额在1000~1100亿苏姆（27~30亿美元）的建筑安装工程。目前共和国每年生产水泥500多万吨、钢筋混凝土制品450万立方米、砖30亿块、金属构件36万吨。能够生产亚麻油毡、玻璃、镶面制品、石膏、石灰、细木工制品等。乌兹别克斯坦在1993年就基本完成了居民住宅的私有化，建筑业中的非国有化起步也很早。

交通运输 共和国有比较发达的交通运输网络。铁路是最主要的运输形式，货运量占全部运输（包括煤气管道）货运量的54%。目前国家铁路公司的铁路线全长3655公里，其中双轨线680公里，电气化铁路498公里。乌兹别克斯坦的铁路网与境外的铁路相联，是从中国连云港到土耳其伊斯坦布尔欧亚第二条大陆桥的组成部分。近年来共和国投资在荒芜的西部地区修筑纳沃伊——乌奇库杜克——苏丹努伊兹达加——努库斯（341公里）和古扎尔——拜孙——库姆库尔干（223公里）等铁路线。这些新的铁路线使全国的铁路网成为一个独立的整体。主要公里网全长8.44万公里，包括公用公路4.33万公里，其中3243公里为国际公路，1.86万公里为国家公路，2.15万公里为地方公路。共和国的公路同境外的公路联成一片，作为交通枢纽和中转站，在中亚乃至其他亚洲国家国际间跨国运输中发挥着重要任务。

乌兹别克斯坦共和国国家航空公司有开往美国、英国、德国、荷兰、中国、韩国、马来西亚等世界20多个国家的定期航班。飞机航线把塔什干同独联体国家的工业中心、文化中心和疗养地联系在一起。乌兹别克斯坦是国际民用航空组织和国际航空运输组织的成员，首都塔什干是一类航空港。在乌领土上使用着9条大型天然气管道，总长度超过4000公里。其中最大的中亚——中部区管道（年天然气输送量560亿立方米）和布哈拉——乌拉尔管道（91.2亿立方米）。乌兹别克斯坦的内河运输在阿姆河和咸海，阿姆河全长2620米，航期为每年的4~12月，咸海航程437公里，航期4~9月。1988年各种交通工具的货运量为8.3271亿吨，客运量为33.995亿人。

信息业 它是共和国新兴的经济部门，目前已具有发达的远距离邮电通讯网。共和国电话用户有150万，塔什干长途电话站是中亚地区最大的一座电话站。通过卫星系统，乌兹别克斯坦有同世界许多国家进行直接数字通信电路。共和国的综合电话交换网已并入世界数据传输网络——国际互联网。综合电话交换网已经覆盖了全国的主要城市，其用户可以使用邮件电子传送系统服务。横跨亚欧大陆的电缆线路经过乌兹别克斯坦。乌兹别克斯坦有3万家邮电企业，邮箱近4万个。首都塔什干建立了邮政快递公司，可以在两三天内完成国际邮递业务。

旅游业

主要旅游景观 乌兹别克斯坦有其独具特色的古代建筑遗址，历史和文化的古迹，以及优美的自然环境。大部分名胜分布在著名的古城撒马尔罕、布哈拉、希瓦、沙赫里萨布兹、浩罕、铁尔梅兹等。他们都好似一座座露天博物馆，共有4000个左右历史建筑遗迹。世界闻名的古城撒马尔罕有很多历史建筑遗迹。雷吉斯坦广场位于城市中心，建于15~17世纪，东西北各有一所清真学校。1428~1429年建的兀鲁伯天文台，是一个三层圆型建筑物，有独特的40米大理石六分仪和水平度盘等。帖木尔·古尔—埃米尔陵建于15世纪初，是帖木尔及其后裔的陵墓。沙赫—辛德陵园是中世纪遗留下来的相当完好的墓群，主要建筑由彩色陶瓷贴面作为装饰。还有篩尔·多尔清真学校等建筑群，都是令人惊叹的传世之作。在阿姆河右岸，分布着托普拉克—卡拉城堡遗址；希瓦有著名的古城伊茜—卡拉，铁尔梅兹有古代佛教庙宇遗迹。布哈拉有大约140座建筑和历史遗迹。在数个世纪中，布哈拉在中亚城市中占有主导地位，在穆斯林世界也占有特殊地位。保存了几百年的伊斯马伊尔·萨马尼陵墓是穆斯林东方惊人的古迹，虽然构造普通，但其建筑手法多样，被誉为东方的珍珠。建于900多年以前的卡良清真寺高塔，是中亚著名古建筑物中最高的。根据传说，这里宣判死罪，它有时被称为死亡之塔。引起旅游者注意的还有带有四个高塔的乔尔—米诺尔清真学校、保拉—浩兹清真寺等。尽管岁月使古迹遭到破坏，但古代的建筑艺术仍得到人们的赞叹。希瓦是童话般的中亚古老城市。它是过去独一无二的纪念碑，保存着卓越的古迹，在乌兹别克斯坦各城市中占有特别的地位，并有区别于其他城市的鲜明的特点。希瓦的独特性在于它保存完好的建筑群，惊人的建筑物和文化、军事、宫殿特点的设施，以及具有自己民族特色的住宅。城市中漂亮的古迹是伊茜—卡拉和迪珊—卡拉，他们把城市分成两部分。城市中心矗立着中亚最古老的建筑物之一多柱的朱玛清真寺。

除了著名的古迹以外，乌兹别克斯坦还有美丽独特的自然风光，如离塔什干不远的山区，有远古恐龙活动的遗迹和许多洞穴，其中博伊—布洛克是世界上最深的岩洞之一。

旅游业　乌兹别克斯坦对旅游业的发展越来越重视。境内沙漠、山区、河谷气候区的结合，为发展旅游业开辟了广阔的前景，它可以使人们在一年的任何时间都能得到休息。传统的东方的好客、民族传统和艺术，吸引着国外的旅游公司。丰富多彩的旅游资源，使共和国每年可以接待数以万计的游客，提供多条旅游路线。其中沿古代“丝绸之路”的旅游，倍受国外游客的青睐。从首都到旅游点和各旅游点之间交通非常方便，在旅游区还有具有当地特色的民族手工艺品出售，大巴扎（集市）中满是乌兹别克斯坦著名的土产香瓜、石榴、柿子、葡萄，游客们还可以品尝到具有民族特色的饼和甜食。

全国现有4000多处自然和人文景观。1998年接待游客73.12万人次，其中外国游客27.12万人次。

对外经济合作

乌兹别克斯坦的对外贸易发展很快，与独联体以外国家的贸易额逐年增加。1996年共和国出口额达到42.11亿美元，同上一年相比增长49%。其中对独联体国家的出品额为8.9亿美元（1995年为11.09亿美元，1994年为15.83亿美元），对独联体以外国家的出口额为33.21亿美元（1995年为17.12亿美元，1994年为9.66亿美元）；进口额达到47.12亿美元，比上一年增长71%，其中从独联体国家的进口额为15.17亿美元（1995年为11.18亿美元，1994年为14.01亿美元），从独联体以外国家的进口额为31.95亿美元（1995年为16.30亿美元，1994年为12.02亿美元）。1996年，乌兹别克斯坦在独联体最大的贸易伙伴是俄罗斯，贸易额为13亿美元，其次是哈萨克斯坦（4亿美元）、塔吉克斯坦（2亿美元）；在独联体以外国家中最大的贸易伙伴是韩国，贸易额达到5.73亿美元，其次分别是瑞士（5.4亿美元）、德国（4亿美元）和英国（2.3亿美元）。出口的产品主要有石油、化肥和棉花，进口主要是马铃薯、粮食、白糖、棉布、小汽车和货车。1997年乌兹别克斯坦外贸总额增长40%，其中出口增长30%，实现了外贸顺差。1998年贸易总额为68.169亿美元。

独立后，该国对外开放不断加快步伐，从国外引进先进工艺使本国产品打入国际市场。近几年，来自韩国、土耳其和美国的企业，投资纺织业成效显著。为了保护投资，特别是外国投资，该国通过了一系列法令，除提供长期稳定的保障以外，还提供许多税收方面的优惠。到1996年初，吸引外国投资50亿美元，在共和国建立了2000多家合资企业。外资被用来建立一些重大项目。乌兹别克斯坦航空技术设备厂是伊尔—76中等容量运输机的唯一生产厂家，目前与俄罗斯合作经营，可以生产伊尔—114新型客机和伊尔—114T运输机。乌兹别克斯坦还同韩国的大宇公司合资建设汽车生产厂，全部开工后生产能力为每年20万辆汽车。此外，还有乌兹别克斯坦—美国黄金开采和加工合资企业，和年产40万双鞋的乌兹别克斯坦—德国制鞋合资企业。外国投资者在乌可以从事外汇拍卖、进行货款，在扣除10%的税收后，可以把所赚利润汇往国外，也可以购买或租赁土地。日本进出口银行和三井公司向费尔干纳石油加工厂项目投了资。美日合资企业凯洛格—日商岩井直接投资的乌兹别克斯坦最大的卡什卡达里州石油液化气田的天然气压缩站已交付使用。该压缩站将油田的年产量从200万吨提高到450万吨。

与中国的经贸关系

中国与乌兹别克斯坦两国人民之间的友谊和交往源远流长，古代的“丝绸之路”跨越乌兹别克斯坦领土。中国是最早承认乌兹别克斯坦独立，并与之建立外交关系的国家之一。

两国经贸部门、企业之间的互访十分频繁。据中国海关总署统计，1998年中国同乌兹别克斯坦贸易总额为9025万美元，其中中方出口额为5788万美元，进口额为3236万美元。

华人经济

乌兹别克斯坦有不少华人从事各种经济活动。当地的华人主要有三种：一是清末从中国陕甘地区迁到中亚的东干人，以前大都从事农业生产，现在留在农村的已经不多了，大部分生活在首都塔什干或城市郊区，以家庭为单位，从事农副产品的生产和加工。他们生产的粉条、酱油、豆腐，在市场上很受欢迎。由于与当地的朝鲜族差别不大，东干居民的准确数字很难统计，大约有几千人。二是从新疆迁到乌兹别克斯坦的维吾尔人，去的较早的现在都有了乌兹别克斯坦的国籍，他们与当地的维吾尔人很难区别开来，因此也没有准确的统计数字。目前这部分维吾尔人从事各行各业的都有，后去的维吾尔人基本从事贸易活动，也有开餐厅的。三是乌独立后到乌兹别克斯坦的中国人，他们有的获得了在乌长期居住的权利，与当地人结婚；有的人只是临时居住在乌兹别克斯坦从事商贸活动，流动卖货或者开中国餐馆，但规模都不大，而且极不稳定，流动性很强，统计这部分人的数字也很困难。

（孙壮志）

美　　洲

百慕大（Bermuda）

名称　百慕大群岛（The Bermuda Islands）

面积　53.3 平方公里

人口　63000 人（1997 年）

首府　汉密尔顿（Hamilton）

国内生产总值（1997 年）：21.93 亿美元

人均国内生产总值（1997 年）：36000 美元

货币名称：百慕大元

汇率：1 美元 = 100 百慕大元

简　况

北大西洋西部群岛，距美国东海岸的南卡罗来纳州 917 公里，是世界最北的珊瑚岛群之一。由 7 个主岛及 300 余个小岛和群礁组成。岛上多火山岩熔，年平均气温 21℃。年平均降水量约 1500 毫米。

1503 年西班牙人胡安·百慕大抵达该岛。1684 年沦为英国殖民地，是英联邦中最早的英国殖民地。1940 年 3 月，英美签订《行政协定》，美以一些旧驱逐舰为代价，租借该群岛中的摩根、特克尔和圣大卫三个岛屿，为期 99 年。1957 年英国军队最后撤出百慕大群岛。1968 年获得内部自治权，其外交由英国掌管。该岛作为英国代表团的成员，参加国际劳工组织、世界卫生组织和其他国际组织，美国在百慕大派有总领事。

经　济

主要依赖旅游业、国际金融业和保险业。保险和再保险业务资产超过 350 亿美元，其规模仅次于伦敦和纽约。1998 年在该地注册的外国公司有 10394 家，但绝大多数不在该地设办事处。其人均国内生产总值居世界前列。

工业　由于缺乏自然资源，只有船舶修理、小船制造、制药和手工艺品等小型工业。近年来政府积极鼓励发展轻工业生产。

农业　占国内生产总值的 2.5%。有可耕地 839 英亩，三要种植蔬菜、柑桔、香蕉等。80%食品靠进口，奶、蛋基本自给。农业劳动力缺乏，仅占就业人口总数的 1.5%。

服务与旅游业

金融服务业是百慕大第二大经济部门。由于该地区政局稳定，没有外汇管制，并严格遵守金融保密法，成为世界最大的境外金融和商业中心之一。金融业已超过旅游业成为外汇收入的主要来源。因无所得税，故为著名的国际“避税地”之一。

旅游业是该岛最主要的经济部门，其收入占国内生产总值的 32%、外汇总收入的 40%，从业人口占全国劳动力的 60%，主要接待高收入游客。85%的游客来自美国，其余为加拿大和西欧国家。

交通运输：公路总长约 611 公里。为缓解交通拥挤状况，该岛限定每个家庭只准购一辆客用汽车。水运有三个主要港口：汉密尔顿、圣乔治和爱尔兰岛自由港。空运有通往英国、美国的航线。

对外贸易　几乎所有产品完全依赖进口，进口产品的 75%来自美国。外贸历年巨额入超。主要进口产品为机械和运输工具、食品、饮料、制成品和燃料等。1998年进口商品总额为6亿百慕大元。出口以药品的再出口为主，本地主要出口产品为化妆品和鲜花。

华人经济

2000年在百慕大的华人总数不超过50人，其中来自中国大陆的只有5人，其余都是来自新加坡和马来西亚。华人大部分都在当地三家由黑人所开的中餐馆做厨师。

第一个中国人早年来到百慕大汉密尔顿，开设了一家皇后中餐馆。这是整个百慕大唯一的一家由中国人开设的中国餐馆，它纪录了华人在百慕大已经有超过一百年的历史。这家餐馆主人是原籍广东开平的方祈衍，是祖业餐馆第四代继承人。方祈衍的曾叔祖父方幕灼就是第一个涉足百慕大的中国人，那时是1884年，百年来方家已有三代祖先安葬于此，这也是全百慕大唯一刻上中文墓碑的墓地。

在百慕大汉密尔顿，还有来自香港的华人黄志刚开设的一家珠宝店。店铺后面是小型加工厂。黄志刚在纽约和香港都经营过珠宝店。

上世纪90年代先后移民来百慕大的华人，多数在中餐馆打工，当厨师做中国菜，他们一般每星期可赚700多美元。

加拿大（Canada）

国名 加拿大（Canada）
面积 9976140 平方公里
人口 3085.7 万（1999 年）
首都 渥太华（Ottawa）

国内生产总值（1999 年）：约 6100 亿美元

人均国民收入（1999 年）：约 20000 美元
货币名称：加拿大元
汇率（1999/12/31）：1 美元 = 1.4521 加元

简　况

位于北美洲北部。东临大西洋，西濒太平洋，西北部邻美国阿拉斯加州，南界美国本土，北靠北冰洋达北极圈。海岸线长约 24 万多公里。东部气温稍低，南部气候适中，西部气候温和湿润，北部为寒带苔原气候。中西部最高气温达 40℃以上，北部最低气温低至 –60℃。

加拿大原为印第安人与因纽特人居住地。17 世纪沦为法、英殖民地，后又被法割让给英国。1867 年，英将加拿大省、新不伦瑞克和诺瓦斯科舍合并为一个联邦，成为英国最早的自治领。1926 年，英国承认加的"平等地位"，加始获外交独立权。1931 年，成为英联邦成员国，其议会也获得了同英议会平等的立法权，但仍无修宪权。1982 年英国女王签署《加拿大宪法法案》，加议会获得立宪、修宪的全部权利。一百多年来基本上是自由党和进步保守党轮流执政。全国分 10 省 3 地区。各省设省督、省议长、省长和省内阁。

经　济

加拿大是西方七大工业化国家之一，制造业和高科技产业较发达，资源工业、初级制造业和农业也是国民经济的主要支柱。加以贸易立国，对外资外贸依赖很大，经济上受美国经济影响较深。

工矿业　加拿大矿业生产以能源为主，包括石油、天然气及煤矿等。其中藏油量据估计约有 3000 多亿桶，未来将成为 21 世纪主要油源国。此外，加拿大新发现钻石及镍矿，进行开采均具国际规模。在制造业方面，主要有资讯工业及运输工具业等。加国运输工具制造业多为跨国性大企业经营，为制造业中之最大宗，占 GDP 总值约 16%。

农林渔牧业　加拿大地大、物博、人稀，其天然资源的丰富为各产业奠定了基础。加国可耕地面积约占全国土地面积 16%，其中已耕地面积约 6800 公顷，占全国土地面积的 8%，主要种植小麦、大麦、亚麻、燕麦、油菜籽、玉米等作物。加渔业发达，75%的渔业产品出口，是世界上最大的渔业产品出口国。加国平原面积为 27.9 万平方公里，畜牧业发达，为国际市场肉类及奶类与加工品的主要供应国。加国林业在世界市场上亦占举足轻重的地位，森林工业分四大主要部分，即森林服务业、采伐业、木材业、造纸业，每年为其带来巨大贸易额，对该国外贸盈余，贡献颇大。

服务与旅游业　近年来服务业发展较快，旅游收入约占国内生产总值的 4%，是重要的外汇收入来源。全国有18个国家公园,安大略的尼亚加拉大瀑布是主要旅游点之一。

同我国的关系 1970年10月13日两国建交。

华人经济

中国和加拿大贸易开始于1780年，当时中国的丝绸、茶叶和瓷器等通过海路运往温哥华，而加拿大的皮毛和木材等也经海路运到中国。18世纪中叶和末叶，许多中国人作为开金矿和修建铁路的劳工，来到加拿大西部。1858年6月28日，首批华工300人由美国旧金山抵达加拿大维多利亚港。之后，陆续有华工和华商由美国乘船抵加，其中大多数人转往金矿区淘金。所以，现在的加拿大华人一般是把1858年6月28日作为华人最早抵加的纪念日。

近年来，随着中加两国关系的发展，移居加拿大的华人不断增多。新移民和他们的先辈相比，多受过良好教育，他们带来资金和技术，促使华人经济多元化。据资料统计，2000年加拿大华侨华裔人口近100万人。除早期华侨外，新移民以香港、中国大陆及台湾前往者居多，其次为东南亚各国华裔移民，其中自台湾前往者共12.5万人。

加拿大华侨及华裔多聚居东西部,东部以大多伦多地区为中心,人口36.9万人,其中来自台湾新移民2.9万人;西部以温哥华地区为中心,人口52万人,其中台湾新移民7万人;梅迪辛哈特地区约8至9万人,其中来自台湾新移民1至2万人;首都渥太华约3.76万人,来自台湾新移民5600人。

加拿大华侨华裔经济事业主要为：饮食业、贸易业、旅游服务业、食品加工业、成衣业、金融业。概况为：

（一）商业

1. 饮食业：华商经营餐馆业全加共约2500家，投资总额达5亿加元，多数为家庭营业的小型餐厅或外卖店。另有规模大、装潢富丽堂皇的，成为加国的高级社交场所，也是吸引国际观光顾客的场所。

2. 贸易及杂货业：部分杂货业兼营少数进口货品零售，并批发或接受订货，但仍以家庭小型营业为主，少数发展为超级市场形式，投资额近百万加元。其中雷钰堂（Louie Tong）的先辈早于1899年在温哥华开设小杂货店，至1930年已有相当地位。以后全力扩展行销网，分店增至400家。1976年雷氏收购面临倒闭的美国加州商人的伦敦药房，发展药品零售业务，成为海外华人成功的零售大企业家之一。

贸易业多为新移民经营。现多伦多等四大华人聚居都会区华商杂货业及贸易业共1100家，全加达2800余家，投资总额3.5亿加元。其中香港新移民何定国（Darid Ho）为此行业经营成功者之一。台湾新移民陈慧娟、肖家训合作开设魁北克最大规模一元商店，陈列商品1万项。

3. 旅游业：华商经营旅馆业或出租公寓规模不大，全加有530家，投资总额为3.5亿加元。此外华商经营旅行社、出租游览车、观光纪念品等550余家，投资总额1.6亿余加元，足见此业华人已具影响力。香港华商何鸿燊和胡文翰家族，分别以3000万加元购买多伦多两家旅馆后，其他香港华商如鹰君集团、陈悦明等也相继在加购买旅馆。

4. 金融业：华侨拥有流动资产大幅增加，支持侨营金融业的扩展，又由于银行利率偏低投资互惠金者增多，带动经纪人业的成长。现此业华商全加近500家，投资总额2亿余加元。近年香港汇丰银行在加国业绩甚佳。香港华商李嘉诚及所属和记黄埔公司，拥有加帝国商业银行9.9%股权。华人从事证券及保险业者亦显著增加。

5. 医疗业：中医及针灸不但华侨重视，在加国人民中也逐渐获得信誉。在温哥华市成立的慈济传统疗法中心，更为中医药开拓新的领域。

6. 运输业：华人从事进出口报关业者颇多，带动海、陆、空运输业的发展，华商经营的已达 100 余家，资本总额 1 亿余加元。香港华商船务公司总部迁设温哥华，以节省运输成本，同时也开启加国华商国际海运业之门。

7. 文化事业：华人经营文化事业范围十分广泛，遍及报纸、杂志、书店、广播、电视、电影、广告制作及职业作家等，全加已达 200 余家，资本总额 1.5 亿加元。其中《世界日报》自行采访、编辑、设厂印制，较具规模，香港《星岛日报》航空版销路也广。

8. 其他：包括戏院、夜总会、酒廊、会计师、律师、移民顾问公司、美容院、洗衣店、驾驶及语言补习班，凡华人生活所需的都能获得服务。新移民聚集区大型商场不断兴建，提供华商各行业经营的场所，以及配置休闲业、餐饮业等，已有华人及外侨假日休闲活动的场所，并带动其他行业发展，包括家用电器、五金制品、成衣、服务、珠宝、西点面包、食品罐头等。全加已达 8000 余家，投资总额 12.8 亿余加元。

（二）工业

1. 石油与化学工业：华商经营传统化学工业包括化妆品、清洁剂、发霜等 100 余家，投资额 3.5 万加元，均属小型企业。香港华商李嘉诚等收购的加国赫斯基石油公司（Husky Oil Ltd），已开始在加拿大东部离岸油田展开 3 年的钻井工程。连同其他探勘，开采计划预计投资额为 20 亿加元，并于 2000 年股票上市，拓展开采及炼油计划，为新型的大企业之一。台湾新移民林成贤、刘福勇、李敏辉等结合加国科技人员创设的达茂科技公司，其股票已在美国及欧洲证券市场上市。

2. 电子及电器业：华商包括新移民从事电脑、电器装配业者增至 400 余家，投资额达到 5000 万加元。其中丁谓创设国际善美电子公司，已发展成国际性大企业，收购美国胜家缝纫机公司及德国百富缝纫机公司，为世界最大缝纫机制造及行销商，股票分别在加国、香港、美国及德国上市。台湾新移民何毓龙经营的朗信集团，从事电脑批发，在卑诗省市场占有率约 3%。

3. 食品加工业：华人传统食品加工业为豆腐、面条、烧腊、腌渍菜蔬等，多为家庭营业，约有 350 家，投资总额 2.5 亿加元。帝国调味品公司以生产味精具规模，又梅迪辛加特黄荣食品公司及香港新移民冯永发的新之美日式面包点心，均已外销美国，发展多家分店。泰国华裔新移民吴仲辉的炸面饼及面包厂产品，均受市场欢迎，营业不断扩大。

4. 成衣业：华侨从事成衣业者 350 余家，投资额 1.2 亿余加元，多为新移民家庭小型营业。

5. 其他制造业：华商从事机械、仪器及其零件的制造、维修业 50 余家，投资额 3000 余万加元；木材加工、小型造纸、印刷、车辆及家电维修业 50 余家，多为家庭营业，投资额 3000 余万加元。

加国华侨华人从事房地产投资、中介、开发及承包业者约 500 家，多属中介经纪者，甚至有家庭主妇兼职。但近年也有香港大企业在加开发商场。

（三）农矿业

华商在温哥华大都会区从事果树种植、饲养禽畜的 78 家，资本总额 7700 万加元。另有台湾新移民在多伦多大都会区种植温室菇类、培植兰花，及老华侨经营小农场、园艺场及林业副产品、渔业等共约 160 余家，投资总额 1.2 亿余加元。其中香港东方红药业公司投资人参和植业规模较大。

华侨朱健业收购卑诗省 Skyline 矿业公司，增资整顿后已恢复采金作业，是华侨矿业的首创。

墨西哥（Mexico）

国名 墨西哥合众国（The United States of Mexico）

面积 1967183平方公里

人口 10029万（1999年）

首都 墨西哥城（Mexico City）

国内生产总值（1999年）：约5500亿美元

人均国内生产总值（1999年）：约4800美元

货币名称：比索

汇率（1999/12/31）：1美元＝9.498比索

简　况

位于北美洲南部。北邻美国，南接危地马拉和伯利兹，东邻墨西哥湾和加勒比海，西南濒临太平洋。海岸线长11500公里。有300万平方公里经济专属区和35.8万平方公里的大陆架。全国5/6为高山及山地，大部地区分旱、雨两季，最旱的2月降水量仅5毫米，最多为7月，降水量为170毫米。墨西哥高原终年气候温和，年平均气温在24℃左右。

墨西哥是印第安人古文化中心之一，闻名世界的玛雅文化、托尔特克文化和阿兹台克文化均为墨西哥印第安人创造。1519年西班牙殖民者侵入墨西哥。1810年9月16日伊达尔戈神父发动起义，开始了独立战争。1821年墨宣告独立。1824年10月正式成立联邦共和国。1910年发生资产阶级民主革命，1917年颁布资产阶级民主宪法，宣布国名为墨西哥合众国。全国划分为31个州和1个联邦区（墨西哥城），州下设市（镇）和村。

经　济

为振兴国内经济，墨国政府以低利率协助国民清偿银行债务，协助解决国内中小企业的呆账问题，并采取低收入职工免课所得税、调降进口税、出口退税等租税措施。同时，吸收外资，发展出口加工业，创造就业机会。

资源　矿业资源丰富，主要为石油、天然气、金、银、铜、铅、锌、砷、铋、汞、镉、锑、磷灰石、石墨、天青石、硫磺、萤石、重晶石等。已探明石油储量577亿桶（1998年），居世界前列。天然气储量700亿立方米，居世界第十三位。

工矿业　近年来石油产量保持高水平，在拉丁美洲仅次于委内瑞拉，天然气也大幅度增长。在制造业方面，主要有汽车工业，墨西哥汽车工业以美国、加拿大及日本投资企业为主，但供应市场并不局限于当地。美国的通用汽车、福特、克莱斯特、日本日产、德国福斯，每年自墨西哥出口百万辆汽车，供应全球市场。电子电器工业为墨国新兴工业，亦以美、日、韩投资企业为主。在化学及制药工业方面，墨国是全球前15大化学及石化产品生产国之一，为中美洲药品供应中心。其他盈利工业尚有鞋类及皮革工业等。

农牧业　墨西哥为世界农业生产大国之一，有“仙人掌与龙舌兰酒的故乡”之称。

全国有可耕地3560万公顷，主要种植玉米、高粱、小麦、大豆、水稻、棉花和咖啡等，剑麻产量居世界前列。全国牧场占地面积7900万公顷，畜产品部分出口。近年来扩大造林，占全国陆地面积25.5%。渔业方面，资源丰富，最名贵的鲍鱼供应全球市场，海虾产量亦丰。由于加拿大及美国的渔产品大都由墨西哥进口，因此从墨西哥输往美、加两地的渔产品，往往享有许多特别优惠。

旅游业 旅游业较发达，是世界第九大旅游国，目前已成为美国、加拿大之后美洲第三个重要旅游地。旅游创汇是仅次于石油和制成品出口的第三大外汇收入来源。

交通运输 以公路和航运为主，交通较发达。

同我国的关系 1972年2月14日两国建交。

华人经济

中国人大批进入墨西哥是在19世纪，当时许多华工被西方殖民者招募或拐骗来到美洲，进行北美西部的开发。后来随着铁路完工和金矿枯竭，许多华工在美国加州和墨西哥北部落户。今天的墨西哥华人很多就是19世纪华人移民的后裔。二战后，墨西哥接纳了部分来自港台和东南亚地区的华人移民。中国改革开放后，随着中墨政府和经贸关系的发展，赴墨的中国移民和做生意的中国人不断增多。据资料统计，目前墨西哥华侨华裔约2万人，其中来自台湾的约150人。和多数国家和地区的华侨华人相似，墨西哥的华侨华人仍以经营商业为多数。

（一）商业

早期华侨经营传统商业，杂货零售、进口、批发业、五金制品、食品罐头等，行业十分广泛，目前约有4000余家。港台和东南亚华人新移民，则多从事贸易业及观光餐馆业等。例如台藉华人经营的贸易业25家，每家资本额为100万至500万美元，自台湾或香港等地进货，销售各种百货用品及汽车组配件，供应墨国市场所需，销售量颇为可观。华人经营的餐馆业中，有的属高级观光餐馆，投资额约400万美元。其他如旅行社、航运代理等，也都有华人经营。

（二）工业

早期华侨经营工业历史悠久，且较具规模，包括食品加工业、五金制品业、家用电器装配厂、车辆、家电维修厂等。其中以巧克力糖厂积累资产超过1000万美元，为海外华人工业的特色。

华人新移民以投资制造业为主，如电子制造业及纺织业。

（三）农矿业

老华侨农户10余家，种植菜蔬、花卉及饲养家禽、家畜等。也有华侨购买捕虾船数艘，租与当地渔民作业。加拿大华裔朱健业收购墨国经营困难的铜、锌及银矿场一座，增资复业，是华侨中成功地进行跨国性矿业开采者之一。

米市墨西卡利（Mexicali）是墨国早期华侨开辟的，已有百年历史。现当地人口已增至百万人，华侨华人约2000人，华裔混血约15万人。华人开设的中餐馆约100家，供应墨西哥口味的中菜。华人并投资房地产、停车场及金融业，均甚具规模。

美　国
(United States of America)

国名　美利坚合众国 (The United States of America)

面积　9372614 万平方公里

人口　27621.9 万 (1999 年)

首都　华盛顿哥伦比亚特区 (Washington D. C.)

国内生产总值 (1999 年): 92561 亿美元

人均国民收入 (1999 年): 35500 美元

货币名称: 美元

简　况

位于北美洲中部，领土还包括北美洲西北部的阿拉斯加和太平洋中部的夏威夷群岛。北与加拿大接壤，南靠墨西哥湾，西临太平洋，东濒大西洋。海岸线 22680 公里。大部分地区属大陆性气候，南部属亚热带气候。中北部平原温差很大，芝加哥 1 月平均气温 -3℃，7 月 24℃；墨西哥湾沿岸 1 月平均气温 11℃，7 月 28℃。

原为印第安人聚居地。15 世纪末，西班牙、荷兰、法、英等国开始向北美移民。到 1773 年，英已建立 13 个殖民地。1775 年爆发独立战争。1776 年 7 月 4 日通过《独立宣言》，正式宣布建立美利坚合众国。1787 年制定联邦宪法，1788 年华盛顿当选为第一任总统。在 1776 年后的 100 年内，美国领土几乎扩张 310 倍。全国分为 50 个州和首都所在地哥伦比亚特区，有 3042 个县。联邦领地包括波多黎各和北马里亚纳；海外领地包括关岛、美属萨摩亚、美属维尔京群岛等。

经　济

美国具有高度发达的现代市场经济，其劳动生产率、国内生产总值和对外贸易额均居世界首位，有较为完善的国民经济宏观调控体制。

1999 年美国大力推动自由贸易，但也积极发展高科技产业。高科技产业成为这一年美国经济的突出点。除闻名全球的加州“硅谷”之外，美国首都华盛顿特区一带已在世纪末成为科技重镇。华盛顿市区和附近的弗吉尼亚州及马里兰部分地区，已经发展成一个庞大的高科技群，有数以千计的企业和数以万计的科技从业人员在当地工作。他们以从事网际网路、电讯、航太和生物科技为主，企业雇用员工超过 47 万人。

资源　自然资源丰富。煤、石油、天然气、铁矿石、钾盐、磷酸盐、硫磺等矿物储量均居世界前列。其他矿物有铜、铅、钼、铀、铝矾土、金、汞、镍、碳酸钾、银、钨、锌、铝、铋等。战略矿物资源钛、锰、钴、铬等主要靠进口。煤总储量 35996 亿吨。

工矿业　美国矿业生产以能源为主，煤碳、石油及天然气产量均位居世界第二位。主要制造业有电子、汽车、煤油、化学、基本金属等工业。其中汽车和建筑业在产业中占有重要地位，为美国经济的两大支柱。与此同时，计算机、航空设备在美国的对外出口中所起的作用越来越大，信息等高新科技产业发展迅速，科研机构与工业部门更加紧密地结合，使产品更新换代日益加快，利用高科技改造传统产业也取得巨大成效。1999年美国 GDP 增长率达 4%，是近几年最佳成绩。

农业 美国为世界农业生产大国，除充裕供应国内所需外，亦为国际市场粮食、水果、畜产品及其加工制品主要国家。农业生产总值约占国民生产总值的 1%。全国有大小农场 205 万个。农地面积约为 187 万平方公里，占国土面积的 20%。农业高度发达，机械化程度高。粮食产量约占世界产量1/5。其中大豆、玉米产量均占世界总产量约 2/3，小麦产量也占世界产量近一半。畜牧业发达，牧地面积为 2 亿公顷，占全国总面积 24%，除充分供应内销市场外，肉类及奶类为外销产品。近年发展饲养鸵鸟业。

交通运输 美国拥有完整而便捷的交通运输网络，运输工具和手段多种多样。

同我国的关系 1979 年 1 月 1 日，中美两国正式建立大使级外交关系。

华人经济

1999 年美国华侨华人人口总数为 283 万，主要分布在大纽约地区（含宾州、康州、新译西州）约 83 万人，洛杉矶大都会区约 80 万人，旧金山及湾区约 50 万人，次要侨居地为休斯顿、芝加哥、西北地区及夏威夷州。旧金山中国城惯称唐人埠，是美洲最大华人城埠之一。历史最久的旧金山中华总商会成立于 1901 年，该会是由 150 多年前，来自祖籍广东的老侨建立。

华人经济概况

（一）农林渔牧业

华侨经营农业历史最久，而且较具规模的为亚利桑那州吐桑市的棉花园、纽约市曼哈顿的青谷园、麻州西部张氏农场、夏威夷州的邝家园、及各大都会区的花圃。新移民开拓人参种植成功者有许氏人参公司及天仁人参农场，洛杉矶的四季兰园也较具规模。其次为养鸡、养猪及养鸟，都有华人经营，其中休斯顿东郊养殖驼鸟园，除推广内销食用驼鸟肉外，至 1999 年已发展为外销产业。华人还经营养殖渔业，包括各种淡水鱼，而以养虾业规模较大。农林渔矿业在各地区的概况是：在休斯顿地区养虾场 1 家、鸵鸟养殖 1 家，家禽农场 2 家。虽属起步阶段但前景看好。西北地区农林渔业有 10 家，资本额 300 万美元；矿业 1 家，资本额 2205 万美元，为石油开采公司。在纽约地区，华侨从事农林渔业共有 100 家，资本额约 10 万美元，以生产中式青菜及园艺为主。台湾移民钟氏家族在美国南加州经营养鸡业已有 5 年多，共饲养约 20 万只鸡，每天生产 12 万枚鸡蛋，供应南加州数十家华、洋超级市场与糕饼店。享有“活鱼大王”的黄飞鹤于 1984 年赴美开始投入淡水鱼养殖业，为南加州最大华资淡水食用鱼养殖场，也是此一区域主要鱼货供应者，年产量高达 200 多万磅，专饲养吴郭鱼、鲫、鳅、鲤等。华裔陈志行在休斯顿投资农场养殖鸵鸟已有 10 多年历史，未来肉鸟市场前景看好，投资潜力大。

（二）工业

1．金属冶炼及制品业：华商唐氏企业公司经营金属加工及电子组配件厂 15 家，已承购居全美第 11 位的麦克劳炼钢厂。其次陈全工业公司拥有对钛基合金、镍基合金的精密锻造程序控制超高技术。第三为华商蔡至勇拥有美国制罐公司3%股权，任董事会主席。

2. 电子业：王安电脑公司为华侨最早创设的科技公司，是世界上著名的跨国公司之一，分公司遍布全球100多个国家，营业额从1975年的7590万美元至1985年的23.5亿美元。10年时间规模扩大30倍。袁子春创办的金斯达国际集团于1999年10月成功购并“电视指南公司”，总价值92亿美元，至12月21日，市价达130亿美元。王嘉廉是美国华人高科技企业的杰出代表。1976年他创建了联合电脑国际有限公司，至20世纪末，该公司也是美国最大的软件公司之一，是世界领先的商用软件供应商，拥有员工25000人，年销售额达60亿美元。华人科技企业家在加州硅谷的影响巨大。在硅谷创业成功的华人科学家，首推杨致远。他所属的雅虎（Yahoo）公司2000年初总市值高达1030亿美元，杨致远的个人资产也达到80亿美元。

在硅谷发展成功的华人企业家已经形成了一个群体。最早进入硅谷科技园的华人科学家有李信麟，早在1972年就在那里创立了“魔鬼系统”和“奎茂”；徐大麟也是20世纪70年代硅谷的先驱；张忠谋以其杰出的成就获得美国半导体产业学会颁发的终身成就奖；段晓雷1996年创办的“网上网”电信，1998年底上市后，一跃成为全球最大的网络宽频中心，市值2亿美元，半年后，被大都会传媒以19亿美元收购。除此以外，在硅谷由华人经营并且业已上市的电子公司还包括林杰屏的林氏研究公司，陈文雅的旭东公司，王大壮的电子封装公司，陈宏的安网，以及孙燕山、王犀、成建中、李安等人领导的网络公司。硅谷目前大约有7000多家高科技公司，其中有2000家由华人创办或管理。

2000年7月10日，美国《商业周刊》排出全球1000家大公司，美国华裔创办的公司有7家入榜。除王嘉廉的CA公司外，有6家来自硅谷，多以网络服务、光纤、电子商务软件为主要企业。在全球1000家大公司中，美国华人上榜的全都是信息产业类型，反映了美国华人经济的重大转变，也显示出华人在新科技经济发展中的杰出表现。

3. 成衣业：有帆船公司等少数几家自创品牌销售时装。在美国拥有成衣界“货仓大王”盛名的华人李学海于1981年创立威特—柏泰国际公司，在新泽西州拥有11个大型货仓；在纽约市曼哈顿时装区亦分别拥有多个服装展示区及销售中心，拥有自己的服装品牌，在全美数家知名百货公司销售，休斯顿地区华人经营纺织业20家，平均资本额约2万美元，多为小型成衣商。西北地区华人经营纺织业4家，资本额110万美元，为颇具规模的成衣工厂。纽约州地区华人经营纺织业30家，资本额约20万至30万美元，以成衣制作为主。

4. 建筑业：华人新移民增加，多居于少数大都会区，新华埠不断兴起，旧市区也改建高楼商场、住宅，这都带动华人建筑业的发展。在圣何塞和洛杉矶地区华人经营建筑开发较普遍。休斯顿地区华人经营建筑业30家，房地产经营繁荣，香港投资集团及台湾环亚集团均在此地区进行大型投资开发。西北地区华人经营建筑业151家，资本额3066万美元，目前有不少华资公司承包大小工程，前景颇为看好。纽约州地区华人经营建筑业98家，资本额10万至50万美元，多为房地产经纪人，但此业的市场占有率仍偏低。迈阿密地区华人经营建筑业2家，资本额约1000万美元。底特律地区华人经营建筑业1家，资本额200万美元。

5. 先进空动结构公司制造6人座遨游者号喷射机，已于1999年底出厂销售。泰国华商投资的卜蜂公司在亚拉巴马州创立的种鸡生物科技中心等事业，已顺利开发经营，为海外华商畜牧业基因科技化的首创。

（三）商业

1. 餐馆业：为华人传统行业，包括高级社交场所的豪华型餐厅、传统小吃及宴会场、快餐连锁店等新经营模式。美国的中餐馆可以用星罗棋布来形容，因为几乎在美国的每一个角落都可以找到。据有关资料统计，2000 年 8 月全美计有 35779 家中国餐馆。自从第一家中餐馆—杂碎餐馆 1850 年在美国开设，中餐业至今已有 150 年的历史。旧金山中国餐馆遍地皆是。洛杉矶地区是华人外贸重镇，加上华人年年增加，餐饮业日趋蓬勃。休斯顿地区 1999 年华人有 15 万人以上。中餐馆 600 家，平均资本额约 6 万至 25 万美元，近年来美国经济好转，餐馆业经营亦兴盛。中式大型自助餐颇受欢迎，主要经营者以香港、台湾华商为主，中国大陆移民也有投资餐馆者，经营状况一般，目前此业呈饱和状态，竞争激烈。西北地区华人有 10 万人，华人经营餐馆业 618 家，资本额约 8221 万美元，略有发展。新迁移至华盛顿州的华人所开设的餐厅都在西雅图周围的城镇。纽约州地区华人约 10 万人。该地区中餐馆 1200 家，大型餐馆资本约 100 万至 200 万美元，小型外卖店约 10 万至 30 万美元。大型餐馆属豪华高档次的经营型态，小餐馆持平价经营，外卖店在郊区增多。迈阿密地区华人经营餐馆业 1500 家，资本额约 2.85 亿美元。底特律地区华人经营餐馆业 230 家，资本额 4500 万美元。

2. 贸易、批发及零售业：华商大企业集团发展超级市场连锁店或联号，自行进口货品，批发兼营零售。但小本经营者，或不在大都会区内的，营业有限。如休斯顿地区华人经营贸易业 200 家，平均资本额 5 万至 30 万美元，西北地区华人经营贸易业 80 家，资本额 813 万美元。因地理位置及太平洋亚太经济的关系，贸易业持续增长，许多台商及中国大陆移民陆续加入。纽约州地区华人经营贸易业 50 家，资本额 5 万至 200 万美元。迈阿密地区华人经营贸易业 160 家，资本额约 8000 万美元。底特律地区华人经营贸易业 8 家，资本额 500 万美元。

3. 旅馆及旅游业：香港及台湾新移民或企业投资美国旅馆业者渐多，包括汽车旅馆、三星及五星级观光旅馆，以及从事国际旅馆连锁店的管理，三种型态并行发展。由于华人赴美国观光、探亲、留学者日多，以及华人从事旅行社业者也渐增加，带动旅馆业的发展。例如，金山湾区华人开设国际性旅馆如雨后春笋，一家比一家大，一间比一间资本雄厚。休斯顿地区华人经营服务业共 70 家，包括旅馆业 30 家，旅游业 40 家，平均资本额旅馆为 50 万至 100 万美元，旅行社为 10 万美元。旅馆业经营稳定，旅行社由于长短程旅行团业务蓬勃发展，此业前景看好。西北地区华人经营服务业 476 家，资本额为 1.0545 亿美元，华人经营的旅游业过去一年继续增长，发展空间仍大。目前，以中型汽车旅馆为主，四星级的旅馆仅 1 家，高级旅馆尚待开发。纽约州地区华人经营旅游业 125 家，资本额 5 万至 200 万美元，观光事业颇为兴旺。迈阿密地区华人经营旅游业 140 家，资本额约 1.2 亿美元。底特律地区华人经营旅游业 6 家，资本额 80 万美元。该业较突出的有：洛杉矶商业核心地区的城中商业区高级旅馆，有 7 成左右由华人投资团体拥有，其中碧特摩尔旅馆为香港富豪财团以 6300 万美元购买；朋那凡丘旅馆为台湾徐氏集团买下；洲际旅馆已由港台两财团联手接管；喜来登大旅馆则由华资富恒集团以近 6000 万美元收购，负责人赵履仁在近 2 年来多次协助其他华资集团成功地收购洛市商业区旅馆；王氏合夥公司负责人王桂荣拥有“旅馆大王”之称，已将经营 20 多年，位于长堤市的前 Ramada Inn 改头换面为 Guest House Hotel，成为 Guest House 连锁旅馆在西海岸第一家旅馆；来自台湾的华裔女性傅蓉男，为美国金普顿连锁旅馆集团的副总裁。

4. 金融业：近年华人普遍投入证券、期货等金融性商品的交易，资金进出较大，助长华商金融业的发展。华侨早年创立的银行多能稳健经营，新移民也多集资或联合当地人创设银行，或收购当地银行，形成华人金融业全面发展形势。如旧金山几年来开设多家银行，华资大银行多由来自香港、台湾及东南亚的华人移民开设；休斯顿地区华人经营金融业包括银行 6 家，保险公司 1 家，平均资本额为 9 亿美元，华人财务贷款公司约 10 家，经营正常；西北地区华人金融保险业共 99 家，资本额 3620 万美元，华资银行有 3 家，证券及财务贷款公司有部分增长；纽约州华人金融保险业 92 家，资本额 50 万至 200 万美元，有美洲银行、自由银行 2 家，其余包括保险、证券等行业约 90 家；迈阿密地区华人金融保险业 10 家，资本额约 5000 万美元；底特律地区金融保险业 4 家，资本额 2000 万美元。

5. 运输及通讯业：华商福茂航运公司有 4 艘大型货船。此外，两岸三地海运业多在美国设立分支机构，租用及投资增添码头起卸设备。华商经营空运者为夏威夷的阿罗哈公司，从事州内岛际定期及包租机经营达半世纪。香港华商和记黄埔集团已购得美国西方无线电公司 19.9% 股权，为华商介入美国通讯业的首例。各地区的华人运输业情况为：由华人经营的台湾长荣轮船公司以旧金山为基地，使用旧金山湾区太平洋铁路将货物运往美国中南部和内陆；休斯顿地区航运业包括报关行 4 家，交通公司、搬运公司共 9 家，中华、长荣航空及阳明海运皆在此区设办公室。交通及搬家公司市场已逐步超出华人商业圈进入主流市场；西北地区华人航运业 15 家，资本额 737 万美元；西雅图华人大型航运公司不多，小型陆运公司比例也很低。纽约州地区华人运输业 18 家，资本额 20 万至 50 万美元；迈阿密地区华人运输业 4 家资本额约 2 亿美元；底特律地区华人运输业 1 家，资本额 300 万美元。

6. 杂货业：杂货业同餐饮业一样是华人经营的传统行业。但因此业在美已呈饱和状态竞争激烈。休斯顿地区华人杂货业 100 家，平均资本额 10 万至 25 万美元；大型华人超市及批发商有 40 家，家庭式杂货店渐被淘汰。西北地区华人杂货业 92 家，资本额为 1110 万美元，由于新移民的增加，该业渐有发展。纽约州地区华人杂货业 190 家，资本额 30 万至 80 万美元，此业与美籍韩商竞争激烈。迈阿密地区华人杂货业 120 家，资本额约 5000 万美元。底特律地区华人杂货业 17 家，资本额 200 万美元。

7. 医药业：华人经营此行业较普遍。如休斯顿地区华人从事医药业包括中医 50 家、西医 200 家，平均资本额中医约 5 万美元，西医约 10 万至 20 万美元，中药行兼营高级南北货有固定市场，经营较易，华人西医日渐增多。西北地区华人从事医药业 21 家，资本额 250 万美元，中药药店大多集聚在中国城内，发展有限，西药因美国超市设有专业药剂师的药行，华人经营较少。纽约州地区华人医药业 340 家，资本额 10 万至 50 万美元，诊所约 180 家，药材店约 160 家。迈阿密地区华人医药业 150 家，资本额约 3000 万美元。底特律地区华人医药业 10 家，资本额 180 万美元。在医药业绩较突出的为来自台湾的赵宇天，他创办的华生制药厂，过去 5 年中增长 3.8 倍，以制造平价药品为主，并已出资 9000 多万美元并购劲敌罗斯制药厂。

纽约唐人街

纽约唐人街位于纽约的曼哈顿岛下城，方园约 5 平方公里，共有 9 条街。华人初到此地是在 18 世纪中叶。唐人街最老的“老侨”来自广东“四邑”，即广东省的台山、新会、开平、恩平。他们是加利福尼亚“淘金客”的后代。现任纽约华侨衣馆联合会主任委员的林以和的曾祖父，就是当年淘金者之一。如今广东华侨人数日少，他们的子孙已经随着教育程度的提高和就业门类的多样化，大多已融入了主流社会中。来自福建、浙江、上海及其他地方的新移民不断增加。与唐人街毗邻的东百老汇街已有了“福州街”的别称。纽约州有华裔42万人，大部分集中在纽约市，使它成为美国东部华裔最集中的地方。曼哈顿唐人街只有8.7万华人。在纽约市5大区中排在第三位，居于皇后区（14万）和布鲁克林区（12万）之后。纽约市华裔比10年前增长51%。据分析，唐人街的华人可能不止8.7万人，因为有些人身份不“完善”，而没有参加人口普查。

唐人街上除了餐馆、成衣店、理发店等华人的传统行业外，还有杂货铺、水产店、果菜摊、中药店等，销售品种和店铺名称，同中国东南沿海的乡镇基本上相同，所不同的是店门外多了一些英文广告。曼哈顿唐人街有大小餐馆数百家。纽约每年游客有3000多万，中餐自然又增加了相当多的食客群。但纽约还有其他风味的餐馆上万家，所以餐饮业竞争是十分激烈的。唐人街礼品店有100多家，主要是温州人开的。唐人街也有开设计算机行业的，说明信息产业开始进入这一地带。电脑公司正在把制衣业闲置的厂房改成新厂房和办公室。

阿鲁巴（Aruba）

名称 阿鲁巴（Aruba）
面积 193平方公里
人口 8.4万（1999年）
首府 奥拉涅斯塔德（Oranjestad）

国内生产总值（1999年）：约20亿美元
人均国民收入（1999年）：22875美元
货币名称：阿鲁巴弗罗林
固定汇率：1美元=1.79阿鲁巴弗罗林

简　况

位于加勒比海南部小安的列斯群岛的最南端，属热带气候，年平均气温27℃。

岛上最早的居民是阿拉瓦克印第安人。1499年西班牙占领该岛。1643年又归荷兰占领。1807年被英国夺取。1814年重归荷兰管辖，并成为荷属安的列斯的一部分。1986年1月1日宣布正式脱离荷属安的列斯，成为荷兰王国的一个单独的政治实体，荷兰继续负责该岛的国防和对外事务。在经济和货币事务方面，阿鲁巴与荷属安的列斯组成合作联盟。

经　济

90年代经济增长有力，并比较稳定，主要依靠石油的冶炼、转运和产品以及旅游业。

工业　主要有石油提炼。曾设有世界上最大石油炼油厂，使用委内瑞拉原油提炼石油，成为主要经济来源。目前炼油能力为14万桶/日。轻工业限于烟草制品、饮料和一些消费品。建有“自由工业区”。海水淡化厂可日。淡化海水2080万公升，为世界最大的海水淡化厂之一。

农业　受气候及地形限制，且土质贫瘠，农业不发达。种有供制化妆品和药用的芦荟，大部分粮食需依赖进口。

旅游业　是国民经济的支柱产业。该地区终年阳光充足，气候宜人，由于拥有绵延95公里长的白沙棕榈滩，并兴建新式大饭店，加上吸引人的赌场，旅游事业发展迅速。每年约有54万人次的观光客来此世外桃园一游。

交通运输　境内无铁路。公路长380公里，有全天候的公路网。水路交通发达，主要港口奥拉涅斯塔德可停泊远洋轮。首府的贝娅特丽克丝国际机场，有航线连接美国及美洲国家。

华人经济

目前阿鲁巴的华侨华裔约600人左右。当地出生的华裔占八成以上，老一辈华侨多来自广东中山和新会。新移民多来自台湾、香港两地。大部分华裔聚居在首都奥拉涅斯塔德。

侨营事业以商业为主，包括杂货业、餐馆业、旅馆、超级市场、药房、茶室、洗衣店等，资本额约在数万美元至数十万美元之间，多属小规模的家庭事业。

巴哈马（Bahamas）

国名 巴哈马国（The Commonwealth of The Bahamas）

面积 水陆面积25.9万平方公里，其中陆地面积为13939平方公里

人口 30.1万（1999年）

首都 拿骚（Nassau）

国内生产总值（1999年）：58亿美元

人均国民收入（1999年）：20500美元

货币名称：巴哈马元

汇率：1999/12/31：1美元=1巴哈马元

简　况

巴哈马位于美国佛罗里达州东南海岸对面，古巴北侧。群岛由西北向东南延伸，长1220公里。由700多个岛屿及2000多个珊瑚礁组成，其中20余个岛屿有人居住。属亚热带气候，年平均气温23.5℃。

1492年，哥伦布到达巴哈马群岛中部的圣萨尔瓦多岛（华特林岛）。1647年，首批欧洲移民到此。1649年英属百慕大总督带领一批英国人占据群岛。1717年，英国宣布巴哈马群岛为其殖民地。1783年，英国与西班牙签订《凡尔赛和约》，正式确定为英属地。1964年1月实行内部自治。1973年7月10日独立，为英联邦成员国。

在主要岛屿上设置了地方专员，其中新普罗维登斯岛居住着全国60%以上的人口。

经　济

巴哈马是加勒比地区最富裕的国家之一。旅游业和金融服务业是国民经济最重要的部门，产值占国内生产总值90%左右。巴国每年观光人口近500万，提供政府收入60%，雇用人力约占总劳动人口65%。近几年巴政府在政策上作了调整，提出经济多样化，吸引外资，取得一定进展。

工矿业 石油炼制业曾为巴哈马的主要工业。但因美国对石油需求减退，巴哈马炼制及出口业也随之减少。矿产品仅有粗盐等少数项目。制造业规模均不大，且多为轻工业。其中以木材、水泥及化学工业较为重要，盐业及制药业次之，其余为食品加工等。近年来，由于对旅游业投入的加大及民宅建设速度的加快，建筑业发展较快。

农渔业 巴土层薄，土壤贫瘠，农业不发达。农业人口约占劳动力人口7%。农渔业产值仅占国内生产总值的5%左右。食品80%靠进口，蔬菜和果品生产约占全部农业生产量半数以上，主要作物如蕃茄、黄瓜、胡椒、酪梨及木瓜等已能自给，并有少量供出口。家禽生产约占农业产值的50%，肉类生产基本上能满足国内需求。巴海域是世界重要渔场之一，鱼种类繁多，水产品生产潜力很大。小龙虾为主要产品，大部分外销。

服务业 金融服务业是巴国民经济的第二大支柱产业，产值占国内生产总值的20%。有英、美等36个国家的425家银行在巴注册，其中180多家在巴设立了分支机构。从事旅馆和餐馆服务业的人员约1.4万，占全国劳动力的10%，产值占国内生产总值的13%左右。旅游业也是巴国民经济的支柱产业。

交通运输 巴国海陆空交通发达，港口优良，海港主要有两处，国际机场亦有两处，分别在拿骚及自由港，另有小型机场55个，对外交通十分便利。

同我国的关系 1997年5月23日，中巴正式建立外交关系。

华人经济

1999年，巴哈马华侨华裔人数约310人左右，主要为在该国生长的第二代华裔。其中绝大多数聚居于巴首都拿骚，使用语言为英语及广东语。

华裔多以经营杂货店、餐馆、洗衣店为主，目前约计有70家左右。其中杂货店18家，总资本额约260万美元，多为小型经营规模，其中以A. Wong & Son规模最大。另外，Johm Chem & Son共有本店分店5家，Lacky Food Store有本店分店3家。餐馆约17家，总资本额约320万美元左右，其中有10余家开设于拿骚。其余约有5家开设于大巴哈马岛的自由镇。在经营规模上以东苑较具规模与声誉。另Chiness Kitchen及VIP各拥有连锁店两家。旅馆业约有5家，总资本额500万美元。以Montagu Beach Inn及Habour Moon Hotel较具规模。金融业1家为香港恒生银行在巴国设立的办事处，登记资本总额为100万美元。建筑公司1家，资本额约60万美元左右。另有洗衣店、文具店、书店、美容院、西服店、照相冲洗店、家俱店等30家。华裔Mr. Henry Lee及其家族合资经营的连锁洗衣店最为有名，共拥有本分店10家。华裔Mr. William Wong经营的饮用水供应公司，声誉极好，另外表现杰出的华商尚有从事文具印刷业及公寓的Mr. Brian Wong，从事旅馆业及百货业的Mrs. Betty Wong，以及经营旅馆及公寓的Mr. Yuan Wong等。除经商外，此地华侨华人亦有从事律师及建筑师，或在银行服务者。

巴巴多斯（Barbados）

国名 巴巴多斯（Barbados）
面积 431 平方公里
人口 25.91 万（1999 年）
首都 布里奇顿（Bridgetown）

国内生产总值（1998 年）：29 亿美元
人均国民收入（1998 年）：11200 美元
货币名称：巴巴多斯元。
汇率：（1999 年）：1 美元 = 2 巴元

简 况

位于东加勒比海小安的列斯群岛最东端。海岸线长 101 公里。属热带雨林气候，气温通常在 22℃～30℃之间。

16 世纪以前，印第安人阿拉瓦克族和加勒比族在此居住。1518 年西班牙人登陆。10 多年后，葡萄牙人入侵。1624 年，英国人宣布占有该岛，1627 年设总督管辖，1958 年加入西印度联邦。1961 年 10 月取得内部自治地位。1966 年 11 月 30 日宣布独立，为英联邦成员国。全国分为 11 个区。居民有 80% 为黑人，16% 为混血，4% 为白人。地狭人稠，为世界人口稠密地区。

经 济

旅游业、制造业和农业是巴经济的三个主要部门。

资源 无主要矿产资源，只有少量石灰石、石油和天然气。原油贮藏量估计为 300 万桶，天然气贮藏量估计为 1.8 亿立方米。能源主要靠进口石油。

工业 重工业只有水泥厂，制造业以电子零部件为主，其余包括食品加工以及制糖、饮料、朗姆酒和啤酒酿造、化学药品、服装和家具等。其产值占国内生产总值不足 10%。

农牧渔业 全国领土的 65% 为可耕地。其中约 9200 公顷种植甘蔗，占重要地位，是巴外汇的重要来源之一。巴政府近年致力于洋葱、花生等蔬果的自给自足，产量亦有增加。有少量畜牧业，主要饲养牛、乳牛、猪、绵羊、山羊及鸡。渔获量近年已有显著增加。

旅游业 巴国气候怡人，风景美丽，是西印度群岛最受欢迎的旅游名地之一。旅游收入也是巴经济的主要支柱收入。

交通运输 公路总长 2333 公里，其中 90% 以上公路为沥青路面。水运方面首都布里奇顿是个全天候的深水港，可停靠万吨级远洋客货轮。空运方面，巴是东加勒比地区重要的航运中心。格兰特利·亚当斯机场是加勒比地区最现代化的国际机场之一，可起降大型喷气式客机。有直飞美国及加勒比国家和地区的航班。

同我国的关系 1977 年 5 月 30 日中巴建交。

华人经济

1999 年，巴巴多斯华侨华人约 150 人左右，多聚居在首都布里奇顿。华裔以经营餐馆业和加工业居多。餐馆业 10 家，多为小规模经营，业主多系中国大陆和香港移民，因市场小，利润薄，仅够维持生计。较具规模的有黄彬潮经营的水兴餐厅、周锦英开设的广州酒家和曾福联经营的高国酒店。另有杂货店、裁缝店以及塑胶加工厂等，多属家庭式经营，仅够维持生活。

伯利兹（Belize）

国名 伯利兹（Belize）
面积 22963平方公里
人口 23.5万（1999年）
首都 贝尔莫潘（Belmopan）

国内生产总值（1999年）：7亿美元
人均国民收入（1999年）：3000美元
货币名称：伯利兹元
固定汇率：（1999年）：1美元=2伯利兹元

简　况

伯利兹位于中美洲东北部。北和北西与墨西哥接壤，西和南与危地马拉毗邻，东濒加勒比海。海岸线长322公里。属亚热带雨林气候，年平均气温25~27℃。

原为玛雅人居住地。16世纪初沦为西班牙殖民地。1638年英国殖民者入侵。1862年英国正式宣布其为英国殖民地，改名属洪都拉斯。1973年6月改名为伯利兹。1981年9月21日独立，为英联邦成员国。

经　济

以农业为主，农业产值约占国内生产总值的22%，靠香蕉、蔗糖等农产品赚取外汇。工业不发达。生活用品绝大部分靠进口。

资源　矿产蕴藏颇丰，西北地区有石油、重晶石、锡石、黄金等矿藏，但未发现有可供商业性开采的储量。森林面积16568平方公里，占全国总面积的70%以上。产红木、苏木和染料木等贵重木材，红木被称为国木。沿海渔业资源丰富，盛产龙虾、旗鱼、海牛及珊瑚等。

工矿业　矿产产值约占GDP0.6%，规模均不大，主要为供给国内市场所需，生产进口替代产品和出口农产品的加工。

近年来服装业发展较快，成为仅次于制糖的第二个创收行业和提供就业机会的主要部门，制造业产值占国内生产总值15%。

农渔林业　农业产值占国内生产总值的20.9%，提供70%的外汇收益，雇用23%的劳动人口。农地面积为4500平方公里，主要农产品首推甘蔗，占出口总额33%。其次为柑橘，年产量约300万吨，多经冷藏输往美国，享受免关税优惠。渔业产品出口创汇年约3500万伯利兹元。

交通运输　伯利兹东濒加勒比海，多天然港湾，最主要为伯利兹城市港口，对中南美洲、西印度群岛、墨西哥及美国等均可直航，海运便利。空运方面对外交通便利，有1个国际机场和11个简易机场。此外，伯利兹的旅游业近年发展十分迅速。

华人经济

据1999年资料，伯利兹华侨华人（包括华裔）总数约5500人。其中属于1950年以前来伯国的老华侨约1000多人，来自中国大陆的移民约600人，来自台湾的移民约1000人。

华侨华人在伯利兹经营的事业，种类繁多，除少数规模较大者外，多属小型规模，资本额较为薄弱。

（一）商业 以杂货业为主，约有400余家，占当地市场的70%。多属家族式小本经营，销售日用品、杂货等，总资本额在数千至数万伯元间。餐馆业20家，市场占有率约20%以上，多数为小资本的家庭式餐馆或小吃店，提供顾客便餐式服务，资本额为数千至数百万伯元不等。贸易业有9家，全系台湾移民开设，市场占有率约20%，均属小型进口业经营，总资本额约30万美元。旅游业1家，包括旅馆、旅行社及礼品店，属独资企业，为台湾籍何大全开设，资本亦较雄厚，约10余万伯元，约占当地市场5%。由于伯国天然资源丰富，自然景观迷人，观光旅游业颇具潜力，华裔还具有发展空间。医药业6家，以中医为主，如外科理疗及针灸等，除1家由台湾移民开设，其余皆为大陆移民开设。资本额在数万伯元间。运输业1家，资本额有数百余万伯元。娱乐业3家，其中有1家为乡村俱乐部，规模颇大，采取了会员制经营模式，以当地人为主要客户，但只限于周末开放。

（二）工业 华裔经营工业约10余家，包括食品制造业4家，从事面包、水饺制造，为独资企业，家庭式经营，均为台湾移民开设，约占市场的15%，资本额约数万至10余万伯元间。纺织业1家，也是台湾移民开设，市场占有率约10%。建筑业有2家，资本额系华裔企业中最为雄厚的，有数百万伯元，为来自台湾的新移民投资。因当地土地便宜、人口少、空地多，所以多从事于地产兴建与开发。另有台湾移民开设的化工业2家，主要经营洗碗精和肥皂粉等。

（三）农业 现有华裔经营农业约2家，总资本额约百万伯元。系来自台湾移民购地经营的农场，农产规模颇大，但因工人工资高，农产品价格低，获利不大。

在伯利兹华侨华人中，经营事业较为杰出的华裔，有现任中华会馆会长的关世铭。他出生于莫斯科，后移住香港，1960年移民伯利兹。他所开设Simon Guan Co.，以经营建材、五金、杂货为主，总投资金额为100万美元。另华裔伍永泉经营烟酒业以及地产生意，亦为华裔中最成功的企业之一。两人在伯均有极大影响力，在杂货市场占有率达30%以上。

哥斯达黎加（Costa Rica）

国名 哥斯达黎加共和国（The Republic of Costa Rica）

面积 51100平方公里

人口 393.3万（1999年）

首都 圣荷塞（San Jose）

国内生产总值（1999年）：约100亿美元

人均国民收入（1999年）：约2850美元

货币名称：科朗（Colon）

汇率：（1999年）：1美元=297.7科朗

简 况

位于中美洲南部。东临加勒比海，西濒太平洋，北接尼加拉瓜，东南与巴拿马毗连。海岸线长1200公里。高原地区气温为23~26℃，沿海地区气温为29~36℃。

该国原为印第安人居住地。1564年沦为西班牙殖民地。1821年9月15日宣布独立。1823年加入中美洲联邦。1848年8月30日成立共和国。全国共分7个省，下设81个县，421个区。

经 济

1998年哥经济走出停滞并开始增长，香蕉生产取得历史最好成绩。外国在工业、农业、贸易和旅游业的投资，继续呈上升趋势。出口活跃，增长幅度较大，其中工业产品，尤其是电子产品占了相当大比重，农、畜、海产品出口也有增长。旅游收入超过香蕉和咖啡出口的总和。经济增长率（GDP）1999年为4.5%。

资源 哥国拥有多种矿产，但实际开发尚不足。其中铝矾土蕴藏量约1.5亿吨，铁4亿吨，煤约为5000万吨，石油仍需仰赖进口。森林资源丰富，森林面积为60万公顷。

工业 哥国为中美洲工业化程度最高的国家，主要是轻工业，如食品加工、化工、纺织、木材加工、玻璃制品、印刷业、金属加工等。原材料大都依赖进口，产品大多出口。哥国目前有7处自由工业区，每年赚取1亿美元以上外汇。

农牧渔业 哥国拥有广大的农耕地，农业不仅是经济骨干，亦是外汇来源的依据，务农人口约占总人口32%。农业以生产咖啡、香蕉、甘蔗等经济作物为主，是出口创汇的传统产品。近年来，鱼虾、花卉、菠萝、香瓜也开始出口。粮食主要依赖进口。哥是国际咖啡组织成员国，1995年加入咖啡生产国协议。

旅游业 哥旅游业发达，是最大的外汇来源。1998年去哥旅游观光者约为670万人次，创汇8.29亿美元。北美是主要观光客来源。

交通运输 以公路为主，现代化的交通运输网遍布全国大多数地区。公路总长约35532公里，其中17%的路段是沥青路面。泛美高速公路贯穿南北，全部为沥青路面。铁路总长950公里。水运港口4处，分布于大西洋及太平洋两岸，主要港口为彭塔雷纳斯港、美国港等，拥有轮船1029艘，总吨位57万吨。空运方面，两家航空公司经营10条国内航线，15条国际航线，首都有胡安·圣塔玛利亚国际机场。

华人经济

早期移居哥斯达黎加的华人可追溯至1855年，当时人数仅约80人，其后人数不断增加，主要来自广东。至1970年后，来自香港、台湾和中国大陆的移民陆续增多。至1999年，哥国的华侨华人已达6.3万人，其中3000余人来自台湾地区。华人主要聚居在首都圣荷塞市和利蒙、蓬塔雷纳斯等城镇。

哥国华人从事的行业较多元化，但仍以商业为主，约673余家，工业约71余家，农林渔牧共60家，一般经营情况尚属稳定。

(一) 商业 仍以餐饮、杂货为主。餐馆业350家，分布于哥国各大小城镇，规模属中、小型，颇受当地人欢迎。在首都圣荷塞的中餐厅多较具规模，每家资本额约在5万至50万美元之间，为华裔经营家数最多的行业；杂货业包括小型超市约95家，多属家庭式经营，也有部分从事杂货及食品的批发，较大型的则自行进口，每家资本额约在5万至40万美元之间；贸易业约48家，多从事杂货进口，商品来源主要为中国大陆、香港、台湾、美国等，另有数家自日本进口汽车旧引擎及零件，也有部分从事电脑设备及零件的进口买卖，每家资本额在20万至350万美元之间；旅游业46家，主要经营旅馆，目前首都有3家华人开设的旅行社，每家资本额约在5万至35万美元之间；娱乐业35家，包括溜冰场、电动玩具、卡拉OK，酒吧，舞厅多为来自台湾的移民在圣荷塞市及周边地区开设。

(二) 工业 华人经营各类中小型工业约有71余家，包括5家机械、仪器工厂，主要为工业用的机器装配，资本额约在25万至50万美元之间；电子电器业约有6家，资本额约为10万美元；化工业有4家，从事蚊香、杀虫剂、清洁剂及清洗用品等的制造，资本额约为20万至30万美元不等；食品制造业约有28家，以各种零食、中西式点心及面食等的制造销售为主，各式中国食品的加工制造颇受当地居民欢迎，资本额在3万至150万美元之间；还有华裔从事阳伞制造、汽车螺丝、塑胶制品、不锈钢厨房设备等行业，计约12家左右，资本额约在20万至150万美元之间，经营均有相当杰出成就；建筑及房地产业约有15家，资本额约5万至500万美元不等，主要为房屋设计、装潢、承造建筑工程等，其中以中华工程公司规模最大。另有由华人提供的房屋中介服务。

(三) 农林渔牧业 华裔从事农林渔牧业的约有60家，资本额在10万至250万美元之间，多数经营农场，种植咖啡、香蕉及蔬菜果品等农作物。另有华裔从事鱼虾养殖及渔捞事业，均有相当的成就。

哥国华侨华人中成就杰出的有：李燦辉经营洋伞生产与进出口业，为哥国唯一洋伞出口厂商，内销市场占高级洋伞销售80%。杨国康经营面包、面条、西点的制造，占当地2%以上营业额。吴锡源开设的蚊香厂，独占当地市场，投资额达150万美元。牟树椿经营不锈钢洗涤槽、铰链、木螺丝等，投资50万美元，其中不锈钢产品占当地产量73%，其他产品占65%的份量。刘乃铭从事食品加工、食品机械、玩具进出口、畜牧业等多种经营，投资额约百万美元。李显基从事塑胶加工及其相关产品进出口业务，独占当地市场。来自台湾高雄县的华侨周建成从事塑胶袋制造，并拥有隆兴冷冻厂、信国冷冻厂，其资产金额为美元120万元，投资金额美金60万元。由于哥国已开放私营金融业，已有华商陆续加入金融业界，由华商经营的哥斯达黎加国泰银行已正式成立。

古巴（Cuba）

名称 古巴共和国（The Republic of Cuba）

面积 110860平方公里

人口 1109.6万（1999年）

首都 哈瓦那（Havana）

国内生产总值（1998年）：147.47亿比索

人均国内生产总值（1998年）：1320比索

货币名称：比索（peso）。

汇率(1999年12月)：

1美元=21比索（自由市场比价）

1美元=1可兑换比索

简况

古巴位于加勒比海西北部。东与海地相望，南距牙买加140公里，北离美国佛罗里达半岛南端217公里。它由古巴岛和青年岛（原松树岛）等1600多个岛屿组成，是西印度群岛中最大的岛国。海岸线长约6000公里。全境大部分地区属热带雨林气候，仅西南部沿岸背风坡为热带草原气候。年平均气温25℃。

1492年，哥伦布航海抵达古巴。1511年沦为西班牙殖民地。1868年和1895年爆发两次独立战争。1898年美西战争后，被美占领。1902年5月20日成立古巴共和国。1903年，美国强租古海军基地两处，其中关塔那摩海军基地迄今仍被美占领。1933年，军人巴蒂斯塔在美国支持下政变上台。1959年1月1日，菲德尔·卡斯特罗领导的起义军推翻了巴蒂斯塔独裁统治，建立革命政府。全国划分为14个省，1个特区（青年岛特区），省下设169个市。

经　济

古巴经济长期以来维持以蔗溏生产为主的单一经济发展模式。80年代末，随着苏联解体和东欧剧变，这些国家停止对古巴援助，改变与古贸易方式后，古经济形势开始恶化。近年来采取解除多项产业管制，通过投资法，成立自由区，鼓励外资进入等一系列政策和新举措，经济缓慢恢复。旅游业发展迅速，成为创汇行业；烟草和雪茄生产有较大提高，城市菜园子计划实施顺利，服务业在GDP结构中占有重要地位。

资源 铁矿蕴藏量35亿吨，镍1460万吨（约占世界总蕴藏量37%），铬200万吨，钴80万吨，此外还有锰、铜等。森林覆盖率约占国土面积21%。盛产名贵的硬木。

工矿业 古巴矿产品产值仅占国内生产总值1%～2%。但主要矿产品镍与铝的出口仍占相当重要地位。古巴制造业自1989年起开放民营及引进外资，发展重点以基本零组件、金属、机械及电子业制造为主。目前，仍以制糖业为主，是世界主要产糖国之一，占世界糖产量的7%以上。

农业 农地面积为451万公顷，农村人口占全国人口的27%。55%的耕地用于种植甘蔗，为世界最大蔗糖出口国。其他用于种植水稻、烟草、柑桔等。第二大出口农产品则为烟草。渔业已颇具现代化规模，为第四大出口业。畜产占农民收入的第二位。

旅游业 拥有丰富的旅游资源。近年来，旅游业成为国家重点发展项目。国际游客平均每年高达100万人之多，外汇收入亦超过10亿美元。成为除蔗糖外第二大外汇来源。

交通运输 以公路运输为主，总长4.9万余公里（铺面公路14478公里），中央公路横贯古巴岛。铁路总长14838公里，其中9000公里为甘蔗运输专线，另有147公里电气铁路。海运方面有16个商业港口和23个辅助港口，空运方面有国际航线23条，同41个国家通航。

同我国的关系 1960年9月28日中巴建交。

华人经济

目前古巴华侨华人约6000余人。在哈瓦那，约有103人保留中国国籍，另有113人加入古巴籍，而华裔（华人第二代以后）约有2000余人，其中懂广东话的仅20人左右。

早期的古巴华侨，都是以契约劳工的身份而去的。鸦片战争后，中国沦为半封建半殖民地国家，大批中国人流向国外谋生。与此同时，拉丁美洲的奴隶制度开始崩溃，大庄园经济迫切需要补充新的劳动力。在这一背景下，1847年首批契约华工571人乘“奥奎多”号和“弥盖尔公爵”号船先后驶抵古巴哈瓦那港，成为有记载的中古关系史的开端。他们是到达拉丁美洲的第一批契约华工。此后，一些殖民公司相继在广东、福建沿海设立招募站，他们与当地的人贩子相勾结，用威逼、利诱、欺骗等手法，将大批华工如同囚犯般地掳至船上，运抵古巴。据1879年就任中国驻古巴总领事谭乾初的调查统计，从1847年至1874年的27年中，在古巴登岸的来自厦门、澳门、汕头、黄埔、香港的契约华工达14.3万人，但平安抵达的只有12.6万人，有1/10以上的华工，死在途中的船上。他们到达古巴后大多数被卖到甘蔗种植园，同其他种族的劳工一起从事极为繁重的劳役，受到殖民主义者和大种植园主的残酷压迫和剥削。

在古巴的广大契约华工，对当地统治者的奴役进行了坚决的反抗和斗争。然而，由于势单力薄，这些斗争都没有成功。这使他们认识到，只有推翻西班牙殖民统治，他们才能得到解放。1868年10月10日，以塞斯佩德斯为首的古巴革命者发动起义，开始了古巴人民争取独立的解放战争。战争伊始，广大华工就积极投入这一伟大斗争的行列。在1868年～1878年古巴第一次独立战争中，千余名华工参加了起义军。经过斗争，西班牙殖民当局被迫于1878年在《桑洪条约》中宣布，凡参加解放战争的黑奴和契约华工一律享有自由。

广大华工在废除契约苦力制度和获得自由之后，仍把古巴民族的独立的解放事业当成自己的事业，继续同其它种族的居民并肩战争（1895～1899年），为古巴人民最后推翻西班牙殖民统治贡献了自己的力量。战争结束后，他们解甲归田，不索取任何报酬，甚至放弃了有权领取的政府津贴。古巴人民对独立战争中华人的英雄赖娃上尉和胡德中校，享有作为古巴共和国总统候选人的权利。100年后，在卡斯特罗所竖起的革命纪念碑上有两行小字：“在华裔古巴人中，没有一个革命的叛徒，没有一个革命的逃兵”。

华侨华人旅居古巴的历史较长，在工商业中拥有一定的基础。战前，与禁止中国移民入境的政策相适应，古巴政府也曾限制华侨华人经济的发展。如30年代初要求各企业雇用工人的总数中，古巴籍工人必须占75%以上。战后，对华侨华人经济的限制有所放松，华侨华人经济一度顺利发展。1958年古巴实行国有化政策前，华商经营的工商业已超过5000家，仅次于美商和西班牙商。

华人商业以杂货、粮食店居多，其中资本在10万美元以上的有60多家，1万至10万美元的约有200多家，1万美元以下的有900多家，售卖蔬菜、水果及经营洗衣店的小型经营者，共约2000余家。华侨华人餐馆约有1000家左右。此外还有20至30个农场，大部分种植蔬菜、水果，还有几家养鸡场。1959年古巴革命胜利后，政府于1962年对私营工商业实行社会主义改造，华侨华人经营的各种店铺全部收归国有，几代人积累下的私人财产也大部分充了公。这使得原本处于社会中产阶级地位的华人，失去了原有的生活方式。对被没收企业的华侨华人，政府给予重新安排工作，大部分由原单位留用，领取工资，月薪最少为85比索，也有每月发200~300比索的。按古巴政府的规定，男子年满65岁退休，每月可领取65比索退休金，旅古的老华侨半数靠退休金生活。无工作又无退休金的，可向古巴政府申请生活补助费，每月30比索，不足部分由中华总会馆帮助。1962年古巴政府的国有化政策，使以工商业为主业的华侨华人经济受到严重的打击，不少华侨华人被迫重新移民，另谋出路，华侨华人人数因而大大减少。部分华侨为便于谋生，在古巴革命前已加入古巴籍，子女也属古巴籍。这些华裔子弟的文化水平，多在中学以上，少部分受过高等教育，亦有人在政府和军队中任职，大多数华人为技术工人、会计和教师。也有部分成为研究中心的研究人员，扮演着古巴社会主义建设中坚力量的角色。

90年代初，在世界和平与发展潮流的影响下，为了振兴经济，古巴政府对经济政策作了重大调整，其中对华侨华人经济影响较大的是恢复私营经济的政策。到1993年9月，古巴政府允许私人经营的行业达130种，包括理发、出租汽车、录相服务、泥瓦工、电工、厨师和美容等，其中有不少是华人。华侨华人经济状况有所好转。

虽然在古的华人早已完全融入了古巴的日常生活中，但永远舍不去的中国情结却时时地、紧紧地、一代又一代地将他们联系在一起。从哈瓦那的唐人街到圣克拉拉的明清宫，华人自发地结成团体，将有着中国血统的人们和热爱中国文化的人聚集在一起。他们拥有自已的领导人和领导机构，定期举行活动。著名的团体有中华总会馆、中华总商会等。在团体内部，大家可以畅所欲言。虽然乡音已改，但赤诚不变，一人有难，众人皆帮。正是这样，才使这些华人团体能够一直延续到今天。此外，他们与古巴当地政府也保持着良好的关系。

多米尼克（Dominica）

国名 多米尼克国（The Commonwealth of Dominica）

面积 751 平方公里

人口 75000 人（1999 年）

首都 罗索（Roseau）

国内生产总值（1999 年）：约 2.1 亿美元

人均国民收入（1999 年）：3300 美元

货币名称：东加勒比元

固定汇率：1 美元 = 2.7 东加勒比元

简 况

位于东加勒比海小安的列斯群岛东北部。东临大西洋，西濒加勒比海，南与马提尼克岛隔马提尼克海峡，北同瓜德罗普隔多米尼克海峡相望。年平均气温 25℃～32℃。

该国原为印第安部族阿拉瓦克人和加勒比人居住的地方。1493 年哥伦布来到该岛。1763 年《巴黎条约》规定该岛归英国后，法国曾两度占领。1805 年法国占领者放火烧毁了罗索，英国付出 1.2 万英磅的“赎金”后正式占领了多本尼克岛。1978 年 11 月 3 日宣布独立，为英联邦成员国。

经 济

资源 蕴藏有大量的浮石，年产 10 万吨。地热和水力资源较丰富，有待开发。森林面积约 360 平方公里。

工业 工业基础薄弱，仅有小型水果加工、服装、卷烟、酿酒、肥皂、榨油等轻工业。建筑业和制造业有所发展。

农业 多米尼克为农业国，丰富的火山土非常肥沃。香蕉是最主要的出口作物。全国约有 9000 个农户，10 万英亩土地，约 40%的劳动力从事农业，主要农产品有香蕉、椰子、柑桔、蔬果等。90 年代政府致力于推行农业生产多样化，大力发展花卉业、水产养殖和蔬菜生产。

交通运输

岛内公共交通便捷，有全天候公路 1200 公里，其他公路 200 公里。1996 年各类注册车辆总数 10743 辆。水运方面的最大港口是罗索，其次是朴次茅斯。空运方面有两个机场，只能起降小型飞机。

华人经济

据有关资料统计，1999 年多国华侨华人有 50 人，主要为中国大陆移民，约 20 人系来自台湾。华侨华人在多国经营的行业虽多，但均属小型规模。

1999 年华人经营行业概况如下：

一、杂货业（包括小型杂货、现代超市）：3 家，资本额 100 万美元，均由来自中国大陆移民经营，直接由中国进口货物在当地销售，占当地杂货业 5%，发展有限。

二、餐馆业（包括各型餐馆、外卖）：6 家，资本额 50 万美元。其中 2 家属一般餐厅规模，1 家外卖，3 家家庭式，规模甚小。

三、旅游业（包括旅馆、旅游、礼品店）：4 家，资本额 1500 万美元。其中 1 家中型旅馆，1 家度假别墅旅馆，1 家免税礼品店，尚有 1 家旅馆，目前正兴建中。

四、医药业（包括中、西医药）：1家，资本额1万美元。由于未获多国政府发给营业执照，属家庭式经营。

五、运输业（包括陆、海、空运）：1家，资本额20万美元，乃租车业，占当地1%。

六、生活服务业：洗衣店1家，资本额10万美元，占当地市场50%。

多米尼加（Dominican）

国名 多米尼加共和国（Dominican Republic）

面积 48734平方公里

人口 836.5万（1999年）

首都 圣多明各（Santo Domingo）

国内生产总值（1999年）：160亿美元

人均国内生产总值（1999年）：1882美元

货币名称：多米尼加比索

汇率（1999年12月）：1美元=16.1999比索

简　况

多米尼加位于加勒比海大安的列斯群岛中的伊斯帕尼奥拉岛东部。东隔莫纳海与波多黎各相望，西接海地，南临加勒比海，北濒大西洋。北部、东部属热带雨林气候，西南部属热带草原气候。全年温差不大，平均温度25℃。

多国原为美洲印第安人居住地。1496年，西班牙人在岛上建立圣多明名城，成为欧洲殖民者在美洲的第一个永久性居民点。1795年归属法国。1809年复归西班牙。1844年2月27日东部人民宣告独立，成立多米尼加共和国。全国划分为29个省和1个国家区（首都），省下设市和乡。

经　济

多米尼加是农业国。旅游业、出口加工业和侨汇构成多国经济的三大支柱。1999年多国政府最重要的政策是推动国营事业民营化，多国的经济增长率居拉丁美洲之首，1998年为7.3%。

资源 矿产资源较丰富，主要有金、银、铁、铝矾土等。近年来矿业生产锐减。燃料主要依靠进口石油。

工业 烟草加工、制糖、化肥和水泥生产构成该国主要产业，其次有纺织、食品等加工业。多国加工出口区的发展甚为成功，全国约有40余处，区内厂商490余家，雇用劳工约16.9万人。

农林渔牧业 全国共有6处主要农业区，农地面积为190万公顷，主要农产品为蔗糖、可可、咖啡、柑橘、凤梨、香蕉等。啤酒品质优良，近年一直是多国极具潜力的出口项目。森林面积61.9万公顷，占全国陆地面积12.7%。牧地面积为210万公顷，主要饲养牛、猪、山羊。渔业产值仅占GDP0.4%。

旅游业 是经济支柱，最大外汇收入来源。

交通运输 以公路为主。铁路仅供甘蔗运输之用。有港湾多处，主要航行至美国各大城市，有3处国际机场。

华人经济

目前多米尼加华侨华人约2万人，来自中国大陆的占75%，来自台湾的占15%，来自香港约占6%，来自其他地区人数占4%。华侨华人约90%居住在首都圣多明各，老华侨多住于闹区，原藉大部分为广东恩平县。因圣多明各侨营商店林立，故该市杜雅德街有“唐人街”之称。

华侨华人经济情况如下：

（一）商业

华侨华人主要从事商业经营，大小型商家约有300余家。其中餐饮业约80家左右，多属资本额2至20万美元的中小型规模，其中以大使酒店的翠圆餐厅，从香港、台湾高薪聘请厨师，南北方口味，最具特色。其他较著名的有长城、美味、龙楼、海鲜楼、南亚、叙香楼等。侨营旅馆业达90家，资本额从3至50万美元不等。因多国观光事业发达，大规模观光旅馆前景极为看好。杂货业主要为超级市场，由早期杂货店改进经营形成，目前已有90家左右，资本额从2至25万美元不等。近年因多国经济不景气，该业颇受影响。钟表店约40家，占多国该业的95%的高比例。另有照相馆8家，五金店5家，为资本额2万至5万美元的小本经营。高尔夫球俱乐部1家，资本额高达200万美元，为华人经济中规模较大者。

（二）工业

华人经营工厂约40余家，包括纺织业6家、其中毛衣厂3家，礼服、西裤、成衣各1家，资本额从30万至60万美元不等，皆设在自由加工出口区内，经营外销生产业务。电子电器业2家，资本额各约20万美元，因多国无电子电器工业，多属利用低关税进口组配件，经加工组合后，供应多国国内市场。食品制造业2家，资本额约20万至50万美元，因多国经济以农业为主，故有发展前景。塑胶制品业9家，籐制家俱及旅行箱业各2家，制鞋商标、压克力板、虾饲料厂及卫生纸制造工厂各1家，资本额从5至百万美元不等。

另有建筑业3家，包括加工区开发、房屋建筑及制造铝门窗的建材工厂各1家。其中以徐子言经营的鼎达开发公司最具规模。该公司自1979年即从事加工区开发工作，为多国开发私人加工区的首位，他投资开发的“新圣彼德市自由加工区”，为多国经营管理最为优良的事业之一，资本总额已达4000万美元。

由台商在多国投资建厂的共计50余家，投资总额约为9000万美元。其中在加工出口区内设厂11家，投资额约为4300万美元，占区内第5名，仅次于美国、多国、韩国及巴拿马。在加工区外设厂40家，投资行业包括纺织、塑胶、汽车零件，鞋类、水产养殖、纸业印刷、珠宝、服务业及餐饮业等。华人新移民在多国设立的企业，为多国创造了约5300个就业机会。

萨尔瓦多（EL Salvador）

国名 萨尔瓦多共和国（The Republic of EL Salvador）

面积 21041平方公里

人口 615.4万（1999年）

首都 圣萨尔瓦多（San Salvador）

国内生产总值（1999年）：约120亿美元

人均国民收入（1999年）：约2100美元

货币名称：科朗（Colon）

汇率（1999年）：1美元=8.755科朗

简　况

该国位于中美洲北部。东北与洪都拉斯、西北部与危地马拉接壤，南濒太平洋。海岸线长256公里。除南部沿岸狭长平原外，其余为山地高原，境内多火山，被称为“火山之国”。属热带气候，沿海和低地气候湿热，山地气候凉爽。气温17～25℃。

该国原为印第安人居住地。1524年沦为西班牙殖民地。1821年9月15独立。1823年加入中美洲联邦。1841年2月18日宣布成立共和国。全国划为14个省，省下设262个市镇。

经　济

以农业为主，工业基础薄弱。现政府大力推行经济自由化、国际化、国营企业民营化，宏观经济形势看好。

资源 矿藏有金、银、铜、铁、石油、煤、锌、铅、水银、硫磺等。还有较丰富的地热和水力资源。森林面积约占全国面积的13.4%，是世界主要树胶生产国之一。

工业 萨国当前经济已逐渐自原来以农业为基础的经济，转向以工商业为主。工业主要有食品加工、纺织、成衣制作、卷烟、制糖、水泥、炼油和汽车装配等。从事工业的人口占总劳力的19.3%，工业产值约占GDP22%。

农业 农业是国民经济的支柱，全国43.2%的人口从事农业生产，可耕地面积210.4万公顷。80%的农产品供出口，农产品出口所得外汇占出口总收益的33%。其主要农作物有咖啡、蔗糖、棉花及谷类。

交通运输 以公路运输为主，主要公路系统有二，连接萨国东西两面及南部各地。铁路主要供货运。水运方面，主要港口有两处，东部为Cutuco，西部为Acajutla港。空运方面位于首都以南40公里处的科马拉帕的萨尔瓦多国际机场，是中美洲最现代化的国际机场。萨尔瓦多航空公司有通往中美洲多国，以及墨西哥、美国等地的国际航线。

华人经济

根据资料统计，萨国的华侨华人（含华裔）约1800人，以粤籍人数最多，约占80%。来自台湾地区的约有350人。华人多散居在萨国首都圣萨尔瓦多市与圣泰安纳市等城镇。早期华侨多以经营餐馆及百货业为主，而近年来多从事成衣业，生产规模也较大。

商业 目前侨营商业约240家。杂货百货业约有120家，以进口发货仓库方式兼百货批发、零售，货品多自中国大陆及台湾进口，业者获利可观，资本额约5000万美元。餐馆业约60家左右，总资本额约600万美元之间。为当地华人的传统行业，受当地人士喜爱的贸易业约35家，多数仍以大宗进口发货仓库方式现货供应，主要向台湾进口货物，总资本额约1500万美元，业绩可观。旅游及娱乐业共14家，随着经济逐渐复苏，带动萨国旅游业的发展，预期此行业仍具有发展潜力。电脑资讯业3家，总资本额约1000万美元，这是萨国的新兴行业。由于该国贸易及资讯市场的开放，过去4年内电脑销售有爆炸性的增长，预期未来发展大有可为。华侨关家祥取得宏碁、康百克、微软电脑公司及Toyota汽车的代理权，资本额约有1000万美元，是杰出的华商之一。另外经营五金等杂货店的约有9家，资本额在1000万美元间。

工业 侨营工业约15家，其中机械、仪器业有1家，主要从事自行车组装，总资本额约100万美元。电子、电器业2家，资本额约在200万美元之间，主要从事电扇装配。成衣业约6家，总资本额约2000万美元，其中从事成衣加工的以加德企业规模最大。目前该公司也是萨国最大的纺织厂，在萨投资达700万美元，是此地投资额最大的台商。此外，该公司还计划扩大在萨投资，并结合台湾纺织业厂商在多地成立纺织工业区。食品制造业5家，以制造面食及中国食品为主，资本总额约500万美元。另外还有一家原子笔工厂，由钱乐生经营，总资本额约100万美元。

农渔业 现有侨营农渔业5家，总资本额约600万美元。其中一家捕鱼公司是华商张锦全所属，拥有6艘渔船，营业额占当地市场约一半。两家鱼翅工厂所生产的鱼翅，占萨国外销市场的大宗。另外还有华人经营的农场，生产蔬果外销美国市场，前景更好。

格林纳达（Grenada）

国名 格林纳达（Grenada）
面积 344 平方公里
人口 97000（1999 年）
首都 圣乔治（St. George's）

国内生产总值（1999 年）：3.7 亿美元
人均国内生产总值（1999 年）：3700 美元

货币名称：东加勒比元
固定汇率：1 美元 = 2.7 东加元。

简　况

位于东加勒比海向风群岛的最南端，南距委内瑞拉海岸约 160 公里。属热带海洋性气候，年平均气温 26℃。

该国原为印第安人居住地。1498 年被哥伦布“发现”。1650 年归属法国。1762 年被英国占领。1763 年 2 月 10 日根据《巴黎条约》，法国将格转让给英国。1779 年被法国重新占领。1783 年根据《凡尔赛条约》正式确认为英国所有，从此沦为英国殖民地。1974 年 2 月 7 日宣布独立。

经　济

旅行业和农业　格林纳达的经济主要依赖旅游业和农业。旅游业收入是第一大收入，成为外汇的主要来源。农业居次，该国盛产价值较高的经济作物，素有“香料之岛”之称。豆蔻、丁香、肉桂的产量，位居世界前矛。1999 年继续大力发展中小型加工业。

工矿业　格国主岛为火山岛，地形崎岖，缺乏矿产。工业不发达，有一些农产品加工、酿酒、制衣等工业。

农牧业　可耕地约占全国土地面积的 70%，有 1/4 人口从事农业，主要种植肉豆蔻、香蕉、可可、椰子、甘蔗等，是世界上仅次于印度尼西亚的第二肉豆蔻生产国。森林面积有 40.47 平方公里、畜牧业饲养牛、猪、羊等

交通运输　全国无铁路。公路约 1127 公里。海空交通便利。首都圣乔治有深水港设施，可停靠大型远洋客货轮。萨林斯角国际机场有通往加勒比共同体各国和伦敦、北美的客货航班。

华人经济

目前格林纳达华侨华人人数约 20 人，大多从事农业及餐馆、旅游相关行业。

危地马拉（Guatemala）

国名 危地马拉共和国（The Republic of Guatemala）

面积 108889平方公里

人口 1109万（1999年）

首都 危地马拉城（Guatemalacity）

国内生产总值（1999年）：约195亿美元

人均国民收入（1999年）：约·1800美元

货币名称：格查尔（Quetzal）

汇率（1999年）：1美元＝7.6616格查尔

简 况

位于中美洲西北部。西部和北部与墨西哥、东北与伯利兹、东南与洪都拉斯和萨尔瓦多接壤，东临加勒比海的洪都拉斯湾，南濒太平洋。海岸线长约500公旦。以亚热带森林气候为主，气温16～20℃。5～10月为雨季，11～4月为旱季。

危是古代印第安人玛雅文化中心之一。1524年沦为西班牙殖民地。1821年9月15日宣布独立。1823年加入中美洲联邦。1839年建立共和国。全国分22个省，下设326个市镇。

经 济

危国经济以农业为主，工业基础比较薄弱。外国资本在国民经济中占重要地位。目前危国正推动国家建设发展计划，期能提升危国的基础建设和社会发展。

资源 矿产资源蕴藏颇多，但开发不够，故产量不多，矿业产量仅占GDP0.4%。矿产有铅、锌、铬、锑、金、银、水银、镍等，石油储量14.3亿桶。森林面积约360万公顷，占全国面积的33%。

工业 工业基础薄弱，但在中美洲各国中相对发达。制造业产值约占GDP的14%，雇用劳力占总劳动人13.6%。危国制造业多为轻工业，其中化学制品、化妆品、玻璃制品、纸业、食品加工业及其他工业产品，是加勒比海及中美洲市场的最大供应国。但相关的原料、半成品及零组件仍依赖进口。近年危国在成品加工业方面的投资增加迅速，主要为成衣、电子产品的装配加工业。

农业 危国以农立国，农业在国民经济中占重要地位，农业生产占国内生产总值的24%，农业人口占全国劳动人口58.1%。经济作物出口是外汇收入的主要来源，约占5成以上。危是中美洲第二大咖啡生产国，小豆蔻生产外销近年来日趋重要，是世界首要出口国。林产以木兆花心木及杉木较具经济价值，树胶产量仅次于墨西哥，居世界第二位。旅游业是危地马拉第二大外汇收入来源。

交通运输 以公路运输为主，主要公路系统为泛美公路与太平洋、大西洋公路。铁路总长1139公里，连接海岸主要都市之间。主要港口4处，由于空运成本较高，全国94%出口货柜依赖海运，仅高附加价值品以空运输出。

华人经济

华人最早抵危始于1856年。当时有一

名叫欧阳友的华人移居危国，并在该国立功受奖，被危政府授予上尉军衔。1890年，广东商人明钊南在危开设商店，铺号东开隆。至1999年，危地马拉华侨（包括华裔）人口约15350人。其中粤籍人数最多，占90%；闽籍人数最少，约占1%；来自台湾地区的有300人；其他省籍的有300余人。目前华侨华裔多聚居于首都危地马拉城及其近郊，其他城市也有华侨居住。

危国的老一代华侨多以经营杂货业及餐馆业为主，新一代移民则经营进口贸易和小型超市。各行各业情况如下：

（一）商业

1999年，华侨华人经营的商业有467余家，其中杂货业约有200家，多为小型经营规模，资本额平均每家约15万美元，以出售日用品、食品、饰物等物品为主。由于竞争激烈，经营均面临艰苦状况。餐馆业约220家，平均每家资本额约16万美元，其中粤式菜系深受当地人喜爱。旅游业有4家，资本额平均每家25万美元。因游客锐减，该业经营艰难。贸易约有40家，平均每家资本额约18万美元，多为台商投资开设，自台湾进口食品、成衣、鞋类、内衣、饰品、皮箱、钟表等商品，生意不错。金融保险业1家，资本额约在50万美元左右。医药业有2家，资本额各约25万美元，由于药品利润颇高，经营状况尚佳。娱乐业1家，资本额约15万美元，一般只在周六、日生意兴隆。

（二）工业

1999年，华商经营各类工厂约38家。机械业以小型规模的引擎装修、轻工业机械、小五金制造等工厂为主，共4家，平均每家资本额约45万美元，生意尚可。电子电器业方面，华商经营的仅1家，资本额约30万美元，因市场竞争激烈，生意并不理想。化工业仅2家，生产美耐皿产品为主，除内销当地外，兼销邻国，前景看好，资本额约30万美元。纺织及相关行业有7家，经营皮衣、拉链、内衣等，平均每家资本额约60万美元。食品制造业约12家，每家资本额平均约为9万美元，包括面包、面条、豆腐、香肠等制造，因消费者多为侨胞，市场不大。另建筑业5家，平均每家资本额约10万美元。

（三）农牧业

华商多从事蔬菜、棉花、咖啡的种植及饲养家畜，近年因荷兰豆外销前景看好，不少华人农场纷纷投入种植。荷兰豆（雪豆）已成为华商经营农场的主要产品，除内销外，销售网已扩展至巴拿马、美国及加拿大等国家，目前经营者有4家，资本额每家约30万美元。以经营雪豆、水果为主，吉利公司负责人陈幸雄1978年由台湾到危国投资经营蔬果销售，年营业额可达1500万美元。由于全球雪豆以危国产量最多，质量最佳，该公司在危国采购输往北美的雪豆，占北美雪豆进口量的30%至65%，故陈幸雄有“雪豆大王”的美称。

另有一家从事原始水晶石开采的矿业公司，资本额30万美元，已正式经营。还有2家分别从事木材加工、木门加工、家具以出口为主的华人厂商，资本额分别为200万美元和40万美元。

海　地（Haiti）

国名　海地共和国（The Republic of Haiti）

面积　27797 平方公里

人口　808.7 万（1999 年）

首都　太子港（Port-au-Prince）

国民生产总值（1999 年）：35 亿美元

人均国民收入（1999 年）：400 美元

货币名称　古德（Gourde）

汇率（1999 年）：1 美元 = 17.548 古德（官方汇率为：1 美元 = 5 古德）

简　况

海地位于加勒比海北部，伊斯帕尼奥拉岛（即海地岛）西部。东界多米尼加共和国，南临加勒比海，北濒大西洋，西与古巴和牙买加隔海相望。海岸线长 1080 余公里。北部属热带雨林气候，南部为热带草原气候。年平均气温 25℃左右。

1492 年哥伦布抵达伊斯帕尼奥拉岛，即今日的海地和多米尼加共和国。1502 年该岛被西班牙据为殖民地。1697 年该岛西部割让给法国，称法属圣多明各。1790 年爆发反法独立战争。1804 年 1 月 1 日宣告独立，取国名海地。1915 ~ 1934 年被美国占领。1957 年 9 月至 1986 年 2 月，杜瓦利埃家族对海地实行长达 29 年的独裁统治。全国分为 9 个省，省下设区。

经　济

海地以农业为主，是拉美最贫穷的国家之一，也属世界最不发达的国家。

工矿业　海地矿产不多，以铁矾土为主。金矿近年已开始开发，铜矿及其他基本金属亦正筹划开采。矿业产值占 GDP 不到 0.1%。

海地制造业多以供应国内消费为主，主要有来料加工、食品、纺织、制鞋、制糖、日用品及水泥等建筑材料。制造业产值约占 GDP 11%。

农林牧业　农业为海地的主要经济部门。可耕地面积 55.5 万公顷，其中有 12.5 万公顷为可灌溉地。有少数种植园，约占可耕地面积 10%，多由美国公司经营咖啡和菠萝林。粮食不能自给。主要农产品有咖啡、可可、烟草、大米、玉米、高粱、甘蔗、香精油和芒果，以咖啡最为重要。林地面积约为 6 万公顷，未作商业性开发。渔业生产仅供国内消费。畜牧业主要饲养牛、羊、鸡及猪。农林渔牧生产值约占 GDP 37%。

交通运输　以公路运输为主。境内铁路除糖业公司拥有一小段外，无其他铁路系统。海运方面有 3 处主要港口，可供货柜装卸及大型船只停泊使用。空运方面，有数家航空公司飞航往来各大城市。

华人经济

海地华侨华人人数很少，1993 年资料统计尚有 200 人，目前还留驻在当地的约 20 余人左右。华人在此地的经济事业有一华商从事家庭式小型餐馆，一华商投资成衣厂，雇用当地工人约 300 人，另一华商经营农场，拥有当地 300 多名员工。

洪都拉斯（Honduras）

国名 洪都拉斯共和国（The Republic of Honduras）

面积 112492 平方公里

人口 631.5 万（1999 年）

首都 特古西加尔巴（Tegucigalpa）

国内生产总值（1999 年）：约 53 亿美元

人均国民收入（1999 年）：约 800 美元

货币名称 伦皮拉

汇率（1999 年 12 月）：1 美元 = 14.62 伦皮拉

简 况

该国位于中美洲北部。北临加勒比海，南濒太平洋的丰塞卡湾，东南同尼加拉瓜和萨尔瓦多交界，西与危地马拉接壤。海岸线长 1033 公里。沿海属热带雨林气候，年平均气温 31℃；中部山区凉爽干燥，年平均气温为 23℃。全年分雨季旱季，6～10 月为雨季，其余为旱季。

原为土著印第安人居住地，16 世纪沦为西班牙殖民地。1821 年 9 月 15 日独立。1823 年参加中美洲联邦。1838 年联邦解体后成立共和国。全国划分为 18 个省。

经 济

洪都拉斯是拉美最贫穷的国家之一。工业不发达，主要依赖香蕉和咖啡两种农产品的出口。1999 年在经济政策上仍持续采取稳定增长的原则，并推动国营事业民营化。

资源 主要矿藏有金、银、铜、铅、锌、煤、锑、铁等，其中银产量曾居中美洲首位。森林资源三富，占全国面积的一半，盛产松木、杉木及红木等优质木材。

工业 包括三部分：（1）以供应国内市场为主的传统工业，包括食品、饮料及服饰加工业；（2）农业加工出口业，如肉类冷冻包装、制糖业、造纸业及纸浆业；（3）加工装配出口业。其中规模较大者为农业加工出口业。洪国为全球第五大纺织品出口国，但布匹产量半数以上由国外进口，供成衣业者加工后转销至美国市场，是该国工业发展最主要的产业。

农渔牧业 农业是洪国民经济的主导部分，约占国内生产总值 18.9%。可耕地面积 139 万公顷，占全国面积的 34%。67% 的经济自主人员从事农业，主要出口农产品香蕉、咖啡、瓜类、可可及南瓜。木材出口以松木为主。粮食不能自给。渔业主要以养殖鱼虾及捕捞龙虾为主，主要出口市场为美国。永久放牧地有 250 万公顷，主要饲养牛、羊、猪、马、驴和鸡等。

交通运输 洪国的工业区均与主要公路相连接，距离港口及国际机场均不远，境内公路主要有泛美公路和两洋间公路。海运方面南北均有海港，主要港口有特尔特斯等。空运方面有 4 个国际机场，两个航空公司，有航线通往美国、墨西哥和中美洲一些国家，对外交通便利。

华人经济

洪都拉斯早期华侨华人约 800 余人，原籍均属广东省。目前连同土生华裔及来自中国大陆、香港及台湾的新移民在内，共约1200人，粤籍占95%，台湾籍占2%，其他省籍约为3%。华侨华人多数居住在首都，其余散居于北部较大城市。

华人在洪国多从事小型商业经营，以饮食、杂货为主，少数从事成衣制造、贸易及养虾。近年第二代华人崛起于洪国军、政、教育界者不乏其人，如陆军总司令、总检察长、赋税署署长、洪京大学法学院院长等。华人经营行业概况如下：

（一）商业 侨营各类型商业约240家。餐饮业家数最多，约130家，包括饭店、餐馆、自助餐、酒家、咖啡厅等，资本总额约320万美元；杂货业及贸易业约65家，以经营超级市场、杂货店为主，销售日常用品、食品罐头、饮料等，规模都不大，资本总额约130万美元，生意平平；贸易业22家，以进口食品、杂货、文具、鞋类等为主，资本总额约340万美元，该业近年经营较为困难；旅游业12家，包括旅行社、旅馆及礼品店等，生意尚佳，资本总额约40万美元；娱乐业2家，经营电子游乐器，总资本额约20万美元，因竞争激烈，获利有限；另有2家西药房，资本额共约4万美元。

（二）工业 华商在工业上投资成本最为庞大，现有华商经营的各类工厂共22家，包括煤油炉制造工厂3家，资本总额约60万美元，生意尚佳；从事汽车零件制造1家，资本额约40万美元，生意平稳，利润颇高；电器行及电器修理厂3家，资本额约35万美元；成衣加工厂6家，总资本额约在730万美元以上，为华商事业中资本最雄厚的行业，生产成衣外销美国，生意颇佳，利润较高；小型食品制造业约6家，多为制造面包、面条的家庭式工厂，获利不薄，总资本额约14万美元；建筑房地产业约4家，总资本额为170万美元，是近年来自香港的华商投资较大的行业。

在华人开设的6家成衣业中，以中兴纺织投资规模最大，中兴纺织以独资方式，投资850万美元设立针织成衣厂，生产休闲服、衬衫、牛仔衣裤，以及各式高级成衣，打开纺织及成衣输往美、墨的渠道，该公司已陆续扩建纺纱、织布及染整等厂。另一家翔赢公司由台湾进口原料及布料，在洪国加工外销美国。

牙买加（Jamaica）

国名 牙买加（Jamaica）
面积 10991平方公里
人口 265万（1999年）
首都 金斯敦（Kingston）

国内生产总值（1997年）：62亿美元
人均国内生产总值（1997年）：2428美元

货币名称 牙买加元
汇率（1999年）：1美元＝40.078牙买加元

简　况

牙买加位于加勒比海西北部。东隔牙买加海峡与海地相望，北距古巴约140公里。为加勒比海第三大岛，海岸线长1220公里。属热带雨林气候，年平均气温27℃。

原为印第安人阿拉瓦克族居住地。1494年哥伦布来到此地，1509年沦为西班牙殖民地。1655年被英国占领。1866年成为英国直辖殖民地。1962年8月6日宣告独立，为英联邦成员国。全国划分为三个郡，郡下设区，共有14个区。

经　济

铝土、蔗糖和旅游业是牙买加国民经济中最重要部门和外汇收入的主要来源。1999年，牙买加全力治理通货膨胀高居不下的情势。造成通货膨胀的原因为货币贬值，预算盈余缩减，对外贸易不平衡及公共支出增加等。

资源 主要有铝土，储量约19亿吨，是世界第三大铝土生产国。其他矿藏有钴、铜、铁、铅、锌和石膏等。森林面积26.5万公顷，多为杂木。

工矿业 牙买加矿业产值约占GDP 8%，劳动人口占0.7%。铝土的开采冶炼是最重要的工业部门。铝土产量居世界第三位（仅次于澳大利亚和几内亚），炼铝工业发展迅速。主要制造业为制糖业、食品加工、化学制品、烟草、建筑业和纺织服装等。工业产值占国内生产总值的18.5%。

农林渔业 耕地面积约27万公顷，森林面积约占全国总面积的20%。主要种植甘蔗和香蕉，还有可可、红胡椒等。粮食需大量进口。农林渔业产值占国内生产总值的8.1%。农业人口占23%，农产品出口收入1.414亿美元。牧地面积19万公顷，主要饲养肉牛、猪及绵羊。另马、骡、驴为山区及未通公路地带主要运输工具。渔产量不足国内消费，尚需进口。

旅游业 近年来发展迅速，来自英国和美国的游客占总数的76%，但以芬兰和法国的游客人数增长最快。

交通运输 以公路为主，有良好的公路网，总长17925公里，约4991公里为柏油路面。沿海有13个港口，金斯敦是世界第7大天然港，是加勒比海一个主要的中转站，有现代化的集装箱码头和仓库。空运方面，现有两个国际机场，对外交通十分便捷。

同我国的关系 1972年11月21日两国建交。

华人经济

1999年，牙买加的华侨华裔人数约22500人，其中大多数为当地出生的华裔，且多是原籍广东，但能通华语的仅千人左右。华侨华人半数以上居住在圣安德鲁埠，其次为首都金斯敦。其余则散居于圣凯瑟林、圣玛丽、圣詹姆斯及克拉伦登等地。

商业 目前华商约1000家，其中以杂货业最多，约有500家，平均每家资本额约在5万美元左右。餐馆业200多家。超级市场及进出口业各数十家。还有电影院、旅行社、保险公司及房地产公司等，资本额在数万美元至数百万美元之间。从营业情况看，以餐馆业和房地产业利润较佳。

工业 华商工厂约80余家，其中铁工厂、机械厂与食品工厂各约十余家。另有面包厂、汽水厂、制革厂、酿酒厂及汽车修配厂等，皆具规模，在当地同业中占有相当地位。

农牧业 目前由华商经营的农场，大小共约20余家，以种植水稻、蔬菜、甘蔗、香焦及咖啡等作物为主，其资本额多在5万至10万美元之间；此外尚有3家牧场，专门饲养生产肉鸡、蛋鸡及鸡蛋供应市场，其资本额虽不大，每家约10万美元，但营业状况良好。

马提尼克（Martinique）

名称 马提尼克（Martinique）
面积 1100平方公里
人口 37.74万
首府 法兰西堡

国内生产总值：26.12亿美元
人均国内生产总值：7705美元
货币名称：法国法郎
汇率：1美元=5.115法郎

简　况

位于东加勒比海东部、小安的列斯群岛最北端。属热带雨林气候，年平均气温26℃。

最早居民为加勒比海印第安人。1502年6月哥伦布在此登陆。1635年法军占领该岛，1674年法宣布该岛为法领地，1946年成为法国海外省。1977年成为法国的一个大区。

经　济

以农业为主，工业多为加工业。经济基础薄弱，主要依靠法国援助。

工业　主要工业部门有食品加工、制糖、酿酒、炼油和水泥等。

农林牧渔业　耕地面积占国土面积的25%。森林覆盖率为26%。

旅游业　是经济部门重要的外汇收入来源之一。

交通运输　无铁路。公路总长882公里，其中一级公路267公里。空运方面有国际机场和小型机场各一个。

对外贸易　主要进口机械和交通设备、食品、原油、化工品、制成品等；主要出口香蕉、原糖、朗姆酒、石油产品等。

华人经济

从1845年开始，华侨华人就在马提尼克谋生，迄今已有154年历史。近来华人逐年增多，大多数都是广东客家人，现在每家生活环境不错，商业上也十分出色。

华侨华人在当地人口中虽只占小部分，但在当地十大富豪当中，华人何姓家族排上榜名已逾几届。近几年来，华侨华人为了联络乡情以及争取合法权益，积极筹组侨团，因之中华会馆已于1999年5月中旬成立。这是当地第一个华人团体，众望所归的陈剑强荣任创会会长。

荷属安的列斯
(Netherlands Antilles)

名称 荷属安的列斯(Netherlands Antilles)

面积 800平方公里

人口 21.5万(1999年)

首府 威廉斯塔德(Willemstad)

国民生产总值:约15.5亿美元

人均国民生产总值:8800美元

货币名称:荷属安的列斯盾或弗罗林

汇率(1999年):1美元=1.79荷属安的列斯盾

简 况

全境由加勒比海中相距800多公里的南北两组岛屿组成。北组岛屿属热带雨林气候,南组岛屿属热带草原气候。年平均气温28℃。

1499年,西班牙殖民者在库拉索登陆。1527年西班牙占领南部3岛,1634年成为荷殖民地。北部两岛于1493年被哥伦布"发现",17世纪中叶被荷兰占据,此后多次易主,1816年成为荷兰属地。1954年群岛获得完全的内部事务权。群岛包括南方Leeward群岛的库拉索岛、博奈尔两小岛及位于北方Windward群岛的圣马丁岛及萨巴岛。

经 济

它是重要的离岸金融中心。制造业相对不发达,炼油业曾为主要工业。60年代旅游业和修船业得到发展。80年代初,旅游业取代了炼油业的位置,成为最重要的经济部门。资源少,主要依靠进口。

工业 有食品、炼油等部门。炼油业是重要的工业部门,石油转口及修船业也很重要。制造业规模小且受保护,主要部门有造纸、塑料和纺织,其生产值约占国内生产总值6%。

农林牧渔业 耕地面积8000公顷,占全国土地面积8.5%。它主要生产芦荟、高粱、豆类、蔬菜、热带水果等。农业生产仅能供应小部分境内消费,大部分食物及农产品仍须依赖进口。农渔牧业生产值仅占国内生产总值不足1%。圣马丁岛渔业发展较快,但平均渔获量每年约1.03公吨,产量不能满足内部需求。畜牧方面,估计饲养猪0.6万头,绵羊1万只,山羊2.3万只。

金融服务业 它为主要的离岸金融中心。目前有3万多家机构在此地注册。

交通运输 境内目前仍无铁路。各岛均有良好的全天候公路网。总长813公里。海运方面,由于油料运送,甚为发达,主要港口在库拉索。空运方面,库拉索、圣马丁、博奈尔均有国际机场,有通往美国及加勒比国家的航线。

华人经济

1999年,华侨华人在荷属安的列斯群岛约5500人,华人经济情况依各岛屿概述如下：

一、库拉索岛

库拉索岛的华侨华人约有2000余人，其中70%为当地出生的华裔，老一辈华侨的祖籍多属广东新会、中山等地，新侨则多是近年来自台湾及香港等地。华人多数居住在首府威廉斯塔德及新港两地。华人以经商者居多，目前华人经营各类商业60余家，其中杂货业人数最多。其次为餐馆业、洗衣店、超级市场、贸易业、照相馆和家俱行等，资本额自数万美元至数百万美元不等。

二、圣马丁岛

圣马丁岛的华侨华人约有410人，大多数为从中国大陆经香港或由多来尼加、委内瑞拉等地区迁移至圣马丁的，来自台湾地区的不足10人。华人的经济事业包括杂货业（含2家超市）23家，资本总额约850万美元，占当地该业营业额的41%，已近饱和状态。餐馆业28家，资本总额约300万美元，约占当地该业营业额30%，也已趋近饱和状态。旅馆一家，资本额约100万美元。面包制造业4家，资本总额50万美元，占当地该业营业额25%。在圣马丁华商中，岑悦昌开设的岑氏超级市场规模不小，资产额为200万美元；郑社富开设的AFOO超市及贸易公司，资产额在500万美元左右。当地侨社于1985年成立了圣马丁中华会馆。

尼加拉瓜（Nicaragua）

国名 尼加拉瓜共和国（The Republic of Nicaragua）

面积 130000平方公里

人口 493.8万（1999年）

首都 马那瓜（Managua）

国内生产总值（1999年）：21亿美元

人均国内产值（1999年）：450美元

货币名称：科多巴（Cordoba）

汇率（1999年12月）：1美元=12.3143科多巴

简　况

位于中美洲地区中部。北界洪都拉斯，南连哥斯达黎加，东临加勒比海，西濒太平洋。海岸线长约820公里。属热带雨林气候。1~5月为旱季，5~12月为雨季。年平均气温25.5℃。

早期土著居民为印第安人。1502年哥伦布航行抵此。1524年沦为西班牙殖民地。1821年9月15日宣告独立。1823年加入中美洲联邦。1839年建立共和国。全国划分为6个大区和3个特区，共辖16个省，省下设市镇137个。

经　济

尼加拉瓜是农牧业为主的国家，主要生产棉花、咖啡、甘蔗、香蕉、肉类等。严重依赖外援。1999年尼国政府施政方针以加强基础建设、改善经济环境和奖励外人投资等措施为主。

资源 它是拉美主要产金国之一，已探明有106条金矿脉，年产量曾达7万盎司，居世界第13位。其它矿藏为银、锑、锌、铜、铅等。地热资源丰富。有两处石油矿藏。森林占全国面积的43%，出口松木和桃花心木。鱼虾等水产较丰富。

工矿业 矿业产值占GDP的1%，雇用人力仅占总劳动人口0.5%。但近年矿业出口值已趋重要，主要为金矿和银矿，每年销售额达50亿美元。制造业产值约占GDP 25%，主要有食品加工、饮料、烟草、纺织、木材、化工、非金属产品等。设有拉斯梅塞德斯等若干经济开发区，不少著名外国企业在该区投资。

农牧渔业 这是国家主要出口创汇部门。可耕地面积约4000万公顷，已耕地87万公顷。农业产值约占GDP 31.4%，雇用劳动人口55万，约占总劳动人口的25%。其主要出口作物为棉花、咖啡、蔗糖及香蕉。近几年来渔业有较大发展。林业资源丰富，主要林产为桃花心木、杉木及松木。

旅游业 它已占尼国经济重要地位，1997年到尼国旅游人数约为35万人次，创汇8000万美元。

交通运输 铁路总长345公里。泛美高速公路在尼国境内全长368.5公里，北接洪都拉斯，南接哥斯达梨加，为尼国的重要交通路线。水运方面，国内有5条河流可部分通航。空运方面，大小机场20多个，国际航线通往中美洲各国首都和北美国家，对外空运十分便利。

华人经济

据有关资料统计，1999年，在尼加拉瓜的华侨华人约750人左右。其中属广东籍的约10人，平均年龄在60岁以上，至尼国居住多超过30年。其次为在尼国出生的华裔，约500人左右，年龄在35岁至45岁之间，是华人的主要组成部分。还有约200余人是新移民，主要是来尼国投资的台湾籍商人。

尼国华侨华人多以有限资金经营中小型企业，如小型中餐馆、杂货店、小型企业或农场。1999经济概况如下：

(一) 商业　现有华人经营各类型商业约20余家。其中杂货业3家，为小本经营的五金器材与日常百货等，平均每家资本额为5万美元，市场狭小，发展不易；餐馆业9家，平均每家资本额为4万美元，多集中在首都马那瓜市，这些餐馆大多提供简单的仿中式餐点，如炸春卷、炸馄饨、炒面、炒饭等。目前在马那瓜市最具规模的是洲际大饭店附设的明宫餐厅，资本额为250万美元；贸易业6家，经营家电、服饰、汽车零件等进口贸易，平均每家资本额为6万美元；旅游业1家；西药房3家，平均资本额为6万美元；娱乐业1家，资本额估计为5万美元。

(二) 工业　华人经营的工业约9家。其中机械业1家，资本额估计为15万美元。食品制造业2家，均属小规模，家庭式经营，因市场有限，利润不丰，资本额估计有4万美元。制鞋厂1家，资本额约为5万美元，为小规模家庭式经营。木材简易加工厂1家，系台商林志明经营，产品销回台湾精制，利润尚佳。纺织业有富太、年兴、中国唯一制衣公司和鼎大等4家，均系台商在尼国投资建厂，规模较大，营业状况相当好，其中富太投资800万美元，生产衬衫及牛仔裤，雇上千名员工；中国唯一制衣公司已投资1200万美元设置成衣厂；鼎大投资1000万美元；年兴专门生产牛仔裤，外销美国及加拿大市场，员工共2800人，为中美洲最大的牛仔裤厂，投资约4200万美元。

另尚有华商经营的花园农业，销售各式花卉及优良水果品种，生意平平，资本额约15万美元。

此外，华人还有的担任了大学教授、律师、中小学教师，以及尼国劳动部秘书长、电力局局长及电台记者等专业与政府人士的，都有杰出表现。

巴拿马（Panama）

国名 巴拿马共和国（The Republic of Panama）

面积 77082平方公里

人口 281.2万（1999年）

首都 巴拿马城

国内生产总值(1999年)：约72.5亿美元

人均国民收入（1999年）：约2600美元

货币名称：巴波亚(仅为辅币,流通美元)

汇率（1999年）：与美元等值

简　况

位于中南美洲的交会点，连接中美洲和南美洲。东连哥伦比亚，南濒太平洋，西接哥斯达黎加，北临加勒比海。巴拿马运河从南至北沟通太平洋和大西洋。海岸线长2988公里。地近赤道，属热带海洋性气候，年平均气温23～27℃。全年分旱、雨两季，4～12月为雨季，降水丰沛。

1501年巴沦为西班牙殖民地。1821年成为大哥伦比亚共和国的一部分。1903年在美国支持下，脱离哥伦比亚独立。1904年起巴美按条约开凿运河，1914年完工，1977年9月巴美签署《新运河条约》（又称《托里霍斯—卡特条约》），有效期到1999年12月31日。全国共分9个省和一个特区，省下设县。特区为圣布拉斯，即印第安人自治区。

经　济

巴拿马运河区、地区金融中心、科隆自由贸易区和商船队是巴经济的四大支柱。其相关产值约占GNP的75%。劳动人口约有100万人。服务业收入在国民经济中占有重要地位。

资源　全国70%以上的土地为热带森林所覆盖，林业资源丰富，主要有红木、雪松、棕榈树、橡胶树等。矿产有金、银、铁、铜、钼、铝矾土、盐、汞、硫磺和煤等，矿产值约占GDP 2.2%。除盐和铝矾土外，其余矿藏尚未开采，其中以铜的开采最具潜力。

工业　工业基础薄弱，无重工业，以食品加工业和轻工业为主。食品加工业以肉类、鱼类及奶品加工为主。其他工业则包括油品精炼、化学、纸业、日用品、成衣等。

农牧渔业　耕地面积占全国土地面积的22.6%，农业产值占国内生产总值的7.8%。水稻、玉米、豆类为主要农作物，香蕉、糖、甘蔗和咖啡为主要经济作物。渔业产值不到国内生产总值1%，但渔产品出口已日趋重要，其中以虾类为主要项目。牧地面积为157万公顷，肉类及牛奶的生产量近年持续增加。

旅游业　它是巴第三大收入来源，占国内生产总值10%左右。

交通运输　巴有良好的运输网路，国内交通以公路为主。主要公路有二，一为泛美公路，一为连接巴拿马市与科隆之高速公路。海运方面，巴是海运大国，全世界5%的贸易货运需通过巴拿马运河周转。巴拿马运河素有“世界的十字路口”之称，巴拿马运河通行费年收入约为5亿美元，相当于巴国GDP 8%。目前在巴注册的船舶总吨位居世界海运吨位第一。巴有大小港口 15 个，年吞吐量近 300 万吨。空运方面，巴是拉美空运中心之一，全国有近 250 个大小机场和停机坪。

华人经济

华人移居巴拿马始于 1851 年。1848 年，以美国人樊德比尔特为首的财团成立巴拿马铁路公司，承筑巴拿马铁路，因劳力缺乏，曾到香港、澳门、福建、广东一带招募劳工，估计从 1851 年至 1865 年，招走华工 2 万人。华工不仅是建筑巴拿马铁路的主力，其后在开凿举世闻名的巴拿马运河中，也作出了不可磨灭的贡献。

巴拿马是华侨华人较多的拉美国家，1999 年巴拿马华侨华人约 13 万余人。广东籍人数约占 99%以上，由台湾来的约 300 余人，其余为福建、江浙等省籍。目前华人大部分聚居在巴国首都巴拿马城和科隆省府，其中约 1 万人居住于科隆，另少部分散居于戴维及奇特雷等地。

在长期的侨居生活历程中，巴拿马华人通过农牧业奠定了自己的经济基础。现在已从单一的农牧业发展到工商贸等各行各业，而且颇具规模。特别是近年来，华人的商业活动，在巴国民经济中已占有一定比例。

（一）商业

据 1999 年统计，华人经营的各类商业约 1600 余家。杂货店最多，约有 1200 家（1999 年底成立大型超市一家），资本额为 2 万至 15 万美元，占巴国该业的 10%。餐馆业约 250 家，资本额约在 3 万至 50 万美元之间，其中富都酒楼及 YMAC 餐厅较具规模，其余均为小型家庭式经营，快餐店增加快速。贸易业约 50 家，均在科隆自由区。旅游业约有 30 家，其中 6 家经营旅馆；金融保险业约有 5 家。医疗业 50 家，其中 2 家为综合医院，资本额 300 万美元；48 家为诊所，平均资本额为 10 万美元。酒店、戏院、夜总会、KTV 等约有 5 家。律师事务所约有 6 家。建筑事务所 3 家。会计事务所 5 家。此外，还有五金店、电器行、汽车零件行、冷冻公司、建筑公司、鲜花店、水族馆、修鞋业等，每家资本额约在 8 万美元左右。运输业有 10 家，香港李嘉诚集团的和记黄埔公司已接管巴拿马 BAIBOA 及科隆市 CRISTOBAL 港埠经营权。

（二）工业

1999 年华人经营各类工厂共 70 余家，包括机械、五金、建筑材料、成衣厂、鞋厂、塑胶厂、食品加工厂等，资本额在 10 万至 200 万美元之间不等。另外还有华人经营建筑业公司 5 家，电子、电器业 3 家。

（三）农林渔牧业

华人经营农牧业共约 25 家左右，种植蔬菜、水果及养鸡、养牛为主，产品在当地市场甚为畅销，资本额在 5 万至 50 万美元之间。台湾籍华人投资种植柚木，在巴国有 50%的占有率。此外，还有华商将拥有的捕虾船租给当地渔民捕虾；科隆一华商经营的家畜牧场，饲养肉牛数百头，为当地牛肉最主要的供应商。

华人在巴拿马已传衍了七代，他们凭着传统的善德，勤俭诚信，刻苦耐劳，互相帮助，已建立了稳固的基础。华人多受过良好教育，不少华人踊跃参政，社会地位日渐提高。一些人出任政府公职、民意代表和担任教师、工程师、医师、会计师等。

巴拿马首都巴拿马城的唐人街，在 19 世纪 20 年代即已成为该城的重要一部分。现在，这里被称为华人街，街道纵横交错，汉字店号招牌林立，加上不绝于耳的乡音，使人犹如置身于广东的某个城市。

现在巴拿马华人团体主要有中华总会、中华会馆、中山同乡会等。中文报纸则有《共和报》、《大公报》和《新华报》。

圣基茨和尼维斯
(Saintkitts and Nevis)

国名 圣基茨和尼维斯联邦(The Federation of Saintkitts and Nevis)但圣克里斯托弗和尼维斯(St. Christopher and Nevis)仍通用

面积 269平方公里

人口 4.2万(1999年)

首都 巴斯特尔(Basseterre)

国内生产总值(1999年):约2.5亿美元

人均国内生产总值(1999年):约6000美元

货币名称:东加勒比元

固定汇率:1美元=2.7东加勒比元

简 况

位于东加勒比海背风群岛北部,由圣基茨、尼维斯及桑布雷罗等岛屿组成。属热带海洋性气候,平均气温26℃。年平均降雨量圣基茨1400毫米,尼维斯1220毫米。

1493年哥伦布到达圣基茨岛。1623年被英国占领。此后,法国一度占领该岛两端。1783年,根据《凡尔赛条约》,该岛正式归属英国。尼维斯岛于1628年沦为英国殖民地。1983年9月19日独立,为英联邦成员。

经 济

制糖业是该国国民经济的主要支柱,外汇收入的主要来源。近年来,圣政府为使经济多样化,重视发展轻工业和旅游业。该国国民所得超过6000美元,为加勒比海地区较富裕的国家。外贸条件良好,是该国发展的一大动力。

工业 主要是制糖业,此外还有农产品加工、轧棉、服装、电子元件、食品生产和酿酒等。近年来建筑业和制造业兴旺。

农业 以种植甘蔗和棉花为主,其它农产品有椰子、水果、香蕉等。从事农业人口占劳动总人口的30%。尼维斯岛的农业规模小,主要生产水果、蔬菜及海岛棉,牲畜供自用。

旅游业 是圣经济发展最迅速的部门,每年以18%的速度增长。现已成为最具希望的发展领域,是圣外汇收入的重要来源。游客43.5%来自美国,14.8%来自欧洲,9.8%来自加拿大。

交通运输 铁路为窄轨,总长58公里,在圣基茨主要运输甘蔗。公路总长300公里,近124公里为沥青路。水运方面主要港口为巴斯特尔深水港。有国营商业客轮进行各岛间客运。空运方面罗伯特·卢埃林·布雷德肖机场为国际机场,尼维斯也有一个国际机场,有通往北美、英国和加勒比其他国家的航线。

华人经济

目前在圣国华侨华人仅20人,多是早期老华侨留下来的后裔。他们多从事旅游、农业相关行业为主。

圣文森特和格林纳丁斯
(St. Vincent and the Grenadines)

国名 圣文森特和格林纳丁斯(St. Vincent and the Grenadines)

面积 389平方公里

人口 11.2万(1999年)

首都 金斯敦(Kingstown)

国内生产总值(1999年):约3亿美元

人均国民生产总值(1999年):2501美元

货币名称:东加勒比元

固定汇率:1美元=2.7东加勒比元

简 况

位于小安的列斯群岛南部。属热带气候,年平均气温26℃。

原为印第安加勒比部落居住地。1489年哥伦布到达圣文森特岛。1627年英国占领该岛。后法国声称对此岛拥有主权,两国为争夺该岛进行了多次战争。1783年《凡尔赛条约》确认英国对该岛的统治。1979年10月27日,圣文森特和格林纳丁斯宣布独立,仍是英联邦成员国。

经 济

农业是该地的经济基础。有少量的农产品加工及小型制造业。旅游业占有重要地位。

工业 有农产品加工及服装、皮革、榨油和肥皂等小型工业。小型制造业发展缓慢,主要产品有水泥、面粉和家具等。

农业 农业是经济的主要支柱,可耕地占土地总面积的1/3以上,主要种植香蕉、葛根、甘薯、甘蔗、椰子等。圣是世界上最大的葛粉生产国,香蕉为圣主要经济作物。

旅游业 旅游业主要集中在格林纳丁斯群岛。1992年,贝基亚岛和尤宁岛分别有两座机场投入使用,促进了旅游业的发展。

交通运输 有公路1110公里,其中全天候公路346公里。金斯敦有一深水港,有一个国际机场。

华人经济

在圣国的华侨华人1999年约为60人,其中一半来自台湾,一半来自其他地区。华侨华人一般多从事小型餐饮业或打零工为生。其中较著名的为中国大陆移民曹锦桐和伍景辉投资开设的两家小型中餐馆,因圣国人民对中国菜颇爱好,故营业情况较佳。另一大陆移民还在该国开设小型渔业公司。

特立尼达和多巴哥
(Trinidad and Tobago)

国名 特立尼达和多巴哥共和国（The Republic of Trinidad and Tobago）

面积 5128平方公里，其中特立尼达岛4827平方公里，多巴哥岛301平方公里。

人口 128.8万（1999年）

首都 西班牙港（Port-of-Spain）

国内生产总值（1999年）：约60亿美元

人均国内生产总值（1999年）：4250美元

货币名称：特立尼达和多巴哥元

汇率（1999年）：1美元=6.275特元

简 况

特—多国位于小安的列斯群岛的东南端，西南和西北与委内瑞拉隔海相望。属热带雨林气候，气温20~30℃。

特立尼达岛原为印第安人阿拉瓦克族和加勒比族的居住地。1498年哥伦布经过该岛附近，宣布为西班牙所有。1781年被法国占领。1802年据亚眠条约划归英国。多巴哥岛历经西、荷、法、英多次争夺，1812年据《巴黎条约》沦为英国殖地民。1889年两岛成为一个统一的英殖民地。1962年8月31日独立。1976年8月1日改为共和国，仍是英联邦成员国。

经 济

特—多原是农业国，以甘蔗和蔗糖生产为主。70年代开始石油生产后，经济发展加快。石油业成为最重要的经济部门，占财政收入的25%左右，产品出口占外汇总收入的70%左右。

资源 主要有石油和天然气，截至1999年初，储量估计分别为5.5亿桶（不包括重油储蓄量）和27万亿立方英尺。特—多还是世界最大的天然沥青产地。特立尼达岛南部的天然沥青湖，面积约47公顷，估计储藏量为1200万吨。

工业 工业产值占国内生产总值近50%。以石油开采提炼为主，石油生产值占其国内生产总值28%，1999年石油日产量在30万桶上下。其次是建筑业和制造业，主要制造业有化肥、钢铁、食品、烟草等。特—多的氨肥和甲醇出口居世界第二。

农业 农地面积占全国陆地面积23.4%，用的劳动力占劳动总人口13%。农业产值占国内生产总值的2.2%。全国可耕地约23万公顷，主要种植甘蔗、咖啡、可可、柑桔、椰子和水稻等。粮食生产不足，75%靠进口。

旅游业 近年来，特—多政府改变经济过多依赖石油业的状况，大力发展旅游业。旅游业为第四大外汇收入产业，仅次于石油、化学及制造业。

交通运输 铁路全长109英里，通行于首都西班牙港及San Juan之间。海运方面，有西班牙港等四个主要港口，西班牙港有通往世界各大港口的海运线。空运方面，特—多两岛各有一机场。

同我国的关系　1974年6月20日两国建交。

华人经济

1999年特立尼达和多巴哥的华侨华人（包括华裔）约8000人，大部分为当地出生的华裔。华侨华裔多聚居于首都西班牙港及圣乔治城两地。

（一）商业　现有华人经营的商业约70余家，包括杂货业约50家，每家资本额约在2万美元到5万美元之间，利润一般。餐馆业约20余家，资本额从2万美元至10万美元，小部分为外卖型。贸易业3家，均为进口中式食品及罐头等，供应当地市场，资本额约5万美元至20万美元，营业情况较佳。保险经纪业1家，资本额仅3万美元。药业1家，资本额3万美元。

（二）工业　华人经营的工厂约9家，包括4家制造塑胶袋及鞋类工厂，资本额约在4万至7万美元之间。1家纺织成衣厂，资本额约50万美元，成品外销至加勒比海等地区。另有食品制造业4家，生产面条、面包，资本额约在3万至5万美元之间。

（三）农渔业　华人农户有2家，以种植蔬菜、水果为业。另有1家渔业公司，设有捕鱼基地，系台商投资经营，拥有30余艘渔船，在大西洋海域捕鱼，所捕获的鱼部分在当地加工，部分则直接销往欧、美、日本等地，经营情况相当成功。

阿根廷（Argentina）

国名　阿根廷共和国（The Republic of Argentina）
面积　278万平方公里
人口　3657.7万（1999年）
首都　布宜诺斯艾利斯（Buenos Aires）

国内生产总值(1998年)：3355.8亿美元
人均国内生产总值(1998年)：8498美元
货币名称：比索
汇率（1991年4月实行固定汇率）：1美元＝1比索

简　况

阿根廷位于南美洲东南部，东濒大西洋，南与南极洲隔海相望，西邻智利，北与玻利维亚、巴拉圭交界，东北与乌拉圭、巴西接壤。海岸线长4000余公里。北部属热带气候，中部属亚热带气候，南部为温带气候。

16世纪前，此地居住着印地安人。1535年开始沦为西班牙殖民地。1816年7月9日宣布独立。1852年制定宪法，建立了联邦共和国。19世纪中叶，欧洲大批移民抵阿，英国势力开始在阿经济中占据重要地位。自20世纪30年代起，出现军人与文人交替执政的局面。全国划分为24个行政单位，由22个省，1个地区（火地岛行政区）和联邦首都（布宜诺斯艾利斯）组成。

经　济

阿国经济政策着重于提高国民储蓄率，拓展出口市场，提高生产力和竞争力，创造就业机会和平衡政府收支。阿国产业中以服务业产值最高，占GDP比重将近6成，其次是制造业占24%，农业则不到8%。21%的劳力从事工业。53%从事服务业，13%从事农业。

资源　矿产资源有石油、天然气、煤炭、铁、银、铀、铅、锡、石膏、硫磺等。水力资源丰富。森林面积占全国总面积的1/3左右。沿海渔业资源丰富。

工业　工业较发达，门类较为齐全，主要有钢铁、电力、汽车、石油、化工、纺织、机械、食品等，工业产值占国内生产总值的1/3。石油蕴藏量虽仅占南美洲之3%，但生产所占比重却为南美洲的12%，1/3产量供外销。该国工业发展水平居拉美前列，现拥有三座核电站，能独立生产浓缩铀。钢产量曾达700万吨，居拉美第三位。机器制造业具有相当水平，阿产飞机已打入国际市场。汽车已朝向专业化生产方向发展，偏重生产中小型车及小货车。食品加工业较先进，主要有肉类加工、乳制品、粮食加工、水果加工和酿酒等。阿是世界葡萄酒主要生产国之一，年产量30亿公升；也是世界主要食用油出口国，每年出口值高达50亿美元。

农牧业　农牧业发达，是世界主要粮食生产和出口国这一。农牧产品外销占阿国外销总值36%，其中含油类农产品为大宗。加上初级产品，合计约占阿国出口总值60%以上。耕地面积达2510万公顷，主要种值小麦、玉米、大豆、高粱和葵花籽等。畜牧业占农牧业总产值的40%。全国80%

的牲畜集中在潘帕斯大草原。渔业资源丰富，是阿近年来第一产业中发展最快的部门，主要为鳕鱼、鱿鱼及虾。

旅游业 近几年来蓬勃发展，阿已成为南美最大的旅游国家。旅游业产值占全国GDP约60%，从业人员约占全国劳动人口50%。

交通运输 陆、海、空运均较发达，交通运输以陆运为主。铁路总长3.57万公里，年客运量124.7亿人公里，货运量79亿吨公里。公路总长29万公里。海运方面沿海有港口20个，年吞吐量8500吨。空运方面全国有机场400多个，其中80多个为主要机场，国际航线26条，年载客量370万人次，营运额7亿多美元。

同我国的关系 1972年2月19日中阿建交。

华人经济

因史料所限，华人移民阿根延的确切年代无从考证，据推断约始于清末民初。唯一可查证的最早移阿的华人名叫李惠堂，广东省人，他于1910年从秘鲁抵阿，活到一百多岁才去逝，其后代多与阿人通婚。据现有资料统计，1999年在阿国的华侨华人人数约为6万人，其中原籍台湾的有1.8万人，其余为来自中国大陆和香港的新移民，也有部分华人是从玻利维亚、巴拉圭、巴西等地移居者。九成以上聚居于首都布宜诺斯艾利斯，少数散居各省。

华人经营的行业除几家生产卫生纸、蔬菜种植及渔业属规模大者外，多属中、小型企业。华商的第二代已有少数人从事医生、律师及会计师工作，从中国大陆来的新移民，因缺乏经济基础，大都靠劳力谋生。

商业 在商业方面，以经营杂货业、小型超市及面包店的占多数，约在600家左右，平均资本额约9万美元，以销售家庭用品、罐头、烟酒、牛肉、鱼肉、蔬菜为主。华商餐馆业约300家，平均资本额12万美元，包括饭店、外卖店、自助餐及素食馆等，尤以自助餐店增加最快。因菜色繁多，店面设计明亮清爽，售价合理，很受当地人欢迎。贸易业约50家，平均资本额40万美元，以进口电动玩具、百货、礼品、五金、自行车、鞋类及东方食品为主，尤以电动玩具一项一枝独秀。旅游业约60家，平均资本额约25万美元。旅馆约40余家，大部分为家庭长期租赁旅馆，小部分为观光旅馆，收益颇佳。另有旅行社十余家，以代购机票，接待旅行团，办理签证，代办移民居留业务为主。金融保险业2家，平均资本额约20万美元。医药业约70家，平均资本额为4万至40万美元，包括针灸、推拿、气功、中药材店、牙科、内科、妇科，小儿科诊所、综合医院等，尤以针灸受该国民众信赖欢迎。运输业约8家，平均资本额约20万美元，游览车公司及运输业者经营出租业务。娱乐业约30家，平均资本额约20万美元，有台球、舞厅、酒店，录像带出租店等。另有相片冲洗店约110家，理发厅7家，洗衣店约20家，礼品店50家，钟表零售修理店10家等，平均资本额约15万美元。其中以相片冲洗及礼品店增加最快。

工业 工业方面有机械、仪器业约10家，平均资本额约18万美元，主要为汽车保养及维修。利润尚可。另有1家冷冻柜组装工厂，资本额100万美元。电子、电器业约13家，平均资本额约23万美元，包括电脑及周边产品销售，电子零件批发等。化工业约7家，平均资本额约12万美元，包括酱油、糖精及清洁剂等小型工厂。建筑业约16家，平均资本额30万美元。食品制造业约20家，平均资本额约7万美元，经营糕饼、水饺、包子、馒头、豆腐、豆干、鱼丸、春卷、肉松、花生糖、豆芽等，利润固定。其他行业包括麻绳、尼龙编织袋、包装纸袋厂、化妆品、圣诞礼品、卫生纸厂等约15家，资本额约30万至100万美元不等。台商何胜雄在阿国投资4000万美元，购置厂房，生产葵花籽油和花生油等食用油，转销东南亚各地。

农林渔业　约有50家，其中渔业项目平均资本额为400万美元，其他约为20万至150万美元，以种值香焦、绿豆、洋菇、糯米、蔬菜、水果、向日葵、花生、林木等为主。另有渔业公司和畜牧场。华商徐松井生产芽菜、温室蔬菜、冷冻蔬菜等，资本额约100万美元，在当地占有相当的市场，在经营方面是一位成功的华商。

正在崛起的中国街。严格地说阿根廷没有唐人街，没有形成纽约或旧金山那样规模的唐人街。但近年来随着华侨华人的增多，华人经济实力的增强，也出现了一些华人企业较集中的街区，其中较著名的一条就是阿维里尼奥斯街。当地的阿根廷人把它叫做中国街。由于在这里经营的大多数是台湾籍华人，所以当地侨界也称它为台湾街。阿维里尼奥斯街是条老街，总共占20多个街区，总长约两三百米。随着华人开的店不断增加，这里变成了一条商业街，有商店、饭馆、书店、理发店、照相馆、旅行社、音像部、图书出借部等等，大多规模很小。这条街上最大的两家店是被称为“小超市”的自选市场：一个叫中国屋、一个叫东亚商场。两家商场的面积都不大，大约几百平方米，但货物齐全：米面、油盐酱醋茶、土特名优、主食副食、调料作料、袋装咸菜、方便面等一应俱全。此外，这里还销售饺子、包子、馒头等，中国人爱吃的速冻及快餐食品，以及白菜、韭菜、罗卜、小油菜、鲜笋等中国人爱吃的青菜和海产水鲜。更吸引人的是，每到周末，两家超市都在不大宽畅的店堂内，支锅架灶，现烧现卖各种大众小吃：包子、饺子、锅贴、春卷、油饼，香气扑鼻。除华人外，很多阿根廷人也来光顾，全家大小都品尝价格不菲（一般比北京贵5至10倍）的小吃，体验中国的饮食文化。

玻利维亚（Bolivia）

国名 玻利维亚共和国（The Republic of Bolivia）

面积 1098581平方公里

人口 814.2万（1999年）

首都 苏克雷（Sucre）。

国内生产总值（1999年）：85亿美元

人均国内生产总值（1999年）：1100美元

货币名称：玻利维亚诺

汇率（1999年12月）：1美元=5.97玻利维亚诺

简　况

玻利维亚位于南美洲中部，是内陆国家，东北与巴西为界，东南毗邻巴拉圭，南邻阿根廷，西南邻智利，西接秘鲁。属温带气候。玻利维亚是南美文明古国，公元13世纪为印加帝国的一部分，1538年沦为西班牙殖民地，史称上秘鲁，1825年8月6日宣布独立，为纪念解放者玻利瓦尔，取名玻利瓦尔共和国，后改现名。全国共分9个省。

经　济

玻国是世界著名的矿产出口国，工业不发达，农牧产品可满足国内大部分需求，古柯种植在国民经济中占较重要地位。

资源 矿产资源丰富，以石油及天然气较重要，金属矿产主要有锡、锑、钨、银、锌、铅、钢、镍、铁等。锡的储量为115万吨，铁储量约450亿吨，在拉美仅次于巴西。石油探明储量为1.28亿桶，天然气为1079亿立方米。森林覆盖面积50万平方公里，占国土面积的48%。

工业 工业交落后，制造业多属中小企业，劳动人口约9万人，产值约占GDP的16.8%。最主要的工业包括制糖、啤酒、香烟、水泥、石油冻制、饮料、纺织、金属冶炼及农产品加工业。其中非传统商品如珠宝、黄金及炼油业已蓬勃发展。

农业 全国可耕地面积3.4万平方公里，约占国土面积的3%。农业产值约占GDP4%，主要农产品为粮食作物，经济作物主要为大豆及棉花。近年畜牧业发展较快，主要饲养乳牛，猪、绵羊及山羊。森林资源丰富，主要产品为园木及木炭。

交通运输 主要铁路和公路网集中在西部，边远地区依靠航空沟通。在对外运输方面，玻国地处内港，无出海港口，但空运、铁路、公路及内河运输均甚方便。空运方面，拥有3家民用航空公司和8家航空运输公司，有3个国际机场，14条国际航线。

同我国的关系 1985年7月9日同我国建交。

华人经济

早期移民玻国的华侨，多来自广东和广西两省，曾一度达4000余人，其中半数为当地出生之华裔。新移民则以台湾、香港、及由东南亚转入的较多。1999年华侨总数为1.2万人，其中来自台湾的为422人。90%的华侨华人居住于圣克鲁斯市，其余散居于拉巴斯及科恰班巴，另有少数散居于贝尼、潘多。

华侨在当地吃苦耐劳，脚踏实地，努力经营自己的事业。华人经济型态以经商为主。其主要行业情况为：

商业　现有商店约170余家。其中餐饮业110家，平均资本额6万美元，以经营烤鸡店情况较好。贸易业15家，平均资本额5万美元，以进口汽车零件、机械零件、日常用品、玩具，食品为主。经营小型杂货及现代超市的有18家。经营旅游业的，包括旅馆及礼品店有7家。其他诸如照相馆、理发店、翻译社等服务业有20家，平均资本额为3万美元。经营酒店、舞厅等的有17家，平均资本额2万美元。中药医疗院约有7家。

工业　塑胶用品工厂等化工业5家，平均资本额20万美元。制造成衣或袜子的纺织业9家，平均资本额约3万美元至50万美元之间。华人张仁俊生产袜子极为成功，并外销至阿根廷。食品制造业18家，每家资本额约5万美元。以上各行业营业情况尚佳。另有经营汽车修理业1家。造砖厂2家，供不应求。刺绣加工1家，资本额4万美元，前景看好。少数华人还经营木材加工业等。

其他有的华商还经营养猪场、养鸡场、牧牛场、养鱼场及农场等计29家，都是家族事业，营业情况还较良好。

巴西（Brazil）

国名 巴西联邦共和国（The Federative Republic of Brazil）

面积 8547403平方公里

人口 16798.8万（1999年）

首都 巴西利亚（Brasilia）

国内生产总值（1998年）：9010亿美元

人均国内生产总值（1998年）：5569美元

货币名称：雷亚尔

汇率（1999年4月）：1美元=1.75雷亚尔

简况

巴西位于南美洲东南部。北邻法属圭亚那、苏里南、圭亚那、委内瑞拉和哥伦比亚，西界秘鲁、玻利维亚，南接巴拉圭、阿根廷和乌拉圭，东濒大西洋。海岸线长7400多公里。大部地区处热带，只有最南部地区处亚热带。亚马逊平原年平均气温27~29℃，南部地区年平均气温16~19℃。

1500年4月22日，葡萄牙航海家佩法罗·卡布拉尔抵达巴西。16世纪30年代，葡派远征队在巴西建立殖民地，1549年任命总督。1807年拿破仑入侵葡萄牙，葡王室逃到巴西。1820年葡王室迁回里斯本，葡王子佩法罗留巴西任摄政王。1822年9月7日宣布独立，建立巴西帝国。1889年11月15日推翻帝制，成立共和国。1964年军人政变上台。1985年3月军政府还政于民。行政区划，全国共分26个州和一个联邦区（巴西利亚联邦区），州下设市。全国共有5507个市。

经济

巴西经济实力居拉美首位，在世界经济中居前8位。服务业、工业、农牧业为国民经济的支柱产业。

资源 已探明铁矿砂储量为650亿吨，产量和出口均为世界第二位。铁矾土则居南美最大。铀矿、铝矾土和锰矿储量均占世界第三位。铌矿储量已探明455.9万吨。此外还有较丰富的铬矿、镍矿和黄金矿。石油储量已探明54亿桶，油页岩相当于15亿桶石油，天然气2330亿立方米。森林面积442万平方公里，覆盖率为52.2%，木材储量658亿立米。水力资源丰富，约2.35亿千瓦，为全球主要的水力发电国家。

工矿业 实力和工艺均居拉美首位。主要工业部门有：钢铁、汽车、造船、石油、水泥、化工、冶金、电力、建筑、纺织、制鞋、造纸、食品等；核电、通讯、电子、飞机制造、信息、军工等已跨入世界先进国家行列。机器设备自给率达80%以上。其中钢铁业为巴西最主要的工业，其产品进出口为巴国带来10亿美元的外汇收入，使巴成为世界第八大钢铁产国。

农牧业 农业劳动力约占总劳动力的22.7%，耕地面积达6500万公顷。其中有相当大的比例栽培专供外销的经济作物，包括咖啡、大豆、蔗糖及可可等，尤以咖啡及甘蔗在世界上占有主要地位。除小麦部分尚需进口外，粮食基本自给。畜牧业较为发达，牧场2亿公顷，牛、猪和家禽饲养业居世界领先地位。巴西已逐步发展现代化商业性渔业，开发沿海及内陆河川蕴藏的丰富渔源。

旅游业　是世界十大旅游创汇国之一。

交通运输　公路运输占全国运输总量的63.11%，铁路占21.01%，水路占11.72%。空运方面，全国有8家航空公司，均为私营。全国通航城市150个，与世界主要地区均有直通航线，有大型机场29个。

同我国的关系　1974年8月15日与我国建交。

华人经济

巴西是拉丁美洲面积最大，人口最多的国家，也是近代历史上华工在拉美旅居最早，当今华侨华人在拉美最多的国家之一，同时还是全世界华侨华人籍贯最复杂的地区。据有关资料统计，1999年巴西华侨华人为25万人，其中台湾省藉约9万人，而粤籍者次之，其他籍贯者有上海，江浙、福建、山东、湖南、湖北等地。华侨华人多聚居在巴西商业中心圣保罗，其次是观光胜地里约热内卢，其余的则分居在首都巴西利亚，萨尔瓦多，累西腓和维利乌港等市区。

华侨华人移居巴西始于1810年。当年葡萄牙国王约翰六世计划在巴西的殖民地上发展种茶业，便派遣专人前往中国广东澳门一带，招募了一批种茶工人，带着优质中国茶种到里约热内卢郊区种植园试种茶树，结果一举成功，茶叶种植从此在巴西扎下了根。但那批中国茶工由于劳役过度，不适应当地的酷热气候，不久就死了一大批人，极少数人转往他处谋生。为了纪念这批中国移民的功绩，巴西皇帝下令在里约热内卢修了一座六角形的“中国凉亭”。有部分华工还参加了巴西内地的马德伊拉——马莫雷铁路的建设，有的甚至失去生命。

19世纪中叶以后，不少移民以华工的形式相继从广东、福建等地经澳门中转到达巴西。1880年，中国清政府最初与巴西有外交往来时，旅居巴西的华人约有2000人之多。19世纪20~30年代，当时巴西境内约有2万华人。1949年以后，从中国大陆迁往港澳的一批工商界企业家，携资转往巴西创业，谋求发展。从70年代开始，出现大批台湾籍人移居巴西的新高峰。

现今巴西华侨华人已不同于先辈“猪仔”“苦力”的形象，他们既有资本，又有一定的经营能力，主要是受巴西政府优惠外来投资的政府的吸引。他们的到来给巴西华人经济增添了新的活力。目前巴西华侨华人经营的营业范围极广，项目繁多，农、工、商各业具备，经济基础稳定。巴西已成为一个新的华侨华人经济中心。

巴西华侨华人多从事工商业及种植业，经过多年努力，已累积相当经济实力。若以华商祖藉划分，大致可分为三类；（1）上海：早年由香港迁移来此，多从事制造业；（2）广东：由广东省移居来此，以经营餐饮业为主；（3）台湾：新近移民的台湾新侨，大多经营百货业、进出口业和批发商。

巴西华商经营概况如下：

商业　1999年华侨华人经营商业约3600家，包括小型超市、杂货店及蔬果食品店等2000家，平均资本额6.5万美元。大小中餐馆约800家，平均资本额6.5万美元。中国餐馆以菜式繁多，物美价廉，服务周到而著称，仅圣保罗一地就集中了几百家，由台商人林四洲开设的皇星中餐馆，是该市6家三星级餐馆之一；具有半个世纪历史的巴西华人角仔（饺子）业，在圣保罗遍布街头、影院、车站。贸易业约400家，资本额由10万美元至100万美元不等。运输业约3家，资本额由50万至900万美元不等，建恒、长荣及中国海运声誉颇佳。娱乐业约20家，平均资本额也由10万至50万美元不等，以保龄球馆、舞厅、卡拉OK等为主。旅馆业50家，分布于巴西度假胜地，利润颇丰，资本额为20万至100万美元。医药业约50家，平均资本额约6.5万美元，中医诊所仍以针灸为主，西医则以化验师及牙医为主，较具规模的尚附设科学治疗仪器。服务业300家，集中于东方人聚居地带，资本额10万至100万美元。另有出版业10家，包括2家报社，资本额5万至50万美元。

另外，具有流动式的百货业、提包业，现仍有5000家之多。经营方式类似货郎担，以手提包携带成衣、百货、珠宝、化妆品、手工艺品走街串巷，沿路出售，价格低廉，送货上门，颇受居民欢迎。

工业 现有华人经营工厂300家，包括机械、仪器业，多属家族事业，所需固定投资不多。电子、电器业约50余家，资本额由10万至500万元不等。小型者属于家庭电器修理店，大者资本属于电脑装配厂，发展潜力很大。化工业约20家，资本额由100万至500万美元不等，生产多种化工产品及塑胶制品，其中彦荣辉的化工原料厂颇具规模。家庭式纺织加工业有10家，平均资本额约50万美元至300万美元，其中曲氏家族PP编织袋的生产颇具规模。家庭式食品制造业约200家，平均资本额约6.5万至100万美元，其中大型食品加工业有5家，有“黄豆大王”之称的林训明创建的维利乌港植物油公司；华商魏书琪向台湾出口的薄荷油，占巴西出口量一半以上；侨营ASTUT糖果公司生产的低热量糖果，曾连续三年荣获巴西最佳品质奖，被誉为“华商之光”，其产品外销南美及墨西哥、日本、美国、加拿大以及欧洲共同市场。其他还有文具、玩具制造业10家，发展潜力很大，李宗德的雄狮铅笔很著名。建筑业约30余家，平均资本额约20万美元，经营建筑设计，建造房屋买卖等。

农林渔业 华人经营的农业约有200家，平均资本额约6.5万美元。大型农场有60个，其土地少则几百公顷，多则几千公顷，种植小麦、大豆、棉花等，也饲养牛、鸡、马、鱼、蚕等。如马瑙斯市华人毕务国经营的东方农场以及参与马瑙斯一带亚马逊河两岸开辟的大批土地，投资都很可观，种植橡胶、可可等经济作物，每年为巴西赚取大量外汇，因而三次受到巴西政府授勋表彰。

矿业 约5家，资本额10万至60万美元不等，多在山中采矿或经营宝石销售。华人张亚青从事宝石开采、加工，目前拥有矿区，并在各大城市以及海内外设有销售网点。

扎根在玛瑙斯的华人。亚马逊河中心布满着大小不一的森林岛屿，其中一个岛屿玛瑙斯，是20世纪初世界闻名的富都。自1967年起这里已是自由贸易港，外国货品全部免入口税。居住在亚马逊森林的印第安人现约有20万。在这些土著人中，也有生活了几十年之久的华人。

华人来到玛瑙斯多数都是开杂货铺的。卖的货品相当多，除了风扇、玩具、塑胶水桶外，甚至连水晶灯都有卖的。这里的华人人数虽不多，生活也不富裕，但却甘心扎根于此。例如，1967进入亚马逊森林的木河区开设木厂伐木的李准安，独自在这里生活了30多年，从未返回香港。现年61岁的郑敏求，35年前离开香港到达巴西，做过薄荷叶厂工人，开过餐厅，也开过小吃店，定居在玛瑙斯后20多年一直都做卖布的生意，从未回过香港。孙华杰出生于中国山东，四岁随父母到台湾，24岁时只身到巴西谋生，开始在亚马逊河掘金，失败后，20年前改做餐饮业。现在玛瑙斯市有4家中国饭店，而其中开设历史最久的就是孙华杰开设的。他自创中式自助午餐，每位约收70港元，极受当地人欢迎。

智 利（Chile）

国名 智利共和国（The Republic of Chile）

面积 756626平方公里

人口 1501.4万（1999年）

首都 圣地亚哥（Santiago）

国内生产总值（1999年）：约680亿美元

人均国民生产总值（1999年）：约5000美元

货币名称：比索

汇率（1999年12月）：1美元=497.76比索

简 况

智利位于南美洲西南部，安第斯山脉西麓。东邻阿根廷，北界秘鲁、玻利维亚，西濒太平洋，南与南极洲隔海相望。海岸线总长约1万公里。世界上形状最狭长的国家，南北长4200公里，东西宽96.8~362.3公里。境内多火山，地震频繁。北部气候较干燥为沙漠气候；中部属亚热带气候；南部为温带气候。年平均气温为8.6~21.8℃。

早期境内住着阿劳干人、火地人等印第安民族。至16世纪初前属印加帝国。1535年西班牙殖民者从秘鲁侵入智利北部。1541年建立圣地亚哥城后，沦为西班牙殖民地。1810年9月18日，智利成立执政委员会，实行自治。此后在民族英雄贝尔纳多·奥希金斯领导下进行武装斗争。1817年2月，与阿根廷联军击败西班牙殖民军。1818年宣告独立。全国划分为13大区，下设50个省。

经 济

智利属于中等发展水平的国家，1999年积极扩展有潜力的产品，向国际市场出口，其重要出口品包括鲑鱼、水果、葡萄酒及铜，在全球市场销售良好。

资源 矿藏、森林和水产资源丰富。以盛产铜闻名于世，素称“铜之王国”，已查明的铜蕴藏量达1.75亿吨，居世界第一位，约占世界储量的1/3。铜的储、产和出口量均为世界第一。它也是世界最大硝石产国及出口国。铼及锂占世界第2位，硼占第5位，银占第8位 黄金占第9位，亦堪称世界矿业大国。森林覆盖面积占全国土地面积的20.8%，盛产温带林木，木质优良，是拉美第一大林产品出口国。它还是世界第5渔业大国。

工矿业 矿产是国民经济的命脉。矿产品出口占全国出口总额近半，其中铜矿出口占所有出口的3成多。制造业朝多元化发展，制造业产值约占GDP17%，目前有食品、纸业、印刷、基本金属、电机、机械、纺织、成衣及运输工具等。

农林牧渔业 耕地面积为420公顷，农业产值约占GDP6.9%，蔬菜及水果品质佳，鲜果出口占农产品出口额的50%以上。全国森林覆盖面积1564.8万公顷，主要林产品为木材、纸浆、纸张等。牧场面积12.9万平方公里，饲养乳牛、绵羊、猪、山羊、马及驴。渔业资源丰富，在鲑鱼养殖方面，未来可能取代挪威成为世界鲑鱼最大出口国。

交通运输 铁路方面总长8613公里，其中电气化铁路达1654公里。全国货物一半以上是以海运输送，大小港口60处。空运方面，有两家航空公司，6个国际机场，全国有大小机场325个。

同我国的关系 1970年12月15日与我国建交。

华人经济

智利的华人史开端于1880年，1879年智利与玻利维亚爆发了“太平洋战争”，直到1883年方才休战。1880年智利军队穿过钦直、卡涅托、马拉和鲁林一带谷地，正在这些谷地劳作的秘鲁华工纷纷逃往邻国，有的加入了智利军队。

因之早在120多年前，华工即已在智利出现，早到的老华侨多来自广东省中山、顺德等地。如今的老华侨子女第二、三代多已成为智利的专业人士，包括众多智利部长级高级官员及市长等高级公职人员、大学校长、教授、医师、律师等。由于他们大多数不懂华语，除了有中国姓和受其祖先历史文化的熏陶外，可说已成为地道的智利人。据资料统计，1997年，智利华侨华人包括华裔在内约有18000人左右，其中半数以上为当地出生的华裔。自1980年起，智利政府开始放宽外人入境，华人新移民陆续增加，多来自广东和台湾。华人经营的经济事业，按地区分为：

一、全智利

商业 华人经营的零售店、批发商及超级市场约150余家，资本总额为300万美元，其中百货业在智利市场占有相当可观的比例。进出口贸易业约有50余家，属于华商经营最兴盛的事业，资本总额高达2500万美元，多分布于智利北部自由贸易区。首都一带为餐馆业集中处，新移民经营者约有20家，资本总额150万美元。旅馆及汽车旅馆业3家，资本总额近100万美元。电动玩具店5家，平均资本额约10万美元。其他尚有摄影专业照相馆2家，资本总额约30万美元

工业 华人开设的小型工厂约25家，以线袜工厂为多，约有8家，资本总额1500万美元。制作工具机的机械厂3家，资本总额300万美元。建筑业2家，经营项目为购置房地产及工业用地，资本总额200万美元。其他尚有制鞋业2家，电子电器业5家，食品制造业3家。

二、圣地亚哥地区

（1）商业 华人经营杂货业2家，资本额约20万至40万美元；餐馆业（包括各类餐馆、外卖店等）5家，资本额约30至120万美元；贸易业56家，资本额约1亿美元，占进口业5%；旅游业3家，资本额100万美元；运输业1家，资本额约1000万美元，占运输业2%；娱乐业2家，资本额150万美元；医药业2家，资本额20万美元。

（2）工业 华人经营机械仪器业2家，资本总额1100万美元；电子电器业3家，资本总额1200万美元；纺织业6家，总资本额约1200万美元；建筑业4家，资本额约1000万美元；食品制造业3家，资本总额100万美元。

（3）农林渔业 华人经营农林渔业有4家，资本总额约200万美元。

三、伊基克(lquique)自由贸易区

伊基克（lquique）自由贸易区是通往南美市场门户，有华人贸易业48家，资本额在1000万美元以上的有5家，500万至900万美元的有10家，100万至500万美元的有33家，约占该区出口业1/3。这类企业从事进出口业务，产品以纺织服饰、玩具、汽车及其零配件和电子产品为主，转运出口地区则以秘鲁和玻利维亚两国为主。

哥伦比亚（Colombia）

国名 哥伦比亚共和国（The Republic of Colombia）

面积 1141748平方公里

人口 4232.1万（2000年7月）

首都 圣菲波哥大（原名波哥大，1997年7月3日改现名）

国内生产总值（1998年）：1100.98亿美元

人均国内生产总值（1998年）：2696.7美元

货币名称：比索

汇率（1999年）：1美元=1875比索

简 况

该国位于南美州西北部，东邻委内瑞拉、巴西，南接厄瓜多尔、秘鲁，西北角与巴拿马相连，北临加勒比海，西濒太平洋。海岸线长2900公里。地处热带，气候因地势而异。平原南部和太平洋沿岸为热带雨林气候，向北逐渐转为热带草原和干燥草原气候。

该国古代为奇布查族等印第安人的居住地。1536年沦为西班牙殖民地。1810年7月20日宣布脱离西班牙独立，后遭镇压。1819年南美解放者西蒙·卡布拉尔领导的起义军大败西班牙殖民军后，哥重新获解放。1821年与现厄瓜多尔、委内瑞拉、巴拿马组成大哥伦比亚共和国。1829年至1830年，委、厄先后退出，大哥伦比亚共和国解体。1831年改名为新格林纳达共和国，1861年称哥伦比亚合众国，1886年改称现名。1903年马拿马独立。全国分32个省和一个首都区。

经 济

现时主要经贸措施为推动金融及外汇改革，推动弹性劳二法，继续开放市场，进行国营企业民营化，签订国际多边投资保障协定等。1999年国民经济增长率约4%。

资源 自然资源丰富，煤炭、石油、绿宝石为主要矿藏。绿宝石储量居世界第一位。铝矾土储量为1亿吨，铀的储量4万吨。此外还有金、银、镍、铂、铁等矿藏。森林面积约4923万公顷。

工矿业 矿业产值约占GDP5%。石油业发展迅速，为支柱产业之一。制造业占GDP约20%。其主要制造业为食品加工业等消费性工业，占制造业产值50%，金属加工等中间产品工业占38%，其余为资本性工业占12%。制造业尚有汽车及零配件业、电脑业、石油工业、纺织工业等。

农业 农业产值约占GDP20%，可耕地面积530万公顷，其中种植咖啡面积达100万公顷，为农业的重要命脉，咖啡产量和出口均居世界第二位。粮食尚不能自给，每年进口约占粮食消费总量的10%左右。

交通运输 哥国内河航道长达9000公里，其中有6000公里航道周边并无其他交通设施。航空运输则相当发达，全国共有机场74个，其中20个为国际机场。

同我国的关系 1980年2月7日两国建交。

华人经济

华人移居哥国已有50年以上历史，现

共约15000余人，其中最初迁入的以粤籍人居多。近年由台湾抵哥国的人数增加，约有200余人，从中国大陆来的新移民约2500人。

哥国华侨大都经营餐馆业、贸易业、养鸡场及杂货业等，近来有华人经营的塑胶厂和超级市场。行业概况为：

商业 目前华商经营各类商业的约500余家，以餐饮业居多。台湾新移民多开设广东餐馆，计约300余家。巴兰基利亚市的中餐馆已达70家左右。餐馆经营获利后，有的便投资贸易行业，例如电子公司、皮革公司、珠宝买卖及家俱出口。华人经营杂货业目前约100家左右，资本总额约在600万美元以上。另有一批印尼华侨在哥国经营电动玩具、豪华型赌场，并逐渐扩至旅行社及观光旅馆等行业。另外有数家台湾移民开设了照相及快速冲片公司。

工业 现有华人经营的各类工厂约20家。较具规模的包括食品制造、家俱工厂及塑胶工厂，资本额由数十万美元至数百万美元不等。食品制造业包括酱油、饼乾及面条等生活必需品，其中以酱油市场最有发展潜力。

农牧业 华人经营的农场与牧场，约10家左右，资本额平均20万美元，主要种植蔬菜，饲养蛋鸡、肉鸡、猪、牛等。各类农牧产品多数供应哥国国内市场要求，盈利情况颇佳。

厄瓜多尔（Ecuador）

国名 厄瓜多尔共和国（The Republic of Ecuador）

面积 270670平方公里

人口 1241.1万（1999年）

首都 基多（Quito）

国内生产总值（1998年）：200.56亿美元

人均国内生产总值（1998年）：1657美元

货币名称：苏克雷（Sucre）

汇率（1998年底）：1美元＝6800苏克雷

简　况

位于南美洲西北部。东北与哥伦比亚毗连，东南与秘鲁接壤，西临太平洋。海岸线长930公里。赤道横贯国境北部（国名即西班牙语“赤道”之意）。东西部属热带雨林气候，山区盆地为热带草原气候，山区属亚热带森林气候。

古代该国境内居住着印第安部落。15世纪属于印加帝国。1532年沦为西班牙殖民地。1809年8月10日宣布独立，但被西班牙殖民军占领。1822年结束西班牙的殖民统治，并加入由哥伦比亚、委内瑞拉和巴拿马组成的大哥伦比亚共和国。1830年，该共和国解体后，宣布成立厄瓜多尔共和国。全国划分为22个省，下设193个市、1081个区。

经　济

厄是南美地区经济相对落后的国家，工业基础薄弱，农业发展缓慢。

资源 厄国为世界主要石油生产国之一，石油是厄国经济的重要支柱，石油探明储量为35亿桶，天然气储量2250亿立方米。此外，有金、银、铜、铁、锰、煤、硫磺等。森林覆盖率42.5%。水力和渔业资源丰富。

工业 石油产品占出口贸易总值1/3以上，为厄国最重要外汇收入来源。厄国制造业以化学、机械、采矿、造纸、印刷及木材为主，产值约占GDP22%。

农牧渔业 农业产值约占GDP10%，主要产品为香蕉、咖啡、可可、甘蔗及稻米等。其中香蕉的外销金额居世界之首。本国粮食不能自给。近年来池虾养殖和出口量在国民经济中占据越来越重要的位置，每年外销达8万余公吨，占出口贸易总额15%。畜牧业发达，饲养肉牛、乳牛、猪及绵羊。

交通运输 厄国海运除4个主要商港外，另有两个输油停泊专用港。空运方面，除国际机场两处外，另有国内机场208处。

同我国的关系 1980年1月2日同我国建交。

华人经济

早在1900年前即有华侨移居厄国，多半居住在海岸区的小镇，后来才聚集于第一大都市及商港惠夜基市及农业大城威奴市。两地二、三、四代华裔人口已达数万人。首都基多因地势高峻，气候寒冷，直至近十多年才有新移民或者华裔自海岸区移来。据1999年资料统计，厄国华侨华人约33100人。其中祖籍广东省的，约占85%；台湾省籍的约占5%；其他省籍约占10%，若包括华裔在内则达10万人以上。近十余年来，由于厄国经济情况不佳，已有不少华侨华人再移居至美国、加拿大等国。

早期华人多以餐饮业、美容业、洗衣业及农业等为生。华人刻苦耐劳，勤俭治家，经营有成后，逐渐转向商业、制造业发展。由于从事玉米、黄豆、马铃薯等农产品的大宗卖买，不少华人在第一大农业城威奴市拥有农场及香蕉园。华人的第二、三代除经商外，不少成为优秀的专业人士，其中以律师、医师和工程师最多，在当地收入高且最有社会地位。新移民则多放弃老华侨传统经营行业，而改采新式的经营方式从事商业、进出口贸易、经营生活必需品、工厂、旅游服务等。各行业情况为：

商业　华人经营杂货业多为家族独资式，也有采取大型综合商店及连锁店的，获利情况尚佳。目前共有120家，资本总额400万美元。餐馆业多数为粤籍华人经营，一般营业情况良好，还有兼营数家餐馆的，并有速食快餐。但因厄国人口不多，收入偏低，目前已呈饱和状态。餐饮业约230余家，资本总额1800万美元。贸易业75家，资本总额2350万美元，营业项目则包括运动器材。脚踏车、摩托车、轮胎钢圈、五金、家电、百货、玩具、汽车零件、礼品、成衣、鞋类等，获利情况尚佳。旅游业包括旅馆1家，旅行社2家，资本总额100万美元，因厄国观光景点不多，旅游设施不足，发展空间有限。华人经营的医院有4家（全科医院，综合医院，妇产科医院），均系全国知名医院，资本总额4800万美元。还有华人私下以针灸行医的。电动玩具及电动游乐器共约10家，资本总额250万美元，主要客户为青少年，本少利多，但需领特殊执照方可经营。美容业约30家，系早期来厄华侨主要经营的项目，生意稳定。照片冲洗店5家，利润甚高，但因近年厄国商人引进快洗设备，且采取了连锁经营方式，华人多采取小本经营方式，故竞争能力大不如前。

工业　机械、仪器业约12家，资本总额300万美元。有模具、开关、电镀、电扇、日光灯等工厂，因竞争少，颇具潜力。电脑进口业2家，电子娱乐器组合业5家，资本总额100万美元，虽竞争剧烈，但利润仍佳。化工业有4家，资本总额100万美元，计有肥料，塑胶、味精及电池工厂等，因多系独占性质，利润甚丰。纺织业2家，资本总额70万美元，多为婴儿服装及有关产品的成衣工厂，市场需求量大，前景甚佳。木工厂4家，卫浴器材业1家，瓦斯热水器1家，资本总额150万美元，家俱工厂因木材多成本低，华商经营多系独占业，利润极佳。食品制造业11家，包括面条工厂3家，面包业3家，海产品加工厂3家，POKI冰品制造工厂1家和罐头厂1家，资本总额达150万美元。此外，华商经营制鞋工厂1家，资本总额25万美元。

农林渔业　华人经营虾苗场1家，养虾场40家，产品多外销美国。香蕉园1家，综合农畜场2家，甘蔗种植及蔗糖厂1家。资本总额1000万美元。

矿业　华人投资金矿开采仅1家，资本总额约350万美元，因矿脉不丰，前景平平。

在厄国的华侨华人中，近年有不少经营很成功的，其中较显著的有：

原籍辽宁省的王作人，在厄国从事汽车零件、引擎、修理，在当地占有极重要的分量。他也从事金矿、虾场、砖厂、综合农场、机车、重型车组装等多元化的经营，投资资产总值达1000万美元。

原籍江苏省南京市的高大庆所经营的运动器材及服装的直接进口、批发、零售占了当地市场的35%，同时他也从事旅行社的业务，总投资产为800万美元。

原籍台湾高雄县的游惠（女）经营各种

螺丝钉的生产、销售，独占厄国市场，加上她在五金、机械业的经营，总投资资产为100万美元。

华人孟强华所从事的汽车零配件进口、批发及零售，占了当地市场的35%～40%，投资资产为250万美元。

原籍台湾高雄县的杨育林经营的进口五金、电脑、电子零件、计程表、厨房用具等器材的批发与零售，占当地40%的市场。其中计程表与电子零件更独占当地市场，总投资资产300万美元。

圭亚那（Guyana）

国名 圭亚那合作共和国（The Cooperative Republic of Guyana）

面积 214969平方公里

人口 85.5万（1999年）

首都 乔治敦（Georgetown）

国内生产总值（1999年）：约20亿美元

人均国内生产总值（1999年）：约2600美元

货币名称：圭亚那元

汇率（1999年）：1美元=180圭亚那元

简　况

圭亚那位于南美洲北部。西北与委内瑞拉交界，南与巴西毗邻，东与苏里南接壤，东北濒大西洋。属热带雨林气候，年平均气温24～32℃。

公元9世纪起，印第安人在此定居。15世纪西班牙人入侵。17～18世纪为荷兰占领，1814年荷兰将其转让给英国，1831年正式成为英国殖民地，并取名英属圭亚那。1966年5月26日宣布独立。1970年2月23日成立圭亚那合作共和国。

经　济

圭亚那经济以农矿业及服务业为主，单农林渔牧的产值即占GDP50%左右。

资源 矿藏有铝矾土、金、钻石、锰、钼、铜、钽、钨、镍、铀等。森林面积占全国土地面积的83%，为16.4万平方公里，有1000多个树种。水利资源丰富。

工矿业 矿业产值约占GDP16%。矿产中黄金为圭亚那最重要的出口产品。制造业多系小型农矿原料加工业，如制糖、炼铝及稻米、椰子、木材及黄金、钻石的加工业。制造业产值只占GDP8%，建筑业约占4%。

农林渔牧业 主要农业为稻米和蔗糖，稻米一年可收获两次。畜牧方面，主要饲养肉牛、乳牛、猪、绵羊、山羊及鸡。

服务业 在经济上占重要地位，约占GDP20%。

交通运输 沿海地区交通较发达。内河航道全长600英里，有河港三处。空运方面，有一个国际机场和内地一些简易小型机场。每周有航班往返。

同我国的关系 1972年6月27日中圭两国建交。

华人经济

1853年1月12日，首批154名华工乘坐“额尔金勋爵”号轮船，由中国厦门抵达英属圭亚那的德梅腊腊（途中死亡69人）。随后，又有一批华工抵圭。据统计，仅1853年就有647名华工抵达圭亚那，被分配到了布兰肯堡及另外9个甘蔗种植园劳作。目前，圭亚那华侨华裔人数为1万多人。大多聚居于首都乔治敦，其中2/3为当地出生的华裔，老华侨多是早年来自广东沿海各县。

目前华侨华人经营的行业共约400余家，以杂货业和餐馆业为主。其中杂货业200余家，除少数较具规模的超级市场外，多数为小型商店。餐馆业亦占200余家，包括餐厅、饭店、小吃店与茶室等。其他行业则有面包食品店、洗衣店、五金行、旅行社、电影院及贸易业，以五金店规模较大，营业情况尚可维持。

法属圭亚那（Guyane Francaise）

名称 法属圭亚那（Guyane Francaise）
面积 91000平方公里
人口 138900人
首府 卡宴（Cayenne）

国内生产总值（1992年）：79.76亿法郎
人均国内生产总值（1992年）：59700法郎
货币名称：法国法郎
汇率：1美元=4.910法郎

简 况

位于南美洲东北部赤道附近，东南与巴西接壤，西与苏里南毗邻，北临大西洋。海岸线长3200公里。属热带雨林气候，平均气温27℃。

17世纪初法国开始侵入。后美、荷、法和葡相互争夺此地，直到1816年最后归属法国。1946年法国宣布法属圭亚那为法国的海外省。1977年又同时成为法国的一个大区。

经 济

经济以农业、林业和渔业为主，工业很少。经济发展主要依靠法国援助，大部分制成品、食品和能源需进口。林业、渔业和旅游业方面具有较大的发展潜力。

资源 矿产主要有铝矾土、高岭土和金矿等。森林覆盖率达90%，拥有热带特有的各种硬木及可提炼香精的花梨木。

工业 工业不发达。

农林牧渔业 农业生产集中在沿海地区，主要农作物有水稻、木薯、甘蔗、蔬菜等。

60年代以来，渔业尤其是捕虾发展较快。

交通运输 无铁路。公路总长1137公里。水运内河航运线总长3760公里。空运首都卡宴有一个国际机场，可起降巨型喷气飞机。

华人经济

华人在法属圭亚那住了多久，已无从查考。但据当地老华人说，早在一个世纪前华人就来到这个地方了。目前这里的华人人口估计有1.9万多人，其中大部分住在首都卡宴，小部分分布在库鲁。他们大多数来自香港、广东和深圳，因此85%的华人讲广东话。也有些华人来自中国其他城市和台湾，还有来自马来西亚的华人，也在这里落地生根。

法属圭亚那的华人，以开餐馆和从商为主。华人中餐馆在当地相当受欢迎，几乎每家餐馆在午餐和晚餐时都高朋满座。光顾这些餐馆的除了华人和当地人外，还有来自他国的游客。

法属圭亚那的华人多已入籍成为公民，而且都有法国名字，讲流利的法语。但老一辈的华人却相当珍惜华语，不只平日以华语或方言和子女交谈，让他们了解自己的根，还通过订阅华文报及录像带等，获取有关家乡的讯息。当然在当地出生的华裔，大多已不懂华语，有的只会写自己的华文名字。

巴拉圭（Paraguay）

国名 巴拉圭共和国（The Republic of Paraguay）

面积 406752平方公里

人口 535.5万（1999年）

首都 亚松森（Asuncion）

国内生产总值（1999年）：约86亿美元

人均国内生产总值（1999年）：约1600美元

货币名称：瓜拉尼

汇率（1999年12月）：1美元=3317瓜拉尼

简　况

巴拉圭为内陆国家，与阿根廷、玻利维亚和巴西三国为邻，地处拉普拉塔平原北部。属亚热带气候，夏季平均气温为27℃，冬季为17℃。

原住有土著瓜拉尼人。1525年，葡萄牙人到此但未定居。1537年沦为西班牙殖民地。1811年5月14日宣告独立。1865年，洛佩斯政府为巩固和扩大独立后的地盘，进攻当时的巴西西南地区，巴西、阿根廷、乌拉圭三国联军对巴宣战，经5年战争，巴军战败，洛佩斯政府割地赔款，巴疆城缩小并失去了出海口，成为内陆国家。全国划分为17个省和1个特别区（首都亚松森）。

经　济

以农、牧、林业为主，工业基础薄弱。

工矿业　巴国矿业资源不多，主要以石灰石、盐、石膏及白陶土较多。金属矿藏有铁矾土、铁矿、锰及铜等，但因交通不便，多尚未开采。制造业产值约占GDP15%，劳动人口占经济活动人口11%，以制糖、纺织、烟酒、鞋靴、家具、火柴及肥皂等民生用品为主，多属小规模生产。近年来受到南方共同市场开放的冲击，制鞋业、成衣业及啤酒业均受严重影响。

农林牧业　巴国主要产业为农业，产值约占GDP16%，主要产品首推大豆，为巴国出口的最主要作物，占巴国出口总额40%。其他粮食作物如小麦、大麦等，均是以自给自足。畜牧业发运，产值约占GDP8%，肉类以输往巴西为主要市场。森林面积1500万公顷，林业产值占GDP3%，占出口总额约9%。

交通运输　巴国为内陆国家，主要交通运输为内河航运，航道全长1450公里，货物多以运河运送至巴西及乌拉圭海港再转运。航空运输有2处国际机场，国内航线由空军和国营航空公司经营。

华人经济

巴拉圭的华侨华人目前约700人，多聚居在首都亚松森和上巴拉那省省会等地。大多数为最近十年内的新移民，主要来自台湾，少数来自港澳、中南半岛及其他国家，中国大陆的移民近年亦逐渐增多，现约有六七百人。

巴国华侨华人多从事商业，亚松森地区的华商多以经营百货店、进出口公司、电子用品店、化妆品商店、农产品、中国餐厅和杂货店为主，均属中小型规模。在东方市华商多经营礼品、百货店，商品种类琳琅满目，包括日用品、家电用品及电器用品，且大多供应巴西消费者。贝多芳市华商大抵从事电子用品、化妆品及百货类进出口的批发零售，营业额约为市场占有率35%，营业对象皆为巴西观光旅客。

（一）商业

目前约有华商1000多家，其中以从事贸易业数量最多。亚松森市杂货业有20家，资本总额300万美元，多属中小型。由于当地消费水准日益提高，已朝向现代化大中型超市发展，占有比率约为10%。贝多芳华商杂货业35家，资本总额600万美元。东方市约有华人商店800至1000家，年营业税超过12亿美元。在东方市较具规模的16座购物中心，华商拥有9座，公寓约有20座（底层为商场），华人所建的有11座。华商在东方市经商，占该市40%以上。餐饮业约30余家，多由港、台进口食品及素食材料，提供各种中式菜系，颇受当地人欢迎，资本总额300万美元。巴国华商经营金融业、保险业有2家，资本总额1200万美元。其中有台商与当地企业在亚松森合资开办巴拉圭东方投资开发银行，营业项目包括发行债券、融资、投资共同基金、有价证券、房屋中介及汽车、房屋、人寿保险等。另有华商经营中医药诊所、药房、保龄球馆、理发及照像馆。

（二）工业

华人经营工厂40余家，在亚松森有机械、仪器业2家，资本总额10万美元。电子电器业3家，资本总额600万美元，由于巴拉圭家电用品几乎全靠进口，投资该项企业极有发展潜力，目前市场占有率为5%。化工业4家，资本总额250万美元，当地广泛使用塑胶用品，有发展前途，目前市场占有率为10%。纺织业3家，资本总额80万美元。食品制造厂7家，资本额100万美元。

（三）农牧业

亚松森近郊有华人经营的农牧场3家，以种植蔬菜、果树及养鸡为主，资本总额200万美元。华商洪锦棠开设的1家大型农牧场，养鸡9万只，远近驰名。

移居巴拉圭的的华侨华人历史虽短，但数年间大多个个致富，各有相当成就。一年就产生几十个华人百万富商，就盈利来说当地环境颇佳。

秘 鲁（Peru）

国名 秘鲁共和国（The Republic of Peru）
面积 1285220平方公里
人口 2662万（1999年7月）
首都 利马（Lima）

国内生产总值： 700亿美元（1999年）
人均国民收入： 2650美元（1999年）
货币名称： 新索尔（New Sol）
汇率（1999年12月） 1美元＝3.508新索尔

简 况

秘鲁位于南美洲西北部，北邻厄瓜多尔、哥伦比亚，东界巴西，南接智利，东南与哥伦比亚毗连，西濒太平洋。海岸线长2254公里。全境从西向东分为热带沙漠、高原和热带雨林气候。年平均气温西部12～32℃，中部1～14℃，东部24～35℃。

公元11世纪，印第安人以库斯科城为首府在高原地区建立印加帝国。15～16世纪初形成美洲的古代文明之一印加文明。1533年沦为西班牙殖民地。1544年成立秘鲁总督区，成为西班牙在南美殖民统治的中心。1821年7月28日宣布独立。1835年，秘鲁与玻利维亚合并，称秘鲁—玻利维亚邦联，1839年邦联瓦解。1879～1883年，联合玻利维亚，同智利进行了“太平洋战争”，秘战败割地。全国共分24个省和一个直辖区(卡亚俄区)。

经 济

秘鲁是传统农矿业国，经济属拉美中等水平。矿产丰富，石油自给有余。1999年，秘鲁继续推动自由市场改革，控制物价上涨并吸引外国投资，创造就业机会。

资源 矿业资源丰富，是世界12大矿产国之一，主要有铜、铅、锌、黄金、银、铁和石油、天然气等。铋、钒储量居世界首位，铜占第3位，银、锌占第4位。森林覆盖率为58%，达7400万公顷，在南美洲仅次于巴西。水力和海洋资源极为丰富。

工矿业 工业以加工业和装配业为主。据秘鲁国家统计局公布，1998年铜产量为35.6万吨，铁322.4万吨，锌72.5万吨，金91吨，银1832.4吨，石油4219万桶，发电量达179.53亿千瓦小时。秘鲁制造业产值占国内生产总值25%，主要项目为食品加工、金属制品、纺织、化学、水泥、汽车装配以及渔产加工等。

农牧渔业 全国可耕地面积为770万公顷，占全国总面积的5.9%，种植面积为152万公顷。农业产值约占1成，农业人口约占全国人口40%，主要农作物有香蕉、咖啡及豆类等。畜牧业以饲养牛、乳牛、猪、羊及鸡等为主。森林地带盛产染料木、香柏、桃花心木、奎宁、橡胶等。渔产量仅次于中国，居世界第二位。秘鲁也是世界主要鱼松、鱼油生产国，每年出口鱼松约110万吨，占全球第一位。

交通运输 秘鲁是南美最早修建铁路的国家。全国铁路总长2121公里，年客运量198.9万人次，货运量608.1万吨，居南美第6位。内陆农林地区主要依赖内河水道运输，全国有大小港口21个，卡亚俄是最重要的港口。外贸主要依靠海上运输。空运方面，全国有51座机场，其中3个是国际机场。国际航线飞机20架，国内航线飞机90架，年客运量427万人次，货运量6.91万吨。

同我国的关系 1971年11月2日两国建交。

华人经济

华侨华人移居秘鲁始于1849年，其后裔早已延续至第三四代。初期华侨为苦力，百年前在秘鲁南北部已经营农场，种植稻米、棉花、水果。他们大多来自广东、福建、湖北等地，且绝大多数聚居在首都利马附近，少数分布在秘鲁其他城镇，如奇克拉约、特鲁希略、伊卡等。据统计，1999年秘鲁华侨华人包括华裔在内可达100万人。华侨华人多经商，其中以经营杂货业、中餐馆者为数最多，并渐次形成“中国城”、“中国街”，奠定了稳固的社会基础。有些华人已步入秘鲁文化、科技、医药等领域；有的已在政界任职，如担任政府部门次长，国会议员者已有多人。台湾、香港等地多年来只有少数人移民至秘鲁投资。华人经济概况下如：

（一）商业

杂货业约400家，平均资本每家约5至10万美元，多属家庭式经营。其中黄氏超市系华裔经营全秘鲁最大最成功的连锁超市，近年来更得到进一步扩展。饮食业1000至2000家，大型的平均资本30至40万美元，小型平均资本2至3万美元。其中龙凤酒家兼营赌场，其他有名中餐馆尚有富临门、富豪、月宫、峨嵋、银河等数十家。中餐馆有特殊的外文名称（Chifa）即“吃饭”的广东语转音。贸易业约50至80家，资本总额10至50万美元。由于秘鲁政府采用自由贸易政策，自由进口竞争激烈，华裔从事贸易业十分吃力。旅游业约70至100家，每家资本额达10万美元，秘鲁各城市均有华裔经营的旅店、旅行社、礼品行。金融保险业约4家，每家资本额约200至800万美元。医药业约15家至20家，每家资本额约5至6万美元，华裔多经营中、西药房，从事各科医师或针灸减肥、推拿者亦多；运输业约5至6家，资本额每家约30至40万美元，其中有经营市内交通车行、游览车出租、秘国内航空公司等。娱乐业约10家，每家资本约10至20万美元，多为经营电影院、影带出租、KTV店，其中中餐馆附设卡拉OK者也有多家。其他华裔经营的尚有文具行、服饰店、五金行及鞋店等约100至200家，每家资本额约10至20万美元。

（二）工业

机械、仪器业约20至30家，平均资本额约10至30万美元。电子、电器业约10家，资本额约10至20万美元，其中由华人陈国雄、廖学如和华裔Manuel Yompian经营的电器行最具规模。化工业约5至6家，每家资本约30至100万美元，多经营塑胶产品、橡胶产品工厂。纺织业约2家，每家资本额约300万至1000万美元，以邓毓良父子的一贯作业纺织工厂最具规模，生产成衣、内衣行销全球各地。食品制造业约10家，每家资本额约10至500万美元，其中以刘氏、伍氏兄弟经营的罐头食品工厂最具规模，林氏酱油、佐料及面食工厂亦颇具规模；建筑业约10家，每家资本约3至5万美元，包括建筑公司、房地产中介公司等。

（三）农林渔业

约50家，每家资本额为30至100万美元。其中华裔经营农场、碾米厂较多，并有经历二、三代，长达50~60年的。

苏里南（Suriname）

国名 苏里南共和国（The Republic of Suriname）

面积 163265平方公里（包括同圭亚那有争议的1.7万平方公里）

人口 41.6万（1999年）

首都 帕拉马里博（Paramaribo）

国内生产总值（1997年估计）：5.99亿美元

人均国内生产总值（1997年估计）：1234美元

货币名称：苏里南盾

官方汇率（1999年1月）：1美元＝710苏盾（卖出价）；1美元＝700苏盾（买入）

简 况

苏里南位于南美洲北部，东邻法属圭亚那，南界巴西，西连圭亚那，北濒大西洋。属热带雨林气候，年平均气温23～27℃。

原为美洲印第安人居住地，1593年被西班牙探险者宣布为其属地，1602年荷兰人开始到此定居。1630年英国移民迁此，1667年，英、荷签订条约，该国成为荷兰殖民地。1815年，维也纳条约正式确立荷对苏的殖民主地位。1954年，除外交和国防事务外，实行内部自治。1975年宣布独立，成立共和国。全国划为9省1市，1市为帕拉马里博市。

经 济

苏里南自然资源较丰富，但经济基础相对薄弱，经济发展不平衡。国民经济主要依靠铝矿业、加工制造业和农业。

工矿业 苏里南近年来矿业生产值占国内生产总值4.1%，矿产中以铁矾土、铝及石油为主。铁矾土蕴藏量达5.42亿公吨，另有2.25亿万吨可能的矿源。目前，产量为世界第8位，约占全球产量2.7%。苏里南制造业以炼铝及农产品加工为主。近年来产值约占GDP 10%。

农林牧渔业 苏里南农业集中在沿海地区，农地面积为6.8万公顷，主要农产品为稻米、香蕉等，稻米以输往欧市为主。畜牧业方面，每年牛肉产量约1000公吨，猪肉1000公吨，家禽肉9000公吨。渔业以养虾为主，每年虾产量约3500公吨，捕虾业是重要创汇业之一。苏里南95%为热带雨林区，热带硬木开发极具潜力。近年来农林渔牧业生产值，占国内生产总值11%。

交通运输 以公路和水运为主。铁路全长140英里，主要用于运送木材及铁矾土。最重要的运输通道为内河航道，4条水路联系南北交通，长度约2794英里，主要海港为Paramaribo。国际机场只有一个，有4条国际航线，距Paramaribo港仅45公里。

同我国的关系 1976年5月28日两国建交。

华人经济

150年前，荷属圭亚那殖民当局与当时广东清政府协议，最早一批广东惠阳、保安一带70人，以合约劳务形式到达苏利南，其后广东沿海一带农民也以同样形式到达。

多年后，有的客死他乡，有的沿街叫卖做些小生意。当地老华侨有的已延续7~8代人。

苏里南华侨华人1999年约有4万人，半数为当地出生的华裔。他们大多数聚居在首都帕拉马里博市中心及近郊。

苏里南的华侨华人多经营杂货业、餐馆业等，因市场有限，呈竞争现象。

（一）商业

华裔经营商业约达1400家，杂货业即占800余家，平均资本额约2万美元，因经济不景气，颇显萧条。各类餐馆450余家，占当地餐馆数90%，平均资本额1万美元以上。进口贸易商约30家，规模不一，资本额由数万至数十万美元不等。

（二）工业

制造业约有20家，包括塑胶厂7家，资本额20万美元，占当地该业90%。电器行约10家，资本额10万美元以上。建筑公司1家，规模大，营业状况良好。食品制造业2家，资本额50万美元。

（三）矿业

华裔经营的采矿业有1家。

乌拉圭（Ulruguay）

国名 乌拉圭东岸共和国（The Oriental Republic of Uruguay）

面积 176215平方公里

人口 330万（1999年）

首都 蒙得维的亚（Montevideo）

国内生产总值（1998年）：207亿美元

人均国内生产总值(1998年)：6400美元

货币名称：乌拉圭比索

汇率(1999年1月)：1美元=10.944乌拉圭比索

简 况

位于南美洲东南部。北邻巴西，西界阿根廷，东南濒大西洋。海岸线长约600公里。境内地势大部分平坦。属温带气候，平均气温7月约10℃，1月约23.3℃，5～10月多雾。

早期，乌拉圭河东岸居住着查鲁亚印第安人。1516年西班牙探险队到此。1726年西班牙殖民者建立蒙得维的亚，乌沦为西班牙殖民地。1825年8月25日，胡安·安东尼奥·拉瓦列哈等一批爱国者收复了蒙得维的亚城，宣告乌拉圭独立，并将8月25日定为国庆日。全国共分19个省。

经 济

乌拉圭是个农牧业国，经济发展主要靠羊毛和牛羊肉出口。1999年，乌拉圭在消除墨西哥金融危机影响后，经济已逐渐好转，国内生产总值已突破2000亿比索。

资源 盛产大理石、黄金、紫水晶石、玛瑙、乳白石等。已探明有铁、锰等矿藏。林业和渔业资源丰富，盛产鲈鱼和鳕鱼。

工矿业 矿业产值不到GDP1%，制造业产值约占GDP20%，以农牧产品加工业为主，有肉类加工、酿酒、制糖及罐头、面粉、牛乳、干酪加工等。其次是纺织业，主要加工羊毛和生产棉纺及化纤制品。重工业基础薄弱，能源主要靠石油和水力发电，石油全部依赖进口。

农牧业 可耕地和牧场面积占国土面积的90%，约为4200万英亩，其中85%为牧场草原，4%为粮食作物耕地，4%为林地。农业产值约占国内生产总值8.4%。粮食能基本自给，稻米为主要出口农产品。畜牧业中的肉类、羊毛、皮革等传统产品的出口，约占出口总额的2/3。

旅游业 旅游业发达，70%的游客来自阿根廷。近些年旅游收入一直占乌外汇收入的第二或第三位。

交通运输 以公路为主，总长8683公里。内河航道1250公里。空运方面，全国共有8处主要机场。近年来由于汽车销售增长，亦带动空运及海运业以及相关产业的发展。

同我国的关系 1988年2月3日两国建交。

华人经济

1999年乌拉圭新老华侨估计约为515人。最早到乌国的老华侨多为广东籍，其后来乌国经商的华侨华人逐渐增多，多数从中国大陆来，少部分来自台湾。

在乌国的华侨华人多从事餐馆、中国饰品、进出口贸易、洗衣店、化工厂、杂货业、日用食品制造业、渔船用品补给业、养殖业及小型塑胶袋工厂等。经营概况为：

商业 目前共计49家。其中在当地颇受欢迎并有发展潜力的中餐馆22家，每家平均资本额35万美元，包括3家中国自助餐馆，生意兴隆，供应30多种食物，任人选择，且价格低廉，每人约6美元。杂货业有11家，每家资本额约35万美元。多属小型规模。贸易业3家，每家平均资本额35万美元，主要进口杂货、日用品及汽车零配件。旅行社1家资本额约40万美元。礼品店6家，多为自行进口销售，每家平均资本额25万美元。中医业只有针灸医生1家，资本额约为2万美元。加油站1家，资本额35万美元。相片快洗冲洗店1家，资本额30万美元。电动玩具店1家，资本额15万美元。

工业 华裔经营工厂计有4家，包括颇具规模并有50年历史的林世汉拥有的化工厂1家，营业状况良好，占当地该业产量的50%，资本额达150万美元。塑胶袋制造厂1家，生产PP编织袋，外销巴西及中东地区，资本额80万美元，获利颇佳。食品制造业1家，制造中国式食品，如豆腐、豆芽、面食等，供餐馆及渔船补给之用，资本额约30万美元，营业情况良好。另有建筑业1家，承包各项房屋、工厂及商店工程。

农渔牧业 现有华裔经营的农场1家，资本额约55万美元，种植苹果、水梨、瓜果及蔬菜等。大型牧场1个，占地1000公顷，饲养1000头牛，资本额约55万美元。渔业代理业1家，资本额50万美元，是承办10余艘2000吨级渔船的代理商，但主要基地在巴西。渔船补给业2家，每家资本额约25万美元。

委内瑞拉（Venezuela）

国名　委内瑞拉共和国（The Republic of Venezuela）

面积　916700平方公里

人口　2370.6万（1999年）

首都　加拉加斯（Caracas）

国内生产总值（1998年）：520303亿玻利瓦尔

人均国内生产总值(1998年):3146美元

货币名称：玻利瓦尔（Bolivar）

汇率(1998年1月)：1美元=569.8玻利瓦尔

简　况

委内瑞拉位于南美洲大陆北部。东与圭那为邻，南同巴西接壤，西与哥伦比亚交界，北濒加勒比海。海岸线长2813公里。全境除山地外，基本上属热带草原气候。气温因海拔高度不同而异，山地温和，平原炎热。每年6～12月为雨季，12～5月为旱季。

古代为印第安人阿提瓦克族和加勒比族的居住地。1567年沦为西班牙殖民地。1811年7月5日宣布独立。1819～1829年同现哥伦比亚、巴拿马和厄瓜多尔组成大哥伦比亚共和国。1830年建立委内瑞拉联邦共和国。1864年改名为委内瑞拉合众国。1953年改称现名。全国划分为21个州，2个边疆地区，1个联邦区和1个联邦属地(由72个岛屿组成)。

经　济

委是拉美地区经济较发达国家之一，石油是国民经济的支柱产业。

工矿业　石油是委国最重要的产业，蕴藏量为590亿桶，占全世界储藏量6%，原油、油品及天然气产值约占GDP26.5%。此外，由于石油市场于1997年开放，使委国石化业增长可观。委国为世界上第6大机油国家，也是世界上第7大天然气储藏量国家。

委国制造业产值约占GDP18%，除了能源矿产和相关行业外，其他工业基础薄弱，许多相关产品皆需依赖进口供应。委主要制造业为钢铁、炼铝及石化工业。

农牧渔业　全国可耕地面积3007万公顷，种植面积300万公顷，农业人口占全国劳动人口12%，产值仅占GDP0.8%，主要农产品为甘蔗、稻米、玉米、芦粟、棉花、咖啡、可可等。粮食不能自给。畜牧业发达，牧场草地面积1713万公顷，饲养乳牛、肉牛。森林覆盖率30%。

交通运输　委国铁路全长仅268公里，预计于2005年可扩建铁路至2000公里。海运方面，有4个主要商港，共有17座油轮装卸专用码头。空运方面，全国共有61个商业机场，其中7个为国际机场。

同我国的关系　1874年6月28日两国建交。

华人经济

华人移居委内瑞拉始于1875年。首批抵委的华人，来自特立尼达和巴拿马等地。初期多数华人以洗衣维持生计，每人背一布袋挨门挨户收洗脏衣服，工作和生活条件极差。至1999年，委国华侨华人约50200人，早年广东籍老华侨及当地出生者约5万余人，新移民则以美加、香港、中国大陆及台湾为主。华侨华人主要居住在首都加拉加斯市、新兴石油城苏利亚省及第二大都市马拉开波市、卡拉沃沃省及农牧中心巴伦西亚市等。华裔工商业概况为：

商业 杂货业175家，资本总额190万美元，经营项目包括食品、服饰、日用品及超市等项目。餐馆业（包括外卖）目前约有400家，资本总额达8000万美元，以开设广东菜馆的居多，由于利润回收快速，皆有扩大规模的趋向。贸易业有65家，资本总额约有3250万美元。旅游业者共计30家，资本总额达600万美元。华人投资旅游业，以开设旅行社为主。该业为华人乐于投资的项目。华人开设的诊所，包括中西医诊治在内，由于针灸技术及按摩医疗在委国十分流行，因此从事中医行业的家数逐渐增加。目前华裔经营的医药所有10家，资本额共约200万美元。华裔经营的海空运输业公司计4家，资本总额80万美元。娱乐业计有11家，资本总额有250万美元，以开设舞厅、及出租中式录像带为主，KTV大都集中在餐厅内。

工业 委国石油储藏丰富，石化原料供应充足，华裔投资在化工行业的包括塑胶制品及化妆品等，计有7家，资本总额有145万美元。

过去华人经营成衣行业的多属家庭加工性质，规模不大。近年来华裔则投资设厂，并引进名牌产销代理权，以提高经营利润。目前华裔纺织业计有5家，资本总额740万美元。其中台商从事牛仔裤加工，利用当地廉价劳力，产品销至加勒比海岛国及美国等地。华裔经营食品制造业约有8家，资本总额160万美元，从事简易中国食品加工，销售给餐厅，也有制作中式点心贩卖。此外尚有经营玻璃制品2家，资本总额120万美元，生产玻璃服饰亮片、弹珠、灯饰等产品，内销并外销。电子电器业8家，资本额共400万美元。化工业7家，资本额共350万美元，以从事润滑油买卖及塑胶原料交易为主。

（三）农林渔矿业 华裔投资该业有2家，资本总额50万美元，投资项目包括蔬菜种植、家禽饲养、渔船捕捞、鱼虾养殖等，以内销市场为主，部分外销至欧美市场。华裔投资石油开采业的有3家，资本总额有60万美元。

欧 洲

比利时（Belgium）

国名 比利时王国（The Kingdom of Belgium）

面积 30528平方公里。

人口 1015.2万（1999年）

首都 布鲁塞尔（Bruxelles）。

国内生产总值（1999年）：约2550亿美元

人均国民收入（1999年）：约25500美元

货币名称：比利时法郎

汇率（1999年12月）：1美元=40.1492比法郎

简　况

比利时位于西欧，北连荷兰，东邻德国，东南与卢森堡接壤，南和西南与法国交界，西北隔多佛尔海峡与英国相望。海岸线长66公里。属海洋性温带阔叶林气候。年平均气温10.8℃。

公元前，克尔特族的比利其人在此居住。公元前57年起，长期被罗马人、高卢人、日耳曼人分割统治。9～14世纪被各国诸侯国割据。14～15世纪建立了勃艮第王朝。随后，又陆续被西班牙、奥地利、法国所统治。1815年被并入荷兰。1830年10月4日独立。在两次世界大战中均被德国占领。二战后加入北约。1958年加入欧共体，并与荷兰、卢森堡结成经济联盟。1993年完成国家体制改革，正式实行联邦制。全国分为10个省和589个市镇。

经　济

比利时是发达的资本主义国家，80%的原料靠进口，50%以上的工业产品供出口。1999年比国大力促进出口，带动内需，以抑低失业率。

资源　据估测，煤蕴藏量为37亿吨，其中有开采价值的18亿吨，此外，尚有少量的铁、锌、铅、铜等。核电站7座，发电量占全国电力总量的65%。森林面积约60万公顷，占全国面积的20%。

工业　主要工业部门有钢铁、机械、有色金属、化工、纺织、钻石、汽车、玻璃、煤炭、啤酒制造等。

农业　农业人口占总人口不到2.4%，但却提供全国80%的粮食需求，同时还有部分加工食品可供输出，以赚取外汇。牧业以猪的饲养量为主，其次为牛肉，牛肉和猪肉在产量上可自给自足。全国耕地面积为137.5万公顷，其中牧场面积62万公顷，谷物种植面积29.5万公顷。

交通运输　以公路为主。总长15600公里，其中高速公路1674公里。内河航道总长1559.5公里。有3个海港，最大的安特卫普港年吞吐能力超过1亿吨。空运方面有布鲁塞尔国际机场，空中运输网络联系49个国家、74个城市。

同我国的关系　1971年10月25日两国建交。

华人经济

比利时是中国人移居西欧较早的国家之一，17世纪晚期，一些中国海员和行商先期抵达。到清朝末年，已有中国留学生来到比利时就学。这时的移民主要来自江浙一带。20世纪前半期移民增加，一些浙江海员到比利时的安特卫普定居。一战后，被派往欧洲战场参战的部分华工前往比利时谋生，并有湖北和浙江一带的行商小贩，在布鲁塞尔及其他几个主要城市沿街逐户兜售纸花、青田石制品等，并最终定居比利时。据1935年统计，比利时的华侨华人有500余人。二战期间，比利时遭受严重破坏，华侨华人曾一度减少。二战后一段时间，比利时对劳工入境采取宽松政策，一些老华侨在中国大陆、港台及东南亚诸地的亲友，申请来比利时工作比较容易，于是旅比的华侨华人逐渐增加。70年代，按照联合国的部署，比利时吸纳了一批印支难民，其中不少是华侨华人。近二三十年间，又有大量华人自东南亚一些国家和香港等地移居比利时。1999年，比利时华侨华人加上在此出生的第二、三代华裔约为23000人，其祖籍多为广东、浙江两省。目前华人多分布在比国首都布鲁塞尔及安特卫普港等城市。华侨华人经营中餐馆是主业，此外有经营日用杂货、食品、工艺品及进出口贸易等。少数当工人、职员，受教育程度较高的则从事工程师、医师、教员等职业。

华人经营的行业有：

餐馆业 早年来比的华侨多为贩卖青田石等的行商和海员改当厨师的，进而又集资开设餐馆的为多。近年来，随着华侨华人人数大增，中餐馆业也兴旺起来。20多年前还仅有20家，现已达千余家，占华商经济的九成以上。大部分集中在安特卫普和布鲁塞尔两市及周围的城镇。这些餐馆以广式菜肴为主，还有一些人经营日本菜式、泰国菜式、越南菜式及印尼菜式。餐馆规模一般较小，多属家庭式经营，收入尚佳，但竞争较激烈。目前较著名的餐馆有天泉、丽晶、国际、怀园、明园、金龙、华华等。为适应市场需要，这些餐馆已开始制作快餐，如炸鸡、春卷等。1967年成立了旅比华侨餐馆同业公会，该会与“欧洲中国快餐发展协会通力合作。在餐馆公会的推动下，餐馆业蓬勃发展。

杂货业 以经营中国大陆、台湾、香港和东南亚的食品为主，供应当地的中餐馆和华侨华人家庭生活所需。目前杂货店近40家，一般规模较小，收入不多。

进出口贸易业 进口以亚洲杂货、化纤、运动器材、成衣等为主，出口以汽车、药品和饲料为主。目前华侨华人经营进出口贸易行的约有30家。每家资本额约在300万至1500万比法郎之间。

此外，经营旅行社的有6家，医疗所2家，卡拉OK及录像带租售业5家，均具发展空间。华侨华人还有经营礼品及玩具店的。华人经营金融保险业1家，资本额约100万美元左右，系从事保险经纪业务。

华商经营较著名的企业有：贸易杂货业既具规模又历史较久的为黄潮善经营的中比贸易公司，其次为华商史德业。另陈桂平拥有大型杂货店，经营零售、小型批发及进口业务，投资约有2亿比法郎；苏复泰亦是该业的成功者，还有在安特卫普市经营珠宝业的何润仪、经营旅游业的计民父子、蔡建业等。

工业 食品制造业10家，规模尚小，生产初级产品。成衣业1家，以向东欧输出为主，资本额在500万法郎左右。建筑业1家，资本额约250万法郎，但因经济不景气，房地产业多下跌，经营不易。

法 国（France）

国名 法兰西共和国（The Republic of France）

面积 551602平方公里

人口 5886万（1999年）

首都 巴黎（Paris）

国内生产总值（1999年）：约14700亿美元

人均国内生产总值（1999年）：约24500美元

货币名称：法郎（France）

汇率（1999年12月）：1美元=6.5286法郎

简 况

法兰西共和国位于欧洲西部。与比利时、卢森堡、德国、瑞士、意大利、西班牙、安道尔、摩纳哥接壤，西北隔拉芒什海峡与英国相望。海岸线长约3000公里。大部分地区属海洋性温带阔叶林气候，南部属亚热带地中海式气候。

公元5世纪，法兰克人移居此地。843年成为独立国家。17～18世纪路易十四统治时期达到封建社会鼎盛时代。1789年7月14日，爆发了资产阶级大革命，人民攻占巴士底狱。此后曾建立过五次共和国和两次帝国。1871年，巴黎人民武装起义，成立巴黎公社。1958年，戴高乐领导建立第五共和国。行政区划分为大区、省和市镇。法国本土划为22个大区、96个省和3.6万个市镇。另有10个海外省和海外领地。

经 济

法国是发达的工业国家，国内生产总值位于美、日、法之后，居世界第四位。

1999年法国经济继续好转，最具代表性的指标是失业率降低。这一年法国失业率下降至11.3%，创下自1993年以来最低纪录。

资源 铁矿蕴藏量约70亿吨，但品位低，开采成本高，所需铁矿石的大部分仍依赖进口，煤储量中有开采价值的14.7亿吨，铝土矿储量9000万吨。水利资源和地热资源的利用和开发比较充分，森林面积约1500万公顷，覆盖率26.7%，占欧盟森林总面积的25%。

工业 主要工业部门有汽车制造、造船、机械、纺织、化学、电器、动力、日常消费品、食品加工和建筑业等。核能、石油化工、海洋开发、航空和宇航等新兴工业部门近年来发展较快，在工业产值中所占比重不断提高。特别是法国盛产名牌服饰及香水等高级精品，深受全球消费者所认同。法国产制的香水，不论在国内或输往国外的销售额，已经是连续11年上扬。

农牧业 法国是世界农业大国之一，也是欧盟最大的农业生产国，是世界主要农产品和农业食品出口国。法国已基本实现了农业机械化。农业食品加工业是法国外贸出口获取顺差的支柱产业之一。居世界第一，占世界市场的11%。农地面积约为1900万公顷，葡萄为重要农作物，是法国名酒白兰地的原料。另外，甜菜也大量生产，使法国成为欧洲最大糖产国。

旅游业 法国经济中的另一个重要支柱是旅游业，1999年法国以7000万人次的国外来访旅客，成为当年世界第一大观光目的地国。这些旅客共为法国带来297亿美元收入。

交通运输 水、陆、空交通运输均极发达。如铁路总长31900公里，其中电气化铁路即为14355公里。法在发展高速火车方面走在世界前列。公路网遍及全国各地，其中高速公路9600公里。内河航道5700公里，巴黎是主要内河港口。空运方面航线总长105万公里，通达73个国家和地区的186个城市，主要机场有巴黎和戴高乐机场和奥利机场等。

同我国的关系 1964年1月27日中法建交。

华人经济

据有关资料统计，2000年法国华侨华人总数约30万人，其中2/3集中在巴黎，约20万人。巴黎“中国城”指的是巴黎第十三区，是主要由印支华侨华人经营的地区。法国华侨华人主要分为两大部分：一部分来自越南、老挝和柬埔寨等国的印支地区；另一部分来自中国浙江省，主要来自温州地区，来自中国大陆其他地区的华侨华人数量较小。据统计仍有8万华族移民系非法居留。

早期华侨华人多经营传统劳力密集业，如餐饮、制衣、皮件、装修等业。但华侨华人第二代多已接受良好的专业教育，有望融入法国主流社会，有的已在法国各阶层担任专业工作，也有从事医师、电脑、会计、工程师及律师等专门职业者。

商业

1. 餐饮业 华侨华人在法国的经营是从餐饮业做起，然后逐渐向皮革制作、服装生意以及进出口贸易发展。1999年华人经营的餐馆有3250家，资本额为30万至600万法郎，其中近半数在巴黎地区。但90%以上为小规模经营。200人以上的餐馆不到100家，纯正中餐馆以粤菜为主。经营中式快餐的荣华公司，不仅在巴黎各大商业中心拥有十几家快餐连锁店，而且拥有自己的快餐生产基地，同时向其他快餐店批发。在香榭丽舍大街上开餐馆的福禄居老板杨宽法在巴黎有3家餐馆。他还与朋友合作，在美国、德国等地也开了多家餐馆，使经营规模化。1999年陈逢经营的紫宸宫荣获米其林美食指南一颗星称号，为华人餐馆增光。近年因经济不景气，餐厅为求生存多已增加外卖，送食品到府的服务。部分餐馆改营日本菜式、韩国菜式。有的大型餐厅则不惜投资装潢，添购娱乐设施，以吸引用餐者。

2. 杂货及贸易业 1999年华人经营的中小型杂货业约有5000家，大型超市10家，每家资本额约25万至1000万法郎。华人聚集区的杂货业，经营亚洲蔬菜、水果、罐头食品、干粮、南北货、肉类冷冻食品及日常消费的轻工产品等。在非华人区则供应西式食品为主，多兼卖亚洲熟食及餐点。近年华人杂货业已多投资扩展超市，其中成功者多居巴黎市，如在巴黎第十三区“唐人街”的老挝华商陈克威、陈克光兄弟所开设的陈氏百货公司，该公司主要经营亚洲食品、土产品和工艺品的进口以及批发，并有多家零售商店。陈氏兄弟除经营百货业外，亦兼营进出口，年营业额达数亿法郎。此外，邱爱华的首饰生意也很红火，客户都是批发商，法国许多大商店出售的首饰，都是从她那里批发的。郑光军的“巴黎士多”食品和日用品超级市场规模亦大。

3. 贸易业 华人经营者约215家，每家资本额约25万至150万法郎。贸易业进口以中式食品材料及佐料、工艺品为主，出口则以科技产品、服装等为大宗。

4. 其他商业　华商经营旅游业约230家，每家资本额约30万至600万法郎之间。近年来，由于华人旅游探亲度假增多及价廉的机票，带动了旅游、导游业的兴旺。华人经营中小型旅馆者日增。又因亚洲人偏爱法国化妆品香水、首饰，免税商店也随之增多。运输业约60余家，资本额在30万至400万法郎之间，以小型货运、搬家为主，部分自营出租汽车，也有经营小型加油站的。另，华商开设报关行、提供航空、海运、运输服务者逐渐增多。华人经营医药业共65家，中药铺仅3~5家。娱乐方面，华人经营约95家，资本额在520至500万法郎之间。前景并不乐观。

工业

华商经营小型制造业逐年增长，其中电子电器业约80家，资本额约在35万至100万法郎之间，以电话机、电脑、电传机、电子电器、音响、电视、录像机、卡拉OK机等家用电器的买卖维修为主。机械装配业者40家，多为中小型修车厂，部分代理日、德、意等厂牌轿车。资本额在20万至100万法郎之间。化工业5家，资本额约40至120万法郎，从事化学、石油化工品、制药原料、农业产品的进出口。纺织业约150家，多为经营皮包、皮件制作、缝制成衣，并有缝纫机买卖维修业多家，以供应家庭式制衣厂所需。食品制造业约65家，每家资本额在50万至250万法郎之间。速食已成风气，冷冻食品极受欢迎，例如糕饼、点心、香肠、豆腐、肉丸等。建筑业约有40家，每家资本80万至300万法郎，以房地产买卖中介与租赁买卖为主。

农林渔牧业

1999年华人经营共有30家，平均资本额约30万至200万法郎，以经营果园、种植蔬菜、采蜜为主，也有个体养牛、羊家畜者。

法国巴黎“唐人街”　据记载，中国人踏上法兰西的土地已有三个世纪的历史。1684年9月，一位姓夏的中国人陪同一位在中国传教的天主教神甫到达法国，到凡尔赛宫拜见法国国王路易十四。他是第一位到达法国的中国人。但是，直到第一次世界大战前，旅法华侨人数极少，总共不到300人。第一次世界大战中，中国人首次大批来到法国。1916年，法国与中国达成协议，从中国输入华工，补充法国的后方劳动力。从1916年至1918年的三年中，共有38000名20至35岁的中国人背井离乡，到法国做工，他们的合约为期5年，每天干活10个小时，日工资只有5个法郎，还要扣除伙食费、住宿费，服装费、医疗保险费。一战结束后，大部分华工被送回中国，有3000多人留在法国，成了历史上第一批人数最多的旅法华侨。从20世纪30年代中到70年代初，陆续有小批中国人从大陆、香港、台湾及印支国家到法国落户。二战期间，数百名浙江人因家乡闹灾，远渡重洋，来到法国投靠一战后留在法国的亲友。目前法国有五六百老华侨，都是二战前来的，大多是浙江青田人。华侨华人人数大幅增加。因之，一战华工后裔、浙江藉华侨华人和印支华人，是今日巴黎和法国其他地区的华侨华人的主要二大组成部分。他们在巴黎和法国其他地区的定居历史，是一个自强不息和艰苦创业的历史。

在法国华侨华人聚居最多的巴黎第十三区意大利广场东南的伊夫里大街和舒瓦齐大街，这里也就是巴黎“唐人街”。在这两条大街及附近的街道上，沿街都是挂着中文和法文两种招牌的餐馆、百货店、食品店、音像制品店、首饰店、工艺美术店、美容店、旅行社、货币兑换铺，鳞次栉比，家家生意兴隆。数量最多的要算中餐馆，广东菜、潮州菜、四川菜、上海菜，各种风味应有尽有。由于老板大多是从印支过来的华人，许多餐馆还兼做越南菜、泰国菜、柬埔寨菜和老挝菜。

巴黎的华人餐馆业已有90多年的历史，1910年巴黎有两家中餐馆，其中之一是巴黎第六区蒙巴那斯大道上的中华饭店；到1940年，巴黎的中餐馆已有40多家，当时的中餐馆主要集中在房租比较低廉的塞纳河南岸的拉丁区，后来逐步发展到第八区、第十二和其他城区，以及巴黎西南郊的比昂古地区。1975年大批印支华人进入法国，在巴黎落户，巴黎的中餐馆如雨后春笋般发展起来。巴黎大区现有中餐馆1400多家，市区有700多家，仅第十三区就有60多家。例如18年前来到巴黎的董伟珍和一同来自浙江青田县的丈夫孙伟华，在巴黎十三区开设亚洲酒店生意很红火，由华人厉毅胜在该区意大利广场开设的达利酒家也顾客盈门。20世纪末，餐饮业是巴黎华侨华人最主要的经营行业，在巴黎华侨华人经营行业总量中占半数以上。

中餐馆和华人商店集中的巴黎社区还有第三区的庙宇街以及第十区、第十一区、第十九区和第二十区交界处的美丽城。庙宇街因为聚集了众多来自浙江温州的华侨华人，被称为“温州街”。温州人主要经营小型餐馆、食品、丝绸服装、皮衣箱包、工艺美术品，他们把国内的许多特色小吃也带到了巴黎。

以美丽城广场为中心的几条街道是巴黎城内华人商店和餐馆集中的又一个社区。巴黎东南郊外塞纳河和马恩河交汇处的阿尔佛维尔，近年来又一座“中国城”拔地而起。这座崭新的中国商业中心，占地46000平方米，由五座独具中国古典建筑风格的楼房组成，院内亭台楼阁，曲桥流水。“中国城”内开设大型中餐酒店、旅馆、商业长廊和展览中心。

巴黎华侨华人经营的行业，除了餐饮业和食品销售业外，主要有皮革加工业和漆器家具制造业。据法国官方统计，20世纪80年代巴黎华人经营的皮革加工企业已达100多家，上个世纪末，巴黎经营皮革加工的华人多达两三千人，主要是浙江温州和青田人，他们大部分集中在第三区的庙宇街一带。

巴黎的华侨华人并没有忘记自己的根，在生活、饮食、宗教、风俗等方面，依然保持了祖藉国的传统习惯，他们按照原祖藉和行业区分，组成了近40个俱乐部、同乡会、联谊会等华侨华人社团，以联络感情，开展文化体育活动。例如新成立的法国浙江同乡会，庆典大会是在法国最大的中餐馆白天鹅大酒楼举行。参加会的人有六七百人，包括欧洲和世界各地许多侨团代表。现任会长为夏永光，会员多为来自温州、青田、瑞安、文城及杭州等地的浙江侨胞。在一些社团总部还设立经堂、佛堂，开展宗教活动。巴黎华侨华人中信奉佛教的较多，也有信奉道教的。在巴黎市内和郊区的凡塞纳森林等地，已有佛教宙宇30多处，在不少的中餐馆和华人店铺里供奉着如来、观音和关帝的画像或塑像。春节也是巴黎华侨华人的盛大节日，节日期间，第十三区、美丽城和“温州街”的华人店铺都张灯结彩。陈氏商店、巴黎士多等各大华人商号，都被购置年货的人群挤得水泄不通。除夕之夜华侨华人仍保持着合家团聚、吃年夜饭和守岁的习俗。

爱尔兰（Ireland）

国名 爱尔兰（Ireland）
面积 70282平方公里
人口 370.5万（1999年）
首都 都柏林（Dublin）

国内生产总值(1999年):约800亿爱镑
人均国民收入(1999年):约16500爱镑
货币名称：爱尔兰镑
汇率（1999年12月）：1美元＝0.7319爱镑

简 况

位于欧洲西部的爱尔兰岛南部。西濒大西洋，东北与英国的北爱尔兰接壤，东隔爱尔兰海同英国相望。海岸线长3169公里。温带海洋性气候。平均气温2月为3.2℃，8月为16.2℃。

公元432年，圣帕特里克到此传播基督教及罗马文化。1169年遭英国入侵。1541年起，英王成为爱尔兰国王。1916年，都柏林爆发抗英的“复活节起义”。1921年12月6日，英被迫允许爱南部26郡成立“自由邦”，北部6郡仍归英国。1937年，爱宣布“自由邦”为共和国，仍留在英联邦内。1948年12月21日脱离英联邦。1949年4月18日，英承认爱独立，但拒绝归还北部6郡。全国分为26个郡和4个都级市，此外还有7个非郡级市，郡下设市区和镇。

经 济

爱尔兰产业主要集中在农牧业、化工业、服务业，同时拥有欧洲最大的铅锌矿。自古以来便有“绿岛”及“欧洲农村”之称。近年来该国经济形势看好，对外投资以高生产力行业为主，物价水准平稳。

资源 铅、锌矿储量丰富，泥煤分布占全国面积的13%。天然气储量估计为382亿立方米，所需能源的70%依靠进口。

工业 近年来该国电子、化工、制药业等突飞猛进，电子业表现突出，是爱尔兰最重要的工业，爱尔兰工业局形容：“爱尔兰是欧洲的矽谷”。相比之下，传统的服装、制鞋及皮革业所占比重明显下降。

农业 农业劳动力约占全国劳动力32%。农地面积约为133万公顷，主要生产马铃薯、麦类及甜菜。农业总生产有一半为出口。畜牧业以乳牛、肉牛、绵羊畜养为主。渔业资源丰富。

服务及旅游业 目前服务业产值占国内生产总值的50%以上，旅游业是爱外汇收入的重要来源。多年来一直稳步发展。

同我国的关系 1979年6月22日两国建交。

华人经济

华人为爱尔兰人数最多的少数民族，1999年华人总数约1万多人，其中七成为来自香港经英国辗转移民到爱尔兰，二成为来自东南亚地区，主要是马来西亚的华人，另外一成来自越南华人。来自台湾的不足100人。年龄以30岁至50岁的最多。华人移民到爱尔兰约始于60年代末期，以来自香港的华人时间最早。

华人经营餐馆业最多，目前达 200 家。包括外卖店，多属中小型规模。菜式为广东菜。营业情况尚佳，利润不薄，但竞争日益激烈，已达饱和状态。华人杂货业 3 家，经营中小型超级市场，以销售中式食品佐料为主，生意兴隆。其他华人经营的事业还有针灸诊所 3 家。在工业方面，有食品制造业一家，属家庭工厂，包括生产豆腐、素食、汉堡等，供应一般超市销售。另外还有藤制家具 1 家。1987 年成立的爱尔兰华商总会组织，会员达 100 名，以发扬互助友爱精神，为华商谋福利。

卢森堡（Luxembourg）

国　名　卢森堡大公国（The Grand Duchy of Luxembourg）

面　积　2586.3平方公里

人　口　42.9万（1999年）

首　都　卢森堡

国内生产总值（1999年）：约200亿美元

人均国民收入（1999年）：4200美元

货币名称：卢森保法郎（简称"卢郎"）

汇率（1999年12月）：1美元＝40.1492卢郎

简　况

卢森堡位于欧洲西北部，东邻德国，南毗德国，西部和北部与比利时接壤。属海洋向大陆过渡性气候，1月平均气温0.8℃，7月为17.5℃；年平均气温9℃，年均降水量782.2毫米。

公元前此地是高卢人住地。公元400年后日耳曼人入侵，先后成为法兰克王国和查理曼帝国的一部分。公元936～1354年，又相继成为为神圣罗马帝国阿登伯爵、卢森堡伯爵和卢森堡公爵的自治领地。15～18世纪历受西班牙、法国和奥地利的统治。1815年，维也纳会议决定卢为大公国，由荷兰国王兼任大公，同时又为德意志同盟的成员。1839年伦敦协定承认卢为独立国家。1867年成为中立国。1868年实行君主立宪制。两次世界大战中均被德国入侵。1948年放弃中立政策，1949年加入北约。全国分3个省，下辖12个专区、118个市镇。

经　济

卢是发达的资本主义国家，卢自然资源缺乏，市场狭小，经济对外依赖性大。钢铁工业、金融业和广播电视业是经济的三大支柱。由于许多国际机构设于卢森堡，因此对其经济发展影响颇多，且亦成为重要金融中心，目前在银行业从业人口已和钢铁业不相上下，1999年卢继续推动国际金融中心发展计划。

工矿业　以钢铁为主，制铁业在卢森堡的经济上一直位居重要地位，也是外销主力。化工、机械制造、橡胶、食品工业近年也有较大发展。工业产值约占国内生产总值的30%。从业人员占全国就业人口的40%。

农　业　农业不盛，以畜牧业为主，饲养肉牛、乳牛等。粮食不能自给。农牧业产值约占国内生产总值的1%，农业人口占全国人口的4%，主要农产品有小麦、黑麦、大麦和玉米。森林资源良好。

商业及交通业　卢由于旅游业快速发展，成为另一项税收的来源，且已逐渐转为以服务业为经济发展主力。在金融业方面，吸引金融业者的原因是由于许多国际经贸组织在其首都设立办事处。卢具有优越的运输网，广布的铁路系统由法比卢公司控制，其中卢森堡政府拥有51%的股份。

同我国的关系　1972年11月16日两国建交。

华人经济

卢森堡为欧盟面积最小的国家，目前华侨华人约有7000余人。早期移居到此的以香港移民为多。他们大多持英国护照或香港居留证，来自台湾的仅数十人。近年来浙江籍的人来此地不少。

卢森堡华人经济事业规模较小，而且发展也较其他地区缓慢，大多以独资方式经营中小型餐馆。现中餐馆总数约在150家左右，每家资本额约在200万至500万卢法郎之间，该业占当地餐饮业约10%，目前较具规模的有翠园酒家（另有1家分店），孔夫子酒家（另有两家分店）、帝苑酒家（另有6家分店）。近年来，又有若干餐馆陆续开张，使餐饮业竞争日益激烈。在贸易业方面，较具规模的仅有两家，一为华商刘志忱所经营的代理台湾商品，如毛毯、体育运动器材、服饰等，并代理德国精密度量衡、电脑仪器科技产品，资本额在300万美元左右。另一位华商沈东海经营电器进出口，代理山水牌电器产品，资本额亦在200万美元左右。由于业绩稳定，颇具发展潜力，占当地该业0.2%。上述两位华商能在人口稀少的国家创业有成，实属不易。

荷 兰（Netherlands）

国　名　荷兰王国（The Kingdom of the Netherlands）

面　积　41526平方公里

人　口　1600万（1999年）

首　都　阿姆斯特丹（Amsterdam）

国内生产总值（1999年）：约5000亿美元

人均国民收入（1999年）：25646美元

货币名称：荷兰盾

汇率（1999年12月）：1美元=2.1933荷兰盾

简　况

荷兰位于欧洲西部。东邻德国、南接比利时，西、北濒北海。海岸线长1075公里。24%的面积低于海平面，1/3的面积仅高出海平面1米。从13世纪即开始围海造田，增加土地面积60万公顷。属海洋性温带阔叶林气候，平均气温沿海地区夏季16℃，冬季3℃。内陆地区夏季17℃，冬季2℃。年平均降水量765毫米。

16世纪前，长期处于封建割据状态。1568年爆发延续80年的反抗西班牙统治的战争。1581年，北部7省成立荷兰共和国（正式名称为尼德兰联省共和国）。1648年，西正式承认荷独立。17世纪曾为海上殖民强国。18世纪后，荷兰殖民体系逐渐瓦解。1795年，法军入侵。1814年脱离法国，翌年，成立荷兰王国。1848年成为君主立宪国。第一次世界大战期间保持中立。第二次世界大战初期宣布中立。1940年5月德军入侵，荷王室和内阁成员流亡英国，成立流亡政府。战后放弃中立政策，加入北约和欧共体。全国划分为12个省，省下设572个市镇。

经　济

荷兰是发达的资本主义国家，西方十大经济大国之一。经济属外向型，对外贸易额的80%在欧盟内实现。商品与服务的出口约占国民生产总值的55%。荷的经济政策主要是控制公共支出、减少财政赤字和降低通货膨胀率。

资　源　自然资源贫乏，但天然气储量丰富，是欧洲第二大产地，仅次于挪威。其产量足够国营事业及工厂所需，自给有余，可供出口。

工　业　荷工业发达。面临经济结构转型期，逐步减少对造船、纺织等传统工业的财政补贴。鼓励发展新兴工业，特别重视发展空间、微电子和生物工程领域中的高技术产业。其主要工业部门有食品加工、石油化工、冶金、机械制造、电子、钢铁、造船、印刷、钻石加工等。荷是世界20个重要造船国家之一。具有造船设备的共有400家，游艇厂则有500家，生产值达4.5亿荷盾。

农牧渔业　荷农业发达，仅次于美国、法国，是世界第三大农产品出口国。目前荷兰在世界农产品市场所占分额为7.7%，美国为13.8%，法国8.4%。荷兰高品质产品在全球享有盛誉，如奶酪备受称赞，另荷兰的花卉亦举世闻名，郁金香的输出遍及世界各地。

交通运输业 港口多，空运铁路货运皆发达，内河航运便利，成为欧洲物流中心。

同我国的关系 1954年11月19日两国建交。

华人经济

目前，荷兰华侨华商人数约为13万人，其中来自中国大陆约3.3万人，港澳地区约3万人，台湾约2000人，来自印尼、苏里南及新加坡、马来西亚共约1.6万人，来自越南、柬埔寨、老挝约5500人，在荷兰出生的华裔3.1万人，其他地区约6000人，是继英、法、德之后欧洲第四大华侨华人居留国。华侨华人的祖籍以广东省籍为主，次为江苏与浙江省籍，近年来浙江温州人增加快速。就居住地而言，华侨华人分布于荷兰各地，其中以聚居于阿姆斯特丹为最多，其次为鹿特丹市。华侨华人经营的事业，虽日益广泛，但仍以餐饮业为主。华侨华人还根据需要成立了各种社团，如华侨会、华商会、体育会、同乡会、同好会，老人会等。

（一）商业

餐饮业 荷兰是资本主义经济高度发达和成熟的国家，留给外国移民就业的机会并不多。然而华人瞄准了餐饮业这一领域，以中国风味的美食佳肴占据了一席之地，经营中餐馆成为荷兰华人的主要行业。由于广东藉和浙江藉在华人中占多数，他们的餐馆也占优势。估计全荷兰地区现已有中国餐馆、中印（尼）餐馆、中餐外卖店及各类中式茶楼、酒馆约计2500余家，分布在阿姆斯特丹、鹿特丹、海牙（现今海牙市拥有44.5万人口，而华人有2万多人，占全荷华人总数的1/5）等城镇中，其规模及餐饮质量在欧洲算得上是中等水准以上。在菜式上虽包括粤菜、川菜及京菜，但餐馆经营者为了适应市场的需求，在菜单上加印了印尼文的食谱，并在烹调方式及配料上加以改进迎合了荷兰人的口味，形成中印尼餐馆的特色。现阶段中餐馆发展面临的困难，除了餐饮业竞争激烈以及经济不景气的因素外，最大困难在于缺乏优秀的中餐厨师和管理人才，故该业经营者多从中国国内聘请厨师，并重视厨师的培训及技艺的提高。

贸易业及杂货业 华人经营杂货业约40家，南北杂货批发者9家，其他尚有饮食业设备供应、饮食业餐具、用料、装饰品供应等共20余家。进出口贸易业20余家，如亚洲贸易中心，中国行、华南行、世华企业公司等，多以餐馆用品供应为主。

观光及旅游业 荷兰具备天然环境，胜景甚多，花木瑰丽，具有欧洲共同性观光资源，如教堂、古堡、皇宫、陵寝等。现当地华人经营旅游业者约15家，从事代理机票、签证、游程安排等各项旅游服务。

其他商业 随着荷兰经济日渐扩展，新兴行业也逐渐增加，阿姆斯特丹、鹿特丹和海牙等地，华人经营服务业范围逐渐扩大，如旅社、理发店、录相带租售、书店、洗车修理业等越来越多。此外，华人传统行业如珠宝玉器、金饰钻品、古董手工艺品、花饰品店、观光旅品店等，也稳步发展。阿姆斯特丹荷兰华人聚居之地形成了“唐人街”，集中了华人数十家店铺。

（二）工业

联华电子、台湾积体电路、大众电脑、中强、诚洲、唯冠、巨大等公司，已在荷兰设立据点。巨大（捷安特）已成为欧洲最大的自行车（含零件）进口商，并跃居荷兰第三大品牌。该公司新建厂房已完工启用，在荷生产自行车。

英　国（United Kingdom）

国　名　大不列颠及北爱尔兰联合王国（The United Kingdom of Great Britain and Northern Ireland）

面　积　243000 平方公里

人　口　5915 万（1999 年）

首　都　伦敦（London）

国内生产总值（1999 年）：14000 亿美元

人均国民收入（1999 年）：24485 美元

货币名称：英镑（Pound）

汇率（1999 年 12 月）：1 美元 = 0.6163 英镑

简　况

英国位于欧洲西部。由大不列颠岛（包括英格兰、苏格兰、威尔士）、爱尔兰岛东北部和一些小岛组成。隔北海、多佛尔海峡、英吉利海峡与欧洲大陆相望。海岸线总长 11450 公里。属海洋性温带气候，通常最高气温不超过 32℃，最低气温不低于 -10℃。

公元 1~5 世纪，大不列颠岛东南部受罗马帝国统治。后盎格鲁、撒克逊、朱特人相继入侵。7 世纪开始形成封建制度。829 年英格兰统一，史称“盎格鲁一撒克逊”时代。1536 年，英格兰与威尔士合并。1707 年，英格兰与苏格兰合并，1801 年又与爱尔兰合并。18 世纪后半叶到 19 世纪前半叶成为世界上第一个完成工业革命的国家。1914 年占有的殖民地比本土大 111 倍，是第一殖民大国，自称“日不落帝国”。1921 年爱尔兰南部 26 郡脱离英国，建立爱尔兰自由邦，北部 6 郡仍归英国。目前英在海外仍有 13 块领地。1949 年作为创建国之一加入北约。1973 年 1 月加入欧共体。

行政区划分为英格兰、威尔士、苏格兰和北爱尔兰四部分。

经　济

英国是西方第五大工业和贸易国，是世界第二大对外投资和吸收外资国。私有企业是英国经济的主体，占国内生产总值的 60%以上。英国近年来景气复苏，经济繁荣，但是受到 1997 年亚洲金融风暴及 1998 年下半年全球不景气的影响，所以英国 1999 年的经济增长率只达 1.9%左右。

资　源　是欧盟中能源资源最丰富的国家，也是世界主要生产石油和天然气的国家。它主要能源有煤、石油、天然气、核能和水力等，是世界第 9 大原油和天然气生产国。目前石油自给有余，并外销。供发电的核电站有 14 座。英非能源资源不丰富，主要工业原料依赖进口。

工　业　主要工业有采矿、冶金、化工、机械、电子、电子仪器、汽车、航空、食品、饮料、烟草、橡胶、轻纺、造纸、印刷、出版、建筑等。英国航空工业不仅是全欧之最，并为世界三大航空工业国之一。从业人数有 9.3 万多人。其出口产品主要为飞机及飞机零件、火箭，以及太空装备包括卫星仪器等。

农牧渔业　英国农业生产以高度机械化及高效率而闻名，农业人口不足劳动人口的

3%，全国77%的土地用于农牧渔业，耕地面积占74%，森林面积占11%，人工造林以工业用材为主，年产新闻纸75万公吨。英国是欧洲最重要的捕鱼国之一，可满足本国56.5%的需求量。

服务与旅游业 近年来，服务业发展较快。伦敦在世界金融和商业领域处于领先地位，从业人员85万。金融业是促成英国贸易平衡的主力。旅游业是英国最主要的经济部门之一。旅游业产值达530亿英镑，占国内生产总值的5%。英国是世界第五大旅游国，收入占世界旅游收入的4.7%。全英约有旅行社7000家，旅游服务设施齐全。

交通运输 基础设施较齐全、发达。伦敦有十分发达的地铁网。1994年英法海底隧道贯通，将英国的铁路系统与欧洲大陆的铁路系统连接起来。铁路总长3.2万公里。公路总长达36.99万公里，其中3250公里为高速公路。水运方面内河航运线总长3200公里，主要用于游览及改善自然环境之用，部分用于货运。英国共有大小港口300多个。空运方面，英国年客流量在100万人次以上的国际机场有12个，国际航线总长4.6亿公里。

中英关系 1972年3月13日，中英两国签署升格为大使级外交关系的联合公报。

华人经济

据有关资料统计，1851年在英国利物浦、伦敦等港口城市居住着78名中国人，至1881年增至665人，其中60%以上是船员，受雇于当时的英国东印度公司。至1911年全英华人人口已增至1319人，由于华人多习惯于聚居一处，因之英格兰的主要港口城市利物浦、伦敦、加的夫等地便形成了“唐人街”的雏形。英国华侨华人社会的发展，以战后为新起点，尤其是50、60年代，那时大批的香港新界人移民英国。2000年英国华侨华人已达30万人以上，主要来自香港、新加坡、马来西亚等地区。大部分华人尤其是来自台湾者均居于伦敦附近。除此之外，则以中部伯明翰，西南部的加的夫、西北部的曼彻斯特为多，苏格兰地区则以爱丁堡、格拉斯哥、阿伯丁各大城市为多。

早期英国华人以劳力谋生，如小贩、零售业、洗衣业等，1950年以后，英国经济繁荣带动了华侨经济实力的蓬勃发展，促使餐饮业急速成长。80年代起投资较大的餐饮业，利用其充裕资金，发展到贸易业、制造业、航运及金融旅游等，许多专门职业如教授、律师、会计师、工程师、医师及保险、房地产、娱乐、科技等领域，华人均有卓越的成就，促成英国华人经济事业的多元发展。

餐饮业 90%的华人从事餐饮业，大部分来自香港。华人的餐饮业可分为餐馆和快餐店两大类，部分兼营外卖。英国华人餐馆大约在7500家以上，主要分布在英国伦敦唐人街，各城市华埠、港口以及乡村地区，估计每年营业额不少于5亿英镑。

贸易杂货业 目前华人经营超级市场达百家，贸易业约40家，代理来自台湾、香港、新加坡等地区各种产品，尤其是中式食品材料及佐料进口量，均大量增长，因此也带动华人贸易业及杂货业的发展。

旅游与娱乐业 英国华人经济旅游业甚为兴盛，目前约达40家。此外，尚有华人经营的旅馆、戏院数家。1995年4月间英国华人旅游界成立全英华人旅行社协会，以促进华人旅行社之间的业务联系与了解，增进沟通及讯息的传播。

其他行业 除上述各业外，华人尚经营金融保险业、运输仓储业、电子科技工业以及中西医药、食品加工、服装、制衣、理发美容、机械、石化、运动器材等业。

伦敦唐人街 据史料记载，19世纪80

年代，早年受雇于英国东印度公司的中国海员流落及聚居在伦敦东部的船坞区，渐渐形成伦敦最早的唐人街。这些赤手空拳的人群，大多来自中国东南沿海，开始靠经营洗衣店为生，后来由于洗衣机发明，洗衣行业逐渐没落，华人只好另谋生计，以餐饮为业。20世纪50年代，英国经济渐趋繁荣，人民生活质量提高，加上部分英军从远东归来，爱吃中国菜，中餐业终于有了发展机会。一些华人开始在已是伦敦娱乐中心的苏豪区开办中餐馆，进而生意红火。吸引更多华人前来英国创业。随着餐馆越开越多，华商陆续进驻，唐人街逐渐扩展到今天的格局，街内商店也开始多元化起来，在这里中国餐馆林立，大小杂货店里出售中国蔬菜、水果、肉食和琳琅满目的调味品。这里还有旅行社、中国银行、理发厅、中药店、律师事务所，以及专门出售中文报刊和音像制品的书店。

老一代居英华人以餐饮业起家，最终在异国他乡扎下根来，他们当中不乏成功者，英国最大的华人超级市场荣业行董事长叶焕荣可谓是杰出代表。1959年21岁的叶焕荣只身由香港来到英国，靠在中餐馆打工为生。两年内他便与朋友合资开了一家餐馆。10年间他开了3家餐馆和1家外卖店。现在他已在伯明翰开设了第一家荣业行超级市场，并在曼彻斯特、伦敦西北部和南部分别开设了3家荣业行分行。分布于英国繁华区域的4家荣业行，形成了完整的格局。而像叶焕荣一样事业有成的华人，在唐人街已不胜枚举。

奥地利（Austria）

国名 奥地利共和国（The Republic of Austria）

面积 83858 平方公里

人口 813 万（1999 年）

首都 维也纳（Vienna）

国内生产总值（1999 年）：约 2200 亿美元

人均国民收入（1999 年）：约 2600 美元

货币名称：奥地利先令（Schilling）

汇率（1999/12/31）：1 美元 = 13.6953 先令

简　况

奥地利是中欧南部的内陆国。东邻匈牙利，南接斯洛文尼亚和意大利，西连瑞士和列支敦士登，北与德国、捷克和斯洛伐克接壤。属海洋性向大陆性过渡的温带阔叶林气候，平均气温 1 月为 -2℃，7 月为 19℃。

公元 996 年，史书中第一次提及奥地利。12 世纪中叶在巴本贝格王族统治时期形成公国，成为独立国家。1278 年开始了哈布斯堡王朝长达 640 年的统治。18 世纪初，哈布斯堡王朝领土空前扩大。1815 年维也纳会议后成立了以奥为首的德意志邦联，1866 年在普奥战争中失败，邦联解散。1867 年，与匈牙利签约，成立奥匈帝国。1918 年第一次世界大战结束后，帝国解体，成立共和国。1938 年 3 月，被希特勒德国吞并。二战后，被苏、美、英、法四国占领。1945 年 4 月成立第二共和国。1955 年 5 月，四个占领国同奥签约，重建独立和民主的奥地利国家。10 月，占领军撤出，奥地利重新获得独立。全国划为 9 个州。

经　济

奥地利 1999 年的国内生产总值（GDP）增长率约为 2%，较 1998 年稍疲软。

资源　矿产主要有石墨、镁、褐煤、铁、石油、天然气等。但多半规模太小，品质欠佳，因此国内所需矿物和能源仍有 60%需依赖进口。森林、水力资源丰富。森林覆盖率 46%，有林场 329 万公顷，木材蓄积量约 9.7 亿立方米。

工业　主要工业部门有采矿、钢铁、石化、机械制造、汽车、造纸和纺织等。奥地利在国际汽车与汽车零配件工业上扮演着重要角色。奥国目前已经成为中欧地区汽车相关产品出口的重镇。除出口至世界各地外，并向世界上主要的汽车制造厂供应零配件。

农林业　农林业职工占从业人数的 0.65%。可耕地占全国面积的 18%，牧场占 13%。农业发达，机械化程度高，农产品主要有麦类、玉米、甜菜，自给有余。

交通运输　是欧洲重要的交通枢纽。全国铁路总长 5672 公里，全国各类公路总长约 10.6 万公里，其中高速公路 1607 公里。水运方面内河航线长 350 公里。空运方面有 6 个机场，3 家航空公司。

同我国的关系　1971 年 5 月 28 日两国建交。

华人经济

奥地利为中欧的内陆国家，二次世界大战后偶而有少数原住欧洲其他国家的华工来奥工作。近年来，奥经济发展缓慢，对移民限制也较趋严格，移民来奥者已日渐减少。1999年，奥地利华侨华人大约有4.2万人，主要来自台湾、香港及东南亚地区，以及中国大陆的浙江省青田县。

在奥地利的华侨华人以开餐馆业者居多，少部分经营杂货业、电脑、电子产品进出口等。

一、商业

餐馆业 由于奥地利旅游观光业发达，观光圣地和观光区域很多，游客人数众多，国民收入比较高，人民消费力强，所以餐馆业发展很快。中餐馆也随之获得了较大发展。目前全奥地利境内中餐馆约有800家，平均资本额约在20至50万美元。仅首都维也纳就有400余家中餐馆，大部分为小规模经营，资金有限。餐馆业者有从台湾、香港来的，也有最近几年从浙江青田和温州来的。

餐馆的布置一般都古色古香，充满东方色彩，其设备和装潢完全可与当地西餐馆媲美。较具规模的有吴家财经营的金龙饭店、青龙饭店，程宗熙经营的福仁饭店，郑景山经营的亚洲饭店，严家经营的华都饭店，潘宏坤经营的福乐饭店，蔡明宫经营的明宫餐馆，罗平经营的北平饭店，姜徐信经营的皇宫饭店等等，都是装潢设计华丽，设备齐全，烹饪技术别具风味的华人餐厅。业主大都来自香港、台湾及东南亚地区。一些中小型华人饭店多为中南半岛越、老华裔经营。近年来由于华裔日渐增多，中餐馆业仍在不断增加。为了竞争，目前已有部分改为日式餐馆。奥国的华人社团组织有旅奥中国人协会，会员约有700人，其中80%会员是从事餐饮业及有关行业的。

贸易及杂货业 由于中餐馆的迅速发展，华人餐馆需要中国的食品原料，如罐头、南北干货、手工艺品、装饰材料等也相应增加，因而带动了杂货业的发展。现有杂货店25家，每家资本额约为20万美元。华人经营的进出口业近年来贸易额日增，如电脑、电子产品、运动器材、化纤产品、塑料制品、手提箱等，销售量不断增加。目前华人经营的贸易公司已增至30多家，每家资本额在20至50万美元。

其他行业 从事旅游相关事业的华商约有22家，每家资本额约在10至50万美元左右。该业因中国大陆、港、台及东南亚来奥观光团体逐年增多，故营业状况甚佳。此外还有运输业2家；机械销售业1家，以销售机械与汽车零件为主。其他尚有3家卡拉OK店及1家电影院，营业状况一般。

二、工业

食品制造业4家，资本额平均约5至50万美元左右，以制造豆芽、豆腐及其他食品加工为主。虽规模不大，由于经营已久，客户固定，生意可维持。华商经营电子、电器业约有10家，资本额约在20万美元，以经营电话机及通讯设备零配件为主。化工业1家，资本额为2800万美元，系台商经营。

德国（Germany）

国名 德意志联邦共和国（The Federal Republic of Germany）

面积 356970 平方公里

人口 8218 万（1999 年）

首都 柏林（Berlin）

国内生产总值（1998 年）：37620 亿马克（约合 22500 亿美元）

人均国内生产总值（1998 年）：约 45871 马克

货币名称：德国马克（Deutsche Mark，DM）

汇率（1999/12/31）：1 美元 = 1.9466 马克

简　况

德意志联邦共和国位于欧洲中部。东邻波兰、捷克，南毗奥地利、瑞士，西界荷兰、比利时、卢森堡、法国，北接丹麦并濒北海和波罗的海。海岸线长 1333 公里。西北部海洋性气候较明显，往东、南部逐渐向大陆性气候过渡。平均气温 7 月为 14～19℃，1 月为 -5～1℃。

公元 962 年建立德意志民族的神圣罗马帝国。1871 年建立统一的德意志帝国。1914 年挑起第一次世界大战。1919 年建立魏玛共和国。1939 年发动第二次世界大战。战后被英、美、法、苏四国占领。1949 年 5 月 23 日，西部颁布《基本法》，建立德意志联邦共和国。同年 10 月 7 日，东部成立德意志民主共和国。1990 年 10 月 3 日，民主德国正式加入联邦德国，德国实现统一。共设 16 个州，14808 个地区。

经　济

德国是一个高度发达的工业国家，经济实力居欧洲首位，在国际上仅次于美国和日本，是第三大经济强国和仅居美国之后的世界第二大贸易国。德国经济实力主要来自服务业及制造业，但商业、交通业及农林等业也有相当贡献。1999 年德国经济政策上最大特色为“对内开放”，包括各种行业经营权的开放，以及市场开放、价格开放等。

资源　德国主要矿业为能源的生产，褐煤产量居世界第一，其他尚有石油、天然气等矿产。至于金属矿物则较贫乏。森林覆盖面积为 1070 万公顷，占全国面积 29%。水域占 2%。

工业　侧重重工业，汽车和机械制造、化工、电气等部门是支柱产业，占全部工业产值的 40% 以上。其他如食品、纺织与服装、钢铁加工、塑胶业、采矿、精密仪器、光学以及航空与航天工业也很发达。工业主要由中等企业组成，垄断程度高，并以外向型为主，主要部门的产品一半或一半以上销往国外。工业就业人数占国内就业人数的 30.1%。

农牧业　农业发达，机械化程度高。农业用地 1720.1 万公顷，约占国土面积的一半。农产品主要为麦类、根茎类、甜菜等，产量相当丰富，可满足本国需要的 80%。农业企业有 52.5 万个，以中小企业为主。林业面积 800 万公顷，有企业 15.7 万家。牧地面积约 520 万公顷，以猪只饲养最多，其次为肉牛及乳牛。

交通运输　交通运输业十分发达，是全国经济的重要组成部分。铁路系统极为完善，运输效率亦高，故客运量颇多。内陆水路亦为德重要交通工具。德国重要河川有多瑙河、奥得河、易北河、莱因河等，这些河流具有水位稳定，水量丰富的优点，再加上各河川皆有运河联系，因此利于航运。空运方面，法兰克福为欧洲航空中心之一。

同我国的关系 我国于1949年10月27日和1972年10月11日先后同原民主德国、联邦德国建交。

华人经济

据有关统计资料报道，2000年德国华侨华人约15万人，其中来自台湾的有8000人。初期到德国的华侨华人除山东籍的江湖卖艺者外，尚有浙江青田籍的行商，沿街挨户贩卖。最初集中在柏林，人数增多后则分散到其他城市。由海路来德的部分华工，也于安定后在德经商。也有百年前就远离中国家乡去了越南、印尼、菲律宾、马来西亚等地再转来德国的。世居德国已有数代之久。

近几年来，由于各地华商纷纷来德设立据点，带动了当地华人经济向多元化和现代化发展，提高了华人经济地位。德国各地华人组织的各类社团估计有80多个。

餐馆业 目前德国华人仍以餐馆业为基础，经营餐馆及有关行业者约占80%。1999年全德中餐馆约2200家左右，资本额总计66亿马克，分布于各大小城镇中，以小型家庭式经营为主，汉堡地区约300家，柏林地区350～400家。由于来自中国大陆、越南、柬埔寨和老挝华族新移民开设中餐馆太多，竞争的结果造成中餐馆质量下降，获利普遍下降，加上德国经济不景气，失业人口增加，中餐馆面临诸多困难，许多中餐馆发生倒闭现象，仅柏林即有近百家倒闭。餐馆业中较著名的有高安德的中国饭店，徐能的广州饭店、陈彩凤的辉煌饭店，王亚南的明园及川园饭店，李清池的北京饭店等，汉堡唯一的一家中西合壁的饭店楼外楼，华裔老板不惜花费巨资，装修内部，在当地极受欢迎。

杂货业 华商经营杂货业，1999年约210家，资本额总计约9150万马克，占全德该业的5%以下，专售来自越南、泰国、印尼、中国、台湾、韩国等地的杂货，多分散在各大城市及华人人口众多的地区，较具规模的有南北货商店、华兴、太平、亚洲超市、亚洲、德兴、湄公、华侨行、远东、东方等，柏林的超市则以荣利行较具规模。

贸易业 德国华商经营国际贸易业务的商品，包括餐馆用品、食品、运动器材、电脑制品、纺织品等，现约有400家，资本额约在20亿马克左右，以电子制品为主。由于德国经济复苏缓慢，此业也竞争激烈，不易经营，有萎缩倾向。目前贸易业中较具规模的有慕尼黑刘幸忠的旭青电脑公司、范礼达的新加坡贸易公司、巫晓梅的巫氏贸易公司，汉堡张绍德的大风贸易公司、姚绍裘的姚氏贸易公司，不来梅市柳至成经营的中国贸易公司、彭声祥的龙芽豆芽工厂与祥平贸易公司、姚慧的中国国货中心，卡斯鲁市陈沛泉的亚洲贸易公司、柏林市黄清基经营的Far Go公司、刘增友的刘氏贸易公司、王傅亨的王氏公司、黄政清的中国进出口公司和潘朝海的寿海贸易公司等。

其他行业 德国华商尚经营其他行业。金融业至少有10家，资本额1000万马克；电子、电器业约有300家左右，资本额总计63亿马克；旅游服务业200家，主要业务以亚欧之间的旅游为主，旅游业以陆学明的华德旅行社、苏绿云的MAYA旅行社、车仁骏的欧华文化、丁政国的天马等较为著名；医药方面约有15家，资本额总计为1500万马克，近年华人西医自行营业内科及牙科者渐多，中医则有气功针灸疗法，其中以杨梅芳的龙西药房、陈谛的西药房、李之昌、梁秋兰的气功班及针灸服务、陈龙汗的骨科诊所、林大夫的心脏外科诊所等较著名；运输业有9家，资本额共约4500万马克；房地产业有5家，资本额50亿马克，该业较有名者为张乃超；食品制造业约有8家，以冷冻食品为主，为小规模的芽菜厂、豆腐厂及春卷厂等，此业尚有发展空间，资本额总计为880万马克。

原籍浙江省宁波市的华人陈名豪，为汉堡知名华商。他从事餐饮、旅游、船业后勤供应等行业，资本额在1000万马克以上。他也是海员之家、东方旅行社、船埠餐厅的董事长。

瑞士（Switzerland）

国名 瑞士联邦（The Confederation of Switzerland）

面积 41293平方公里

人口 712.4万（1999年）

首都 伯尔尼（Bern）

国内生产总值：约1200亿美元（1999年）

人均国民收入：约36000美元（1999年）

货币名称：瑞士法郎（Swiss Frane）

汇率(1999/12/31)：1美元=1.599瑞士法郎

简 况

瑞士是位于中欧的一个内陆国家，与奥地利、列支敦士登、意大利、法国和德国接壤。地处北温带，受海洋性气候和大陆性气候交替影响，气候变化较大，年平均气温9℃。

1291年8月1日，乌里、施维茨和下瓦尔登三个州在反对哈布斯王朝的斗争中秘密结成永久同盟，这是瑞士建国的开端。1815年维也纳会议确认瑞士为永久中立国。1848年制定宪法，设立联邦委员会，成为统一的联邦制国家。在两次世界大战中均保持中立。全国分为26个州，州下设区，全国共有176个专区和2929个乡镇。

经 济

瑞士实行自由经济政策，是一个高度发达的资本主义工业国家。1999年，瑞士就业市场情况好转，物价指数维持稳定，内需市场振兴。

资源 几乎无任何矿产，因此主要能源如煤炭、石油以及天然气等多依赖进口。水力资源丰富，利用率达95%。森林面积123.4万公顷，覆盖率为全国面积的30%。

工业 电气、机械制造、化工、医药、钟表、食品加工、纺织是瑞士工业的主要支柱。其中电气、机械是瑞士第一大制造业，从业人员约25万余人。钟表的准确性与精密性，世界其他国家难以匹敌，产品约90%专供外销，是仅次于机电业的第二大外销产业。工业技术水平先进，产品质量精良，在国际市场具有很强的竞争力。除ABB、雀巢、诺华、苏尔寿等著名大公司外，绝大多数为中小企业。

农业 农地面积约43万公顷，主要农作物有小麦、燕麦、马铃薯、玉米、葡萄、苹果和甜菜。畜牧业是国家主要产业之一，牧地面积114万公顷，主要饲养肉牛、乳牛、猪、绵羊、山羊等。肉类基本自给，奶制品自给有余，炼乳和奶酪世界闻名，可供输出。

旅游业 旅游业十分发达。从业人员36万，占就业总人数的9%，旅游业收入中60%系来自外国游客。为发展山区旅游业，建有轮齿轨铁路94公里，专线登山铁路50多条，电缆吊车线400多条，还有1000多条滑雪电缆吊椅线。

交通运输 以公路和铁路运输为主。铁路总长5041公里，全部电气化，每1000平方公里面积的铁路拥有量为125公里，密度居世界首位。公路总长7万公里，分国道、州道、镇道，其中国道1594公里，为公路交通主干。公路网四通八达，遍及全国。水运方面现有海运商船 20 艘。空运方面瑞士航空公司航线总长 45.2 万公里，主要国际机场有苏黎世机场和日内瓦机场。

财政金融 金融业举世闻名，瑞士联合银行为全球名列前茅的银行。最大城市苏黎世是国际金融中心之一，是仅次于伦敦的世界第二大黄金交易市场。

同我国的关系 1950 年 9 月 14 日两国建交。

华人经济

1999 年，瑞士华侨华人约 13000 人左右，由中国大陆移入者约 3200 人，从香港移入者约 400 人，台湾移入者约 500 人，其余则为来自越南、柬埔寨、老挝等国的华裔。以苏黎世、伯尔尼、日内瓦、圣加伦等州为主要居住地。

瑞士物价高昂，且市场规模不大，加之限制外人居留极严，华人来此投资者不多，所以目前无较具规模的华裔企业。华人从事的经济事业有餐馆饮食业、杂货业、贸易业、电子电器业等，以杂货、饮食为主。

商业 华人经营餐馆总数约在 200 家以上，资本额在 20 至 30 万瑞士法郎之间，多分布于各大城市。经营者大都来自香港、台湾及中南半岛。近年受不景气影响，已有多家停业。其中以周泽新经营的较具规模，另朱家让在日内瓦开设的大华饭店，历史最为悠久，装潢设备最为豪华，其所属饭店系统企业，堪称瑞士华人同业之首。其他如国际饭店、金龙餐厅也颇著名。华商经营杂货业约 50 家，平均资本额在 10 万至 20 万瑞士法郎，多销售中式南北货，客户以当地的华人为主，较具规模者为诚兴公司、亚洲兄弟。另兼营进出口业者约 10 家，因瑞士市场不大，无法大量自货源地进货，多向法国与荷兰同业批发进货。还有 3 家从事食品进口批发，以进口中式南北货为主，货源来自台湾、泰国、新加坡、马来西亚、越南等。

瑞士为旅游资源丰富的国家，华商经营旅游业数家，其中香港华商的远东开发公司在日内瓦投资 2100 万美元，开设五星级的华威大酒店，拥有豪华客房 200 多间及大型国际会议厅，附设夜总会一家。此外尚有旅行社 3 家，经营机票代售及旅程安排等。礼品店数家，分散各地，以售销各式纪念品为主。

另有华人针灸医师 2 人，在自己家中为中、外人士治病，颇得好评，但因设备简单不能与正式诊所或医院相比。

工业 从事电子、电器业的华商共有 6 家，资本额约 20 至 50 万瑞士法郎之间，以生产电子零组件及电脑零配件为主。越南华商赖清海开设的星际电脑公司，朱丙安于日内瓦开设的建筑事务所，在当地均负盛名，堪称杰出华人。原藉广东的越南华人肖彩云在巴塞尔兰的食品加工厂，资本额约 20 至 50 万瑞士法郎，其所经营黄豆类食品加工，如生产豆腐、豆芽以及黄豆制作的各式点心，除批发当地部分超市、杂货店外，并开设门市部兼营零售。

希腊（Greece）

国名　希腊共和国（The Hellenic Republic）
面积　131957平方公里
人口　1070万（1999年）
首都　雅典（Athens）

国内生产总值（1999年）：1300亿美元
人均国内生产总值（1999年）：12000美元
货币名称：德拉克马（Drachma）
汇率（1999年）：1美元=328.62德拉克马

简　况

希腊位于巴尔干半岛最南端。北邻保加利亚、马其顿、阿尔巴尼亚，东北与土耳其欧洲部分接壤，西南濒爱奥尼亚海，东临爱琴海，南隔地中海与非洲大陆相望。海岸线长约1.5万公里。属亚热带地中海气候。平均气温冬季为6～13℃，夏季23～33℃。

希腊是西方文明的发祥地，为世界文明古国。公元前2800年至前1400年，克里特岛曾出现米诺斯文化，伯罗奔尼撒半岛出现迈锡尼文化。公元前800年，形成奴隶制城邦国家，前5世纪为鼎盛时期。1821年3月25日，希腊爆发反对奥斯曼帝国统治的战争，并宣布独立。1932年成立王国。1974年底国体改为共和制。

经　济

希腊是欧洲联盟中经济欠发达国家之一。其主要产业为观光业、运输业、化工、矿业。

资源　主要矿产为铝矾土，储藏量约10亿吨，褐煤储藏量57亿吨，还有镍、铬、镁、石棉、铜、铀、金、石油、大理石等。森林覆盖率为20%。

工矿业　矿石业总产值约占GDP2%，占输出总值约4.5%，主要产业为化学、运输工具、矿石加工及印刷业等。工业产品出口值约占总出口之50%。就业人数约占从业人口的27%。

农业　农林渔牧业约占全国人力1/4，产值仅占GDP的1成多。但农产品占出口总值1/3。渔业未充分发展。牧地面积为525万公顷，主要饲养猪、绵羊、山羊。

旅游服务业　旅游部门是希腊获得外汇和维持国际收支平衡的重要经济部门。自70年代起，入境游客人数持续增长。服务业也是希腊经济的重要组成部分。80年代以来，一直以高于整个国民经济平均增长水平的速度发展。

交通运输　希腊拥有全世界最大船队，据统计，拥有1000吨以上的船舶超过3000艘，占世界货船运送量的1/6。全国共有大小港口444个。其主要港口有比雷埃夫斯、萨洛尼卡、沃洛斯等。全国有39个机场。奥林匹克航空公司是该国国有大型航空公司，另有7家私人航空公司。

同我国的关系　中希1972年6月5日建交。

华人经济

希腊的华人发展历史并不长，主要是在

20世纪60、70年代由部分香港、澳门和台湾同胞移居希腊，另外是一部分来自当时印度支那的华人难民，此外最近几年中国大陆也有一部分人旅居希腊。1999年，希腊全国共有华侨、华人约2000人，他们主要聚居在首都雅典地区，此外还有部分生活在克里特岛和罗德岛上。由于移居历史较短，社会生活差异较大，以及语言障碍等因素的制约，限制了当地华人经济的发展。目前华人经济在当地的经济生活中所占比重很小。希腊华人主要从事餐饮业和一些服务性行业。华人在当地多经营中餐馆、外卖店或从事厨师、临时摊贩等工作。中餐馆、及外卖店约有100家大部分集中在雅典地区。由于质量上乘，价格合理等原因，希腊的中餐馆生意兴隆，且分布比较广泛，其中华侨华人经营较具规模的有中华饭店，系马来西亚华人经营；金凤凰餐厅，系越南华人经营，还有3家分店、张园饭店系大陆移民投资，北京楼饭店系香港华商经营，龙宫饭店系台商经营等。资本额约10至30万美元。菜式以粤菜、京菜和川菜为主。其余大多数外卖店则系中国大陆移民经营，属小本生意。贸易业有3家，全为台商经营，资本约10至20万美元，分别经营进口珠宝，汽车零件及中介买卖等。尚有10余家系由中国大陆移民，经营服饰、日用品批发店，由于价格低廉生意尚稳定。

意大利（Italy）

国名　意大利共和国（The Republic of Italy）

面积　301277平方公里

人口　5752万（1997年）。

首都　罗马（Roma）。

国内生产总值（1998年）：11727亿美元

人均国内生产总值（1998年）：20574美元

货币名称：里拉

汇率（1998年12月）：1美元＝1657里拉。

简　况

意大利位于欧洲南部，包括亚平宁半岛及西西里、撒丁等岛屿。北以阿尔卑斯山为屏障，与法国、瑞士、奥地利、斯洛文尼亚接壤，东、南、西三面分别临地中海的属海亚德里亚海、爱奥尼亚海和第勒尼安海。海岸线长约7200多公里。大部分地区属亚热带地中海式气候。平均气温1月为2～10℃，7月为23～26℃。

意大利系文明古国，历经罗马共和（元前509～28年）与罗马帝国（元前27～476年）时期后，962年受神圣罗马帝国统治。11世纪，诺曼人入侵南部并建立王国。12～13世纪分裂成许多王国、公国、自治城市和小封建领地。16世纪先后被法、西、奥占领。1861年3月建立意大利王国。1870年，王国军队攻克罗马，完成统一。1922年10月31日，墨索里尼上台，实行长达20余年的法西斯统治。1946年6月2日成立共和国。全国划分为20个行政区，103个省，8088个市镇。

经　济

意大利战后经济恢复较快，居西方七大工业发达国家的第五位。是首批欧元国。1999年意国经济只有小幅增长，失业率仍居高不下。

工矿业　意大利矿业生产以天然气为主，石油及褐煤产量不多，原油加工能力居世界第六位，年炼油量约1亿吨。钢产量居世界第六位，欧洲第二位。塑料和拖拉机产量均居世界第六，发电量居世界第九位。发展工业所需的能源和原料主要依赖进口，产品的1/3以上供出口。近几年，注意开发以电子工业为主的新兴科技产业。

农牧渔业　意大利农地面积为1万余公顷，为欧洲主要农业国之一，主要生产麦类、玉米、稻米、甜菜，橄榄等，种类繁多，除充分供应内销市场、还有外销能力。意为半岛国家，渔业资源丰富，因渔村劳力缺乏，渔产品供内销。原野面积为450余万公顷，主要饲养肉牛、水牛、乳牛、绵羊、猪等。

旅游业　旅游业发达，旅游收入是弥补国家收支逆差的重要来源，1999年旅游业收入在300亿美元以上。

交通运输　意大利半岛地形狭长，再加上境内多山，所以国内运输主要依靠公路，有完善的高速公路网。意政府目前正计划兴建跨海大桥，以连结意大利半岛与西西里岛，意大利多山地区的航空业也日益兴盛，位于罗马的达·芬奇机场为世界上最有效率的机场之一。

同我国的关系 1970年11月6日两国建交。

华人经济

早在20世纪30年代，在意大利的名城米兰就已形成了一个多达数百人的“中国人群体”，他们大多来自浙江的青田、温州地区，不少曾辗转欧洲各国。由于他们手中既无资本，又不懂当地语言，因而大多只能以小商小贩维生。由于谋生困难，不少华人在二战后相继离开意大利，或转往欧洲其他国家，或返回故土。有的统计资料公布，1953年仍然留居意大利的华人仅有380人，远远低于同期英（4500人）、法（2700人）、荷（2000人）等国的华人人口。但近几年来意大利华人人口迅速增加，1998年已达10万人，以来自浙江温州地区的为多。

在地域分布上，首都罗马并非华人聚居最集中的城市，人数的在8000至1万间。华人较多的为米兰、那不勒斯、都灵等。而华人最多的为普拉托。

普拉托离意大利著名的佛罗伦萨只有15分钟车程，自古是意大利纺织工业中心。居民半数以上从事服装业。但最近10年来，普拉托有了极大的转变，来自中国大陆的移民大批移居本地，从当地人手中接过他们已不愿从事的廉价的服装加工业，给此地带来极大的繁荣和财富。现在华人几乎垄断了当地服装业，开设大小不等的服装加工厂约有1000家。该城18万人口中约有2万是华人，堪称是全意大利甚至是全欧华人居民密度最高的城市。不仅服装业，其他的各种企业如大型中餐馆，旅行社、中国货超级市场、肉店、点心店、酒吧、华人俱乐部、卡拉OK、包厢、美容院、电脑公司也像雨后春笋般一家一家开起来。几条中国人聚集的唐人街，更是成为车水马龙的不夜城。华人还在当地办起了《中意报》、《华商日报》等中文报刊，华人地位步步升高。

意大利华侨华人早期以贩卖领带和经营皮革厂为主。自制自卖。近年来皮革业者转而经营餐馆业致使餐馆数日渐增多。其他如杂货、贸易、船运、服务业等也有华人经营，显示华人经济已趋向多元化。

制造皮革业 意大利华人经营皮革业已具有30年以上的历史，非但销售全意大利，更外销至欧洲其他地区。但近几年皮革业已失去昔日风光，重心转移至餐馆业。目前华人皮革业约有65家，每家资本额在1.5万至6万美元之间，以san Donnino、Prato二城为主，经营方式多为蒙族式。

餐馆业 近年来，中餐业在意大利发展迅速。全意各地，中餐馆遍地开花，即便是小城市也能发现路标式的中餐馆广告牌，既规整、又实用，而比较集中的是罗马、米兰等地区。据估计，全意大利中餐馆共有960家，总资本额约为210万美元。

其规模多属中小型。菜式以广东口味为主，食客主要是意大利的年轻人。主要分布于罗马、米兰、波隆纳等地区，由于90%的中餐馆是近年才开张，如米兰约有200多家中餐馆，多为浙江人开设。财力并不稳固，许多新加入经营者为求生存，采取低价竞争方式，盈利有限。

贸易及杂货业 华人杂货业约有50家。以罗马、米兰等地占大多数，资本额平均每家约在1.3万美元左右，多为向中餐馆供应杂货用品。小型进出口业约有30家，资本额平均约8万美元，进口电器用品、饰品、灯具、玩具及食品。出口意大利时装、皮鞋、皮包、药品、化妆品等，呈发展趋势。

其他商业 华人旅游业12家，资本额从1万至40万美元不等。每年仅台湾游客即有7万至8万人之多，故经营颇兴盛。医药业11家，资本额每家在5000至1万美元之间，因正式中药店并未设立，多为附属设于其他意大利诊所的经营方式或家庭经营针灸方式，与中药药材则以杂货店形式经营。华人运输业约15家，经营不易，盈利有限。娱乐业约25家。每家资本额在5500美元至15万美元之间。多分布各大城市，出租或贩卖绿录带、还有部分华人在各大城市或小镇、摆设临时摊位，虽属非法营业，收入颇丰，目前约有5000人仍有增加之势。

制造业 意大利服装业在国际上占有重要地位，从而带动了华人小型成衣加工业兴盛，形成当地华人经营的特色。目前总数为15000家，多为家族式经营型，总资本额在4万至7万美元之间，另有食品制造业约30家，亦为家庭式小额资本经营，以制作豆腐、豆芽、中式点心为主，供应中餐馆或杂货店需要。

随着经济的发展，华裔经营的范围不断调整。如今，中国产的工艺品、丝绸、童装、成衣、小日用品等在意十分走俏。因此，华人商店的数量骤增。而且四处兜售的小贩，自由设摊或开车赴各地赶庙会的华人，也都以这些中国商品发财，有的收入甚至超过中餐饮业。

和世界各地的华人社会一样，意大利的华侨社团也相当活跃。全意成立最早的华人社团是米兰华侨华人工商会，已有20多年的历史。著名的侨团还有1985年成立的罗马华侨、华人联合总会，以来自香港的华人为主的意大利华侨总商会（会址设在罗马，在那不勒斯、普拉托等城市设有分会），佛罗伦萨华侨华人联谊会、都灵华侨华人联谊会和波伦亚华侨华人联谊会等。比较近期的社团有：罗马华侨华人贸易总会、米兰中餐业协会、普拉托华侨华人联谊会、意大利东区华侨会人的工商会等。此外，还有一些地域性的、富有乡情色彩的联谊团体，如意大利北部青田同乡会，安徽同乡会等。

马耳他（Malta）

国名 马耳他共和国（The Republic of Malta）

面积 316平方公里

人口 约37.4万（1997年3月）

首都 瓦莱塔（Valletta）

国内生产总值：12.848亿马磅

人均国民生产总值：3414马磅

货币名称：马耳他磅

汇率：1马磅=2.5641美元

简况

马耳他国是位于地中海中部的岛国，自古有“地中海心脏”及“地中海宝石”之称。全境由5个岛屿组成，总面积只有香港的1/3。其中马耳他岛面积最大，海岸线长180公里。属亚热带地中海式气候，年平均气温21.3℃，最高气温40℃，最低气温5℃。年平均降水量560毫米。远看马耳他一片沙黄，被誉为宝石是因为近看才会发现隐藏于沙黄下，融合地中海和欧洲景色的光芒。

公元前10至前8世纪，腓尼基人到此定居。公元前218年起受罗马人统治。9世纪起先后被阿拉伯人、诺曼人占领。1523年，耶路撒冷圣·约翰骑士团从罗德岛移居这里。1798年，法国军队将骑士团逐出。1800年被英国人占领，1814年沦为英国殖民地。1947～1959年及1961年起获得一定程度的自治，1964年9月21日正式宣布独立，为英联邦成员国。全国共有67个地方市政委员会。

经济

马耳他国国民党执政后，着手对经济政策和经济结构进行调整。自1999年1月1日起，正式取消前政府实施的关税和消费税制，恢复增值税，制定了各行业的最低退税标准，政府对国有企业实行私有化，并扩大对基础设施的投资，加强工业、旅游、财政、金融等行业的发展，加大吸引外资，加强与外国企业的合作。

资源 除盛产建筑用石灰岩外，无矿产资源。

工业 马加工制造业的产品主要有电子产品、服装、皮鞋、食品饮料、化工产品等。

农业 农产品主要有小麦、马铃薯、洋葱、豆类和蔬菜等。牛奶、植物油、水果等依赖进口。粮食主要依赖进口。

旅游业 旅游业是马主要外汇来源。目前，旅游业直接就业人数为9000人，间接就业人数达1.5万人，旅游收入约占该国国民生产总值近30%。

交通运输 马耳他境内无铁路。全国公路近1600公里，各类注册车辆24.68万辆。海运航线总长12万公里，注册船只达2557艘。该国航空有国际航线41条，拥有13架客机。

同我国的联系 1972年1月31日两国建交。

华人经济

马耳他对于很多人来说是遥远而陌生的，但在此处却有生活已长达几十年之久的华人，据资料统计，20世纪70年代约20人左右。并且近年仍有新的华人移民陆续来到这个有“宝石”之称的地方谋生。

华人在此经营的主要为餐饮业，以第一大岛马耳他岛为例，这里就有36个中菜馆。马耳他的第二大岛戈佐岛，人口只有3万人，却有4个中菜馆。在这个极富欧陆色彩的地中海宝石中，中国食物已成为马耳他人生活中的一部分。

马耳他人大多信奉天主教，他们引以为荣的建筑物莫斯塔教堂，是全世界最大的园顶教堂之一，已有百多年历史。在它附近，有一家非常著名的商店，就是华人许姓夫妇开设的。这是全马耳他唯一的一家冷冻中式点心厂，小小的店面分隔成一个放了几个冰箱的门市部。后面就是点心工厂，制造中国点心供应整个马耳他。许姓夫妇来自浙江温州，5年前来到马耳他，开设了马耳他第一家点心厂，并雇用当地四名女工。这家点心厂的每种点心，除了在门市部出售，也会分销到其他的餐馆和超级市场。

中国楼是马耳他第一家中菜馆，是1968年由出生于香港的邓日兴开办的。邓日兴与当地妇女结婚，目前已有两个女儿，她们都有中文名字。

像中国菜一样，中国的气功疗法在马耳他也颇受欢迎。10年前，广州籍的华人冯德泉只身来到马耳他一个叫RABAT的城市，以中国气功为当地人治病。目前，已开设两所气功诊所，每一个疗程收费5块马磅，相当港币100元。他感到在这里行医很自豪，算是事业有成人士。他的顾客属于中等以上阶层，不少病人是高层人士，连总统也曾让他治过病。

葡萄牙（Portugal）

国名 葡萄牙共和国（The Repullic of Portugal）

面积 92100平方公里

人口 998万（1999年）

首都 里斯本（Lisbon）

国内生产总值（1999年）：约1000亿美元

人均国内生产总值（1999年）：约12000美元

货币名称：埃斯库多（Esculdo）

汇率（1999/12/31）：1美元=199.5埃斯库多

简　况

葡萄牙位于欧洲伊比利亚半岛的西南部。东、北连西班牙，西、南濒大西洋。海岸线长832公里。地形北高南低，多为山地和丘陵。北部属海洋性温带阔叶林气候，南部属亚热带地中海式气候。平均气温1月为7～11℃，7月20～26℃，年均降雨量500～1000毫米。

它是欧洲古国之一，1143年成为独立王国。15、16世纪在非、亚、美洲建立大量殖民地，成为海上强国。1580年被西班牙侵占，1640年摆脱西班牙统治。1703年沦为英国附属国。1891年成立第一共和国。1910年10月成立第二共和国。1926年5月建立军人政府。1995年10月，社会党在议会选举中获胜组阁。全国分为18个行政区，马德拉和亚速尔两个自治区。

经　济

1999年葡萄牙持续推动国有企业民营化，同时在稳定前提下，促进国民就业及产业现代化。

工矿业　葡萄牙工业产值占GDP约33%，就业人口占劳动人口32%，矿业规模不大，煤炭产量逐年下降。其他重要矿产有钨、锡、黄铁矿及黄铜矿，石油全赖进口。其主要工业部门有汽车、纺织、服装、食品、造纸、软木、电子器械、陶瓷、酿酒等。软木产量占世界总产量的一半以上，出口占世界第一位。

农林牧渔业　农地面积为304万公顷，主要生产麦类、玉米、菜蔬、水果、橄榄等，均为大宗农产品。森林为330万公顷，年产原木1100万立方米。海岸线长，多天然港口，渔业资源丰富，盛产鳕鱼，沙丁鱼，原野面积约100万公顷，主要饲养肉牛、猪、绵羊、鸡等。

交通运输　以公路运输为主，葡政府一直在进行重大的运输系统改善计划。公路系统及航空、服务皆十分便捷，但是铁路系统和西班牙一样，均未能达到欧洲其他国家的水准。海运方面，商用船队十分发达。

同我国的联系　1979年2月8日两国建交。

华人经济

据史书记载，浙江沿海居民，在两百年前，开始到西欧各地包括葡萄牙谋生和定居。成为早期西欧华人的主脉。到20世纪后，来自浙江青田和温州、广东四邑及其他地方的移民逐渐增多。其中较特殊的移民来自葡国非洲属地，已经历数代，土生的华裔们也迁来葡国定居。第一次世界大战后，部分来欧参战的华工亦到葡国定居。另外原居东帝汶的华侨，因受政治环境的影响，也大量迁移葡萄牙，唯稍后多转往澳洲，另谋发展。近年来不少港澳华人来葡谋求发展，其祖藉多为广东客家人，来自台湾者不及百人。目前，华人集中的区域以中部首都里斯本市最多，波尔图次之。里斯本的路易公爵大街是葡萄牙唯一的唐人街，华人商店林立。还有少数华人散居在国家森林保护区的乡间。据1998年资料，葡萄牙华侨华人人口为2万人。

葡萄牙华侨华人以经营餐馆和杂货业为主，皮革及食品加工业则系老一代华侨传统的行业。

餐馆业 葡萄牙华人餐馆多属家庭式经营，只供应午餐和晚餐，菜式仅在色、香、味三方面投葡人之好而调配，并无粤菜、川菜或江浙菜之区分，较具规模的目前有翠国酒家、永成餐厅、福星饭店、东方饭店、华盛酒家、雪海饭店等。每家餐馆均有20万至40万美元的设备投资。在南部的餐馆绝大部分是中国大陆移民开设的，发展迅速。

杂货及贸易业 华人经营贸易业信誉好，较具规模的首推梅子鑑的商号，它经营中国手工艺品台布、木器及部分菲律宾、日本、泰国等国产品。其次为钟沛霖及何家驹兄弟的工艺品商号。另外，林先普经营的中国工艺品，虽创业不久，但业绩甚佳。

工业 老一代华侨大都经营皮革加工，从事皮包、领带、手套、工艺品等小型工业，食品加工业有12家，营业均能保持发展势头。

西班牙（Spain）

国名 西班牙（The State of Spain）
面积 505925平方公里
人口 3917万（1999年）
首都 马德里（Madrid）

国内生产总值（1999年）：约6000亿美元
人均国内生产总值（1999年）：15173美元
货币名称：比塞塔
汇率（1999/12/31）：1美元=165.59比塞塔

简　况

西班牙位于欧洲西南部伊比利亚半岛。西邻葡萄牙，东北与法国、安道尔接壤，北濒比斯开湾，南隔直布罗陀海峡与非洲的摩洛哥相望，东和东南临地中海。海岸线长约7800公里。中部高原属大陆性气候，北部和西北部沿海属海洋性气候。首都平均气温1月4.9℃，8月为22.5℃。

1492年，西班牙“光复运动”胜利后，建立了统一的西班牙封建王朝。同年10月12日，哥伦布抵达西印度群岛。此后，西班牙逐渐成为海上强国，在欧、美、非、亚各州均有殖民地。1588年，西“无敌舰队”被美国击溃，开始衰落。1873年建立第一共和国。1931年建立第二共和国。1936～1939年爆发内战。1947年，佛朗哥宣布西为君主国，自任终身国内元首。1975年11月，佛朗哥病逝，胡安·卡洛斯一世国王登基。全国划分为17个自治区、50个省、8000多个市镇。

经　济

西班牙是中等发达的资本主义工业国。国内生产总值居西方第八位、世界第十位。1998年5月，西班牙成为首批加入欧元区的国家之一。

资源　主要矿产资源储藏量为煤88亿吨、铁19亿吨、黄铁矿5亿吨、铜400万吨、锌190万吨、汞70万吨。森林总面积1179.2公顷。

工业　主要工业部门有造船、钢铁、汽车、水泥、采矿、建筑、纺织、化工、皮革、电力等行业。由于私人消费及投资稳健，1998年虽在国际金融危机阴影笼罩下，工业生产仍增长5.4%，其中汽车、信息产业、建材等部门增幅达10%左右。

农林渔业　农地面积为2012万公顷，为欧洲农业大国之一。全国各地均生产蔬果，主要出口市场为德、法、英及荷兰。该国生产小麦、大麦、甜菜等，橄榄油生产居世界之冠。西国亦为全球花卉重要生产国之一，种植面积约6375公顷，年产值达13.84亿美元。森林面积为1613.7万公顷，占全国面积31.9%，年产原木1250万立方米，由于木材加工发达，一年净输入仍高达200余万立方米。国内海岸线长，天然港口多，渔林资源丰富，盛产鳕鱼、鲔鱼、沙丁鱼及虾类，为外销产品。

服务与旅游业　服务业是西班牙国民经济的一个重要支柱产业，从业人口占就业人口总数的62%。旅游业也是西班牙经济的重要支柱和外汇的主要来源之一。旅游业收入约达300亿美元，位列世界前茅，该业已提供100万个就业机会。1999年境外旅客超过4500万人。

同我国的关系 1973年3月9日两国建交。

华人经济

西班牙华侨华人社会的历史不是很长，华人经济还不很强大。经过几十年的奋斗，第一代华人已经积累了经验和资金，第二代华人日臻成熟，能够融入当地主流社会。目前西班牙有华侨华人约4万人，已入籍的近400人，其中来自台湾的约有5000人。华侨华人多集居于马德里、巴塞罗那、瓦伦西亚及加那利群岛、巴雷亚群岛等的大中城市。

（一）商业

西班牙华侨华人原以经营餐馆为主，近年来由于从浙江青田和福州来的新移民不断增加，促使中餐馆数量增加迅速。新开张的中餐馆规模之巨、装潢之好，是近年来从未有过的。目前全国中餐馆约1500家左右，多数为来自中国的新移民所开设，以家庭式经营居多，每家资本额平均约在20万美元左右。其分布以集中在马德里及附近卫星城镇的400家左右为最多，巴塞罗那约100家，加那利群岛近百余家，巴雷亚群岛50余家，东南部瓦冷亚近50家，其余则散处于南部观光胜地及海滨等城镇中。中餐馆较具规模的为数不多，马德里由台籍华人经营的乐园、天厨等是其中代表。

目前华人经营杂货业约有40家，平均资本额约30万美元，一般规模都不大，以供应南货、手工艺品、书报及录像带为主。另有几家自行进口食品，情况甚佳。来自台湾较著名的有中欧百货、中艺、欧亚、金代四家，以中欧最大。贸易业发展迅速，1999年在马德里从事服装批发和小商品批发并已形成规模的就有100多家。巴塞罗那也已超过50家，一些街区已经开始形成“中国城”的雏形。其平均资本额约50万美元，多为进口中国大陆、台湾及其他东南亚国家产品，如消费性电子产品零件、电脑周边设备、自行车零件、运动用品、手工艺品与食品，较具规模的有远东贸易集团，远东拓展公司、天马集团公司、海虹冷冻公司等，规模日渐扩大。

其他行业尚有旅游业约10家，平均每家资本额约20万美元。较著名的有大中华、朝代、白天鹅等。礼品店约250家，平均资本额约10万美元。医药业约20家，平均资本额约10万美元，是华籍中西医在当地开设的诊所，中医兼针灸最受当地人士信任与欢迎。中医有赵建琪，神农针灸、中医疗法中心，西医有曾辉煌、吕理荣等多人。运输业2家，金融业1家。此外，还有快速照片冲洗连锁店及摄影器材销售，快速自动洗衣店等约80家。律师及代书业4家，印刷业2家，装修业10家，影视业约5家等。

（二）制造业

食品制造业5家，包括生产各种中式食品等，其中数家规模较大，产品供应西班牙超市。电脑业为华人在西从事的新兴行业，目前，有10家，平均资本额约100万美元。蔡仁琳经营电脑零组件，营业额连年增长，1995年达15亿比塞塔，被评定为西班牙前百大电脑公司，为华商的杰出经营者。另巴塞罗那陈本健经营该业也颇成功，现有厂房建筑面积约4000平方米，员工70人，资本额为300万美元。除巴城外，在马德里，马拉加西及瓦伦西亚三市设有分公司，是华商电脑业中最具规模者。近年来，服装加工厂发展速度很快，但大部分是家庭式的，从事该业的华人近5000人。

（三）渔业及矿业

目前华商经营渔业有马遥昆、童之漳等3家，营业情况良好。在西国西北部及东南部均盛产花岗石等建材，陈民建材采矿公司，将产品销往远东地区，业绩稳定。

丹 麦（Denmark）

国名 丹麦王国（The Kingdom of Denmark）

面积 43094 万平方公里

人口 528.3 万（1999 年）

首都 哥本哈根（Copenhagen）

国内生产总值（1999 年）：约 1800 亿美元

人均国民生产总值（1999 年）：约 33000 美元

货币名称：丹麦克朗

汇率（1999/12/31）：1 美元 = 7.4 丹麦克朗

简 况

丹麦位于欧洲北部。南同德国接壤，北与挪威、瑞典隔海相望，西濒北海，东临波罗的海。海岸线长 7314 公里。地势低平，平均海拔约 30 米。属温带海洋性气候，平均气温 1 月为 -1.1℃，8 月为 20.4℃。年均降水量约 622 毫米。

公元 985 年丹麦形成统一王国。公元 8～12 世纪为海盗时期，曾征服现美国、挪威、法国莱茵河畔等地区。14 世纪走向强盛，并于 1397 年成立以丹麦女王玛格丽特一世为盟主的卡尔马联盟，疆土包括现丹麦、挪威、瑞典以及芬兰的一部分。15 世纪末开始衰落。1523 年瑞典脱离联盟独立。1814 年丹同瑞战败后将挪割予瑞。1849 年建立君主立宪政体。两次世界大战中均宣布中立。1940 年 4 月至 1945 年 5 月被纳粹德国占领。1944 年冰岛脱离丹麦独立。1949 年加入北约，1973 年加入欧共体。

全国分 14 个省、275 个县和格陵兰、法罗群岛两个自治领（其国防和外交由丹麦负责）

经 济

丹麦天然资源虽少，但农业十分发达。工业以食品加工、机械、电子仪器、医药、环保造船、家具为主。快速的经济增长率使得丹麦跃居世界上最富有国家之一，仅次于卢森堡、美国、瑞士、挪威、冰岛及日本。

工矿业 丹麦天然资源缺乏，所拥有的能源矿藏包括石油及天然气，产量仅能自给。主要制造业有：

1. 食品工业：为最重要的产业之一，前 100 大食品公司产值约占全国制造业总产值的 27%，员工人数高达 35 万人。食品工业也是主要外销产业，每年为丹麦赚进大量外汇。出口食品中以奶酪和冷冻猪肉及肉制品为主，主要销往欧洲各国及日本。

2. 医药及健康制品工业：丹麦为一个社会福利国家。此产业的主要产品包括胰岛素、超音波扫瞄设备、血液分析仪器、助听器、针筒等，颇具国际竞争力。该业的对外贸易盈余，占丹麦对外贸易总盈余的 1/3 强。

3. 船运及造船：拥有全世界名列前矛的货柜船运公司 Maersk Lines。船运业的从业人员约 12000 人。

4. 家俱工业：以其独特的设计闻名，主要卖主国有德国、瑞典、挪威，亚洲市场则有日本、韩国、马来西亚等。

丹麦的其他产业如环保、电力等也都具有国际竞争力。环保方面，拥有领先世界技术项目，包括水泥厂污染处理技术、工业用水污染处理技术、家庭废水处理技术等。电力方面，风力电是丹麦具有国际竞争力的产业之一。目前全球已装置的风力发电设备中，丹麦拥有45%的市场占有率。

农林渔牧业 丹麦以农立国，谷物以大麦、小麦、油菜仔为主，农地面积为200万公顷，农业人口不及劳动人口的8%。森林面积为44万余公顷，年产原木约250万立方米，渔业资源丰富，但渔获量不多。畜牧业发达，以猪及乳牛为主，产品多外销。

华人经济

丹麦为不接受移民的国家，除原结婚、收养、依亲等原因正式申请入籍者外，并不欢迎他国国民居留。故华侨移到丹麦居留者不多。丹麦华侨源于第一次世界大战期间的华工，多为浙江青田籍人，也有不少福建省福州人。他们经德国来到丹麦，先在哥本哈根沿门推销青田石、丝绸巾及各类中国手工艺品，有了积蓄之后，开设餐馆或杂货店，并从家乡把亲人接来，或动员家乡乡亲赴丹。其后，陆续有法、意华侨来丹定居。1975年以后，丹麦收容了大批印支难民，其中华人约有6000人。中国改革开放后，一些人赴丹麦与家人团聚或定居，成为新移民。据有关资料统计，1999年，丹麦华人约有7500人，其中来自台湾约200人。他们分别居住在首都哥本哈根、港城奥尔胡斯、奥尔堡、欧登塞等大城市，也有部分散居较小城市。他们主要从事以下行业：

餐饮业 丹麦华人90%以上经营餐饮业。但近年来丹麦经济不景气，餐饮业多惨淡经营，已有部分中餐馆结束营业，移民美加地区，其中大部分为来自香港的华人。也有原经营中餐业改营西式或爱尔兰式酒吧者，以应合丹麦人口味。现有中餐业290家，资本额约在30万至50万美元之间。大部分为家庭式经营的小型快餐店。规模较大者，多数为台湾籍华人经营，有亚洲楼、新北京、拿波里、成吉思汗、玉佛、川园、蒙古烤肉、龙风、新园、来来等。

其他行业 华人杂货业10家，经营小型眼市、传统零售商店，销售亚洲和中国罐头食品及进口蔬菜等。规模不大，不足与丹麦超市竞争。但近年中国移民较多，生意亦佳，资本额各约10万美元。贸易业6家、进口南货供应中餐厅，或进口手工艺品、礼品等，资本额从3万至10万美元不等。旅游业3家，为小型旅行社，兼营代销机票等服务，资本额约3万美元。经营英式或爱尔兰式酒吧，并附设卡拉OK娱乐业5家，资本额约10万至30万美元。建筑业1家，资本额约50万美元，为小型包工，从事经营及中介房地产。食品制造业中，资本额超过1500万美元的，为上海市籍范岁久新开设的大龙冷冻春卷工厂，属于居丹麦食品业前30名的大企业。它结合中国传统食品和丹麦食品原料，以机器生产，企业经营方式发展成现代化食品制造业。目前在丹麦、英国开设了3家工厂，14条自动化生产线，日产春卷50万只，不仅行销欧洲各地，并已行销到美国、日本和新加坡等地，获“春卷大王”的美誉，成为欧洲华人创业成功的典型。

芬　兰（Finland）

国名　芬兰共和国（The Republic of Finland）

面积　338145 平方公里（1997 年）。

人口　515 万人（1999 年）

首都　赫尔辛基（Helsinki）

国内生产总值（1999 年）：约 1000 亿美元

人均国内生产总值（1999 年）：约 23500 美元

货币名称：芬兰马克

汇率（1999/12/31）：1 美元 = 5.9176 芬兰马克

简　况

芬兰位于欧洲北部，与瑞典、挪威、俄罗斯接壤，南临芬兰湾，西濒波的尼亚湾。海岸线长 1100 公里。地势北高南低，内陆水域面积占全国面积的 10%，有“千湖之国”的称号。全国 1/4 的土地在北极圈内。属温带海洋性气候。平均气温冬季为 - 14 ~ - 31℃，夏季为 13 ~ 17℃。年平均降水量 600 毫米。

12 世纪下半叶开始，芬兰隶属瑞典，14 世纪中叶正式成为瑞典的一部分。1809 年俄瑞战争后成为俄国的大公国。1917 年 12 月 6 日独立。1939 ~ 1940 年芬苏战争（芬称“冬战”）之后，芬被迫同苏联签订向苏割让领土的芬苏和约。1941 ~ 1944 年，纳粹德国进攻苏联，芬参与对苏战争。1944 年 2 月，芬作为战败国与苏联等国签订了巴黎和约。1948 年 4 月，又与苏联等国签订了巴黎和约。全国分为五个省和一个自治区。

经　济

20 世纪 80 年代，芬兰经济曾以年平均增长 3.7% 的速度持续发展，1989 年人均国内生产总值居世界第四位。90 年代受西方经济危机影响，经济出现严重衰退。1995 年以来，由于实行了各项稳定经济的政策，保持了稳定增长。1999 年，芬兰政府全力发展以通讯业为主轴的高科技产业，并全力压低失业率及平均社会财富分配。

资源　森林资源丰富，覆盖率达 68%，约 2008.5 万公顷，木材积蓄量 19.08 亿立方米。矿产资源中铜较多，还有少量的铁、镍、钒、钴等。泥炭资源丰富，能量相当于 40 亿吨石油。有两座核电站。

工业　建立在森林基础上的木材加工、造纸和林业机械制造业是经济支柱，并具有世界先进水平。芬兰森林工业产量占世界总产量的 5%，是世界第二大纸张、纸板出口国，占世界出口量的 25%，是世界第四大纸浆出口国。近年来，通讯产业发展很快，最具代表的厂商为 Nokia，已超过美国 Motorola 成为世界最大的行动电话制造商。

芬兰信息商品如电脑、通讯设备等，出口占芬出口额的 14.5%。芬兰是因特网接入比例最高的国家之一，还是人均手机持有量最多的国家。发展快的还有化学工业，已成为芬兰第三大出口产业。

农林业　耕地约 215.4 万公顷。生产麦类、草莓、菜蔬等。农林密切结合，几乎所有农户都经营一定数量的林地。农畜产品自给有余。畜牧业主要饲养肉牛及猪。渔业资源丰富，鱼货可供外销。

交通运输 公路运输是芬兰交通的主要形式，其次是海运、铁路和航空。芬兰对外贸易和出国旅客运输主要是经由海路。破冰船保持西南海岸的港口在冬天亦能开放。

同我国的关系 1950年10月28日两国建交。

华人经济

芬兰以前严格限制外国人居留。近10年来境内外人逐渐增多。2000年华侨华人有2000多人，而10年前仅100人左右。除留学生和各类工作受聘的工薪阶层者外，投资营商者不多。来自香港和东南亚等地的华商约300人，他们多经营中餐业，其中少部分取得芬兰国籍。这些华人经营的中餐馆，多属中小型家庭式餐厅。在赫尔辛基，10年前中餐馆仅有几家，而今已有60多家，并向芬兰其他小城镇发展。中餐馆菜式多为广东菜，总资本额约200万美元，仅占当地该行业约1%左右，营业情况尚佳。由于芬兰的外国人工作证不易取得，所以中餐馆所需的厨师十分缺乏。在当地采购中菜所需的材料与佐料也不易，这些都限制了当地中餐业的发展。

由中国大陆来芬兰的新移民多为年青人，一般在高科技领域艰苦奋斗。

挪威（Norway）

国名　挪威王国（The Kingdom of Norway）

面积　385365平方公里（包括斯瓦尔巴群岛、扬马延岛等属地）。

人口　443万（1999年）

首都　奥斯陆（Oslo）

国内生产总值（1999年）：约1500亿美元

人均国内生产总值（1999年）：约33500美元

货币名称：挪威克朗

汇率（1999/12/31）：1美元＝8.0315挪威克朗。

简　况

挪威位于北欧斯堪的纳维亚半岛西部，东邻瑞典，东北与芬兰和俄罗斯接壤，南同丹麦隔海相望，西濒挪威海。海岸线长21465公里（包括峡湾）。

9世纪挪威形成统一王国。9～11世纪进入全盛期。14世纪中叶开始衰落，1397年，与丹麦和瑞典组成卡尔玛联盟，受丹麦女王玛格丽特一世统治。1814年被丹麦割与瑞典。1905年独立，选丹麦王子为国王，称哈康七世。第一次世界大战期间中立。第二次世界大战中，被德国占领。战后由工党、保守党单独或与其他政党联合执政。全国设1市18个郡。

经　济

挪威是拥有现代化工业的发达国家。1999年，挪威乘国际经济复苏，大力推动经济发展，并促使失业率进一步降低。

资源　已发现有开采价值的石油和天然气蕴藏量为50多亿当量吨，其中天然气3万多亿立方米。其他矿产资源有煤、铁、钛。水力资源丰富，可开发的水电资源约3940万千瓦，已开发63%。北部沿海是世界著名的渔场。

工业　约占国内生产总值的1/4。其主要传统工业部门有机械、水电、冶金、化工、造纸、木材加工、渔产品加工和造船业。挪是北欧最大的铝生产国和出口国，镁的产量居世界第二。近海石油工业已成为国民经济的重要支柱，年产值约占国内生产总值的15%。挪现为北欧最大的石油生产国，目前仅次于沙特阿拉伯，为世界第二大石油出口国，原油产量每日约350万桶。挪威在多项专业船舶设计和制造上，均居世界领先地位，同时也是世界上拥有商船船队最多的国家之一，目前是世界第四大航海国家。

农林渔业　农业用地面积10383平方公里，其中牧草地6244平方公里。副食基本可自给，粮食主要靠进口。森林面积为800余万公顷，年产原木1100万立方米，因木材业及造纸业发达，年输入原木达50余万立方米，新闻纸外销各国。

挪威居民传统上依赖捕鱼及渔业养殖为生，自1980年起挪威更致力于养殖工业，在大西洋鲑鱼养殖工业方面，居欧洲领先地位，产量为世界之半。挪威是欧洲最大渔业国家，全国约有700个渔场，从业人口约25000人，90%的渔产出口。畜牧业主要饲养绵羊和肉牛。

旅游业发达，因该国拥有著名的壮丽山色和景观，以及滑雪和午夜太阳等吸引游客的优越条件，所以外国游客入境过夜人数，年均约700多万人次。

交通运输 境内多山，海运业发达。已拥有25100公里的完善公路网，航空对长程运输重要性日益增加。

同我国的关系 1954年10月5日两国建交。

华人经济

1999年，挪威华侨华人总人数约5000人左右，均为第一代新侨。来自台湾地区的仅百余人，来自中国大陆的占总人数的8成。此处华侨居住时间不长，没有老侨，多数教育水准不高，以受雇或经营小本生意，沿街挨户推销中国手工艺品及日用衣服，或开设小型中餐馆为生，仍在创业谋生阶段，经济实力不足，尚未发展成具规模的华商企业。

（一）商业

挪威华商以经营餐馆为最多，现有餐馆约100家，资本额约3100万美元，占挪威餐馆业6%。1980年至1991年该业最为鼎盛，近年来由于家数增多，竞争激烈，一般经营欠佳。杂货店8家，资本额共约360万美元，以销售中国大陆、香港、台湾的中式杂货为主，有发展空间。贸易业约10家，资本额共约200万美元，多为小规模经营台湾挪威间，或挪威香港间贸易。旅游业4家，资本额共约220万美元。经营挪威与台湾、香港、中国大陆、越南及其他地区的旅游业务。中医针灸业3家，资本额共2万美元。小规模夜总会2家，资本额约3.5万美元。另个人相命业1家及美容业2家。

（二）工业

仅有食品加工厂5家，为小规模制造豆腐、豆乾，供应中餐馆用料及华侨日常生活需要，资本额约5万美元。

挪威华侨华人人数虽然不多，但能够团结合作，有旅挪华人联谊会及挪威西部华人联谊会等组织。因都是新移民，受语言、教育、技能等限制，发展不易。但其中也不乏创业成功者，在奥斯陆华人区里，中国老板全家进进出出的身影时时可见。例如华商中较著名的佘臻林，1968年毕业于南京大学外文系，1981年他自费留学到挪威，边打工边学习。1987年在挪威南部小城市SKIPTVET，自己一家人办起了餐馆，挪威人力昂贵，最低工资每小时80克郎，所以一般中餐馆不雇人，都是自己家人干。后来佘家迁居奥斯陆，办起朝鲜餐馆。1994年佘把餐馆租出去，办起了德大贸易有限公司，佘任董事长，把中国工艺品进口到挪威，再挖掘被挪威当地人丢弃的却很重要的资源出口到中国。例如，挪威一年要屠宰20万头鹿，挪威人只吃鹿肉，其余的都扔掉，而鹿茸、鹿鞭都是贵重药材，鹿皮还可制革，这些都可出口到中国。

瑞典（Sweden）

国名　瑞典王国（The Kingdom of Sweden）

面积　449964 平方公里

人口　886 万人（1999 年）

首都　斯德哥尔摩（Stockholm）

国内生产总值（1999 年）：约 2300 亿美元

人均国内生产总值（1999 年）：约 26000 美元

货币名称：瑞典克朗

汇率（1999/12/31）：1 美元 = 8.505 瑞典克朗

简　况

瑞典位于北欧斯堪的纳维亚半岛东半部。西邻挪威，东北接芬兰，东临波罗的海，西南濒北海，同丹麦隔海相望，海岸线长 2181 公里。地形狭长，地势自西北向东南倾斜。北部为诺尔兰高原，南部及沿海多为平原及丘陵。湖泊约 10 万个，可通航河流较少。大部分地区属温带针叶林气候，最南部属温带阔叶林气候。受北大西洋暖流影响，平均气温 1 月北部为 -16℃，南部为 -0.7℃；7 月北部为 14.2℃，南部为 17.2℃。首都斯德哥尔摩全年平均气温 6.6℃。

瑞典于公元 1100 年前后开始形成国家。1157 年兼并芬兰。1397 年与丹麦、挪威组成卡尔马联盟，受丹麦统治。1523 年脱离联盟独立。1654～1719 年为强盛时期，领土包括现芬兰、爱沙尼亚、拉脱维亚、立陶宛，以及俄罗斯、波兰和德国的波罗的海沿岸地区。1718 年对俄国、丹麦和波兰作战失败后逐步走向衰落。1805 年参加拿破仑战争，1809 年败于俄国后被迫割让芬兰，1814 年从丹麦取得挪威，并与挪结成瑞挪联盟。1905 年挪独立。瑞在两次世界大战中均守中立。

经　济

瑞典经济发达，在木材、造纸、电力、冶金、机械等领域有一定特长。实行高工资、高税收、高福利政策，公共服务和社会保险较完善。1994 年瑞典的经济发展相对稳健，国内与国外的需求均在增长。

资源　铁矿、森林和水力是瑞典三大资源，已探明铁矿储量 36.5 亿吨，是欧洲最大的铁矿砂出口国。铀储量 25～30 万吨。森林覆盖率为 54%，蓄材 26.4 亿立方米。平均年可供利用的水力资源有 2014 万千瓦时（1760 亿千瓦时），已开发 81%。

工业　工业发达，主要有矿业、机械制造业、林木工业、电力设备、汽车、医疗保健工业、化工等。此外，纸浆、新闻纸及纸制品等，亦为主要外销产品。

农业　耕地面积占国土面积的 8%。主要生产麦类及甜菜，其他农产产量不多。粮食、肉类、蛋和奶制品自给有余，蔬菜水果主要靠进口，农产品自给率达 80% 以上。牧地面积为 50 余万公顷，主要饲养猪及肉牛。畜牧业产值占农业总产值的 80%。

交通运输　有铁路及公路，内河航运居次要地位，总长 640 公里。北欧航空公司为瑞典、丹麦和挪威共有，瑞典占3/7股份。

同我国的关系 1950年5月9日两国建交。

华人经济

1999年，瑞典华侨华人人数约为1.5万人。自中国大陆来的老华侨多为浙江青田人，人数最多；来自越南、柬埔寨、老挝的华裔及香港华人次之，台商居少数。华人在瑞典从事的行业各有不同，最主要的有餐饮业及食品杂货批发业。少部分经营旅游业及其他行业，多为中小企业，但香港华商经营规模较大。

瑞典华人80%经营餐厅，现有230家左右。多属新近开张，颇具规模，占当地餐饮业的20%。厨师多聘自香港、台湾或西欧，其中半数餐馆为越南华人合资经营。菜式有粤菜、湘菜、台湾菜、越南菜等，种类繁多。由于华人刻苦耐劳，服务殷勤，加之瑞典人民喜爱中菜，故一般营业情况尚佳。但近年市场已趋饱和，竞争渐趋激烈。

华人杂货业约10家。资本总额约1000万克朗。因杂货业销售对象以华裔为主，人口不多，市场较小，发展趋势受限。贸易业约12家，资本总额约1200万克朗。该业由于近年瑞典对外贸易发展快，华商居间从事进出口经营，前景颇为看好。此外，当地尚有从事房地产业者1家，资本额约千万克朗。瑞典华人虽不多，但近年发展顺利。

白俄罗斯（Belarus）

国名 白俄罗斯共和国（The Republic of Belarus）

面积 207600平方公里

人口 1027.5万（1999年）

首都 明斯克（Minsk）

国内生产总值（1999年）：约150亿美元

人均国民生产总值（1999年）：约650美元

货币名称：白俄罗斯卢布

汇率（1998年12月31日）：

官方汇率为：1美元＝10.7万白卢布

商业银行汇率为：1美元＝22万白卢布

简 况

白俄罗斯位于东欧平原西部，属内陆国家，东邻俄罗斯，北、西北与拉脱维亚和立陶宛交界，西与波兰毗邻，南与乌克兰接壤。属温和大陆性气候。1月平均气温－9.4℃，7月平均气温16.5℃。

白俄罗斯人是东斯拉夫族的一支。9～11世纪，其大部分领土属于基辅罗斯。12世纪建立了一些封建公国。14世纪起，几次被立陶宛大公国和俄罗斯吞并。1919年1月1日成立了白俄罗斯苏维埃社会主义共和国。1922年加入苏联。1990年7月27日，最高苏维埃通过主权宣言，1991年8月25日宣布独立，12月19日改名为白俄罗斯共和国。全国分6个州和一个直辖市。

经 济

1999年，白俄罗斯继续推动私有化计划，将国有或租赁企业转型为开放式股份公司。

资源 主要矿产资源有钾盐、岩盐、煤炭、石油、磷灰石等。大小河流2万多条，总长9.06万公里。森林覆盖率36%。境内共有3.1万种动物，其中脊椎动物434种。

工业 工业为白俄罗斯经济最重要支柱，占全国生产总额40%以上。有十分发达的汽车、农机、轴承、电子、石化等工业，以及发达的机械制造业、仪器制造业、建筑材料业、木材加工业及轻工业等。生产的各式卡车、金属切割机、手表、小家电等，部分出口至中东、非洲国家。另外钾肥产量高。

农业 农业耕地面积为620万公顷，约占全国土地面积的45%。其主要农作物有马铃薯、草秣、蔬菜和亚麻，境内中央较高的地区亦产小麦、大麦和裸麦。

交通运输 有较发达的铁路、公路交通网，是欧洲交通走廊的组成部分。

同我国的关系 1992年1月20日两国建交。

华人经济

1999年白俄罗斯华侨华人仅200人左右，华人从事的经营活动，以销售成衣和日用品为主。

保加利亚（Buljaria）

国名　保加利亚共和国（The Republic of Buljaria）

面积　110994平方公里

人口　834万人（1999年）

首都　索非亚（Sofia）

国内生产总值（1999年）：约200亿美元

人均国内生产总值（1999年）：约1400美元

货币名称：列弗

汇率（1999/12/31）：1美元=1940列弗

简　况

位于欧洲巴尔干半岛东南部，西邻南斯拉夫和马其顿，南部分别与土耳其、希腊接壤，北邻罗马尼亚，东濒黑海，海岸线长378公里。北部属大陆性气候，南部属地中海式气候。平均气温1月为-2~2℃，7月为23~25℃。

色雷斯人是保最古老的民族。公元前395年并入拜占庭帝国。681年，斯拉夫人和古保加利亚人在多瑙河流域建立斯拉夫保加利亚王国（史称第一保加利亚王国）。1018年再次被拜占庭侵占。1185年建立第二保加利亚王国。1396年被土耳其奥斯曼帝国侵占。1877年俄对土耳其宣战，土战败，保于次年摆脱土耳其的统治。两次世界大战保均为战败国。1944年9月9日成立了以保共产党和农民联盟为主体的祖国阵线政府，并宣布保为人民共和国。1989年保政局发生剧变。1990年11月15日改国名为保加利亚共和国。自1999年1月5日起，保大区由原来的9个改为28个。

经　济

1989年前，保国民收入的90%靠进出口贸易来实现。经过一系列改革，1999年经济政策目标主要仍放在改革经济体制，走向市场化、民营化。

工矿业　保国矿产以能源为主，近年褐煤及铁矿砂产量大增，均创高记录，发电业产量亦保持高水平，制造业主要部门有冶金、机械制造、化工、电机和电子、食品和轻纺等。其中食品工业为保国重要传统工业，水果、蔬菜罐头、葡萄酒及白兰地产品是重要出口产品，主要外销英、美、荷兰、俄罗斯及波兰等国。

农牧业　农地面积为422万公顷，占全国总面积38%，主要生产小麦、大麦、燕麦、玉米、葡萄、甜菜、烟叶等。畜牧业方面主要饲养牛、马、驴，但因原野面积减少，产量减少。

旅游业　旅游业比较发达。旅馆的兴建及住房率都有增长，已发展数个观光胜地。

交通运输业　保国的交通大动脉从土耳其边境起，经Svilengrad、普洛地夫和索非亚，而后进入南斯拉夫，除公路外，亦有欧洲铁路经过。目前保国将其基本建设的优先顺序订为能源开发、交通运输及通讯，主要目标在于与欧洲重要交通管道衔接。

同我国的关系：1949年10月4日两国建交。

华人经济

2000年在保加利亚的华侨华人约5000人左右，以来自浙江、福建和河南三省为最多，而经济实力则以来自香港、北京、上海及台湾的华商最强。

在保国的华人经商形式，一部分为有经济实力的公司。这些公司一般都和中国大陆沿海口岸城市的大公司建立了业务联系，采购到价格合理、质量可靠的商品，在保国推销。此外，还有大量的摊贩形式，这种摊贩形式不是流动的，而是在大城市郊区划定范围，盖好商店房子，允许持有营业执照的华商在其中租赁房屋设摊营业，略似一个大超级市场。摊贩陈列的杂货商品几乎清一色的是中国货。

还有一些华人经营餐馆和旅馆业，特别是中餐馆发展很快，以保国首都索非亚为例，中餐馆从开始一两家，猛增至今天的近70家，而且几乎全是由中国大陆来的移民开的。挂着红灯笼和镶着龙的店面，供应大量的中国特色食品，都是美味佳肴，甚至有炸冰激凌，深受当地人士喜爱。

少数华人还有开设中医诊所及武术馆的。新出现的华人事务所，一般是由一些在巴尔干半岛居住较久，有各种社会联系的华人开办的。他们专为当地华人代办各种事务，诸如代办签证，代购机票、火车票，代租房屋、仓库等，颇受欢迎。

在保国大城市郊区，还有一大批华人种植蔬菜和瓜果。他们把种植的中国白菜、葱蒜、韭菜、豆角、西红柿以及西瓜、黄瓜等批发给当地的菜贩。华人菜农多来自福建、浙江、山东、河北的年轻农民。

捷克（Czech）

国名 捷克共和国（The Czech Republic）

面积 78884平方公里

人口 1041万（1999年）

首都 布拉格（Prague）

国内生产总值（1999年）：约1000亿美元

人均国民生产总值（1999年）：约5000美元

货币名称：捷克克朗

汇率（1999/12/31）：1美元=35.762克朗

简况

捷克是欧洲中部的内陆国家。东靠斯洛伐克，南邻奥地利，西接德国，北毗波兰。境内大部分地区海拔200~750米，多为高地。地处北温带，受海洋气候影响较大，年均气温6.5℃，年均降水量为696毫米。

第一次世界大战后，奥匈帝国瓦解，捷克与斯洛伐克联合，于1918年10月28日成立捷克斯洛伐克共和国。1938年9月，英法在慕尼黑会议上出卖捷国。1939年3月，捷被纳粹德国占领。1945年5月9日，捷在苏军帮助下获得解放。1948年2月，捷共领导人民粉碎了资产阶级的复辟阴谋，并开始执政。1989年反对党执政，1990年改国名为捷克和斯洛伐克联邦共和国。1992年12月31日联邦解体。1993年1月1日起，捷克和斯洛伐克分别成为独立国家。全国共分73个县，下设市、镇。布拉格为直辖市。

经济

资源 褐煤、硬煤和铀矿蕴藏丰富，石油、天然气和铁砂储量甚少，依赖进口。其他矿物资源有锰、铝、锌、萤石、石墨和高岭土等。伏尔塔瓦河上建有多座水电站。

1999年捷的主要政策是发展经济，稳定社会，采取振兴经济包括吸引外资及货币贬值方式，增加其国际竞争力。

工业 主要工业部门有机械、化工、冶金、纺织、电力、食品、制鞋、木材加工和玻璃制造等工业。从业人数为110万人，约占劳动力的近1/3。

农林牧业 农业生产占国内生产总值5.8%，耕地面积稳定在428万公顷，占全国总面积的42.9%。从事农业生产的劳动力逐渐年减少，现有27.5万人，占全国劳动力的5.5%，主要生产麦类及玉米。

森林面积为262.9万公顷，占全国总面积33.3%。种植易于生长之工业用材，年产树积8000公吨。原野面积为89万公顷，主要饲养肉牛、乳牛、猪及绵羊。

同我国的关系 中国于1993年1月1日与捷建立大使级外交关系，同捷联邦签署的条约和协定对捷克共和国继续有效。

华人经济

2000年在捷华侨华人约2万人，大部分为中国大陆移民。来自台湾地区的仅约40余人。

在捷华商主要从事成衣批发，自中国大陆进货再分销给小贩，目前约有300家左右。资本较大的则从事餐馆业，约有30家，另合资经营中国商品零售店约20余家，以租小店方式经营维持生计，所卖商品包括食品、服饰、鞋类等。

捷首都布拉格有欧洲最美城市之称。一批由中国来此的移民，有的是学有专长，梦想在此能有名有利。例如1995年来布拉格的天津翟华，现年35岁，以教授中国武术谋生。几年间招收徒弟200多人，他们来自各个不同的阶层，其中有农民、演员，也有警察。翟华收的徒弟虽多，但实得的收入却很少。每星期教学六天，月收入只有1.2万克朗，不够交房租和水电费，有时还要倒贴徒弟，供食供住，每月开销起码3万克朗。为了维持全家生计，翟华的丈夫每星期要有5天早出晚归，在不同的市集摆摊卖鞋。生意好时，每天可赚1000多港元。离布拉格100公里外的小镇Nymburk，有一个农庄是6年前来自中国山东的44岁的李永华经营的。农庄有4块农田，共22公顷。李永华在这里种菜和果树，将鲜果制成果汁和用韭菜制成韭菜饺等出售。上海籍的55岁的徐国富，6年前举家移民到布拉格，他在这里开班授课，教当地人画中国画和书法，是布拉格唯一的一个中国画班。距布拉格200公里以外，以温泉著名的小镇——查理峪，这里有来自天津的中国画家康伟，以给游客速写谋生，每天要画十七八张。6年过去了，他今天仍需兼卖中国水墨画和剪纸以及十二生肖画，才可以维持生计。康伟的妻子高佩芝本是一位歌唱演员，但到了捷克以后，不但要放弃自己的歌唱事业，还要为生活劳碌奔波。她和康伟除了摆地摊卖些杂货外，又开了一个饺子铺，因饺子极受当地人欢迎，生意较兴隆，由早上7时到中午12时，5个小时可以赚到4000~6000克朗，相当于1000~1300港元。生活稳定了，这对夫妇移民到捷克时的梦想，何时实现？他们自己认为还需挣扎较长的时日。

匈牙利（Hungary）

国名 匈牙利共和国（The Republic of Hungary）

面积 93030平方公里

人口 1008万（1999年）

首都 布达佩斯（Budapest）

国内生产总值（1998年）：448亿美元

人均国内生产总值（1998年）：4432美元

货币名称：福林

汇率（1999/12/31）：1美元=252.52福林

简　况

匈牙利是东欧的内陆国家，东邻罗马尼亚、乌克兰，南接斯洛文尼亚、克罗地亚和南斯拉夫联盟，西与奥地利为邻，北同斯洛伐克接壤。属大陆性温带阔叶林气候。

公元896年，马扎尔游牧部落从乌拉尔山西麓和伏尔加河湾一带移居多瑙河盆地。1000年，圣·伊什特万建立封建国家，成为匈牙利第一位国王。15世纪下半叶，马嘉什国王统治时期是匈历史上最辉煌的时期。1526年土耳其入侵，1541年匈一分为三，分别由土耳其苏丹、哈布斯堡王朝和埃尔代伊大公统治。1699年开始，全境由哈布斯堡王朝统治。1849年4月建立匈牙利共和国，不久，遇到俄—奥联军扼杀。1867年与奥地利一起组成奥匈二元帝国。1919年3月21日建立匈牙利苏维埃共和国。1949年8月20日颁布匈牙利人民共和国宪法。1956年10月爆发匈牙利事件。1989年10月23日，宣布成立匈牙利共和国。全国划分为首都和19个州，有21个州级市，州以下设市、乡。

经　济

匈牙利是具有中等发展水平的工农业国家。1999年，继续在金融业方面采取自由化措施，严格控制通货膨胀（2000年控制膨胀率在10%以下），引入外资，制造就业机会，广泛进行国有企业私有化。至1999年，银行、发电厂、炼油厂和一些重要工厂皆已私有化。

资源 自然资源比较贫乏。主要矿产资源是铝矾土，蕴藏量居欧洲第三位。此外有少量褐煤、石油、天然气、铀、铁、锰等。森林覆盖率为18.1%。

制造业 匈国的制造业在东欧国家中属较先进者，其中工业机械产品已成为匈国出口的主要项目。小汽车、配件、引擎及机械零件等产品，占总出口的15%以上。其他一些适合本国及知识密集型的部门，如电讯器材、仪器、化工、医药等，也有一定程度的发展。

农林渔牧业 农地面积为500万公顷，以种植抗旱作物为主，包括大麦、玉米、甜菜、根茎类作物等。森林面积为175万公顷，每年生产原木500余万立方米。农林渔业职工28.79万，约占全国就业人口总数的7.9%。牧地面积为115万公顷，山羊与鸡的饲养量多。

旅游业 旅游业较发达。旅游收入为匈国主要财源之一，每年超过2000万人次的旅客，使匈国成为世界前十大旅游国。

交通运输 交通比较发达，已形成以首都为中心、通向全国和邻国的铁路和公路网。布达佩斯有两个现代化的机场，可容纳大量的国际航线。

同我国的关系 1949年10月6日两国建交。

华人经济

1989年以前，匈牙利的华侨为数不多。1989年1月1日，中匈两国实行签证互免制度，大批中国移民从中国大陆及欧洲其他国家涌入匈牙利，一度曾达6～7万人之多。后应匈方的要求，中匈恢复了签证制度。同时，匈牙利也开始在国内清理非法居留的移民，加上一部分华人从匈牙利转往周边国家，在匈的华人数量开始下降。当时在匈牙利取得永久居住权的不超过300名，有2000名中国人获得为期一年的居留权，大多数人要经常去更换居留证。目前在匈华人大约有3万人左右，有的资料估计为6万人。

在匈牙利的华人主要居住在首都布达佩斯，少数分散在外地的一些大城市和匈牙利最大的湖泊、世界著名的风景旅游区巴拉顿湖周围。

在匈牙利的华人经济活动以餐馆业和贸易业为最多。在餐馆方面，目前已有80家左右，仅布达佩斯一地就有五六十家。餐馆规模均属中小型，几乎全部系由中国新移民开设经营，尤以各类快餐店到处可见，每家资本额约在5至60万美元之间。因匈牙利经济不景气，因此不少餐馆生意颇受影响。贸易业约500家，也多属中小型企业，资本额在5至50万美元之间，产品以大众消费品为主，如运动鞋，婴儿车、成衣、旅行皮箱及皮包等，企业之间呈竞争之势。此外，尚有旅游业4家，主要从事观光旅游业务，资本额约在5至30美元左右。因布达佩斯系颇富盛名的旅游观光地区，来自东南亚国家的旅客有逐渐增加的趋势，有发展前景。另有杂货业7家进口台湾、中国大陆及奥地利等地的中式食品，行销对象以当地中餐馆及华人为主，由于进口关税提高，经营成本相对增加，资本额约在5至30万美元，发展空间有限。此外，尚有医药业3家，以针灸为主，颇受当地人认可；娱乐业1家，经营夜总会，资本额30万美元，有发展潜力。

首都布达佩斯现今已经成了中国移民在欧洲的中心。他们多数来自浙江、福建等地。在布达佩斯有两个专门出售中国商品的固定市场，即俗称四虎市场和上海市场。几乎有20%的布达佩斯居民喜欢到这里买东西。四虎市场坐落在第八区，是一个由无数小房子、集装箱和塑料棚组成的中国货大市场，它沿着铁路货运站伸展好几公里。小铺子的墙上挂着运动服、童装，内衣，卫生用品等。市场的对面是破旧的老车辆厂旧址，现今成了中国移民的生产车间和货栈，两层集装箱前面堆满了纺织品和运动鞋。在这里还有很多来自中国的小商贩，三五成群兜售中国工艺品，由于比较集中，形成另一类型的“唐人街”。

上海市场则位于第十三区，规模比四虎市场稍小些，但经营条件大体相似。

如今，在匈牙利已有一大批成功的华人企业站稳脚跟，他们经营大商店和房地产。在布达佩斯富人区玫瑰坡上的一些豪宅，也有华人入住。华人的各种社团也应运而生，中文报刊已多达近10种。但华人融入匈牙利社会的路途还将十分漫长。除语言成为生根的障碍外，相当多的人在经济上缺乏长期立足的条件，有些人甚至还在为维持起码的生活水平而奔波。

立陶宛（Lithuania）

国名 立陶宛共和国（The Republic of Lithuania）

面积 65300平方公里

人口 370.13万（1999年）

首都 维尔纽斯（Vilnjus）

国内生产总值（1999年）：约240亿美元

人均国内生产总值（1999年）：3000美元（约10200立特）

货币名称：立特（Litai）

汇率（1999/12/31）：1美元=4.0016立特

简 况

立陶宛位于波罗的海东岸，北界拉脱维亚，东与白俄罗斯毗连，西南与俄罗斯加里宁格勒州和波兰相邻，西濒波罗的海。海岸线长99公里。气候界于海洋性与大陆性之间，多雨雪。1月平均气温-4.9℃，7月平均气温17℃。

立陶宛1918年宣布独立，成立立陶宛共和国。1939年8月，根据莫洛托夫—里宾特洛甫秘密补充议定书，立陶宛被划入苏联势力范围，旋即被苏联占领。苏德战争爆发后被德国占领。1944年，苏联再度占领立陶宛，并成立立陶宛苏维埃社会主义共和国。1990年3月11日，立宣布脱离苏联独立。1991年9月6日，苏联国务委员会承认立陶宛正式独立。同年9月17日加入联合国。立政府于1994年7月19日将全国划分为10个县，下设108个市、44个区。

经 济

1999年，立陶宛继续推行土地、住宅和小企业的私有化，餐厅和其他服务业的民营化采拍卖制。

资源 立陶宛矿产资源比较贫乏，主要有砾石、石英沙、大理石、粘土、石膏、石灰石、泥煤等建筑原料。西部沿海地区近年来发现了少量石油和天然气资源，但储量尚未探明。

工业 工业以食品、木材加工、纺织、化工等为主。工业生产近年在转型期中困难较多，失业率偏高。

农业 农地面积为300万公顷，主要生产小麦、大麦、甜菜、苹果等。

同我国的关系 1991年9月14日两国建交。

华人经济

1999年，立陶宛华侨华人仅40人。华侨华人近年乘立国经济改革，已有人从事中小企业经营，尚处于发展初期，其余则仍以经营传统行业饮食业、杂货业为主。

拉脱维亚（Latvia）

国名 拉脱维亚共和国（The Republic of Latvia）

面积 64600平方公里

人口 239万（1999年）

首都 里加（Riga）

国内生产总值（1998年）：57.26亿美元

人均国民生产总值（1998年）：2319美元

货币名称：拉特（Lat）

汇率（1999/12/31）：1美元=0.5856拉特

简　况

拉脱维亚位于波罗的海东岸。北与爱沙尼亚、南与立陶宛、东与俄罗斯、东南与白俄罗斯毗邻。气候属海洋性向大陆性过渡的中间类型。夏季昼夜平均气温为23～11℃，冬季沿海地区平均气温2～3℃，其他地区-6～-7℃。年降水量500～600毫米。

1918年11月18日成为独立的共和国。1940年6月，苏军进驻，同年7月21日成立拉脱维亚苏维埃社会主义共和国，8月5日被并入苏联。1941～1945年被德国侵占，二战结束后，重新并入苏联。1991年8月22日，拉最高苏维埃宣布拉脱维亚共和国恢复独立。9月17日拉加入联合国。全国分为77个市、26个区、490个村。

经　济

拉国于独立后实施经济改革，内容包括价格和贸易自由、小型私有化和整体经济稳定，并将大部分国营合作农场分割成数单位或转变为股份有限公司，将股份售与工作者。私有化于1998年中期已基本完成。

工矿业 拉国在工业调整上将重点放在具出口潜力的产业，包括木材加工、纸张纸浆制造、食品加工、资讯、电子、机械、金属加工、化学、纺织等。

农林牧业 农地面积170公顷，主要生产小麦、大麦、燕麦、裸麦、甜菜等。森林面积为280万公顷。牧地面积为80万公顷，主要饲养肉牛、乳羊、绵羊及猪。

交通运输 拉国的地理位置优势，使其成为重要的转运服务站，是俄罗斯与西方贸易的重要通道。过去几年中，转口贸易收入以倍数增长，2000年又增加两倍左右。

文茨皮尔斯港是拉国主要海运动脉，占货物营业总额的55%，并为欧洲第十大吞吐量的港口，并且是西伯利亚原油管道至波罗的海的出口，负责俄罗斯原油出口量的12%。另一重要港口为里加港。

同我国的关系 1991年9月12日两国建交。

华人经济

拉脱维亚的华侨华人人数不多。据有关资料统计，1999年为28人，其中1人来自印尼，1人来自马来西亚，其余来自中国大陆。他们经营的行业主要为杂货业、贸易业及餐饮业之类，计有杂货业3家，资本额2万美元。餐馆业4家，资本额5万美元。贸易业5家，资本额10万美元。上述多与当地人合资经营。

马其顿（Macedonia）

国名 马其顿共和国（The Republic of Macedonia）

面积 25713平方公里

人口 202万（1999年）

首都 斯科普里（Skopje）

国内生产总值 约21亿美元（1999年）

人均国民生产总值 约1050美元（1999年）

货币名称 代纳尔（Denar）

汇率（1999年）：1美元=57.346代纳尔

概　述

人文地理概况 马其顿共和国位于中南欧巴尔干半岛的中部。其领土处在北纬40.5°和42.2°、东经20.3°和23.0°之间。领土面积2.5713万平方公里。马其顿南与希腊为邻，北与南斯拉夫接壤，东与保加利亚相连，西与阿尔巴尼亚交界，是连接欧、亚、非三大洲主要干道的十字交叉口。1991年11月20日，马其顿议会宣布脱离南斯拉夫联邦独立。1993年4月8日，马其顿成为联合国第181个成员国。

自然条件 马其顿境内群山环绕，多高原、盆地和谷地，瓦尔达尔河从西北向东南穿过全境，流向爱琴海，全长301公里。瓦尔达尔河两岸土地肥沃，农业较为发达。马其顿是多湖之国，最大的湖是奥赫里德湖，该湖被联合国教科文组织列为人类保护遗产之一。

马其顿属温带大陆性气候，夏季炎热，冬季寒冷，秋季漫长而凉爽，春季短暂而温和。首都斯科普里年平均气温12.4℃，最低-11.2℃，最高37.8℃。年降水量约500毫米。

矿产资源主要有褐煤、铜、铬、镍、锰、铅和锌，并有少量的铁矿和锑矿。黑德林河和黑河水利资源丰富，已建成多座发电站。森林的覆盖率为35%，木材积蓄量为7434万立方米。

经济形势

经济概况 马其顿共和国是前南斯拉夫联邦6个共和国中经济最落后的国家。第二次世界大战结束时，马其顿是一个以农业和手工业为主的经济落后的社会。社会主义时期，经济结构发生了重大变化。工业在社会产值中的份额不断上升。1991年马其顿社会产值为23.24亿美元，人均社会产值1140美元。

马其顿独立后，经济形势一度恶化。1992年国内生产总值减少了14%，失业率持续上升，1995年达到顶点，为经济自立人口的33%。1993年初的通货膨胀率为30%。经济形势的恶化同外部形势变化有直接关系：联合国1992年开始对南斯拉夫实施贸易禁运，使马其顿的产品（特别是农产品）失去了一个非常重要的市场。同时，由于国名问题和人员问题，希腊沿两国的边界线和重要的海上通道——希腊的萨洛尼卡港口，对马其顿实施经济封锁。1995年9月，马其顿和希腊签署了和解议定书之后，希腊取消了对马其顿的经济封锁。

农业和煤炭工业能够满足国民的基本需求。但是，其它燃料、机械、交通工具和制成品必须依赖进口。国内生产总值中各行业的比重是：工业和采矿业占40.5%；贸易占24.7%；农业、林业和渔业占15.2%；建筑业占7.4%；交通运输业占5.8%；服务业占6.4%。前南斯拉夫未解体时，旅游业是马其顿的一个十分重要的经济部门。90年代初期，南斯拉夫内战使得旅游业大受影响。1994年，马其顿的工业开始回升。

为了促进马其顿的经济，政府采取了多项自由市场措施，进行了货币改革，开始了私有化进程。1992年底，85%的企业转为私有制。1992年建立了马其顿国家银行，并以现金券形式发行了自己的货币代纳尔。1993年5月，马其顿发行了其官方货币代纳尔。

1995年就业总数为45.6908万人，其中一半在经济部门，1/3在工矿业部门。1995年底，有21.6万人在寻求就业。统计表明，失业者中一半是非熟练工人或熟练程度很低的工人，19%是有较高熟练程度的工人，6%的人为大学毕业生。

部门经济

工业 马其顿的工业部门包括动力、钢铁有色冶金、金属加工、化学工业、纺织造纸、非金属加工等。共和国动力的自给能力为58%，进口占42%。电力生产的能力为1388兆千瓦/小时，年发电量为62亿千瓦/小时，从事电力生产、输送和分配的职工约8700人。黑色冶金在共和国的原材料生产部门中占有重要地位，在90年代前半期，该部门在整个工业的国内生产总值中的平均比重为5.5%，该部门有4大企业和8500名职工。其设备的生产能力为：年生产能力为120万吨热冷轧板，年产8万吨的铁合金，年产能力为20万吨的有缝钢材，年产1.45万吨的镍铁。黑色冶金的生产主要供出口，产品的10%~15%在本国生产销售。有色冶金以其产量和出口，在国内工业生产结构中占有重要地位。金属加工业有50多个企业，15万职工，产值约占国内生产总值的7%，产品的80%供出口。化学工业中的就业人数、产值及其出口份额分别占工矿业就业人数、产值和出口的10.2%和6.1%和7.8%。该部门对进口依赖较大，几乎70%所需的原材料需要在国际市场上购买。纺织业有130个企业，职工4.5万人，属劳动密集型产业。该部门的产值占国民生产总值的7.4%，占工矿业总产值的15.5%。该部门就业人数占整个经济部门就业人数的13%，占工矿业就业人数的23.9%。该部门因就业人数众多和出口换汇的特点，在国民经济中占重要地位。该部门对进口的依赖性也很大，因为生产所需的基本原料棉花、粗毛、燃料和化学药品、设备和零部件等几乎100%靠进口。皮革加工业的设备和产量远远超过国内市场的需要，而对国外市场需求很大，80%的产品出口德国、意大利、俄罗斯、美国、荷兰等国家。该部门的产值占国民生产总值的3%，在出口总额中占5%~8%。

农业 马其顿共和国是农业国，农业用地约130万公顷（占国土面积的51.88%）。其中可耕地为66.4万公顷，占农业用地总数的51.3%。55.2万公顷土地为种植业和蔬菜用地，2.3万公顷是果园，3.5万公顷是葡萄园，5.4万公顷草场，256公顷温室，62.9万公顷牧场。按所有制结构划分，75%的土地为私人所有，25%为公有部门所有。农业和渔业总产值占国民生产总值的14%~18%。马其顿共和国的气候属大陆性气候，每年日照时间为200~240天，适合各种农作物生长。每年各类农作物种植面积是：谷物25万公顷，经济作物5万公顷，蔬菜5.5万公顷，饲草3.6万公顷。每年收获的农作物数量为：60万吨谷物（其中小麦30万吨，大麦12万吨，玉米10万吨，稻米1万吨），16万吨经济作物（甜菜8万吨，向日葵2.5万吨，土豆8万吨，辣椒15万吨，瓜12万吨），65万吨蔬菜，25万吨葡萄和16万吨水果。迄今为止，马其顿已经建立起农产品储藏和加工厂，能够储藏35～38万吨谷物的粮食；拥有能生产6万吨最终产品和3万吨热加工产品设备的18个水果和蔬菜加工厂；拥有大约3500吨生产能力的干菜厂。

交通运输 马其顿共和国的地理位置，使之能与广阔的地区有交通联系。国家拥有良好的现代化公路、铁路和航空基础设施。国内的交通干线瓦尔达尔河谷与莫拉瓦河谷相连，向北通往潘诺尼亚平原和中西欧，向南通往萨洛尼卡、爱琴海、地中海和中东。

商业和服务业 独立以后，马其顿的商业发生了很大变化，注册的商业企业达5.4万多个，占整个经济企业总数的61%。其中5.3369万个为私有企业，556个为混合所有制企业，375个企业处于所有制改造的进程之中，中小型企业的数量在增加。在商业部门就业的人数为4.2万多，占全国经济部门就业人数的13.6%。

旅游 马其顿共和国的地理和气候有利于发展旅游业。国内有引人入胜的天然湖泊和人工湖泊、高山和牧场，38个温泉构成了8个疗养胜地。

旅游收入在国家的经济和社会发展中占有重要地位，目前旅游外汇占全部外汇收入的10%。全国旅游业职工为9000人，占全国就业总人数的2.5%，旅游业在国民生产总值中的比重也大致如此。

同我国关系： 自2001年6月18日起，实现两国关系正常化。

华人经济

马其顿是一个独立不久的小国，虽然有若干人从马其顿临近国家到马其顿共和国考察过经商环境，但是由于种种原因，真正留下来经商的人数很少。1999年，在马其顿经商的华人不足10人。其中一位来自浙江省的郭氏华商是女姓，是马其顿共和国境内最出名的华人商人。当地报纸和中国的《人民日报》都曾经对她进行过报道。她只身一人在马其顿闯荡，克服了初到马其顿时的诸多困难，商业活动渐入佳境，并同当地居民结下了深厚的国际友谊。她的公司主要经营中国制造的物美价廉的日用商品、服装、鞋帽和若干食品。从1997年开始，她接受马其顿最大的陶瓷工厂的订单，从中国大陆进口陶瓷粗坯。由于马其顿的进口关税依然较高和国家正处于经济转轨时期，居民的购买力有限，公司经营的大宗商品不多。1996年经营额为数百万德国马克，尽管目前的利润率较低，但她不考虑离开马其顿。她相信，随着马其顿经济形势的好转，她的公司在马其顿将有所作为。(晓东)

波兰（Poland）

国名　波兰共和国（The Republie of Poland）

面积　312685平方公里

人口　3866.9（1999年）

首都　华沙（Warsaw）

国内生产总值(1999年):约1500亿美元

人均国内生产总值(1999年):4000美元

货币名称:兹罗提

汇率(1999年3月初):1美元=4兹罗提

简　况

波兰位于欧洲中部，西与德国为邻，南与捷克、斯洛伐克接壤，东与俄罗斯、立陶宛、白俄罗斯、乌克兰有共同边界，北濒波罗的海。边界线全长3582公里，海岸线长528公里。全境属于海洋性向大陆性气候过渡的温带阔叶林气候。1月分平均气温-5～-10℃，7月分为17～19℃。

波兰原为部落王国，曾在18世纪内三度为俄、普、奥瓜分，1918年11月11日恢复独立，结束了123年的亡国史。二战期间，又被法西斯德国侵占。战后40多年由波兰统一工人党（共产党）执政。1989年12月29日，在团结工会执政期间，议会将国名波兰人民共和国改为波兰共和国。现共设16个省、308个县、2489个乡。

经　济

波兰经济在世界各国中处于中等发展水平，近年经济发展快速，增长率名列全欧前茅。近5年经济增长率仅次于爱尔兰，居全欧第二。其主要产业为钢铁业、石化业、造船业。由于投资增加，失业率虽高，但已有下降趋势。

工矿业　波兰煤炭年产量达1亿余公吨，居世界第七位，褐煤产量则仅次于德国及俄罗斯,居世界第三位，此外波兰尚有天然气、原油及金属矿生产。制造业方面，主要有钢铁、石化、造船、汽车制造等。由于欧、美、日、韩等国各大车厂相继投入波兰汽车工业，波兰已成为欧洲第六大汽车产国，仅次于德、意、法、英及西班牙。

农牧业　农业为波兰主要产业之一。农业用地为1845.7万公顷，其中耕地为1405.9万公顷。农民约420万人，占劳动人口27%。产值占GDP7.6%。它主要生产裸麦、燕麦、马铃薯、甜菜。森林面积878万公顷，占全国总面积27.2%，年产原木1500余立方米。牧地面积为400万公顷，猪产量居世界第六，肉牛、乳牛及鸡的饲养也很多。

同我国的关系　1949年10月7日两国建交。

华人经济

据1999年资料统计，波兰华人约在2100人左右，主要来自中国大陆及港澳地区，来自台湾地区者约100人。

目前，在波兰华人经营的厂商约有10多家，包括餐馆业1家，资本额约5万波币；贸易业12家，资本额约58万波币，从事电脑、机械、家电、鞋类、运动器材及不动产等行业；运输业1家，资本额约17万波币，以从事海运运输为主；纺织业1家，资本额约6000万美元，目前正在设厂，主要产品为尼龙6塑胶粒及尼龙6Filament等的生产，预计可占波兰60%市场。台商爱地雅自行车制造厂在kumo市投资360万波币，建厂组装自行车并销往欧洲市场，月产5000辆。

在世界各地均居华人经营行业主力的餐馆业，在波兰因当地对中菜了解不多，或无力消费，故不甚兴旺。但由于波兰经济潜力颇为看好，香港及新加坡等地华商前往投资将愈益增加。

罗马尼亚（Romania）

国名 罗马尼亚（Romania）

面积 237500平方公里

人口 2240万（1999年）

首都 布加勒斯特

国内生产总值：约185亿美元(1999年)

人均国内生产总值：约1390美元(1999年)

货币名称：列伊

汇率（1999/12/31）：1美元=18253列伊

简　况

罗马尼亚位于东南欧巴尔干半岛东北部。北和东北分别与乌克兰和摩尔多瓦为邻，南接保加利亚，西南和西北分别与南斯拉夫联盟共和国及匈牙利接壤，东南临里海。海岸线长245公里。温带大陆性气候。平均气温1月为1～7℃，7月为16～23℃。

罗马尼亚1947年废除王制，成立罗马尼亚人民共和国。1965年改国名为罗马尼亚社会主义共和国。1989年12月22日，齐奥塞斯库政权被推翻，罗马尼亚救国阵线委员会接管国家一切权力，易用名为罗马尼亚。全国划分为1个直辖市和41个县，下设市、镇、乡。

经　济

1989年12月22日后开始改革经济体制，向市场经济过渡。1999年主要经济政策为延续执行企业私有化，以全面向市场经济转轨。

资源 矿藏有石油、燃气、煤、铝土矿、金、银、铁、锰、锑、盐、铀、铅、矿泉水等，原油产量约为每年3000万吨。森林面积为625万公顷，约占全国面积的26%。水力资源蕴藏量565万千瓦，内河和沿海产多种鱼类。

工业 由于经济改革与外资进入，工业生产表现回升，以机械与电子制造业的增长最快，石化工业也在发展。其他重工业如钢铁、电机、船舶制造、飞机亦颇具规模。轻工业方面以纺织及木制家俱为主，后者为罗主要出口项目之一。

农业 罗国农地面积为990万公顷，主要生产小麦、玉米、甜菜、葡萄等。农业就业人口占35%，生产值占国内生产总值20%。牧地面积为480万公顷，主要饲养牛、马及驴。

交通运输 以公路、铁路为主，水运、空运发展很快。铁路总长11376公里，其中3866公里为电气化铁路，货运量1.05亿吨，客运量2.1亿人次。公路总长73160公里，货运量6.5亿吨，客运量3.9亿人次。内河货运量为1414万吨，客运量240万人次。海运货运量为1193万吨。康斯坦察港现已有100多个泊位。罗与38个国家的首都或城市通航，有4个国际机场。空运货运量为2.6万吨，客运量136万人次。

同我国的关系 1949年10月5日两国建立外交关系。

华人经济

2000年罗马尼亚华侨华人约2万人。他们有的来自北京、浙江、福建、河南等地，也有的来自香港、台湾，甚至还有不少是从德国、意大利和西班牙等国转来的华人。他们多经营成衣及贩售日用品，也有搞运输开餐厅及工厂的。据华商反映，1995年和1996年是他们在罗马尼亚生意最兴隆的“黄金”年份，不少华人在此发迹。但近几年生意越来越难做，有些人为此离开了，但来的人并未减少。

“高粱地”对在罗马尼亚的华人来说无人不晓，它是布加勒斯特东部科伦蒂娜大街的谐音，在这条大街的东北尽头，坐落着一个罗马尼亚最大，同时也是中国商品最多的欧罗巴批发市场，几乎所有在罗马尼亚经商的华人，生意都是从这里开始的。在这里中国商品应有尽有，价格低廉。从这里批发出去的商品，到其他地方一转手就能卖高出好几倍的价钱。因此，这里的货物每天都是大进大出，不仅各地的罗商前来批发，连南斯拉夫、保加利亚、摩尔多瓦、乌克兰等周边国家的商人也前来这里采购。“高粱地”自然就成了许多华人的发迹之地。当然最近两年也有的华人因生意难做或因已积累了足够资金离开这里，从事其他经营活动，如有的做向中国出口木材的生意，有的开中餐厅，有的做机器设备、建材等贸易。在他们当中有些人经过八九年的艰苦努力，已购置几幢楼房和拥有几辆轿车。

俄罗斯联邦（Russia）

国名 俄罗斯联邦或俄罗斯（The Russian Federation，The Russia）

面积 1707.54万平方公里。

人口 1.46亿（1999年1月1日）

首都 莫斯科（Moscow）

国内生产总值（1999年）：约4500亿美元

人均国内生产总值（1999年）：约3000美元

货币名称：卢布（Ruble）

汇率：（1999/12/31）：1美元约兑27.5卢布

简　况

位于东欧和北亚。北邻北冰洋，东濒太平洋，西接大西洋。东西最长为9000公里，南北最宽为4000公里。陆地邻国西北面有挪威、芬兰，西面有爱沙尼亚、拉脱维亚、立陶宛、波兰、白俄罗斯，西南面是乌克兰，南面有格鲁吉亚、阿塞拜疆、哈萨克斯坦，东南面有中国、蒙古和朝鲜。东面与日本和美国隔海相望。海岸线长33807公里。大部分地区处于北温带，气候多样，以大陆性气候为主，温差普遍较大。年降水量平均为150～1000毫米。

1917年11月7日（俄历10月25日）十月社会主义革命后，建立了世界上第一个社会主义国家政权——工农兵代表苏维埃。1922年12月30日，与白俄罗斯等15国联合成立苏维埃社会主义共和国联盟。1991年12月26日苏联最高苏维埃共和国院宣布苏联停止存在。至此苏联解体，俄罗斯联邦成为完全独立的国家。俄罗斯联邦现由89个联邦主体组成，即21个共和国，6个边疆区，49个州，2个联邦直辖市，一个自治州和10个民族自治区。

经　济

资源 俄自然资源十分丰富，种类多，储量大，自给程度高。石油探明储量65亿吨。森林覆盖率为国土面积的40%，林材蓄积量807亿立方米。天然气储量占世界第一位，已探明蕴藏量为48亿立方米。此外，水力资源和铁矿石、钾盐、煤炭、黄金等储量也居世界前列。

工业 工业基础雄厚，部门齐全，以机械、钢铁、冶金、石油、天然气、煤炭、森林工业及化工等为主，纺织、食品、木材和木材加工业也较发达。1999年俄罗斯的工业生产增长约8.1%

农业 农业用地约占国土面积的30%，可耕地面积约1.3亿公顷。农牧业并重。它主要农作物有小麦、大麦、燕麦、玉米、水稻和豆类；经济作物以亚麻、向日葵和甜菜为主。畜牧业主要为养牛、羊、猪，牧地面积为8000万公顷，森林面积有8亿公顷，北部森林带为全国木材最大的供应地。

交通运输 各类运输工具俱全，并都起着重要作用。

铁路：1996年统计总长为14.8万公里，用于商业运营的有8.7万公里，复线占42.2%，电气化铁路长3.85万公里。1998年铺设并交付使用的新轨为2409公里。

公路：1998 年统计为 50 多万公里。货运量 2100 亿吨公里，客运量 1708 亿人公里。

水运：1998 年统计，设航标的内河航运线为 7.7 万公里，内河货运量 650 亿吨公里，海运货物量 1460 亿吨公里。港口总数 43 个，共计泊位 280 个，年吞吐能力为 15000 万吨，其中海港总吞吐量为 6000 万吨。

空运：国内航空线达 60 多万公里，国际航线以莫斯科为中心，航班可达 62 个国家，有 20 多个国家的航班定期飞往莫斯科。1998 年航空货运量为 19 亿吨公里，航空客运量为 555 亿人公里。1998 年统计，民用飞机有 8000 架左右，可用于正常航运的有 6000 架。

同我国的关系 1991 年 12 月 27 日，中俄在莫斯科签署《会谈纪要》，正式建立两国国家关系。

华人经济

中国同俄罗斯有着漫长的边界线，这为两国人民的交往提供了有利的地理条件。17 世纪初期，就有中国人抵达沙俄的欧洲部分，从事商业贸易。俄罗斯的远东部分，也很早就有中国人在这里生息繁衍。

据俄罗斯有关资料记载，1870 年乌苏里边疆区的华人超过 31 万，而 1885 年仅在该边疆地区南部华人数量就达到 9500 人，他们主要集中在海参崴。到了夏季，其数量还会猛增 2000～2500 人。1890 年海参威居民调查结果，在 14446 名居民总数中，华人为 4193 人，占 29%。19 世纪末和 20 世纪初，华工被作为廉价劳动力雇用于农业、淘金、铁路和公路建设等领域。随着劳动期限结束，华工大都返回了家乡，但其中一部分却留了下来。他们在城镇郊区，尤其在海参崴周围，从事蔬菜种植业，或小商品零售业。他们不仅在俄罗斯远东地区发展，而且深入到了西伯利亚，甚至乌拉尔。至 1914 年，在俄罗斯境内的华人达 10 万人之众。此一时期华人较富裕者，以经营饭店、洗衣业、皮革业和杂货店为主。但仍以从事体力的劳工占多数。无论经商或劳工，都聚居大城市，如莫斯科、圣彼得堡等。由于第一次世界大战爆发，华人经济事业纷纷陷入困境而倒闭。第一次世界大战期间，数万华工被沙俄招赴欧洲战场。华工参加了 1917 年的许多革命事件和国内战争，为创立和保卫苏维埃政权流血牺牲。在列宁的卫队里，就有 70 多个中国人。

据资料统计，1999 年在俄罗斯的华侨华人约 100 万人，如果把涌入俄罗斯远东地区进行边境贸易活动的商贩包括在内，人数多达 200 万人。20 世纪 80 年代末，90 年代初中国的个体商贩纷纷涌入俄罗斯，把大量的轻纺产品和各类服装、鞋类，以及若干日用品带进俄罗斯市场。仅在莫斯科其人数即达 10 人左右。后来由于中俄两国贸易政策的调整和市场规律的作用，个体华商逐渐减少。目前，莫斯科地区的个体华商大体稳定在 4 万人左右。在长期艰苦的经济活动中，初步形成了今天的华人社会。90 年代初期，莫斯科中华总商会首先宣告成立。不久，莫斯科华人华侨联合会也宣告建立。其后，莫斯科华人妇女联合会也相继成立。华人社团的诞生，是莫斯科华人社会不断发展的重要标志。中文报纸和电台近年在莫斯科陆续问世。如《中俄信息报》（月刊）、《莫斯科晚报》（日报）、《路讯参考》（每周 6 期）等。莫斯科的华侨华人，据调查大多数是 25 岁至 35 岁的年轻人。其中近 1/4 的人有高等学历，35.3%的人有高中或中专学历，只有 22%的人刚初中毕业。

在俄罗斯的华侨华人，大多从事餐饮业和贸易业。有超过 1000 家的合资企业，投资金额总数约 1.1 亿美元。其中 200 家为生产厂商，其他为贸易业，主要分布在边境地区。目前莫斯科有70多家华人开的中餐厅，多数由中国大陆移民经营，台湾藉的有2家。历史最久的私营餐馆是梅花饭店，于1987年开业，由俄籍华人经营。其余较有名气的中餐馆，是维坊饭店、长城饭店、王府饭店、台湾饭店、熊猫餐厅（又称新同乐)、金龙集团（包括几个分店)、长安饭店、颐和园、金荷花、筷子饭店、唐人大酒楼等。中餐馆的收费标准比较高，与西餐厅相比，仍较便宜。吃顿中餐，最低开支也得人均30美元。吃得像样一点，就得人均50美元以上。尽管价位较高，但多数中餐厅的生意仍然红火。华侨华人间有的已承租或购买了宽敞的住房或别墅，并有私家车。但大多数人仍包租集体宿舍或租赁房间。

乌克兰（Ukraine）

国名 乌克兰（Ukraine）
面积 603700平方公里
人口 5965.8万（1999年）
首都 基辅（Kiev）

国内生产总值（1999年）：约390亿美元

人均国内生产总值（1999年）：约600美元

货币名称：格里夫尼亚

汇率（1999/12/31）：1美元＝5.215格里夫尼亚

简　况

乌克兰位于东欧西南部，黑海、亚速海北岸。北邻白俄罗斯，东北接俄罗斯，西连波兰、斯洛伐克，南同匈牙利、罗马尼亚、摩尔多瓦毗邻。地理位置重要，自然条件良好，历史上为兵家必争之地，乌因而饱经战乱。

“乌克兰”一词最早见于《罗斯史记》（1187年）。1237年，蒙古金帐汗国（拔都）西征占领基辅，城市被破坏。1654年，乌克兰哥萨克首领赫梅利尼茨基与俄罗斯沙皇签订《佩列雅罗斯拉夫和约》，自此，乌克兰与俄罗斯正式联合。1922年，苏联成立，乌克兰加入联盟（西部乌克兰1939年加入）。1990年7月16日，乌议会通过《乌克兰国家主权宣言》。1991年8月24日宣布独立。1996年通过新宪法。全乌有24个州，一个自治共和国，两个直辖市，共27个行政区划。

经　济

1999年乌克兰持续推动私有化政策，以加速财产私有化及出售大型且具发展潜力的企业。

资源　拥有72种矿产资源，主要有煤、石油、天然气、铁、锰、镍、汞、钛、石墨、耐火土、矿物化学原料、建筑材料等。铁矿石储量约为194亿吨，锰的储量居世界前列，无烟煤和烟煤储量为390亿吨，褐煤60亿吨。水力资源丰富。森林覆盖率为14.1%。动物种类繁多，有350多种鸟类、约100种哺乳动物和200多种鱼类。

工业　乌国冶金工业极为发达，主要产品为铁、生铁，钢铁、轧钢钢管等，其中部分产品占欧洲甚至世界第一。乌国也是世界主要生产化学产品国家之一，其中以有机化学肥料为主。乌国的造船工业在建造商船方面颇具规模。

农业　乌国农产品丰富，食品加工业发达，素有“欧洲谷仓”之称。农地面积为3400万公顷，所产之小米、向日葵、马铃薯、蔬菜、水果和糖等居欧洲之首。

交通运输　铁路总长2.27万公里，公路总长17.23万公里，内河航运总长为3700公里。

港口吞吐量大，年装卸乾货4000~5000万公吨，油货6000万公吨，主要海港为敖德萨。在空运方面，主要国际空港为鲍里斯波尔机场。

同我国的关系　中乌于1992年1月4日建交。

华人经济

1999年乌国华侨华人人数估计为1000人（不包括流动商贩）。他们在乌国以从事日用品贩卖为主业，尤其是成衣和服饰。在敖德萨有个著名的七里市场，是华人经商聚集的地方，这里有华人的店铺和仓库。在乌克兰中式快餐也极受欢迎，华人石云在首都基辅开的旺旺快餐厅就是最火的一家快餐厅。它地处市中心的黄金地带，客流量非常大。厅内装饰考究，中国文化气息浓厚，就餐环境整洁舒适。乌克兰人喜欢吃酸甜口味，旺旺快餐厅的炒菜里多少都放一些番茄酱。乌克兰人喜欢吃油炸的东西，旺旺快餐厅就把包子蒸熟了，再用油炸一下，使中餐适合当地人的口味，所以高峰时的队伍能排到门外，有的人还是坐出租车从远处慕名而来，车费比饭费还贵。

南斯拉夫（Yugoslavia）

国名 南斯拉夫联盟共和国（The Federal Republic of Yugoslavia）

面积 102173平方公里

人口 1120万（1999年）

首都 贝尔格莱德

国内生产总值（1999年）：约120亿美元

人均国内生产总值（1999年）：约1200美元

货币名称：第纳尔

汇率（1998年）：1马克=6第纳尔

简 况

南斯拉夫位于欧洲巴尔干半岛的中北部，西部与克罗地亚、波斯尼亚和里塞哥维那接壤，北部和东北部同匈牙利和罗马尼亚为邻，东部与保加利亚交界，南邻马其顿和阿尔巴尼亚。西南部分地区濒临亚得里亚海，海岸线长约200公里。气候主要为温带大陆性气候和地中海式气候。

1918年第一次世界大战后，南部斯拉夫一些民族联合成立了塞尔维亚—克罗地区—斯洛文尼亚王国。1929年改称南斯拉夫王国，塞尔维亚和黑山成为其中的一部分。1941年第二次世界大战爆发，德国法西斯入侵并占领南斯拉夫王国。1945年南人民赢得反法西斯战争的胜利，同年11月29日，宣告成立南斯拉夫联邦人民共和国。1963年改称南斯拉夫社会主义联邦共和国。1991~1992年，该国中的斯洛文尼亚、克罗地亚、波斯尼亚和黑塞哥维那、马其顿四个共和国相继宣布独立。1992年4月27日，南斯拉夫议会通过新宪法，宣布塞尔维亚和黑山两共和国联合成立南斯拉夫联盟共和国。南由塞尔维亚和黑山两个共和国组成。塞尔维亚共和国下设29个州，州下设189个区；黑山共和国下设21个区，无州的建制。

经 济

受前南危机和波黑战争以及欧盟空中打击的影响，南经济形势急剧恶化，濒临崩溃。

资源 矿藏有铜、铅、锌、煤等，森林覆盖率28%，水力资源丰富。

工矿业 主要工业部门有冶金、汽车制造、纺织、仪器加工等。1999年工矿业生产处于低潮。矿产以能源矿为主，包括石油、天然气与褐煤，其他则有铁、铜、铅、锌等。

农牧业 农地面积为484.7万公顷，占全国总面积40%；农业人口173.8万，约占总人口的17%。农产品种类繁多，主要为麦类、玉米、马铃薯、蔬菜、烟草等。牧地面积为211.7万公顷，占全国总面积20.7%。饲养肉牛、毛猪、绵羊、山羊、鸡等。

南重视旅游业的发展，但由于前南危机和国际制裁的影响，旅游业十分萧条。旅游设施主要有旅馆、浴场、滑雪场和汽车宿营地等。主要旅游区是亚得里亚海滨和国家公园（占地面积达2363平方公里）等。

交通运输 以铁路为主。铁路总长4069公里，其中电气化铁路1384公里。公路总长50395公里，其中高速公路374公里。空运方面有5个机场，主要机场为贝尔格莱德机场，航线总长为96080公里。

同我国的关系 1992年4月27日南斯拉夫联盟共和国成立之日，中国政府即正式宣布驻南社会主义联邦共和国大使转任该国家大使。

华人经济

南斯拉夫是华人比较少的欧洲国家。据南官方宣布现在合法居留的已达近万人，如果包括正在办理申请居住许可证的在内，则可达4万多人。

大批由中国涌向南斯拉夫的移民，是在北约轰炸南斯拉夫之后。轰炸前有华人1000多人。轰炸后南经济大幅后退，因制裁许多西方国家商品无法进入南国，因此华商纷纷去那里做生意。华人多了，华人社会有了很大的发展。由于华人的努力，塞尔维亚出现了罕见的商业繁荣，到处都是露天市场、购物中心和受欢迎的中国餐馆。首都贝尔格莱德新区的“70号”商城，有相当高的知名度，这里可以称得上是一座“中国城”。很多华人在此做生意，出售各式各样中国商品，从玩具到服装，从学生文具到交通工具如自行车等。一个个中餐馆、中医诊所，接连地在南斯拉夫出现。

在南斯拉夫经商关键是要取得经营许可证，开一家正式商店，而不是在街头摆摊。1999年由浙江到贝尔格莱德的38岁的容姓移民感到很满意，因为他的服装店是合法的。他每周工作6天，卖的是折合10美元一件的睡袍和1.5美元一条的领带。他每月可挣几百美元。而他和妻子、女儿一家三口人在这里的生活费，每月还不到50美元。另一38岁的杨姓移民，夫妇2人在这里成功地经营着大中国餐馆，餐馆门脸是中国式的牌楼。露天市场经营的多是来自中国的小商品如手表、T恤衫等。

旅居南联盟的华人华侨联合会成立于2001年7月10日。

大洋洲

澳大利亚（Australia）

国名 澳大利亚联邦（The Commonwealth of Australia）

面积 7682300平方公里

人口 1904.6万（1999年）

首都 堪培拉（Camberra）

国内生产总值（1999年）：1500.44亿美元

人均国民生产总值（1999年）：约19500美元

货币名称：澳元

汇率（1999/12/31）：1美元=1.5314澳元

简　况

位于南太平洋和印度洋之间，由澳大利亚大陆和塔斯马尼亚等岛屿组成。东濒太平洋的珊瑚海和塔斯曼海，北、西、南三面临印度洋及其边缘海。海岸线长36735公里。北部属热带，大部分属温带。年平均气温北部27℃，南部14℃。

该地原为土著人居住地。1770年英国航海家詹姆斯·库克抵澳，宣布澳为英殖民地。1788年1月26日英首批移民抵澳，后来这一天被定为澳国庆日。1900年7月，英议会通过《澳大利亚联邦宪法》和《不列颠自治领条例》。1901年1月1日，澳各殖民区改为州，组成澳大利亚联邦，成为英自治领。1931年成为英联邦内的独立国家。全国划分为6个州和两个地区。6个州是新南威尔士、维多利亚、昆士兰、南澳大利亚、西澳大利亚、塔斯马尼亚；两个地区是北方领土和首都地区。

经　济

澳是后起的发达资本主义国家。有两项重要特微：一是依赖农、矿产品输出，以赚取大量外汇，二是长期依靠海外资金来发展国内经济。同时也是世界五大矿产资源国和生产国之一。

资源 矿产资源丰富。铝矾土、铁矿砂、镍、锌、锰的储量和产量都在世界前五位。其中可底成本开采的铀63万吨，约占世界储量的40%。

天然森林面积约1.56亿公顷，森林覆盖率为国土面积的20%。渔业资源丰富，海洋和淡水鱼种类超过3000种。

工业 以矿业和制造业为主。多项矿产品产量居世界之冠，包括铝矾土（占全球产量39%）、钻石（38%）、铅（18%）及锆石（46.8%）等。铝及黄金的出口额排名世界第三位。铅矿砂产量则居全球第一位。

制造业主要是装配、建筑、化工等，多为外资控制。制造业产值约占国内生产总值14%雇用人数约占就业人数的13%。

农牧业 农牧业用地4.75亿公顷，占全部国土面积的63.8%，而劳动力仅占全国人口的2.5%。农业产值仅占国内生产总值的4%。主要农作物有小麦、大麦、甘蔗和水果。

旅游业 澳旅游资源丰富。旅游业是澳发展最快的行业之一。旅游收入占国内生产总值的6.6%。

交通运输 国际海、空运输业发达。悉尼是南太平洋主要交通运输枢纽。国内客运以航空为主。货运有赖铁路和公路。平均每2人即拥有汽车一辆。公路网遍及主要人口集中及工矿业产区，公路客货运输便利。

同我国的关系 中澳1972年12月21日建交。

华人经济

澳大利亚华侨华人的人数这几年显著增长，2000年已超过50万人，有着近150年历史的墨尔本唐人街当年是中国侨民的聚居地。经过一段时期的演变，使同一城市中形成更多的大大小小的唐人街。墨尔本的利士门、博士山，史宾威等都是华人新的聚居地。悉尼所在地的新南威尔州有华人25万人。所以除悉尼唐人街外，又有好几个新唐人街拔地而起。卡巴拉玛打市唐人街上，中国牌楼特别醒目，周围商店林立，顾客如织。招牌一律用中、越、英3种文字同时书写。号称"小上海"的艾士菲市唐人街，上海话通行无阻，上海货一应俱全。号称"小台北"的北悉尼"车士活"也有一个中国商店鳞次栉比的唐人街。哈士围市香港移民居多，他们正为该市初具规模的唐人街筹划建造中国牌楼。肯姆希镇的唐人街也正在兴起。华侨华人已成为澳大利亚第二大族裔社群。

(一) 商业

1. 贸易业及杂货业：华人经营贸易业者，包括专营、批发零售业兼营，或新移民从事电脑、五金、文具、海鲜、机器及电子仪器等单项货品交易，以及屠宰厂输出肉类等，已增至5900余家，每家投资额自25万至150万澳元不等，其中台商许景河经营新伯贸易公司，为出口牛肉至台湾的最大出口商之一，年输出量约1万公吨，占澳州输台牛肉总数1/4，资产总额达2000万澳元。另台商潘俊羲到澳州经营潘氏企业公司有10余年，拥有两座屠宰场，输出牛肉至台湾、美国及其他国家。再如台商在澳州设立的东元电机公司、宏碁电脑公司等，组配件多自台湾输往，也都是兼营的大贸易商。

华商经营杂货业增至2100余家，包括大型超级市场，杂货零售商及传统的菜蔬、鲜果、批发零售业等，每家资本额约30万至3亿澳元，以华埠为主要营业范围，从业者多为东南亚华人移民。1992年自台湾来澳的新移民傅显达在布里斯本市拥有16座大型购物商场，个人资产达3.55亿澳元，在澳大利亚最富有的200人中排在第47位。台湾弘扬建筑公司在澳的子公司信谚公司在一年间，先后购入5座大型商场，总资产达2亿澳元。台湾商业移民涉足大型购物商场，可显示该业发展前景极佳。

2. 餐馆业：华人经营餐馆业已增至17000余家，以中餐厅为多，外卖店，小吃店利润微薄，已呈减少趋势，西餐厅渐发展，每家资本额约5万至100万澳元。越南华人李国泰1996年合资经营澳洲最大型餐厅引人瞩目。

3. 房地产及建筑业：华商建筑公司大部分从事小型工地，而买方多为华人新移民。1999年经营房地产业达470家，每家资本额自100万至2100万澳元。华商傅显达已成为澳州地产业增长最快的富商之一，他的裕峰集团成为澳州拥有最大地产的公司之一，投资总值达5.34亿澳元左右。马来西亚华商郭鹤年，拥有跨国性企业集团，投资房地产、酒店等均具规模。香港永安集团投资2.43亿澳元购买墨尔本一商业大厦后，已名列澳洲前50名物业地主，其投资总值达3450万美元。来自新加坡的陈加伟和来自马来西亚的汤马斯·张不仅在悉尼市的黄金地段拥有房地产而且还占有澳大利亚10%的芒果市场。上海移民陈锡恩，房地产业也相当大。

4. 旅馆业及观光娱乐业：华商经营旅

行社，观光纪念品店、汽车旅馆、观光旅馆等约1500余家，每家投资10万至100万澳元。经营戏院、夜总会、酒吧等约690家，每家投资额自10万至160万澳元不等。

5. 医药业：现有中医诊所2000家，每家投资额约20万至2000万澳元。大部分兼营针灸、跌打伤科等，中医医术颇获当地人依赖。

6. 服务业：华商经营服务业约530家，每家资本5万至80万澳元，包括移民顾问公司、律师、会计师事务所，洗衣店、理发店、房地产仲介，驾驶训练班，加油站、车辆及家电维修等。

7. 金融保险业：华商经营金融保险业约300余家，每家投资额15万至2000万澳元，以财务公司与保险代理商为多。

8. 文化事业：华人经营报业10余家，每家资本20万至600万澳元不等，包括华文报的星岛日报澳洲新报、澳洲日报及台湾新移民创设的自立快报等，竞争激烈。

（二）工业

1. 食品制造加工业：华商经营糕饼业、面包业、肉类、鱼类、菜蔬、水果等冷冻、加工业有430余家，每家投资额自40万至140万澳元不等。其中陈绍宏兄弟投资600万澳元设立的豆类加工食品及青豆与玉米加工食品，较具规模。台湾新移民以新机器设备与加工制作技术，从事西点面包业，获利颇佳。来自东南亚华人经营此业较普遍。

2. 纺织及成衣业：华商经营成衣厂约290余家，每家资本25万至230万澳元，以香港及台湾新移民投资者较多。

3. 电机、机械及电子工业：华商经营电机电子业近500家，每家资本30万至160万澳元。台湾东元电机公司早在1983年即在澳洲设立装配厂，不到3年即占澳洲市场首位。台湾宏碁电脑公司于1990年在澳成立澳洲宏碁公司装配个人电脑行销及软件销售与服务，1995年营业总额已逾1亿澳元，员工超过百人。华商经营机械、仪器业400余家，每家资本20万至120万澳元。

此外华商经营化学工业约170余家，每家资本20万至250万澳元，多为进出口化学原料。因澳洲木材丰富，华商木材加工业颇多，台商高登家具生产高级中式家具闻名澳洲。

（三）运输业

华商经营运输业者30余家，以货柜船代理及包装货运公司为主，每家资本额约50万至300万澳元。台商在澳以经营货柜船代理业务为主，东南亚华商则以包装货运公司为主。

（四）农业

近年来澳台商及新移民开展龙虾，虾类及鱼类养殖、东南亚华人移民则种植水果、菜蔬、以及养鸡，外销蛋品等约310余家，每家资本额约20万至100万澳元。

其他尚有华商经营矿业者40余家，每家资本100万至10亿澳元。

澳大利亚华侨华人中专业人士所占比率较高。华人子弟多学有专长，部分应聘在澳担任专业职务，如任会计师、医生、电脑工程师、教师、律师、民意代表及行政首长等很普遍。

澳洲金山
华人历史博物馆

澳大利亚金山华人历史博物馆于2001年4月初在维多利亚省阿拉瑞特市正式开放。从这里人们可以追溯到1855年大批华工移民澳洲的情景。，

阿拉瑞特市距墨尔本约200公里，原是荒芜之地。1854年，这里就有采金的记录，但规模很小。1855年3月，大批华工过境在此露营，有两个华工出去找水时，在河边发现了金砂，接着又淘出了大量高质量的金砂。自此发现了名为广东引道——全球最丰

富含金量的浅窄冲击金矿。由于当地蕴藏大量金矿，阿拉瑞特在儿星期内人口便激增至3万人，其中多数是华人。大批淘金者的涌入，使阿拉瑞特成了澳大利亚唯一由华人建立的市镇。

金山华人历史博物馆耗资320万澳元，是第一个由澳大利亚主流社会兴建的华人历史文物馆，坐落在阿拉瑞特西部公路附近，那里便是当年发现高质量金矿的广东引道遗址。整个博物馆设计糅合了传统的中国江南建筑风格。

阿拉瑞特市是沿着当年的广东引道及其5公里长的隧道遗迹建立的，但今天在这里再也找不到当年定居的华人和他们的后裔。淘金热之后，华人差不多都离开了阿拉瑞特。该市现约有1.3万人口，在黄金淘空后，已慢慢发展成为澳大利亚优质羊毛生产地之一，并以酿制葡萄酒驰名。

华人在南澳经营“中式特区”

一个由澳洲华人负责管理的澳大利亚经济特区——南部经济特区，将重点发展对华贸易和与中国的投资联系。

这个南部经济持区设在澳大利亚人口最多、经济最为发达的新南威尔士州，由库德曼·杨等7个城市组成。它是由中国大陆赴澳华人组织并管理的。南部经济特区管理集团首席执行官方石然即是80年代的赴澳学子。他在经营南部特区之中，借鉴了许多中国经济特区方法，因此不少中国企业家戏称南部特区“有中国特色”。特区实行了许多优惠政策，对从中国招商态度十分积极。目前，已有来自中国大陆、香港、台湾的投资项目50个，投资金额达到6400万澳元。

据介绍，南部经济特区是澳大利亚最主要的小麦和油料作物产区和重要的牧区。这里还盛产全澳出名的樱桃、草莓和葡萄。特区还有一些加工业，如：家具制造、面粉加工、酿酒、屠宰、制革、榨油、飞机修理、采矿、钢铁、机械工程等产业。

斐济（Fiji）

国名 斐济群岛共和国（The Republic of the Fiji lslands）

面积 18272平方公里

人口 80.6万（1999年）

首都 苏瓦（Suva）

国内生产总值（1999年）：约54亿美元

人均国民所得（1999年）：6700美元

货币名称：斐济元

汇率（1999/12/31）：1美元＝1.9657斐元

简况

斐济位于西南太平洋中心，由332个岛屿组成，其中106个有人居位。多为珊瑚礁环绕的火山岛，主要有维提岛和瓦鲁阿岛等。属热带海洋性气候，常受飓风袭击。年平均气温22～30℃。

斐济人世居岛上。19世纪上半叶欧洲人开始移入。1874年沦为英殖民地。1879～1916年，大批印度人作为英国的殖民制糖公司的合同工到此种植甘蔗。1970年10月10日独立，并成为英联邦成员。1987年成立斐济共和国，脱离英联邦。全国共有2个直辖市、4个大行政区和14个县。苏瓦和劳托卡为直辖市。

经济

斐济为一年轻国家，资源比较丰富，经济实力较强。斐济经济来源以观光旅游及黄金开采为主要收入，观光业是其最大的外汇收入来源，其次为蔗糖、香蕉、椰子、树薯等，其中蔗糖是最大的创汇及输出产业。近年来服装加工业也有较快发展。

资源 热带雨林覆盖面积85万公顷，约占全国土地面积的一半，有开采价值的约25万公顷，出产优质硬木和松木。有两个金矿，还有少量铜、银资源，铝矾土、石油资源在勘探中。渔业资源丰富，盛产金枪鱼。

工业 蔗糖为主要产业，砂糖及糖蜜的外销占输出总值1/3，其次为椰油。金矿产业颇为发达，金矿出口为其第四大外汇收入来源。另外尚有服装加工、鱼类产品加工和木材加工等。

农业 可耕地面积85万英亩，主要经济作物为甘蔗、种植占农地总面积28.5%，其次为椰肉、稻米。小麦全靠进口，大米能自给40%。

旅游业 旅游业较发达，是斐最大的外汇收入来源。斐济风光绮丽，具有原始美，每年至少有30万游客，从业人口占15%，旅游业收入占外汇收入25%。

交通运输业 斐济为南太地区交通枢纽，水、陆、空交通较发达。首都苏瓦港是重要的国际海港，可泊万吨轮。楠迪机场可起降波音747等大型客机。陆上交通以公路为主，总长5300公里，其中沥青路面1340公里。

同我国的关系 中斐1975年11月5日建交。

华人经济

据有关资料介绍，早在18世纪斐济就

有中国人前往定居。中国人陆续抵达斐济的时间是在19世纪的70年代，当时祖籍广东在南洋的一些商人漂泊来到斐济的首府莱武卡做小生意，主要是经营海产品。19世纪后期，澳大利亚发现金矿，大批中国劳工前往谋生，辗转到斐济定居。20世纪初，在斐济的中国人约为300人，随后不断增加。据有些老华侨回忆，20世纪中叶，在斐济的中国人曾达到8000人。70年代以前，斐济华侨华人几乎全部为广东人，而且主要来自开平、思平、台山、新会、中山和东莞等市县。70年代以后，随着中斐建交和我国实行改革开放的政策，除广东外，四川、浙江、福建、江苏、辽宁、北京以及台湾都有新移民来此。目前在斐济的华侨华人约5000人，其中台胞100多人，大部分已加入斐济国籍，主要定居在首都苏瓦和劳托卡、南迪以及瑙苏里等地。

斐济华人主要从事商业、餐饮业、工业以及农牧业等。在20世纪30、40年代，华侨华人经济曾出现鼎盛期，他们经营的面包房、杂货店遍布斐济大小岛屿，几乎垄断海产品和香蕉、椰子的出口贸易，当时华人开办的广泰公司、安和祥公司、中兴隆公司和远东公司声誉很高。但自1948年起，英国殖民当局下令禁止华商收购土特产进行贸易，又不准土著人向华商出租店铺，强令华商用英文记帐，使华人商业一蹶不振，而印度商人逐步取而代之。现留斐济发展实业的有名华人是祖籍广东中山的李华业，他开创的LEES（李氏）企业主要经营饼干、面包、冰淇淋等食品。除此之外，老牌的广泰公司、远东公司，以及新崛起的周氏公司都具有一定的经济实力。

现在，斐济的华侨华人主要以新移民为主，大部分是中国改革开放后到斐济的，多数人经营餐馆、日杂百货店、理发店以及蔬菜种植业，还有少数人进行海产品加工、出口贸易，均以个人或家庭经营方式。据不完全统计，1999年斐济有中国餐馆80多家，占斐济餐馆业市场的50%左右。它们主要仍是以传统的中国菜为主，且大部分是以外卖方式来经营。在首都苏瓦市的明宫酒楼、香江楼、四川楼、大班饭店，楠迪镇的筷子餐馆、白云酒家，劳托卡市的长城饭店等中国餐馆在当地皆为人知。华人经营的杂货业约有120家，资本总额约620万斐元，占当地2成左右，其中10余家颇具规模的超级市场，可自行向香港、新加坡、澳大利亚、新西兰及台湾进货。经营贸易业的有12家，资本额为160万斐元，约占当地10%。经营纺织成衣业的12家，资本额为550万斐元，占当地市场60%左右。经营化学制品加工的2家，资本约60万斐元。经营食品加工业的15家，资本约360万斐元，占当地市场30%左右，包括5家西点面包店，冷冻厂2家，汽水饮料厂3家。

斐济华人另一个经营领域是种植业。华人菜农共有100家占当地市场30%，均为家庭式菜农。改革开放之后，从广东东莞去斐济的移民，很大一部分是承租或购买土著人的土地，进行大面积蔬菜种植。现首都苏瓦市的蔬菜市场华人占有率在70%以上，其余为印度人。以前该地的蔬菜，如西红柿、青椒、大白菜、生菜等均从新西兰或澳大利亚进口，现在基本由华人供应。菜农除种植蔬菜外，还种生姜、木薯、芋头等，并远销到美国和加拿大，为斐济创收外汇，为当地经济做出了贡献。华人还带去水果种子和养殖业技术，把香蕉引进到该岛。此外，据说斐济淡水养殖的皖鱼也是华人带去的，有些华人还养殖罗非鱼，开办养猪场等，苏瓦市的猪肉市场基本上由华人供应。在农牧业著名的华人企业是由余焕章兄弟所经营的家庭企业，总资产额800万斐元，经营的畜牧业占当地30%，另外还经营农产品加工、牧场，进出口旅馆等行业。

斐济的华侨和华人大多保持着许多传统

的风俗习惯，老一代华人多关心祖国的发展事业，但新一代华人多接受高等教育，思想已经同当地人结合，许多人已经不会讲汉语。但随着中国大陆的改革开放，当地华侨和华人已有机会到中国大陆参观、旅游，并通过新闻媒体了解中国的变化，逐步开始关心中国的改革和经济的发展，并在当地许多领域得到发展，也有的华人参加了政府工作，如华人议员余汉宏、余其祥等。

法属波利尼西亚
(French Polynesia)

名称 法属波利尼西亚(French Polynesia)

面积 4200平方公里

人口 24万(1999年)

首府 帕皮提(Papeete)

货币名称:太平洋法郎(Franc CFP)

汇率(1997年9月):1美元=107.86太平洋法郎

简 况

位于太平洋的东南部,西与库克群岛隔海相望,西北临莱恩群岛。由社会群岛、土阿莫土群岛、甘比尔群岛、土布艾群岛、马克萨斯群岛等组成,共120个岛屿,位于社会群鸟的塔都提岛最大。属热带雨林气候,11~4月为雨季,年均降水量1625毫米,年均气温20~29℃。

1880年,塔希提岛沦为法国殖民地。到19世纪末,其他岛屿也被法占领。1957年成为法国海外领地,正式命名为法属波利尼西亚,由总督管理,领地议会和政府委员会协助其工作。1977年实行内部自治,但法国仍掌管外交、国防、财政和司法权,政府委员会的权力,尤其是商务方面的权力有所增强。法国委派高级专员取代总督为最高行政首脑,管理政府委员会。1984年9月改政府委员会为部长会议,主席由领地议会选出。

经 济

传统经济以农业为主,工业基础薄弱,旅游业已成为主要经济支柱。

资源 矿藏主要有磷酸盐和钴。渔业资源丰富,盛产金枪鱼和珍珠贝。

工业 为制造观光纪念品、椰子及珍珠加工品外销,与供应当地人民生活所需日用品三大类,均属小型作业,包括木雕、贝壳饰物、日用品、西点面包、饮料、织布、成衣、卷烟、家具、肥皂及家用电器、车辆维修等。

农牧业 农地面积为28000公顷。主要农产品有椰子、蔬菜、水果、咖啡、香草等。饲养的牲畜有肉牛、乳牛、山羊、马、猪、家禽等,马为山区及未通公路地带交通工具。

旅游业 是政府的主要经济部门,主要旅游点为塔希提岛。美国旅客占总数1/3。

交通运输 现有国际机场连同各岛屿小型机场40个,供私人飞机或小型包机起降,国际航线年客运量50余万人次。

华人经济

目前波利尼西亚华侨华人估计约为2万余人,多属客家人,但部分投资华人在原居留地仍有事业,并未长期居留。华人半数以上聚居于首府帕皮提,其余散处在其他岛屿。玻政府已推行吸收投资移民计划,凡投资金额达一定数目，而其投资项目符合该地需求者，投资人及家属均可获得居留权，住满5年可申请入法国籍。

华人在当地经营的事业有大型观光餐厅、娱乐事业，及较具规模的产品加工外销事业；进出口商或批发零售商在当地则居主流地位。经营的事业有：

商业 塔希提现有华人经营商店450余家，供应成衣、布匹、食品、杂货、百货、五金、电器、日用品、药品、西点面包、罐头食品等。另有进出口商约40余家，批发兼营进出口或零售商80余家，在当地居主流地位，多自香港、新加坡及邻近岛屿进货，供应商也多是华商，与太平洋各岛屿华商构成流通网。华人餐馆业包括大型观光餐厅及小型家庭式营业，现增至80余家，以及10数辆餐车供应当地人民便餐。另有娱乐业5家，导游、航空服务、汽车租赁业、银行及航运业若干家。

工业 华人经营椰油及渔产品加工外销事业较具规模，其余多属小型经营，现已增到70余家，从业员工1000余人。建筑商7家，从事建筑及装潢事业，由于当地市场小，一般自建仓库，储存水泥、钢筋、夹板、玻璃、地毯、卫浴器材及各种装潢物料。此外，还有食品加工、饮料、香水、肥皂、成衣、家电用品、铝器、塑胶加工、制菸、家具、木材加工及机械、船舶、车辆等维修厂家数不多。华人刘富权经营事业包括焊铁工厂、进出口业、船务代理等多项部门，为华人事业的新模式。

农渔业 华人从事种植果树、菜蔬、花生及在海边捡拾贝壳、海螺等，加工制造多种纪念品共有16家，销售给观光旅客并外销新加坡、香港、夏威夷等地。

目前华人中有不少是属于第三四代，他们早已落地生根，他们或他们的子弟多往澳大利亚、夏威夷等地留学，学成后或应聘在海外担任专业工作或返塔希提出任政府机关官员、民意代表、专业及学术研究等工作。华人子弟在外国获得居住权后也有接家人前往团聚，这是波里尼西亚华侨华人人口增长率不大的因素之一。

关　岛（Guam）

名称　关岛(Guam),为美国海外属地。

面积　583平方公里

人口　13.5万（1999年，包括军事人员及其家属）

首府　阿加尼亚（Agana）

岛内生产总值（1998年）：10亿美元

人均生产总值（1994年）：11800美元

货币：使用美元

简　况

关岛位于中太平洋西部马里亚纳群岛最南端，在夏威夷以西5300公里处。属热带雨林气候，年均气温26℃，年降雨量2000毫米，常有地震。

1521年，麦哲伦在环球旅行时抵达关岛。1565年被西班牙人占领。欧洲人在此大肆迫害当地土著（密克罗尼西亚人），使土著人口从1521年的10万多人锐减到1742年的5000多人。1898年，美西战争后被割让给美国。1941年被日本占领，1944年被美军夺回后成为主要海空军基地，归美国内政部管辖。关岛居民有美国公民权，但不能在全美选举中投票。目前关岛正与美国政府就关岛获得美国联邦领土地位问题进行谈判，并要求美国军方将军事用地归还民用。1994年，美军将3200英亩土地归还民用，1995年又将位于中央位置的布里菲尔德空军基地交还民用。

经　济

服务业是当地主要产业。岛内收入主要依靠旅游业和美军在该岛的开支。

主要工业有建筑业、轻工、食品加工、炼油业等。

主要农作物有烟草、水果等。

华人经济

1999年关岛华侨华人约6000人，其中来自台湾新移民约4000人。此地华侨华人的经济活动，以经营杂货、餐饮、旅游、娱乐等业为主。

商业　杂货业150家，资本额1500万美元；餐饮业40家，资本额800万美元；旅游业100家，资本额9500万美元；金融保险业5家，资本额1000万美元；医药业10家，资本额100万美元；运输业1家；娱乐业15家，资本额450万美元；家具业10家，资本额1000万美元。

工业　金饰业15家，资本额500万美元；电子、电器业10家，资本额300万美元；电力业1家，资本额1500万美元；纺织业7家，资本额5000万美元；建筑业30家，资本额7500万美元；食品制造业8家，资本额800万美元。

当地知名华商陈守仁经营成衣、运输、渔业、娱乐等行业，总投资金额达1.5亿美元，雇用员工3000人。旅菲华侨JOSEPH CHUA的GODWIND开发公司拥有关岛最大采购中心及其他房地产。华侨黄俊桐在关岛及塞班经营最大文具公司NATIONAL SUPPLY。

马绍尔群岛
（Marshall Islands）

国名　马绍尔群岛共和国（The Republic of the Marshall Islands）

面积　181平方公里

人口　6.5万（1997年）

首都　马朱罗（Majuro）

国内生产总值（1999年）：约9500万美元。

人均国内生产总值（1999年）：约1500美元。

货币：流通美元

简　况

该岛位于中太平洋。由29个环礁岛群和5个小岛共1225个大小岛屿组成。国土共分两部分，分布在东南面的为日出群岛，在西北面的为日落群岛，中间相隔约208公里。绝大多数人口集中在首都和夸贾林岛上。属热带气候，年均气温27℃，年均降雨量为3350毫米，4～10月为雨季，11～3月为旱季。

16世纪初该岛被西方航海者“发现”。1788年英国船长约翰·马绍尔到此勘察，该群岛由此得名。1886年成为德国的保护领地。第一次世界大战初被日本占领，第二次世界大战中成为日本在太平洋作战的基地。1944～1947年美国对其实行军管。1947年7月，联合国将其交给美国托管，后与帕劳共和国、北马里亚纳群岛和密克罗尼西亚联邦构成太平洋岛屿托管地的四个政治实体。1983年6月25日与美国正式签署《自由联系条约》，并于1986年10月21日生效。根据该条约马获得内政、外交自主权，安全防务15年内由美国负责，可参加地区组织，但不能参加联合国。1990年12月22日，联合国安理会召开正式会议，通过了终止部分太平洋托管领土托管协定的决议，正式结束该岛的托管地位。1991年9月17日，马绍尔成为联合国正式会员国。

经　济

马绍尔结束外国占领后，政治上虽然获得独立但经济上并未摆脱对外国的依赖。长期以来，马绍尔经济发展主要靠美、日等国和国际组织的贷款或援助。近年来采取了一些改革措施，包括引进市场机制、开发旅游和渔业资源、吸引外资、政府裁员等，对改善马国经济起到了一定作用。

农林渔牧业　马农渔业人口占劳动人口数21%。主要农产品为椰肉、芋头、面包果、香焦、甜马铃薯、蔬菜等，椰子为重要外销产品，并为椰油、肥皂及饲料工业的主要原料。马海域广阔，渔业资源丰富，年产海参、金枪鱼、黑珍珠、海贝等2万公吨，为国际市场受欢迎的高价位产品。

工矿业　马海底蕴藏锰、磷等贵重金属矿尚未开发，马政府欢迎外国企业投资探勘，制造业人口占劳动人口数9.5%，建筑业则占11%。现有发电设备容量为1.5万瓦，仅使用1/3，现已开始兴建太阳能及风力发电设备，以补充电源。

交通运输 以海运为主。公路：总长152公里。水运方面，来往于澳大利亚和日本的定期远洋客货轮在马绍尔群岛驻停。国内各岛屿之间有航班。空运方面，马绍尔航空公司有定期航班飞往国内许多岛屿和邻近南太岛国。

华人经济

目前，马国华侨与华裔约200人左右，分别居住在首都马朱罗岛等地。华商经营杂货店2家，艺术品店、迪斯科舞厅及中餐馆各1家。

密克罗尼西亚
（Micronesia）

国名 密克罗尼西亚（The Federated States of Micronesia）

面积 705 平方公里

人口 13 万（1999 年）

首都 帕利基尔（Palikir）

国内生产总值（1999 年）：2.158 亿美元

人均国内生产总值（1999）：1800 美元

流通货币为美元

简 况

位于北太平洋，属加罗林群岛，东西延伸 2500 公里。岛屿为火山型和珊瑚礁型，多山地。有 4 个主要大岛：波纳佩、科斯雷、雅浦和特鲁克。属热带气候。4～11 月为雨季，1～3 月为旱季。年均气温 27℃，年降水量约 2000 毫米。

4000 年前就有人居住。16 世纪被西方航海者“发现”。19 世纪中期，英、美、德先后在此设立贸易点，1885 年由西班牙占领。1899 年被西班牙转让给德国。一次大战被日本攻占，二次大战被美国占领。联合国于 1947 年将密交美国托管，后与马绍尔群岛、北马里亚纳群岛和帕劳构成太平洋托管地的 4 个政治实体。1977 年 5 月，卡特政府宣布于 1981 年中止托管协议。1979 年密克罗尼亚联邦成立。1990 年 12 月，联合国召开正式会议，通过了终止部分太平洋托管领土协定决议，`正式结束密克罗尼西压联邦的托管地位并于 1991 年 9 月 17 日接纳其为联合国正式会员国。全岛共分为 4 个州：雅浦特、特鲁克、波纳佩、科斯雷。

经 济

以农渔业为主，拥有最原始自然的天然景观。绝大多数人的经济生活以村落为单位。

工业 工业落后，只有少量加工工业，如渔业产品加工厂、制皂厂、椰油加工厂。建筑和机械修理行业部分由外国人经营。

农渔业 农业落后，出产优质胡椒，出口国外。产椰子、胡椒、芋头、面包果等。粮食依赖进口。

鱼类资源丰富，尤以金枪鱼和鲔鱼著名。农渔业从业人员占总人口的 25%。

旅游业 旅游业是外汇收入的主要来源。

交通运输 境内有机场，可供大型飞机起降。4 个州有简易道路和码头。

同我国的关系 1989 年 9 月 11 日两国建交。

华人经济

1999 年密国华侨华人约 50 人。华人以经营日用杂货贩卖为主，也有部分从事旅游服务业。

瑙鲁(Nauru)

国名　瑙鲁共和国(The Republic of Nauru)

面积　21.3平方公里

人口　10万人(1999年)

首都　不设首都。行政管理中心在亚伦亚(Yaren District)

国内生产总值(1999年):约5000万美元

人均国民生产总值(1999):约5000美元

货币名称:通用澳大利亚元。

简　况

瑙鲁位于中太平洋、赤道以南约60公里处,是一个珊瑚礁岛,全岛长6公里,宽4公里,最高点海拔70米。全岛被磷酸盐所覆盖。属热带雨林气候,气温24~33℃,年平均降水量1500毫米。瑙鲁人世居岛上。1798年英国船"猎手"号首抵瑙鲁。1888年被并入德国马绍尔群岛保护地。20世纪初英国人获准在此开采磷酸盐。1920年国际联盟将瑙鲁划归英国、澳大利亚和新西兰共管,由澳代表三国行使职权。1942~1945年被日本占领。1947年成为联合国托管地,仍由澳、新、英共管。1968年1月31日独立。

经　济

瑙鲁为单一经济。主要依靠开采和出口磷酸盐维持居民的高收入,其人均国内生产总值在南太仍居首位。农产品十分有限,几乎所有食品和饮水都靠进口。渔业资源较丰富,但未能开发。为改善单靠磷矿收入的局面,并为将来磷矿枯竭后准备出路,瑙鲁在国外有大量房地产投资。财政收入主要来自磷酸盐矿的巨额收入和在国外的房地产投资。

工业　每年约200万吨磷酸盐销往澳大利亚、新西兰和日本,但1989年以来产量呈持续下跌势头。

农林渔牧业　主要农作物为根茎类、椰子、香蕉、一般水果及些许蔬菜类等。饲养毛猪及鸡。发展沿海及近海渔业,购置小型渔船。雇用菲律宾人及岛屿人作业,渔获以供内销市场,免予浪费天然资源及节省外汇支付。

交通运输　以海运为主。公路有环岛沥青公路,全长19公里。水运方面,瑙鲁太平洋公司负责主要航运。空运方面,瑙鲁航空公司定期有航班来往于附近国家。

华人经济

20世纪初便有华工受雇来瑙鲁开矿。80年代,磷矿产销盛期,华人人数曾达到六七百人。1999年在瑙鲁华侨及华裔约450余人,其中400人来自中国大陆,祖籍以广东台山县为多,其余来自香港及邻近岛屿,少数受雇于瑙鲁磷矿公司、政府及各企业机构,担任专业工作。

现华人经营小型餐馆约50家,每家平均资本1500美元,供应小吃、面点。其中以蔺茜、星辉、蓝海较大,资本额约10万美元，可供办理宴会。另有经营杂货日用百货的杂货业20家左右，每家平均资本约1万美元，多自中国大陆、香港、台湾及邻近岛屿进货，以价廉物美适应当地人民购买力。另有侨营茶馆、烫洗店及理发店等，仅能维持生活。祖籍广东的姜华移居该地30余年，经营两家日用百货店资产约2万美元，现任该地华人联谊会会长。

新西兰（New Zealand）

国名 新西兰（New Zealand）

面积 270990平方公里。

人口 381.6万（1999年）

首都 惠灵顿（Wellington）

国内生产总值（1998年）：约981亿美元

人均国民生产总值（1998）：约12337美元

货币名称：新西兰元

汇率（1999/12/31）：1美元=1.9217新元

简　况

新西兰位于太平洋西南部。西隔塔斯曼海与澳大利亚相望，相距1600公里。由南岛、北岛及一些小岛组成，南此两岛之间隔库克海峡。全境多山，平原狭小，山地和丘陵占全国面积的75%以上，河流短而湍急，航运不便，但水利资源丰富。南岛的库克峰海拔3754米，为全国最高峰。海岸线长6900公里。属温带海洋性气候。平均气温夏季20℃左右，冬季10℃左右。年平均降水量600~1500毫米。

早在1350年，毛利人就在该地区定居。1642年荷兰航海者在该岛登陆。1769~1777年，英国人库克船长先后5次到该地。此后，英国向新大批移民并宣布占领。1840年，英迫使毛利人族长签订《威坦哲条约》，规定新为英殖民地。1907年英同意独立，新成为英帝国的自治领，政治、经济、外交仍受英国控制。1947年，新获得完全自主。是英联邦成员。

经　济

新西兰是经济发达国家，以农牧业为主。长期以来乳品，肉类和羊毛是主要的出口品，出口值占国民所得25%。

资源　矿藏主要有煤、金、铁矿、天然气，还有银、锰、钨、磷酸盐、石油等。但储量不大。森林资源丰富，森林面积790万公顷，约占全国土地面积的29%。渔产丰富，200海里经济区内捕鱼潜力每年约50万吨。

工业　以农林牧产品加工为主，主要有奶制品、毛毯、食品、皮革、烟草、造纸和木材加工等轻工业。近20年来，陆续建立了一些重工业，如炼钢、炼油、炼铝和农用飞机制造等企业。

农业　农业实现了高度机械化。农地面积约300余万公顷，以种植旱作为主，苹果、奇异果等水果为外销产品，外销农产品，还有：乳制品、木材及木制品、肉类、渔类、羊毛等。粗羊毛出口量居世界第一。粮食不能自给，需从澳大利亚进口。

旅游业　新西兰风景优美，气候宜人，自然生态丰富，号称“世界地理教室”。旅游地点多，为新带来丰富外汇收入。2000年游客可达300万人次。

交通运输　交通运输发达，通讯联络畅通。港口众多，航空、公路和铁路四通八达。进出口货物主要靠海运，但空运在对外贸易中的重要性日增。有机场156个，27家外国航空公司班机飞往新西兰；新西兰的民航客机飞往南太、亚洲、北美和欧洲许多国家和地区。

同我国的关系　1972年12月22日中新两国建交。

华人经济

据史料记载，首批华人矿工是在1866年抵达达尼丁，接着奔赴奥他高的雅鲁镇。矿工们发现该镇的雅鲁河有金矿，于是便在河边聚居，用石头建造简陋的小石屋，形成一个小村落（现在该村故址还有几间小石屋和一块刻在石上的屋村平面图，作为古迹供游客参观）。这批华工是最早到新西兰的老华侨，他们在新西兰的子孙至少也有三代，而有些要达六代之多。20世纪初期原有的金矿被挖尽了，大部分华人转行到低资本和劳动强度高的行业工作如菜园、果园、卖菜、卖生果和开洗衣店。1970年至1980年间，已有大批来自中国大陆和东南亚的华人移民至新西兰。

目前新西兰有华侨和华人共计12万多人，约占新人口总数2.25%，成为继澳大利亚之后大洋洲华侨和华人第二多的国家。新西兰华人祖籍多为广东的新会、恩平、东莞和台山、番禺等地。其中自台湾前往者近3万人。新西兰华人主要居住在首都惠灵顿、奥克兰、奥塔戈及堪特伯雷等城市。

华人最早来到新西兰是伴随着19世纪中叶大规模的淘金热，当时由欧洲殖民者招募大批华工来新西兰开矿生产。最初的华工劳动环境恶劣，生活条件艰苦。后来，华侨多转而经营餐馆业、杂货业和种植业等，凭借吃苦耐劳的创业精神，当地的华人经济逐步开始发展起来。目前，新西兰华人经济结构已经发生了很大变化。新一代华人由于大多受过高等教育，因此在经营传统的餐馆业、加工业、贸易等行业的同时，大多开始转入律师、会计师、公司职员和科技工作者等职业，在诸多行业成绩卓著。值得一提的是，随着我国的改革开放最近几年有不少内地的科技工作者、大学讲师、研究生等移民新西兰，他们或进入当地的公司任职，或进入政府和大学的研究机构，为当地的经济和科教事业做出了许多贡献。80年代以来，来自中国大陆、香港、台湾、马来西亚等地的华侨和华人大量移民新西兰，他们带来了较为雄厚的资本以及先进的科技，极大地促进了当地华人经济的发展，目前新西兰华人活跃于工业、商业、进出口贸易、农业等诸多领域。

（一）商业

华侨经营传统行业果菜批发及零售业约400家，多属家庭营业。曾俊义投资兴建的大型购物中心，是侨营零售业的发展趋向。餐馆业350余家，部分新移民参与投资和经营。由于新国旅游业发达，餐馆业随之发展，估计投资总额已达1亿新元以上。进出口及批发、零售业，约有800家，投资总额约3亿新元。加油站、旅游业、娱乐业、医药业、电器行、家具行、美容院、相片冲印、书局、录像带租售、旗帜礼品、华文报纸杂志、华语电台等增至350家左右，估计投资总额达7000万新元。旅馆业为香港及新加坡华商大企业在新国投资的新兴事业。房地产也是华人跨国企业及新移民主要投资项目。如施庆桂投资房地产及建筑业都较具规模。另新国华裔创办投资顾问公司、创设基金，为海外华人开拓崭新的经营型态。第三代华裔陈少杰已组织新西兰东方企业集团，并创办艾尔法（ALPHA）、“货币”两个基金，投资天然资源产业。

（二）工业

华人经营食品工业及劳力密集型工业颇具历史，现约有50家，投资总额500万新元。成衣及日用品制造业50家，投资总额共800万新元，以渥太华老华侨徐肇开所创设肇开成衣厂较具规模，现有9家分厂，雇用员工约500余人，产品除供应本地所需外亦输出。香港新移民多从事成衣设计、剪裁或外销。此外新移民尚经营电子、塑胶制品、金属制品及车辆、家电维修等。

（三）农渔业

老华侨经营农场，种植及销售菜蔬、水果、花卉，约有500余家，其中5家农场兼饲养牛、羊及鸡等，资本总额350万新元。有的华侨养鹿，将鹿茸、鹿鞭、鹿筋等产品外销，经由香港中药商销售全球。

华人移民来新西兰已有125年历史，虽然没有形成历史性的唐人街来凝聚中国文化，但中国文化却不知不觉地融入了新西兰文化中。中国独有的太极拳、中国武功和针灸医疗等已广泛流传于新西兰。新西兰华侨和华人保持着传统习惯，老一代华侨和华人热爱传统文化，年轻一代华侨多受过高等教育，受西方的思想和意识的影响较大。新西兰华人重视华文事业的发展，先后创办了多所华语学校，不但教授华语，同时负责传播中国传统文化。目前还拥有华语电台。新西兰华人社团有30多个，主要有1992年成立的全国范围的新西兰华侨联合会、新西兰华侨农业会、新西兰华人圣公会暨华侨中心等，各华人社团活动较多，联系紧密。

巴布亚新几内亚
（Papua New Guinea）

国名 巴布亚新几内亚独立国（The Independent State of Papua New Guinea）

面积 462840平方公里

人口 470万（1999年）

首都 莫尔斯比港（Port Moresby）

国内生产总值（1999年）：约115亿美元

人均国内生产总值（1999年）：约1200美元

货币名称：基那（Kina）

汇率（1998年12月底）：1基那＝0.4770美元

简 况

该国位于太平洋西南部。西与印度尼西亚的伊里安查亚省接壤，南隔托雷斯海峡与澳大利亚相望。属美拉尼西亚群岛。全境共有600个岛屿。主要岛屿包括新几内亚岛东半部及新不列颠、新爱尔兰、布什维尔等。海岸线全长8300公里，包括200海里经济专属区在内的水域面积达230万平方公里。海拔1000米以上属山地气候，其余属热带雨林气候。

新几内亚高地早已有人定居。1511年葡萄牙人发现新几内亚岛。18世纪下半叶，荷兰、英国、德国殖民者接踵而至。1906年英属新几内亚交澳大利亚管理，改称澳属巴布亚领地。德属部分在第一次世界大战中被澳军占领，1920年12月17日国际联盟委托澳管理。1949年澳将原英属和德属两部分合并为一个行政单位，称巴布亚新几内亚领地。1973年12月1日实行内部自治，1975年9月16日独立。全国划分为19个省和首都地区。

经 济

巴国虽然矿业及石油业雇用的就业人口仅占就业总数的2%，但出口额则占总出口额的70%以上，为巴国的经济命脉。其余80%以上人口则从事小规模经济作物。巴国虽有丰富的天然资源及外援，但经济概况仍不佳，主要受限于市场小而分散，技术性劳力短缺劳动成本高效率不佳，运输设施落后、公共事业及服务成本高等。

资源 主要矿产为铜，黄金则为副产品，铜矿储量9.44亿吨，还有富金矿、铬、镍、铝矾土、海底天然气和石油等资源。

森林资源丰富，但多为天然热带雨林。林木总积蓄量约29亿立方米，可采储积量为5亿立方米。

工业 巴国制造业产值仅占GDP的8%。主要以资源加工为主，包括：食品加工、电子设备装配、成衣等轻型加工业。

农渔牧业 农业是支柱产业，产值占国内生产总值的40%，可耕地面积占全国土地5%，农业人口占全国人口的87%。主要农作物为水果、根茎类作物、香蕉、椰子等。巴新是南太平洋最大的椰油和椰干生产国，椰干出口仅次于印尼。巴新的捕渔区达

230万平方公里，是南太平洋地区第三大渔区。渔业资源丰富，盛产金枪鱼、对虾和龙虾。金枪鱼占世界储量的20%。

牧地面积仅占全国陆地总面积的0.2%，饲养肉牛、乳牛、山羊、绵羊、马等。马为山区交通工具。

交通运输 巴国由于内陆山脉绵延，内陆交通困难，仅在北部有一总长约25000公里的公路。主要运输方式为航空及海运。有两处国际机场和16个港口。

同我国的关系 1976年10月12日两国建交。

华人经济

目前，巴新华人华裔人口为8000余人。除华人世家外，多为新加坡、马来西亚、香港等地华商及台湾厂商前来推广贸易、洽商投资者，也有少数在当地办理商业登记，获得居留权，成为新移民。其次中国大陆前往探亲依亲的，寻求长期居留参与工商业活动的也渐多。华人有1/3聚居在首都，主要从事木材、超级市场、餐馆及渔产等行业，以广东、福建和上海人居多。

商业 巴新华人初期多从事杂货零售业，渐次发展批发、进出口业，以及房地产投资。华人陈秉达是一个成功的实例。他开设杂货店，经营可可园及椰子园致富，他又前往澳大利亚投资房地产成功，已列澳洲200富豪排行榜。又如司徒协麟在首都经营超级市场，并创设Lingarim Pty公司，经营肉类进口批发，又收购当地生牛皮输出，现已累积资产达3000万基那，并向地产业发展。曾国平是从印尼移居巴新已有20多年，经营30多家超市，员工1300多人，在莫尔斯比港是最大的。近年来自台湾、香港及东南亚的华商多为推广贸易，也有少数在当地投资设立公司或从事生产活动。华人商业已增至500余家，包括贸易业、杂货业等十分广泛，占当地商业重要地位。

新加坡旅游业巨子邱德拔在巴新、澳、新西兰投资观光旅馆，是华商最大企业。其次新移民多投资经营中小型餐馆、电影院、夜总会等，数量增至100余家，投资总额增至4000万基那，构成太平洋华人观光事业的重要环节。

农业 华人拥有大小椰子园达200余座，其资本在10万基那以上，5至10万基那以下的各占1/3，另有少数咖啡园、可可园。此外，还有华人农户种植蔬菜、饲养禽畜等，则属家庭副业。华人农业占华人经济事业较大分量，是巴新华人经济的一大特色。

工业及运输业 华人经营伐木、锯木、造船、木材加工业、家具工业等，有较长历史，并从事农畜渔产品加工，食品加工及塑胶加工等事业，现已增至20余家。华人经营的海陆运输业者有3家，从事本岛（沿岛海运）及与邻近岛屿客货运输，并应市场需求，添购运输工具，扩大经营规模。华人刘德仁，在摩尔斯贝港从事汽车修理业，资本额有300万基那，具有30%的市场占有率。

由于华人对当地的突出贡献，巴布亚新几内亚历史上共有4位华裔人士被授勋为爵士。司徒协麟爵士就是其中一位。司徒家族100年前，从广东开平移居巴新，已繁衍至第五代。现年68岁的司徒协麟就出生在巴新。经百年奋斗，司徒家族建立了庞大的事业。最初以小卖部维生，1965年开始办超级市场，继而经营商场、肉类加工。1981年与另一家族合办KWTLA保险公司，现已成为巴新最大的人寿保险公司。KWTLA是当地一种木质坚硬的树，寓意公司基础永固。目前司徒家族是巴新最大的房地产商、第二大肉类进口商，最大的鸡肉分销商，还拥有不少货轮，实力雄厚。

在巴新，另一位华人爵士周新权一家的创业史，可以算是巴新华人史的缩影。19

世纪末，德国行政机构管理新几内亚，那时的土著居民还生活在原始森林，存在落后的生活方式。德国人在澳门设点招募劳工。当时的中国极度贫穷落后，闽粤大量青壮劳力离乡背井到海外谋生。不少广东开平人就这样来到新几内亚，做佣人或建筑工，其中50%以上死于黄热病或疟疾，有的3年合约满后回国，留下来的获得一点贫瘠的土地。他们就以种植起步，扎根异邦。100年前，周新权的先辈经人介绍到了新几内亚，在德国人的店里当杂工、做厨师、后又开荒种植大片椰子树和其他经济作物，做生意、办实业。至今，周家宗枝叶茂，家族达100多人，且各人事业有成，如周新权便拥有颇具规模的饼干厂等多家企业。

这些华人世家虽历经百年，但他们仍执著地代代相传保留着本民族的生活方式和风俗习惯。现在，一些新移民又相继来到巴新，在前人洒下汗水的土地上勤奋创业。

帕　劳（Palau）

国名　帕劳共和国（The Republic of Palau）

面积　464平方公里

人口　18000人（1999年）

首都　科罗尔（Koror）

国内生产总值（1999年）：约2亿美元

人均国内生产总值（1999年）：约9000美元

币制：使用美元

简　况

帕劳位于西太平洋，关岛以南700英里处，属加罗林岛，是太平洋进入东南亚的门户之一。由200多个火山型和珊瑚岛屿组成，分布在南北长640公里的海面上，其中只有16个岛有常住居民。属热带气候，年均温度27℃。

4000年前帕劳就有人居住。1710年被西班牙探险家发现。1885年被西班牙占领，1898年被西班牙卖给德国。一次大战中被日本占领，二次大战期间被美国攻占。1947年，联合国将其交美国托管，与马绍尔群岛、北马里亚纳群岛和密克罗尼西亚联邦构成太平洋岛屿托管地的四个政治实体。1969年，帕劳开始就未来政治地位同美国谈判。并于1982年8月与美签订《自由联系条约》。据该条约，帕劳于1994年10月1日结束其托管地位，成为独立的主权国家，但与美国仍保持特殊关系。同年12月，帕劳加入联合国。

经　济

帕劳政府正积极发展农业，但产量仍不能自足，还需由国外输入。帕政府同时加强开发天然资源发展观光事业及渔业，已推行5年经济发展计划。以优惠政策吸引外国企业前往加工出口区设厂，特别欢迎兴建观光旅行社及相关休闲设施。

农渔工业　主要农产品有小麦、米、甘蔗、椰子、可可、鸡蛋、水果、蔬菜、猪肉、槟榔果等。盛产金枪鱼，年捕鱼量为6~7万吨。工业以食品加工业和电子工业为主。

旅游业　旅游业是其外汇收入来源之一。

交通运输　境内有机场、港口和卫星通讯系统。日本航空公司、密克罗尼西亚航空公司和美国大陆航空公司有往返科罗尔的航班。全国有公路64公里，无公共交通设施。

华人经济

目前帕劳华侨华人500余人，其中一王姓家族华裔约20余人，系二次大战前自山东到达柯罗岛、皮里梳岛等地。二次世界大战后自台湾地区前往者约有百余人，从事杂货零售业及农业、养殖渔业等。

华侨投资渔业约1500万美元。目前当地最大的饭店是由台商投资经营的太平洋帕劳休闲饭店，及另一家由台商经营的为凯堤大酒店。

所罗门群岛
（Solomon Islands）

国名　所罗门群岛（The Solomon Islands）

面积　28900平方公里

人口　43万（1999年）

首都　霍尼亚拉（Honiara）

国内生产总值（1999年）：1150百万美元

人均国内生产总值（1999年）：2600美元

货币名称：所罗门群岛元（简称所元）

汇率（1999年12月）：1美元=5.0582所元

简　况

所罗门群岛位于太平洋西南部，属美拉尼西亚群岛，共900多个岛屿。最大的瓜达尔卡纳尔岛面积6475平方公里。境内多火山、河流。属热带雨林气候，终年炎热，无旱季。年平均降水量为3000~3500毫米。

早在3000年前已有人在此居住。1568年被西班牙人发现并命名。后荷兰、德国、英国等殖民者相继到此。1885年北所罗门成为德国保护地，同年转归英国（布卡和布干维尔岛除外）。1893年成立英属所罗门群岛保护地。二次大战期间一度被日本占领。1976年1月2日实行内部自治。1978年7月7日独立，为英联邦成员国。全国分为7个省和1个市。

经　济

1999年所国继续推动私有中小企业发展，并促进外人投资。

资源　有铝土、镍、铜、金、磷酸盐等矿藏。水力资源丰富。森林覆盖面积占陆地总面积的90%，约263万公顷。林木总储量1.27亿立方米，商品材蓄积量4810万立方米。近年来，林业发展迅速，已成为所国的主要经济支柱。

工业　有渔业产品、家具、塑料、服装、木船、香料、食品和饮料等小工厂和采矿业。以建筑业较具规模。工业仅占国内生产总值的5%。

农业　粮食自给自足，农地为6万公顷，占全国总面积2%，农业就业人口8100人，占就业人口总数的27.4%，生产椰子、可可及棕油均为外销产品，根类及茎类作物则为人民之主食，农业生产值占国内生产总值48.4%。

渔业　是该国主要出口创汇产业。盛产金枪鱼，是世界上渔业资源最丰富的国家之一。金枪鱼年捕量约为8万吨。鱼类产品为第三大出口商品。

旅游业　该国沿海地势较平坦，海水清澈透明，能见度极好，被视为世界上最好的潜水区之一，开发旅游潜力大。

交通运输　全岛有1900公里公路干线，其中首都地区柏油路面公路100公里。空运除霍尼亚拉国际机场外，还有27个小飞机场。有班机飞往澳大利亚、新西兰和巴布亚新几内亚，航空客运每年约2万余人次。有定期海上运输货轮往澳大利亚等国和地区，霍尼亚拉是主要港口。

华人经济

目前，所国华侨华人共约1230人，其中华侨及华裔人口约750人，半数为当地出生的华裔，其余则来自香港、马来西亚、印尼及中国大陆、台湾等地。已入所国籍的华人约500人。华商从事的杂货零售、餐馆及娱乐等业占当地半数以上，是所国重要经济支柱。

杂货及贸易业 华侨经营杂货业60家，包括超级市场等是主要经营行业，每家平均资本额约35万所币。较具规模的也兼营几项产品进出口及批发业务。华侨专营贸易业5家，每家资本额约60万所币，占有率25%，主要业务为进口贸易。

餐馆业 华侨经营餐馆业10家，每家平均资本25万所币，占当地70%。

旅游及娱乐业 华商经营观光旅馆等旅游业5家，每家平均资本320万所币，占市场60%。经营娱乐业4家，每家平均资本70万所币，占市场60%，近年新开设赌场、舞厅，生意兴旺。

医药业 华侨经营的专业妇产科有1家，资本额15万所币，拥有基本客户。

运输业 华侨经营运输业1家，资本额380万所币，占当地15%，兼营国内客货航运。

食品制造业 华侨经营食品制造业3家，每家平均资本60万所币，占当地30%，尤以冷饮冰淇淋等冰品最佳。

建筑及房地产业 建筑业2家，每家平均资本200万所币，占当地40%。华侨较有实力的多投资房地产业，首都霍尼亚拉房地产大半为华商所有，商业大楼更占有50%。

农渔业 华侨经营农渔业13家，每家平均资本700万所币，占当地60%。伐木业则多由来自马来西亚，印尼及新加坡的华商经营。

现任中华总会会长的杰出华商王家兴，原籍福建省厦门市，已拥有当地公民权，经营汽车进口代理，租赁及零售，并拥有餐旅馆及房地产，资产总值达1000万所币，约占华侨资产总值5%。

萨摩亚（Samoa）

国名 萨摩亚独立国（The Independent State of Samoa）

面积 2934 平方公里

人口 22 万（1999 年）

首都 阿皮亚（Apia）

国内生产总值（1999 年）：约 5 亿美元

人均国内生产总值（1999 年）：约 2000 美元

货币名称：塔拉

汇率（1999/12/31）：1 美元 = 3.0257 塔拉

简　况

位于太平洋南部，萨摩亚群岛西部，由萨瓦伊和乌波卢两个主岛及 7 个小岛组成。境内大部分地区为丛林覆盖，属热带雨林气候。

3000 年前已有萨摩亚人在此定居。约 1000 年前被汤加王国征服。1250 年马列托亚家族赶走汤加入侵者，成为独立王国。1722 年荷兰人“发现”萨摩亚。19 世纪中叶，英、美、德国相继侵入。1899 年，根据英、美、德国签订条约，萨摩亚沦为德国殖民地，东萨摩亚由美国统治。一次大战爆发后，新西兰对德宣战，占领萨摩亚。1920 年，国际联盟把萨交新西兰管理。二次大战后，联合国将萨交新西兰托管。1954 年萨开始实行内部自治，1962 年 1 月 1 日宣布独立。1997 年 7 月，经议会批准、元首鉴署，将国名由西萨摩亚独立国改为萨摩亚独立国。

经　济

以农业为主，资源少，市场小，经济发展缓慢，近年致力于发展劳力密集产业，创造就业机会，并开拓外销市场。

农业 农业是萨摩亚最重要的国民经济生产部门，农地面积为 12.2 万公顷占全国总面积 43%。全国 80% 的劳动人口从事农业生产，主要以种植热带经济作物为主，其中以椰树、可可、香蕉和芋头等种植比较普遍。椰子是萨摩亚重要的出口产品。可可是萨摩亚位居第二的主要出口作物，香蕉的栽培历史悠久，主要同可可混合种植。芋头是萨摩亚重要的粮食作物。

工业 萨摩亚工业基础落后，民族工业主要集中在生活必需品的生产。该国的制造业主要以农产品的加工为主，如加工椰干、可可等产品，主要面向出口。当地还有啤酒、香烟、软饮料、染料、服装和少量的日用化工产品的生产。近年来，萨摩亚的啤酒、油漆、制衣等行业产量逐年上升。

萨摩亚拥有自己的能源工业，全国拥有 15 个小型电站，国营电力联合公司经营全国的能源供应业务。萨摩亚每年进口大量石油，为了减少对进口能源的依赖，政府正积极寻求其他能源替代品，如开发当地丰富的椰油资源等。

旅游业 萨摩亚自然环境优美，旅游事业发达，其收入占国民经济的比重逐年增加。政府重视旅游业的发展，在积极开发新的旅游资源的同时，兴建了大量的现代化的旅游服务设施，如宾馆、饭店等。

交通运输　全国公路总长2042公里，其中柏油路260多公里。阿皮亚港为萨主要对外港口，可泊5.5万吨级轮船。法莱奥诺机场为萨唯一国际机场，可起降波音747飞机。

同我国的关系　1975年11月6日两国建交。

华人经济

目前，萨摩亚共有华侨和华人1万多人。萨摩亚华侨的历史源于20世纪初，当时德国殖民者大批招收华工转道香港去萨摩亚种植椰子和可可，当时华工处境困难，创业非常艰辛。后来，随着萨摩亚的独立，华人经济逐步发展起来，已经同当地经济有机的结合起来。

萨摩亚的华人主要居住在首都阿皮亚，也有少量定居在其他的岛屿上。最初当地的华人经济仅限于种植园业，主要以种植香蕉、椰子和可可等热带经济作物为主，同时种植粮食作物，产业布局分散，规模发展有限。后来，华人开始转入经营商业和饮食业，华人经济开始迅速发展起来。目前，萨摩亚华人主要从事商业、餐饮业、进出口贸易和服装加工业等，也有不少人从事农业生产。在商业、饭馆和进出口贸易等方面，随着香港、台湾和新加坡等地的华商在当地投资规模的不断增大，当地华人逐渐发展成占主导地位，同时，经过几十年的艰苦奋斗，萨摩亚也涌现了一批华人富商。其中，1970年代初期台中县东势镇的张秋木，随船前往，当时仅有200美元，在此经营食品罐头交换椰子粉业务，现已开设鞋厂、农场、百货公司各1家，是华人经营规模最大者。

萨摩亚新老华人有着较大的差异，老一代华侨、华人大都保持传统的中华民族的文化和风俗特色，但年轻一代华人大多受过高等教育，思维方式和生活习惯已经和当地人融为一体。新一代华人在经营商业、贸易等行业的同时，亦有一部分进入当地政府机关任职，同时，萨摩亚议会中还有3名华人议员。萨摩亚的华人团体是萨摩亚华人公会。

邻近的美属萨摩亚现有华人经营的工商业33家，以杂货零售批发业（包括2家超级市场）及贸易业17家为主。其中李天立所属商号3家，资本70万美元，潘隆俊所属德法公司资本25万美元，都规模较大，连同其他华商，资本总额327万美元。餐馆业8家，资本45万美元。渔船补给代理商3家，资本300万美元。药业1家，资本16万美元。渔船修理2家，资本16万美元。机械、仪器及电子、电器修理厂各1家，资本共18万美元。此外尚有华侨农户9家，资本共约18万美元。

汤加（Tonga）

国名 汤加王国（The Kingdom of Tonga）
面积 747平方公里
人口 10.98万（1999年）
首都 努库阿洛法（Nuku Alofa）

国内生产总值（1999年）：约2.5亿美元

人均国内生产总值（1999年）：2200美元

货币名称：潘加

汇率（1999/12/31）：1美元=1.6069潘加

简　况

位于南太平洋西部、国际日期变更线西侧，西邻斐济。由汤加塔布、哈派、瓦瓦乌三个群岛组成，共172个岛屿（其中36个有人居住），无河流，属热带雨林气候。

3000多年前已有人在此定居。约从950年起至今经历四个王朝，1845年乔治·图普一世建立了陶法阿豪王朝。17、18世纪，荷兰、英国、西班牙等先后入侵。19世纪基督教传入。1900年成为英国保护国。1970年6月4日独立，并成为英联邦成员国。

经　济

以农业为主，主要出口南瓜、椰果和香草。粮食不能自给。工业不发达，严重依赖外援。政府采取措施刺激国内消费，鼓励私人投资以发展交通、能源、旅游等方面的建设。近年来，地方制造业、渔业、服务行业和旅游业有所发展。

工业　1975年设工业区。政府强调建立小型工业并向产品多样化方向发展。汤主要工业产品为小型挖土机、服装、家具、工艺品、运动用品、酒类及椰油。

农渔业　农地面积为4万余公顷。主要外销农产品为南瓜、椰子及香蕉。生产之农作物包括椰子、根茎类作物，香蕉、花生、水果、蔬菜等。渔业资源丰富，现有渔民1,700人，小渔船及舢板750艘，渔产量虽不多，却为仅次于南瓜为第二大输出物品。

旅游服务业　近年发展旅游事业，是政府收入的重要来源之一。汤加的另售业为主要服务业，其销售额占GDP42%。

同我国的关系　1998年11月2日中汤建立外交关系。

华人经济

目前汤加王国华侨华人150人左右。侨营事业多为小型投资。

杂货及贸易业：华侨经营杂货业8家，每家资本约1万至5万美元，占当地5%。另有专营贸易商3家，每家资本额约10万美元，凭接单进货，未能主动开拓市场。

餐馆业：华侨经营餐馆现仅有7家，每家资本约3至10万美元，计为莉园、广东、东华、君子、翡翠等中国餐馆，多兼营外卖，同业竞争激烈，利润微薄。莉园雇用来自中国大陆的专业厨师，经营情况尚可。

旅游及娱乐业：华侨经营的旅馆有3家，每家资本约10万美元，因观光旅客有限，获利不大。华商经营的夜总会有2家，每家资本在10万至50万美元之间。其中Lily's Nite Club设备新颖，营业兴旺。汤加虽共有10家夜总会，但多设备陈旧，故华商新夜总会占有较大市场。

华商申请筹建中的汤加假日旅馆内赌场执照，将为华商经营综合观光休闲业创立新模式。

银行业：马来西亚华商马婆集团领导者与当地合作投资100万美元，创设MBF Bank Tonga分行，服务网遍及机场、港口及离岛，在汤加五家银行中，业务占1/3。

其他事业：陈姓华侨经营制造冰棒、冰凉饮料等产销，经营情况良好。华侨从事采收海参烘干加工外销的已增至4家，每家资本额在10万美元以上，由于香港、东南亚及美国市场需求量大，收购者利润可观。

图瓦卢（Tuvalu）

国名 图瓦卢（Tuvalu）

面积 陆地面积 26 平方公里，水域面积约 130 万平方公里

人口 10000 人（1999 年）

首都 富纳富提（Funafuti）

国内生产总值（1998 年）：1200 万美元

人均国民收入（1999 年）：1300 美元

货币名称：图瓦卢硬币，通用澳大利亚货币

汇率（1999/12/31）：1 美元 = 1.5314 澳币

简 况

位于太平洋南部，在国际日期变更线西侧。由 9 个环形小珊瑚岛群组成，其中 8 个有人居住，群岛垂直高度不超过海平面 5 米，富纳富提为主岛。海岸线长 15 英里。无河流。属热带海洋性气候。年平均气温 29℃。年平均降水量 3000 毫米。

图瓦卢人世居岛上。1892 年英宣布图瓦卢和附近的吉尔伯特为英保护地。1916 年被划入英属吉尔伯特和埃利斯群岛殖民地。1975 年 10 月在法律上同吉尔伯特分离，改用旧名图瓦卢（意为八岛之群）。1978 年 6 月实行自治，10 月 1 日独立。

经 济

资源匮乏，土地贫瘠，农业落后，几乎无工业。家族是生产和生活的最基本单位。集体劳动，主要从事捕鱼和种植椰子、香蕉、芋头，所获物品在家族内平分。买卖主要是以物易物。外汇收入主要靠外援、邮票和椰干出口、收取外国在图海域的捕鱼费和在瑙鲁磷矿工作的侨民汇款。

农渔业 农业主要有椰子、香蕉、芋头、家禽、猪等。渔业资源丰富，但无开发能力。图与日本、韩国和中国台湾签有渔业协定，每年可获捕鱼费 30 万澳元。

交通运输 以水运为主。首都富纳富提有深水港。图瓦卢有通往斐济等的不定期班轮。马绍尔航空公司每周有一班机自塔拉瓦飞往富纳富提，每周有 3 架次自苏瓦飞富纳富提的航班。境内有沙面公路 4.9 公里。

华人经济

图瓦卢的华侨华人 1999 年为 7 人，主要经营小型商业，仅有六七家。华商 William Yuan 夫妇经营杂货兼小型餐馆及录像带出租店，由于勤奋，生意颇佳，其父母则系 30 年前由中国大陆移民至此。来自香港的冯姓华商（Julia Fong）经营小型超市，生意也较稳定。

瓦努阿图（Vanuatu）

国名 瓦努阿图共和国（The Republic of Vanuatu）

面积 14760平方公里

人口 19万人（1999年）

首都 维拉港（Vila）

国内生产总值(1999年)：约2亿美元

人均国内生产总值(1999年)：1300美元

货币名称：瓦图（Vatu）

汇率（1999/12/31）：1美元=129.07瓦图

简　况

瓦国位于太平洋西南部。属美拉尼西亚群岛，由约80个岛屿（其中68个有人居住）组成。最大的桑托岛（又称圣埃斯皮里图岛）、面积有3947平方公里。属热带海洋性气候。首都维拉港平均气温25.3℃。

数千年前瓦努阿图人即在此生息。1606年被西班牙探险家“发现”。1768年法国人列此。1774年英国库克船长到此并将该地命名为新赫布里底。1906年10月，英、法签署了共管公约，该地沦为英法共管殖民地。1963年土著人成立了第一个政党一乡村党，要求收回土地和实现独立。1978年1月实行内部自治，1980年7月30日独立。瓦全国分为6省2市，2市是维拉港和卢甘维尔市。

经　济

因受亚洲金融危机影响，1998、1999年金融发展受阻，加上其生产的农产品出口不振，国民生产有减弱迹象。

工业 由于瓦物价和人工成本高，工业产品缺乏出口竞争力，因此外商投资的工业产品主要是替代进口，在瓦本国销售。瓦国只有椰子加工、食品、木材加工、屠宰、肥皂等小工厂。近几年因外销而扩大规模。

农业 农业对瓦国经济的重要性超过其他太平洋岛国，瓦41%国土为肥沃的可耕地，气候和地形适宜农业和牧草开发，但开发的耕地只有18%。农渔林业占国民生产总值22.8%。农村人口占全国人口的80%。农业产品出口额占出口总额的70%。主要农作物有椰干、为外销产品，其他还有花生、可可、咖啡、芋头、木薯、红薯、香蕉等。森林覆盖率为36%，年产原木10000余立方米。瓦国海洋经济面积84.8万平方公里，盛产金枪鱼等鱼类。瓦国商业性渔业规模很小。

交通运输 以水运为主。有定期轮船川行澳大利亚、新西兰及太平洋各岛屿及环岛各港口，土著仍用独木舟。岛间运输船舶的最大吨位为200多吨。首都维拉港和桑托港为国际海港，都可停靠万吨商船。空运方面，各主要岛屿都有机场。维拉港有直飞附近各国的国际机场和航线。

同我国的关系 1982年3月26日中瓦两国建交。

华人经济

瓦努阿图华侨及华裔人口1999年约2500人，但部分投资人在原居留地有事业的，则未能长期居留。华侨多聚居首都维拉港及渔港三托岛等地。

瓦国华商营业自进口、批发至零售，同时收购土产品输出，建立输出入管道及行销网，营业范围十分广泛，经营商品，包括粮食、杂货、百货、食品、五金、家电、成衣、餐馆、茶室、西点面包等，约占当地80%至90%。

非　　　洲

乍 得(Chad)

国名 乍得共和国(The Republic of Chad)

面积 1284000平方公里

人口 745.8万(1999年)

首都 恩贾梅纳

国内生产总值(1999年):约80亿美元

人均国内生产总值(1998年):166美元

货币名称:中非金融合作法郎,简称非洲法郎

汇率(1999/12/31):1美元=652.8559非洲法郎

简 况

乍得位于非洲中北部,撒哈拉沙漠南缘,内陆国。东接苏丹,南与中非、喀麦隆交界,西与尼日尔、尼日利亚为邻,北连利比亚。北部属热带沙漠气候,南部属热带草原气候,全年高温炎热。除北部高原山地外,大部地区年平均气温27℃以上,北部可达29℃。

公元9~17世纪先后建立加涅姆—博尔努、瓦达伊、巴吉米尔等穆斯林苏丹王国。1902年沦为法国殖民地。1910年划为法属赤道非洲的一个领地。次年,法国以赤道非洲换取德国承认法对摩洛哥的“保护”。一次世界大战后,赤道非洲重归法国。1946年成为法的国海外领地。1957年初成为半自治共和国。1958年11月28日成为法兰西共同体内的自治共和国。1960年8月11宣告独立,国号乍得共和国。

经 济

乍得是以农牧渔业为基础的国家,经济落后,被联合国列为世界上47个最不发达国家之一。

资源 矿产资源较丰富,但大多数尚未开采。主要矿产有天然碱、石灰石、白陶土和钨、锡、铜、镍、铬等。

工业 主要有为农牧业产品加工的企业,其中以棉花加工为主,全国有22家棉花加工厂,总加工能力为18.8万吨。另有一些纺织、卷烟、面粉、饮料、制糖、农机制造等中小企业。此外,乍得年产天然碱约1万吨,部分供出口。

农业 农村人口占全国人口的78.9%。全国可耕地面积5200万公顷,已耕地700万公顷。乍得湖平原和南部地区是主要农业区,主要粮食作物有高粱、木薯、玉米和小米,还有少量稻米和小麦等。主要经济作物为棉花,全国约有1/4人口从事棉花种植。其它经济作物还有烟草、花生、芝麻、甘蔗和阿拉伯树胶等。

畜牧业 乍得为中部非洲地区主要畜产国。畜牧业在国民经济中仅次于农业,居第二位。全国约有100万人从事畜牧业,游牧人口占总人口的6%。淡水渔业资源丰富。

交通运输 国内无铁路及海港水路,主要靠公路运输。

华人经济

据1999年资料统计,乍得华侨华人约20人,大多从事农业、教育、医疗等工作。

科特迪瓦（Cote d'lvoire）

国名　科特迪瓦共和国（The Republic of Cote d'lvoire）

面积　322463平方公里

人口　1452.7万（1999年）

首都　政治首都　亚穆苏克

经济首都　阿比让

国内生产总值（1999年）：约60亿美元

人均国内生产总值(1999年)：750美元

货币名称：非洲金融共同体法郎（简称非洲法郎）

汇率（1998年11月）：1美元=570.23非洲法郎

简　况

位于非洲西部（原称象牙海岸），西与利比里亚和几内亚交界，北与马里和布基纳法索为邻，东与加纳相连，南濒几内亚湾，海岸线长约550公里。属热带气候，北纬7°以南为热带雨林气候，年平均气温25℃；北纬7°以北为热带草原气候，年平均气温略高于南部。

中世纪时期曾建立一些小王国。11世纪，塞努弗人在北部建立的宫格城为当时非洲南北贸易中心之一。15世纪后半叶，葡、荷、法殖民者相继入侵。1893年沦为法国自治殖民地。1960年8月7日独立，翌年4月脱离法兰西共同体。全国划为54个省、196个市和近200个县。

经　济

独立后，实行以“自由资本主义”和“科特迪瓦化”为中心内容的自由经济体制，是非洲开发中国家经济增长幅度较高的国家。农、林业为主要外销商品收入，可可及咖啡为大宗外销产品。

资源　主要矿藏有钻石、黄金、锰、镍、铀、铁和石油。已探明的石油储量约12亿吨，天然气储量156亿立方米。

工业　工业产值约占国内生产总值的20%，就业人口占劳动人口的13%。食品加工业是主要工业部门，占工业营业总额的35%~40%。其次是棉纺织业，还有炼油、化工、建材和木材加工业。近年来，石油产量增长较快，除自给自足外已成为农产品以外最大宗的出口产品。

农林牧渔业　农业在科国民经济中具有举足轻重的地位。农业产值约占每年国内生产总值的30%，农产品出口占出口总收入的66%。耕地面积802万公顷，全国80%的劳动力从事农业生产，主要农产品为稻米、根茎类作物，为非洲少数产米国家。可可和咖啡是两大主要经济作物，种植面积分别为187万公顷和137万公顷。可可生产和出口占世界第一位，出口收入占国家出口总额的50%，咖啡生产现居世界第七位。籽棉产量居非洲第三位。

森林面积为1000万公顷，占全国总面积33.8%，木材产量居世界第三，非洲第一。

牧地面积1300万公顷，占全国总面积

40.3%，饲养肉牛、乳牛、绵羊、山羊及猪、鸡等。

渔业产值占农业生产总值的7%，就业人口7万。年捕渔量8~10万吨，其中40%供国内消费。

交通运输 科是非洲交通最发达的国家之一。为了达到2000年观光人数达到50万人次的目标，政府采取扩建机场、争取航空公司复航、宣传促销、增建旅馆及开辟度假村等一连串措施。

科国国内客货运输以铁路为主，海运进出口货物量720余万公吨，空运与邻近国家及国际大都市亦多班机往返，客货运输量保持增长趋势。

同我国的关系 1983年3月2日中科建交。

华人经济

1999年科国华侨华人约500人，其中100人系由台湾地区前往者。华人所从事的行业，对于科国经济的发展有相当贡献及影响力。

商业 华人经营商业现有18家，其中贸易业5家，资本总额共100万美元，自台湾进口制鞋机械、自中国大陆进口味精、大蒜等，少数以跑单帮方式自台湾或美国、香港等地携带物品进口销售。其次为餐馆业7家，资本总额约70万美元，其中以金龙酒家、玉龙餐厅、初禄、中国城等四家较具规模。第三为照相馆及冲洗店2家，资本共约40万美元。第四为杂货业2家，资本共约10万美元，多销售进口的中国杂货。此外，运输业1家，资本约3万美元；中医诊所1家，资本约4万美元。

工业 华人经营的新兴制鞋业4家，资本共约650万美元，除供应当地市场所需，亦开拓外销市场。其次为华商传统工业，较具规模的有李师曾所属塑胶鞋、塑胶席及假发厂3家，资本总额为550万美元。假发及塑胶鞋几乎占领当地全部市场，塑胶席占75%。范思尧经营的搪瓷厂及白铁桶厂各一家，资本总额300万美元，为科国唯一的工厂，制造搪瓷餐具、脸盆等器皿，外销邻近国家。沈台山经营有塑胶花布、鞋厂、蚊香厂及电风扇装配厂各一家，投资总额150万美元，电扇组配件多向台湾采购。叶美敏经营电扇装配厂、皮箱旅行袋工厂、西点面包店、礼品杂货店等，投资总额也达80万美元，所需材料、组配件也多向台湾采购。李承谷经营草席工厂，年产量100万余条，行销西非10余国，为最大草席厂。徐博飞经营的针织厂，其资本额约120余万美元，经营情况良好。

台藉华商杨国祥经营塑胶加工厂20余年，输出整厂机器，设立大型展示工厂及免费售后服务系统，现台湾塑胶射出成型机，几占科国市场80%。台湾凤梨公司与科国合作投资之台湾凤梨罐头工厂，具有20余年历史，现已累积资本额约180余万美元。华商与黎巴嫩华商合作投资的尼龙纺织厂，资本额120余万美元，经营情况也较好。此外华人经营的西点面包及冰棍厂3家，资本约60万美元；小五金加工厂、汽车修理厂各1家，资本额共约20万美元。

农业 华人农户5家，资本总额约30万元，以种植蔬菜、果树、花卉为主，供应当地及法国超级市场。另外，经营草席工厂取得成功的李承谷，与美国得州农工大学进行技术合作，并从菲律宾聘请专业人才，筹划大规模稻作农场，经向科国租用农业用地2800公顷，租期为40年，预计年内可生产稻谷1万公吨，是海外华人开拓农业经营的一种新模式。

埃 及（Egypt）

国名 阿拉伯埃及共和国（The Arab Republic of Egypt）

面积 1002000 平方公里

人口 6727 万（1999 年）

首都 开罗（Cairo）

国内生产总值：约 850 亿美元

人均收入（1998 年度）：1410 美元

货币名称：埃及镑

汇率（1999/12/31）：1 美元 = 3.424 埃镑

简 况

埃及跨亚、非两大洲，大部分位于非洲东北部，只有苏伊士运河以东的西奈半岛位于亚洲西南。西连利比亚，南接苏丹，东临红海，并与巴勒斯坦、以色列接镶，北濒地中海。海岸线长约 2700 公里。全境干燥少雨。尼罗河三角洲和北部沿海地区属地中海型气候，平均气温 1 月为 12℃，7 月为 26℃。其余大部分地区属热带沙漠气候，炎热干燥，沙漠地区气温可达 40℃。

埃及是世界四大文明古国之一。公元前 3200 年出现奴隶制的统一国家，当时国王称法老。公元前 6 世纪以后长期为外来民族所统治。公元 640 年阿拉伯人入侵，推行“阿拉伯化”。1517 年，被土耳其人征服，成为奥斯曼帝国的行省。1882 年被英军占领。英取消奥斯曼帝国对埃及的宗主权，宣布埃及为独立国家，但保留对埃的国防、外交和少数民族等问题的处置权。1952 年 7 月 23 日，以纳塞尔为首的自由军官组织推翻法鲁克王朝，成立革命指导委员会，掌握国家政权。1953 年 6 月 18 日宣布成立埃及共和国。1958 年 2 月，同叙利亚合并成立阿拉伯联合共和国。1961 年叙利亚发生政变，退出阿联。1971 年 9 月 1 日改名为阿拉伯埃及共和国。全国划分为 26 个省。

经 济

经济以农业为主，农村人口占全国总人口的 56%，但 7%粮食靠进口。1999 年继续推动经济改革政策。

资源 主要有石油、天然气、磷酸盐、铁等。已探明的储量为，石油 11.87 亿吨（1998 年），天然气 36 万亿立方英尺（1998 年），磷酸盐约 70 亿吨，铁矿 6000 万吨。阿斯旺水坝是世界七大水坝之一，全年可发电 100 亿度。此外还有锰、煤、金、锌、铬、银、钼、铜和滑石等。

工业 纺织和食品加工为传统工业，占工业总产值的一半以上。近 10 年中，成衣及皮制品、石油工业、建材工业、水泥生产、肥料、药品等发展较快，化肥可自给。埃及的工业以国营为主体，共 292 个国营公司，职工 56 万人，产值占工业产值的 70%。

农业 埃及是农业国，农业产值约占国民生产总值的 16%。埃政府重视扩大耕地面积，鼓励青年务农。它主要农作物有棉花、小麦、水稻、玉米、甘蔗、水果、蔬菜等，近年来，小麦自给率达 50%，玉米 77.3%，肉类 84.5%，食油 23.5%，食糖 64.8%。但随着人口增长，埃及仍需进口粮食，是世界上最大的食品进口国之一。它主要出口棉花、土豆和大米。棉花是埃及名产，也是最重要的经济作物，为世界上少数长纤棉生产国之一。

旅游业 埃及历史悠久，文化灿烂，名胜古迹很多，具有发展旅游业的良好条件，旅游收入跃居为埃及第一大外汇来源。全国有五星级饭店32家，主要旅游点为金字塔、狮身人面像、卢克索神庙、阿斯旺水坝等。

交通运输 交通运输十分便利，近几年海、陆、空运输能力增长较快。

同我国的关系 1956年5月30日中埃两国建交。

华人经济

1999年埃及华侨华人约2000人，多以从事小型商业、观光服务、纺织为主。

加纳（Ghana）

国名 加纳共和国（The Republic of Ghana）

面积 238537平方公里

人口 1888万（1999年）

首都 阿克拉（Accra）

国内生产总值(1998年)：165900亿塞地

人均国内生产总值（1998年）：约87.78万塞地

货币名称：塞地

汇率（1999/12/31）：1美元=3499塞地

简 况

位于非洲西部，几内亚湾北岸，西邻科特迪瓦，北接布基纳法索，东毗多哥，南濒大西洋，海岸线长约562公里。沿海平原和西南部阿散蒂高原属热带雨林气候，沃尔特河谷和北部高原地区属热带草原气候。

古加纳王国建于公元3～4世纪，其版图在今天的马里和布基纳法索一带，10～11世纪时达到极盛时期。1471年，葡萄牙殖民者入侵加纳海岸，掠夺黄金，贩卖黑奴。1482年，加纳沿海称为黄金海岸。1897年，黄金海岸全境沦为英国殖民地。1957年3月6日，黄金海岸独立，改名加纳，原英国托管的西多哥并入加纳。1960年7月1日成立加纳共和国，仍留在英联邦内，首任总统为恩克鲁玛。全国共设10个省（Region），省下设有110个县。

经 济

以农业为主。矿产品，可可和木材为三大经济支柱。近年由于大力经济改革，外人投资及外销都大幅增长。

工矿业 加纳盛产铝、锰、黄金及钻石，英国为矿业的主要投资国，其次为澳洲、加拿大与南非。

加纳的主要工业仍以外资为主，铝业方面以美国投资规模最大；石油工业方面则分别由英国及美国投资经营，工程方面，尤其是政府公共投资的重大建设，大半由德国所承建。

农业 农业是加经济的基础，农地面积约为450万公顷，农业人口约占55%，粮食基本自给。盛产可可、咖啡、花生、水果等。可可是传统出口商品，产量居世界第二位，占世界产量的13%左右。

林业 木材是加国的第三大出口产品，盛产干木材、三夹板、合板、木板、纤维板等。林地面积约有920万公顷。

渔业 渔业资源丰富，海上、泻湖和内河均有渔业，生产鲔鱼及各类鱼虾。

同我国的关系 1960年7月5日同我国建交。

华人经济

据有关资料统计，1999年加纳华侨、华人共约1000人。以经营工业为主，且具规模。多为香港华商前往投资，计有纺织厂5家，拥有纺纱、织布及漂染设备，所产印花布几乎占据当地全部市场，现资产总额超过500万美元。其次为华商周森林（台湾藉）经营的Trio Courage Ltd Co，资本额600万美元，拥有华丰钢铁厂及制冰厂各1家，是目前加纳最大外资企业之一。董事长周森林先以生产冰棒起家，后投资钢铁，其成功事迹已列入加纳中小学教科书、教材中。台湾肖姓商人经营纸厂，废纸来自邻近国家，已具规模，股票也已上市。其他尚有华商经营塑胶加工厂、钢具工厂、油桶厂、浆粉厂各1家，现资产共达200余万美元。

加纳华商经营杂货店10余家，进出口商和餐馆业各1家，资本额在5~10万美元之间。

莱索托（Lesotho）

国名 莱索托王国（The Kingdom of Lesotho）

面积 30344 平方公里

人口 215 万（1997 年）

首都 马塞卢（Maseru）

国内生产总值（1999 年）：约 9 亿美元

人均国民生产总值（1999 年）：450 美元

货币名称：马洛蒂（Maloti）

汇率（1999 年 12 月）：1 美元 = 6.15 马洛蒂

简　况

莱索托是南非的内陆国家，四周被南非环抱。属大陆性亚热带气候，5～9 月为旱季，10～4 月为雨季，最高气温 33℃。

该国独立前称巴苏陀兰。19 世纪初，巴苏陀族酋长莫舒舒 世统 各族，建立了王国。1868 年，英国正式宣布巴苏陀兰为其保护地，并于 1871 年将其并入英国在南非的开普殖民地。1966 年 10 月 4 日宣布独立，定名为莱索托王国，实行君主立宪制。全国划为 10 个行政区。

经　济

莱国自然资源贫乏，经济基础薄弱，是农业国，经济上几乎完全以绵羊、山羊和牛群饲养为主要产业。小麦、玉米和高粱是主要食粮；制造业极少。经贸上非常依赖南非。国民收入主要来源于侨汇及建筑和服务业。

工业 以农畜产品加工及小型用品制造装配维修为主，生产食品、饮料、成衣、制革、建材、家具、化肥等。近年来，纺织、服装、制鞋等高附加值的出口加工产业发展迅速。

农牧业 农业人口占全国人口的 83%，可耕地面积为 24 万公顷，约占全国面积的 13%。其主要农作物有稻米、菜蔬、水果、豆类、玉米等，每年全国粮食需求约 36 万吨，60%依靠进口。

畜牧业占重要地位，全国 66%的土地可供放牧，是非洲著名马海毛产地。

交通运输 莱是内陆国家，交通运输主要依靠陆运。仅有铁路 2.6 公里，从首都通向南非。全国主要机场有两个，首都马塞卢国际机场可起降中型民航客机。

同我国的关系 1983 年 4 月 30 日两国建交。

华人经济

据有关资料统计，1999 年莱索托王国的华侨华人共约 700 人，绝大部分来自台湾省，经营的范围有汽车代理业、杂货业、中餐业、贸易业、纺织业。华商从事的行业概况如下：

商业 华商经营汽车代理业及修配工厂共 10 家，投资总额 2500 万马洛蒂。其中华商吴松柏为日产、飞雅特及福特汽车莱索托总代理商、及 PG 汽车玻璃莱国总代理商。其次为杂货业 35 家，资本共 400 万马洛蒂，多属小型企业。第三为中餐业 3 家，资本

380万马洛蒂，经营餐厅及外卖店。由于中餐颇合当地人士口味，所以生意极佳。第四为贸易业4家，资本500万马洛蒂，销售台湾电器及小型照相机。第五为批发业2家，资本总额高达800万马洛蒂，其中颜当霖经营的轮胎批发及零售业占当地市场的1/3，从事建筑业及建筑材料批发与零售约占5%，投资总额约250万马洛蒂。此外，华商经营运输业的有2家，资本共约200万马洛蒂，以大拖车运载水泥。中医诊所及药店各1家，资本共约30万马洛蒂。华商经营的菜蔬水果批发店、瓦斯行、加油站等15家，资本共约600万马洛蒂。

工业 华商经营的纺织、针织及成衣、牛仔裤制造业15家，投资额共2.8亿马洛蒂，占当地80%。其中祖藉河北的张希达，制造牛仔裤，拥有资产增至7800万马洛蒂之多。其次为建筑及建筑材料制造销售业，共10家，投资总额1200万马洛蒂。第三为电子及电器业2家，资本额有120万马洛蒂（其中1家为大陆移民经营的巨人电子厂），多为采购台湾、香港及新加坡家电及电子组配件装配者。第四为吴松柏所属长青企业汽车综合维修厂、汽车车体制造厂及汽车零件制造厂，与上述外国汽车总代理构成汽车王国。这是他自台湾到莱国后20余年中，从一部货车运输业发展起来的。

马达加斯加（Madagascar）

国名 马达加斯加共和国（The Republic of Madagascar）

面积 627000平方公里（包括周围岛屿）

人口 1635万（1998年）

首都 塔那那利佛（Antananarivo）

国内生产总值：34.39亿美元

人均国民收入：约300美元

货币名称：马达加斯加法郎，简称马法郎

汇率（1999/12/31） 1美元=约5220马法郎

简 况

马国位于印度洋西南部，为世界第四大岛。隔莫桑比克海峡与非洲大陆相望。东南沿海属热带雨林气候，年平均气温24℃；中部为热带高原气候，年平均气温18.3℃；西部为热带草原气候，年平均气温26.6℃

16世纪末，伊麦利那人在中部建立了伊麦利那王国。1794年，伊麦利那王国发展为中央集权的封建国家。19世纪初统一全岛，建立马达加斯加王国。1898年沦为法国殖民地。1958年10月14日成为法兰西共同体内的自治共和国。1960年6月26日宣布独立，成立马达加斯加共和国。全国共有6个自治省，111个县，1242个区。

经 济

农业为马国经济基础，是非洲最大产米国，农业人口占总劳动人口的76.1%。工业主要为加工业，工业产值约占国内生产总值的13%。矿产量丰富，但相关的基础建设落后，且地处偏远。私人企业多投资于金矿的开采，石油正勘探中。1999年，大力发展观光事业。马国为欢迎外资及鼓励人民投资，设立加工经济特区，给予5年免税等优惠，工资低廉，产品输往工业国家，亦无配额限制。在矿产方面，亦采鼓励外人投资政策。

资源 石墨储量居非洲首位，还有云母、铀、铅、宝石、石英、金、银、铜、镍、铝矾土、铬、煤等。河流湍急，水力发电潜力大。森林面积123279平方公里，占国土面积的21%。

工业 工业基础十分薄弱，有大小企业25.8万家，一半以上的企业设在塔那那利佛省，主要有轻工业、采矿业、农产品加工业、纺织业、建材工业、炼油、农机维修等。

农业 农地面积为310万公顷，仅占全国总面积5.3%。在农作物方面，为非洲最大稻米产国。椰子、椰肉主要供应外销。其他粮食作物有木薯、玉米等，主要经济作物有咖啡、丁香、剑麻、甘蔗、花生、棉花等。华尼拉（香草）产量及出口量居世界首位。全国牧场面积3400万公顷，占全国总面积40.9%，主要饲养肉牛、乳牛、山羊、绵羊、猪、鸡等。沿海盛产黄鱼、金枪鱼、龙虾、海参。近年沿海捕捞、对虾养殖业有较大发展。

旅游业 旅游资源丰富，但服务设施不足。近年来政府将旅游业列为重点发展行

业，鼓励外商向旅游业投资。

同我国的关系 1972年11月6日两国建交。

华人经济

据有关文字记载，100多年前第一批抵达马达加斯加的中国人，是坐了一两个月的船才到了目的地，有的在船上，便客死异乡。1900年马达加斯加还是法国殖民地，法国人准备在马达加斯加兴建一条全长360公里的铁路，就在中国沿海的广东、福建，以卖身契的形式招募华工，约有1000人来到马国修建铁路。现在还能见到当年有关当时华工的残旧照片。在照片中，看见一些拿着号码的中国人，就是当年卖猪仔的铁路工人。在马达加斯加东部的塔马塔夫，有一个种满榕树的大花园，旁边正是100多年前，中国最早踏足的地方。经过一个多世纪，中国人就像这些榕树般落地生根，不断繁殖生长，与这片原本陌生而遥远的非洲土地结下了不解之缘。为了对遥远家乡的思念，早期来马的中国人还修建了一座关帝庙，估计至少已有70多年的历史，每年旧历7月15日庙里香火鼎盛。

1999年在马华侨华人共约28000人左右。其中华裔占80%，祖籍多是广东省四邑、南海、梅县、五华等地，自台湾前往的新移民约20余人。他们聚居于首都塔那那利佛、东部的浸麻省和北部的志高市。华商营业状况为：

商业 华商经营杂货零售业有600家左右，资本额达3000万马法郎，占当地30%，占华商资本80%以上。经营的行业涵盖了日用品、食品、饮料、酒类、西点面包、南北货、五金制品、家用电器等；货物来自中国大陆、香港、台湾、东南亚。其次为旅馆业，约有100多家，投资总额约为5000万马法郎，约占当地20%。第三为餐馆业及中式外卖店，多为来自中国大陆的新移民经营。价格大众化，顾客多为劳动阶层。第四为贸易业，约有50家，资金总额为8000万马法郎，约占当地5%，多为香港、东南亚、台湾、中国大陆、南非共和国华商参加经营。多自香港、台湾、中国大陆输入低价产品、包括食品、成衣、玩具、电器、农具、机械、手工具等。出口则为马国的渔业产品（海参、鱼虾、冻虾）、木材、宝石、矿砂、咖啡、香草、丁香等土产品。另有华裔经营的机械及仪器专业贸易商5家，资本额约有2亿马法郎，约占当地1%。第五为药业，华商经营的约有20家，资本总额有1亿马法郎，约占当地2%。马国药用植物较多，当地人对西药的副作用多具戒心，故中国传统的医药有发展潜力。第六为服务业，华商经营旅行社等旅游服务业约有20家，资本总额约为5000万马法郎，占当地1%。虽然当地观光资源丰富，且具原始风味，但航空公司票价偏高，班机次数少，影响观光事业的发展。第七为运输业，华商购置了10吨的载重车从事内陆运输，这些运输户多是拥有10辆以下的小型规模，约有15家，资本总额为1亿马法郎，占当地2%。另外，华商的海运业也属于小型船只。

工业 华商经营的酿酒及合成酒加工业、装瓶业共约有20家，资本总额为1.5亿马法郎，占当地50%，其中以酿酒厂规模为大。马国唯一以甘蔗酒精蒸制的威士忌酒厂即属华商经营。其次为食品加工业，约有50家，资本总额为3000万马法郎，占当地50%，产品有面包、糕饼、冰淇凌、酱油、辣椒酱、鱼露等。另有台商筹建的榨油厂，产品外销欧洲及非洲各地，副产品加工为畜禽及养殖渔业用的饲料。第三为电子及电器工业，华商经营的约有16家，资本总额为2亿马法郎，约占当地2%，以销售为主兼营维修业务。其中华商经营的M/C公司，以代理台湾宏碁电脑产品为主，兼营维修，拥有资本为1亿马法郎（为华商本业资本之半数），已在东部及中部各开设一家分公司。中国大陆新移民也从事此行业。第四为针织厂，共有10家，成衣厂有5家，资本总额为10亿马法郎，占当地50%，为华商中资本最大的行业，多数为香港、新加坡、毛里求斯、南非共和国华商投资，在加工区设厂，为新型外销产业，主要材料棉纱已有印度及巴基斯坦人开设的纺织厂供应。第五为塑胶制品业，共有10家，资本总额约为1亿马法郎，约占当地5%。原料多向台湾采购，产品包括家庭用品、建筑材料及各种产品的组配件。第六为建筑业，约有10家，资本总额为8000万马法郎，约占当地1%，多属小型承包商，承揽建筑工程。

农林业　华商约有20家经营此业，资本总额为1亿马法郎，占当地5%。华商引进农耕机械、化肥、农药及耕作技术等。其次，马国森林蕴藏红木、黑木、檀木等名贵木材，因政府禁止原木出口，华商多参与木材加工业。已有新加坡、香港华商及台商兴建家具制造工厂，或收购当地小型木材加工厂。

矿业　华商经营的有10家，资本总额为2亿马法郎，占当地1%。马国矿产有石墨、云母、水晶石、绿宝石、海蓝宝石等，也有木、贝化石等。南非共和国、毛里求斯及东南亚华商到马国采购外销，资本雄厚者与当地华商结合开采矿石，并引进机器及技术加工切割，磨光出口，业绩颇佳，为海外华商的特色。另外，泰国华商采购无色刚玉，运回泰国后加热处理成蓝宝石。

马国的华商在默默经营中，渐向国际业务发展，形成大集团。如祖籍广东省顺德县的塔马达夫市的华商 Wa Shao Ying 经营酒厂、铝器厂、木材家具厂、汽车进口代理商、进出口商、电器行及收购粮米等，拥有资产总额在10亿至20亿马法郎之间，为华商首富，在马国工商界占有相当地位。

马拉维（Malawi）

国名　马拉维共和国（The Republic of Malawi）

面积　118484 平方公里

人口　1064 万（1999 年）

首都　利隆圭（Lilongwe）

国内生产总值（1998 年）：17 亿美元

人均国内生产总值(1998 年)：170 美元

货币名称：马拉维克瓦查

汇率（1998 年）：1 美元 = 23.3 马拉维克瓦查

简　况

马拉维是非洲东南部的内陆国家。3/4 国土海拔 1000～1500 米。属热带草原气候，年平均气温 20℃左右。热季最高温度达 29℃，凉干季最低温度为 7℃。年平均降水量 1000～1500 毫米。

16 世纪，班图人开始大批进入马拉维湖的西北一带，并在马拉维及毗邻地区定居。1891 年，英国正式宣布这一地区为英属中非保护地。1953 年 10 月，英国强行将该地同南罗得西亚(今津巴布韦)、北罗得西亚(今赞比亚)组成中非联邦。1963 年 2 月 1 日实行内部自治，1964 年 7 月 6 日独立，改名为马拉维。1966 年 7 月 6 日宣布成立共和国。全国分为 3 个区：北部、中部和南部区。

经　济

马拉维是农业国，是联合国宣布的世界上最不发达国家之一。长期以来，由于基础薄弱，并受自然灾害和国际经济因素的影响，经济十分困难。

工业　主要是初级产品加工业，包括烟草、茶叶、蔗糖、酿酒、棉纺、菜油、建材和粮食加工等。85%为制造业，1/4 的工业产品销往国外。

农业　农业是国民经济支柱产业。产值占国内生产总值的 1/3。38%的土地为可耕地，75%的劳动力从事农业生产。主要作物有玉米、高粱、小米、豆类、水稻、木薯等；主要经济作物有烟草、茶叶、甘蔗等，是非洲最大烟草生产国之一。

畜牧业以饲养牛羊为主。马拉维湖和希雷河上游为主要产鱼区。全国约 24 万人从事捕鱼业。

旅游业　近年来，马旅游业发展较快，每年游客达 12 万人次，创汇约 1300 万美元。现马正在改进旅游设施，力争年游客量达 35 万人次，将旅游业发展成第二创汇业。游客主要来自英国、南非、津巴布韦、赞比亚等国，主要旅游胜地有马拉维湖、国家公园、狩猎区和自然保护区等。

交通运输　以陆路交通为主，铁路总长 789 公里；公路总长 14594 公里，其中沥青路占 17%；空运方面，有民用机场 4 个，大小客机 9 架，国际航线 5 条，通往南非等非洲邻国和英国等。

华人经济

1999 年马拉维华侨华人约 50 人，大部分分布在利隆圭和布兰太尔地区，以经营农业和农产品加工为主，规模不大。

毛里求斯（Mauritius）

国名 毛里求斯共和国（The Republic of Mauritius）

面积 2040平方公里（包括属岛面积175平方公里）

人口 118万（1999年）

首都 路易港（port-Louis）

国内生产总值：117亿美元（1999财政年度）

人均收入：1万美元

货币名称：卢比

汇率（1999年1月）：1美元＝25.06卢比

简　况

毛里求斯是印度洋西南部岛国，包括本岛及罗德里格岛等属岛。该岛西距马达加斯加约800公里，距非洲大陆2200公里。海岸线长217公里。属亚热带海洋性气候，分夏冬两季，终年湿热。年平均气温沿海25℃，中央高原20℃。

原为荒岛，1598年开始为荷兰人统治，1715年被法国占领，1814年沦为英国殖民地。此后，从美洲、非洲、印度移入大批奴隶、囚犯和自由民到此垦殖。1968年3月12日宣布独立，实行总督制。1992年3月改行共和制。全国分为3个大区和5个直辖市，区下设9个县、98个村。

经　济

原为生产蔗糖的单一经济，70年代末调整经济结构，经济得到发展。目前糖业、出口加工业和旅游业为三大经济支柱。但由于缺乏具经济价值的矿产，可耕地亦小，经济易受国际市场影响。

工业 以制糖业和出口加工业为主。制糖是该国的传统工业。其外汇收入占总收入45%，从业人数居第二位。目前毛国致力发展电子业、资讯业、珠宝业、皮革业等高附加值工业。

农业 全国可耕地面积为11.08万公顷，占全国陆地面积57.3%，其中70%种植甘蔗。农业产值占国内生产总值9.3%，农产品出口占总出口额的32%。粮食主要靠进口，每年约20万吨。80%的奶制品和90%的牛肉依靠进口，猪肉、鸡和蔬菜基本自给。水产资源丰富。

旅游业 发展旅游业是该国争取经济多样化的重大努力，1999年接待旅客总共达57.81万人次。

交通运输 以公路运输为主。与邻近马达加斯加及留尼旺岛则有小型轮船维持岛际及沿岛客货运输。在空运方面，毛国航空公司每周均有班机飞往香港及新加坡；新加坡航空公司也开辟直飞毛国的航线。

同我国的关系 1972年4月15日两国建交。

华人经济

1999年毛国华侨华人共约3.5万人，是非洲华侨华人人数多的国家之一。华侨华人祖籍以广东梅县、兴宁和五华等县为多，顺德等县次之，半数以上聚居于首都路易港，其余散居于各城市。华商经营的行业主要有进出口业、杂货家电业、食品加工业及纺织业等。

商业 华侨华人经营的商业有700余家。其中杂货业300家，部分已朝向超市及中、大型百货业发展，资本约30亿卢比。餐馆业50家，毛政府鼓励外人投资观光饭店，并订有奖励措施，资本约40亿卢比。贸易业200家，也是政府鼓励的行业，前景大有可为，资本约200亿卢比。服务业100家，包括律师、会计师等。金融业3家，资本3亿卢比。其他航运业4家、娱乐业5家、五金和药房等50家，资本约5亿卢比。

工业 机械、仪器厂5家，资本约20亿卢比。纺织业50家，输欧享有配额，资本约200亿卢比。另有建筑业4家，资本20亿卢比。食品制造业6家，资本额约12亿卢比。

华商李白经营钢铁、铝制品、房地产等事业，资产25亿卢比，为该国著名大企业家。

毛里求斯也是非洲地区华人社团数量最多的国家，共有社团70多个。其中友好社团30个，宗亲姓氏社团约40多个，主要社团有南顺会馆、仁和会馆、华人社团联合会等。这些华人社团为当地华人的文化教育和福利事业做出了巨大的贡献，并推动了中毛两国的友好往来。

尼日利亚（Nigeria）

国名　尼日利亚联邦共和国（The Federal Republic of Nigeria）

面积　929768平方公里

人口　1.2亿（1998年）

首都　阿布贾（Abuja）

国内生产总值（1998年）：437亿美元

人均国内生产总值（1998年）：398美元

货币名称：奈拉

汇率（1999/12/31）：1美元＝99.3奈拉

简　况

尼国位于西非东南部，东邻喀麦隆，东北隔乍得湖与乍得相望，西接贝宁，北界尼日尔，南濒大西洋几内亚湾。边界线长约4035公里，海岸线长800公里。地势北高南低，境内河流众多，属热带季风气候，全年分为旱季和雨季，年平均气温为26～27℃。

尼日利亚是非洲古国。公元8世纪，扎格哈瓦（Zaghawa）游牧部落在乍得湖周围建立了卡奈姆—博尔努（Kanem—Bornu）帝国。14～16世纪，桑海帝国盛极一时。1472年葡萄牙入侵。16世纪中叶英国入侵，1914年沦为英国殖民地。1960年10月1日宣布独立，并成为英联邦成员国。

经　济

原为农业国。70年代起成为非洲最大的产油国，1999年推行自由市场政策，发展加工出口区，投资奖励，并鼓励私人企业参与。

资源　资源丰富，已探明有30多种矿藏，主要有石油、天然气、锡、煤、石灰石等。已探明石油储量250亿桶，以目前产量可继续开采30～50年。天然气储量约3.4万亿立方米。煤储量约27.5亿吨，为西非唯一产煤国。森林覆盖率14%。

工矿业　石油工业是国民经济的支柱。日产原油约227万桶，97%的外汇靠原油赚取。主要制造业为纺织、饮料和食品加工，大多集中在拉各斯及其周围地区。

农业　农业为尼国较具规模的产业，全国70%的劳动力从事农业，粮食作物生产主要在北方地区。农业生产方式目前仍以小农经济为主，粮食不能自给，每年仍需大量进口。主要农产品为根类及茎类，是人民主食，其他农作物尚有水果、豆类、玉米、芦粟等。

交通运输　以公路运输为主，但成本极高。以水路、铁路运输为辅，交通运输较为紧张。

同我国的关系　中尼于1971年2月10日建交。

华人经济

1999年尼国华侨及华裔约5800人，除少数老华侨外，大多来自香港及中国大陆，来自台湾的有63人。他们经营的行业为贸易业、制造业、餐馆业、杂货业。

商业　贸易业约有70家，多属行商性质，仅有1/4设立机构及仓储，其中有两三家从中国大陆输入机械设备销售，资本额共约5500万美元，其余的则进口小型手工具、轻机械、杂货日用品及出口木材、橡胶等。餐馆业15家，其中也有附设于大型旅馆内的，资本额共约225万美元。杂货业8家，资本额共约200万美元，目前还没有超市的经营方式。自台湾引进技术及进口原料面包店经营良好。金融保险业3家，资本额共约600万美元，在尼国有发展空间。

工业 历史上香港的华裔到该国投资制造业时间较久，并有一定的规模，而且富有适应性及发展潜力，计有金属制品业10～15家，每家资产总额高达1～10亿美元；纺织业8家，资产额共约4200万美元，属于装配工厂，且都具有发展空间；造纸业有2～3家，资产额在2000～5000万美元之间；建筑业1家，资本约20万美元。台厂商朱伟民开设纸箱、帆布袋厂，雇用四位香港技术人员，当地雇工100余人，另设棕榈厂一家，为新兴事业。香港华裔朱南阳在尼国经营的事业计有玻璃厂、搪瓷厂、塑胶厂、钢管厂、合成纤维厂、五金厂等，均具规模。

农林业 华裔从事农林业有20家、渔业3家，资本额共约1600万美元，发展空间较大。

留尼汪（Reunion）

名称 留尼汪岛（Reunion）
面积 2512平方公里
人口 705053人（1998年7月）
首府 圣但尼（Saint-Denis）

岛内生产总值（1996年）：30亿美元。
人均岛内生产总值（1996年）：4300美元

货币名称：法国法郎
汇率（1998/2/27）：1美元＝6.07法郎

简 况

该岛是西南印度洋中的一个火山岛，西距马达加斯加650公里，东北距毛里求斯190公里。海岸线长207公里。沿海为热带雨林气候，终年湿热；内地属山地气候，温和凉爽。最热月平均气温26℃，最冷月20℃。

17世纪60年代，法国在此建立航海站，并移入大批奴隶，从此在该岛定居。1810年被英国占领。1815年4月，英法签订《巴黎协定》，将该岛归还法国。1848年9月正式定名为留尼汪岛。1946年3月成为法国的一个海外省。1981年9月法国民议会通过《权力下放法案》，该岛成为拥有全权的海外领地。全岛分为4个专区（无实权），24个市镇。

经 济

留尼汪以农业、渔业、旅游业为主，主要依靠法国财政援助。1995年，留制定了新的发展旅游业的战略和五年规划，准备在五年内投入5亿法郎发展旅游业以缓解高失业率。1996年以来其通货膨胀率明显降低，到1998年基本接近法国本土水平。

资源 矿藏丰富。海域蕴藏有钴、铜和锰等矿。森林覆盖面积87730公顷，占全岛面积的35%。可耕地占全岛面积的17%，农作物种植面积占3%，草场和牧场占5%，其它41%。

工业 为发展工商业、提高人民生活水准，致力开发电力，发电量保持直线上升。留尼汪传统的主要工业为蔗糖制造业及制糖机械和运输工具维修工业、组配件制造业，以及小型日用品加工业。工业总产值约占岛内生产总值的26.1%。

农业 农地为4.7万公顷，占全国总面积14.5%。粮食几乎全部靠进口。经济作物有甘蔗、天竺葵、香草、可可、水果、蔬菜等。其中甘蔗种植面积33200公顷，占全部耕地的52.2%。

牧业较发达，肉蛋能满足岛上居民一半的需要。渔业资源丰富，是收入重要来源之一。

旅游业 近年来，旅游业发展迅速，地方当局积极开展旅游业，注意对餐饮业、宾馆业人员的培训，岛上旅游业从业人数为5000人。旅游收入逐年上升，使旅游业超过制糖业而成为第一大产业。

交通运输 交通发达，环岛海运便利，与邻近马达加斯加、毛里求斯两岛及非洲大陆主要港口有定期轮船往返。陆上交通以公路为主，通车路线约1800余公里。平均4人拥有一辆汽车。

华人经济

留尼汪华侨华人（包括华裔）人数，2000年为3万人，祖籍多属广东省梅县、蕉岭、大埔及顺德等地。近年来，部分香港，台湾及东南亚各地的华裔亦有前往投资者，中国大陆的新移民则祖籍分散，流动性较大。华裔从业情况如下：

（一）商业 留尼汪的华侨华人以经营商业为主，现华人经营零售业者已增至1500余家，营业范围遍及食品、饮料、日用品、家电、五金制品、南北货等。其次为批发业及进出口业、超级市场，亦各有十数家。餐馆业及服务业大小共约130余家。由于当地人口不多，市场不大，所以华裔经营的行业都占相当份量。

（二）工业 留尼汪华裔经营工业有传统加工业和新兴劳力密集型外销产业，包括农、渔、畜产品加工、日用品制造及装配业，有酿酒厂、卷烟厂、汽水厂、面包厂、食品加工厂、木材加工厂和手工艺品厂等，共60余家。近年开始发展纺织、成衣等劳力密集型工业，获欧盟国家免配额优惠，香港、新加坡及毛里求斯的华裔前往投资示范作业，而且有能力的华裔也渐参与，带动了华裔发展工业的风气。

（三）农业 华人从事农耕者有10余户，主要种植蔬菜、水果等热带作物，一般能维持小康生活。

在留尼汪华侨华人中较有名望的被视为贴心人的朱复翔，是广东梅县人，在家乡读完小学和中学，于1947年到留尼汪继承父业，从事百货生意，经多年奋斗，事业有成，从1981年起担任留尼汪中华文化促进会会长至今。另一位是留尼汪中华总商会会长霍明祥，他在法国干诺省医学院毕业后，返岛开设一家私人诊所，病人每天应接不暇，收入相当可观。在留尼汪这片沃土上，还有一批年轻有为的华裔在成长。他们是当地出生的第四代或第五代华裔，不懂中文，也不会说中国话，普遍受过高等教育，大多数告别了父辈长期从事的“三刀”行业，而在当地行政机构任职或加入了白领行列。他们的工作生活已完全融入了当地社会，但在感情上依然保持着一股浓浓的“中国情”。在留尼汪不论老一辈华人，还是出生当地的华裔，他们都认为自己是“龙的后代、根还在中国”。

塞舌尔（Seychelles）

国名　塞舌尔共和国（The Republic of Seychelles）

面积　陆地面积455.3平方公里，领海面积40万平方公里。

人口　78845人（1998年）

首都　维多利亚（Victoria）

国内生产总值（1997年）：27.543亿塞卢比

人均国内生产总值（1997年）：6620美元

货币名称：塞舌尔卢比

汇率（1998年11月）：1美元=5.4塞舌尔卢比

简　况

塞舌尔是印度洋西南部的群岛国家，地处欧亚非三洲中心地带，由115个大小岛屿组成。西距肯尼亚1593公里，南与马达加斯加、毛里求斯相望，东北距印度2813公里，为亚、非两洲交通要冲。属热带雨林气候，高温多雨。年平均气温24℃，最高气温39℃。

16世纪葡萄牙人曾到此地。1609年，英国入侵。1756年被法国占领。1794年英国取代法国。后英、法多次易手，轮流占领。1814年，英法签订和约，塞舌尔成为英国殖民地，归英在毛里求斯的殖民当局管辖。1903年改为英直辖殖民地。1970年实行内部自治。1976年6月29日宣告独立，成立塞舌尔共和国，但仍留在英联邦内。全国分为25个区。

经　济

旅游业为经济支柱，被人誉为印度洋上最美丽的群岛。粮食和日用品主要依赖进口。

资源　金枪鱼等渔业资源丰富。海域辽阔，专属经济区为200海里（104万平方公里）。森林面积约2000公顷。

工业　由于原料和国内市场狭小，主要发展中小型企业，如金枪鱼罐头厂、饮料厂、饲料加工厂、肉类加工厂、乳制品厂、电视机组装厂等。工业产品有食品、油漆、家具等。

农牧渔业　可耕地极少，约1万公顷。主要种植椰子、肉桂、茶叶等作物。粮食、肉类和蔬菜大多靠进口。

旅游业　塞岛风景美好，1993年在世界十大旅游点评选中名列第三。每年来塞的游客中，欧洲人占77%，非洲人占10%，亚洲人占4%。旅游业成为塞国的主要收入来源，占外汇收入的七成以上。

交通运输　以空运和水运为主。首都维多利亚港位于印度洋国际航道，是印度洋上重要的交通枢纽，共有14条国际航线。维多利亚港是唯一港口，也是西南印度洋地区最大的金枪鱼港。平均年吞吐量为50万吨。

同我国的关系　1976年6月30日中塞两国建交。

华人经济

塞舌尔华侨、华人2000年约2000多

人，约占当地总人口的2%。1886年，23名中国人来到塞岛垦荒种植或从事零售业，成为该岛的首批中国移民，至1901年人数达100多人，1936年增至300多人，绝大多数是来自广东顺德县，有少数是从毛里求斯转居而来的广东梅县人。他们很快便适应当地的民俗习惯，有的并同塞舌尔女子结婚。由于岛上不同人种之间的通婚现象甚为普遍，造成塞岛居民血缘混杂。中国人与本地人结婚，其第二、第三代已很难分清是中国人的后裔。因为这个原因，1948年塞国政府统计人口时，把土生的华裔算作塞舌尔人统计在内，1970年时塞国总理再次宣称华人后裔都是塞舌尔人。

早期移居塞岛的中国人，都是从事农业劳动，以种植水稻和蔬菜为主。随着群岛的开发，以及首都维多利亚的繁荣，华人开始弃农从商，并很快把商业网扩及整个群岛。例如，原籍广东顺德的邓氏夫妇在这里开设杂货店和酒吧，其父辈于1918年便来此谋生。原籍广东梅县的李万海幼时随父母到塞国谋生，现已拥有几个大贸易公司。华人经营出口贸易及杂货零售共有70余家，经营餐馆及娱乐业有七八家，也有开设肥皂厂和手工艺品厂。华人出售的货品，多从新加坡或香港购进。因为华人经营一向讲究信用，塞岛的银行都很愿意贷款给华人。所以华人想开间店铺，并不困难。华人商业在当地占有重要的地位，不仅为当地居民提供了日常生活所需品，并以输出大量土产品为塞国取得外汇，促进该岛的经济发展。

塞舌尔华人虽不像东南亚富商那样拥有亿万资产，但他们人人都有些积累，家家户户都有一两部小汽车，生活较富裕。华人重视子女教育，往往把子女送到德国、法国、英国、美国读书。塞舌尔推行高福利政策，国民享有免费教育和免费医疗。除了中小学免费教育外，学生到外国读大学，还可得到政府奖学金的资助。土生土长的华裔，都不愿继承父业，有的成了国家公务人员、工程师、会计师、电脑人员等，有的则到国外追求更大的发展。

在塞舌尔维多利亚市有唯一的华人组织——旅塞华侨联合会，已经有100多年的历史。塞岛从来都没有中文学校和中文报刊，因此在第二代第三代华人中，已找不到几个能讲华语和认识华文的华人。塞舌尔岛的华人或土生土长的华裔，他们已落地生根，融入了塞岛的社会群体中。这里的社会，不论是中国人的后裔，非洲人的后裔，或欧洲人后裔，均以塞舌尔人的生活方式过日子。

南 非（South Africa）

国名 南非共和国（The Republic of South Africa）

面积 1221037平方公里

人口 4450万（1999年）

首都 比勒陀利亚（pretoria）为行政首都；开普敦（Cape Town）为立法首都；布隆方丹（Bloemfontein）为司法首都

国内生产总值（1999年）：约1200亿美元

人均国内生产总值（1997年）：2756美元

货币名称：兰特（rand）

汇率（1999/12/31）：1美元=6.1525兰特

简 况

该国位于非洲大陆最南端，北邻纳米比亚、博茨瓦纳、津巴布韦、莫桑比克和斯威士兰，东、南、西三面濒印度洋和大西洋。海岸线长2954公里。全国大部分地区属热带草原气候，夏季最高气温32~38℃，冬季最低气温为-10~12℃。

最早的土著居民是桑人、科伊人及后来南迁的班图人。17世纪中叶后，荷兰人、英国人相继入侵，并不断将殖民地向内地推进。19世纪中叶建立起开普、纳塔尔、德兰士瓦南非共和国和奥兰自由邦等政治实体，1910年合并为南非联邦，成为英国的自治领地。1961年5月31日退出英联邦，成立南非共和国。根据宪法规定，全国共划为9个省，各省有立法、任免公务人员的权力，负责本省经济、财政、税收等事务。

经 济

南非基础设施良好，资源丰富，经济开放程度较高，是非洲经济最发达的国家之一。国内生产总值占全非22%，对外贸易占全非24%。矿业、制造业和农业是经济三大支柱。近年主要经济发展方针为引进外国投资和发展劳力密集加工业。

资源 矿产资源丰富，是世界五大矿产国之一。黄金、铂族金属、锰、钒、铬、硅铝酸盐的储量居世界第一位，蛭石、锑、钛、锆居第二位，氟石、磷酸盐居第三位，钻石、锌居第四位，煤居第五位，铅居第六位，铀居第七位。

工业 黄金产量约占全球17%左右，年产量540余公吨。白金年产保持110公吨，占全球1/3。制造业门类齐全，技术先进，主要产品有钢铁、金属制品、化工、运输设备、机器制造、食品加工、纺织、服装等。南非电力工业较发达，发电量占全非洲的60%。

农林畜牧业 农业较发达。正常年份农产品除自足外还可出口，主要作物有玉米、小麦，为外销产品及供应人民主食所需。其他则有甘蔗、香蕉、花生、豆类、大麦、燕麦、根类、茎类作物等。

森林面积为820万公顷，占全国总面积6.7%，多属保安林及防风林。

畜牧业也较发达，所需肉类85%自给，15%从邻国进口。

旅游业 设施完善。近年旅游业产值不断增长，旅游点主要集中在东北部和东南沿海地区。

交通运输业 有非洲最完善的交通运输系统，对本国以及邻国的经济发挥着重要作用，近年来加强了交通枢纽的建设，私有化进程也逐步开始。铁路总长3.41万公里，其中1.82万公里为电气化铁路。公路总长23.2万公里，其中1380公里为高速公路。水运方面，海洋运输业发达，与非洲国家贸易的99%要靠海运完成。空运方面，南非航空公司是世界最大的50家航空公司之一，与非洲、欧洲、亚洲及中东、南美一些国家直接通航。主要国际机场有约翰内斯堡、德班和开普敦国际机场。

同我国的关系 两国于1998年1月1日起建立大使级外交关系。

华人经济

南非华侨华人2000年共有8万余人，多为来自中国大陆、台湾、香港等地，多聚居在约翰内斯堡和沿海各港口城市，如北勒陀利亚，开普敦，金伯利等地。

南非华侨华人厂商共620家，投资总额15.6亿美元，居外资的首位，雇用员工41240人，年营业总额85.3亿万兰特，所需机器设备、原料、半制成品、模具、组配件等多自台湾输入。

（一）商业

贸易业：华裔经营贸易业者共94家，投资额约1.5亿美元，包括个人公司及海外华裔代表。经营项目包括进口机器设备、工业原料、电子制品及组配件、钟表、家电制品、音响、车辆组配件、日用品等，输出成衣（毛衣）、鞋类、雨阳遮伞、电动玩具、文具等产品。

杂货业：华裔经营杂货零售、批发及超级市场共约48家，资本总额5000万美元，销售物品包括中式南北货、罐头食品及西式物品等，范围十分广泛。

餐馆业：华裔经营餐馆业共47家，资本总额4600万美元，以供应中菜及中式食品为主，多属小型营业。

旅游业：华裔经营旅行社、旅馆、观光纪念品店、电动玩具店等共16家，资本2000万美元。

运输业：华裔经营海空运输业共8家，资本1.5亿美元。

娱乐业：华裔经营高尔夫球场、夜总会、录像带出租等娱乐业共3家，资本400万美元。

此外华裔经营的商业尚有金融保险业1家，资本额2200万美元，医疗业3家，包括中西医诊所及针灸，资本250万美元。其他还有华裔经营的花店、室内装潢、车辆维修、保全设备、美容、移民服务等共120家，资本约4950万美元。

（二）工业

华裔工业共200多家，分布于约翰内斯堡、开普顿、首都比勒陀利亚及各地工业区，主要行业如下：

纺织及成衣业：共有102家，投资总额3.2亿美元，其中在约翰内斯堡者30家，多属大型纺织厂、针织厂及成衣厂。现毛衣占南非市场95%，主要厂区为新堡（New Castle），共计25家，已为南非毛织业的重镇。台商林锦炫在夸祖鲁那省的纺织厂投资1500余万美元，包括纺织及漂染整理部门。

电子电器业：共有23家，投资总额约1.8亿美元，销售个人电脑、电视机及其他小型家电与组配件等，个人电脑占南非市场50%以上。华裔甘居正在约翰内斯堡经营电脑装配、销售业，10年来已发展成为南非最大电脑制造商，并销售及进出口电脑周边设备、组配件等，资产总额增至5000万美元，拥有子公司7家，其创办的振华电子公司为南非最大电子企业。华裔曹辉兴于德班创设电脑销售公司，并在约翰内斯堡、开普敦设分公司，资产总额360余万美元，电脑经销网占当地80%。

机械及仪器业：有32家，投资总额1.6亿美元，其中在约翰内斯堡者15家，不锈钢刀叉及钟表等产品，占南非市场80%以上，且为南非汽车仪表的唯一制造商。此外，模具及五金制品业等，也均具技术水准。南非传统的矿业及冶炼业机械维修，华裔亦多参与。

化学制品加工业：现有71家，投资总额2.8亿美元，所产塑胶原料及PP编织袋，占当地市场70%以上。华裔孙大荣在橘自由省投资2000万美元，经营PU塑胶、布料、纸厂与制鞋等。孙瑞生经营的亚洲化学公司的产品自粘性封闭箱用胶带，占当地市场50%，均具规模。

食品制造业：有4家，资本额约800万美元，从事农渔产品加工等中国式食品，如糕点、豆腐、鱼丸等。

建筑业：共有17家，资本额约5300余万美元，其中5家在约翰内斯堡，少数与当地厂商合作，承揽房屋建筑工程及兴建公寓、华宅等，多数从事不动产买卖中介业务。

其他制造业：包括木材加工厂、运动休闲器材制造、纸制品、玩具、家具、人造珠宝等，华裔亦都参与。现有19家，投资总额4000万美元。

（三）农渔矿业

华裔从事渔船补给及渔捞及渔货销售业10家，资本约100万美元。其次为经营园艺，种花，种菜者6户，资本总额1000万美元，并兼饲养禽畜。第三为从事宝石及矿石加工业者6家，有长青宝石公司、Sunshine、Corushers等，资本2500万美元。产品除销本地外，还外销至亚洲及非洲南部国家，具有发展前途。

从中国大陆到南非的新移民不断增多，他们主要来自广东、上海、福建和内地其他省分。这些移民到南非后，以在中餐馆、夜总会、酒店打工为主，有的在街上摆摊。1997年，中国大陆旅居南非的工商业者成立了南非中华工商联合会。

南非华侨华人中已有许多不懂中文，但仍保留着为新生儿办满月，婚礼要上9道大菜，农历新年放鞭炮，每年两次扫墓等华人传统习惯。只是在这些习俗中已有了西化味道，如婚礼时，新娘仍要遵循为公婆捧上新茶的习俗，但却穿一身白色婚纱装，而不是红袄。

南非最大城市约翰内斯堡市内的专员大街上有一个“中国城”。谓之城，其实就是在这条大街的尽头处集中分布着众多的华人店铺。这个城的变迁是南非华人史的一个生动的缩影。

约堡“中国城”始建于19世纪末叶，最初的零星场所是当地华人为打发闲暇而聚众娱乐的所在。几经沧桑，这条街上开始有了华人店铺。广兴行当属约堡“中国城”中历史最为悠久的店铺，其次为1909年开张的何国柱公司。一进何国柱公司门内，货架是一排排高至房顶的老式木柜，货物多为来自中国的精美磁器。1961年开张的全兴餐室，同样令人感到历史的厚重，单是那张挂在墙上写有“牛肉粥/每碗贰司令”等字样的菜单就够回味无穷的了。但在老一代华人店铺中，还是自1943年开张的瑞兴行最为红火。

20世纪70年代后，一批来自台湾、香港的华人陆续移民南非。“中国城”内相继新添了台北人超市、泛亚旅行社、香港烧腊等新店。80年代末以来，来自中国大陆的新华侨开始出现在约堡“中国城”、羊城面馆、上海熟食、广州烧腊、中华批发市场等陆续挤入专员大街。

近年来善于生存的华人们目光转移，在约堡城东的布鲁马地区开拓出了新的“中国城”。新“中国城”内现代化味道浓厚了许多，街角赫然耸立一家大众快餐。没有几年，来自大陆、台湾、香港的华人便在这里建成了一座更为兴旺的“中国城”

塞内加尔（Senegal）

国名　塞内加尔共和国（The Republic of Senegal）

面积　196722平方公里

人口　1005万（1999年）

首都　达喀尔（Dakar）

国内生产总值（1999年）：约40亿美元

人均国民收入（1999年）：约380美元

货币名称：非洲金融共同体法郎（简称非洲法郎）

汇率（1999/12/31）：1美元=652.85非洲法郎

简　况

位于非洲西部凸出部位的最西端。北界毛里塔尼亚，东邻马里，南接几内亚和几内亚比绍，西濒大西洋。海岸线长约500公里。属热带草原气候，年平均气温29℃，最高气温可达45℃。

公元10世纪，图库列尔人建立泰克鲁王国，14世纪和16世纪先后并入马里帝国和桑海帝国。1864年沦为法国殖民地。1909年划入法属西非洲。1959年与马里结成联邦，法国拒不承认马里联邦的存在。1959年底以前，联邦领袖们曾决定尽力脱离法国而独立，但要求获准仍留在共同体内。在长期谈判后，法国允许马里联邦在共同体内部于1960年4月独立。1960年6月，马里联邦宣告独立。同年8月，塞退出马里联邦，成立独立的共和国。全国分为10个行政区，30个省，90个县。

经　济

塞内加尔经济以农牧渔为支柱。矿产主要有磷酸盐、铁、海盐、大理石等。磷酸盐藏量约2亿吨。铁矿藏量6亿吨。水力资源较丰富。森林面积占全国面积的1/5，约390万公顷。

工业　全国有500多家企业，主要是农产品加工、食品、化工、纺织、皮革、炼油、建材工业等。85%的工厂企业集中在达喀尔。近年来，四大传统创汇部门除旅游业外，其它如渔业、花生和磷酸盐等部门均不景气，特别是非洲法郎贬值后大多数国营和准国营企业开工不足，倒闭现象严重，失业人数猛增。

农林渔业　农业人口占全国的70%。可耕地800万公顷，已耕地260万公顷。主要经济作物有花生和棉花。花生种植面积100万公顷，除满足国内需要外，绝大部分出口，是国民经济重要支柱之一。主要农作物有小米、高粱、玉米，粮食不能自给，仅能满足40%的需求，因此，每年需要大量进口粮食。渔业是塞经济主要支柱之一，占国内生产总值的30%，也是外汇的主要来源。盛产金枪鱼、沙丁鱼等鱼产品，全国约有15万人从事捕鱼业。

旅游业　是塞经济的四大支柱之一。旅游点主要集中在达喀尔、捷斯、济金朔尔地区。

交通运输　国内运输主要靠公路和铁路。首都达喀尔为西非航空中心，往来非、美、欧间班机场经此转运。

华人经济

塞内加尔华侨华人1999年为106人，主要从事与农业有关的行业，以及经营杂货业与饮业等。

杂货业1家，资本额约5万美元，该店系由一林姓华侨经营，由巴黎的中国百货店进口亚洲商品，售予本地亚洲人。

餐馆业3家，资本额共约50万美元。其中一家是台商冯世光经营的台湾餐厅，资本额30万美元，系1994年开业。另2家则由中国大陆移民经营，各名为汉宫、东京。

贸易业1家，资本额约20万美元，系1998年开业的华裕公司，自中国大陆进口一般日用品，自行车等。

医药业2家，由中国大陆移民王姓及杨姓医生各自开设中医针灸及西医一般科诊所。

另有一家华裔巨联公司正在兴建农药加工厂，准备生产农用药剂，包括杀虫剂、杀菌剂、杀草剂、植物生长调节剂及环境卫生用药和肥料等产品。

斯威士兰（Swaziland）

国名 斯威士兰王国（The Kingdom of Swaziland）

面积 17363平方公里

人口 98万（1999年）

首都 姆巴巴内（Mbabane）

国内生产总值（1998年）：约40亿美元

人均国内生产总值（1999年）：约4200美元

货币名称：埃马兰吉尼

汇率（1998年10月）：1美元=6.11埃马兰吉尼

简　况

斯威士兰是非洲东南部的内陆小国，北、西、南三面为南非环抱，东与莫桑比克为邻。属亚热带气候，年平均气温西部为10℃，东部为22.2℃。

15世纪后期，斯威士兰人由中部非洲和东非逐渐向南迁移，16世纪定居于此地并建立起王国。1907年后成为英国的保护地。1968年9月6日宣布独立，定名斯威士兰王国。全国分为4个区：希塞尔韦尼、卢邦博、曼齐尼、霍霍。

经　济

近年奉行自由市场经济，重视利用私人和外国资本，鼓励出口。并采取重要经济措施，包括改革税制、节制政府支出、推动观光事业等。

工矿业 具有可供开采的重要矿藏有铁矿石、石棉和煤。此外，工业发展较快，在国民经济中所占比重居首位，主要有石棉、钻石、煤、榨糖、木材加工、纸浆、水果罐头，以及棉纺、消费必需品、饮料业等。

农牧业 农牧业在国民经济中占重要地位。可耕地占国土总面积的8%，主要作物有甘蔗、玉米、棉花等。甘蔗种植一直是斯就业人口最多的行业。粮食依靠进口，不能自给。草地牧场约占国土总面积的67%。

旅游业 斯国有“非洲瑞士”之称。观光事业为该国重要事业及收入之一，南非为观光客的主要来源。

交通运输 以公路运输为主，内陆有良好的运输设施连接各国主要城市干道。空运方面，每天有固定飞机班次往返于主要国际城市及邻近国家。

华人经济

斯威士兰王国华侨及华裔人数1999年约240人。其中来自台湾的有180人。其他地区70人。斯国侨营事业的特点是，他们都是新移民创业者。

商业 侨营商业共有21家，其中台商15家，另外有6家是毛里求斯华裔前往投资的。大约分为：

1. 杂货业7家，每家资本14至20万美元。4家系台湾移民经营，2家来自中国大陆，1家由来自毛里求斯的华裔，名称为东方、九龙、金龙、富原、龙园、飞达及张氏。销售中低价位成品、电子产品、钟表、饰物等，货源多来自台湾、香港及新加坡等地。

2. 餐馆业5家，包括元山饭店、九龙快餐店及分店、华利餐厅、成吉思汗餐厅、龙园餐厅。其中2家系台湾移民经营，2家来自大陆地区，3家为毛里求斯华侨经营，每家资本自15至20万美元不等，顾客多为华裔及外侨，营业状况良好。

3. 贸易业6家，均系台商经营，自台湾、香港、南非进口成衣、钟表、电器、玩具及中国食品，供应当地市场及华商杂货业及餐馆业，并自产地采购海参、鱼翅、牛黄、黑木耳等输往香港、台湾、新加坡等地，每家资本有15至30万美元，甚有发展前景。

4. 旅馆有两家，资本额分别为50万美元及100万美元，占当地1成，全年平均住客率为50%。

工业　华侨经营纺织业5家，占斯国纺织业的30%。3家系台湾厂商投资，一家属新加坡华裔经营，另一家香港华商经营，每家资本25万至300万美元不等，从事针织成衣制造及外销。台湾东帝士集团所属的东丰印染公司，也在斯国投资成立印染厂及织布厂，投资额为1000万美元，雇用员工1100人，月平均产量35000打成衣，年外销额约1400万美元。由于斯国纺织品输出欧洲市场免配额，又有关税优惠，成为拓销欧洲的最佳跳板。

其次是台湾新移民在马河坝工业区创设南京模具制造公司，拥有精密工具机及高超技术，独家从事模具铸造，供应农业机械及一般机械所需，资本30万美元。第三为台湾移民创设的高级宝石加工厂，资本20万美元，自南非采购宝石、半宝石加工外销欧、美、日等地。

第三篇

专论·资料

中华文化在海外的传播及对中外关系的推动

国务院侨务办公室　　丘　进

古时中国人移居海外，给侨居地带去的不仅是生产力的开拓和经济的发展，亦有不同文化的影响和交融，后者对于各个时期中外关系的发展尤其具有潜在的巨大推动力。之所以是潜在的，是因为旧时（此处乃相对当今改革开放之后的新时期而言）出洋的中国人，绝大多数属劳力型者。他们所从事的活动基本上是靠体力谋生，表面上并无文化意识，实际上，无论在哪一个阶段（不含新时期），第一代移民的主体，毕竟是文化程度较低的农民、劳工和小商贩，如果说历史赋予了他们某种任务，主要也是形态性的。然而，文化，尤其是广义的文化，是与人及其各种劳作所创造的事物形态不可割离的。换言之，无论早期的华侨自觉不自觉，愿意不愿意，他们在海外的生产和生活活动，必定附带着原住地的文明特色与文化特质，并且象基因的遗传一样，通过他们，在新的土地上萌发、生长，只不过其作用程度与其所黏附的主体（尤其是侨社首领）的知识水平之高低和文化意识之强弱成正比。

中华文化源远流长，博大精深，中国的某一个时期，或某一特定的中国人群体，都只能反映出其中有限的一部分，更何况远离故土的华侨社会。此外，由于漂泊异域，他们的社会生活半径与故土相比小了许多，活动内容相对单调，还会不同程度地受到当地文化排他性的局限，于是有意无意之中，随他们迁徙而来的文化在重新发扬时被筛选了，往往只有那些既有旺盛生命力和强大社会惯性，又有较为广泛的优秀认同性的成分，被保存并在异域生长，从某种意义上说，也正是这些成分，构成了中华文化在海外发扬光大的主干，进而从文化层面上推助华侨顺利融合当地社会。

本文拟从中华文化体系的多样性根源出发，剖析它的几种在海外社会环境下显呈不同的特质，并阐述其对增进中外友好关系所起到的积极而独特的作用。

一、中华文化是多民族、多宗教长期并存、互融的历史产物

（一）酝育古代中华文化的地理环境

和世界其他民族文化一样，中国文化在产生的早期阶段，在很大程度上受到自然条件，尤其是地理条件的约束和影响。从整体地理环境看，上古人类大致分为农业民族、游牧民族和海洋民族。在典型的海岛条件下，人们生活与生产的空间较小，而海洋交通则较为便利，所以商业、贸易较发达，且易产生向外拓殖的动机和条件，这一特点直至世界近代仍在突出地表现着。而在远离海洋及大江大河的高纬度内陆地区，由于气候条件的限制，农作物品种少，产量低，唯有牧牛羊为生最为便捷，由此而产生的游牧民族逐水草而居，生产生活资料较贫乏，群体移动性大，往往成为民族冲突的主动者。古

代西欧罗马帝国和东亚的汉、晋帝国在同一时期内遭受着相同程度的游牧民族的入侵，而且此种入侵被认为是导致两大帝国衰亡的重要原因，这视为震撼世界古代文明进程的一个悲壮的历史现象。与海洋民族和游牧民族迥异，拨动农业民族的地理杠杆则为较适中，例如，有广大面积的疆域，温和的气候，较多的江河湖泊和适于耕种的土地，等等。充分的考古证据表明，远古至史前期，我们这个星球上出现了若干大文明发源地——巴比伦、埃及、罗马、印度和中国。其中范围最大、人口最多、成就最丰、延绵最长者，当推中华文明。

我们可以这样扼要地分析古典中华文明所处的地理格局：

1. 中国大陆恒亘万里，两大河流横贯东西，中部平原辽阔，没有天然的屏障阻隔其间，因此在政治、社会、经济、文化、军事上都较自然地趋于统一，虽时有分割，但毕竟以和为主，且愈合愈广，愈合愈紧，以致即使北方的游牧民族南侵，或轻扰自退，或在极短时期内自行融合于中原主体民族之中。世界其他几个古典农业民族，均先后沦于外族入侵，一蹶不振。而中国始终保持自己的文化传统和完整体系，延续千年而不曾中断，这在世界文明史上是独树一帜的。

2. 在中国大陆的四周，有着对原始人类难以逾越的天然屏障——东南海域万里，西北沙漠戈壁，西南高原深壑，北临冻土荒原。这种在大面积内与外部世界隔绝的环境，使在这里生息繁衍的民族专心经营，不谋拓殖，更养成和平温顺、消纳异端之秉性。

3. 东亚大陆季风性气候，也对这里的民族及其文明产生影响，中国大多数地区处于温带，四季分明，林木繁茂，物产丰富，加之矿藏资源较多，使中国人最早发现并使用石油和煤炭，且早在公元前就发展了对后世影响很大的冶炼术、炼丹术。

4. 由于以上原因，虽然中国有约二万公里的海岸线，也有悠久的航海史和辉煌一时的造船业，但中华民族依然以大陆为本，以海内为家。这里的人们安守故土，勤奋劳作，生息繁衍，宗族亲和，进而在多个地域、各种层次上形成互相依存的强大凝聚力。

（二）中华文明的构成和融合

民族是一个历史范畴，其发展经历了漫长的过程，中华民族只是现代意义上反映中国境内多部族融合的整体概念，而不是国内任何一族（如汉族）的扩大和代称，但它亦可以包括这一民族移居海外的部分。考古及文献研究表明，在新石器时代，中国氏族林立，族类繁多，依《史记·王帝本记》，除炎黄居于河洛、江汉之地外，又有四大少数民族集团，即共工氏（流于幽陵而变北狄）、欢兜氏（放于崇山而成南蛮）、三苗氏（迁于三危而变西戎）及鲧氏（趋羽山而变东夷）。这几个大集团经二三千年的交叉、发展，至秦汉之时，形成了整合强大的中华民族；紧接着，在两汉、三国、两晋时期，又结合了匈奴、羯、鲜卑、氐、羌诸西北、东北民族，拓宽了农业民族的边界，尤其是唐代汉藏联姻，更具深远意义。其后，直至当代，在中国大地上，各民族的融合从未停止过，而最早出现于太史公笔下的“中国人民”，更是自古迄今，包含着数十个民族的共同特征。

（三）中华文化中的宗教构成

宗教在中华文化中占有相当大的份量，但与西方文化有极大不同，主要中国文化中的宗教构成极为复杂，不象西方及其他主要外族文化那样多为单一宗教，前者的宗教情绪也远不如后者那样强烈。中国本土产生的主要宗教当属儒教，但儒教又不是彻底意义上的宗教，更多的却是中华民族在思想道德和社会生活准则的集中反映。另有道教，但影响范围十分有限。历史上，外国宗教如佛教、天主教、基督教、回教、袄教、景教等，先后传入中国，也在不同范围内流行过，但都没有成为国教，也不曾有其中一种成为中华民族的主体宗教（尽管佛教的信徒人数比别的宗教信徒多得多）。这在世界其他国家、其他民族来看，也是相当鲜见的。究其原因，主要可归功于本土文化的包容性和中国各部族几乎是与生俱来的亲和性，这种文化对传入中国的各种宗教均不排异，以至形成民间的多神信仰，而在政治上则始终是帝王至尊，甚至地方行政长官也可凌驾于宗教之上。中国封建统治的专制性十分严酷，却从不限制臣民的文化倾向和宗教信仰（即使皇帝成了某一教义的信徒，他或她也决不强迫治下的人们改变原有的教义）。历代王朝的开科取士，只要求应试者按先贤经义破题立论，并不介意其尊奉的是孔孟之道，是列祖列宗，还是释加牟尼、耶苏基督、安拉真主。人们对所信仰的宗教之敬重，主要出于自觉皈依的程度，可以终身矢志不渝，坚守教义；也可以根据实际不断地改变。有许多“双重教籍”、“多重教籍”者，更有大量无教籍者（实际上是信仰上无定式的、更贴近世俗生活的无神论者和多神论者）。这里，笔者想起早在公元十五世纪初叶开辟中国至西洋航线的伟大航海家郑和，他本是一位专一的回教徒，但中华民族的宗教宽容性在他身上有着典型的表现。他第二次西驶经过锡兰山时，曾立一碑（现存于科伦坡国家博物馆，北京历史博物馆有拓片），即举世闻名的郑和碑，正面刻有汉、泰米尔、波斯三种文字，各自的意思是向佛主、向婆罗门教神毗瑟奴、向伊斯兰教真主表示敬意，并祈求平安。这反映了郑和及其所代表的中国政府、所象征的中国人民对多种宗教的尊重，希望他们所从事的中外经济、文化及政治的交流活动，在多种宗教的氛围中得以顺利开展。这也正是郑和以后的历代中国人谋生海外所遵循的历史原则。

二、中华文化的几种受到广泛认同的特质

文化的涵盖广泛，在不同场合有不同所指，例如梁漱溟认为文化是“吾人生活所依靠之一切”，钱穆则说文化指“人类生活多方面的综合体”，或曰物质文明与精神文明的总和。这个概念较多地用于考古学或历史学，这是广泛的。也有狭义的，多指人的知识水平或单指文学、艺术。这里，笔者在文化的中间阶段取其义，即一个民族基本的思想意识形态，以及受之指导的共同的日常生活行为及方式。中国文化的基本思想意识，或其基本精神，按张岱年的说法（注 1），主要有四点：其一，刚健有为，即“自强不息”和“富贵不能淫，贫贱不能移，威武不能屈”；其二，平和中庸，即“和实生物”、“中庸为法”；其三，崇尚道义，经世致用；其四，天人协调，既改造自然，又随附自然。还有其他要素，但主要可归为以上几点。囿于篇幅，有关基本意识形态问题，这里不展开讨论，下面简述在这些思想指导下的人们较为共同的行为方式。

（一）勤劳节用，质朴俭约

这是中国先民早在洪荒时代就突显的美德，如精卫填海、女娲补天、神农尝百草、大禹治水、愚公移山等，其故事为世代传颂，其精神一直感染、激励着后人，成为在艰苦环境下开创事业的精神基础，不仅各个时期、各个民族的中国人对此坚守不渝，最突出的反映，便是近代中国人为生计所迫，移民海外，在上无片瓦、下无立锥之地的恶劣条件下，其生存、发展的唯一动力，便是与身俱来、溶在血液中的这种精神。遍阅世界各国华侨史，其开篇无一不是赤贫如洗和血泪斑斑，而他们超出常人的勤奋、自强与节俭，最终都赢得了包括排他性极强的民族

在内的当地社会的容纳、认同以至融合。这一点,在世界其他民族的移民史上亦是罕见的。

(二)仁爱与中和

这是中国固有的一种道德内涵。

仁为孔子学说之核心,儒学视为“全德”。孟子提出“亲亲而仁民,仁民而爱物”,即由己推人,由人及物。墨家进一步主张兼爱:“视人之国若视其国,视人之家若视其家,视人之身若视其身”。仁爱这一主体,经数千年之久,遍海内外之广,一直随中华文化而传播、而弘扬、而发展,更是中华民族与其他民族沟通、共处的主要准则。《中庸》曰:“中者天下之本也,和者天下之达道也。致中和,夫地位焉,万物育焉”。中和乃人伦之道,简单地说,它要求人们坚守正道,行不偏激,情欲平和,兼顾各方。这一点,朱熹在其《朱子语类》卷六十二中说得平常易解:“中庸,只是一个道理,以其不偏不倚,故谓之中,以其不差异可常行,故谓之庸”。实事求是地说,中庸不光是旧时中国封建统治者、士大夫执着推行,亦被当今各层明智的领导者、各界人士所渐多采纳;不仅在中国大地上得到传扬,更是海外华侨华人在陌生、复杂环境下生根、成长的行为法宝,甚至构造了他们中的精英在异域团结友族、建邦立国的基本方略。

(三)合群团结,以德处世

中华文化贵群体凝聚,倡道义相待。“天时不如地利,地利不如人和”之理,几乎每个中国人都详解能诵。亲仁善邻,德治乡里,是中国的千年民风,也是维系这个多民族大家庭的社会纽带。当中国人远离故土谋生海外时,尤明此理。梁启超析之曰:“人所以不能不群者,以一身之所需求、所欲望,非独立所能给也,以一身之痛苦、所急难,非独立所能捍也。于是乎必相引、相倚,然后可以自存”(注2)。因而更有“合群分明,则是以御他族之侮”(注3)的结论。

合群团结,毕竟还是封闭的体系,而交友善邻,才可以共同进步发展,这也是中国独特的历史传统。作为一个泱泱大国,即使是在中世纪辉煌、强盛之时,中国从未侵略奴役过邻邦友族,郑和船队七下西洋,威震四海,除了联络友邦、交际经济之外,并未谋求一寸疆土。对此,西方历史家、政治家、军事家大惑不解。实际上,只要明了中国人的此种文化精髓,便也不足为怪了。明清之后,中国人移居海外者渐增,当然多数属寄人篱下,小心求存,但其中亦不乏成就卓越、超然出世之雄才和群体,而无德乱世之大局却从未出现。究其根源,莫非如此。

(四)改造自然,人定胜天;顺应自然,轻松随和

中国自远古就十分注意在人与自然之间寻找一种协调和平衡,既强调人对自然的了解、尊重【“天地与我并生,而万物与我为一”(注4)】,又强调对自然的驾驭和改造【“人强胜天”(注5);“天之所能者,生万物也,人之所能者,治万物也”(注6)】。尽管在不同的历史时期,中国的思想家、哲学家对这两者之间的关系侧重不同,或者更多的是潜心论证“天不变道亦不变”,但对于历代直接参与生产实践的劳动人民乃至科技人士来说,却并没有受到思想的约束和禁锢(这一点与西方中世纪宗教绝对统治时期形成鲜明对比);换言之,中国人对客观世界的认识与改造几千年来不曾停顿或滞缓过。这大概便是所谓“华人聪慧说”的历史基因。事实也证明了这一点,只要社会稳定,政治升平,无论在世界的哪个角落,中国人的才智和成就往往总是上流的。

在人与社会(或人与人相处)的关系上,中国文化则表现出一种特有的随和性,保持着“顺其自然”的宽松心境(这里“自然”指的是主观世界和人的思维与情感)。例如,中国人较其他民族更爱交友,热情好客:“四海之内皆兄弟”、“有朋自远方来不亦乐乎”，是妇孺皆知的。朋友熟人之间不言利，讲究礼尚往来、人情世故，决无西方民族那种“人情如纸”的淡薄。由于互相交往较多，一般性的礼仪也就较为简洁、自然。此随和性就象一种润滑剂，消弭了冲突，增进了社会的和谐。

（五）淡己尊他，廉敬礼让

这也是中华文化区别于其他文化的一大特质。“贵人而贱己，先人而后己”，“宁人负我，无我负人”，“躬自厚而薄责于人”，“待人要丰，自奉要约，责己要厚，责人要薄”“己所不欲，勿施于人”（注7），这类名言警句充斥古今典籍，而为广大国人所遵循。在自廉与敬人方面，中华文化表现得尤为突出。中国人将谦虚视作美德，语言文字中谦词敬词甚多。如在提到自己时，总是很谨慎，不是“鄙人”，就是“拙作”，不把自己的观点说得太满，有成绩总是归于集体或领导；对别人则恭敬有加，问别人姓名用“贵姓”、“尊姓大名”，称对方父母用“令尊”、“令堂”，称对方单位总要冠以“贵”字。诸如此类，虽是不成文的约定俗成，看上去也似乎有点繁琐细微，但实际上在人群中默默地酿造着一种宽广豁达的美好人格和昌济和睦的社会正气。

（六）除淫崇孝

中华文化对淫最为禁忌，而对孝则最为崇尚。这一点又与西方文化有很大的不同。淫之所以为万恶之首，远在中国古代就有着人类学的科学成分，因为它带来的直接后果便是血缘关系的混乱。同时，也是破坏家庭结构、导致社会不安的最大祸根。因此，淫历来为华夏各族及其文化所不齿。而孝在中国古今的社会、家庭、伦理、思想等传统中居于主要的地位，被视为延续祖宗生命与传统的唯一形式，故有“不孝有三，无后为大”之训。儒学最高道德准则“天地君亲师”中，最核心的便是“亲”，即孝，其形式已不是简单的养亲，更在乎敬亲、爱亲、尊亲，而且由家庭扩至家族、宗族，再至社会的方方面面，所以对每一个中国人来说，几乎都有一个由亲属、族人、同宗、同乡、师长、朋友组成的密切的人际关系网，从而形成特有的社会关系基本模式。在中国语言中，表达亲属关系的词汇特别多，而且经常用家庭的称谓来称呼别人，用高一级称谓来称呼平级甚至低一辈的人，以表示尊敬、客气和热情，而且的确起到亲近、和善、尊重、爱护和扶持共事的积极作用。西方民族的成员，几乎在一切场合、对一切亲属（甚至父母）都可以直呼其名，这对中国人来说，最多可以理解，但却是难以吸纳的。

（七）尊师重教

中国古代以德教为治国之本，重教也成为中国突出的文化传统，主要表现在两个方面：

其一，劝学。无率天子还是庶人，均以勤学修身为本，即所谓“建国君民，教学为先”（注8）。苏秦发愤刺骨、匡衡凿壁偷光、车胤囊萤照读、王育折蒲学书等古人勤学的故事，几乎为每个中国儿童所必读能详。在中国文化圈中，家长为子女读书不惜破财弃家，孩童奋发求学辛苦万状，其历史之久远，其景象之壮观，堪称天下之最。无论其中可能有多少弊端，但对优秀传统之继承，对知识文化之昌明，对社会进步之作用，是应当大加肯定的。

其二，尊师。中华文化中“天地君亲师”并提，将师放到极高的地位上。“师严然后道尊”（注9）这一道理，深植于每个中国人的思想中。韩愈的一篇《师说》，成千古佳作，不在其文采，而在其师道。在西方，最严肃的地方是教堂，在中国，最严肃的地方是课堂。这恐怕也是中西文化之大不同的一个典型表现。众所周知，教师所授之业往往代表着一个民族、一个国家的文化主流和方向。因此，尊师重教，只能推进这个民族、这个国家的发展。从这个意义上看，尊师这一文化特质，在任何社会背景之下，都会是一种积极的因素。

（八）以言会友，以友辅仁

中国人较之其他民族，更重交友，也善于交友。比较特有的一点，反映在交友之初以及平时相会的话题上。中国人初次见面总是相互问对方的个人或家庭情况，与熟人见面也常问些私人的事情，而不是象许多外国民族通常只用固定的几句招呼语，交谈也局限于天气之类的话题。这里反映出完全不同的文化背景和民族特性。西方人无论初次还是熟人见面，使用着永恒不变的那几句程式化的词语，纯粹是为了打招呼，毫无深入交谈或交友的意思。而中国人则不同，见面总是先根据对方的状况顺势发问，对方酌情回答，可简可繁，即使是一句“去哪儿”，也足以引出一个内容丰富的话题；用餐前后问一问“饭否”，表达的不仅是问候，更有一丝关怀和体贴。首次见面者，问一些轻松的个人情况，决无“管闲事”之嫌，其中的文化内涵却是深厚的，因为在交际时，总要以别人的情况与自己相映照、比较，例如了解对方的年龄、职业、家庭、教育程度等，以判断对方的兴趣所在，找到进一步交往的共同点。在西方人看来，中国人在一起，哪怕是旅途中的同路人，话总是比较多，而且越来越热情，越来越投入，是难以理解的。其实他们不理解的是这种映照性的文化特点，而不是这种现象本身。人们多交一个朋友，社会便多了一份仁爱。“四海之内，皆兄弟也”，反映出中国古代朴素的大同思想，其中交友的份量是极重的。以言会友，以友辅仁，不失为中华文化的一缕异彩。

三、中华文化在海外的传播及其对中外友好的贡献

随着人口的迁移，文化也在相应的范围内流动着，愈是优秀的文化，其流动性愈强；反之，比较落后的文化，或某种文化的糟粕、低劣部分，则往往局限于产生它的本土，难以外传。文化流动还有另一个条件，即受容民族的接受程度。文化之优劣并非单方所能决定，更主要的是受方的选择。强加于人的文化，是不可能久远的。同时，真正优秀的文化，也决非闭关锁国所能彻底排拒的。因此，只要回顾中国文化的传播及其对各地社会进步的影响，这种文化的价值也便不言而喻了。

（一）中华文化对欧洲的影响

中西交通的历史，可以追溯到秦汉之前，最为著名的便是陆上、海上的丝绸之路。公元三世纪，中国烧瓷技术已臻成熟，之后，丝绸之路又被称为陶瓷之路。至于中国四大发明的外传及其他生活、文化产品（如药品、矿物、真漆、茶叶、雨伞、风筝等）的西输，不断地改变着西人的社会生活。更重要的是中国文化的传播。较早的有马可波罗介绍其中国见闻，引起罗马世界的轰动。明清以后，西方传教士大量翻译中国《四书》、《五经》，在欧洲刊行，系统介绍中国儒家思想和文化特质。十七世纪，欧洲最博学最权威的哲学家莱布尼兹（Leibniz）几乎对中国哲学崇拜得五体投地，他惊叹地说：“我们从前谁也不相信在这世界上还有比我们伦理更完善、立身处世之道更进步的民族存在，现在从东方的中国，竟使我们觉醒了。”他忠告欧洲社会：“我们目前已处于道德沦落难以自拔之境，我甚至认为必须请中国派遣人员，前来教导我们关于自然神学的目的和实践”。他认为：“中国是一个大国，它在版图上不次于文明的欧洲，并且在人数上和国家的治理上远胜于文明的欧洲。在中国，在某种意义上，有一个极其令人赞佩的道德”。他甚至承认，他的伟大发现——现代计算技术的基础二进制，竟远落后于中国人几千年，因而古代中国人不仅有忠孝道德的完满成就，而且在科学方面也早就

超过了近代欧洲人。

十八世纪，法国著名思想家伏尔泰（Voltaire）对中国文化更加赞扬，他的“自然神论”的基本特征便是孔子的“己所不欲勿施于人”的道德规范。霍尔巴赫公然宣称：“欧洲政府必须以中国为模范”（注11）。欧洲的哲学界普遍认为：“如果中国的法律变为各国的法律，中国就可以为世界提供一个作为方向的美妙境界”（注12）。

至于中国古代工艺、美术、文学在欧洲的传播和影响，内容更是博大，限于篇幅，此处不赘述。总的来说，中国文化的许多基本构成及其产生的物质形式，对欧洲古代至近代社会发生的影响是广泛而深刻的。

（二）中华文化在东亚的传播和影响

朝鲜与中国接壤，文化的接触也较直接和便捷。中朝间的交流，在《战国策》、《山海经》、《史记》中早有记载。儒家学说的典籍几乎全都在朝鲜流传，甚至被定为“国学”，忠孝思想逐渐融入朝鲜民族的“新罗精神”，而且历代都发现了大量儒学师宗。实际上，朝鲜半岛的传统文明浸透了中华文化的精髓。

日本早在信史开端就大量吸取中国各种文化成就。公元七世纪的大化革新，实为全盘唐化，其政治制度、地方建制、农工赋税、文字学术、宗教信仰，甚至衣冠文物，尽以中国为典范，为日本后世社会发展打下了深厚基础。日本遣唐史的队伍延续二百六十余年之久，这些硕学大师，不懈地倡导儒家忠孝仁爱、信义和平、纲常名教等思想观念，形成中外文化交流史上的壮观景象。

中华文化在朝、日等国的影响至深至远。1994年，韩国著名学者安炳周教授在纪念孔子诞生2545年学术研讨会上说：儒家思想对韩国现代化和经济发展是起促进作用的，因为儒家思想对人的积极向上、奋发自强上进精神的养成，对人的道德修养、自我人格的完善起到了积极作用。日本沟口雄三教授认为：儒学的作用在于其强调对整体负责的精神，这是日本战后经济腾飞的一个重要原因（注13）。

（三）中华文化在东南亚的传播及影响

中国古代与东南亚各国的交往虽不如朝鲜、日本那样直接，但亦相当密切、久远。

越南，中国古代文献中称越裳国、交趾，汉代在彼处置郡，两千年来与中国一直保持亲切关系，尤以文化互补为重，从典章制度、伦理思想、文字艺术，乃至风俗民情，莫不如此。儒家的礼义忠信孝悌等道德观、文化观，一直伴随着越南民族文化的发展。黎宪宗于景统二年（公元1499年）颁发诏书，博引中国经典，作为德治和正风俗的依据，历代王朝均强调以德治国，以忠孝为纲，提倡温良恭俭。

柬埔寨在中国古籍中称真腊、扶南，三国时朱应、康泰出使彼地，滞留多年。其后中国文化大量入传，对当地几乎起了移风易俗的作用，大大推动了该国的社会经济发展。两国交往频繁，关系一直友好无间。

泰国古称暹罗，历代与中国交往频繁友好。中国人至少在明代已大批流寓于此，主要从事商业活动，亦不乏以农业、渔业为生计者。他们带来的文化传统和生活习俗，深深地影响着当地土著民族，赢得暹罗人民和王廷的信任、尊重，不少华人被委为国家重臣，或担任各类地方长官。明清以来，暹罗赴华朝贡使团频频不断，其中大批要员（如贡使、副贡使、通事等）均为华人。可以说，他们在泰国的经济发展和对外贸易中占有特殊地位。特别值得一提的是，泰国将佛教的三宝与郑和联系在一起，设三宝庙，香火鼎盛，当为中国文化发扬于此的象征。

中国与菲律宾仅巴士海峡之隔，民间往来甚久。《宋史》中已有记载，据《岛夷志略》，元代时，菲岛居民到泉州贸易，因“习俗以其至唐（中国），故贵之也”，中菲两国政治、文化、经济关系历代保持密切，史不绝书。

马来西亚是中国古代航海家最早抵达的海外国家之一，也是中国西汉时期通往印度、西亚、非洲远洋航线的枢纽之地，成为历代东西经济文化交流的交通要道。明初郑和七下西洋，先后五次造访马六甲，此处更成中国丝绸、瓷器、布帛、药品及其他物资的集散地。同时，精神文化的传播也从这里向南洋各地展开，各种手工业和农业技术极大刺激并推进了当地的经济发展。有些地区的人民生活习惯、生活方式几乎与中国一样，语言中也大量借用汉语发音。在马来西亚之马六甲、印尼之爪哇，有著名的三宝井、三宝祠、三宝洞等郑和遗迹，三宝垅之地名，被普遍认为由此而来。

正是由于这些历史的和文化的原因，明清以降，大量中国人移居到东南亚各地。上百年来，这些华侨华人有意地保存了中华文化，也无意地传播了中华文化。不可否认，在经历了漫长岁月的冲刷磨砺之后，这种局域的文化可能在适应所在地社会的过程中发生许多变化，吸收大量当地文化的内容，从而成为越华文化、菲华文化、马华文化，这既是文化的变异，也是文化的发展和进步。同样地，在中华文化所到之处，无不产生与当地文化自然嫁接的现象，随之可见中国农工技艺、建筑造船、医药卫生、饮食服饰、文字语言、思想伦理、生活习俗、天文历法等等，对当地社会的发展进步起到了巨大作用，而且深受当地各族人民的欢迎。在当今的海外华侨华人社会中，不论其移民历史多么久远，我们仍可看到种种中华文化的特质在承传，在发扬，在支撑着他们一代又一代后裔的文化精神，帮助他们在自立、自强的同时，与当地民族共同建设多元文化的家园。例如，泰国华侨华人于1897年创办的报德善堂，素以救灾恤难为己任，服务不论贫富，不分对象，不取报酬，因此深受泰国各界称道和历届皇室、政府的嘉许。再如，菲律宾华社长期不懈地服务当地社会，不仅为菲国经济繁荣、社会进步作出巨大贡献，而且着重捐建农村校舍，组织义诊，建立防火会，在菲律宾被誉为“三宝”，受到历届总统的高度评价。其他各国的华社，类似情况亦不鲜见。从文化的角度审视海外华社的这种现象，本文的主题便十分明晰了。在这一点上，与西方以入侵、歧视和统治为目的的文化相比，中华文化从其主流和整体上说，堪称是世界最文明、最和谐、最具友谊和善和奉献精神的“融合性文化”，同时也是近现代中外关系向和睦、友善方向发展的重要海外因素。对于这样的文化，任何开明的社会,有什么理由不去张开双臂欢迎它呢?

注　释

(注1)　见《中国文化集刊》第一集，复旦大学出版社，1984年版。

(注2)　梁启超《饮冰室合集》之四。

(注3)　章炳麟《章太炎政论选集》(上)。

(注4)　《庄子·齐物论》。

(注5)　《逸周书·文传》。

(注6)　刘属锡《天伦·上》

(注7)　分别见于《礼记·坊记》,《晋书》卷一二九，董仲舒《春秋繁露·仁义法》，吕坤《续小儿语》,《论语·卫灵公》。

(注8)　《礼记·学记》。

(注9)　同上。

(注10)　莱布尼兹《致德雷蒙先生的信：论中国哲学》，庞景仁译，载于《中国哲学史研究》，1981年3—4期。

(注11)　霍尔巴赫《社会体系》第1卷，86页，引自沈福伟《中西文化交流史》，上海人民出版社，1985年版。

(注12)　利奇温《十八世纪中国与欧洲文化的接触》，朱杰勤译，商务印书馆，1962年版，82页。

(注13)　见许肇琳《海外华人与中华文化的传播》，载于《华侨与华人》，1997年第1期。

马来西亚华人企业的发展与现状

暨南大学　廖小健

海外华人企业的状况如何？由于对海外华人企业研究的焦点一直对准成功的企业集团，久而久之逐渐形成一个错觉，几乎华人企业都是财力雄厚的大企业、大集团，并以此为基点，认为华人经济在所在国经济中占有举足轻重的地位。本文试图以马来西亚为切入点，探讨海外华人企业的发展及基本状况，希望更客观地了解海外华人经济。

一、华人企业发展的几个阶段

华人[(1)]移入马来西亚的历史很长，开始主要从事农业。19世纪中叶，随着马来半岛霹雳拿律地区发现大量锡藏，以及清廷解除海禁，华人开始大规模地涌入马来西亚，并长期以矿业为主要职业。当时的华人企业亦以锡矿场为多，其他主要是一些零售杂货店。此后，马来亚橡胶种植业迅速发展，华人转而大量投资橡胶种植，到1930年，西马（连新加坡）华人形成以农业为主，兼顾其他行业的经济格局。当年，在马来亚华人4.93亿口力元资本总额中，投资农业的最多，占49.5%；第二是商业，占30.4%；原来占第一位的矿业降到第三，仅占10.1%；制造业所占比例不到5%；金融业等则微乎其微[(2)]。因此，战前华人企业以大小橡胶种植园为主，其次是从事进出口贸易的二盘商、三盘商，以及遍及城乡的零售商店，华人在其他行业的企业，数量和规模均很小。第二次世界大战期间，不少华人为了避开日本人的逼迫，从城市逃往乡村，开荒种地，从事个体农业特别多，城镇的华人企业纷纷关闭，所剩无几。

1945年至今，马来西亚华人企业发展大概经历了三个阶段：

第一阶段（1945～1957年），华人企业逐渐恢复。

这个时期，马来亚还在英国殖民统治下，英国殖民政府除了对战后经济恢复采取了一些特殊统制扶持政策外，仍然推行战前对各种族的经济政策，允许华人充当矿工、园主、小业主及中间商，在中下层经济中自由发展。战争中受重挫的华人经济逐渐恢复，华人的工厂、商店、胶园、矿场……逐渐重开、发展。

第二阶段（1957～1969年），华人制造业企业大大增加。

独立前，马来亚的经济是典型的殖民地单一经济，是宗主国的原料（锡胶）产地和工业品倾销地。1957年赢得独立的马来亚政府，为了扭转锡胶贸易衰退造成的困境，解决严重的失业问题，并减少对宗主国工业品的严重依赖，实施改变产业结构，优先发展劳动密集型替代进口工业的经济发展战略。政府对投资新兴工业的厂商提供种种税务优惠，政府所公布的新兴工业产业有174类之多，包括啤酒、维生素、饲料、化妆品、牙膏、自行车等等，很多适合华人资本投资。不少华人由此转向工业，华人制造业企业大大增加。据统计，1954年西马共有制造业企业5000家左右，其中85%为华人经营。到1968年，西马9013家制造业企业中，除了545家为外资拥有外，其余的8468家均为民族资本拥有，且绝大部分为华人资本拥有(3)。十多年间，华资制造业企业增加了近一倍。

第三阶段（1969后），华人转向投资限制较少的行业。

这个阶段以1969年“5.13马华种族冲突事件”为分界。尽管“5.13事件”的导火索是议会选举，但不少马来人却认为其主要根源是马华两族间经济地位的不平等。为了扶持土著经济发展，消除种族经济区分，1970～1990年马来西亚实行新经济政策。新经济政策对华人企业影响最大的是重组社会目标，要求职业和股权结构到1990年反映人口结构。职业结构规定，在1970～1990年，土著在各部门所占比率，第一产业从67.6%降到61.4%，第二产业从38%上升到51.9%，第三产业从37.9%增至48.4%，其他民族的职业构成相应调整；股权结构规定，1970～1990年，土著、非土著（主要是华人）和外资占有西马有限公司股权的比率，分别从2.4%、34.4%、63.3%改变为30%、40%和30%(4)。为了实现新经济政策改变股权结构的目标，1975年马来西亚实施《工业协调法》，规定工人25人、资本10万元以上的制造业企业，须让土著拥有该企业30%股权，所雇佣的工人中，土著工人应占50%(5)。此外，政府还加强对经济的干预，先后成立了各种国营机构，大规模地参与国家经济活动，政府还在颁发营业执照和发行新股等各方面，对华人企业加以限制。

政府经济政策的变化，使华人企业的生存发展面临不少困难，有些华人因找不到土著合伙人和雇不到足够的土著工人而领不到企业执照。原来由华人经营的不少企业，也因国营企业的竞争排挤而纷纷倒闭，如华人经营的碾米厂和大米批发、零售商，不少被国家稻米局所控制或挤垮，华商经营的锡矿，也从1972年的1200家减到1977年的700多家(6)。

在这种情况下，华人纷纷转向投资一些限制少的行业，如酒店服务业，金融业、保险业和房地产业等；不少华人移资海外，另谋发展；也有不少华人企业家，主动与党政要人靠拢，以寻求保护。

新经济政策实施期间，马来西亚推行了四个五年计划。针对国内市场饱和不能满足经济发展需要的问题，从发展进口替代工业转为大力发展出口导向工业，80年代初又提出发展重工业和资源工业，并为之提供了各种优惠，一些华人企业家遂增加了对钢铁、汽车装配与制造、食品加工和石化产品的投资，相关企业有所增加。

二、华人资本构成和企业状况

战前马来西亚华人资本最多不超过3亿美元，战后华人资本已有了很大的发展，据西马有限公司股权资本统计数字，1969年华资股金为10.64亿马元（折合美元3.45亿美元），1982年为163.45亿马元（折合美元约81.7亿美元）(7)，到90年代中期，西马华人在有限公司的股资应在200亿美元以上，比起战前华侨资本总额，增幅达几十倍，这还没有包括无法统计的小股资金。

战前华侨资本主要投向锡业、橡胶业和商业，对其他方面的投资微不足道，华人企业也以矿场，胶园和商店为主。战后经过几十年的发展，到70年代初，华人资本构成已发生了很大的变化（见表1、2)。

第一，华人对制造业的投资大大增加，在投资总额的所占比例，从1930年不到5%增加到1970年的25%，跃居首位。资本的绝对值也从1930年的0.115亿美元，增到1970年的0.962亿美元（2.96亿马元）。这与独立后马来西亚的工业化进程有直接关系，替代进口工业、出口导向工业和综合工业三个发展阶段及其配套优惠措施，为华人资本扩大对制造业的投资创造了条件。华人制造业企业不断增加，到90年代，华人制造业企业数已达十多二十万个。

表1　1930年马来亚华侨资本构成
（单位：亿口力元）

项目	投资额	占总额比例%
农　业	2.44	49.5
商　业	1.50	30.4
矿　业	0.50	10.1
制造业	0.23	4.6
金融业	0.15	0.3
其　他	0.15	0.3
合　计	4.93	100

资料来源：福田省三《华侨经济论》。

表2　1970年西马有限公司华资股金构成
（单位：亿马元）

项目	投资额	占总额比例%
农林渔业	1.77	15
采矿业	0.91	8
制造业	2.96	25
建筑业	0.30	3
运输通讯业	0.35	3
商业	1.84	16
银行保险业	1.55	13
其它	2.20	19
合计	11.92	100

资料来源：第二个马来西亚五年计划中期检讨书。

第二，华人资本对商品农业的投入比率大大减少，从1930年占投资总额的几乎一半，下降到1970年仅占15%。究其原因主要是马来人保留地制度，限制了华人向农业的自由发展。据1953～1955年的统计，华人拥有的农耕地是142万英亩，比欧洲人所拥有的160万英亩和马来人拥有的185万英亩都少[8]。独立后，华人拥有的农耕地增加很少。目前，除了华人财团经营一些大种植园外，华人小胶园的数量已大大减少。

第三，华人资本构成明显转向多元化，各类企业不断增加。除了制造业、农业外，华资继续投入传统行业商业和锡业，1970年其股金分别是1.84亿马元和0.9亿马元，占华资股金的16%和8%。同时，华人对不少行业的投资也大大增加，华资在银行和保险业的股金已达1.55亿马元，超过了对锡业的投资比例，占总股金的13%。华资在建筑业的投资也独占鳌头，据统计，1970年承包工程价值10万元以上的895家建筑公司中，有797家是华人所经营[9]。

70年代以来，华人资本继续向多元化发展，对制造业的投资，除了传统的消费工业外，也投向石化、电子或资本技术更集中的行业，并不断扩大对保险、旅游业、房地产、运输、建筑和赌业的投资。

虽然战后华人资本大大增加，资本构成也日趋合理，但资本却非常分散，中小型企业占华人企业的绝大多数。马来西亚统计局按雇工多少将马来西亚企业分四类：1.微型，雇工4人以内；2.小型，雇员在5～49人；3.中型，雇员在50～199人；4.现代化大型，雇员在200人以上。前三类为中小型企业。1993年，马大型企业约2166家，中小型企业则达20多万家。中小型企业占马制造业企业总数的97.6%，其中微型企业占43.1%，小型占46.3%，中型仅占8.2%[10]。1968年以华资为主的8468家制造业企业中，39.8%是没有雇工的家庭式工场；其余的工厂，雇工不足十人的又占了大半以上。这种情况一直变化不大，据1986年统计，制造业企业中，只有19%的企业股东资金超过250万马元（其中一半是外资企业），而81%的企业属于股东资金少于250万马元的中小型企业[11]，这些中小型企业大部分属华人企业。华人经营的其他行业，也主要以小企业、小资本的形式出现。如商业，不少是仅有几个帮工的小铺面，甚至是前店后宅的夫妻杂货店。

但华人大企业还是有了很大发展。战前马来亚华人企业集团屈指可数，比较有名的是陈祯禄家族集团，资产千多万元，且主要在新马一带发展。战后经过几十年的经济发展，马来西亚有名的华人企业集团已达数十个。据当局公布的资料，1985年马来西亚100家市场价值超亿元的最大挂牌公司，其总市场价值为460亿马元，其中华人直接支配的公司有55家，其市场价值共260.7亿马元[11]。1985年，由亚洲管理学院校友会和马来西亚银行公会联合举办的“马来西亚1985年十大企业家”的选举结果，华人占了7位，他们是：郭鹤年、张国林、李莱生、邱继炳、林梧桐、骆文秀和雷贤雄。1990年，吉隆坡股票交易所出版的《投资者文摘》，列出十大管理良好、财务稳健的公司，华资公司也占了7家，它们分别是：林梧桐的云顶集团有限公司、邱继炳的马联工业有限公司、锺廷森的金狮私人有限公司、郭鹤年的玻璃市种植有限公司、郭令灿的丰隆（马）实业有限公司、林天杰的马化控股有限公司和陈志远的英特太平洋工业集团。除此之外，较有名的华资集团还有：杨忠礼的建筑集团、林金煌的钢山集团、陈金火的陈唱汽车控股集团、林玉静的富产集团、郑鸿标的大众银行集团、陈仲宪的南方银行集团、陈海希的海鸥集团、黄庆昌的大华银行和福华银行集团等等。90年代初，根据外刊的综合报道，拥有资本2亿美元以上的马华企业集团约有40个，其中资产在4亿美元以上的有17个。1993年，在吉隆坡股市交易所上市的公司约390家，其中属于17个集团的56家，占14.3%，市值680.25亿马元，占总市值的21.9%[12,13]。

三、华人企业的经营管理

马来西亚华人企业的经营管理，依据大、中、小和企业集团等企业结构型态而各有区别。

中小型企业的经营管理仍倾向传统封闭。在企业创办和筹集资金方面，家族创业和合伙经营比较普遍，经营伙伴一般都是亲戚或相熟可靠的朋友和同学。有些中型的企业也寻求银行融资和政府的中小型企业优惠贷款，除此之外，华人中小型企业很少接受其他外来资金，担心企业被别人吃掉。因此，企业几乎百分之百归创办家族或合伙人所有。企业的风险虽然因而较小，但融资的成本却比较大，企业的进一步发展受到很大限制。企业集团的骨干企业也是由家族独资或某家族为主与他人合伙创办，归家族所有。但当企业发展到一定规模，企业集团会争取将麾下的部分企业挂牌上市，实行资金来源的部分社会化。同时，向银行融资仍是企业集团筹资的重要手段，有条件的集团甚至直接参股或购买其他金融机构，也有成立内部财务公司，为集团中其他私人企业提供融资便利。取得融资优势无疑使企业集团的发展如虎添翼。

在经营领域上，马来西亚华人中小型企业的行业分布相对集中狭窄。以制造业为例，八成以上的中小企业集中于五大类产品活动，即六成是从事食品、木器、纺织品生产；二成是从事金属制造和简单机械（小五金）生产。仅有少数中型企业生产化工用品（如洗涤用品）、橡胶制品、塑料制品。它们的产品主要面向国内市场。有些中小型企业是大企业的辅助企业，为大企业提供一些半成品或零部件。因此，国内市场的供需和所依赖的大企业的经营盛衰都会对其有极大的影响。华人企业集团，则跳出了行业和地域的局限，以某一行业、地域为基础向经营多元化和跨国化发展，经营范围包括农业、矿业、制造业、建筑运输业、房地产业、金融保险业、旅业酒店业等；除了在马来西亚发展外，还向东南亚地区、亚洲其他地区、欧美澳洲，以及世界各地拓展业务。这显然为集团发展带来广阔的空间，并分摊了投资的风险。

对内管理，中小企业的所有者往往直接参与经营，是企业的经理厂长。雇工以熟人朋友或其介绍的人为主，工资较低。规模小的企业，甚至不雇工人，全部工作由家庭成员承担。在人事管理上较少实行专业化分工与管理，一般没有明确的规章制度加以约束，全靠自觉和感情来维系和督促，有时会影响工作效率，且难以留住人才。由于资金不足，只有一些中型企业或多或少地采取现代技术，绝大部分中小企业仍是手工操作，凭经验界定质量。因此，经营成本一般比较低，但产品陈旧过时，销售颇受影响，唯一的优势是价格低廉。企业集团则不同，与集团的股权构成相适应，马来西亚企业集团的首脑和决策核心成员主要由家族成员担任，大权在握。但高层决策的一般成员，属下部分中层公司的总裁，已聘用了不少家族外成员，一些技术性的具体部门，基本由专业人士掌管。对生产流程、品质监督、市场营销、薪酬激励等各方面的管理，基本制度化、专业化。同时，按照企业的条件，尽可能采用新技术和创造高质量，产品的竞争力强得多。

对外关系，华人中小企业之间很重视同行业的关系网，同行之间交往重视信用和交情，较少签合约或意向书之类的文件，出现纠纷往往还习惯通过第三者调停，或由商会排难解纷，较少通过费时耗力的法律程序解决。企业的客户大多数是老客户，不少做的是街坊邻里生意，“诚实信用”、“童叟无欺”等古训仍为多数中小企业奉行。企业集团的对外关系准则大同小异，但面要广得多，除了维系国内的商业网络外，华人企业集团还注重在国内外建立良好的政治和商业联系。他们不仅和马来西亚的几任首相，党政要员，甚至和新加坡、印尼等业务较多的国家政要都保持密切的联系；他们还通过互相交易或者互相参股合作经营等形式，和海外企业，特别是和东南亚国家的华人企业联结成密不可分的企业关系网络。

一般来说，华人企业越小，经营上保留的传统风络就越浓；企业越大越能接受现代的经营管理方式的影响，企业集团的经济管理则比较现代先进，代表着企业经营管理的发展方向。

……

实力雄厚、经营多样、有实权人物撑腰等特征，使战后马来西亚华人企业集团，在经济发展的风雨中具有更大的应变能力和抗御能力，从而能较稳定持续地向前发展，并一定程度地参与国家重要经济部门建设，成为国家经济发展的重要支柱；华人中小企业因资金短缺、人员老化和技术落后等原因，势单力薄，在激烈的竞争中往往因碰到各种困难而起落不定，但由于它们是马来西亚国内产品和流通的主要生产者和承担者，与广大人民的日常生活紧密相联，具有极为旺盛的生命力，始终是华人谋生的重要方式。

注释

(1) 中国人移民马来西亚，开始是华侨，1957 年大部分华侨获得当地国籍后，统称华人，为了行文方便，本文一律称华人。

(2) 福田省三著，《华侨经济论》，日本岩松堂书店昭和 14 年，第 101 页。

(3) V. V. Bhanoji Rao, “Development Patternand Policy 1947—1971”, Singpore University press, 1980, p100 - 101.

(4) 谢诗坚著《马来西亚华人政治思潮演变》，(马) 友达企业有限公司出版，1984 年版，第 173 页。

(5) 谢诗坚前揭书，第 283 页。

(6)《华侨问题资料》，1979 年第 2 期，第 24 页。

(7) 第二大马计划书，第四大马计划中期检讨，第五大马计划书。

(8) J. J. puthucheary, “Ownershop and cotrol in the Malayan Economy”, Kualaa Lumpur, 1979, p5.

(9)（马）《南洋商报》，1974年3月5日。
(10)（马）《南洋商报》，1994年3月5日。
(11)（马）《商海》，1990年2月6日。
(12)（马）《南洋商报》1986年1月3日。
(13)（马）《南洋商报》1993年9月7日。

东南亚金融危机与台湾第二次“南向政策”

厦门大学南洋研究院　王勤

自1997年7月东南亚爆发金融危机以来，台湾当局调整了对东南亚的经贸战略，推出第二次“南向政策”。在金融危机和“南向政策”的影响下，台湾与东南亚经贸关系发展的前景引人关注。

一、台湾与东南亚经贸关系的现状

历史上，台湾与东南亚有着密切的经贸往来。早在20世纪50年代末60年代初，台湾厂商就在马来西亚和泰国投资设厂。不过，台湾与东南亚经贸关系的迅速发展则是在80年代中期以后，尤其是1987年台湾放宽外汇管制后，在东南亚国家的直接投资急剧增长，由此推进双边经贸关系的不断扩展。

80年代中期以来，台湾对东南亚的经贸往来以直接投资为主导。随着台湾对东南亚投资的消长变化，双边经贸关系经历了三个阶段。1987～1991年，台湾资本大量涌入东南亚国家，先是集中在泰国，后扩展至马来西亚、印尼、菲律宾以及越南。这一时期，台湾在这些国家的直接投资累计达82.98亿美元，年均投资额为16.59亿美元，台湾迅速跃居东南亚国家吸收外资排行榜的前列。同时，双边贸易额从51.65亿美元增至127.8亿美元，增长1.5倍。1992～1993年，由于台湾资本转向祖国大陆，它们在东南亚国家的投资骤然下降。这两年累计投资额为25.05亿美元，年均为12.53亿美元。双边贸易在前几年投资带动下仍迅速扩大，从146.15亿美元增至163.07亿美元；1994年起，台湾当局正式实施“南向政策”，以推动东南亚经贸往来，用以遏制两岸关系迅速发展的态势。台湾当局高层人士频繁访问东南亚国家，同时每年邀请该地区约300位官员和议员访台。双边签署多项经贸合作的投资保障协定，官方和民间的经贸会议定期举行。随之，台湾在东南亚的投资再度掀起高潮。1994～1996年累计投资额高达125.15亿美元，年均为41.72亿美元，占历年来台湾在东南亚投资总额的40%以上。由台湾当局推动兴建了越南河内柴同工业区、印尼棉兰工业区和巴淡工业区、菲律宾苏比克湾工业区，到1996年中台资银行在东南亚国家设立的分支机构已达19家。

从1997年起，由于试图通过“南向政策”以经贸促政治的目的并未实现，台湾当局开始重新检讨和调整“南向政策”，对东南亚国家的投资与贸易由此出现减缓的趋势。1997年5月，台湾当局提出“加强东南亚及澳、新地区经贸工作纲领”，把“南向政策”的实施范围进一步扩展到澳大利亚和新西兰，并把柬埔寨、老挝、缅甸等新兴市场国家也包括在内。但到7月因台柬关系恶化，台湾即把柬埔寨从“南向政策”的新兴市场名单内剔除。同时，东南亚一些国家积极进行产业结构调整与升级，鼓励技术密集型产业的投资。加上当地劳工成本上升，台湾在这些国家的投资设厂明显减少，在马来西亚还出现了43家台资企业因亏损而关闭的事件。此外，台湾在东南亚国家的工业区建设进展受阻。原本由台湾当局推动兴建的四个工业区，只保留了越南和菲律宾的工业区，对另两个工业区的贷款则暂缓。尤其是1997年7月东南亚国家爆发的金融危机，使各国的投资经营环境急剧恶化，台湾与东南亚的经贸关系受到较大冲击。据台湾工商总会的调查，在与东南亚国家贸易往来的台商中，有84.4%的台商面临营运困难；在东南亚国家直接投资的台商中，有76%的台商饱受冲击。

二、台湾第二次“南向政策”的具体措施

台湾自1994年实施“南向政策”以来，实际进展并不顺利。1997年东南亚金融危机爆发后，台湾当局再度推动“南向政策”的实施。这次“南向政策”以援助各国度过金融危机为名，推出一系列具体政策与措施。

第一，以官方性质的金融援助为主导。与1994年台湾当局提出“南向政策”时主要是鼓励制造业厂商去投资的民间企业行为不同，这次是针对所发生的金融危机而以官方性质的金融援助为主导。早在1997年7月金融危机刚刚爆发时，台湾“中央银行”就与东南亚一些国家接触商议签署金融紧急援助协定。1998年1月1日，台湾“副总统”连战访问新加坡。1月11日起，由台湾“经建会”主任江丙坤率领多达80余人的“东南亚投资贸易考察团”，携12亿美元低息贷款赴菲律宾、泰国、马来西亚和印尼。1月12日，台湾“行政院”院长萧万长访问菲律宾，19日访问印尼，4月25访问马来西亚。2月，台湾当局初步订出“支援东南亚方案”，3月正式推出“加强对东南亚经贸合作行动方案”，其具体措施包括：(1) 纾解台商的融资困难。台湾“中央银行”决定对台湾银行每家海外分支机构提供转存款2000万美元，建议将华侨信保基金的资本额由目前的10亿新台币提高至30亿新台币。(2) 促进双边贸易。台湾输出入银行将扩大办理出口融资、海外投资和融资业务，并由官方开发基金继续提供专款。对需经常进口大宗农工原料的公营企业或大型私营企业，可采取先付汇再取货的方式。(3) 加强和推动对东南亚投资。设立专门机构，评估各国较佳的产业部门或产业，进行购并或参与投资，尽快与相关国家签订避免双重课税协议。(4) 增进国际金融合作。与各国签订“回购协议”，参与由亚洲开发银行牵头的金融援助计划。(5) 扩大其他双边经贸合作，逐年扩大国际合作基金规模至200亿新台币。此外，台湾当局还提出“促进对东南亚地区出口专案输出保险”计划，将由银行提供1000亿新台币供出口厂商对东南亚出口损失时理赔之用。

第二，鼓励台商将投资重点放在收购和兼并东南亚当地企业。在金融危机的冲击下，东南亚国家的大量企业陷入经营困境，甚至破产。台湾第二次“南向政策”的重点之一，就是鼓励台商收购和兼并这些当地企业。台湾“中央银行”曾表示将动用12.2亿美元的外汇储备，以低利率贷款方式专门支持台商收购东南亚企业，并鼓励台湾金融业积极参与收购与投资东南亚银行业。1998年3月，台湾决定成立“东南亚投资公司”，计划筹资200亿新台币，以投资东南亚国家的上市、未上市和各类型的产业公司为目标。除了股市投资外，还将进行创业投资，并以此公司为核心，引进台湾的大型企业和中小企业进行策略联盟。随之，台商开始投资马来西亚股票市场。台湾上市公司新燕纺

织投资468万马元收购马来西亚辛建文公司的26%股权。另一家台湾中华开发机构与马来西亚拉昔胡申（RHB）集团签约成立投资基金，主要投资马来西亚高科技领域。台湾的华隆集团在马来西亚的公司已获准在吉隆坡股票交易所挂牌上市，这家公司在当地已投资35.48亿马元，雇员达9500人。

第三，马来西亚成为第二次“南向政策”的重点国家。台湾台局将马来西亚作为第二次“南向政策”的重点国家，是因为在金融危机中马来西亚政局相对平稳，经济复苏较快，加上双边经贸有相当的基础。去年，两地贸易额为73亿美元，台湾是马来西亚第四大贸易伙伴，马来西亚是台湾第七大贸易伙伴。目前，台湾在马来西亚的直接投资达80亿美元，台资企业达1500多家。其中，在当地股票市场上市的公司至少有7家，所涉及投资额为1.33亿美元。台湾的中国国际商业银行、世界华商联合银行已在纳闽设立岸外银行分行。金融危机爆发后，台湾已在马来西亚拟定了多项投资计划。例如，国民党党营事业、新光、富邦、华新、丽华公司等，拟筹资8000万至1亿美元作为东南亚投资公司的组成部分，投资于马来西亚股市；台湾的宏碁电脑、明碁电脑、源兴科技、英群电子、英业达等公司计划在马来西亚多媒体超级走廊投资设厂；中华开发机构与马丰隆集团合资兴建造纸厂；中钢公司与当地的金狮集团合资设立MEGA钢厂等。在新一轮的“南向政策”推动下，1998年首季台湾在马来西亚的直接投资大增6.6倍。

三、台湾第二次“南向政策”的前景

东南亚金融危机爆发后，台湾当局推动的第二次“南向政策”，名为援助东南亚国家度过难关，实则有其政治用意。它试图重新推动业已受阻的“南向政策”，继续维护遏制两岸经贸关系的“戒急用忍”策略，极力突破与这些国家的实质关系，以寻求国际外交的发展空间。

近期来，台湾的二次“南向政策”似乎有所收获，但其前景并不被看好。首先，东南亚金融危机的解决主要依赖于国际合作机制，台湾不是国际货币基金组织的成员，实际难以插手。从金融危机爆发开始，台湾当局就试图参与进行金融援助，但未见成效。各国金融危机的解决，主要是通过国际货币基金组织的援助和监督，依靠这些国家实施的经济改革与开放，以及相关国际银行与这些国家的债务重组，台湾在其中难有作为。其次，台湾的二次“南向政策”已引起岛内各方质疑。台湾工商界批评当局无视东南亚政经情势的动荡，投资风险甚高，在外资纷纷撤离之际，却要台商冒投资风险。台塑企业董事长王永庆抨击“南向政策”时指出，台产到东南亚投资肯定是得不偿失。岛内舆论界和学术界指出，台湾当局力图使东南亚国家接受台援以换取政治回报，实为一厢情愿。就连台湾一些政坛人士也对当局的一意孤行表示不满。第三，东南亚国家政府接受台援主要倚重经济利益，而不会轻易改变与台湾的非官方关系。

尽管台湾的第二次“南向政策”难有太大作为，但它对台湾与东南亚、东南亚与中国，以及海峡两岸关系的发展会产生一定的影响。对此，我们必须考虑相应对策。

全球海外华侨华人人数、分布地区及经济实力概况

海外华侨华人人口数量很难统计准确，但总数3000多万是比较接近实际的。华侨华人散居在世界五大洲160多个国家和地区，世代久远，有的已居住至五、六代以上。华侨华人90%以上已加入当地国籍。保留中国国籍的约有200多万人。华侨华人祖籍以广东、福建和浙江为最多。

根据台湾侨务委员会统计资料：1999年海外华侨华人人口总数为3372.6万人，较前一年增加了48.7万人，增长1.47%，如以地区分，亚洲地区的华侨华人为最多，计有2707.1万人，占全球华侨华人8成多，其次为美洲地区502万人，欧洲地区94.5万人，大洋洲地区56.4万人及非洲地区12.6万人。

在各洲华侨华人人数增长率方面，以美洲的增长最为快速，增长幅度为6.14%，其次为大洋洲及非洲，增长率分别为5.21%和2.15%，而欧洲及亚洲的增长幅度较为缓和，分别为0.76%及0.59%。

据一项分析资料显示，美国华裔人口比10年前增长40%，纽约市华裔比10年前增长51%。旧金山的华裔人口在过去20年内增加了85%，从1980年的8.2万人增加至2000年的15.2万人。美国第二大城市洛杉矶是美国最主要的华人聚居地之一，华人在这个城市的历史可追溯到19世纪50年代。它拥有两个唐人街：一个是位于市中心，靠近举世闻名的好莱坞的老唐人街，另一个是位于洛杉矶东部的新唐人街——别称“小台北”的蒙特雷帕克市。由于华人移民越来越多地来到洛杉矶，促使东部多个地区亚裔人口比例迅速上升。

海外华人的经济实力，有关资料报道不少，但估算不一。比较集中的海外媒体估计：迄今全球海外华人（含港、澳）可动员的资金达2000亿~3000亿美元，相当于日本国民生产总值的1/5左右。

另据台湾《全球华人经济实力现状与展望》报告称，目前海外华人经济总和相当于整个台湾，华人经济实力不容忽视。报告同时推算出华人总资产为11588亿美元，华资厂商总市值是6750亿美元，华人一年总所得为2718亿到3171亿美元。

东南亚一带仍为华侨华人集中居住的地区，人数超过2500万，占亚洲华侨华人的九成五以上，占海外华侨华人总人数的85%。他们拥有海外华人总资产的2/3左右，成为当地民族资本的重要力量。据国外有的资料估计，东南亚50%~80%的商业和40%左右的对外贸易是由华人经营的。在美国华人经济已进入高科技的电子、化工、精密仪器、钢铁等产业，出现一些国际性的企业家。据美国商务部调查，全美有华裔企业达数万家，居亚裔之首。

《附》:

世界各地华侨华人人口最新统计

洲别	国家(地区)	华侨华人人数	资料年限
亚洲			
东南亚	文莱(Brunei)	49300	1999
	柬埔寨(Cambodia)	500,000	2000
	东帝汶(East Timor)	10,000	1999
	印尼(Indonesia)	11,000,000	2000
	老挝(Laos)	170,000	1999
	马来西亚(Malaysia)	5,800,000	1998
	缅甸(Myanmar)	3,000,000	1999
	菲律宾(Philippines)	2,000,000	2000
	新加坡(Singapore)	2,740,000	1999
	泰国(Theiland)	6,450,000	1999
	越南(Viettnam)	1,200,000	1998
东北亚	日本(Japan)	272,000	1999
	朝鲜(The Democratic People's Republie of Korea)	6,000	2000
	韩国(Republic of Korea)	50,000	1999
	蒙古(Mongolia)	100,000	1997
南亚	阿富汗(Afjhanistan)	1,000	1999
	孟加拉 Banjladesh	1,000	1999
	不丹 Bhutan	100	1999
	印度 India	167,000	1999

续表

洲别	国家(地区)	华侨华人人数	资料年限
南亚	马尔代夫 Maladives	100	1999
	尼泊尔 Nepal	27,000	1999
	巴基斯坦 Pakistan	50,000	1997
	斯里兰卡 Srilanka	4,000	1999
西亚	巴林 Bahrain	48	1998
	塞浦路斯 Cyprus	700	2000
	伊朗 Iran	200	1999
	伊拉克 Iraq	1,000	1999
	以色列 Israel	150	1999
	约旦 Jordan	600	1999
	科威特 Kuwait	6,500	1999
	黎巴嫩 Lebanon	30	2000
	阿曼 Oman	100	1999
	卡塔尔 Qatar	10	1999
	沙特阿拉伯 Saud Arabia	17,000	1999
	叙利亚 Syria	200	1999
	土耳其 Turkey	80,000	1999
	阿拉伯联合酋长国 Emirates United Arab	200	1999
中亚	吉尔吉斯斯坦 Kyrjhyz	40,000	1998
	哈萨克斯坦 Kazakhstan	130,000	1998
	土库曼斯坦 Turkmenistan	300	1998
	乌兹别克斯坦 Uzbekistan	5,000	1998

续表

洲别	国家(地区)	华侨华人人数	资料年限
美洲			
北美	加拿大 Canada	1,000,000	2000
	墨西哥 Mexico	20,000	1999
	美国 United States	2,830,000	1999
	百慕大群岛 The Bormuda Lslands	50	2000
中美	阿鲁巴(荷)Aruba	600	1999
	巴哈马 Bahamas	310	1999
	巴巴多斯 Barbados	150	1999
	伯利兹 Belize	5,500	1999
	哥斯达黎加 Costa Rica	63,000	1999
	古巴 Cuba	6,000	1999
	多米尼克 Dominica	50	1999
	多米尼加 Dominican	20,000	1999
	萨尔瓦多 El Salvador	1,800	1999
	格林纳达 Grenada	20	1999
	危地马拉 Guatemala	15,350	1999
	海地 Haiti	20	1999
	洪都拉斯 Honduras	1,200	1999
	牙买加 Jamaica	22,500	1999
	安的列斯群岛 Netherland Antiles	5,500	1999
	尼加拉瓜 Nicaragua	750	1999

续表

洲别	国家(地区)	华侨华人人数	资料年限
中美	巴拿马 Panama	130,000	1999
	圣基茨和尼维斯 Sainthitts and Novis	20	1999
	圣文森特和格林纳丁斯 Staintvincent and the Gvenadines	60	1999
	特立尼达·多巴哥 Trinidad and Tobago	8,000	1999
南美	阿根廷 Argentina	60,000	1999
	玻利维亚 Bolivia	12,000	1999
	巴西 Brazil	250,000	1999
	智利 Chile	18,000	1997
	哥伦比亚 Colombia	15,000	1999
	厄瓜多尔 Ecuador	33,100	1999
	圭亚那 Guyana	10,000	1997
	法属圭亚那 Fn·Guyana	19,000	2000
	巴拉圭 Paraguay	8700	2000
	秘鲁 Peru	1,000,000	1999
	苏里南 Suriname	40,000	1999
	乌拉圭 Uruguay	515	2000
	委内瑞拉 Venezuela	50,200	1999
	库腊索(荷)Curacao	600	1993

续表

洲别	国家(地区)	华侨华人人数	资料年限
欧洲			
西欧	比利时 Beljiun	23,000	1999
	法国 France	300,000	2000
	爱尔兰 Ireland	10,000	1999
	北爱尔兰 North Ireland	7,000	1999
	卢森堡 Luxemburg	7,000	1993
	荷兰 Nether Lands	130,000	1999
	英国 United Kingdom	300,000	2000
中欧	奥地利 Austria	42,000	1999
	德国 Germany	150,000	2000
	瑞士 Switzer land	13,000	1999
南欧	希腊 Greece	2,000	1999
	意大利 Italy	100,000	1998
	葡萄牙 Portugal	20,000	1998
	西班牙 Spain	40,000	2000
北欧	丹麦 Denmark	7,500	1999
	芬兰 Finland	2,000	2000
	冰岛 Iceland	10	1999
	挪威 Norway	5,000	1999
	瑞典 Sweden	15,000	1999

续表

洲别	国家(地区)	华侨华人人数	资料年限
东欧	白俄罗斯 Belarus	200	1999
	保加利亚 Bulgaria	5,000	2000
	捷克 Czech	20,000	2000
	爱沙尼亚 Estonia	20	1998
	匈牙利 Hungary	30,000	1999
	拉脱维亚 Latvia	28	1999
	立陶宛 Lithuania	40	1998
	马其顿 Macedonia	10	1999
	波兰 Poland	2,100	1999
	罗马尼亚 Romania	20,000	2000
	俄罗斯 Russia	1,000,000	1999
	斯洛伐克 Slovakia	10	1999
	乌克兰 Ukraine	1,000	1999
	南斯拉夫 Yugoslavia	40,000	2000
	斯洛文尼亚 Slovenija	100	1999

续表

洲别	国家(地区)	华侨华人人数	资料年限
大洋洲	澳大利亚 Australia	500,000	2000
	斐济 Fiji	5,000	1999
	关岛(美)Guam	6,000	1999
	波里尼西亚(法)French Polynesia	20,000	1998
	马绍尔群岛 Marshall Islands	200	1999
	密克罗尼西亚 Micronesia	50	1999
	瑙鲁 Nauru	450	1999
	新西兰 New Zealand	120,000	1999
	巴布亚新几内亚 Papua New Guinea	8,000	1999
	帕劳 Palau	500	1999
	所罗门群岛 Solomon Is.	1,230	1999
	萨摩亚 Samoa	10,000	1999
	汤加 Tonga	150	1998
	图瓦鲁 Tuvalu	7	1999
	社会群岛 Society Is.	7,000	1998
	瓦努阿图 Vanuatu	2,500	1999

续表

洲别	国家(地区)	华侨华人人数	资料年限
非洲	安哥拉 Angola	500	1993
	布基纳法索 Burkina Taso	150	1999
	乍得 Chad	20	1999
	阿尔及利亚 Algeria	2000	2000
	中非 Central Africa	8	1998
	科特迪瓦 Core Divoire	500	1999
	喀麦隆 Camerons	50	1993
	埃及 Egypt	2,000	1999
	埃塞俄比亚 Ethiopia	100	1993
	加纳 Ghana	1,000	1999
	几内亚比绍 Guinea Bissau	20	1999
	加蓬 Gabon	100	1993
	肯尼亚 Kenya	4,000	2000
	利比亚 Libya	500	2000
	莱索托 Lesotho	700	1999
	利比里亚 Liberia	50	1999
	马达加斯加 Madagascar	28,000	2000
	毛里求斯 Mauritius	35,000	2000
	莫桑比克 Mozambique	700	1993
	摩洛哥 Morocco	50	1993

续表

洲别	国家(地区)	华侨华人人数	资料年限
非洲	马拉维 Marawi	50	1999
	尼日利亚 Nigeria	5,800	2000
	尼日尔 Niger	10	1999
	留尼旺 Reunion	30,000	2000
	塞舌尔 Seychelles	2,000	2000
	苏丹 Sudan	2,000	2000
	南非 South Africa	80,000	2000
	圣多美和普林西比 Sao Tome and Principe	10	1999
	塞内加尔 Senegal	106	1999
	斯威士兰 Swaziland	240	1999
	突尼斯 Tunisia	200	2000
	中非 Central African	10	1999
	坦桑尼亚 Tanzania	600	1993
	乌干达 Ugenda	100	1993
	扎伊尔 Zaire	200	1993

编辑部注：有关海外华侨华人人口及资金的资料，因来源不同，估计方式不一，我们将最新资料加以分析整理，仅供参考。

2000年"国际华商500"

2000名次	1999名次	公司名称	总部所在地	主要股东	公司首脑	主要业务	市值(亿美元)	市盈率(本益比)	营业额	税前盈利	资产总值
1	1	和记黄埔有限公司 Hutchison Whampoa Limited	香港	李嘉诚	霍建宁	港口及有关服务,电讯及电子商贸,地产及酒店,零售及制造,能源及基建	535.9635	3.56	554.42亿港元 71.32亿美元	1,199.86亿港元 154.35亿美元	3,756.21亿港元 483.21亿美元
2	6	联华电子股份有限公司 United Microelectronics Corporation	台湾	交通银行,东元电机等	宣明智	晶圆代工	305.4911	54.11	291.47亿元新台币 9.28亿美元	105.26亿元新台币 3.35亿美元	1,461.39亿元新台币 46.55亿美元
3	3	长江实业(集团)有限公司 Cheung Kong(Holdings)Limited	香港	李嘉诚	李嘉诚	房地产、投资控股	254.2034	3.34	81.93亿港元 10.54亿美元	592.65亿港元 76.24亿美元	1,736.30亿港元 223.36亿美元
4	—	盈科数码动力有限公司* Pacific Century Cyber Works Limited	香港	李泽楷	李泽楷	投资及发展有关科技的业务、一个提供所需基建设施给一群资讯科技及相关公司的项目、房地产	213.8580	—	1.52亿港元 0.20亿美元	3.53亿港元 0.454亿美元	139.07亿港元 17.89亿美元
5	2	新鸿基地产发展有限公司 Sun Hung Kai Properties Limited	香港	郭炳湘兄弟	郭炳湘	地产发展,物业销售及投资,物业管理,运输及基建,酒店,停车场管理等	172.4723	14.47	234.04亿港元 30.17亿美元	92.82亿港元 11.96亿美元	1,598.28亿港元 206.01亿美元
6	7	华硕电脑股份有限公司 Asustek Computer Inc.	台湾	谢伟琦、施崇棠,童子贤,徐世昌等	施崇棠	电脑主机板,笔记型电脑	129.2352	20.39	489.99亿元新台币 15.61亿美元	146.82亿元新台币 4.68亿美元	486.46亿元新台币 15.49亿美元
7	4	国泰人寿保险股份有限公司 Cathay Life Insurance Co. Ltd.	台湾	蔡氏家族	蔡宏图	人寿保险	124.4490	22.98	3,194.17亿元新台币 101.74亿美元	180.74亿元新台币 5.75亿美元	9,369.38亿元新台币 298.44亿美元

续表

2000名次	1999名次	公司名称	总部所在地	主要股东	公司首脑	主要业务	市值(亿美元)	市盈率(本益比)	营业额	税前盈利	资产总值
8	36	华邦电子股份有限司 Winbond Electronics Corporation	台湾	华新丽华股份有限公司,焦佑钧	焦佑钧	电脑记忆体,晶圆制造服务,一般IC	101.9560	62.24	310.09亿元新台币 9.88亿美元	37.36亿元新台币 1.19亿美元	1,008.89亿元新台币 32.14亿美元
9	15	鸿海精密工业股份有限公司 Hon Hai Precision Industry Co.Ltd.	台湾	郭台铭	郭台铭	精密连接器	99.2857	41.25	518.13亿元新台币 16.50亿美元	83.22亿元新台币 2.65亿美元	503.38亿元新台币 16.03亿美元
10	12	南亚塑胶股份有限公司 Nan Ya Plastic Corporation	台湾	王永庆	王永庆	塑胶,化工原料,纤维,电子材料等	95.7517	23.48	946.37亿元新台币 30.14亿美元	109.33亿元新台币 3.48亿美元	2,111.08亿元新台币 67.24亿美元
11	9	华侨银行有限公司 Oversea-Chinese Banking Corporation Limited	新加坡	李成伟家族	李成伟	银行	88.4720	22	—	9.02亿新元 5.41亿美元	542.896亿新元 325.91亿美元
12	30	德昌电机控股有限公司 Johnson Electric Holdings Limited	香港	汪氏家族	汪穗中	微型马达	86.8905	64.18	6.77亿美元	1.55亿美元	—
13	5	广达电脑股份有限公司 Quanta Computer Co.Ltd.	台湾	林百里,千宇投资	林百里	笔记型电脑	81.5669	19.17	753.07亿元新台币 23.99亿美元	93.94亿元新台币 2.99亿美元	389.47亿元新台币 12.41亿美元
14	8	恒基兆业地产有限公司 Henderson Land Development Company Limited	香港	李兆基	李兆基	房地产发展及投资,项目管理,建筑,房地产管理,财务及投资控股	75.7737	10.89	145.97亿港元 18.81亿美元	69.88亿港元 9.01亿美元	928.54亿港元 119.69亿美元
15	14	大华银行有限公司 United Overseas Bank Limited	新加坡	黄祖耀	黄祖耀	银行	68.7943	15.6	—	10.26亿新元 6.16亿美元	564.99亿新元 339.17亿美元
16	85	利丰有限公司 Li & Fung Limited	香港	利丰(1937)有限公司	冯国经	消费品出口	68.1766	87.24	162.98亿港元 20.97亿美元	6.14亿港元 0.79亿美元	42.11亿港元 5.42亿美元

续表

2000名次	1999名次	公司名称	总部所在地	主要股东	公司首脑	主要业务	市值(亿美元)	市盈率(本益比)	营业额	税前盈利	资产总值
17	17	香港电灯集团有限公司 Hongkong Electric Holdings Limited	香港	长江基建集团有限公司	曹棨森	电力生产及供应	67.1379	9.73	97.31 亿港元 12.52 亿美元	55.48 亿港元 7.14 亿美元	423.69 亿港元 54.50 亿美元
18	11	台湾塑胶工业股份有限公司 Formosa Plastics Corporation	台湾	王永庆	王永庆	塑胶,化工原料及产品	66.5619	25.44	410.96 亿元新台币 13.09 亿美元	62.46 亿元新台币 1.99 亿美元	1,415.15 亿元新台币 45.08 亿美元
19	74	台湾茂矽电子股份有限公司 Mosel Vitelic Inc.	台湾	百乐国际,纳瑞公司等	胡洪九	动态随机存取记忆体,静态随机存取记忆体	63.3404	46.11	198.35 亿元新台币 6.32 亿美元	31.71 亿元新台币 1.01 亿美元	687.19 亿元新台币 21.89 亿美元
20	20	日月光半导体制造股份有限公司 Advanced Semiconductor Engineering, Inc.	台湾	香港商微电子	张虔生	各类积体电路	60.4286	24.1	174.99 亿元新台币 5.57 亿美元	80.38 亿元新台币 2.56 亿美元	504. 亿元新台币 16.07 亿美元
21	81	旺宏电子股份有限公司 Macronix International Co., Ltd.	台湾	台达电子工业股份有限公司	吴敏求	积体电路,各种半导体零件及其系统应用产品	60.1026	—	166.12 亿元新台币 5.29 亿美元	5.87 亿元新台币 0.187 亿美元	498.96 亿元新台币 15.89 亿美元
22	13	香港中华煤气有限公司 The Hong Kong and China Cas Company Ltd.	香港	李兆基	陈永坚	生产、输送与销售煤气及经营与煤气有关之业务	58.1348	15.66	58.42 亿港元 7.52 亿美元	33.22 亿港元 4.27 亿美元	213.14 亿港元 27.42 亿美元
23	91	威盛电子股份有限公司 VIA Technologies, Inc.	台湾	王雪红	王雪红	电脑晶片	58.0641	90.30	112.45 亿元新台币 3.58 亿美元	20.695 亿元新台币 0.66 亿美元	191.497 亿元新台币 6.10 亿美元
24	16	宏棋电脑股份有限公司 Acer Incorporated	台湾	施振荣	施振荣	电脑,资讯产品	58.0165	24.47	1,282.43 亿元新台币 40.85 亿美元	69.94 亿元新台币 2.23 亿美元	871.52 亿元新台币 27.76 亿美元
25	19	新加坡报业控股有限公司 Singapore Press Holdings Limited	新加坡	Raffles Nominee (Ptr) Limited 等	林金山	出版,多媒体服务,投资控股,广播等	57.3010	31	8.45 亿新元 5.02 亿美元	4.22 亿新元 2.50 亿美元	—

续表

2000名次	1999名次	公司名称	总部所在地	主要股东	公司首脑	主要业务	市值(亿美元)	市盈率(本益比)	营业额	税前盈利	资产总值
26	40	铼德科技股份有限公司 RITEK Co. Ltd.	台湾	郭荣加,张昭焚,叶进泰,叶垂景,陈育明	叶进泰	光碟片,影碟片,组装机器及光电产品	46.0454	11.93	143.14亿元新台币 4.56亿美元	59.48亿元新台币 1.89亿美元	537.898亿元新台币 17.13亿美元
27	26	中环股份有限公司 CMC Magnetics Corporation	台湾	翁明显,杨丽容等	翁明显	录影带,磁碟片,可录一次光碟片,光碟片塑盒(光碟匣)	44.4336	10.13	133.92亿元新台币 4.27亿美元	81.41亿元新台币 2.59亿美元	411.20亿元新台币 13.10亿美元
28	10	九龙仓集团有限公司 The Wharf(Holdings)Limited	香港	会德丰有限公司	李唯仁	投资控股,房地产,酒店,基础建设,码头,通讯,有线电视	43.7747	10.11	105.21亿港元 13.53亿美元	41.63亿港元 5.35亿美元	991.14亿港元 127.50亿美元
29	96	盈科亚洲拓展有限公司 Pacific Century Regional Developments Limited	新加坡	李泽楷	杜彼得	投资控股,房地产发展及管理,保险,宽频互联网服务及相关业务等	42.0163	—	2.42亿新元 1.45亿美元	0.46亿新元 0.277亿美元	39.91亿新元 23.96亿美元
30	31	台湾化学纤维股份有限公司 Formosa Chemicals & Fibre Corporation	台湾	王永庆,王永在,长庚医院	王永庆	人造纤维纺织,石化原料等	40.8961	14.38	469.64亿元新台币 14.96亿美元	72.67亿元新台币 2.31亿美元	1,456.40亿元新台币 46.39亿美元
31	27	华联银行有限公司 Overseas Union Bank Limited	新加坡	连瀛洲,华兴(私人)有限公司	佘林发	银行	38.4859	14.6	—	6.06亿新元 3.64亿美元	3.93.72亿新元 236.36亿美元
32	24	仁宝电脑工业股份有限公司 Compal Electronics Inc.	台湾	金宝电子	许胜雄	笔记型电脑,零配件,彩色监视器	38.1611	16.45	470.18亿元新台币 14.98亿美元	56.07亿元新台币 1.79亿美元	379.42亿元新台币 12.09亿美元
33	23	长江基建集团有限公司 Cheung Kong Infrastruchure Holdings Limited	香港	和记黄埔有限公司	李泽钜	能源基建,交通基建,基建材料等	37.0135	9.21	30.63亿港元 3.94亿美元	33.84亿港元 4.35亿美元	276.66亿港元 35.59亿美元
34	38	台达电子工业股份有限公司 Delta Electronics, Inc.	台湾	郑崇华	郑崇华	电子产品	35.3557	29.28	218.85亿元新台币 6.97亿美元	43.07亿元新台币 1.37亿美元	293.29亿元新台币 9.34亿美元

续表

2000名次	1999名次	公司名称	总部所在地	主要股东	公司首脑	主要业务	市值(亿美元)	市盈率(本益比)	营业额	税前盈利	资产总值
35	35	华通电脑股份有限公司 Compeq Manufacturing Co. Ltd.	台湾	吴健,张明达	吴健	印刷电路板	34.5131	89.57	129.65亿元新台币 4.13亿美元	14.20亿元新台币 0.452亿美元	199.80亿元新台币 6.36亿美元
36	32	远东纺织股份有限公司 Far East Textiles Limited	台湾	徐氏家族	徐旭东	人造纤维纺织业	34.1114	34.11	274.51亿元新台币 8.744亿美元	30.74亿元新台币 0.9793亿美元	934.46亿元新台币 29.76亿美元
37	34	东亚银行有限公司 The Bank of East Asia, Limited	香港	—	李国宝	银行及其他相关业务	32.7624	27.16	109.44亿港元** 14.08亿美元	16.15亿港元 2.08亿美元	1,453.41亿港元 186.97亿美元
38	21	盐仓集团 PT Cudang Caram Tbk	印尼	蔡氏家族	蔡国兴	香烟制造	31.0797	9.47	126.946亿印尼盾 17.88亿美元	31.566亿印尼盾 4.45亿美元	80.769亿印尼盾 11.38亿美元
39	22	城市发展有限公司 City Developments Limited	新加坡	郭令明	郭令明	房地产发展及拥有,投资控股	31.0507	20.6	20.15亿新元 12.10亿美元	5.13亿新元 3.08亿美元	111.18亿新元 66.74亿美元
40	58	亚洲电讯大众有限公司 Telecom Asia Corporation Public Company Limited	泰国	卜蜂集团等	Khun Supachai Chearavanon	电讯	30.9858	—	132.42亿泰铢 3.532亿美元		988.16亿泰铢 26.36亿美元
41	39	道亨银行集团有限公司 Dao Heng Bank Group Limited	香港	国浩集团有限公司	郭令海	银行	30.7459	19.82	—	13.95亿港元 1.798亿美元	1,318.76亿港元 169.98亿美元
42	78	明棋电脑股份有限公司 Acer Peripherals, Inc.	台湾	宏棋电脑股份有限公司	施振荣	视讯产品,光电产品,影像产品,通讯产品等周边设备	30.5836	35.66	379.02亿元新台币 12.07亿美元	21.43亿元新台币 0.683亿美元	338.17亿元新台币 10.77亿美元
43	—	菲律宾长途电话公司 PLDT	菲律宾	第一太平有限公司等	彭泽伦	电讯	30.1932	55.92	463.89亿披索 11.53亿美元	29.39亿披索 0.73亿美元	2,437.298亿披索 60.56亿美元

续表

2000名次	1999名次	公司名称	总部所在地	主要股东	公司首脑	主要业务	市值(亿美元)	市盈率(本益比)	营业额	税前盈利	资产总值
44	47	名胜世界 Resorts World Berhad	马来西亚	云顶有限公司	林梧桐	经营旅游景区，附属公司经营房地产发展及管理，消闲及住宿服务，投资控股，旅游及相关服务	29.8816	17.6	21.785亿马元 5.73亿美元	6.48亿马元 1.71亿美元	49.99亿马元 13.15亿美元
45	33	中国信托商业银行 Chinatrust Commercial Bank	台湾	和信投资，启成投资等	辜濂松	银行	29.4762	18.67	633.34亿元新台币 20.17亿美元	61.28亿元新台币 1.95亿美元	6,284.09亿元新台币 200.16亿美元
46	59	电视广播有限公司 Television Broadcasts Limited	香港	邵逸夫等	邵逸夫	电视广播	29.2169	44.44	32.52亿港元 4.18亿美元	5.71亿港元 0.735亿美元	35.88亿港元 4.62亿美元
47	25	大同股份有限公司 Tatung Co. Ltd.	台湾	林挺生	林挺生	电脑，监视器，家电产品，机电产品等	29.0055	19.29	614.77亿元新台币 19.58亿美元	48.17亿元新台币 1.534亿美元	954.65亿元新台币 30.41亿美元
48	69	矽统科技股份有限公司 Silicon Integrated Systems Corporation	台湾	杜俊元，杨美瑳，刘兴森，刘晓明	杜俊元	晶片	28.2012	44.36	108.40亿元新台币 3.453亿美元	17.98亿元新台币 0.57亿美元	247.05亿元新台币 7.87亿美元
49	29	英业达股份有限公司 Inventec Corporation	台湾	叶国一，温世仁，李诗钦，王富代等	叶国一	电脑，文字处理机	28.1426	22.74	637.80亿元新台币 20.32亿美元	37.38亿元新台币 1.191亿美元	364.72亿元新台币 11.62亿美元
50	54	香格里拉(亚洲)有限公司 Shangri-La Asia Limited	香港	Kerry Group Limited	叶龙蜚	投资控股，拥有及经营酒店及相关物业及提供酒店管理及相关服务	26.1509	33.41	4.86亿美元	1.115亿美元	50.47亿美元
51	46	云顶有限公司 Genting Berhad	马来西亚	Kien Huat Realty Sdn. Bhd.	林梧桐	投资控股，种植，博彩及娱乐事业，消闲及住宿服务，纸业，电力生产等	25.9492	9.0	30.77亿马元 8.10亿美元	15.21亿马元 4.004亿美元	94.39亿马元 24.84亿美元
52	57	矽品精密工业股份有限公司 Siliconware Precision Industries Co. ltd.	台湾	林文伯，王莉苹，林钟隶，蔡祺文，林文忠	林钟隶	封装，测试	25.2499	51.49	119.16亿元新台币 3.80亿美元	16.27亿元新台币 0.518亿美元	234.43亿元新台币 7.47亿美元

续表

2000名次	1999名次	公司名称	总部所在地	主要股东	公司首脑	主要业务	市值(亿美元)	市盈率(本益比)	营业额	税前盈利	资产总值
53	28	新光人寿保险股份有限公司 Shin Kong Life Insurance Co. Ltd.	台湾	吴氏家族	吴东进	人寿保险	24.5797	13.31	1,584.45亿元新台币 50.47亿美元	56.03亿元新台币 1.78亿美元	4,213.43亿元新台币 134.21亿美元
54	18	新世界发展有限公司 New World Development Co. Ltd.	香港	周大福企业有限公司	郑裕彤	房地产,投资控股,电讯,酒店,建筑,基础建设,服务,公共汽车服务	23.5886	—	175.27亿港元 22.59亿美元	26.07亿港元 3636亿美元	1,153.22亿港元 148.65亿美元
55	122	华新丽华股份有限公司 Walsin Lihwa Corporation	台湾	焦佑麒,焦佑衡,焦佑伦,焦佑钧	焦佑伦	各类电线电缆,特殊钢	23.4613	22.77	181.43亿元新台币 5.779亿美元	24.35亿元新台币 0.78亿美元	737.28亿元新台币 23.48亿美元
56	65	创新科技有限公司 Creative Technology Ltd.	新加坡	沈望傅	沈望傅	开发,制造及推销个人电脑应用的高级多媒体产品	23.1295	19.1	12.97亿美元	1.25亿美元	8.06亿美元
57	63	大众银行有限公司 Public Bank Berhad	马来西亚	郑鸿标	郑鸿标	银行	22.3555	13.4	37.20亿马元 9.79亿美元	8.38亿马元 2.21亿美元	432.38亿马元 113.78亿美元
58	61	统一企业股份有限公司 Uni-President Enterprises Corporation	台湾	高清愿家族,吴修齐家族,侯博明	吴修齐	饮料,食品,饲料,控股	22.2165	19.34	300.22亿元新台币 9.56亿美元	33.64亿元新台币 1.07亿美元	621.73亿元新台币 19.80亿美元
59	171	马太平洋工业有限公司 Malaysian Pacific Industries Berhad	马来西亚	郭令灿及其家族	Kwek Leng San	投资控股,制造及销售集成电路,半导体仪器,电子零件及引线框	21.5274	—	10.07亿马元 2.65亿美元	1.006亿马元 0.265亿美元	16.27亿马元 4.28亿美元
60	67	太平洋电线电缆股份有限公司 Pacific Electric Wire & Cable Co. Ltd.	台湾	宝骅投资,孙道存,仝玉洁,孙道亨,孙道济,孙陈淑娟	孙道存	电线及电缆制造业	21.3338	18.09	116.92亿元新台币 3.724亿美元	36.36亿元新台币 1.158亿美元	705.996亿元新台币 22.49亿美元

续表

2000名次	1999名次	公司名称	总部所在地	主要股东	公司首脑	主要业务	市值(亿美元)	市盈率(本益比)	营业额	税前盈利	资产总值
61	50	华宇电脑股份有限公司 Arima Computer Corporation	台湾	李森田	李森田	笔记型电脑与零组件	21.2067	23.23	395.36亿元新台币 12.59亿美元	29.28亿元新台币 0.93亿美元	228.25亿元新台币 7.27亿美元
62	49	杨忠礼机构有限公司 YTL Corporation Berhad	马来西亚	杨忠礼父子控股有限公司	杨肃斌	建筑,房地产,酒店,制造业,电力生产	19.5018	14.6	18.97亿马元 4.99亿美元	7.03亿马元 1.85亿美元	94.58亿马元 24.89亿美元
63	44	淘大置业有限公司 Amoy Properties Limied	香港	恒隆有限公司	陈启宗	物业投资,投资控股,其附属公司参与投资物业以供租赁,发展物业以供出售,停车场管理及物业管理等	19.4707	7.93	27.65亿港元 3.564亿美元	20.98亿港元 2.70亿美元	354.14亿港元 45.65亿美元
64	87	统一超商股份有限公司 President Chain Store Corporation	台湾	统一企业	高清愿	便利店	19.2818	35.49	497.19亿元新台币 15.84亿美元	21.65亿元新台币 0.69亿美元	144.27亿元新台币 4.60亿美元
65	—	Tom. Com Limited	香港	长江实业(集团)有限公司,和记黄埔有限公司	王兟	入门网站	19.2761	—	—	—	—
66	72	联强国际股份有限公司 Synnex Technology International Corporation	台湾	神通电脑等	苗丰强	个人电脑,零组件,多媒体,网络,通讯,电讯,消费电子产品	18.7500	31.61	389.997亿元新台币 12.42亿美元	21.47亿元新台币 0.684亿美元	177.08亿元新台币 5.64亿美元
67	111	国巨股份有限公司 Yageo Corporation	台湾	陈泰铭,陈木元	陈泰铭	各类电阻器,电感,电容,电阻机器设备及零组件	18.3493	30.65	37.799亿元新台币 1.204亿美元	18.90亿元新台币 0.602亿美元	293.30亿元新台币 9.34亿美元
68	—	凌阳科技股份有限公司 Sunplus Technology Co. Ltd.	台湾	黄洲杰	黄洲杰	液晶IC,微控器IC,多媒体IC,语音IC等	18.0195	31.98	41.71亿元新台币 1.329亿美元	12.67亿元新台币 0.404亿美元	55.36亿元新台币 1.76亿美元
69	66	恒基兆业发展有限公司 Henderson Inveslment Limited	香港	恒基兆业地产有限公司	李兆基	投资控股,房地产投资,零售,酒店	17.7992	12.53	8.13亿港元 1.05亿美元	13.92亿港元 1.795亿美元	219.29亿港元 28.26亿美元

续表

2000名次	1999名次	公司名称	总部所在地	主要股东	公司首脑	主要业务	市值(亿美元)	市盈率(本益比)	营业额	税前盈利	资产总值
70	64	宝成工业股份有限公司 Pou Chen Co. Ltd.	台湾	必喜兄弟,蔡其建	蔡其建	运动鞋,体闲鞋,鞋材	17.7712	15.02	110.42亿元新台币 3.52亿美元	36.26亿元新台币 1.155亿美元	252.21亿元新台币 8.03亿美元
71	93	东元电机股份有限公司 Teco Electric & Machinery Co., Ltd.	台湾	联华电子,黄茂雄等	黄茂雄	家电,机电产品	17.7333	18.52	211.94亿元新台币 6.75亿美元	28.51亿元新台币 0.908亿美元	488.26亿元新台币 15.55亿美元
72	120	精业股份有限公司 Systex Corporation	台湾	黄宗仁等	黄宗仁	电脑硬体,加值网络,电脑软体,资料处理	17.5973	38.85	74.82亿元新台币 2.38亿美元	10.007亿元新台币 0.32亿美元	94.32亿元新台币 3.00亿美元
73	89	台湾水泥股份有限公司 Taiwan Cement Corporation	台湾	辜振甫	辜振甫	水泥	17.4008	21.79	172.008亿元新台币 5.48亿美元	23.58亿元新台币 0.751亿美元	801.90亿元新台币 25.54亿美元
74	79	裕隆汽车制造股份有限公司 Yulon Motor Co. Ltd.	台湾	台元纺织,中华汽车,吴舜文,严凯泰等	吴舜文	汽车制造	16.6366	9.45	471.54亿元新台币 15.02亿美元	45.88亿元新台币 1.46亿美元	661.85亿元新台币 21612亿美元
75	51	泰华农民银行(大众)有限公司 Thai Farmers Bank Public Company Limited	泰国	伍捷扑家族	伍挽图	银行	16.5182	—	—	-500.45亿泰铢 -13.35亿美元	7,274.37亿泰铢 194.04亿美元
76	80	技嘉科技股份有限公司 Giga-Byte Technology Co., Ltd.	台湾	刘明雄,叶培城,马孟明,柯聪源等	叶培城	电脑主机板	16.5133	20.50	161.66亿元新台币 5.15亿美元	17.23亿元新台币 0.55亿美元	91.31亿元新台币 2.91亿美元
77	—	新意网集团有限公司 Sunevision Holdings Limited	香港	新鸿基地产发展有限公司	郭炳联	资讯科技基础设施,互联网服务,资讯科技投资	16.0349	—	—	—	—
78	84	裕元工业(集团)有限公司 Yue Yuen Industrial (Holdings) Limited	香港	宝成工业股份有限公司	蔡其能	制造及销售运动鞋、运动型休闲鞋及户外鞋	15.8208	7.64	14.84亿美元	2.01亿美元	13.06亿美元
79	45	首都银行 Metropolitan Bank and Trust Company	菲律宾	郑少坚	Antonio S. Abacan, Jr.	银行,金融	15.2600	19.20	308.33亿披索 7.66亿美元	39.397亿披索 0.979亿美元	4,038.51亿披索 100.35亿美元

续表

2000名次	1999名次	公司名称	总部所在地	主要股东	公司首脑	主要业务	市值(亿美元)	市盈率(本益比)	营业额	税前盈利	资产总值
80	110	微星科技股份有限公司 micro-Star International Co. Ltd.	台湾	徐祥，卢琪隆，黄金请，游贤能等	徐祥	电脑主机板，介面卡	15.1169	21.51	158.0007亿元新台币 5.03亿美元	15.52亿元新台币 0.494亿美元	105.54亿元新台币 3.36亿美元
81	56	长荣海运股份有限公司 Evergreen Marine Corp. (Taiwan) Ltd.	台湾	张荣发	张荣发	航运	14.3342	47.60	218.62亿元新台币 6.96亿美元	10.095亿元新台币 0.322亿美元	603.47亿元新台币 19.22亿美元
82	98	Shin Corporations Public Company Limited	泰国	塔信·辛纳瓦家族	Boonklee Plangsiri	投资控股	14.2445	—	—	—	—
83	103	华泰电子股份有限公司 Orient Semiconductor Electronics, Ltd.	台湾	杜俊元，杨美瑳	杨美瑳	塑胶积体电路，通讯产品等	14.0892	41.09	96.94亿元新台币 3.0877亿美元	3.68亿元新台币 0.1171亿美元	233.53亿元新台币 7.44亿美元
84	71	富邦产物保险股份有限公司 Fubon Insurance Company Limited	台湾	蔡明忠等	蔡明忠	保险	14.0554	16.29	442.24亿元新台币 14.09亿美元	31.07亿元新台币 0.99亿美元	611.19亿元新台币 19.47亿美元
85	—	环隆电气股份有限公司 Universal Scientific Industrial Co., Ltd.	台湾	日月光半导体制造股份有限公司等	张洪本	电脑组件，通讯产品，厚膜混合积体电路，汽车电子零件等	13.8876	21.19	289.06亿元新台币 9.21亿美元	17.43亿元新台币 0.555亿美元	177.97亿元新台币 5.67亿美元
86	55	PT Hanjaya Mandala Sampoerna	印尼	林天宝家族	林天宝	香烟制造	13.4539	7.12	74.120亿印尼盾 10.44亿美元	20.319亿印尼盾 2.86亿美元	64.927亿印尼盾 9.14亿美元
87	116	南华早报(集团)有限公司 South China Morning Post (Holdings) Limited	香港	Kerry Group Limited	Kuok Khoon Ean	出版，投资控股	13.4492	26.89	19.13亿港元 2.454亿美元	6.92亿港元 0.89亿美元	—
88	68	YTL Power International Berhad	马来西亚	杨忠礼机构有限公司	杨肃斌	电力生产	13.3705	7.09	12.58亿马元 3.31亿美元	6.41亿马元 1.69亿美元	56.66亿马元 14.91亿美元

续表

2000名次	1999名次	公司名称	总部所在地	主要股东	公司首脑	主要业务	市值(亿美元)	市盈率(本益比)	营业额	税前盈利	资产总值
89	73	数码通电讯集团有限公司 Smar Tone Telecommunications Holdings Limited	香港	新鸿基地产发展有限公司	史东	提供流动通讯、互联网、长途电讯、无线宽频等服务，销售及分销流动电话手机等	13.3298	14.26	30.74亿港元 3.96亿美元	6.26亿港元 0.82亿美元	71.83亿港元 9.26亿美元
90	41	会德丰有限公司 Wheelock and Company Limited	香港	Bermuda Trust (Guernsey) Limited	李唯仁	投资控股，房地产，零售及贸易，电讯，基础建设，货柜码头，酒店	13.2861	14.33	45.51亿港元 5.845亿美元	15.21亿港元 1.954亿美元	580.38亿港元 74.54亿美元
91	95	Creat Eastern Holdings Limited * * *	新加坡	华侨银行有限公司	侯永昌	人寿保险	13.1561	10.3	—	2.55亿新元 1.53亿美元	138.00亿新元 82.84亿美元
92	62	信和置业有限公司 Sino Land Company Limited	香港	黄廷方	黄志祥	投资控股，房地产	12.8051	6.03	17.95亿港元 2.314亿美元	15.82亿港元 2.04亿美元	327.01亿港元 42.15亿美元
93	168	瑞昱半导体股份有限公司 Realtek Semiconductor Corporation	台湾	黄志坚，叶南宏，陈进兴等	叶博任	通讯网路IC，电脑周边IC，消费性电子IC	12.6008	52.45	31.97亿元新台币 1.018亿美元	7.36亿元新台币 0.234亿美元	38.38亿元新台币 1.22亿美元
94	94	大众电脑股份有限公司 First International Computer Inc.	台湾	简明仁，王雪龄	简明仁	个人电脑，可携电脑	12.4740	—	464.79亿元新台币 14.80亿美元	0.399亿元新台币 0.0127亿美元	385.38亿元新台币 12.28亿美元
95	86	亚洲水泥股份有限公司 Asia Cement Corporation	台湾	远东纺织股份有限公司	徐旭东	水泥	12.1395	10.93	124.12亿元新台币 3.9537亿美元	36.77亿元新台币 1.17亿美元	557.54亿元新台币 17.76亿美元
96	53	鞋庄控股 SM Prime Holdings, Inc.	菲律宾	施至成及其家族	施至成	经营购物中心	11.9453	33.77	53.96亿披索 1.34亿美元	38.93亿披索 0.97亿美元	340.19亿披索 8.54亿美元
97	88	嘉里建设有限公司 Kerry Properties Limited	香港	Kerry Group Limited	郭孔铨	在香港、中国及亚洲太平洋区进行物业发展及投资，在香港及中国拥有及经营货仓及物流业务，在香港及中国进行与基建有关的投资，并在中国拥有酒店	11.8458	7.48	23.42亿港元 3.01亿美元	13.18亿港元 1.695亿美元	397.999亿港元 51.20亿美元

续表

2000名次	1999名次	公司名称	总部所在地	主要股东	公司首脑	主要业务	市值(亿美元)	市盈率(本益比)	营业额	税前盈利	资产总值
98	97	BEC World Public Company Limited	泰国	徐汉光家族	徐汉光	供应电影及电视节目作广播用途	11.7422	38.21	36.45亿泰铢 0.97亿美元	16.21亿泰铢 0.43亿美元	80.72亿泰铢 2.15亿美元
99	144	思捷环球控股有限公司 Esprit Holdings Limited	香港	Creat View International Limited	邢李㷣	时装销售及零售	11.6017	19.6	59.94亿港元 7.73亿美元	7.03亿港元 0.907亿美元	31.13亿港元 4.01亿美元
100	37	盘谷银行有限公司 Bangkok Bank Public Company Limited	泰国	陈有汉家族	陈有汉	银行	11.4175	—	—	-600.82亿泰铢 -16.03亿美元	11,828.78亿泰铢 315.52亿美元
101	177	国棋电子股份有限公司 Ambit Microsystems Corporation	台湾	宏棋电脑股份有限公司	林家和	电源供应模组，通讯及数据机模组	11.0305	49.59	81.92亿元新台币 2.609亿美元	6.83亿元新台币 0.218亿美元	47.26亿元新台币 1.51亿美元
102	135	金宝电子工业股份有限公司 Kinpo Electronics, Inc.	台湾	许胜雄，杨有尽仁宝电脑工业(股)公司等	许胜雄	电子计算机，传真机，卫星定位器，缆线数据机等	10.9044	7.36	105.47亿元新台币 3.36亿美元	35.03亿元新台币 1.116美元	155.93亿元新台币 4.97亿美元
103	82	希慎兴业有限公司 Hysan Development Company Limited	香港	利希慎置业有限公司及其若干附属公司	利汉钊	物业发展与投资，投资控股	10.8994	—	29.05亿港元 3.74亿美元	13.65亿港元 1.76亿美元	287.38亿港元 36.97亿美元
104	112	台新银行 Taishin International Bank	台湾	瑞新兴业等	吴东亮	银行	10.7928	16.55	216.89亿元新台币 6.91亿美元	22.53亿元新台币 0.718亿美元	2,413.88亿元新台币 76.89亿美元
105	128	台湾玻璃工业股份有限公司 Taiwan Glass Industrial Corporation	台湾	林玉嘉	林玉嘉	玻璃业	10.7756	20.91	105.02亿元新台币 3.35亿美元	17.18亿元新台币 0.547亿美元	267.56亿元新台币 8.52亿美元

续表

2000名次	1999名次	公司名称	总部所在地	主要股东	公司首脑	主要业务	市值(亿美元)	市盈率(本益比)	营业额	税前盈利	资产总值
106	92	花莎尼有限公司 Fraser and Neave Limited	新加坡	华侨银行有限公司等	范佑安	制造及销售软饮料、啤酒、黑啤酒、乳制品及玻璃器皿,房地产发展及投资,投资控股	10.6127	38.2	25.91 亿港元 15.20 亿美元	1.09 亿新元 0.64 亿美元	63.92 亿新元 37.64 亿美元
107	77	恒隆有限公司 Hang Lung Development Company Limited	香港	Cole Limited	陈启宗	投资控股,其附属公司参与物业发展以供销售,投资物业以供收租之用,拥有与管理酒店,停车场管理,透过合营公司经营饮食及干洗服务	10.2811	6.36	35.25 亿港元 4.54 亿美元	22.72 亿港元 2.93 亿美元	458.06 亿港元 59.04 亿美元
108	115	吉隆坡甲洞有限公司 Kuala Lumpur Kepong Berhad	马来西亚	李爱贤家族	李爱贤	棕油产品、橡胶及可可加工与制造,附属及联营公司参与种植,制造业,零售,房地产与海外投资控股	10.2789	10.6	24.04 亿马元 6.33 亿美元	3.99 亿马元 1.05 亿美元	37.87 亿马元 9.97 亿美元
109	83	中华汽车工业股份有限公司 China Motor CorporationLtd.	台湾	台元纺织股份有限公司	吴舜文	汽车制造	10.1967	9.10	508.97 亿元新台币 16.21 亿美元	38.18 亿元新台币 1.2161 亿美元	391.47 亿元新台币 12.47 亿美元
110	—	华信商业银行 Bank Sinopac	台湾	锦安投资,润泰纺织等	林立鑫	银行	10.1868	17.52	152.40 亿元新台币 4.854 亿美元	20.20 亿元新台币 06644 亿美元	2,041.29 亿元新台币 65.02 亿美元
111	173	源兴科技股份有限公司 Lite-On Technology Corporation	台湾	宋恭源	宋恭源	彩色监视器,光碟机	10.0939	51.64	142.21 亿元新台币 4.53 亿美元	4649 亿元新台币 061429 亿美元	182.59 亿元新台币 5.82 亿美元
112	48	印多福食品有限公司 PT Indofood Sukses Makmur Tbk	印尼	第一太平集团,Salim Croup	吴满同	速食面,碾磨麦粉,调味品,婴儿食品,包装,食用油脂,饼干,零食	9.9817	—	115.436 亿印尼盾 16.26 亿美元	21.006 亿印尼盾 2.96 亿美元	106.377 亿印尼盾 14.98 亿美元

续表

2000名次	1999名次	公司名称	总部所在地	主要股东	公司首脑	主要业务	市值(亿美元)	市盈率(本益比)	营业额	税前盈利	资产总值
113	118	大新金融集团有限公司 Dah Sing Financial Holdings Limited	香港	王守业	贾世德	银行及相关金融服务	9.9100	13.08	—	6.61亿港元 0.85亿美元	443.94亿港元 57.11亿美元
114	60	第一太平有限公司 First Pacific Company Limited	香港	林绍良,林逢生,林文镜	彭泽伦	消费品,电讯,地产,银行	9.9093	6.39	12.32亿美元	2.37亿美元	67.97亿美元
115	136	震旦行股份有限公司 Aurora Corporation	台湾	震旦国际股份有限公司	林荣幸	通讯产品,办公设备,资讯系统等	9.8729	28.27	152.20亿元新台币 4.85亿美元	10.30亿元新台币 0.33亿美元	126.77亿元新台币 4.04亿美元
116	52	永吉浆纸业有限公司 PT Indah Kiat Pulp & Paper Tbk	印尼	黄奕聪家族	黄志源	生产短纤浆纸产品	9.7572	—	13.06亿美元	0.53亿美元	59.87亿美元
117	90	成功多多有限公司 Berjaya Sports Toto Berhad	马来西亚	Berjaya Land Berhad	陈志远	投资控股,提供管理服务,房地产,博彩	9.3829	8.1	23.399亿马元 6.16亿美元	3.85亿马元 1.012亿美元	19.02亿马元 5.01亿美元
118	—	精碟科技股份有限公司 Prodisc Technology Inc.	台湾	叶垂景,铼德科技股份有限公司	林明发	光碟片产销	9.3462	21.43	36.27亿元新台币 1.16亿美元	10.71亿元新台币 0.341亿美元	86.23亿元新台币 2.75亿美元
119	129	福懋兴业股份有限公司 Formosa Taffeta Co. Ltd.	台湾	台湾化学纤维股份有限公司	谢式铭	布、纺织品	9.3379	16.88	147.09亿元新台币 4.69亿美元	17.01亿元新台币 0.542亿美元	305.12亿元新台币 9.72亿美元
120	142	丰隆银行 Hong Leong Bank	马来西亚	郭令灿	郭令灿	银行	9.2650	30.0	—	1.07亿马元 0.2817亿美元	245.39亿马元 64.58亿美元
121	—	研华股份有限公司 Advantech Co., Ltd.	台湾	科辰股份,研华投资,刘克振,黄慧丽等	刘克振	嵌入式电脑卡,工业用电脑,工业测控产品等	9.2349	30.99	35.48亿元新台币 1.1301亿美元	8.55亿元新台币 0.273亿美元	31.40亿元新台币 1.00亿美元
122	134	尖沙咀置业集团有限公司 Tsim Sha Tsui Properties Limited	香港	黄廷方	黄志祥	投资控股,房地产	9.0808	8.94	19.02亿港元 2.452亿美元	15.74亿港元 2.03亿美元	321.87亿港元 41.49亿美元

续表

2000名次	1999名次	公司名称	总部所在地	主要股东	公司首脑	主要业务	市值(亿美元)	市盈率(本益比)	营业额	税前盈利	资产总值
123	186	胜华科技股份有限公司 Wintek Corporation	台湾	黄显雄,刘秀莲等	黄显雄	液晶体显示器,模组组装	9.0407	38.52	41.69亿元新台币 1.328亿美元	5.01亿元新台币 0.1597亿美元	50.33亿元新台币 1.60亿美元
124	—	PT Indocement Tunggal Prakar	印尼	PT Mekar Perkasa	林绍良	水泥	8.8888	—	17,589.7亿印尼盾 2.48亿美元	—	98.511亿印尼盾 13.87亿美元
125	—	万能企业有限公司 Magnum Corporation Berhad	马来西亚	马化控股有限公司	林金华	投资控股,博彩,管理服务	8.8537	6.5	29.17亿马元 7.68亿美元	5.63亿马元 1.48亿美元	24.91亿马元 6.56亿美元
126	137	城市酒店国际有限公司 CDL Hotels International Limited	香港	城市发展有限公司	郭令明	酒店投资及管理	8.8308	10.63	51.01亿港元 6.56亿美元	13.32亿港元 1.714亿美元	280.99亿港元 36.15亿美元
127	106	万海航运股份有限公司 Wan Hai Lines Limited	台湾	陈朝传兄弟及其家族	陈朝亨	货柜轮运输	8.7312	11.12	274.50亿元新台币 8.74亿美元	31.66亿元新台币 1.008亿美元	209.05亿元新台币 6.66亿美元
128	133	九巴控股有限公司 The Kowloon Motor Bus Holdings Limited	香港	新鸿基地产发展有限公司	陈祖泽	公共汽车服务,投资控股	8.7247	9.21	58.71亿港元 7.55亿美元	8.93亿港元 1.15亿美元	54.09亿港元 6.96亿美元
129	119	台湾光宝电子股份有限公司 Lite-On Electronics, Inc.	台湾	宋恭源,旭丽公司等	宋恭源	电源供应产品,光电	8.6853	33.12	127.43亿元新台币 4.06亿美元	8.27亿元新台币 0.263亿美元	160.93亿元新台币 5.13亿美元
130	117	鹰君集团有限公司 Great Eagle Holdings Limited	香港	罗鹰石家族	罗鹰石	房地产,酒店,投资控股	8.6267	10.42	28.89亿港元 3.7163亿美元	8.11亿港元 1.044亿美元	280.33亿港元 36.06亿美元
131	108	神达电脑股份有限公司 Mitac International Corporation	台湾	神通电脑,联成石化等	苗丰强	个人电脑,电脑周边设备	8.6050	13.03	302.60亿元新台币 9.64亿美元	20.46亿元新台币 0.652亿美元	230.14亿元新台币 7.33亿美元
132	101	国浩集团有限公司 Guoco Group Limited	香港	Guoline Overseas Limited	郭令海	银行及金融,股票经纪及基金管理,保险,制造业,房地产投资及发展	8.5649	10.87	132.196亿港元 17.04亿美元	9.24亿港元 1.192亿美元	1,500.21亿港元 193.37亿美元

续表

2000名次	1999名次	公司名称	总部所在地	主要股东	公司首脑	主要业务	市值（亿美元）	市盈率（本益比）	营业额	税前盈利	资产总值
133	—	博达科技股份有限公司 Procomp Informatics Ltd.	台湾	叶素菲，方启三等	叶素菲	主机板，磊晶片	8.5282	51.96	40.41亿元新台币 1.29亿美元	3.12亿元新台币 0.0992亿美元	50.95亿元新台币 1.62亿美元
134	70	台北国际商业银行 International Bank of Taipei	台湾	何寿川等	游国治	银行	8.4546	9.28	194.21亿元新台币 6.19亿美元	31.90亿元新台币 1.02亿美元	2,918.85亿元新台币 92.97亿美元
135	160	友讯科技股份有限公司 D-Link Corporation	台湾	高次轩，李中旺等	高次轩	网络介面卡，交换器，集线器等	8.4089	31.17	103.13亿元新台币 3.28亿美元	6.66亿元新台币 0.2122亿美元	102.49亿元新台币 3.26亿美元
136	259	云辰电子开发股份有限公司 Everspring Co. Ltd.	台湾	张姿玲，高永华，黄子亮等	张姿玲	防盗产品，灯控产品，防盗配件，光电产品，电源供应器	8.1188	37.99	13.77亿元新台币 0.439亿美元	5.13亿元新台币 0.164亿美元	37.66亿元新台币 1.20亿美元
137	153	伟易达集团 Vtech Holdings Limited	香港	黄子欣	黄子欣	电讯产品，电子学习产品，资讯产品	8.1155	18.01	10.46亿美元	0.476亿美元	7.31亿美元
138	193	宏棋科技股份有限公司 Acer Sertek Inc.	台湾	宏棋电脑股份有限公司	王振堂	笔记型电脑，电脑周边产品，半导体零件，多媒体产品	8.0136	33.66	181.48亿元新台币 5.78亿美元	7.04亿元新台币 0.224亿美元	77.96亿元新台币 2.48亿美元
139	146	富邦商业银行 Fubon Commercial Bank	台湾	明东实业，兴记投资等	王全喜	银行	7.9811	14.58	158.73亿元新台币 5.06亿美元	18.998亿元新台币 0.605亿美元	2,235.88亿元新台币 71.22亿美元
140	170	飞瑞股份有限公司 Phoenixtec Power Co. Ltd.	台湾	郑水竹，叶宏清等	郑水竹	电力设备	7.9430	16.42	51.93亿元新台币 1.65亿美元	14.05亿元新台币 0.45亿美元	66.74亿元新台币 2.13亿美元
141	—	有线宽频通讯有限公司 i-Cable Communications Limited	香港	九龙仓集团有限公司	李唯仁	有线电视，互联网及多媒体	7.8152	—	13.46亿港元 1.73亿美元	-3.88亿港元 -0.50亿美元	48.64亿港元 6.26亿美元
142	124	永隆银行有限公司 Wing Lung Bank Limited	香港	伍氏家族	伍步高	银行	7.6846	7.01	—	10.20亿港元 1.31亿美元	597.36亿港元 76.85亿美元
143	76	新世界基建有限公司 New World Infrastructure Limited	香港	新世界发展有限公司	郑家纯	基础建设	7.6480	6.97	9.77亿港元 1.26亿美元	11.73亿港元 1.51亿美元	220.01亿港元 28.36亿美元

续表

2000名次	1999名次	公司名称	总部所在地	主要股东	公司首脑	主要业务	市值(亿美元)	市盈率(本益比)	营业额	税前盈利	资产总值
144	179	金务大 Gamuda Berhad	马来西亚	林云琳	林云琳	投资控股,土木工程,采石矿,房地产等	7.5908	9.17	5.10亿马元 1.343亿美元	1.43亿马元 0.376亿美元	11.61亿马元 3.06亿美元
145	143	旭丽股份有限公司 Silitek Corporation	台湾	台湾光宝等	宋恭源	资讯产品,橡胶产品,影像处理产品	7.4347	22.58	143.78亿元新台币 4.58亿美元	11.57亿元新台币 0.369亿美元	133.55亿元新台币 4625亿美元
146	109	先得坊产业有限公司 Centrepoint Properties Ltd.	新加坡	花莎尼有限公司	范佑安	房地产投资及发展	7.4080	16	2.56亿新元 1.51亿美元	0.88亿新元 0.52亿美元	29.26亿新元 17.23亿美元
147	—	品质国际集团有限公司 QPL International Holdings Limited	香港	李同乐	李同乐	制造集成电路引线框与提供装配及测试服务	7.3393	5.1	18.01亿港元 2.312亿美元	11.82亿港元 1.52亿美元	14.26亿港元 1.83亿美元
148	113	新加坡置地有限公司 Singapore Land Limited	新加坡	联合工业有限公司	林福山	房地产发展,房地产管理,投资控股,酒店及购物中心的发展管理,顾问与投资	7.3212	13.4	1.50亿新元 0.903亿美元	1.24亿新元 0.745亿美元	33.22亿新元 19.95亿美元
149	141	台达电子(泰国)大众有限公司 Delta Electronics (Thailand) Public Company Limited	泰国	Delta Electronics Inc.等	黄光明	制造及出口供电脑、电讯、办公室与家电用途的电子部件及零件	6.8990	10.35	—	27.66亿泰铢 0.738亿美元	160.23亿泰铢 4.27亿美元
150	161	丰隆信贷有限公司 Hong Leong Credit Berhad	马来西亚	Hong Leong Company(Malaysia) Berhad(Group)	郭令灿	投资控股,银行,金融,保险,证券经纪,房地产	6.8866	45.0	—	0.59亿马元 0.154亿美元	278.86亿马元 73.38亿美元
151	185	长兴化学工业股份有限公司 Eternal Chemical Co. Ltd.	台湾	光阳工业,高英士,高国伦等	杨文雄	各类树脂	6.8438	16.22	120.01亿元新台币 3.82亿美元	12.47亿元新台币 0.40亿美元	137.62亿元新台币 4.38亿美元
152	127	东方实业 Oriental Holdings Berhad	马来西亚	文秀有限公司	骆清燕	投资控股,摩托车、车辆及零件装配与分销,房地产等	6.8042	13.6	22.04亿马元 5.80亿美元	2.27亿马元 0.597亿美元	33.16亿马元 8.73亿美元

续表

2000名次	1999名次	公司名称	总部所在地	主要股东	公司首脑	主要业务	市值(亿美元)	市盈率(本益比)	营业额	税前盈利	资产总值
153	158	良木园酒店有限公司 Goodwood Park Hotel Limited	新加坡	邱德拔	邱德拔	酒店及餐馆,投资控股,股票买卖	6.7693	30.6	2.03 亿新元 1.20 亿美元	0.66 亿新元 0.3902 亿美元	8.87 亿新元 5.23 亿美元
154	147	楠梓电子股份有限公司 Wus Printed Circuit Co. Ltd.	台湾	陈梅芳,吴礼淦	吴礼淦	印刷电路板及组装	6.7594	57.98	59.16 亿元新台币 1.88 亿美元	3.58 亿元新台币 0.1141 亿美元	102.24 亿元新台币 3.26 亿美元
155	—	凤凰卫视控股有限公司 Phoenix Satellite Television Holdings Limited	香港	今日亚洲有限公司,华颖国际有限公司等	刘长乐	卫星电视广播	6.7152	—	3.15 亿港元 0.41 亿美元	-0.78 亿港元 -0.10 亿美元	—
156	332	丰隆工业有限公司 Hong Leong Industries Berhad	马来西亚	郭令灿	郭令灿	投资控股,制造业	6.6771	—	19.62 亿马元 5.16 亿美元	-0.75 亿马元 -0.196 亿美元	42.95 亿马元 11.30 亿美元
157	183	凯业集团 IOI Corporation Berhad	马来西亚	李深静	李深静	投资控股,种植,房地产,工业及医疗气体生产,高尔夫球会等	6.6679	6.7	14.12 亿马元 3.7156 亿美元	4.62 亿马元 1.2163 亿美元	40.67 亿马元 10.70 亿美元
158	152	玉山银行 E. Sun Commercial Bank, Limited	台湾	新东阳公司,富利投资等	林钟雄	银行	6.5886	13.40	151.56 亿元新台币 4.83 亿美元	16.89 亿元新台币 0.54 亿美元	2,182.55 亿元新台币 69.52 亿美元
159	42	亚洲食品与房地产有限公司 Asia Food & Properties Limited	新加坡	Flambo International Limited	黄荣年	投资控股	6.5506	10.9	13.73 亿新元 8.24 亿美元	0.50 亿新元 0.302 亿美元	69.66 亿新元 41.82 亿美元
160	102	长春产业有限公司 Allgreen Properties Limited	新加坡	郭兄弟(新加坡)有限公司	吴树城	房地产发展及投资,项目及房地产管理,建筑,建材贸易	6.5002	10.6	4.42 亿新元 2.66 亿美元	1.23 亿新元 0.74 亿美元	28.99 亿新元 17.40 亿美元
161	121	联合工业有限公司 United Industrial Corporation Berhad	新加坡	大华银行有限公司,UOL Equity Investments Pte. Ltd. 等	黄祖耀	房地产,贸易,服务,制造	6.4950	15.7	4.01 亿新元 2.40 亿美元	1.42 亿新元 0.852 亿美元	38.89 亿新元 23.35 亿美元

续表

2000名次	1999名次	公司名称	总部所在地	主要股东	公司首脑	主要业务	市值(亿美元)	市盈率(本益比)	营业额	税前盈利	资产总值
162	212	智邦科技股份有限公司 Accton Co. Ltd.	台湾	金世添,卢昆瑞,杜忆民,阮正义等	金世添	网络中枢器,网络卡,网络交换器	6.4026	33.91	96.05亿元新台币 3.06亿美元	5.21亿元新台币 0.166亿美元	109.13亿元新台币 3.48亿美元
163	—	普立尔照相工业股份有限公司 Premier Camera Taiwan Ltd.	台湾	刘秀丽,黄震智,刘灯桂,刘明识等	黄震智	照相机	6.3141	28.29	76.77亿元新台币 2.45亿美元	8.51亿元新台币 0.271亿美元	44.996亿元新台币 1.43亿美元
164	172	年兴纺织股份有限公司 Nien Hsing Textile Co. Ltd.	台湾	陈荣秋	陈荣秋	牛仔布,牛仔成衣	6.2932	14.92	35.96亿元新台币 1.145亿美元	11.55亿元新台币 0.368亿美元	63.96亿元新台币 2.04亿美元
165	237	精英电脑股份有限公司 Elitegroup Computer Sustems Co. Ltd.	台湾	蒋国明,蒋华美,许明仁等	蒋国明	电脑主机板,介面卡	5.9148	19.54	109.01亿元新台币 3.47亿美元	9.18亿元新台币 0.293亿美元	59.01亿元新台币 1.88亿美元
166	107	旺旺控股有限公司 Want Want Holdings Ltd.	新加坡	蔡衍明	蔡衍明	生产、贸易及分销米饼、小食、饮料及相关产品	5.6510	9.2	4.94亿新元 2.969亿美元	1.08亿新元 0.65亿美元	7.45亿新元 4.47亿美元
167	189	大陆工程股份有限公司 Continental Engineering Corporation	台湾	殷氏家族	殷琪	建筑业,房地产	5.5796	—	69.09亿元新台币 2.201亿美元	0.36亿元新台币 0.0113亿美元	227.23亿元新台币 7.24亿美元
168	—	卜蜂食品企业有限公司(大众) Charoen Pokphand Foods Public Company Limited	泰国	Charoen Pokphand Group Co., Ltd.	谢国民	家畜业,水产业	5.5706	5.46	—	41.41亿泰铢 1.10亿美元	409.24亿泰铢 10.92亿美元
169	192	碧悠电子工业股份有限公司 Picvue Electronic, Ltd.	台湾	陈宏辉,简德耀,吕礼谦,李文隆,陈鸿智	陈宏辉	液晶显示器,玻璃影像管	5.2919	39.74	41.91亿元新台币 1.335亿美元	3.90亿元新台币 0.124亿美元	98.74亿元新台币 3.15亿美元
170	256	国乔石化股份有限公司 Grand Pacific Petrochemical Co. Ltd.	台湾	和柏投资,仲冠投资等	吴春台	苯乙烯,树脂	5.2844	53.54	67.80亿元新台币 2.16亿美元	4.001亿元新台币 0.127亿美元	124.15亿元新台币 3.95亿美元

续表

2000名次	1999名次	公司名称	总部所在地	主要股东	公司首脑	主要业务	市值(亿美元)	市盈率(本益比)	营业额	税前盈利	资产总值
171	155	大华置业有限公司 United Overseas Land Limited	新加坡	黄祖耀	黄祖耀	房地产,酒店	5.2656	12.7	3.03亿新元 1.8179亿美元	0.98亿新元 0.59亿美元	30.61亿新元 18.37亿美元
172	123	永泰控股有限公司 Wing Tai Holdings Limited	新加坡	郑维强	郑维强	投资控股,成衣、建筑产品及服装配件贸易,房地产发展、投资及管理,提供管理服务	5.2413	—	5.60亿新元 3.29亿美元	-1.15亿新元 -0.67亿美元	29.999亿新元 17.64亿美元
173	169	精电国际有限公司 Varitronix International Limited	香港	张树成	张树成	液晶体显示器产品设计,制造及销售	5.0403	15.22	8.46亿港元 1.09亿美元	2.85亿港元 0.367亿美元	—
174	164	万通商业银行 Grand Commercial Bank	台湾	台南纺织,统一企业,环球水泥,高权投资,泰伯投资	高清愿	商业银行	4.9455	9.03	141.53亿元新台币 4.51亿美元	18.91亿元新台币 0.602亿美元	1,980.298亿元新台币 63.08亿美元
175	154	金像电子股份有限公司 Gold Circuit Electronics Ltd.	台湾	杨长基,李瑞清,杨昌王	杨长基	多层印刷电路板,双面印刷电路板	4.9453	26.80	60.29亿元新台币 1.92亿美元	4.78亿元新台币 0.152亿美元	94.13亿元新台币 3.00亿美元
176	100	台湾农林股份有限公司 Taiwan Tea Corporation	台湾	台林投资有限公司	熊名武	贸易,茶叶	4.9304	—	32.76亿元新台币 1.044亿美元	-11.38亿元新台币 -0.36亿美元	278.17亿元新台币 8.86亿美元
177	159	统一实业股份有限公司 Ton Yi Industrial Corporation	台湾	统一企业	梁祥居	钢片,制罐,马口铁	4.8896	34.68	124.08亿元新台币 3.95亿美元	5.23亿元新台币 0.1665亿美元	341.18亿元新台币 10.87亿美元
178	—	合勤科技股份有限公司 Zy XEL Communications Corp.	台湾	朱顺一,胡定华,白莲苹,陈玉龙等	胡定华	桥接器/路由器,终端配接器,数据机,宽频产品	4.8129	59.06	17.27亿元新台币 0.55亿美元	2.68亿元新台币 0.086亿美元	28.96亿元新台币 0.92亿美元
179	140	正新橡胶工业股份有限公司 Cheng Shin Rubber Industrial Co.ltd.	台湾	罗结,罗明和,罗才仁等	罗结	轮胎	4.8061	12.53	72.38亿元新台币 2.31亿美元	15.02亿元新台币 0.48亿美元	147.42亿元新台币 4.70亿美元

续表

2000名次	1999名次	公司名称	总部所在地	主要股东	公司首脑	主要业务	市值（亿美元）	市盈率（本益比）	营业额	税前盈利	资产总值
180	132	国泰建设股份有限公司 Cathay Construction Co. Ltd.	台湾	国泰人寿退休基金	李肇基	建筑，房地产	4.7318	17.40	110.73亿元新台币 3.53亿美元	7.13亿元新台币 0.2272亿美元	261.23亿元新台币 8.23亿美元
181	219	第一饭店股份有限公司 First Hotel Co. Ltd.	台湾	今武投资，文华投资等	袁祖钧	旅馆，餐饮	4.6977	56.10	2.39亿元新台币 0.08亿美元	3.399亿元新台币 0.108亿美元	33.89亿元新台币 1.08亿美元
182	240	致福股份有限公司 GVC Corporation	台湾	旭丽公司，周神安，江英村等	宋恭源	电脑产品，通讯产品	4.6865	—	183.31亿元新台币 5.84亿美元	-61.78亿元新台币 -1.97亿美元	171.57亿元新台币 5.46亿美元
183	258	奥维尔工业有限公司 O. Y. L. Industries Berhad	马来西亚	郭令灿	何育才	投资控股	4.6605	21.4	44.39亿马元 11.68亿美元	0.93亿马元 0.244亿美元	33.01亿马元 8.69亿美元
184	114	香港兴业国际集团 HKR International Limited	香港	查氏家族	查懋声	房地产，酒店，建筑，制造及其他投资	4.6396	—	29.05亿港元 3.73亿美元	6.48亿港元 0.83亿美元	139.299亿港元 17.89亿美元
185	—	杨协成有限公司 Yeo Hiap Seng Limited	新加坡	黄廷方	黄志祥	投资控股，制造及分销食品与饮料	4.6043	—	3.62亿新元 2.17亿美元	0.013亿新元 0.008亿美元	9.17亿新元 5.83亿美元
186	151	巅峰控股（约格森米） JC Summit Holdings Inc.	菲律宾	吴奕辉，Gokongwei Brothers Foundation. Inc.	吴奕辉	投资控股，食品，银行，房地产，纺织，农产品业务，电讯等	4.5745	—	293.26亿披索 7.29亿美元	138.36亿披索 3.44亿美元	1,110.62亿披索 27.60亿美元
187	178	台湾聚合化学品股份有限公司 USI Far East Corporation	台湾	港商诚利置业有限公司	周新怀	塑胶原料	4.5602	17.08	47.44亿元新台币 1.511亿美元	9.49亿元新台币 0.3024亿美元	124.52亿元新台币 3.97亿美元
188	138	华隆股份有限公司 Hualon Corporation	台湾	国华人寿	翁有铭	纺织、布料产品	4.5226	—	260.36亿元新台币 8.29亿美元	-32.89亿元新台币 -1.05亿美元	623.49亿元新台币 20.15亿美元
189	218	远东百货股份有限公司 Far Eastern Department Stores Ltd.	台湾	远东纺织股份有限公司	徐荷芳	服装，超级市场，家用品	4.5148	11.22	196.07亿元新台币 6.25亿美元	11.60亿元新台币 0.37亿美元	280.19亿元新台币 8.92亿美元
190	220	致茂电子股份有限公司 Chroma Ate Co. Ltd.	台湾	黄钦明，陈春生，张明雄等	黄钦明	自动化量测系统，精密电子量测仪器，电力电子产品	4.5096	22.26	21.59亿元新台币 0.69亿美元	5.19亿元新台币 0.17亿美元	39.24亿元新台币 1.25亿美元

续表

2000名次	1999名次	公司名称	总部所在地	主要股东	公司首脑	主要业务	市值(亿美元)	市盈率(本益比)	营业额	税前盈利	资产总值
191	—	广宇科技股份有限公司 Pan-International Industrial Corp.	台湾	鸿海精密，鸿元国际投资等	陈汉清	光电产品，连接器，线缆产品	4.4465	—	66.07亿元新台币 2.10亿美元	-3.24亿元新台币 -0.10亿美元	51.86亿元新台币 1.65亿美元
192	405	英群企业股份有限公司 Behavior Tech Computer Co. Ltd.	台湾	苏克刚	苏克刚	光碟机，附加卡，键盘	4.3780	—	81.88亿元新台币 2.608亿美元	1.52亿元新台币 0.0484亿美元	71.91亿元新台币 2.29亿美元
193	318	东讯股份有限公司 Tecom Co. Ltd.	台湾	东元电机股份有限公司	黄茂雄	用户用交换系统，局用传输设备	4.3570	25.35	84.26亿元新台币 2.68亿美元	4.04亿元新台币 0.1286亿美元	57.84亿元新台币 1.84亿美元
194	162	新亚置业信托有限公司 New Asia Realty and Trust Company Limited	香港	会德丰有限公司	李唯仁	房地产，投资控股	4.3547	—	30.38亿港元 3.90亿美元	12.66亿港元 1.63亿美元	246.65亿港元 31.79亿美元
195	216	联邦银行 Union Bank Of Taiwan	台湾	林张素娥，联邦建设，联邦育乐，仲利投资等	黄春钟	银行	4.3528	12.12	151.46亿元新台币 4.8243亿美元	14.30亿元新台币 0.456亿美元	1,942.17亿元新台币 61.86亿美元
196	—	金光农业资源有限公司 Golden Agri-Resources Ltd.	新加坡	亚洲食品与房地产有限公司	黄荣年	投资控股	4.3289	7.6	5.31亿美元	0.59亿美元	13.28亿美元
197	—	新世界中国地产有限公司 New World China Land Limited	香港	新世界发展有限公司，周大福企业有限公司	郑家纯	中国大陆房地产	4.3187	17.69	5.07亿港元 0.65亿美元	1.85亿港元 0.239亿美元	203.004亿港元 26.17亿美元
198	175	达企业有限公司 TA Enterprise Berhad	马来西亚	程铁健	程铁健	投资控股，证券经纪，金融服务，房地产	4.3000	11.4	4.98亿马元 1.31亿美元	1.46亿马元 0.3844亿美元	38.81亿马元 10.21亿美元
199	176	华联企业有限公司 Overseas Union Enterprise Limited	新加坡	连瀛洲	连瀛洲	酒店，商业办公楼，购物商场，投资控股	4.2843	21.6	1.51亿新元 0.905亿美元	0.51亿新元 0.307亿美元	10.40亿新元 6.25亿美元
200	228	PB Group Berhad***	马来西亚	郭氏兄弟有限公司	王爱众	投资控股	4.2800	4.2	67.37亿马元 17.73亿美元	3.69亿马元 0.972亿美元	50.51亿马元 13.29亿美元

续表

2000名次	1999名次	公司名称	总部所在地	主要股东	公司首脑	主要业务	市值(亿美元)	市盈率(本益比)	营业额	税前盈利	资产总值
201	213	和泰汽车股份有限公司 Hotai Motor Co. Ltd.	台湾	明怡投资,金元山投资,南怡企业	苏燕辉	小型及大型汽车进口与销售	4.2053	14.82	529.37 亿元新台币 16.86 亿美元	12.06 亿元新台币 0.384 亿美元	174.56 亿元新台币 5.56 亿美元
202	130	中联信托投资股份有限公司 China United Trust & Investment Co. Ltd.	台湾	宏国开发,上海商业储蓄银行,祥富投资	胡以经	信托资金(存款),放款,保证及投资等	4.1895	10.11	104.99 亿元新台币 3.34 亿美元	12.63 亿元新台币 0.402 亿美元	1,363.87 亿元新台币 43.44 亿美元
203	260	所罗门股份有限公司 Solomon Technology Co. Ltd.	台湾	陈健三	陈健三	电子零件与组件,建筑设备	4.1809	33.33	61.27 亿元新台币 1.95 亿美元	3.79 亿元新台币 0.121 亿美元	91.19 亿元新台币 2.90 亿美元
204	327	邵氏兄弟(香港)有限公司 Shaw Brothers (Hong Kong) Limited	香港	Shaw Holdings Inc.	邵逸夫	投资控股,投资于媒体及娱乐事业	4.1395	31.15	0.32 亿港元 0.04 亿美元	2.31 亿港元 0.296 亿美元	18.13 亿港元 2.33 亿美元
205	180	中华商业银行 The Chinese Bank	台湾	王又曾,力霸公司,嘉新食化	王又曾	银行	4.1377	46.67	128.33 亿元新台币 4.09 亿美元	3.05 亿元新台币 0.0973 亿美元	1,989.46 亿元新台币 63.37 亿美元
206	150	马哥孛罗发展有限公司 Marco Polo Developments Limited	新加坡	新亚置业信托有限公司	李唯仁	房地产拥有及发展,酒店	4.1304	8.8	5.11 亿新元 2.99 亿美元	2.66 亿新元 1.56 亿美元	13.75 亿新元 8.04 亿美元
207	263	太平洋建设股份有限公司 Pacific Construction Co., Ltd.	台湾	源达投资,太崇投资,欣隆投资,兴龙投资等	章启光	房地产	4.1268	—	96.76 亿元新台币 3.082 亿美元	0.85 亿元新台币 0.0271 亿美元	438.17 亿元新台币 13.96 亿美元
208	196	大安银行 Dah An Bank	台湾	华新丽华,大陆工程等	高志尚	银行	4.1044	—	132.82 亿元新台币 4.23 亿美元	-25.73 亿元新台币 -0.82 亿美元	1,818.23 亿元新台币 57.19 亿美元
209	—	友尚股份有限公司 Yosun Industrial Corp.	台湾	曾国栋,吴成,黄玛理,李秀玲,友强投资	曾国栋	积体电路,电子组件,分散式元件,被动元件	4.0997	37.57	70.35 亿元新台币 2.241 亿美元	4.26 亿元新台币 0.136 亿美元	40.94 亿元新台币 1.30 亿美元
210	376	IOI Properties Berhad	马来西亚	凯业集团	李深静	房地产	4.0684	11.9	3.54 亿马元 0.93 亿美元	1.45 亿马元 0.382 亿美元	11.97 亿马元 3.15 亿美元

续表

2000名次	1999名次	公司名称	总部所在地	主要股东	公司首脑	主要业务	市值(亿美元)	市盈率(本益比)	营业额	税前盈利	资产总值
211	210	旅店置业有限公司 Hotel Properties Limited	新加坡	王明星	王明星	投资控股,酒店	4.0332	—	3.17亿新元 1.90亿美元	0.195亿新元 0.1173亿美元	15.58亿新元 9.35亿美元
212	252	铊马有限公司 Ramatex Berhad	马来西亚	马文清,马文玥,王龙彪	马文清	纱,针织,织品及成衣印染	4.0021	14.47	7.497亿马元 1.97亿美元	1.15亿马元 0.303亿美元	14.40亿马元 3.79亿美元
213	194	长亿实业股份有限公司 Ever Fortune Industrial Company Ltd.	台湾	长生投资	简肇涵	房地产	3.9889	5.69	94.74亿元新台币 3.018亿美元	16.49亿元新台币 0.525亿美元	435.32亿元新台币 13.87亿美元
214	262	中国合成橡胶股份有限公司 China Synthetic Rubber Co. Ltd.	台湾	和信企业集团	辜成允	碳烟,电力,明胶,蒸汽	3.9814	16.23	19.75亿元新台币 0.63亿美元	7.78亿元新台币 0.25亿美元	95.46亿元新台币 3.04亿美元
215	—	汇侨工业股份有限公司 Pan Overseas Electronic Co., Ltd.	台湾	汇侨投资等	黄坤明	积体电容器,电子零组件,圆板电容器等	3.9769	43.50	16.02亿元新台币 0.51亿美元	2.72亿元新台币 0.087亿美元	32.16亿元新台币 1.02亿美元
216	276	致伸实业股份有限公司 Primax Electronics Co. Ltd.	台湾	君临投资,梁立省	梁立省	影像产品,办公室自动化产品,电脑输入装置	3.9564	—	111.73亿元新台币 3.56亿美元	-1.77亿元新台币 -0.06亿美元	87.32亿元新台币 2.78亿美元
217	148	三阳工业股份有限公司 Sanyang Industry Co. Ltd.	台湾	庆丰环宇,黄廿惠,三阳投资,黄専达	黄世惠	机车,汽车	3.9561	11.72	337.22亿元新台币 10.74亿美元	11.92亿元新台币 0.38亿美元	203.76亿元新台币 6.49亿美元
218	279	东和钢铁企业股份有限公司 Tung Ho Steel Enterprise Corporation	台湾	伸原投资,侯贞雄	侯贞雄	钢筋及H型钢,钢板	3.8753	—	108.19亿元新台币 3.45亿美元	-4.74亿元新台币 -0.15亿美元	232.26亿元新台币 7.40亿美元
219	336	中建电讯集团有限公司 CCT Telecom Holdings Limited	香港	麦绍棠	麦绍棠	投资控股,制造及销售电讯产品及配件,电讯及网络设备贸易及提供顾问服务等	3.8751	21.20	15.72亿港元 2.022亿美元	0.69亿港元 0.0888亿美元	34.83亿港元 4.48亿美元

续表

2000名次	1999名次	公司名称	总部所在地	主要股东	公司首脑	主要业务	市值(亿美元)	市盈率(本益比)	营业额	税前盈利	资产总值
220	—	文化传信集团有限公司 Culturecom Holdings Limited	香港	朱邦复,金网资本有限公司	张伟东	电子商贸,电子出版,漫画,科技,生化科技,中文电脑软件	3.8321	434	1.61 亿港元 0.21 亿美元	0.0295 亿港元 0.004 亿美元	6.88 亿港元 0.88 亿美元
221	—	台湾光罩股份有限公司 Taiwan Mask Corporation	台湾	创新工业,文生投资,陈碧湾等	徐善可	光罩	3.7316	—	15.63 亿元新台币 0.498 亿美元	0.89 亿元新台币 0.0285 亿美元	61.46 亿元新台币 1.96 亿美元
222	205	润泰纺织股份有限公司 Ruentex Industries Limited	台湾	润泰建设	王绮帆	布类产品	3.7100	—	98.34 亿元新台币 3.13 亿美元	-24.78 亿元新台币 -0.79 亿美元	205.66 亿元新台币 6.55 亿美元
223	230	瑞安建业有限公司 Shui On Construction and Materials Limited	香港	罗康瑞	罗康瑞	建筑,建筑材料	3.7024	5.73	59.85 亿港元 7.69 亿美元	6.12 亿港元 0.786 亿美元	42.89 亿港元 5.51 亿美元
224	—	毅嘉科技股份有限公司 Ichia Technologies Inc.	台湾	黄秋永,黄丽玲等	黄秋永	按键弹片,模具,金属弹片,软性印刷板等	3.6634	50.59	7.72 亿元新台币 0.25 亿美元	1.79 亿元新台币 0.0571 亿美元	11.01 亿元新台币 0.35 亿美元
225	184	中国力霸股份有限公司 China Rebar Company Ltd.	台湾	嘉新食化,力章企业,台莘企业,欣湖企业	王令楣	工程,百货,水泥,金属制品,饭店,纺织等	3.6571	27.07	94.72 亿元新台币 3.017 亿美元	4.40 亿元新台币 0.14 亿美元	362.88 亿元新台币 11.56 亿美元
226	156	合和实业有限公司 Hopewell Holdings Limited	香港	胡应湘	胡应湘	房地产,基础建设,建筑,酒店	3.6520	20.31	13.48 亿港元 1.74 亿美元	1.77 亿港元 0.228 亿美元	278.57 亿港元 35.91 亿美元
227	190	远东商业银行 Far Eastern International Bank	台湾	远东纺织,亚洲水泥,远东百货,东联化学	徐旭东	银行	3.5792	32.39	120.46 亿元新台币 3.84 亿美元	3.65 亿元新台币 0.116 亿美元	1,685.72 亿元新台币 53.69 亿美元
228	236	虹光精密股份有限公司 Avision Inc.	台湾	大根精密;陈令,周中立,盛少澜等	陈令	影像扫描器	3.5733	20.95	63.37 亿元新台币 2.02 亿美元	4.88 亿元新台币 0.1555 亿美元	32.05 亿元新台币 1.02 亿美元

续表

2000名次	1999名次	公司名称	总部所在地	主要股东	公司首脑	主要业务	市值(亿美元)	市盈率(本益比)	营业额	税前盈利	资产总值
229	264	和桐化学股份有限公司 Ho Tung Chemical Co., Ltd.	台湾	恒益投资等	陈武雄	化学品	3.5727	15.68	48.23亿元新台币 1.54亿美元	8.15亿元新台币 0.26亿美元	88.77亿元新台币 2.83亿美元
230	272	大众金融有限公司 Public Finance Berhad	马来西亚	大众银行有限公司	郑鸿标	接受存款,个人及固定条款贷款,分期付款及租赁融资	3.5687	7.0	10.32亿马元 2.72亿美元	1.97亿马元 0.517亿美元	115.24亿马元 30.33亿美元
231	248	正隆股份有限公司 Cheng Loohg Corp.	台湾	郑政隆	郑政隆	纸张,纸器,纸板	3.5471	10.18	138.37亿元新台币 4.41亿美元	10.72亿元新台币 0.3415亿美元	233.98亿元新台币 7.45亿美元
232	211	三商行股份有限公司 Mercuries & Associates Co. Ltd.	台湾	树人投资, 商林投资	陈河东	百货、食品	3.5432	12.12	86.39亿元新台币 2.75亿美元	8.60亿元新台币 0.274亿美元	110.05亿元新台币 3.51亿美元
233	271	日本信用保证集团 JCG Holdings Limited	香港	大众银行(郑鸿标)	郑鸿标	金融及信用卡业务	3.5372	7.54	—	4.34亿港元 0.558亿美元	54.15亿港元 6.97亿美元
234	294	亚旭电脑股份有限公司 Askey Computer Corporation	台湾	杜兴隆,林成贵, 张锡漳,神通 电脑等	杜兴隆	数据机	3.4902	39.67	75.64亿元新台币 2.41亿美元	2.04亿元新台币 0.065亿美元	56.89亿元新台币 1.81亿美元
235	200	台南纺织股份有限公司 Tainan Spinning Co. Ltd.	台湾	侯博义,侯博明, 侯博裕	庄宪雄	棉混纺纱纺织业	3.4886	60.83	96.66亿元新台币 3.079亿美元	1.83亿元新台币 0.058亿美元	319.47亿元新台币 10.18亿美元
236	227	中国人寿保险有限公司 China Life Insurance Company Ltd.	台湾	和信投资	辜启允	人寿保险	3.4717	14.66	210.96亿元新台币 6.72亿美元	6.63亿元新台币 0.211亿美元	759.58亿元新台币 24.19亿美元
237	250	宏盛建设股份有限公司 Hung Sheng Co. Ltd.	台湾	宝庆投资,鸿菖 实业,胜祥实业, 全亿投资,洪国雄	洪国雄	房地产	3.4675	11.18	59.81亿元新台币 1.91亿美元	9.69亿元新台币 0.31亿美元	184.07亿元新台币 5.86亿美元

续表

2000名次	1999名次	公司名称	总部所在地	主要股东	公司首脑	主要业务	市值（亿美元）	市盈率（本益比）	营业额	税前盈利	资产总值
238	—	时富投资集团有限公司 Celestial Asia Securities Holdings Limited	香港	Cash Cuardian Limited	关百豪	传统证券，期货，期权，贵金属，杠杆外汇服务及买卖，股票孖展买卖，企业融资，网上证券及商品服务	3.4469	16.36	2.45 亿港元 0.32 亿美元	0.897 亿港元 0.1154 亿美元	17.83 亿港元 2.29 亿美元
239	320	远森网路科技股份有限公司＊＊＊ ET Internet Technology Corporation	台湾	杂粮基金会等	王令麟	仓储，航运，营建，网路科技	3.4007	24.53	36.13 亿元新台币 1.151 亿美元	3.66 亿元新台币 0.117 亿美元	216.30 亿元新台币 6.89 亿美元
240	198	马联工业有限公司 Malayan United Industries Berhad	马来西亚	邱继炳	邱继炳	投资控股，房地产，建筑，金融服务，酒店，制造及贸易，旅游，食品及糖果，零售，教育服务	3.3961	33.25	6.97 亿马元 1.83 亿美元	0.63 亿马元 0.1667 亿美元	57.67 亿马元 15.18 亿美元
241	—	新加坡报业控股亚洲网有限公司 SPH Asia One Ltd.	新加坡	新加坡报业控股有限公司	刘焕彬	入门网站，网站	3.3875	—	—	—	—
242	163	南港轮胎股份有限公司 Nan Kang Rubber Tire Co. Ltd.	台湾	国丰兴业等	林学圃	轮胎	3.3703	66.33	40.53 亿元新台币 1.291 亿半	1.67 亿元新台币 0.053 亿美元	125.75 亿元新台币 4.01 亿美元
243	215	黑松股份有限公司 Hey-Song Co., Ltd.	台湾	张道凯，张斌堂等	张道炷	碳酸饮料，咖啡饮料，果汁饮料，茶饮料	3.3604	33.39	40.55 亿元新台币 1.292 亿美元	4.16 亿元新台币 0.1324 亿美元	113.59 亿元新台币 3.62 亿美元
244	105	大城银行大众有限公司 Bank of Ayudhya Public Company Limited	泰国	李智正及其公司	李智正	银行	3.3534	—	288.78 亿泰铢 7.70 亿美元	—	4,415.94 亿泰铢 117.79 亿美元

续表

2000名次	1999名次	公司名称	总部所在地	主要股东	公司首脑	主要业务	市值(亿美元)	市盈率(本益比)	营业额	税前盈利	资产总值
245	188	廖创兴银行有限公司 Liu Chong Hing Bank Limited	香港	廖创兴置业有限公司	廖烈文	银行,金融及相关服务	3.3481	7.32	—	4.31亿港元 0.554亿美元	358.15亿港元 46.07亿美元
246	241	海峡贸易有限公司 The Straits Trading Company Limited	新加坡	华侨银行有限公司,大东方人寿保险有限公司	叶家祥	投资控股,熔炼锡,贸易,房地产持有及发展,广告媒介,酒店与其他资产及管理	3.3337	14	1.06亿新元 0.635亿美元	0.48亿新元 0.29亿美元	17.35亿新元 10.41亿美元
247	149	美丽华酒店企业有限公司 Miramar Hotel & Investment Co.Ltd.	香港	恒基兆业发展有限公司	余达纲	酒店,饮食,房地产,旅游	3.3321	17.09	11.7998亿港元 1.52亿美元	1.81亿港元 0.23亿美元	95.28亿港元 12.24亿美元
248	—	正崴精密工业股份有限公司 Cheng Uei Precision Industry Co.,Ltd.	台湾	鑫鸿投资,鸿扬创业等	郭台强	通讯连接器,线缆连接器,电池模组,电源管理模组等	3.2792	39.30	31.75亿元新台币 1.01亿美元	2.63亿元新台币 0.0838亿美元	30.87亿元新台币 0.98亿美元
249	226	名力集团 The Mingly Corporation Limited	香港	查氏家族	查懋声	投资控股,房地产发展	3.2772	5.53	29.195亿港元 3.75亿美元	4.89亿港元 0.63亿美元	41.73亿港元 5.36亿美元
250	306	明珠兴业网络科技有限公司 Pearl Oriental Cyberforce Limited	香港	黄坤	黄坤	电讯,资讯科技及互联网,地产发展,酒店投资及管理,金融等业务	3.2763	—	0.65亿港元 0.083亿美元	-7.56亿港元 -0.97亿美元	36.84亿港元 4.74亿美元

续表

2000名次	1999名次	公司名称	总部所在地	主要股东	公司首脑	主要业务	市值(亿美元)	市盈率(本益比)	营业额	税前盈利	资产总值
251	296	怡保工程有限公司 IJM Corporation Berhad	马来西亚	怡保花园有限公司	陈文成	建筑,房地产,种植,制造及采矿,投资控股	3.27079	10.35	12.0997亿马元 3.184亿美元	1.39亿马元 0.3669亿美元	20.20亿马元 5.32亿美元
252	166	台中商业银行 Taichung Commercial Bank	台湾	廖英彦,黄允良,杨泽民,蔡裕芳,裕泰投资等	蔡裕芳	银行	3.27078	16.38	155.81亿元新台币 4.96亿美元	9.40亿元新台币 0.30亿美元	2,130.89亿元新台币 67.87亿美元
253	139	新竹国际商业银行 Hsinchu International Bank	台湾	宣德投资(股)公司等	詹宜勇	银行	3.2691	—	190.79亿元新台币 6.08亿美元	0.86亿元新台币 0.0274亿美元	2,710.65亿元新台币 86.34亿美元
254	203	丰隆金融有限公司 Hong Keong Finance Limited	新加坡	郭令明及其家族	郭令明	金融	3.2383	5.8	—	1.54亿新元 0.92亿美元	58.72亿新元 35.25亿美元
255	174	常成控股有限公司 Jaya Tiasa Holdings Berhad	马来西亚	张晓卿	张昌富	投资控股,制造及销售薄板,三夹板,锯木与芯块胶合板,采伐与销售木材	3.2268	14.9	7.334亿马元 1.93亿美元	1.298亿马元 0.3416亿美元	13.076亿马元 3.44亿美元
256	229	联成石油化学股份有限公司 Union Petrochemical Corporation	台湾	联华实业股份有限公司	苗丰强	化工原料及产品	3.2182	13.56	33.85亿元新台币 1.078亿美元	6.83亿元新台币 0.218亿美元	133.04亿元新台币 4.24亿美元
257	—	东宁高科技(控股)有限公司 Leading Spirit High-Tech (Holdings) Company Limited	香港	黄仕灵	黄仁灵	投资控股、装配簿膜晶体管、液晶体屏幕及电脑(包括笔记簿型电脑),买卖其零部件,提供互联网相关服务等	3.1727	—	18.39亿港元 2.37亿美元	-2.66亿港元 -0.34亿美元	31.03亿港元 4.13亿美元
258	—	国硕科技工业股份有限公司 Gigastorage Corporation	台湾	郭建文,陈文佳,陈森祥,邵天泰,蔡宪德	郭枝群	光碟片,光碟机(MP3/CD),被动元件	3.1619	12.75	12.51亿元新台币 0.40亿美元	4.21亿元新台币 0.134亿美元	45.95亿元新台币 1.46亿美元

续表

2000名次	1999名次	公司名称	总部所在地	主要股东	公司首脑	主要业务	市值（亿美元）	市盈率（本益比）	营业额	税前盈利	资产总值
259	275	Shin Satellite Public Company Limited	泰国	Shin Corporations Public Company Limited	Dumrong Kasemset	卫星通讯网络	3.1548	34.45	30.37亿泰铢 0.81亿美元	3.65亿泰铢 0.0975亿美元	104.73亿泰铢 2.79亿美元
260	366	大台北区瓦斯股份有限公司 The Great Taipei Gas Corporation	台湾	新光人寿保险(股)公司,新光合成纤维(股)公司,瑞速兴业(股)公司等	王文一	气体燃料供应	3.1502	21.53	25.55亿元新台币 0.814亿美元	4.75亿元新台币 0.151亿美元	98.54亿元新台币 3.14亿美元
261	270	峇珠加湾有限公司 Batu Kawan Berhad	马来西亚	李爱贤家族	李爱贤	投资控股,附属公司从事化学品制造,房地产发展、贷款,联营公司从事种植,金融服务,制造	3.1350	6.0	1.66亿马元 0.438亿美元	2.18亿马元 0.573亿美元	16.47亿马元 4.33亿美元
262	327	时报出版社有限公司 Times Publishing Limited	新加坡	花莎尼有限公司	柯逢豹	出版,电子出版,植字,分色及商业印刷服务,提供教育会议及展览设施,书籍及杂志发行与零售,影音产品发行	3.1289	20.7	4.935亿新元 2.93亿美元	0.45亿新元 0.267亿美元	6.818亿新元 4.05亿美元
263	—	安泰商业银行 EnTie Commercial Bank	台湾	林堉璘、简正雄、丰阳投资等	林堉璘	银行	3.1238	24.48	124.40亿元新台币 3.963亿美元	4.47亿元新台币 0.142亿美元	1,862.51亿元新台币 59.33亿美元
264	232	工商银行有限公司 Industrial & Commercial Bank Limited	新加坡	大华银行有限公司	黄祖耀	银行	3.1156	17.1	—	0.40亿新元 0.243亿美元	38.59亿新元 23.16亿美元
265	—	华升电子工业股份有限公司 Q-RUN Technology Corp.	台湾	普乐投资,鸿元国际等	林陈兴	个人电脑系统等	3.0985	—	150.50亿元新台币 4.79亿美元	0.74亿元新台币 0.0235亿美元	49.59亿元新台币 1.58亿美元

续表

2000名次	1999名次	公司名称	总部所在地	主要股东	公司首脑	主要业务	市值(亿美元)	市盈率(本益比)	营业额	税前盈利	资产总值
266	314	世昕企业股份有限公司 Luxon Electronics Co. Ltd.	台湾	陈国安,陈国森	陈国安	电解电容器等	3.0829	30.36	13.62亿元新台币 0.43亿美元	3.28亿元新台币 0.1044亿美元	46.72亿元新台币 1.49亿美元
267	295	O.S.K.控股有限公司 O.S.K.Holdings Berhad	马来西亚	王宗华	王宗华	股票经纪	3.0674	8.8	2.22亿马元 0.583亿美元	1.03亿马元 0.272亿美元	9.14亿马元 2.41亿美元
268	278	虎豹企业有限公司 Haw Par Corporation Limited	新加坡	黄祖耀	黄海	制造、分销及销售药品,电力生产设备与电脑产品,消闲服务及产品	3.0606	12.8	1.72亿新元 1.03亿美元	0.60亿新元 0.36亿美元	8.47亿新元 5.08亿美元
269	274	敬鹏工业股份有限公司 Chin-Poon Industrial Co. Ltd.	台湾	曾文爨,黄维金,曾刘玉枝,林丕吉,萧贤仁	曾文爨	单面、双面及多面印刷电路板	3.0550	22.50	46.195亿元新台币 1.471亿美元	4.15亿元新台币 0.132亿美元	70.54亿元新台币 2.25亿美元
270	223	丰泰企业股份有限公司 Feng Tay Enterprise Co. Ltd.	台湾	王刘美惠,王秋雄等	王秋雄	鞋材贸易,运动鞋制造及销售,技术服务	3.0163	13.02	88.597亿元新台币 2.822亿美元	7.397亿元新台币 0.236亿美元	55.45亿元新台币 1.77亿美元
271	157	东云股份有限公司 Tuntex Distinct Corporation	台湾	陈由豪,东展兴业等	张清德	化纤,房地产等	3.0089	12.64	141.10亿元新台币 4.49亿美元	2.64亿元新台币 0.0842亿美元	605.49亿元新台币 19.29亿美元
272	206	万泰银行 Cosmos Bank,Taiwan	台湾	太子汽车,太子投资	许胜发	银行	3.0020	11.79	144.27亿元新台币 4.60亿美元	8.65亿元新台币 0.276亿美元	1,899.51亿元新台币 60.50亿美元
273	—	中华数码信息有限公司 China DigiContent Co. Ltd.	香港	东宁高科技(控股)有限公司	黄仕灵	投资控股,买卖生产消费电器产品所采用之零部件,生产、装配及销售消费电器产品及电子产品	2.9990	—	18.37亿港元 2.368亿美元	-1.78亿港元 -0.23亿美元	29.74亿港元 3.83亿美元
274	482	昆盈股份有限公司 Kye Systems Corporation	台湾	祥旺投资,陈松永,卓世扬,卓进兴等	陈松永	电脑周边输入装置,多媒体产品,影像处理装置,资讯家电装置等	2.9772	—	34.37亿元新台币 1.095亿美元	-3.89亿元新台币 -0.12亿美元	39.96亿元新台币 1.27亿美元

续表

2000名次	1999名次	公司名称	总部所在地	主要股东	公司首脑	主要业务	市值(亿美元)	市盈率(本益比)	营业额	税前盈利	资产总值
275	243	立荣海运股份有限公司 Uniglory Marine Corporation	台湾	长荣海运股份有限公司	骆耀煌	航运	2.9742	68.70	225.76亿元新台币 7.19亿美元	1.31亿元新台币 0.0418亿美元	192.43亿元新台币 6.13亿美元
276	209	汇通商业银行 Cathay United Bank	台湾	国泰建设,合盛贸易,台隆工业等	叶国兴	银行	2.9674	—	—	0.70亿元新台币 0.0224亿美元	1,259.69亿元新台币 40.12亿美元
277	255	烨辉企业股份有限公司 Yieh Phui Enterprise Co., Ltd.	台湾	伟乔投资开发(股)公司,联硕投资开发(股)公司等	林羲守	烤漆钢卷,镀锌钢卷,酸洗钢卷,轧延钢卷等	2.9608	8.78	176.68亿元新台币 5.63亿美元	11.96亿元新台币 0.381亿美元	172.099亿元新台币 5.48亿美元
278	369	毅力工业集团有限公司 Ngai Lik Industrial Holdings Limited	香港	Goodchamp Holdings Limited	林文灿	投资控股,制造及经销消费电子产品,经销摩托车引擎零件	2.9488	15.85	27.05亿港元 3.474亿美元	1.73亿港元 0.222亿美元	12.22亿港元 1.57亿美元
279	325	巨大机械工业股份有限公司 Giant Manufacturing Co. Ltd.	台湾	刘金标	刘金标	自行车,电动自行车	2.9391	17.82	46.53亿元新台币 1.48亿美元	5.55亿元新台币 0.1768亿美元	51.05亿元新台币 1.63亿美元
280	233	嘉新食品化纤股份有限公司 Chia Hsin Food & Synthetic Fiber Co., Ltd.	台湾	中国力霸,王令侨,王金世英,王令一	王令一	油脂,面粉,饲料,化纤等	2.9187	58.33	93.17亿元新台币 2.968亿美元	1.51亿元新台币 0.0483亿美元	344.27亿元新台币 10.97亿美元
281	—	亿光电子工业股份有限公司 Everlight Electronics Co., Ltd.	台湾	叶寅夫,周博文等	叶寅夫	感测元件,发光元件等	2.9148	37.71	22.92亿元新台币 0.73亿美元	2.14亿元新台币 0.0682亿美元	36.29亿元新台币 1.16亿美元

续表

2000名次	1999名次	公司名称	总部所在地	主要股东	公司首脑	主要业务	市值(亿美元)	市盈率(本益比)	营业额	税前盈利	资产总值
282	195	新光合成纤维股份有限公司 Shinkong Synthetic Fibers Corporation	台湾	吴火狮医院，新光实业，新活实业等	吴东亮	人纤制造业	2.8948	—	120.36 亿元新台币 3.83 亿美元	-3.89 亿元新台币 -0.12 亿美元	219.82 亿元新台币 7.00 亿美元
283	249	太平协和集团有限公司 Pacific Concord Holding Limited	香港	汪世忠	汪世忠	投资控股，电讯，房地产，零售，石油产品分销	2.8728	7.63	2.996 亿港元 0.39 亿美元	6.50 亿港元 0.84 亿美元	90.82 亿港元 11.8 亿美元
284	321	统领百货股份有限公司 Tonlin Department Store Co. Ltd.	台湾	苏建忠，王明德，高呈熙，翁俊治等	苏建忠	百货	2.8647	33.45	37.11 亿元新台币 1.1821 亿美元	3.26 亿元新台币 0.104 亿美元	33.62 亿元新台币 1.07 亿美元
285	380	Camerlin Group Berhad	马来西亚	丰隆工业有限公司	郭令灿	投资控股	2.8621	—	1.12 亿马元 0.294 亿美元	0.087 亿马元 0.0228 亿美元	23.41 亿马元 6.16 亿美元
286	254	复盛股份有限公司 Fu Sheng Industrial Co. Ltd.	台湾	李后藤，李后升等	李后藤	空气压缩机，冷媒压机，高尔夫球杆头	2.8617	13.33	31.998 亿元新台币 1.019 亿美元	6.92 亿元新台币 0.22 亿美元	71.64 亿元新台币 2.28 亿美元
287	261	李长荣化学工业股份有限公司 Lee Chang Yung Chemical Industry Corporation	台湾	李昆枝，李谋伟，李陈兰	李昆枝	各类化学品	2.8526	18.51	60.94 亿元新台币 1.94 亿美元	5.72 亿元新台币 0.18 亿美元	84.16 亿元新台币 2.68 亿美元
288	221	依利安达国际有限公司 Elec & Eltek International Company Limited	新加坡	依利安达国际集团有限公司	苏章盛	设计、开发及制造印刷电路板	2.8440	6.72	3.81 亿新元 2.243 亿美元	0.62 亿新元 0.364 亿美元	4.45 亿新元 2.62 亿美元
289	299	蓝天电脑股份有限公司 Clevo Co.	台湾	许昆泰，林凤珠等	许昆泰	笔记型电脑	2.8162	—	121.54 亿元新台币 3.87 亿美元	-1.72 亿元新台币 -0.05 亿美元	91.16 亿元新台币 2.90 亿美元
290	302	联合集团有限公司 Allied Group Limited	香港	Lee & Lee Trust	李成辉	投资控股	2.8159	8.29	10.09 亿港元 1.30 亿美元	5.63 亿港元 0.725 亿美元	96.34 亿港元 12.39 亿美元

续表

2000名次	1999名次	公司名称	总部所在地	主要股东	公司首脑	主要业务	市值(亿美元)	市盈率(本益比)	营业额	税前盈利	资产总值
291	358	福华银行 Hock Hua Bank Berhad	马来西亚	林鹏寿	陈锡监	银行	2.8042	13.7	4.07亿马元 1.07亿美元	0.74亿马元 0.196亿美元	54.30亿马元 14.29亿美元
292	266	国产实业建设股份有限公司 Goldsun Development Construction Co. Ltd.	台湾	林嘉政,王庄岩欣迪投资,双园投资	林嘉政	预拌混凝土制造及运销,预力混凝土制品产销,房屋销售,砂石产销	2.7982	—	83.22亿元新台币 2.651亿美元	-4.28亿元新台币 -0.14亿美元	221.42亿元新台币 7.05亿美元
293	269	旭日企业有限公司 Glorious Sun Enterprises Limited	香港	杨钊及杨勋	杨勋	便服零售、出口及制造	2.7917	9.93	30.31亿港元 3.89亿美元	4.09亿港元 0.525亿美元	25.17亿港元 3.23亿美元
294	348	晶华国际酒店股份有限公司 Formosa International Hotels Co. Ltd.	台湾	潘思源,潘思亮	潘孝锐	旅馆、餐饮	2.7863	15.31	25.58亿元新台币 0.815亿美元	6.54亿元新台币 0.208亿美元	61.42亿元新台币 1.96亿美元
295	202	陈唱国际有限公司 Tan Chong International Limited	香港	陈唱联合有限公司	陈金火	汽车分销,重型商用车及工业机械设备分销,销售通讯产品,房地产	2.7634	11.63	30.19亿港元 3.88亿美元	2.63亿港元 0.339亿美元	—
296	126	Metro Pacific Corporation	菲律宾	第一太平集团	Ricardo S. Pascua	房地产发展,银行,船务	2.7092	—	115.966亿披索 2.88亿美元	—	998.65亿披索 24.81亿美元
297	284	永信药品工业股份有限公司 Yung Shin Pharmaceutical Industry Corporation Limited	台湾	李天德,李芳裕	李天德	药品	2.7033	27.27	24.40亿元新台币 0.78亿美元	3.76亿元新台币 0.120亿美元	56.37亿元新台币 1.80亿美元

续表

2000名次	1999名次	公司名称	总部所在地	主要股东	公司首脑	主要业务	市值(亿美元)	市盈率(本益比)	营业额	税前盈利	资产总值
298	—	菲律宾国家银行 Philippine National Bank	菲律宾	陈永栽等	Feliciano L. Miranda. Jr.	银行	2.6940	—	—	—	—
299	—	科联系统集团有限公司 Computer And Technologies Holdings Limited	香港	吴长胜	吴长胜	电脑系统集成,电子业务技术供应,提供企业电子业务应用服务	2.6802	—	3.53 亿港元 0.455 亿美元	0.15 亿港元 0.0192 亿美元	2.12 亿港元 0.27 亿美元
300	197	快乐峰食品(巧利化) Jollibee Foods Corporation	菲律宾	陈觉中	陈觉中	快餐业	2.6763	25.61	128.94 亿披索 3.20 亿美元	10.63 亿披索 0.264 亿美元	78.81 亿披索 1.96 亿美元
301	283	泛海国际集团有限公司 Asia Standard International Group Limied	香港	汇汉控股有限公司	潘政	投资控股,房地产,酒店	2.6759	—	14.01 亿港元 1.80 亿美元	-2.59 亿港元 -0.33 亿美元	90.44 亿港元 11.61 亿美元
302	335	共和酒店及度假村有限公司 Republic Hotels & Resorts Limited	新加坡	Kwek Holdings Pte. Ltd.	郭令明	酒店,房地产,股票投资,投资控股	2.6672	41.3	1.15 亿新元 0.692 亿美元	0.15 亿新元 0.090 亿美元	9.81 亿新元 5.89 亿美元
303	165	士林纸业股份有限公司 Shihlin Paper Corporation	台湾	台全投资,勇春公司,万海航运等	陈朝传	纸品制造业	2.6579	—	17.77 亿元新台币 0.566 亿美元	-0.79 亿元新台币 -0.03 亿美元	92.16 亿元新台币 2.94 亿美元
304	308	绿野集团 Country Heights Holdings Berhad	马来西亚	李金友	钟枚成	投资控股,房地产,酒店、度假区、康乐及有关业务的拥有与营运,教育,展览中心租赁,建筑等	2.655	6.2	2.64 亿马元 0.695 亿美元	1.74 亿马元 0.459 亿美元	15.09 亿马元 3.97 亿美元
305	244	陈唱摩多机构有限公司 Tan Chong Motor Holdings Berhad	马来西亚	陈氏家族	陈永顺	汽车生产,装配与销售	2.6526	13.5	9.46 亿马元 2.49 亿美元	0.75 亿马元 0.198 亿美元	9.34 亿马元 2.46 亿美元

续表

2000名次	1999名次	公司名称	总部所在地	主要股东	公司首脑	主要业务	市值（亿美元）	市盈率（本益比）	营业额	税前盈利	资产总值
306	—	锦兴集团有限公司 Hanny Holdings Limited	香港	德祥企业集团有限公司	陈国强	投资控股，生产、销售及分销资料储存媒体等	2.6409	10.20	28.20亿港元 3.63亿美元	2.697亿港元 0.35亿美元	38.53亿港元 4.95亿美元
307	377	FFM Berhad***	马来西亚	PPB Group Berhad	胡兆南	投资控股，碾磨面粉，棕油，棕油产品，玉米、小麦、动物饲料及大豆产品的加工，销售及贸易，饲养牲畜，消费品分销	2.6305	4.7	39.52亿马元 10.40亿美元	2.28亿马元 0.60亿美元	18.02亿马元 4.74亿美元
308	—	环球应用科技集团有限公司 Global Applied Technologies Holdings Limited	香港	邝汇珍	邝汇珍	设计、制造、销售与分销铝型材产品	2.6264	11.52	13.35亿港元 1.721亿美元	1.65亿港元 0.2121亿美元	11.23亿港元 1.45亿美元
309	246	联邦地产有限公司 Realty Development Corporation Limited	香港	新亚置业信托有限公司	李唯仁	投资控股，房地产	2.6193	—	5.25亿港元 0.674亿美元	3.25亿港元 0.42亿美元	81.39亿港元 10.45亿美元
310	399	东方海外（国际）有限公司 Orient Overseas (International) Limited	香港	Wharncliff Limited	董建成	货柜运输，货柜码头，商业房地产，中国大陆投资	2.6038	4.2	21.39亿美元	0.75亿美元	19.42亿美元
311	290	谦工业（马来西亚）有限公司 Hume Industries (Malaysia) Berhad	马来西亚	郭令灿	陈金福	投资控股，混凝土产品制造及销售	2.5958	—	52.81亿马元 13.90亿美元	-0.96亿马元 -0.25亿美元	48.92亿马元 12.87亿美元
312	385	泉合控股有限公司 Chuan Hup Holdings Limited	新加坡	白桂洋，白桂清	白桂清	投资控股，船只拥有及租赁	2.5619	10.7	1.34亿新元 0.79亿美元	0.44亿新元 0.2589亿美元	4.15亿新元 2.44亿美元

续表

2000名次	1999名次	公司名称	总部所在地	主要股东	公司首脑	主要业务	市值(亿美元)	市盈率(本益比)	营业额	税前盈利	资产总值
313	297	联华实业股份有限公司 Lien Hwa Industrial Corporation	台湾	义源投资，联成石化等	孙颂恩	面粉，大麦，食品，游艇	2.5582	15.88	14.26亿元新台币 0.454亿美元	5.13亿元新台币 0.163亿美元	110.12亿元新台币 3.51亿美元
314	334	力捷电脑股份有限公司 Umax Data Systems Inc.	台湾	黄崇仁	黄崇仁	影像扫描器等	2.5380	—	106.05亿元新台币 3.378亿美元	-25.70亿元新台币 -0.82亿美元	117.93亿元新台币 3.76亿美元
315	245	亚太商业银行 Asia Pacific Bank	台湾	王茂森，邱宪道，郭换坤，张曾碧月等	邱家雄	银行	2.5251	10.15	105.61亿元新台币 3.364亿美元	8.85亿元新台币 0.282亿美元	1,535.58亿元新台币 48.91亿美元
316	201	PT Bank Pan Indonesia Tbk	印尼	PT Panin Life	Drs. H. Rostian Sjamsudin	银行	2.5195	—	17,888.75亿印尼盾 2.52亿美元	376.66亿印尼盾 0.053亿美元	113.346亿印尼盾 15.96亿美元
317	—	伦飞电脑实业股份有限公司 Twinhead International Corporation	台湾	高氏企业，裕台企业，伦翔投资等	高育仁	电脑，周边设备	2.4957	—	125.54亿元新台币 3.999亿美元	-6.57亿元新台币 -0.21亿美元	106.23亿元新台币 3.38亿美元
318	—	冠德建设股份有限公司 Kingdom Construction Corporation	台湾	宇德投资，冠益投资，马玉山	马玉山	房地产	2.4866	7.60	52.75亿元新台币 1.68亿美元	8.40亿元新台币 0.27亿美元	235.12亿元新台币 7.49亿美元
319	333	恒基中国集团有限公司 Henderson China Holdings Limited	香港	恒基兆业地产有限公司	李兆基	中国房地产发展及投资	2.4853	13.93	3.50亿港元 0.451亿美元	1.34亿港元 0.1728亿美元	109.67亿港元 14.14亿美元
320	265	华人置业集团 Chinese Estates Holdings Limited	香港	刘銮雄及其联系人士	刘銮鸿	投资控股，房地产	2.4809	—	14.003亿港元 1.801亿美元	1.48亿港元 0.19亿美元	—

续表

2000名次	1999名次	公司名称	总部所在地	主要股东	公司首脑	主要业务	市值（亿美元）	市盈率（本益比）	营业额	税前盈利	资产总值
321	—	东魅网 STAREASTnet. com Corporation	香港	—	黄勤道	娱乐资讯入门网站，制作及分销互动式节目	2.4731	—	0.10亿港元 0.01亿美元	-0.798亿港元 -0.10亿美元	1.12亿港元 0.16亿美元
322	448	维信集团有限公司 WBL Corporation Limited	新加坡	华侨银行有限公司等	唐义方	投资控股，科技及制造，贸易及分销，房地产及消闲项目	2.4479	21.8	6.78亿新元 3.995亿美元	0.34亿新元 0.20亿美元	—
323	307	亚瑟科技股份有限公司 CIS Technology Co. Ltd.	台湾	中凌科技，利广投资等	陈德义	数据通讯产品	2.4468	—	61.39亿元新台币 1.956亿美元	-12.65亿元新台币 -0.40亿美元	105.92亿元新台币 3.37亿美元
324	298	PT Sinar Mas Multiartha Tbk	印尼	黄奕聪家族	Edward H. Hadidjajo	投资控股	2.4396	5.3	—	—	19,781.15亿印尼盾 2.79亿美元
325	231	继显控股有限公司# Kay Hian Holdings Limited	新加坡	黄一超	黄一超	股票经纪	2.4393	7.3	1.97亿新元 1.1817亿美元	0.77亿新元 0.46亿美元	6.83亿新元 4.10亿美元
326	253	路劲基建有限公司 Road King Infrastructure Limited	香港	惠记集团有限公司	单伟豹	投资、发展、经营及管理收费道路与高速公路	2.4349	3.5	2.43亿港元 0.31亿美元	6.26亿港元 0.80亿美元	56.95亿港元 7.33亿美元
327	353	中央产业有限公司 Central Properties Limited	新加坡	邱德拔	John Maxwell Mc Cormack	投资控股，投资买卖	2.4300	14.2	0.21亿新元 0.13亿美元	0.40亿新元 0.241亿美元	3.15亿新元 1.89亿美元
328	—	马化控股有限公司 Multi-Purpose Holdings Berhad	马来西亚	Quantum Aspects Sdn. Bhd	—	投资控股，金融服务，房地产，博彩及消闲，公用事业等	2.4268	3.9	9.49亿马元 2.50亿美元	2.49亿马元 0.655亿美元	122.51亿马元 32.24亿美元
329	—	建滔化工集团 Kingboard Chemical Holdings Limited	香港	Hallgain Management Limited	张国荣	覆铜面板，玻璃纤维布，铜箔，甲酸及双氧水	2.4072	4.18	15.58亿港元 2.00亿美元	4.70亿港元 0.604亿美元	26.78亿港元 3.44亿美元

续表

2000名次	1999名次	公司名称	总部所在地	主要股东	公司首脑	主要业务	市值（亿美元）	市盈率（本益比）	营业额	税前盈利	资产总值
330	280	信益陶瓷工业股份有限公司 Sin-Yih Ceramic Co. Ltd.	台湾	丰登兴业股份有限公司，仲洋实业股份有限公司	林荣德	各种磁砖制造及买卖	2.4070	15.74	22.03 亿元新台币 0.70 亿美元	4.33 亿元新台币 0.1379 亿美元	62.59 亿元新台币 1.99 亿美元
331	—	菱生精密工业股份有限公司 Lingsen Precision Industries Co. Ltd.	台湾	大裕投资（股）公司，致福（股）公司等	叶可建	积体电路封装及测试	2.3972	80.25	21.50 亿元新台币 0.68 亿美元	0.85 亿元新台币 0.027 亿美元	43.56 亿元新台币 1.39 亿美元
332	214	香港小轮（集团）有限公司 Hong Kong Ferry (Holdings) Company Limited	香港	李兆基	林高演	汽车渡轮服务，房地产，旅游，酒店管理，贸易，船坞营运	2.3765	—	8.89 亿港元 1.14 亿美元	1.25 亿港元 0.1605 亿美元	45.25 亿港元 5.82 亿美元
333	289	大荣汽车货运股份有限公司 Ta Jung Transportation Co. Ltd.	台湾	陈一雄，陈立宗，陈泽宗，陈德育，王宜芳	陈一雄	货运	2.3747	—	42.44 亿元新台币 1.35 亿美元	2.299 亿元新台币 0.0732 亿美元	89.89 亿元新台币 2.86 亿美元
334	303	鸿运电子股份有限公司 Potrans Electrical Corporation	台湾	董钟权，鸿远国际，庞秉森等	董钟权	电源供应器，充电器，变压器	2.3693	15.90	20.89 亿元新台币 0.67 亿美元	3.18 亿元新台币 0.101 亿美元	27.48 亿元新台币 0.88 亿美元
335	182	金英控股有限公司 Kim Eng Holdings Limited	新加坡	黄天逸	黄天逸	投资控股，股票经纪，房地产	2.3681	29.1	2.14 亿新元 1.25 亿美元	1.04 亿新元 0.61 亿美元	9.46 亿新元 5.53 亿美元
336	304	大众商业银行 Ta Chong Bank	台湾	和联投资，光阳工业，台塑等	陈田锚	银行	2.3499	—	116.01 亿元新台币 3.70 亿美元	0.65 亿元新台币 0.02 亿美元	1,794.66 亿元新台币 57.16 亿美元

续表

2000名次	1999名次	公司名称	总部所在地	主要股东	公司首脑	主要业务	市值(亿美元)	市盈率(本益比)	营业额	税前盈利	资产总值
337	398	Dickson Concepts(International) Limited	香港	Dickson Investment Holding Corporation	潘迪生	投资控股,手表、皮具及珠宝等名牌产品销售	2.3448	12.46	30.50亿港元 3.92亿美元	1.98亿港元 0.254亿美元	11.27亿港元 1.45亿美元
338	—	盈科保险集团有限公司 Pacific Century Insurance Holdings Limited	香港	盈科亚洲拓展有限公司	袁天凡	保险	2.3430	—	—	0.76亿港元 0.0977亿美元	35.92亿港元 4.62亿美元
339	422	东合集团 TH Group Berhad	马来西亚	李廉泰,黄亚九	李廉泰	投资控股,附属公司从事棕油及可可种植,经营棕油厂,承包伐木、种植园发展、土木及基建工程,提供资讯科技解决方案,互联网创业资本	2.3297	15.6	2.56亿马元 0.673亿美元	0.67亿马元 0.177亿美元	4.35亿马元 1.14亿美元
340	238	香格里拉大酒店 Shangri-La Hotel Limited	新加坡	香格里拉(亚洲)有限公司	郭运光	投资控股,酒店	2.3264	42	1.37亿新元 0.82亿美元	0.14亿新元 0.0847亿美元	14.68亿新元 8.81亿美元
341	341	民兴国际开发股份有限公司 Maxim International Construction Development & Textile Co., Ltd.	台湾	陈居德,德欣投资,侨泰建设等	陈居德	牛仔布,染色棉布,长纤布,房地产等	2.3201	—	13.001亿元新台币 0.414亿美元	0.15亿元新台币 0.0048亿美元	66.98亿元新台币 2.13亿美元
342	293	中华银行 Rizal Commercial Banking Corporation	菲律宾	杨应琳等	杨应琳	银行	2.3025	—	—	—	1.248.00亿披索 31.01亿美元
343	315	亚地种植发展有限公司 Asiatic Development Berhad	马来西亚	云顶有限公司	林国泰,呇哈鲁汀	投资控股,种植,房地产发展,制造业	2.3021	3.3	4.47亿马元 1.18亿美元	2.73亿马元 0.72亿美元	12.13亿马元 3.19亿美元

续表

2000名次	1999名次	公司名称	总部所在地	主要股东	公司首脑	主要业务	市值（亿美元）	市盈率（本益比）	营业额	税前盈利	资产总值
344	326	东阳实业股份有限公司 Tong Yang Industry Co. Ltd.	台湾	吴永丰，吴永茂，吴永祥	吴永茂	汽车塑胶零件	2.2898	77.39	58.39亿元新台币 1.86亿美元	1.296亿元新台币 0.0413亿美元	81.73亿元新台币 2.60亿美元
345	191	恒安国际集团有限公司 Hengnan International Group Company Limited	香港	施文博	施文博	卫生巾，婴儿纸尿裤	2.2886	5.95	11.297亿港元 1.453亿美元	3.22亿港元 0.415亿美元	18.53亿港元 2.38亿美元
346	363	亚洲聚合股份有限公司 Asia Polymer Corporation	台湾	联聚投资，台联投资	吴亦圭	低密度聚乙烯等	2.2719	19.55	24.97亿元新台币 0.795亿美元	4.47亿元新台币 0.142亿美元	44.66亿元新台币 1.42亿美元
347	343	裕民航运股份有限公司 U-Ming Marine Transport Corporation	台湾	亚洲水泥股份有限公司	王书吉	航运	2.2704	41.46	27.53亿元新台币 0.88亿美元	1.60亿元新台币 0.0511亿美元	166.14亿元新台币 5.29亿美元
348	313	华夏塑胶股份有限公司 China General Plastics Corporation	台湾	联聚投资，台联投资，亚聚，台达化工	吴亦圭	塑胶产品	2.2619	32.80	69.03亿元新台币 2.20亿美元	1.18亿元新台币 0.0575亿美元	103.85亿元新台币 3.31亿美元
349	—	昌益开发科技股份有限公司 Chang Yih Technology Co.,Ltd.	台湾	杨玉全，叶雪霞，陈淑丽	杨玉全	房地产，加油站，电子事业	2.2508	16.23	20.03亿元新台币 0.638亿美元	4.31亿元新台币 0.137亿美元	27.98亿元新台币 0.89亿美元
350	—	友通资讯股份有限公司 DFI Inc.	台湾	吕衍奇，郭丽玉等	吕衍奇	电脑主机板	2.2300	16.55	40.83亿元新台币 1.301亿美元	2.98亿元新台币 0.0948亿美元	21.87亿元新台币 0.70亿美元
351	187	集伟化学制纸有限公司 PT Pabrik Kertas Tjiwi Kimia Tbk	印尼	黄奕聪家族	黄奕聪	书写、印刷文具用纸	2.2109	—	8.68亿美元	1.04亿美元	23.19亿美元
352	352	鸿兴印刷集团有限公司 Hung Hing Printing Group Limited	香港	任昌洪家族	任昌洪	印刷与制造纸及硬纸盒，纸张贸易，制造瓦楞纸箱	2.2082	6.88	16.23亿港元 2.08亿美元	3.04亿港元 0.3898亿美元	17.47亿港元 2.24亿美元

续表

2000名次	1999名次	公司名称	总部所在地	主要股东	公司首脑	主要业务	市值（亿美元）	市盈率（本益比）	营业额	税前盈利	资产总值
353	—	PPB Oil Palms Berhad	马来西亚	PPB Group Berhad	陈友仁	油棕种植及提炼，销售油棕及相关产品	2.1942	13.4	18.15亿马元 4.78亿美元	1.34亿马元 0.354亿美元	14.98亿马元 3.94亿美元
354	—	裕兴电脑科技控股有限公司 Yuxing Info Tech Holdings Limited	香港	裕龙公司， 宝龙公司	祝维沙	研究与开发、设计、市场推广及销售信息家电产品	2.1936	11.78	4.96亿港元 0.6383亿美元	1.63亿港元 0.21亿美元	2.46亿港元 0.32亿美元
355	387	中策集团有限公司 China Internet Global Alliance Limited***	香港	—	—	参与拓展、专注发展、建立及管理在大中华区的资讯科技及电子商贸相关服务	2.1584	1.56	37.50亿港元 4.8244亿美元	10.94亿港元 1.41亿美元	69.40亿港元 8.93亿美元
356	342	海港企业有限公司 Harbour Centre Development Limited	香港	九龙仓集团有限公司	李唯仁	投资控股，酒店	2.1416	15.44	3.82亿港元 0.49亿美元	1.11亿港元 0.143亿美元	50.71亿港元 6.52亿美元
357	329	丰隆产业有限公司 Hong Leong Properties Berhad	马来西亚	郭令灿	郭令灿	投资控股，房地产发展及投资等	2.1382	23.3	3.05亿马元 0.803亿美元	0.24亿马元 0.0643亿美元	17.73亿马元 4.66亿美元
358	—	汉唐讯联股份有限公司 United Information Systems Co.,Ltd.	台湾	王燕群，陈朝水，李惠文，陈柏辰，陈友安	王燕群	机电系统整合工程	2.1343	18.79	34.35亿元新台币 1.094亿美元	4.58亿元新台币 0.146亿美元	33.398亿元新台币 1.06亿美元
359	—	大城市发展有限公司 Bandar Raya Developments Berhad	马来西亚	马化控股有限公司	Jaganath Derek Steven	房地产发展及投资，投资控股	2.1061	5.0	4.44亿马元 1.17亿美元	1.65亿马元 0.435亿美元	15.03亿马元 3.96亿美元
360	242	六福开发股份有限公司 Leo Foo Development Co. Ltd.	台湾	章素美， 庄福基金会， 庄村彻，庄秀石等	庄村彻	餐厅，戏院，主题游乐园，观光旅馆	2.1039	—	17.50亿元新台币 0.558亿美元	0.35亿元新台币 0.011亿美元	84.58亿元新台币 2.69亿美元

续表

2000名次	1999名次	公司名称	总部所在地	主要股东	公司首脑	主要业务	市值(亿美元)	市盈率(本益比)	营业额	税前盈利	资产总值
361	—	新鸿基有限公司 Sun Hung Kai & Co. Limited	香港	联合地产(香港)有限公司	许业荣	证券、外汇、黄金、商品及期货经纪,证券放款,限期借款,企业融资,地产投资,保险顾问	2.0879	7.49	8.39 亿港元## 1.08 亿美元	2.85 亿港元 0.366 亿美元	57.06 亿港元 7.34 亿美元
362	386	全友电脑股份有限公司 Microtek International Inc.	台湾	许正勋,王美文,胡忠信等	许正勋	影像扫描器等	2.0784	—	23.91 亿元新台币 0.762 亿美元	-10.92 亿元新台币 -0.35 亿美元	65.82 亿元新台币 2.10 亿美元
363	323	桂宏企业股份有限公司 Kuei Hung Industrial Co. Ltd.	台湾	谢裕民,谢桂田,谢欣泽等	谢桂田	钢筋,元铁,三角铁,槽铁	2.0617	—	50.096 亿元新台币 1.60 亿美元	-4.36 亿元新台币 -0.14 亿美元	120.497 亿元新台币 3.84 亿美元
364	490	新世界数码基地有限公司 New World CyberBase Limited	香港	新世界发展有限公司	翁绮慧	电子商贸基建设施,电子商贸方案,电子商贸社群及投资活动	2.0581	—	0.58 亿港元 0.07 亿美元	-3.41 亿港元 -0.40 亿美元	18.64 亿港元 2.39 亿美元
365	356	丰兴钢铁股份有限公司 Feng Hsin Iron & Steel Co. Ltd.	台湾	林盟弼,赖三平,林明儒等	林明儒	各种钢类产品	2.0454	16.57	90.66 亿元新台币 2.89 亿美元	4.43 亿元新台币 0.141 亿美元	109.92 亿元新台币 3.50 亿美元
366	349	嘉新水泥股份有限公司 Chia Hsin Cement Corporation	台湾	张永平,张安平,益新纺织等	张永平	水泥	2.044	—	27.46 亿元新台币 0.87 亿美元	0.14 亿元新台币 0.0045 亿美元	232.03 亿元新台币 7.39 亿美元
367	—	万威国际有限公司 IDT International Limited	香港	陈炜文、陈鲍雪莹	陈炜文	设计、开发、制造及推销主要为应用液晶体显示及微型处理器晶片科技之各类电子消费产品	2.0242	4.44	26.31 亿港元 3.379 亿美元	4.92 亿港元 0.631 亿美元	18.29 亿港元 2.35 亿美元
368	375	诚洲股份有限公司 A.D.I. Corporation	台湾	廖继诚	廖继诚	显示器	2.0190	—	158.50 亿元新台币 5.05 亿美元	-19.07 亿元新台币 -0.61 亿美元	176.16 亿元新台币 5.61 亿美元

续表

2000名次	1999名次	公司名称	总部所在地	主要股东	公司首脑	主要业务	市值(亿美元)	市盈率(本益比)	营业额	税前盈利	资产总值
369	330	力丽企业股份有限公司 Lea Lea Enterprise Co. Ltd.	台湾	郭绍仪	郭绍仪	聚酯加工丝,聚酯原丝,聚酯粒	2.0185	16.04	57.84亿元新台币 1.84亿美元	4.02亿元新台币 0.1281亿美元	142.397亿元新台币 4.54亿美元
370	436	佳录科技股份有限公司 Megamedia Corporation	台湾	林宗庆,白宁久	林宗庆	电脑磁碟片,光碟片	1.9944	—	21.599亿元新台币 0.703亿美元	-3.77亿元新台币 -0.12亿美元	55.18亿元新台币 1.80亿美元
371	395	胜达科技有限公司 Datapulse Technology Limited	新加坡	黄昭才,黄钦源	黄昭才	制造及销售微型软碟及相关音效产品,分销影音产品,制造及销售光碟	1.9938	22.7	0.46亿新元 0.27亿美元	0.15亿新元 0.092亿美元	0.91亿新元 0.54亿美元
372	368	九龙建业有限公司 Kowloon Development Company Limited	香港	Austral International Limited Kwong Tai Holdings Limited	伍兆灿	房地产	1.9858	8.72	3.44亿港元 0.443亿美元	1.91亿港元 0.246亿美元	55.097亿港元 7.09亿美元
373	347	大家乐集团有限公司 Café de Coral Holdings Limited	香港	Wandels Investment Limited. GZ Trust Corporation	陈裕光	快餐,餐饮	1.9779	8.51	24.09亿港元 3.094亿美元	2.56亿港元 0.33亿美元	16.44亿港元 2.11亿美元
374	328	信安银行 Security Bank Corporation	菲律宾	李氏家族	Rafel F. Simpao, Jr.	银行	1.9757	—	—	3.58亿披索 0.089亿美元	553.23亿披索 13.75亿美元
375	312	廖创兴企业有限公司 Liu Chong Hing Investment Limited	香港	廖氏集团有限公司	廖烈文	银行,金融,房地产	1.9692	4.18	3.21亿港元 0.413亿美元	4.15亿港元 0.534亿美元	84.31亿港元 10.85亿美元

续表

2000 名次	1999 名次	公司名称	总部所在地	主要股东	公司首脑	主要业务	市值（亿美元）	市盈率（本益比）	营业额	税前盈利	资产总值
376	239	吴控股有限公司 G. K. Goh Holdings Limited	新加坡	吴育金	吴育金	股票经纪服务	1.9666	10.2	—	—	—
377	364	台湾永光化学工业股份有限公司 Everlight Chemical Industrial Corporation	台湾	陈定川	陈定吉	染料，光安定剂，光阻剂，原料药	1.9609	27.38	38.64 亿元新台币 1.231 亿美元	2.23 亿元新台币 0.071 亿美元	70.78 亿元新台币 2.25 亿美元
378	393	莎莎国际控股有限公司 Sa Sa International Holdings Limited	香港	郭少明及郭罗桂珍	郭少明	化妆品之零售及批发	1.9485	20.74	13.17 亿港元 1.691 亿美元	0.79 亿港元 0.102 亿美元	10.92 亿港元 1.40 亿美元
379	—	安宁数码科技有限公司 e-New Media Company Limited	香港	支盈章及其有控制性权益之公司	—	提供电讯服务、互联网收费服务及电子商贸技术，投资于发展电子商贸技术公司，管理及经营俱乐部	1.9448	—	2.23 亿港元 0.29 亿美元	-0.12 亿港元 -0.01 亿美元	16.36 亿港元 2.10 亿美元
380	181	菲人投资开发公司 Filinvest Development Corporation	菲律宾	吴天恩家族的 ALG Holdings Corporation	吴天恩	投资控股，房地产	1.9275	—	45.14 亿披索 1.12 亿美元	14.94 亿披索 0.371 亿美元	632.43 亿披索 15.71 亿美元
381	382	台湾纸业股份有限公司 Taiwan Pulp & Paper Corporation	台湾	张伯鸿，张伯卿，张伯铨	张伯鸿	造纸业	1.9273	—	38.01 亿元新台币 1.211 亿美元	-2.38 亿元新台币 -0.08 亿美元	139.797 亿元新台币 4.45 亿美元
382	474	侨福建设企业机构 The Hong Kong Parkview Group Limited	香港	Kompass International Limited	黄健华	投资控股，房地产投资，造船，客轮经营，海事工程，贷款，房地产管理，家具贸易	1.9229	24	3.40 亿港元 0.437 亿美元	0.62 亿港元 0.0802 亿美元	17.35 亿港元 2.23 亿美元

续表

2000名次	1999名次	公司名称	总部所在地	主要股东	公司首脑	主要业务	市值(亿美元)	市盈率(本益比)	营业额	税前盈利	资产总值
383	415	联合地产(香港)有限公司 Allied Properties (H. K.) Limited	香港	联合集团有限公司	李成伟	地产投资及发展,酒店业务及金融服务	1.8976	11.33	2.31 亿港元 0.30 亿美元	1.67 亿港元 0.2143 亿美元	76.32 亿港元 9.82 亿美元
384	310	第一太银控股有限公司 FPB Bank Holding Company Limited	香港	第一太平有限公司	吴智明	银行	1.8731	23.88	—	0.65 亿港元 0.0837 亿美元	233.04 亿港元 29.98 亿美元
385	—	GP Industries Limited	新加坡	金山工业(集团)有限公司	梁伯全	开发、制造及销售电子产品、电缆、扬声器、电池及相关产品与电力装置产品等	1.8584	3.1	2.55 亿新元 1.49 亿美元	0.62 亿新元 0.362 亿美元	3.39 亿新元 1.98 亿美元
386	—	丽正国际科技股份有限公司 Rectron Ltd.	台湾	木文腾,瑞业投资,大人物开发	林文腾	整流二极体,环保科技	1.8498	19.67	19.33 亿元新台币 0.62 亿美元	2.897 亿元新台币 0.0923 亿美元	61.83 亿元新台币 1.97 亿美元
387	339	佳和实业股份有限公司 Chia Her Industrial Co. Ltd.	台湾	翁茂钦,翁茂钟	翁川配	布类产品	1.8455	—	53.23 亿元新台币 1.70 亿美元	-2.74 亿元新台币 -0.09 亿美元	114.33 亿元新台币 3.64 亿美元
388	207	菲人土地开发公司 Filinvest Land Inc.	菲律宾	吴天恩	Joseph M. Yap	房地产	1.8372	—	8.08 亿披索 0.201 亿美元	8.64 亿披索 0.215 亿美元	256.65 亿披索 6.38 亿美元
389	235	信德集团有限公司 Shun Tak Holdings Limited	香港	何鸿燊/Shun Tak Shipping Co., Ltd	何鸿燊	船务,房地产,酒店及消闲服务	1.8339	5.51	28.83 亿港元 3.71 亿美元	5.26 亿港元 0.68 亿美元	169.46 亿港元 21.80 亿美元
390	286	建大工业股份有限公司 Kenda Rubber Industry Co. Ltd.	台湾	杨银明	杨银明	轮胎	1.8323	14.55	28.38 亿元新台币 0.904 亿美元	4.11 亿元新台币 0.131 亿美元	63.32 亿元新台币 2.02 亿美元

续表

2000名次	1999名次	公司名称	总部所在地	主要股东	公司首脑	主要业务	市值（亿美元）	市盈率（本益比）	营业额	税前盈利	资产总值
391	322	力山工业股份有限公司 Rexon Industrial Co.Ltd.	台湾	陈瑞荣，王坤复等	陈瑞荣	木工机，钻床	1.8286	21.65	53.93亿元新台币 1.72亿美元	3.35亿元新台币 0.107亿美元	51.66亿元新台币 1.65亿美元
392	282	环球罗宾娜 Universal Robina Corporation	菲律宾	巅峰控股	吴奕辉	食品，饲料，糖，饮料等	1.8232	—	137.68亿披索 3.37亿美元	11.57亿披索 0.283亿美元	242.64亿披索 5.93亿美元
393	394	亚洲金融集团有限公司 Asia Financial Holdings Limited	香港	陈有庆	陈有庆	保险，银行，证券，投资控股	1.8030	9.19	7.41亿港元 0.95亿美元	1.66亿港元 0.2138亿美元	149.04亿港元 19.17亿美元
394	225	添利工业国际（集团）有限公司 Termbray Industries International(Holdings)Limited	香港	李立，梁丽萍	李立	房地产发展	1.7937	—	5.01亿港元 0.643亿美元	13.899亿港元 1.785亿美元	8.85亿港元 1.14亿美元
395	—	特力股份有限公司 Test Rite Co.Ltd.	台湾	何汤雄，李丽秋	何汤雄	进出口贸易	1.7857	11.09	102.04亿元新台币 3.25亿美元	6.08亿元新台币 0.914亿美元	46.33亿元新台币 1.48亿美元
396	400	雪兰莪实业有限公司 Selangor Properties Berhad	马来西亚	Kavin Holdings Sdn.Bhd.	张竹友	投资控股，房地产投资	1.7813	5.1	2.13亿马元 0.56亿美元	1.39亿马元 0.3667亿美元	17.42亿马元 4.58亿美元
397	—	顺德工业股份有限公司 SDI Corporation	台湾	陈朝雄，陈朝廷，陈朝梁	陈朝雄	半导体导线架，模具，文具用品	1.7575	43.45	19.50亿元新台币 0.621亿美元	1.66亿元新台币 0.0528亿美元	36.96亿元新台币 1.18亿美元
398	319	美佳世界 Megaworld Corporation	菲律宾	The Andresons Group, Inc./吴聪满	吴聪满	投资控股	1.7561	18.6	20.12亿披索 0.50亿美元	10.40亿披索 0.2585亿美元	211.68亿披索 5.26亿美元

续表

2000名次	1999名次	公司名称	总部所在地	主要股东	公司首脑	主要业务	市值（亿美元）	市盈率（本益比）	营业额	税前盈利	资产总值
399	413	华城电机股份有限公司 Fortune Electric Co. Ltd.	台湾	许忠明，许守雄，许邦福等	许忠明	电力变压器，配电变压器，配电盘	1.7483	17.31	29.95亿元新台币 0.954亿美元	3.07亿元新台币 0.0978亿美元	41.42亿元新台币 1.32亿美元
400	267	中国人造纤维股份有限公司 China Manmade Fibers Corporation	台湾	胜仁针织厂，大益企业	王朝庆	各类化学品，聚酯丝，玻璃纸、嫘萦丝	1.7476	—	47.81亿元新台币 1.523亿美元	-3.40亿元新台币 -0.11亿美元	243.62亿元新台币 7.76亿美元
401	406	春源钢铁工业股份有限公司 Chun Yuan Steel Industry Co. Ltd.	台湾	蔡进季，李文隆，郑毅明等	蔡进明	钢板，钢结构工程等	1.7466	12.64	105.29亿元新台币 3.354亿美元	5.02亿元新台币 0.1599亿美元	121.35亿元新台币 3.8652亿美元
402	281	台橡股份有限公司 TSRC Corporation	台湾	浩然基金会	殷琪	各种合成橡胶之制造及销运	1.7316	—	51.09亿元新台币 1.63亿美元	-1.37亿元新台币 -0.04亿美元	102.04亿元新台币 3.25亿美元
403	338	新加坡金融有限公司 Singapore Finance Limited	新加坡	丰隆金融有限公司	郭令明	金融服务，投资控股，代理服务等	1.765	13.6	1.31亿新元 0.784亿美元	0.57亿新元 0.34亿美元	23.17亿新元 13.91亿美元
404	—	实达 S P Setia Berhad	马来西亚	刘启盛	刘启盛	房地产发展，建筑工程，木材为主的制造业	1.7174	10.2	5.91亿马元 1.37亿美元	0.91亿马元 0.24亿美元	—
405	423	群光电子股份有限公司 Chicony Electronics Co. Ltd.	台湾	许昆泰，荣电	许昆泰	键盘等	1.7172	—	81.86亿元新台币 2.61亿美元	-4.58亿元新台币 -0.15亿美元	43.93亿元新台币 1.40亿美元
406	—	万利管理有限公司 Leisure Management Berhad	马来西亚	万能企业有限公司	—	彩票销售，管理服务，投资控股	1.7105	8.2	19.53亿马元 5.14亿美元	1.196亿马元 0.315亿美元	5.21亿马元 1.37亿美元

续表

2000名次	1999名次	公司名称	总部所在地	主要股东	公司首脑	主要业务	市值（亿美元）	市盈率（本益比）	营业额	税前盈利	资产总值
407	378	泰兴光学集团有限公司 Moulin International Holdings Limited	香港	KFL Holdings Limited	马烈坚	设计、制造、销售及分销视光产品	1.7104	5.73	9.22 亿港元 1.184 亿美元	3.19 亿港元 0.41 亿美元	20.32 亿港元 2.61 亿美元
408	486	辰达永安旅游(控股)有限公司 Ananda Wing On Travel (Holdings) Limited	香港	陈若伟，陈若磐	陈若磐	旅游，客运服务	1.7075	19.89	24.78 亿港元 3.18 亿美元	0.14 亿港元 0.0178 亿美元	15.56 亿港元 2.00 亿美元
409	—	台泥国际集团有限公司 TCC International Holdings Ltd.	香港	台湾水泥股份有限公司	辜成允	进口与分销水泥，生产与销售预拌混凝土	1.7009	5.45	4.43 亿港元 0.57 亿美元	1.84 亿港元 0.237 亿美元	8.96 亿港元 1.15 亿美元
410	446	汇汉控股有限公司 Asia Orient Holdings Limited	香港	潘政	潘政	投资控股	1.6977	—	14.20 亿港元 1.824 亿美元	-5.76 亿港元 -0.74 亿美元	95.74 亿港元 12.30 亿美元
411	354	建台水泥股份有限公司 Chien Tai Cement Co. Ltd.	台湾	郑荣升，东展兴业，东云	陈由豪	水泥，百货	1.6939	4.89	36.08 亿元新台币 1.149 亿美元	9.94 亿元新台币 0.317 亿美元	195.91 亿元新台币 6.24 亿美元
412	350	华荣电线电缆股份有限公司 Hua Eng Wire & Cable Co. Ltd.	台湾	王玉珍，王玉发，第一铜铁公司等	王玉珍	电线及电缆制造	1.6938	9.06	73.9999 亿元新台币 2.36 亿美元	7.01 亿元新台币 0.223 亿美元	115.62 亿元新台币 3.68 亿美元
413	331	太子开发建设有限公司 Prince Housing & Development Corporation	台湾	统一企业	吴修齐	房地产	1.6907	—	48.86 亿元新台币 1.56 亿美元	0.53 亿元新台币 0.0167 亿美元	214.54 亿元新台币 7.69 亿美元
414	288	合营制钢有限公司 Amsteel Corporation Berhad	马来西亚	钟廷森	钟廷森	投资控股	1.6905	—	51.35 亿马元 13.51 亿美元	—	143.12 亿马元 37.66 亿美元

续表

2000名次	1999名次	公司名称	总部所在地	主要股东	公司首脑	主要业务	市值(亿美元)	市盈率(本益比)	营业额	税前盈利	资产总值
415	—	Dijaya Enterprise Berhad	马来西亚	陈志远	—	投资控股	1.6792	—	1.35亿马元 0.36亿美元	-0.12亿马元 -0.03亿美元	2.06亿马元 0.54亿美元
416	273	台南区中小企业银行 Tainan Business Bank	台湾	中英投资,大雅投资	陈秉钧	银行	1.6697	—	96.93亿元新台币 3.0875亿美元	-12.93亿元新台币 -0.41亿美元	1,352.14亿元新台币 43.07亿美元
417	285	佳格食品股份有限公司 Standrad Foods Taiwan Limited	台湾	曹德风	曹德风	麦片,婴儿食品,食品,食用油,奶粉	1.668	9.71	47.3996亿元新台币 1.47亿美元	5.73亿元新台币 0.1773亿美元	50.64亿元新台币 1.57亿美元
418	346	力鹏企业股份有限公司 Li Peng Enterprise Co. Ltd.	台湾	郭木生,力丽企业	郭绍仪	成品布,胚布	1.6676	9.28	64.31亿元新台币 2.05亿美元	4.05亿元新台币 0.129亿美元	114.05亿元新台币 3.63亿美元
419	432	大亚电线电缆股份有限公司 Ta Ya Electric Wire & Cable Co. Ltd.	台湾	沈大枝,沈尚弘,沈尚道,沈尚宜等	沈大枝	各类电线及电缆	1.6407	19.27	47.78亿元新台币 1.522亿美元	2.66亿元新台币 0.0849亿美元	101.56亿元新台币 3.23亿美元
420	—	天安中国投资有限公司 Tian An China Investments Company Limited	香港	新鸿基有限公司	许业荣	中国大陆房地产	1.6338	—	5.14亿港元 0.661亿美元	0.34亿港元 0.0435亿美元	51.61亿港元 6.64亿美元
421	—	光通数网控股有限公司 HiNet Holdings Limited	香港	王景慈	王景慈	光纤干线,科技	1.6223	23.75	0.39亿港元 0.05亿美元	0.72亿港元 0.093亿美元	8.88亿港元 1.14亿美元
422	372	罗敏申有限公司 Robinson And Company, Limited	新加坡	华侨银行有限公司	Peter N. Husum	百货零售,投资控股,进口,批发	1.6159	12.4	2.53亿新元 1.488亿美元	0.29亿新元 0.1727亿美元	3.95亿新元 2.32亿美元
423	—	第一珍宝(集团)有限公司 Alpha General (Holdings) Limited	香港	Charmwood Development Limited	朱嘉乐	进口、市场推广及分销消费电器产品	1.6118	34.95	5.72亿港元 0.735亿美元	0.31亿港元 0.0398亿美元	4.07亿港元 0.52亿美元

续表

2000名次	1999名次	公司名称	总部所在地	主要股东	公司首脑	主要业务	市值（亿美元）	市盈率（本益比）	营业额	税前盈利	资产总值
424	362	信大水泥股份有限公司 Hsing Ta Cement Corporation	台湾	杨塘海，杨忠雄等	杨忠雄	水泥	1.6050	17.28	16.63亿元新台币 0.53亿美元	3.62亿元新台币 0.115亿美元	63.95亿元新台币 2.04亿美元
425	—	华燊燃气控股有限公司 Wah Sang Gas Holdings Limited	香港	沈家燊	沈家燊	经营燃气管道网络，管道建设服务，液化石油气的零售与批发	1.5995	39.12	1.04亿港元 0.134亿美元	0.33亿港元 0.042亿美元	1.62亿港元 0.21亿美元
426	416	爪哇控股有限公司 SEA Holdings Limited	香港	Nan Luen International Limited	吕荣梓	房地产发展及投资	1.5869	—	8.33亿港元 1.072亿美元	2.06亿港元 0.266亿美元	107.32亿港元 13.81亿美元
427	484	太平洋港口有限公司 Pacific Ports Company Limited	香港	新世界基建有限公司	陈永德	在中国大陆投资、发展、经营与管理海港及内河码头	1.5855	—	—	—	
428	443	马来西亚酒店有限公司 Hotel Malaysia Limited	新加坡	邱德拔	邱德拔	投资控股，股票买卖	1.5754	12.6	0.31亿新元 0.18亿美元	0.28亿新元 0.1674亿美元	3.83亿新元 2.25亿美元
429	—	Sunway Holdings Incorporated Berhad	马来西亚	Sungei Way Corporation Sdn. Bhd.	谢富年	投资控股，采矿，建筑材料，建筑，房地产，金融，保险	1.5747	3.9	7.999亿马元 2.105亿美元	1.55亿马元 0.409亿美元	16.87亿马元 4.44亿美元
430	—	杨铁工厂股份有限公司 Yang Iron Works Co., Ltd.	台湾	国翔开发、国裕通讯等	林学圃	车床，立式切削中心机，钻孔机，堆高机等	1.5456	7.93	18.19亿元新台币 0.58亿美元	6.07亿元新台币 0.193亿美元	38.99亿元新台币 1.24亿美元
431	—	天地数码（控股）有限公司 DVD(Holdings)Limited	香港	友利电讯工业有限公司	吴征	电子数码传送业务	1.5394	—	2.81亿港元 0.361亿美元	-4.92亿港元 -0.63亿美元	—
432	—	佳能企业股份有限公司 Ability Enterprise Co. Ltd.	台湾	能率投资等	董炯熙	办公室自动化产品，资讯产品等	1.5375	71.84	23.02亿元新台币 0.733亿美元	0.79亿元新台币 0.0252亿美元	28.005亿元新台币 0.89亿美元

续表

2000名次	1999名次	公司名称	总部所在地	主要股东	公司首脑	主要业务	市值(亿美元)	市盈率(本益比)	营业额	税前盈利	资产总值
433	300	厚生股份有限公司 Formosan Rubber Group Inc.	台湾	徐正材,徐正己,徐正新,徐正伦等	徐正己	产销橡胶及塑胶产品	1.5293	43.28	17.06亿元新台币 0.54亿美元	1.23亿元新台币 0.039亿美元	76.64亿元新台币 2.44亿美元
434	472	鸿友科技股份有限公司 Mustek Systems Inc.	台湾	陈文聪、温建益、陈振茂等	陈文聪	扫描器	1.5280	—	53.07亿元新台币 1.69亿美元	-11.96亿元新台币 -0.38亿美元	52.12亿元新台币 1.66亿美元
435	234	传慎控股有限公司 Tuan Sing Holdings Limited	新加坡	林氏家族	John Paul Garrity	投资控股,房地产,制造,建筑,贸易	1.5141	23	4.83亿新元 2.90亿美元	0.23亿新元 0.138亿美元	9.61亿新元 5.77亿美元
436	384	宏璟建设股份有限公司 Hung Ching Development & Construction Co. Ltd.	台湾	日月光,张虔生	郑天正	房地产	1.5139	9.51	4.47亿元新台币 0.14亿美元	4.896亿元新台币 0.1559亿美元	93.32亿元新台币 2.97亿美元
437	351	太平洋航运有限公司 Pacific Carriers Limited	新加坡	郭兄弟(新加坡)有限公司	张裕锦	船舶经纪,船舶租赁及管理,投资控股	1.5101	6.9	1.34亿新元 0.805亿美元	0.41亿新元 0.2464亿美元	3.76亿新元 2.26亿美元
438	—	阳光文化网络电视控股有限公司 Sun Television Cybernetworks Holdings Limited	香港	高振顺,杨澜	杨澜	电视频道	1.5079	—	0.74亿港元 0.09亿美元	-0.35亿港元 -0.05亿美元	—
439	435	台达化学工业股份有限公司 Taita Chemical Co. Ltd.	台湾	联聚投资,台联投资	吴亦圭	树脂,聚苯乙烯,玻璃棉产品等	1.5042	24.93	37.97亿元新台币 1.2095亿美元	2.18亿元新台币 0.0693亿美元	46.35亿元新台币 1.48亿美元
440	292	力宝华润有限公司 Lippo China Resources Limited	香港	力宝有限公司(李文正家族)	李宗	物业投资及发展,财务投资,企业财务,证券,提供银行、金融及按揭财务服务,食品业务	1.5029	—	21.91亿港元 2.82亿美元	-2.20亿港元 -0.28亿美元	—

续表

2000名次	1999名次	公司名称	总部所在地	主要股东	公司首脑	主要业务	市值(亿美元)	市盈率(本益比)	营业额	税前盈利	资产总值
441	222	协和建设有限公司 Concord Land Development Company Limited	香港	Camstar Capital Limited (太平协和集团有限公司之全资附属公司)	汪世忠	房地产发展及投资	1.4930	1.68	1.72 亿港元 0.22 亿美元	8.36 亿港元 1.08 亿美元	71.51 亿港元 9.20 亿美元
442	370	华丰股份有限公司 Hwa Hong Corporation Limited	新加坡	王置业信托(私人)有限公司集团	王子荣	投资控股,一般保险,仓库租赁,消费品贸易,打桩,建筑,土木及结构工程,房地产	1.4898	46	1.72 亿新元 1.034 亿美元	0.14 亿新元 0.0834 亿美元	7.19 亿新元 4.32 亿美元
443	359	中兴纺织厂股份有限公司 Chung Shing Textile Company Limited	台湾	周音喜,朝兴昌投资等	商武	化纤,成衣,纺纱,染整	1.4895	—	98.73 亿元新台币 3.14 亿美元	-7.97 亿元新台币 -0.25 亿美元	249.56 亿元新台币 7.95 亿美元
444	408	和成欣业股份有限公司 Hocheng Corporation	台湾	邱弘茂,邱俊荣,邱弘猷	邱俊荣	瓷器,铜器,浴室配件等	1.4894	15.42	41.23 亿元新台币 1.313 亿美元	3.12 亿元新台币 0.0993 亿美元	116.64 亿元新台币 3.72 亿美元
445	—	味全食品工业股份有限公司 Wei-Chuan Foods Corporation	台湾	顶新制油,康清公司,康胜投资,康发投资等	魏应行	乳品,点心,酱油,罐头食品,果汁	1.4870	—	103.45 亿元新台币 3.30 亿美元	-27.51 亿元新台币 -0.88 亿美元	148.64 亿元新台币 4.73 亿美元
446	440	长谷建设股份有限公司 Chang Ku Building Company Limited	台湾	厚泽投资,钟正光,陈彩繁	钟正光	兴建住宅及商业大楼出售出租等	1.4854	76.67	47.94 亿元新台币 1.53 亿美元	0.65 亿元新台币 0.02 亿美元	235.54 亿元新台币 7.50 亿美元
447	316	国丰兴业股份有限公司 Kuo Feng Corporation	台湾	林学圃	林学圃	监视器	1.4814	—	43.26 亿元新台币 1.38 亿美元	-21.43 亿元新台币 -0.68 亿美元	80.10 亿元新台币 2.55 亿美元
448	390	美达有限公司 Metroplex Berhad	马来西亚	曾德发	曾德发	投资控股,酒店及消闲,房地产,采石矿,建材贸易	1.4676	—	4.66 亿马元 1.23 亿美元	-1.10 亿马元 -0.29 亿美元	28.64 亿马元 7.54 亿美元

续表

2000名次	1999名次	公司名称	总部所在地	主要股东	公司首脑	主要业务	市值(亿美元)	市盈率(本益比)	营业额	税前盈利	资产总值
449	379	德宝营造股份有限公司 Der Pao Construction Co. Ltd.	台湾	陈伟明,陈志铭等	陈伟明	工程承揽	1.4577	8.51	82.19亿元新台币 2.62亿美元	7.12亿元新台币 0.227亿美元	99.49亿元新台币 3.17亿美元
450	301	宏远兴业股份有限公司 Everest Textile Co., Ltd.	台湾	远鼎投资	席家宜	纺织、布料产品	1.4488	86.00	78.94亿元新台币 2.51亿美元	0.58亿元新台币 0.0186亿美元	109.35亿元新台币 3.48亿美元
451	456	大成长城企业股份有限公司 Great Wall Enterprise Co. Ltd.	台湾	福聚投资(股)公司,福成投资(股)公司	韩浩然	饲料,油脂,肉品,鸡肉加工品	1.4465	9.11	116.62亿元新台币 3.715亿美元	5.81亿元新台币 0.185亿美元	81.01亿元新台币 2.58亿美元
452	453	奥斯国际有限公司 Ossia International Limited	新加坡	吴振发,吴振华,吴振来	吴振华	销售及分销体育用品	1.4239	—	1.21亿港元 0.725亿美元	0.023亿港元 0.014亿美元	1.47亿港元 0.88亿美元
453	466	宏泰电工股份有限公司 Hong Tai Electrical Industrial Co. Ltd.	台湾	陈志鹏,陈世怡等	陈志鹏	电子材料,投资,工程施工,电力电缆,通讯电缆	1.471	25.67	26.996亿元新台币 0.86亿美元	1.97亿元新台币 0.0627亿美元	48.198亿元新台币 1.54亿美元
454	—	泰丰轮胎股份有限公司 Federal Corporation	台湾	马绍进、马绍祥,马绍泰等	马绍进	轮胎	1.4157	—	26.97亿元新台币 0.859亿美元	-4.59亿元新台币 -0.15亿美元	47.33亿元新台币 1.51亿美元
455	452	宝森有限公司 Posim Berhad	马来西亚	钟廷森	钟廷森	投资控股,建筑材料贸易与分销等	1.400	—	4.85亿马元 1.278亿美元	0.38亿马元 0.099亿美元	18.11亿马元 4.77亿美元
456	—	浩鑫股份有限公司 Shuttle Inc.	台湾	余宏辉,余宏泰,金库投资等	余宏辉	电脑主机板,介面卡等	1.3988	23.69	41.41亿元新台币 1.32亿美元	2.19亿元新台币 0.0698亿美元	24.97亿元新台币 0.80亿美元
457	418	东南水泥股份有限公司 Southeast Cement Corporation	台湾	东树投资,经一投资	陈敏贤	水泥	1.3979	25.48	19.89亿元新台币 0.634亿美元	2.18亿元新台币 0.0694亿美元	95.07亿元新台币 3.03亿美元
458	367	龙邦开发股份有限公司 Long Bon Development Co. Ltd.	台湾	朱炳昱,曾鼎煌等	朱炳昱	房地产	1.3884	47.65	19.11亿元新台币 0.61亿美元	1.83亿元新台币 0.058亿美元	139.29亿元新台币 、4.44亿美元

续表

2000名次	1999名次	公司名称	总部所在地	主要股东	公司首脑	主要业务	市值（亿美元）	市盈率（本益比）	营业额	税前盈利	资产总值
459	450	东亚科技公司 Eastern Asia Technology Limited	新加坡	刘政林	刘政林	制造及销售音响、录影及互联网产品	1.3874	41.9	1.67亿新元 1.00亿美元	0.07亿新元 0.0391亿美元	1.77亿新元 1.07亿美元
460	—	Dijaya Corporation Berhad	马来西亚	陈志成	陈志成	房地产及旅游景区发展，房地产投资及拥有，制造业，工程服务，贸易	1.3795	—	1.61亿马元 0.42亿美元	-0.27亿马元 -0.07亿美元	9.69亿马元 2.55亿美元
461	—	宝敦有限公司 Bolton Berhad	马来西亚	林渊海	林渊海	房地产发展，房地产管理，投资控股，房地产租赁，借贷，金融，酒店营运等	1.3784	12.9	0.87亿马元 0.23亿美元	0.43亿马元 0.114亿美元	10.86亿马元 2.86亿美元
462	—	亚洲化学股份有限公司 Asia Chemical Co. Ltd.	台湾	衣复恩，衣治凡等	衣治凡	胶带，粘合片，基板等	1.3681	—	43.81亿元新台币 1.40亿美元	-0.72亿元新台币 -0.02亿美元	68.57亿元新台币 2.18亿美元
463	—	和益化学工业股份有限公司 Formosan Union Chemical Co. Ltd.	台湾	和桐化学，台北纤维，信兴工业等	黄登选	烷基苯，烷苯磺酸，壬酚等	1.3589	20.56	28.34亿元新台币 0.90亿美元	2.51亿元新台币 0.08亿美元	31.16亿元新台币 0.99亿美元
464	445	中港照相器材集团有限公司 China-Hongkong Photo Products Holdings Limited	香港	孙大伦家族	孙大伦	照相器材及产品分销与推广	1.3588	6.47	14.16亿港元 1.8181亿美元	1.44亿港元 0.186亿美元	12.47亿港元 1.60亿美元
465	441	香格里拉（马来西亚）有限公司 Shangri-La Hotels (Malaysia) Berhad	马来西亚	香格里拉（亚洲）有限公司	郭运光	酒店，房地产，旅游景区	1.3547	15.8	2.33亿马元 0.612亿美元	0.34亿马元 0.0888亿美元	11.36亿马元 2.99亿美元
466	—	宏昌科技集团有限公司 Technology Venture Holdings Limited	香港	Clear Goal Holding Limited	陈子昂	电子银行科技，电子商贸科技，系统集成业务，软件发展业务	1.3528	23.41	3.50亿港元 0.45亿美元	0.42亿港元 0.0546亿美元	2.73亿港元 0.35亿美元

续表

2000名次	1999名次	公司名称	总部所在地	主要股东	公司首脑	主要业务	市值（亿美元）	市盈率（本益比）	营业额	税前盈利	资产总值
467	461	美利达工业股份有限公司 Merida Industry Co. Ltd.	台湾	曾崧柱，曾鼎煌 曾李爱莲	曾鼎煌	成车，车架等	1.3468	19.93	32.72亿元新台币 1.04亿美元	2.58亿元新台币 0.0822亿美元	44.41亿元新台币 1.41亿美元
468	—	双威城有限公司 Sunway City Berhad	马来西亚	谢富年	谢富年	房地产发展，投资控股	1.3429	—	4.796亿马元 1.262亿美元	0.21亿马元 0.0558亿美元	20.598亿马元 5.42亿美元
469	277	乌节控股有限公司 Orchard Parade Holdings Limited	新加坡	黄廷方	蔡天枢	酒店，房地产投资及发展，投资控股	1.3394	57.4	2.13亿新元 1.277亿美元	0.13亿新元 0.078亿美元	14.62亿新元 8.78亿美元
470	208	富豪酒店国际控股有限公司 Regal Hotels International Holdings Limited	香港	百利保控股有限公司	罗旭瑞	酒店东主，酒店管理	1.3389	—	30.74亿港元 3.9539亿美元	–10.38亿港元 –1.34亿美元	123.23亿港元 15.85亿美元
471	345	新光纺织股份有限公司 Shinkong Spinning Co., Ltd.	台湾	新胜公司，新光合成纤维股份有限公司	吴东贤	混纺布，长短纤交织布	1.3389	18.68	9.84亿元新台币 0.313亿美元	2.17亿元新台币 0.0692亿美元	55.58亿元新台币 1.77亿美元
472	340	高科技新加坡有限公司 Gul Technologies Singapore Limited	新加坡	传慎控股有限公司	罗杰基	制造及销售双层、多层及金属或塑胶基印刷电路板	1.3371	17.4	1.88亿新元 1.13亿美元	0.21亿新元 0.128亿美元	2.29亿新元 1.37亿美元
473	—	映泰股份有限公司 Biostar Microtech International Corp.	台湾	欧企投资，亿力投资等	王明义	电脑主机板等	1.3332	21.72	49.82亿元新台币 1.59亿美元	2.23亿元新台币 0.071亿美元	33.70亿元新台币 1.07亿美元
474	—	金山工业（集团）有限公司 Gold Peak Industries (Holdings) Limited	香港	罗仲荣、吴崇安	罗仲荣	投资控股，电子，电池，电器，科技	1.3250	6.91	11.62亿港元 1.492亿美元	3.61亿港元 0.464亿美元	33.09亿港元 4.25亿美元
475	—	台一国际股份有限公司 Tai-I Electric Wire & Cable Co., Ltd.	台湾	许瑞春，许叶景，许守信，许守德等	许瑞春	铜板，电线电缆，裸铜线，漆包线	1.3211	—	64.30亿元新台币 2.05亿美元	0.61亿元新台币 0.0195亿美元	137.95亿元新台币 4.39亿美元

续表

2000名次	1999名次	公司名称	总部所在地	主要股东	公司首脑	主要业务	市值(亿美元)	市盈率(本益比)	营业额	税前盈利	资产总值
476	428	依利安达国际集团有限公司 Elec & Eltek International Holdings Limited	香港	Elec & Eltek Investments Limited	苏章盛	双面及多层印刷线路板,液晶体显示屏及磁电产品制造与销售等	1.3089	3.13	9.39 亿港元 1.2103 亿美元	3.81 亿港元 0.49 亿美元	10.32 亿港元 1.33 亿美元
477	—	美罗控股有限公司 Metro Holdings Limited	新加坡	王梓琴,王晞权	王晞权	零售,房地产	1.3076	12.4	3.35 亿新元 1.959 亿美元	0.27 亿新元 0.155 亿美元	9.41 亿新元 5.50 亿美元
478	421	奇胜工业 Clipsal Industries (Holdings) Limited	新加坡	金山工业(集团)有限公司/ GP Industries Limited	罗仲荣	电力装置产品开发、制造及销售	1.2937	16.8	2.03 亿新元 1.22 亿美元	0.21 亿新元 0.1245 亿美元	4.099 亿新元 2.46 亿美元
479	360	维他奶国际集团有限公司 Vitasoy International Holdings Ltd.	香港	罗友礼	罗友礼	生产及销售食品及饮料	1.2915	7.99	18.85 亿港元 2.42 亿美元	1.596 亿港元 0.205 亿美元	17.00 亿港元 2.18 亿美元
480	403	Asean Resources Holdings Limited	香港	Huey Tai International Limited	曾文豪	投资控股,房地产,证券买卖	1.2872	—	3.72 亿港元 0.48 亿美元	1.04 亿港元 0.133 亿美元	53.02 亿港元 6.81 亿美元
481	404	国宾大饭店股份有限公司 The Ambassador Hotel Ltd.	台湾	士林电机厂, 仰德投资等	许淑贞	国际观光旅馆,餐饮	1.2855	—	14.61 亿元新台币 0.47 亿美元	-0.67 亿元新台币 -0.02 亿美元	88.08 亿元新台币 2.81 亿美元
482	—	权智(国际)有限公司 Group Sense (International) Limited	香港	谭伟豪	谭伟豪	设计、制造及销售各种掌上电子资讯产品,主要为电子辞典及翻译机,个人数码助理,电讯产品及原件设计生产之电子产品	1.2804	20.49	14.06 亿港元 1.81 亿美元	0.46 亿港元 0.0595 亿美元	12.20 亿港元 1.57 亿美元

续表

2000名次	1999名次	公司名称	总部所在地	主要股东	公司首脑	主要业务	市值（亿美元）	市盈率（本益比）	营业额	税前盈利	资产总值
483	430	歌莱美娱乐大众有限公司 Grammy Entertainment Public Company Limited	泰国	黄民辉	Apirak Kosayodhin	音乐产品制造及分销，电视及电台节目制作，主办演唱会，杂志及书籍出版	1.2763	17.33	35.05亿泰铢 0.935亿美元	3.55亿泰铢 0.0947亿美元	41.84亿泰铢 1.12亿美元
484	401	泛马工业有限公司 Pan Malaysian Industries Berhad	马来西亚	邱继炳	阙国英	投资控股，经营百货店，专门店及巨型超级市场，房地产投资，建筑	1.2745	—	2.69亿马元 0.71亿美元	0.06亿马元 0.0164亿美元	17.93亿马元 4.72亿美元
485	—	永安国际有限公司 Wing On Company International Limited	香港	永安国际集团有限公司	郭志梁	百货零售，物业投资，按揭服务	1.2691	22.33	17.41亿港元 2.24亿美元	0.62亿港元 0.0801亿美元	64.298亿港元 8.27亿美元
486	493	中国化学制药股份有限公司 China Chemical Pharmaceutical Co. Ltd.	台湾	王勋圣	王勋圣	自制药品，动物药品，进口药品	1.2664	—	24.02亿元新台币 0.765亿美元	0.03亿元新台币 0.001亿美元	58.88亿元新台币 1.88亿美元
487	426	陈与陈发展有限公司 Tan & Tan Developmetns Berhad	马来西亚	陈振南	陈丽贞	房地产发展，酒店，私立医院，项目管理，投资控股	1.2655	—	2.89亿马元 0.76亿美元	0.08亿马元 0.0223亿美元	14.76亿马元 3.88亿美元
488	458	世纪城市国际控股有限公司 Century City International Holdings Limited	香港	罗旭瑞	罗旭瑞	投资控股，房地产，建筑，酒店	1.2589	—	46.74亿港元 6.01亿美元	-20.316亿港元 -2.61亿美元	188.40亿港元 24.24亿美元
489	496	常丰控股有限公司 Subur Tiasa Holdings Berhad	马来西亚	TWINTOP	张昌恩	制造三夹板、锯木、颗粒板及薄板	1.2579	10.4	2.67亿马元 0.7031亿美元	0.49亿马元 0.129亿美元	3.05亿马元 0.80亿美元

续表

2000名次	1999名次	公司名称	总部所在地	主要股东	公司首脑	主要业务	市值(亿美元)	市盈率(本益比)	营业额	税前盈利	资产总值
490	—	伯达灵花园有限公司 Petaling Garden Berhad	马来西亚	洪源成	洪源成	房地产发展,投资控股	1.2545	5.9	2.50 亿马元 0.66 亿美元	1.05 亿马元 0.276 亿美元	—
491	287	丽新发展有限公司 Lai Sun Development Company Limited	香港	丽新制衣国际有限公司	林建岳	房地产,酒店	1.2494	—	17.52 亿港元 2.26 亿美元	-69.98 亿港元 -9.02 亿美元	155.13 亿港元 19.99 亿美元
492	438	怡华实业股份有限公司 I-Hwa Industrial Co. Ltd.	台湾	佳和实业,翁茂钦,翁茂钟等	翁川配	成品布,棉纱,毛纱,染料等	1.2448	—	41.25 亿元新台币 1.314 亿美元	-4.61 亿元新台币 -0.15 亿美元	85.27 亿元新台币 2.72 亿美元
493	374	普威联营有限公司 Provision Suppliers Corporation Limited	新加坡	普威控股(1988)有限公司(陈能山)	陈能山	进出口,消费品制造,提供家庭消费品,向零售商及便利店供应架子,保健顾问,医院管理服务	1.2376	19.4	1.63 亿新元 0.98 亿美元	0.13 亿新元 0.08 亿美元	1.82 亿新元 1.09 亿美元
494	480	大华金属工业股份有限公司 Great China Metal Industries Co. Ltd.	台湾	姜静宜	姜静宜	铝罐,铁罐,铝(铁)易开盖(底),PET 耐热保特瓶	1.2250	7.90	18.41 亿元新台币 0.59 亿美元	5.57 亿元新台币 0.1774 亿美元	51.77 亿元新台币 1.65 亿美元
495	431	兴马有限公司 ACMA Ltd.	新加坡	郭成平	郭成平	电器、通讯器材及电脑销售,电力工程	1.2248	15.3	5.44 亿新元 3.27 亿美元	0.25 亿新元 0.15 亿美元	5.13 亿新元 3.08 亿美元
496	—	林增控股有限公司 Lum Chang Holdings Limited	新加坡	林均城,林国城	林均城	建筑,房地产,酒店,消闲,股票经纪	1.2237	9.7	3.82 亿新元 2.25 亿美元	0.27 亿新元 0.1613 亿美元	14.92 亿新元 8.77 亿美元
497	470	基泰建设股份有限公司 Kee Tai Properties Co. Ltd.	台湾	世代投资,荣泰投资等	陈世铭	房地产	1.2212	8.57	16.70 亿元新台币 0.532 亿美元	4.54 亿元新台币 0.145 亿美元	90.13 亿元新台币 2.87 亿美元

续表

2000名次	1999名次	公司名称	总部所在地	主要股东	公司首脑	主要业务	市值（亿美元）	市盈率（本益比）	营业额	税前盈利	资产总值
498	—	中联系统控股有限公司 Vanda Systems & Communications Holdings Ltd.	香港	林汉南，马振光韦以建	林汉南	系统集成，软件，电子商贸	1.2144	24.08	15.25亿港元 1.958亿美元	0.37亿港元 0.0476亿美元	9.46亿港元 1.22亿美元
499	388	宝成建设股份有限公司 Bao-Chen Construction Co. Ltd.	台湾	德泰投资，陈增彩等	陈增彩	房地产	1.2075	—	29.14亿元新台币 0.94亿美元	—	185.05亿元新台币 5.89亿美元
500	417	联发纺织纤维股份有限公司 Lan Fa Textile Co. Ltd.	台湾	叶泉发，叶清泽，施美心等	叶泉发	聚酯加工丝等	1.2033	—	25.08亿元新台币 0.80亿美元	1.63亿元新台币 0.0518亿美元	60.73亿元新台币 1.93亿美元

注：*盈科数码动力有限公司于2000年8月与香港电讯合组成电讯盈科

**者包括利息收入及其他营运收入

***者采用新名称

#继显控股有限公司于2000年10月与大华证券经纪有限公司合组成大华—继显控股有限公司

##者数字为总收入

表内说明

1. 所有公司的数据及资料皆以1999年7月1日至2000年6月30日之间为准
2. 本表排名以2000年6月30日市值为准
3. 市值数据的美元值以2000年6月30日美元收市价为计算依据
4. 市盈率（本益比）以2000年6月30日的数据为准
5. 除了那些以美元作结算单位的公司外，其他公司数据的美元值以该公司结算日之汇率计算
6. 除了那些以美元作结算单位的公司外，其他公司的营业额、税前盈利和资产总值之增长率皆以当地货币计算。以重列（或经修订数据为准）
7. 主要股东是指直接或间接持有该公司股权之人士、家族、公司、机构、基金或信托基金
8. 总部所在地是指该公司的上市地点及主要办事处所在地

（摘自《亚洲周刊》2000年10月30～11月5日）

2000年“华商500”分类排名榜

台湾十大华商企业

名次	公司名称	主要股东	公司首脑	主要业务	市值（亿美元）	华商排名
1	联华电子股份有限公司 United Microelectronics Corporation	交通银行，东元电机等	宣明智	晶圆代工	305.4911	2
2	华硕电脑股份有限公司 Asustek Computer Inc.	射伟琦，施崇棠童子贤，徐世昌等	施崇棠	电脑主机板，笔记型电脑	129.2352	6
3	国泰人寿保险股份有限公司 Cathay Life Insurance Co. Ltd.	蔡氏家族	蔡宏图	人寿保险	124.4490	7
4	华邦电子股份有限公司 Winbond Electronics Corporation	华新丽华股份有限公司，焦佑钧	焦佑钧	电脑记忆体，晶圆制造服务，一般IC	101.9560	8
5	鸿海精密工业股份有限公司 Hon Hai Precision Industry Co. Ltd.	郭台铭	郭台铭	精密连接器	99.2857	9
6	南亚塑胶股份有限公司 Nan Ya Plastic Corporation	王永庆	王永庆	塑胶，化工原料，纤维，电子材料等	95.7517	10
7	广达电脑股份有限公司 Quanta Computer Co. Ltd.	林百里，千宇投资	林百里	笔记型电脑	81.5669	13
8	台湾塑胶工业股份有限公司 Formosa Plastics Corporation	王永庆	王永庆	塑胶，化工原料及产品	66.5619	18
9	台湾茂矽电子股份有限公司 Mosel Vitelic Inc.	百乐国际，纳瑞公司等	胡洪九	动态随机存取记忆体，静态随机存取记忆体	63.3404	19
10	日月光半导体制造股份有限公司 Advanced Semiconductor Engineering, Inc.	香港商微电子	张虔生	各类积体电路	60.4286	20

香港十大华商企业

名次	公司名称	主要股东	公司首脑	主要业务	市值（亿美元）	华商排名
1	和记黄埔有限公司 Hutchison Whampoa Limited	李嘉诚	霍建宁	港口及有关服务，电讯及电子商贸，地产及酒店，零售及制造，能源及基建	535.9635	1
2	长江实业(集团)有限公司 Cheung Kong (Holdings) Limited	李嘉诚	李嘉诚	房地产，投资控股	254.2034	3
3	盈科数码动力有限公司* Pacific Century Cyber Works Limited	李泽楷	李泽楷	投资及发展有关科技的业务、一个提供所需基建设施给一群资讯科技及相关公司的项目、房地产	213.8580	4
4	新鸿基地产发展有限公司 Sun Hung Kai Properties Limited	郭炳湘兄弟	郭炳湘	地产发展，物业销售及投资，物业管理，运输及基建，酒店，停车场管理等	172.4723	5
5	德昌电机控股有限公司 Johnson Electric Holdings Limited	汪氏家族	汪穗中	微型马达	86.8905	12
6	恒基兆业地产有限公司 Henderson Land Development Company Limited	李兆基	李兆基	房地产发展及投资，项目管理，建筑，房地产管理，财务及投资控股	75.7737	14
7	利丰有限公司 Li & Fung Limited	利丰(1937)有限公司	冯国经	消费品出口	68.1766	16
8	香港电灯集团有限公司 Hongkong Electric Holdings Limited	长江基建集团有限公司	曹棨森	电力生产及供应	67.1379	17
9	香港中华煤气有限公司 The Hong Kong and China Cas Company Ltd.	李兆基	陈永坚	生产、输送与销售煤气及经营与煤气有关之业务	58.1348	22
10	九龙仓集团有限公司 The Wharf (Holdings) Limited	会德丰有限公司	李唯仁	投资控股，房地产，酒店，基础建设，码头，通讯，有线电视	43.7747	28

新加坡十大华商企业

名次	公司名称	主要股东	公司首脑	主要业务	市值(亿美元)	华商排名
1	华侨银行有限公司 Oversea-Chinese Banking Corporation Limited	李成伟家族	李成伟	银行	88.4720	11
2	大华银行有限公司 United Overseas Bank Limited	黄祖耀	黄祖耀	银行	68.7943	15
3	新加坡报业控股有限公司 Singapore Press Holdings Limited	Raffles Nominee (Pe) Limited 等	林金山	出版,多媒体服务,投资控股,广播等	57.3010	25
4	盈科亚洲拓展有限公司 Pacific Century Regional Developments Limited	李泽楷	杜彼得	投资控股,房地产发展及管理,保险,宽频互联网服务及相关业务等	42.0163	29
5	华联银行有限公司 Overseas Union Bank Limited	连瀛洲,华兴(私人)有限公司	佘林发	银行	38.4859	31
6	城市发展有限公司 City Developments Limited	郭令明	郭令明	房地产发展及拥有,投资控股	31.0507	39
7	创新科技有限公司 Creative Technology Ltd.	沈望傅	沈望傅	开发、制造及推销个人电脑应用的高级多媒体产品	23.1295	56
8	Creat Eastern Holdings Limited***	华侨银行有限公司	侯永昌	人寿保险	13.1561	91
9	花莎尼有限公司 Fraser and Neave Limited	华侨银行有限公司等	范佑安	制造及销售软饮料、啤酒、黑啤酒、乳制品及玻璃器皿,房地产发展及投资,投资控股	10.6127	106
10	先得坊产业有限公司 Centrepoint Properties Ltd.	花莎尼有限公司	范佑安	房地产投资及发展	7.4080	146

马来西亚十大华商企业

名次	公司名称	主要股东	公司首脑	主要业务	市值(亿美元)	华商排名
1	名胜世界 Resorts World Berhad	云顶有限公司	林梧桐	经营旅游景区,附属公司经营房地产发展及管理,消闲及住宿服务,投资控股,旅游及相关服务	29.8816	44
2	云顶有限公司 Genting Berhad	Kien Huat Realty Sdn Bhd	林梧桐	投资控股,种植,博彩及娱乐事业,消闲及住宿服务,纸业,电力生产等	25.9492	51
3	大众银行有限公司 Public Bank Berhad	郑鸿标	郑鸿标	银行	22.3555	57
4	马太平洋工业有限公司 Malaysian Pacific Industries Berhad	郭令灿及其家族	Kwek Leng San	投资控股,制造及销售集成电路、半导体仪器、电子零件及引线框	21.5274	59
5	杨忠礼机构有限公司 YTL Corporation Berhad	杨忠礼父子控股有限公司	杨肃斌	建筑,房地产,酒店,制造业,电力生产	19.5018	62
6	YTL Power International Berhad	杨忠礼机构有限公司	杨肃斌	电力生产	13.3705	88
7	吉隆坡甲洞有限公司 Kuala Lumpur Kepong Berhad	李爱贤家族	李爱贤	棕油产品、橡胶及可可加工与制造,附属及联营公司参与种植,制造业,零售,房地产与海外投资控股	10.2789	108
8	成功多多有限公司 Berjaya Sports Toto Berhad	Berjaya Land Berhad	陈志远	投资控股,提供管理服务,房地产,博彩	9.3829	117
9	丰隆银行 Hong Leong Bank	郭令灿	郭令灿	银行	9.2650	120
10	万能企业有限公司 Magnum Corporation Berhad	马化控股有限公司	林金华	投资控股,博彩,管理服务	8.8537	125

泰国十大华商企业

名次	公司名称	主要股东	公司首脑	主要业务	市值（亿美元）	华商排名
1	亚洲电讯大众有限公司 Telecom Asia Coporation Public Company Limited	卜蜂集团等	Khun Supachai Chearavanon	电讯	30.9858	40
2	泰华农民银行(大众)有限公司 Thai Farmers Bank Public Company Limited	伍捷抃家族	伍挽图	银行	16.5182	75
3	Shin Coporations Public Company Limited	塔信·辛纳瓦家族	Boonklee Plangsin	投资控股	14.2445	82
4	BEC World Public Company Limited	徐汉光家族	徐汉光	供应电影及电视节目作广播用途	11.7422	98
5	盘谷银行有限公司 Bangkok Bank Public Company Limited	陈有汉家族	陈有汉	银行	11.4175	100
6	台达电子(泰国)大众有限公司 Delta Electronics (Thailand) Public Company Limited	Delta Electronics Inc.等	黄光明	制造及出口供电脑、电讯、办公室与家电用途的电子部件及零件	6.8990	149
7	卜蜂食品企业有限公司(大众) Charoen Pokphand Foods Public Company Limited	Charoen Pokphand Group Co., ltd.	谢国民	家畜业,水产业	5.5706	168
8	大城银行大众有限公司 Bank of Ayudhya Public Company Limited	李智正及其公司	李智正	银行	3.3534	244
9	Shin Satellite Public Company Limited	Shin Coporations Public Company Limited	Dumrong Kasemset	卫星通讯网络	3.1548	259
10	歌莱美娱乐大众有限公司 Grammy Entertainment Public Company Limited	黄民辉	Apirak Kosayodhin	音乐产品制造及分销,电视及电台节目制作,主办演唱会,杂志及书籍出版	1.2763	483

菲律宾十大华商企业

名次	公司名称	主要股东	公司首脑	主要业务	市值（亿美元）	华商排名
1	菲律宾长途电话公司 PLDT	第一太平有限公司等	彭泽伦	电讯	30.1932	43
2	首都银行 Metropolitan Bank and Trust Company	郑少坚	Antonio S. Abacan, jr.	银行,金融	15.2600	79
3	鞋庄控股 SM Prime Holdings, Inc.	施至成及其家族	施至成	经营购物中心	11.9453	96
4	巅峰控股(约格森米) JG Summit Holdings Inc.	吴奕辉, Gokongwei Brothers Forndation, Inc.	吴奕辉	投资控股,食品,银行,房地产,纺织,农产品业务,电讯等	4.5745	186
5	Metro pacific Corporation	第一太平集团	Ricardo S. Pascua	房地产发展,银行,船务	2.7092	296
6	菲律宾国家银行 Philippine National Bank	陈永栽等	Feliciano L. Miranda, Jr.	银行	2.6940	298
7	快乐峰食品(巧利比) Jollibee Foods Corporation	陈觉中	陈觉中	快餐业	2.6763	300
8	中华银行 Rizal Commercial Banking Corporation	杨应琳等	杨应林	银行	2.3025	342
9	信安银行 Security Bank Corporation	李氏家族	Rafel F. Simpao, Jr.	银行	1.9757	374
10	菲人投资开发公司 Filinvest Development Corporation	吴天恩家族的 ALG Holdings Corporation	吴天恩	投资控股,房地产	1.9275	380

印尼八大华商企业

名次	公司名称	主要股东	公司首脑	主要业务	市值（亿美元）	华商排名
1	盐仓集团 PT Gudang Garam Tbk	蔡氏家族	蔡国兴	香烟制造	31.0797	38
2	PT Hanjaya Mandala Sampoerna	林天宝家族	林天宝	香烟制造	13.4539	86
3	印多福食品有限公司 PT Indofood Sukses Makmur Tbk	第一太平集团，Salim Group	吴满同	速食面，碾磨面粉，调味品，婴儿食品，包装，食用油脂，饼干，零食	9.9817	112
4	永吉浆纸业有限公司 PT Indah Kiat Pulp &Paper Tbk	黄奕聪家族	黄志源	生产短纤浆纸产品	9.7572	116
5	PT Indocement Tunggal Prakar	PT Mekar Perkasa	林绍良	水泥	8.8888	124
6	PT Bank Pan Indonesia Tbk	PT Panin Life	Drs. H. Rostian Sjamsudin	银行	2.5195	316
7	PT Sinar Mas Multiartha Tbk	黄奕聪家族	Edward H. Hadidjajo	投资控股	2.4396	324
8	集伟化学制纸有限公司 PT Pabrik kertas Tjiwi Kimia Tbk	黄奕聪家族	黄奕聪	书写、印刷文具用纸	2.2109	351

综合企业十大排名

名次	公司名称	总部所在地	主要股东	公司首脑	主要业务	市值（亿美元）	华商排名
1	和记黄埔有限公司 Hutchison Whampoa Limited	香港	李嘉诚	霍建宁	港口及有关服务，电讯及电子商贸，地产及酒店，零售及制造，能源及基建	535.9635	1
2	利丰有限公司 Li & Fung Limited	香港	利丰(1937)有限公司	冯国经	消费品出口	68.1766	16
3	九龙仓集团有限公司 The Wharf (Holdings) Limited	香港	会德丰有限公司	李唯仁	投资控股，房地产，酒店，基础建设，码头，通讯，有线电视	43.7747	28
4	盈科亚洲拓展有限公司 Pacific Century Regional Developments Limited	新加坡	李泽楷	杜彼得	投资控股，房地产发展及管理，保险，宽频互联网服务及相关业务等	42.0163	29
5	云顶有限公司 Genting Berhad	马来西亚	Kien Huat Realty Sdn. Bhd.	林梧桐	投资控股，种植，博彩及娱乐事业，消闲及住宿服务，纸业，电力生产等	25.9492	51
6	恒基兆业发展有限公司 Henderson Investment Limited	香港	恒基兆业地产有限公司	李兆基	投资控股，房地产投资，零售，酒店	17.7992	69
7	会德丰有限公司 Wheelock and Company Limited	香港	Bermuda Trust (Guernsey) Limited	李唯仁	投资控股，房地产，零售及贸易，电讯，基础建设，货柜码头，酒店	13.2861	90
8	第一太平有限公司 First Pacific Company Limited	香港	林绍良，林逢生，林文镜	彭泽伦	消费品，电讯，地产，银行	9.9093	114
9	国浩集团有限公司 Guoco Group Limited	香港	Guoline Overseas Limited	郭令海	银行及金融，股票经纪及基金管理，保险，制造业，房地产投资及发展	8.5649	132
10	凯业集团 IOI Corporation Berhad	马来西亚	李深静	李深静	投资控股，种植，房地产，工业及医疗气体生产，高尔夫球会等	6.6679	157

制造业十大排名

名次	公司名称	总部所在地	主要股东	公司首脑	主要业务	市值（亿美元）	华商排名
1	联华电子股份有限公司 United Microelectronics Corporation	台湾	交通银行，东元电机等	宣明智	晶圆代工	305.4911	2
2	华硕电脑股份有限公司 Asustek Computer Inc.	台湾	谢伟琦，施崇棠，童子贤，徐世昌等	施崇棠	电脑主机板，笔记型电脑	129.2352	6
3	华邦电子股份有限公司 Winbond Electronics Corporation	台湾	华新丽华股份有限公司，焦佑钧	焦佑钧	电脑记忆体，晶圆制造服务，一般IC	101.9560	8
4	鸿海精密工业股份有限公司 Hon Hai Precision Industry Co. Ltd.	台湾	郭台铭	郭台铭	精密连接器	99.2857	9
5	南亚塑胶股份有限公司 Nan ya Plastic Corporation	台湾	王永庆	王永庆	塑胶，化工原料，纤维，电子材料等	95.7517	10
6	德昌电机控股有限公司 Johnson Electric Holdings Limited	香港	汪氏家族	汪穗中	微型马达	86.8905	12
7	广达电脑股份有限公司 Quanta Computer Co. Ltd.	台湾	林百里，千宇投资	林百里	笔记型电脑	81.5669	13
8	台湾塑胶工业股份有限公司 Formosa Plastics Corporation	台湾	王永庆	王永庆	塑胶，化工原料及产品	66.5619	18
9	台湾茂矽电子股份有限公司 Mosel Vitelic Inc.	台湾	百乐国际，纳瑞公司等	胡洪九	动态随机存取记忆体，静态随机存取记忆体	63.3404	19
10	日月光半导体制造股份有限公司 Advanced Semiconductor Engineering, Inc.	台湾	香港商微电子	张虔生	各类积体电路	60.4286	20

电子及电脑业十大排名

名次	公司名称	总部所在地	主要股东	公司首脑	主要业务	市值（亿美元）	华商排名
1	联华电子股份有限公司 United Microelectronics Corporation	台湾	交通银行，东元电机等	宣明智	晶圆代工	305.4911	2
2	华硕电脑股份有限公司 Asustek Computer Inc.	台湾	谢伟琦，施崇棠 童子贤，徐世昌等	施崇棠	电脑主机板，笔记型电脑	129.2352	6
3	华邦电子股份有限公司 Winbond Electronics Corporation	台湾	华新丽华股份有限公司，焦佑钧	焦佑钧	电脑记忆体，晶圆制造服务，一般IC	101.9560	8
4	鸿海精密工业股份有限公司 Hon Hai Precision Industry Co. Ltd.	台湾	郭台铭	郭台铭	精密连接器	99.2857	9
5	广达电脑股份有限公司 Quanta Computer Co. Ltd.	台湾	林百里，千宇投资	林百里	笔记型电脑	81.5669	13
6	台湾塑胶工业股份有限公司 Formosa Plastics Corporation	台湾	王永庆	王永庆	塑胶，化工原料及产品	66.5619	18
7	台湾茂矽电子股份有限公司 Mosel Vitelic Inc.	台湾	百乐国际，纳瑞公司等	胡洪九	动态随机存取记忆体，静态随机存取记忆体	63.3404	19
8	日月光半导体制造股份有限公司 Advanced Semiconductor Engineering, Inc.	台湾	香港商微电子	张虔生	各类积体电路	60.4286	20
9	威盛电子股份有限公司 VIA Technologies, Inc.	台湾	王雪红	王雪红	电脑晶片	58.0641	23
10	宏棋电脑股份有限公司 Acer incorporated	台湾	施振荣	施振荣	电脑，资讯产品	58.0165	24

房地产业十大排名

名次	公司名称	总部所在地	主要股东	公司首脑	市值(亿美元)	华商排名
1	长江实业(集团)有限公司 Cheung Kong (Holdings) Limited	香港	李嘉诚	李嘉诚	254.2034	3
2	新鸿基地产发展有限公司 Sun Hung Kai Properties Limited	香港	郭炳湘兄弟	郭炳湘	172.4723	5
3	恒基兆业地产有限公司 Henderson Land Development Company Limited	香港	李兆基	李兆基	75.7737	14
4	城市发展有限公司 City Developments Limited	新加坡	郭令明	郭令明	31.0507	39
5	新世界发展有限公司 New World Development Co. Ltd.	香港	周大福企业有限公司	郑裕彤	23.5886	54
6	淘大置业有限公司 Amoy Properties Limited	香港	恒隆有限公司	陈启宗	19.4707	63
7	信和置业有限公司 Sino Land Company Limited	香港	黄廷方	黄志祥	12.8051	92
8	嘉里建设有限公司 Kerry Properties Limited	香港	Kerry Croup Limited	郭孔铨	11.8458	97
9	希慎兴业有限公司 Hysan Development Company Limited	香港	利希慎置业有限公司及其若干附属公司	利汉剑	10.8994	103
10	恒隆有限公司 Hang Lung Development Company Limited	香港	Cole Limited	陈启宗	10.2811	107

银行业十大排名

名次	公司名称	总部所在地	主要股东	公司首脑	市值(亿美元)	华商排名
1	华侨银行有限公司 Oversea-Chinese Banking Corporation Limited	新加坡	李成伟家族	李成伟	88.4720	11
2	大华银行有限公司 United Overseas Bank Limited	新加坡	黄祖耀	黄祖耀	68.7943	15
3	华联银行有限公司 Overseas Union Bank Limited	新加坡	连瀛洲,华兴(私人)有限公司	余林发	38.4859	31
4	东亚银行有限公司 The Bank of East Asia, Limited	香港	—	李国宝	32.7624	37
5	道亨银行集团有限公司 Dao Heng Bank Group Limited	香港	国浩集团有限公司	郭令海	30.7459	41
6	中国信托商业银行 Chinatrust Commercial Bank	台湾	和信投资,启成投资等	辜濂松	29.4762	45
7	大众银行有限公司 Public Bank Berhad	马来西亚	郑鸿标	郑鸿标	22.3555	57
8	泰华农民银行(大众)有限公司 Thai Farmers Bank Public Company Limited	泰国	伍捷扑家族	伍挽图	16.5182	75
9	首都银行 Metropolitan Bank and Trust Company	菲律宾	郑少坚	Antonio S. Abacan, Jr.	15.2600	79
10	盘谷银行有限公司 Bangkok Bank Public Company Limited	泰国	陈有汉家族	陈有汉	11.4175	100

20家营业额最高的华商企业

名次	公司名称	总部所在地	主要股东	公司首脑	主要业务	营业额	华商排名
1	国泰人寿保险股份有限公司 Cathay Life Insurance Co. Ltd.	台湾	蔡氏家族	蔡宏图	人寿保险	3,194.17亿元新台币 101.74亿美元	7
2	和记黄埔有限公司 Hutchison Whampoa Limited	香港	李嘉诚	霍建宁	港口及有关服务,电讯及电子商贸,地产及酒店,零售及制造,能源及基建	554.42亿港元 71.32亿美元	
3	新光人寿保险股份有限公司 Shin Kong Life Insurance Co. Ltd.	台湾	吴氏家族	吴东进	人寿保险	1,584.45亿元新台币 50.47亿美元	53
4	宏棋电脑股份有限公司 Acer Incorporated	台湾	施振荣	施振荣	电脑,资讯产品	1,282.43亿元新台币 40.85亿美元	24
5	新鸿基地产发展有限公司 Sun Hung Kai Properties Limited	香港	郭炳湘兄弟	郭炳湘	地产发展,物业销售及投资,物业管理,运输及基建,酒店,停车场管理等	234.04亿港元 30.17亿美元	5
6	南亚塑胶股份有限公司 Nan Ya Plastic Corporation	台湾	王永庆	王永庆	塑胶,化工原料,纤维,电子材料等	946.37亿元新台币 30.14亿美元	10
7	广达电脑股份有限公司 Quanta Computer Co. ltd.	台湾	林百里,千宇投资	林百里	笔记型电脑	753.07亿元新台币 23.99亿美元	13
8	新世界发展有限公司 New World Development Co. Ltd.	香港	周大福企业有限公司	郑裕彤	房地产,投资控股,电讯,酒店,建筑,基础建设,服务,公共汽车服务	175.27亿港元 22.59亿美元	54
9	东方海外(国际)有限公司 Orient Overseas (International) Limited	香港	Wharncliff Limited	董建成	货柜运输,货柜码头,商业房地产,中国大陆投资	21.39亿美元	310
10	利丰有限公司 Li & Fung Limited	香港	利丰(1937)有限公司	冯国经	消费品出口	162.98亿港元 20.97亿美元	16
11	英业达股份有限公司 Inventec Corporation	台湾	叶国一,温世仁,李诗钦,王富代等	叶国一	电脑,文字处理机	637.80亿元新台币 20.32亿美元	49

续表

名次	公 司 名 称	总部所在地	主要股东	公司首脑	主要业务	营业额	华商排名
12	中国信托商业银行 Chinatrusl Commercial Bank	台湾	和信投资,启成投资等	辜濂松	银行	633.34亿元新台币 20.17亿美元	45
13	大同股份有限公司 Tatung Co. Ltd.	台湾	林挺生	林挺生	电脑,监视器,家电产品,机电产品等	614.77亿元新台币 19.58亿美元	47
14	恒基兆业地产有限公司 Henderson Land Development Company Limited	香港	李兆基	李兆基	房地产发展及投资,项目管理,建筑,房地产管理,财务及投资控股	145.97亿港元 18.81亿美元	14
15	盐仓集团 PT Gudang Garam Tbk	印尼	蔡氏家族	蔡国兴	香烟制造	126.946亿印尼盾 17.88亿美元	38
16	PPB Group Berhad***	马来西亚	郭氏兄弟有限公司	王爱众	投资控股	67.37亿马元 17.73亿美元	200
17	国浩集团有限公司 Guoco Group Limited	香港	Guoline Overseas Limited	郭令海	银行及金融,股票经纪及基金管理,保险,制造业,房地产投资及发展	132.196亿美元 17.04亿美元	132
18	和泰汽车股份有限公司 Hotai Motor Co. ltd.	台湾	明怡投资,金元山投资,南怡企业	苏燕辉	小型及大型汽车进口与销售	529.37亿元新台币 16.86亿美元	201
19	鸿海精密工业股份有限公司 Hon Hai Precision Industry Co. Ltd.	台湾	郭台铭	郭台铭	精密连接器	518.13亿元新台币 16.50亿美元	9
20	印多福食品有限公司 PT Indofood Sukses Makmur Tbk	印尼	第一太平集团,Salim Group	吴满同	速食面,碾磨面粉,调味品,婴儿食品,包装,食用油脂,饼干,零食	115.436亿印尼盾 16.26亿美元	112

20家营业额增长率最高的华商企业

名次	公司名称	总部所在地	主要股东	公司首脑	主要业务	营业额增长率	华商排名
1	裕兴电脑科技控股有限公司 Yuxing InfoYech Holdings Limited	香港	裕龙公司,宝龙公司	祝维沙	研究与开发、设计、市场推广及销售信息家电产品	290.31%	354
2	精碟科技股份有限公司 Prodisc Yechnology Inc.	台湾	叶垂景,錸德科技股份有限公司	林明发	光碟片产销	264.35%	118
3	华升电子工业股份有限公司 Q-RUN Technology Corp.	台湾	普乐投资,鸿元国际等	林陈兴	个人电脑系统等	252.31%	265
4	国硕科技工业股份有限公司 Gigastorage Corporation	台湾	郭建文,陈文佳,陈森祥,邵天泰,蔡宪德	郭枝群	光碟片,光碟机(MP3/CD),被动元件	209.69%	258
5	金英控股有限公司 Kin Eng Holdings Limited	新加坡	黄天逸	黄天逸	投资控股,股票经纪,房地产	194.29%	335
6	马哥孛罗发展有限公司 Marco Polo Developments Limited	新加坡	新亚置业信托有限公司	李唯仁	房地产拥有及发展,酒店	191.51%	206
7	华燊燃气控股有限公司 Wah Sang Gas Holdings Limited	香港	沈家燊	沈家燊	经营燃气管道网络,管道建设服务,液化石油气的零售与批发	185.96%	425
8	錸德科技股份有限公司 RITEK Co.Ltd.	台湾	郭荣加,张昭焚,叶进泰,莱垂景,陈育明	叶进泰	光碟片,影碟片,组装机器及光电产品	162.86%	26
9	继显控股有限公司# Kay Hian Holdings Limited	新加坡	黄一超	黄一超	股票经纪	150.55%	325
10	信德集团有限公司 Shun Tak Holdings Limited	香港	何鸿燊/Shun Tak Shipping Co.,Ltd.	何鸿燊	船务,房地产,酒店及消闲服务	146.81%	389
11	雪兰莪实业有限公司 Selangor Properties Berhad	马来西亚	Kavin Holdings Sdn.Bhd.	张竹友	投资控股,房地产投资	142.52%	396
12	先得坊产业有限公司 Centrepoint Properties Ltd.	新加坡	花莎尼有限公司	范佑安	房地产投资及发展	124.98%	146
13	博达科技股份有限公司 Procomp Informatics Ltd.	台湾	叶素菲,方启三等	叶索菲	主机板,磊晶片	115.75%	133
14	中环股份有限公司 CMC Magnetics Corporation	台湾	翁明显,杨丽容等	翁明显	录影带,磁碟片,可录一次光碟片,光碟片塑盒(光碟匣)	114.27%	27
15	长德实业股份有限公司 Ever Fortune Industrial Companv Ltd.	台湾	长生投资	简肇涵	房地产	114.003%	213
16	大城市发展有限公司 Bandar Rava Developments Berhad	马来西亚	马化控股有限公司	Jaganath Derek Steven	房地产发展及投资,投资控股	104.91%	359
17	华邦电子股份有限公司 Winbond Electronics Corporation	台湾	华新丽华股份有限公司,焦佑钧	焦佑钧	电脑记忆体,晶圆制造服务,一般IC	99.32%	8
18	国棋电子股份有限公司 Ambit Microsystems Corporation	台湾	宏棋电脑股份有限公司	林家和	电源供应模组,通讯及数据机模组	96.91%	101
19	科联系统集团有限公司 Computer And Technologies Holdings Limited	香港	吴长胜	吴长胜	电脑系统集成,电子业务技术供应,提供企业电子业务应用服务	94.86%	299
20	威盛电子股份有限公司 VIA Technologies,Inc.	台湾	王雪红	王雪红	电脑晶片	90.99%	23

20家税前盈利最高的华商企业

名次	公司名称	总部所在地	主要股东	公司首脑	主要业务	税前盈利	华商排名
1	和记黄埔有限公司 Hutchison Whampoa Limited	香港	李嘉诚	霍建宁	港口及有关服务,电讯及电子商贸,地产及酒店,零售及制造,能源及基建	1,199.86亿港元 154.35亿美元	1
2	长江实业(集团)有限公司 Cheung Kong (Holdings) limited	香港	李嘉诚	李嘉诚	房地产,投资控股	592.65亿港元 76.24亿美元	3
3	新鸿基地产发展有限公司 Sun Hung Kai Properties Limited	香港	郭炳湘兄弟	郭炳湘	地产发展,物业销售及投资,物业管理,运输及基建,酒店,停车场管理等	92.82亿港元 11.96亿美元	5
4	恒基兆业地产有限公司 Henderson Land Development Company Limited	香港	李兆基	李兆基	房地产发展及投资,项目管理,建筑,房地产管理,财务及投资控股	69.88亿港元 9.01亿美元	14
5	香港电灯集团有限公司 Hongkong Electric Holdings Limited	香港	长江基建集团有限公司	曹荣森	电力生产及供应	55.48亿港元 7.14亿美元	17
6	大华银行有限公司 United Overseas Bank Limited	新加坡	黄祖耀	黄祖耀	银行	10.26亿新元 6.16亿美元	15
7	国泰人寿保险股份有限公司 Cathay Life Insurance Co. Ltd.	台湾	蔡氏家族	蔡宏图	人寿保险	180.74亿元新台币 5.75亿美元	7
8	华侨银行有限公司 Oversea-Chinese Banking Corporation Limited	新加坡	李成伟家族	李成伟	银行	9.02亿新元 5.41亿美元	11
9	九龙仓集团有限公司 The Wharf (Holdings) Limited	香港	会德丰有限公司	李唯仁	投资控股,房地产,酒店,基础建设,码头,通讯,有线电视	41.63亿港元 5.35亿美元	28
10	华硕电脑股份有限公司 Asustek Computer Inc.	台湾	谢伟琦,施崇棠,童子贤,徐世昌等	施崇棠	电脑主机板,笔记型电脑	146.82亿元新台币 4.68亿美元	6

续表

名次	公司名称	总部所在地	主要股东	公司首脑	主要业务	营业额	华商排名
11	盐仓集团 PT Gudang Garam Tbk	印尼	蔡氏家族	蔡国兴	香烟制造	31.566亿印尼盾 4.45亿美元	38
12	长江基建集团有限公司 Cheung Kong Infrastructure Holdings Limited	香港	和记黄埔有限公司	李泽钜	能源基建,交通基建,基建材料等	33.84亿港元 4.35亿美元	33
13	香港中华煤气有限公司 The Hong Kong and China Gas Company Ltd.	香港	李兆基	陈水坚	生产、输送与销售煤气及经营与煤气有关之业务	33.22亿港元 4.27亿美元	22
14	云顶有限公司 Genting Berhad	马来西亚	Kien Huat Realty Sdn. Bhd.	林梧酮	投资控股,种植,博彩及娱乐事业,消闲及住宿服务,纸业,电力生产等	15.21亿马元 4.004亿美元	51
15	华联银行有限公司 Overseas Union Bank Limited	新加坡	连瀛洲,华兴(私人)有限公司	余林发	银行	6.06亿新元 3.64亿美元	31
16	南亚塑胶股份有限公司 Nan Ya Plastic Corporation	台湾	王永庆	王永庆	塑胶,化工原料,纤维,电子材料等	109.33亿元新台币 3.48亿美元	10
17	巅峰控股(约格森米) JG Summit Holdings Inc.	菲律宾	吴奕辉,Gokongwei Brothers Foundation. Inc.	吴奕辉	投资控股,食品,银行,房地产,纺织,农产品业务,电讯等	138.36亿披索 3.44亿美元	186
18	新世界发展有限公司 New World Development Co. ltd.	香港	周大福企业有限公司	郑裕彤	房地产,投资控股,电讯,酒店,建筑,基础建设,服务,公共汽车服务	26.07亿港元 3.36亿美元	54
19	联华电子股份有限公司 United Microelectronics Corporation	台湾	交通银行,东元电机等	宣明智	晶圆代工	105.26亿元新台币 3.35亿美元	2
20	城市发展有限公司 City Developments Limited	新加坡	郭令明	郭令明	房地产发展及拥有,投资控股	5.13亿新元 3.08亿美元	39

20家税前盈利增长率最高的华商企业

名次	公司名称	总部所在地	主要股东	公司首脑	主要业务	税前盈利增长率	华商排名
	良木园酒店有限公司 Goodwood Park Hotel Limited	新加坡	邱德拔	邱德拔	酒店及餐馆,投资控股,股票买卖	16,728.996%	153
2	永安国际有限公司 Wing On Company International Limited	香港	永安国际集团有限公司	郭志梁	百货零售,物业投资,按揭服务	4,752.18%	85
3	新光纺织股份有限公司 Shinkong Spinning Co.,ltd.	台湾	新胜公司,新光合成纤维股份有限公司	吴东贤	混纺布,长短纤交织布	3,917.88%	471
4	力丽企业股份有限公司 Lea Lea Enterprise Co.Ltd.	台湾	郭绍仪	郭绍仪	聚酯加工丝,聚酯原丝,聚酯粒	2,568.63%	369
5	太平洋电线电缆股份有限公司 Pacific Electric Wire & Cable Co. Ltd.	台湾	宝骅投资,孙道存,仝玉洁,孙道亨,孙道济,孙陈淑娟	孙道存	电线及电缆制造业	2,542.44%	60
6	东方海外(国际)有限公司 Orient Overseas (International) limited	香港	Wharncliff Limited	董建成	货柜运输,货柜码头,商业房地产,中国大陆投资	1,941.40%	310
7	台南纺织股份有限公司 Tainan Spinning Co.ltd.	台湾	侯博义,侯博明,侯博裕	庄宪雄	棉混纺纱纺织业	1,065.93%	235
8	华燊燃气控股有限公司 Wah Sang Gas Holdings Limited	香港	沈家燊	沈家燊	经营燃气管道网络,管道建设服务,液化石油气的零售与批发	986.22%	425
9	和记黄埔有限公司 Hutchison Whampoa Limited	香港	李嘉诚	霍建宁	港口及有关服务,电讯及电子商贸,地产及酒店,零售及制造,能源及基建	979.50%	1
10	正隆股份有限公司 Cheng Loong Corp.	台湾	郑政隆	郑政隆	纸张,纸器,纸板	880.32%	231
11	马来西亚酒店有限公司 Hotel Malaysia limited	新加坡	邱德拔	邱德拔	投资控股,股票买卖	871.21%	428
12	大众金融有限公司 Public Finance Berhad	马来西亚	大众银行有限公司	郑鸿标	接受存款,个人及固定条款贷款,分期付款及租赁融资	801.83%	230
13	长江实业(集团)有限公司 Cheung Kong (Holdings) Limited	香港	李嘉诚	李嘉诚	房地产,投资控股	709.41%	3
14	PT Bank Pan Indonesia Tbk	印尼	PT Panin Life	Drs.H. Rostian Sjamsudin	银行	672.48%	316
15	精碟科技股份有限公司 Prodisc Technology Inc.	台湾	叶垂景,铼德科技股份有限公司	林明发	光碟片产销	590.57%	118
16	联成石油化学股份有限公司 Union Petrochemical Corporation	台湾	联华实业股份有限公司	苗丰强	化工原料及产品	590.52%	256
17	盈科亚洲拓展有限公司 Pacific Century Regional Developments Limited	新加坡	李泽楷	杜彼得	投资控股,房地产发展及管理,保险,宽频互联网服务及相关业务等	552.53%	29
18	添利工业国际(集团)有限公司 Termbray Industries International (Holdings) Limited	香港	李立,梁丽萍	李立	房地产发展	492.40%	394
19	宏棋电脑股份有限公司 Acer Incorporated	台湾	施振荣	施振荣	电脑,资讯产品	428.28%	24
20	环隆电气股份有限公司 Universal Scientific Industrial Co., Ltd.	台湾	日月光半导体制造股份有限公司等	张洪本	电脑组件,通讯产品,厚膜混合积体电路,汽车电子零件等	417.64%	85

20家资产总值最高的华商企业

名次	公司名称	总部所在地	主要股东	公司首脑	主要业务	资产总值	华商排名
1	和记黄埔有限公司 Hutchison Whampoa Limited	香港	李嘉诚	霍建宁	港口及有关服务,电讯及电子商贸,地产及酒店,零售及制造,能源及基建	3,756.21亿港元 483.21亿美元	1
2	大华银行有限公司 United Overseas Bank Limited	新加坡	黄祖耀	黄祖耀	银行	564.99亿新元 339.17亿美元	15
3	华侨银行有限公司 Oversea-Chinese Banking Corporation Limited	新加坡	李成伟家族	李成伟	银行	542.896亿新元 325.91亿美元	11
4	盘谷银行有限公司 Bangkok Bank Public Company Limited	泰国	陈有汉家族	陈有汉	银行	11,828.78亿泰铢 315.52亿美元	100
5	国泰人寿保险股份有限公司 Cathay Life Insurance Co.ltd.	台湾	蔡氏家族	蔡宏图	人寿保险	9,369.38亿元新台币 298.44亿美元	7
6	华联银行有限公司 Overseas Union Bank Limited	新加坡	连瀛洲,华兴(私人)有限公司	佘林发	银行	393.72亿新元 236.36亿美元	31
7	长江实业(集团)有限公司 Cheung Kong (Holdings) Limited	香港	李嘉诚	李嘉诚	房地产,投资控股	1,736.30亿港元 223.36亿美元	3
8	新鸿基地产发展有限公司 Sun Hung Kai Properties Limited	香港	郭炳湘兄弟	郭炳湘	地产发展,物业销售及投资,物业管理,运输及基建,酒店,停车场管理等	1,598.28亿港元 206.01亿美元	5
9	中国信托商业银行 Chinatrust Commercial Bank	台湾	和信投资,启成投资等	辜濂松	银行	6,284.09亿元新台币 200.16亿美元	45
10	泰华农民银行(大众)有限公司 Thai Farmers Bank Public Company Limited	泰国	伍捷扑家族	伍挽图	银行	7,274.37亿泰铢 194.04亿美元	75

续表

名次	公司名称	总部所在地	主要股东	公司首脑	主要业务	资产总值	华商排名
11	国浩集团有限公司 Guoco Group Limited	香港	Guoline Overseas Limited	郭令海	银行及金融，股票经纪及基金管理，保险，制造业，房地产投资及发展	1,500.21亿港元 193.37亿美元	132
12	东亚银行有限公司 The Bank of East Asia, Limited	香港	—	李国宝	银行及其他相关业务	1,453.41亿港元 186.97亿美元	37
13	道亨银行集团有限公司 Dao Heng Bank Group Limited	香港	国浩集团有限公司	郭令海	银行	1,318.76亿港元 169.98亿美元	41
14	新世界发展有限公司 New World Development Co. Ltd.	香港	周大福企业有限公司	郑裕彤	房地产，投资控股，电讯，酒店，建筑，基础建设，服务，公共汽车服务	1,153.22亿港元 148.65亿美元	54
15	新光人寿保险股份有限公司 Shin Kong Life Insurance Co. ltd.	台湾	吴氏家族	吴东进	人寿保险	4,213.43亿元新台市 134.21亿美元	53
16	九龙仓集团有限公司 The Wharf (Holdings) Limited	香港	会德丰有限公司	李唯仁	投资控股，房地产，酒店，基础建设，码头，通讯，有线电视	991.14亿港元 127.50亿美元	28
17	恒基兆业地产有限公司 Henderson Land Development Company Limited	香港	李兆基	李兆基	房地产发展及投资，项目管理，建筑，房地产管理，财务及投资控股	928.54亿港元 119.69亿美元	14
18	大城银行大众有限公司 Bank of Ayudhya Public Company Limited	泰国	李智正及其公司	李智正	银行	4,415.94亿泰铢 117.79亿美元	244
19	大众银行有限公司 Public Bank Berhad	马来西亚	郑鸿标	郑鸿标	银行	432.38亿马元 113.78亿美元	57
20	首都银行 Metropolitan Bank and Trust Company	菲律宾	郑少坚	Antonio S. Abacan, jr.	银行，金融	4,038.51亿披索 100.35亿美元	79

20家资产总值增长率最高的华商企业

名次	公司名称	总部所在地	主要股东	公司首脑	主要业务	资产总值增长率	华商排名
1	盈科数码动力有限公司* Pacific Century Cyber Works Limited	香港	李泽楷	李泽楷	投资及发展有关科技的业务，一个提供所需基建设施给一群资讯科技及相关公司的项目，房地产	3,886.66%	4
2	光通数网控股有限公司 HiNet Holdings Limited	香港	王景慈	王景慈	光纤干线，科技	537.86%	21
3	时富投资集团有限公司 Celestial Asia Secunities Holdings Limited	香港	Cash Guardian Limited	关百豪	传统证券、期货、期权、贵金属、杠杆外汇服务及买卖，股票孖展买卖，企业融资，网上证券及商品服务	328.51%	238
4	矽统科技股份有限公司 Silicon Integrated Systems Corporation	台湾	杜俊元，杨美瑳，刘兴森，刘晓明	杜俊元	晶片	281.97%	48
5	文化传信集团有限公司 Culturecom Holdings Limited	香港	朱邦复，金网资本有限公司	张伟东	电子商贸，电子出版，漫画，科技，生化科技，中文电脑软件	263.57%	220
6	威盛电子股份有限公司 VIA Technologies, Inc.	台湾	王雪红	王雪红	电脑晶片	211.96%	23
7	盈科亚洲拓展有限公司 Pacific Century Regional Developments Limited	新加坡	李泽楷	杜彼得	投资控股，房地产发展及管理，保险，宽频互联网服务及相关业务等	172.84%	29
8	华燊燃气控股有限公司 Wah Sang Gas Holdings Limited	香港	沈家燊	沈家燊	经营燃气管道网络，管道建设服务，液化石油气的零售与批发	164.01%	425
9	精碟科技股份有限公司 Prodisc Technology Inc.	台湾	叶垂景，铼德科技股份有限公司	林明发	光碟片产销	161.71%	118
10	国硕科技工业股份有限公司 Gigastorage Corporation	台湾	郭建文，陈文佳，陈森祥，邵天泰，蔡宪德	郭枝群	光碟片，光碟机(MP3/CD)，被动元件	156.46%	258
11	世昕企业股份有限公司 Luxon Electronics Co. ltd.	台湾	陈国安，陈国森	陈国安	电解电容器等	155.40%	266
12	裕兴电脑科技控股有限公司 Yuxing InfoTech Holdings Limited	香港	裕龙公司，宝龙公司	祝维沙	研究与开发、设计、市场推广及销售信息家电产品	139.01%	354
13	铼德科技股份有限公司 RITEK Co. Ltd.	台湾	郭荣加，张昭焚，叶进泰，叶垂景，陈育明	叶进泰	光碟片，影碟片，组装机器及光电产品	127.81%	26
14	微星科技股份有限公司 Micro-Star-International Co. Ltd.	台湾	徐祥，卢琪隆，黄金请，游贤能等	徐祥	电脑主机板，介面卡	110.77%	80

续表

名次	公 司 名 称	总部所在地	主要股东	公司首脑	主 要 业 务	资产总值增长率	华商排名
15	国棋电子股份有限公司 Ambit Microsystems Corporation	台湾	宏棋电脑股份有限公司	林家和	电源供应模组，通讯及数据机模组	110.16%	101
16	锦兴集团有限公司 Hanny Holdings Limited	香港	德祥企业集团有限公司	陈国强	投资控股，生产、销售及分销资料储存媒体等	102.82%	306
17	技嘉科技股份有限公司 Ciga-Byte Technology Co., Ltd.	台湾	刘明雄，叶培城，马孟明，柯聪源等	叶培城	电脑主机板	97.46%	76
18	和记黄埔有限公司 Hutchison Whampoa Limited	香港	李嘉诚	霍建宁	港口及有关服务，电讯及电子商贸，地产及酒店，零售及制造，能源及基建	94.16%	1
19	丽正国际科技股份有限公司 Rectron Ltd.	台湾	林文腾，瑞业投资，大人物开发	林文腾	整流二极体，环保科技	93.93%	386
20	华宇电脑股份有限公司 Arima Computer Corporation	台湾	李森田	李森田	笔记型电脑与零组件	92.96%	61

第四篇

中国大陆个体私营经济

中华人民共和国宪法修正案

（1999年3月15日第九届全国人民代表大会第二次会议通过）

中华人民共和国宪法修正案已由中华人民共和国第九届全国人民代表大会第二次会议于1999年3月15日通过，现予公布施行。

中华人民共和国第九届全国人民代表大会第二次会议主席团 1999年3月15日于北京

第十二条 宪法序言第七自然段：“中国新民主主义革命的胜利和社会主义事业的成就，都是中国共产党领导中国各族人民，在马克思列宁主义、毛泽东思想的指引下，坚持真理，修正错误，战胜许多艰难险阻而取得的。我国正处于社会主义初级阶段。国家的根本任务是，根据建设有中国特色社会主义的理论，集中力量进行社会主义现代化建设。中国各族人民将继续在中国共产党领导下，在马克思列宁主义、毛泽东思想指引下，坚持人民民主专政，坚持社会主义道路，坚持改革开放，不断完善社会主义的各项制度，发展社会主义民主，健全社会主义法制，自力更生，艰苦奋斗，逐步实现工业、农业、国防和科学技术的现代化，把我国建设成为富强、民主、文明的社会主义国家。”修改为：“中国新民主主义革命的胜利和社会主义事业的成就，是中国共产党领导中国各族人民，在马克思列宁主义、毛泽东思想的指引下，坚持真理，修正错误，战胜许多艰难险阻而取得的。我国将长期处于社会主义初级阶段。国家的根本任务是，沿着建设有中国特色社会主义的道路，集中力量进行社会主义现代化建设。中国各族人民将继续在中国共产党领导下，在马克思列宁主义、毛泽东思想、邓小平理论指引下，坚持人民民主专政，坚持社会主义道路，坚持改革开放，不断完善社会主义的各项制度，发展社会主义市场经济，发展社会主义民主，健全社会主义法制，自力更生，艰苦奋斗，逐步实现工业、农业、国防和科学技术的现代化，把我国建设成为富强、民主、文明的社会主义国家。”

第十三条 宪法第五条增加一款，作为第一款，规定：“中华人民共和国实行依法治国，建设社会主义法治国家。”

第十四条 宪法第六条：“中华人民共和国的社会主义经济制度的基础是生产资料的社会主义公有制，即全民所有制和劳动群众集体所有制。”“社会主义公有制消灭人剥削人的制度，实行各尽所能，按劳分配的原则。”修改为：“中华人民共和国的社会主义经济制度的基础是生产资料的社会主义公有制，即全民所有制和劳动群众集体所有制。社会主义公有制消灭人剥削人的制度，实行各尽所能、按劳分配的原则。”“国家在社会主义初级阶段，坚持公有制为主体、多种所有制经济共同发展的基本经济制度，坚持按劳分配为主体、多种分配方式并存的分配制度。”

第十五条 宪法第八条第一款：“农村中的家庭联产承包为主的责任制和生产、供销、信用、消费等各种形式的合作经济，是社会主义劳动群众集体所有制经济。参加农村集体经济组织的劳动者，有权在法律规定的范围内经营自留地、自留山、家庭副业和饲养自留畜。”修改为：“农村集体经济组织实行家庭承包经营为基础、统分结合的双层经营体制。农村中的生产、供销、信用、消费等各种形式的合作经济，是社会主义劳动群众集体所有制经济。参加农村集体经济组织的劳动者，有权在法律规定的范围内经营自留地、自留山、家庭副业和饲养自留畜。”

第十六条 宪法第十一条：“在法律规定范围内的城乡劳动者个体经济，是社会主义公有制经济的补充。国家保护个体经济的合法的权利和利益。”“国家通过行政管理，指导、帮助和监督个体经济。”“国家允许私营经济在法律规定的范围内存在和发展。私营经济是社会主义公有制经济的补充。国家保护私营经济的合法的权利和利益，对私营经济实行引导、监督和管理。”修改为；“在法律规定范围内的个体经济、私营经济等非公有制经济，是社会主义市场经济的重要组成部分。”“国家保护个体经济、私营经济的合法的权利和利益。国家对个体经济、私营经济实行引导、监督和管理。”

第十七条 宪法第二十八条：“国家维护社会秩序，镇压叛国和其他反革命的活动，制裁危害社会治安、破坏社会主义经济和其他犯罪的活动，惩办和改造犯罪分子。”修改为：“国家维护社会秩序，镇压叛国和其他危害国家安全的犯罪活动，制裁危害社会治安、破坏社会主义经济和其他犯罪的活动，惩办和改造犯罪分子。”

中华人民共和国国民经济和社会发展第十个五年计划纲要

（2001年3月15日第九届全国人民代表大会第四次会议批准）

目　录

序　言

世纪之交，我国胜利实现了现代化建设的前两步战略目标，经济和社会全面发展，人民生活总体上达到了小康水平。从新世纪开始，我国将进入全面建设小康社会，加快推进社会主义现代化的新的发展阶段。

“九五”期间，面对错综复杂的国际国内经济环境，党中央、国务院审时度势，总揽全局，坚持用发展的办法解决前进中的问题，经过全国各族人民的共同努力，在有效治理通货膨胀，成功实现经济“软着陆”后，针对经济形势的变化，实行扩大内需的方针，果断实施积极的财政政策和稳健的货币政策，抑制了通货紧缩趋势，克服了亚洲金融危机和国内有效需求不足带来的困难，国民经济和社会发展取得巨大成就。经济运行质量与效益提高，综合国力进一步增强，国内生产总值年均增长8.3%。主要工农业产品产量位居世界前列，商品短缺状况基本结束。粮食等主要农产品生产能力明显提高，实现了农产品供给由长期短缺到总量基本平衡、丰年有余的历史性转变。工业结构调整取得积极进展，信息产业等高新技术产业迅速成长，淘汰落后和压缩过剩工业生产能力取得成效。服务业持续增长，就业岗位增加。基础设施建设成绩显著，“瓶颈”制约得到缓解。经济体制改革继续深化，社会主义市场经济体制初步建立。国有大中型企业改革和脱困的三年目标基本实现，调整和完善所有制结构取得重大进展，市场体系建设全面推进，宏观调控机制进一步健全。全方位对外开放格局基本形成，对外贸易和利用外资的规模扩大、结构改善、质量提高，开放型经济迅速发展。人民生活水平继续提高，消费结构改善，农村贫困人口的温饱问题基本解决。科教兴国战略和可持续发展战略有效实施，文化、卫生、体育等各项社会事业全面进步。廉政建设和反腐败斗争不断推进。社会主义精神文明建设和民主法制建设进一步加强。香港、澳门回到祖国怀抱，“一国两制”方针和基本法得到全面贯彻执行，祖国和平统一大业取得历史性进展。

经济和社会发展中也存在一些突出问题：一是产业结构不合理，地区发展不协调，城镇化水平低，国民经济整体素质不高，国际竞争力不强；二是科技、教育比较落后，科技创新能力弱，人才资源不足；三是水、石油等重要资源短缺，部分地区生态环境恶化；四是社会主义市场经济体制尚不完善，阻碍生产力发展的体制性因素仍然突出；五是人口压力大，就业矛盾尖锐，农民和城镇部分居民收入增长缓慢，收入差距拉大；六是一些领域市场经济秩序相当混乱，贪污腐败、奢侈浪费现象和形式主义、官僚主义作风还比较严重，有些地方社会治安状况不好等。对此，必须保持清醒的认识，认真解决。

今后五到十年，是我国经济和社会发展的重要时期，是进行经济结构战略性调整的重要时期，也是完善社会主义市场经济体制和扩大对外开放的重要时期。本纲要根据《中共中央关于制定国民经济和社会发展第十个五年计划的建议》编制，是战略性、宏观性、政策性的规划，是“十五”期间（2001年至2005年）国民经济和社会发展的宏伟蓝图，是全国各族人民共同奋斗的行动纲领。纲要主要阐述国家战略意图，明确政府工作重点，引导市场主体行为方向，所提出的产业发展方向和重点，是对市场主体的指导性意见，政府将运用经济政策等手段加以引导，在基础设施、科技和教育、生态环境、社会保障以及公共服务等领域提出的任务，政府将运用所掌握的公共资源，切实履行职责，努力完成。

第一篇　指导方针和目标

第一章　国民经济和社会发展的指导方针

经过二十多年的改革开放和发展，我国社会生产力、综合国力和人民生活水平都上了一个大台阶，市场供求关系、体制环境和对外经济关系发生了重大变化，为开始实施现代化建设第三步战略部署奠定了良好基础。进入二十一世纪，经济全球化趋势增强，科技革命迅猛发展，产业结构调整步伐加快，国际竞争更加激烈。世界经济形势的深刻变化和发展趋势，特别是加入世界贸易组织，将给我国带来新的发展机遇和严峻挑战。

面对改革开放和现代化建设新阶段的形势和任务，必须坚持党在社会主义初级阶段的基本理论、基本路线和基本纲领，进一步解放思想，实事求是，正确处理改革、发展、稳定的关系，确保社会稳定。“十五”期间要突出贯彻以下重要指导方针：

坚持把发展作为主题。发展是硬道理，是解决我国所有问题的关键。要认清世界经济发展趋势，增强紧迫感和忧患意识，坚持以经济建设为中心不动摇。继续实行扩大内需的方针，在坚持速度与效益相统一的基础上，抓住机遇，加快发展。

坚持把结构调整作为主线。我国已经进入必须通过结构调整才能促进经济发展的阶段。要以提高经济效益为中心，以提高国民经济的整体素质和国际竞争力、实现可持续发展为目标，积极主动、全方位地对经济结构进行战略性调整。要把调整产业结构与调整所有制结构、地区结构、城乡结构结合起来。坚持在发展中推进经济结构调整，在经济结构调整中保持快速发展。

坚持把改革开放和科技进步作为动力。

改革开放是强国富民的必由之路，科技进步和创新是增强综合国力的决定性因素，经济发展和结构调整必须依靠体制创新和科技创新。要深化市场取向的改革，加快完善社会主义市场经济体制。坚定不移地扩大对外开放，在积极“引进来”的同时，实施“走出去”战略。加大实施科教兴国战略的力度，振兴科技，培养人才。

坚持把提高人民生活水平作为根本出发点。不断提高城乡居民的物质和文化生活水平，是社会主义的本质要求和发展经济的根本目的。要努力增加城乡居民特别是农民和城镇低收入者的收入。把不断增加农民收入放在经济工作的突出位置，千方百计促进农民收入较快增长。把扩大就业作为经济和社会发展的重要目标，实行有利于扩大就业的经济政策和社会政策。同时，要合理调节收入分配关系，加快健全社会保障制度。

坚持经济和社会协调发展。要把物质文明建设和精神文明建设作为统一的奋斗目标，把依法治国与以德治国结合起来，始终坚持两手抓、两手都要硬，切实加强社会主义精神文明和民主法制建设。要高度重视人口、资源、生态和环境问题，抓紧解决好粮食、水、石油等战略资源问题，把贯彻可持续发展战略提高到一个新的水平。

第二章　国民经济和社会发展的主要目标

“十五”期间国民经济和社会发展的主要目标是：国民经济保持较快发展速度，经济结构战略性调整取得明显成效，经济增长质量和效益显著提高，为到2010年国内生产总值比2000年翻一番奠定坚实基础；国有企业建立现代企业制度取得重大进展，社会保障制度比较健全，完善社会主义市场经济体制迈出实质性步伐，在更大范围内和更深程度上参与国际经济合作与竞争；就业渠道拓宽，城乡居民收入持续增加，物质文化生活有较大改善，生态建设和环境保护得到加强；科技、教育加快发展，国民素质进一步提高，精神文明建设和民主法制建设取得明显进展。

“十五”期间宏观调控的主要预期目标是：经济增长速度预期为年均7%左右，到2005年按2000年价格计算的国内生产总值达到12.5万亿元左右，人均国内生产总值达到9400元。五年城镇新增就业和转移农业劳动力各达到4000万人，城镇登记失业率控制在5%左右。价格总水平基本稳定。国际收支基本平衡。

经济结构调整的主要预期目标是：产业结构优化升级，国际竞争力增强。2005年第一、二、三产业增加值占国内生产总值的比重分别为13%、51%和36%，从业人员占全社会从业人员的比重分别为44%、23%和33%。国民经济和社会信息化水平显著提高。基础设施进一步完善。地区间发展差距扩大的趋势得到有效控制。城镇化水平有所提高。

科技、教育发展的主要预期目标是：2005年全社会研究与开发经费占国内生产总值的比例提高到1.5%以上，科技创新能力增强，技术进步加快。各级各类教育加快发展，基本普及九年义务教育的成果进一步巩固，初中毛入学率达到90%以上，高中阶段教育和高等教育毛入学率力争分别达到60%左右和15%左右。

可持续发展的主要预期目标是：人口自然增长率控制在9‰以内，2005年全国总人口控制在13.3亿人以内。生态恶化趋势得到遏制，森林覆盖率提高到18.2%，城市建成区绿化覆盖率提高到35%。城乡环境质量改善，主要污染物排放总量比2000年减少10%。资源节约和保护取得明显成效。

提高人民生活水平的主要预期目标是：居民生活质量有较大提高，基本公共服务比较完善。城镇居民人均可支配收入和农村居民人均纯收入年均增长5%左右。2005年城镇居民人均住宅建筑面积增加到22平方米，全国有线电视入户率达到40%。城市医疗卫生服务水平和农村医疗服务设施继续改善，人民健康水平进一步提高。城乡文化、体育设施增加，覆盖面扩大，文化生活更加丰富。社会风气和社会秩序好转。

第二篇　经济结构

第三章　加强农业基础地位，促进农村经济全面发展

要始终把农业放在发展国民经济的首位，保证农业在提高整体素质和效益的基础上持续、稳定发展，农民收入较快增长。

第一节　稳定粮食生产能力

严格执行基本农田保护制度，保持全国耕地总量动态平衡，确保到2005年全国耕地面积不低于12800万公顷。通过实施"种子工程"、完善农田水利配套设施、加强中低产田改造、调整商品粮基地建设的内容和布局等措施，稳定粮食生产能力。加大对粮食主产区的支持力度，保护粮食主产区生产粮食的积极性，鼓励与销区建立长期稳定的购销关系。确保粮食供求基本平衡。

第二节　拓宽农民增收领域

通过加工转化、扩大出口等多种方式，解决粮食等农产品阶段性供过于求问题。调整农产品结构，发展多种经营，引导农户面向市场生产附加值高的产品。实行适度规模经营，推进农业机械化，提高劳动生产率，降低农产品生产成本。积极有序转移农村富余劳动力，引导农民更多地从事非农产业。建设一批有利于农民直接增收的项目，增加农民劳务收入。

第三节　调整农业和农村经济结构

农业和农村经济结构调整，要面向市场，依靠科技，以农户和农业产业化经营企业为主体，不断向生产的广度和深度进军。以优化品种、提高质量、增加效益为中心，积极调整种植业作物结构、品种结构和品质结构，发展优质高产高效种植业。继续建设新疆优质棉基地、长江流域双低油菜基地及绿色食品基地。扩大饲料作物种植面积，加强草场建设，改良畜禽品种，加快发展畜牧业，2005年畜牧业产值占农业总产值的比重达到33%左右。加强渔业资源和渔业水域生态保护，积极发展水产养殖和远洋渔业。合理调整农业生产区域布局，发展特色农业，形成规模化、专业化的生产格局，提高商品率。加强对农产品出口的协调、服务和政策支持，继续建设农产品出口创汇基地，大力发展创汇农业。加快农产品加工技术和设备的引进开发，发展农产品销售、储运、保鲜等产业，提高农产品加工水平和效益。鼓励农业服务组织创新，培育经纪人队伍，全面发展农业社会化服务。加强农业质量标准体系、农产品质量检测检验体系和市场信息体系建设，加快制定或修订农业行业标准和重要农产品质量标准，推广采用国际标准，创建农产品标准化生产示范基地。支持引导乡镇企业推进结构调整、技术进步和体制创新，促进乡镇企业合理集聚、健康发展。

农业产业化经营是推进农业现代化的重要途径。鼓励采取"公司加农户"、"订单农业"等多种形式，大力推进农业产业化经营。支持农产品加工企业、销售企业和科研单位带动农户进入市场，与农户形成利益共享、风险共担的经营机制。采取财政、税收、信贷等方面的优惠政策，扶持一批重点龙头企业加快发展。

第四节　加强农业和农村基础设施建设

搞好农田灌溉等农村中小型水利工程的维护和建设，继续对大型灌区进行以节水为中心的配套建设和改造，建设节水增效示范工程及旱作节水示范基地。支持农村公路建

设，改善农村道路状况，完成国家级贫困县与国道、省道连接线的建设。发展沼气、节能灶等新能源和新型节能技术，加强农村能源综合建设。完成农村电网改造，实现城乡用电同网同价。努力解决无电地区的用电问题。加强农村通信基础设施建设，降低农村电信资费，实现城乡通话费同价。加强以产地批发市场为重点的农产品市场设施建设，完善农村市场体系。

第五节　深化农村改革

加快农村土地制度法制化建设，长期稳定以家庭联产承包经营为基础、统分结合的双层经营体制。在长期稳定土地承包关系的基础上，鼓励有条件的地区积极探索土地经营权流转制度改革。根据粮食生产和流通的新情况，按产销区的不同特点，继续深化粮食流通体制市场取向的改革。完善粮食收购保护价、粮食储备和风险基金制度。全面推进农村税费改革，转变乡镇政府职能，适度撤并乡镇，精简乡镇机构和人员，减少村组干部补贴人数，切实减轻农民负担。改革农村金融体制，增加对农业的信贷投放，改进贷款方式，提高金融服务水平。要因地制宜地加快农村信用社管理体制改革，充分发挥农村信用社在农村金融服务中的主力军作用。深化农业科技体制改革，加大农业科技投入，支持农业科技创新，加强以农业科技成果推广为重点的科技服务体系建设，稳定基层农业技术推广队伍。

第六节　扶持贫困地区发展

巩固“八七”扶贫攻坚成果，从根本上改变贫困地区面貌，是一项长期而艰巨的任务。要重点做好中西部的少数民族地区、革命老区、边疆地区和特困地区的扶贫工作，尽快使剩余贫困人口实现脱贫。坚持开发式扶贫，加大对贫困地区的财政转移支付力度，多方面增加扶贫资金投入，提高资金使用效益。加强贫困地区基础设施建设，加快发展教育、文化、卫生事业。扩大以工代赈规模，加强乡村道路、人畜饮水、基本农田、小型水利设施建设，改善贫困地区基本的生产和生活条件。对少数生存环境恶劣的贫困地区，要创造条件，易地开发。对返贫地区和人口继续给予支持。

第四章　优化工业结构，增强国际竞争力

要坚持以市场为导向，以企业为主体，以技术进步为支撑，突出重点，有进有退，努力提高我国工业的整体素质和国际竞争力。工业改组改造要遵循市场经济规律，正确引导投资方向，依靠现有基础，防止盲目扩大规模和重复建设。坚持引进技术与自主创新相结合，先进技术与适用技术相结合。重点强化对传统产业的改造升级，进一步发挥劳动密集型产业的比较优势。积极发展高新技术产业和新兴产业，形成新的比较优势。以信息化带动工业化，发挥后发优势，实现社会生产力的跨越式发展。

第一节　加快工业改组改造

加快转变工业增长方式，围绕增加品种、改善质量、节能降耗、防治污染和提高劳动生产率，鼓励采用高新技术和先进适用技术改造传统产业，带动产业结构优化升级。提高工业产品开发和深加工能力，优化产品结构。原材料工业，积极发展三大合成材料和精细化工产品、不锈钢和冷轧板、氧化铝、稀土深加工产品、新型干法水泥以及市场需求量大的高效化肥、药品及关键中间体等。轻纺工业，积极发展木浆、高档纸及纸板、新型家用电器、差别化纤维、产业用纺织品、高档面料、名牌服装及农产品深加工等。

研究制定振兴装备制造业的政策措施，依托重大工程，大力振兴装备制造业，提高先进技术装备的设计、制造和成套水平，增强能力。把发展数控机床、仪器仪表和基础零部件放到重要位置，努力提高质量和技术

水平。支持发展大型燃气轮机、大型抽水蓄能机组、核电机组等新型高效发电设备，超高压直流输变电设备，大型冶金、化肥和石化成套设备，城市轨道交通设备，新型造纸和纺织机械等。发展农业机械、民用船舶和经济型轿车。提高汽车及关键零部件的制造水平。积极发展高效节能低排放车用发动机和混合动力系统。推进机电一体化。

积极发展建筑业，改进设计规范，提高设计、施工和监理水平，改革、整顿、规范建设市场，确保工程质量。推广使用新型建材。

第二节　发展高技术产业

抓住世界科技革命迅猛发展的机遇，有重点地发展高技术产业，实现局部领域的突破和跨越式发展，逐步形成我国高技术产业的群体优势。建立一批重大高技术工程，主要是高速宽带信息网、深亚微米集成电路、生物技术工程、新型涡扇喷气支线客机、新型运载火箭等。促进数字化电子产品、新型显示器件、光电子材料与器件、现代中药、卫星应用等高技术的产业化，支持各行业发展高技术产品。完善风险投资机制，建立创业板股票市场，鼓励发展多种所有制的创新型中小企业。

第三节　优化企业组织结构

按照专业化分工协作和规模经济原则，依靠优胜劣汰的市场机制和宏观调控，形成产业内适度集中、企业间充分竞争，大企业为主导、大中小企业协调发展的格局。通过上市、兼并、联合、重组等形式，形成一批拥有著名品牌和自主知识产权、主业突出、核心能力强的大公司和企业集团，提高产业集中度和产品开发能力。实行鼓励中小企业发展的政策，完善中小企业服务体系，促进中小企业向"专、精、特、新"的方向发展，提高与大企业的配套能力。

综合运用经济、法律和必要的行政手段，关闭产品质量低劣、浪费资源、污染严重、不具备安全生产条件的厂矿，淘汰落后设备、技术和工艺，压缩部分行业过剩和落后的生产能力。

第四节　推进老工业基地结构调整

积极支持和促进东北等地的老工业基地改造和结构调整。充分发挥其基础雄厚、人才聚集的优势，结合国有经济布局调整，优化产业结构、企业组织结构和地区布局，形成新的优势产业和企业，有条件的地区要成为新的装备制造基地。积极稳妥地关闭资源枯竭的矿山，因地制宜地促进以资源开采为主的城市和大矿区发展接续产业和替代产业，研究探索矿山开发的新模式。

第五节　以信息化带动工业化

通过微电子、计算机、网络技术的应用，推动产业研究开发和设计水平的提高以及工艺技术的变革；通过电子商务特别是企业间电子商务的应用，推动营销、运输和服务方式的变革，降低成本，扩大工业品市场规模；通过促进信息产品与传统产品的融合，以及信息技术在新产品中的广泛应用，增加产品的信息技术附加值。加速企业生产、经营管理的信息化进程。

第五章　发展服务业，提高供给能力和水平

要以市场化、产业化和社会化为方向，增加供给，优化结构，拓宽领域，扩大就业，加快发展服务业。

第一节　发展面向生活消费的服务业

深化城镇住房制度改革，落实住房分配货币化政策，发展以居民住宅为重点的房地产业和装修装饰业，规范发展物业管理业。加大旅游市场促销和新产品开发力度，加强旅游基础设施和配套设施建设、改善服务质量，促进旅游业成为新的经济增长点。优化配置和充实社区服务设施，鼓励创办各种便民利民的社区服务企业，壮大社区服务业。进一步发展商业零售业和餐饮业。理顺职业

培训的管理体制，探索公办民助、民办公助、中外合作等多种办学方式，促进职业培训产业成长。积极发展面向生活消费的金融、保险服务。开发健康有益大众化的娱乐、健身项目，发展文化和体育产业。

第二节　发展主要面向生产的服务业

积极引进新型业态和技术，推行连锁经营、物流配送、代理制、多式联运，改造提升传统流通业、运输业和邮政服务业。加快发展金融保险业，支持商业银行拓展信贷业务，拓宽保险资金运用渠道，提高保险公司承保能力和偿付能力，鼓励金融保险业务创新，改进服务。实现中介机构脱钩改制，确保其独立、客观、公正地执业，规范发展会计服务、法律服务、管理咨询、工程咨询等中介服务业。积极发展信息服务业特别是网络、信息技术应用咨询和数据库服务业。

第三节　形成有利于服务业发展的体制环境

要转变观念，突破体制障碍，打破垄断，放宽市场准入。加快适宜产业化经营的社会事业的改革，实行政企（事）分开、企业与事业分开、营利性机构与非营利性机构分开。加快机关、学校、医院和企业事业单位后勤服务的社会化进程，逐步改制为独立法人企业。积极推进商业、外贸、供销、粮食等系统的改革，增强流通企业活力。拓宽服务业融资渠道。完善服务业标准，提高服务水平。

第六章　加速发展信息产业，大力推进信息化

要按照应用主导、面向市场、网络共建、资源共享、技术创新、竞争开放的发展思路，努力实现我国信息产业的跨越式发展，加速推进信息化，提高信息产业在国民经济中的比重。

第一节　广泛应用信息技术

加强信息资源开发，强化公共信息资源共享，推动信息技术在国民经济和社会发展各领域的广泛应用。实施一批信息化重大工程，推进政务、金融、外贸、广播电视、教育、科技、医疗卫生、社会保障和公用事业等领域的信息化进程。加快电子认证体系、现代支付系统和信用制度建设，大力发展电子商务。重视信息网络技术在农产品交易、农业技术推广等领域的应用。推动信息产业与有关文化产业结合。加强条码和代码等信息标准化基础工作。加快计算机和网络知识普及，各级各类学校要积极推广计算机及网络教育。制定国家信息系统标准，加强信息化法制建设，改革管理体制，创造有利于信息化的制度条件。

第二节　建设信息基础设施

健全信息网络体系，提高网络容量和传输速度。大力发展高速宽带信息网，重点建设宽带接入网，适时建设第三代移动通信网。强化网络与信息安全保障体系建设。建设基础国情、公共信息资源、宏观经济数据库及其交换服务中心，完善地理空间信息系统。促进电信、电视、计算机三网融合。

第三节　发展电子、信息产品制造业

加强先进信息技术的引进、消化吸收和创新，大力开发核心技术，增强计算机与网络产品、通信产品、数字视听产品和新型元器件等产品的制造能力，大力发展集成电路和软件产业，提高信息化装备和系统集成能力。

第七章　加强基础设施建设，改善布局和结构

要优化结构，调整布局，提高工程质量，拓宽投资渠道，注重投资效益，把基础设施建设提高到一个新水平。

第一节　加强水利建设

水利建设要全面规划，统筹兼顾，标本兼治，综合治理。坚持兴利除害结合，防洪抗旱并举，在加强防洪减灾的同时，把解决

水资源不足和水污染问题放到更突出的位置。科学制定并积极实施全国水利建设总体规划和大江大河流域规划。重点加强大江大河大湖防洪工程体系建设和综合治理，对淤积严重的河湖进行整治和疏浚。加强以长江、黄河为重点的堤防建设。继续建设长江三峡、黄河小浪底等水利枢纽，兴建黄河沙坡头、嫩江尼尔基、淮河临淮岗、岷江紫坪铺、澧水皂市、右江百色、塔里木河及黑河整治等水利工程。加强蓄滞洪区安全建设，强化城市防洪，抓紧病险水库的除险加固。搞好水利设施配套建设和经营管理。加紧南水北调工程的前期工作，“十五”期间尽早开工建设。适时建设其他跨流域调水工程，采取多种方式缓解北方地区缺水矛盾。

第二节　健全综合交通体系

交通建设要统筹规划，合理安排，扩大网络，优化结构，完善系统，推进改革，建立健全畅通、安全、便捷的现代综合运输体系。加快以“五纵七横”为重点的公路国道主干网建设，全面贯通“三纵两横”。起步建设西部公路的八条新通道，完善路网结构，提高路网通达深度。2005 年公路通车里程达到 160 万公里左右，其中高速公路 2.5 万公里。建设改造“八纵八横”铁路主通道，扩大西部铁路网，加快铁路既有线技术改造，提高列车运行速度。建设青藏铁路、京沪高速铁路和西北、西南进出境铁路。2005 年铁路营业里程达到 7.5 万公里。发展大城市轨道交通。加强沿海主枢纽港口大型集装箱运输系统、专业化散货运输系统及主要港口出海航道建设，建设上海国际航运中心。2005 年沿海港口深水泊位达到 800 个。加强长江、珠江及京杭运河等水运主通道建设，积极发展内河航运。突出支线机场建设并向西部地区倾斜，完善枢纽机场和干线机场，提高空管技术装备水平。加强油气管道建设，初步形成管道运输网。充分发挥各种运输方式的优势，发展和完善城市间旅客快速运输、大城市旅客运输、集装箱运输、大宗物资运输和特种货物运输五大系统。以信息化、网络化为基础，加快智能型交通的发展。继续加强邮政基础设施建设。加快以政企分开为核心的交通运输管理体制和经营机制改革，铁路实行“网运分离”，民航机场和港口下放地方管理，航空运输企业实行重组，形成大集团。

第三节　优化能源结构

能源建设要发挥资源优势，优化能源结构，提高利用效率，加强环境保护。以煤炭为基础能源，提高优质煤比重。推进大型煤矿改造，建设高产高效矿井，开发煤层气资源。加大洁净煤技术研究开发力度，通过示范广泛推广使用。实行油气并举，加快天然气勘探、开发和利用，统筹生产基地、输送管线和用气工程建设，引进国外天然气，提高天然气消费比重。开发燃料酒精等石油替代产品，采取措施节约石油消耗。加强石油资源勘探，合理开发石油资源，努力发展海洋石油。积极利用国外资源，建立海外石油、天然气供应基地，实行石油进口多元化。建立国家石油战略储备，维护国家能源安全。加强城乡电网建设和改造，建设西电东送的北、中、南三条大通道，推进全国联网。进一步调整电源结构，充分利用现有发电能力，积极发展水电、坑口大机组火电，压缩小火电，适度发展核电，鼓励热电联产和综合利用发电。开工建设龙滩、小湾、水布垭、权皮滩、三板溪、公伯峡、瀑布沟等大型水电站，抓紧长江上游溪洛渡或向家坝水电站开发的前期论证工作。在山西、陕西、内蒙古、宁夏、贵州、云南建设大型坑口电站。深化电力体制改革，逐步实行厂网分开、竞价上网，健全合理的电价形成机制。积极发展风能、太阳能、地热等新能源和可再生能源。推广能源节约和综合利用技术。

第八章 实施西部大开发战略，促进地区协调发展

实施西部大开发战略，加快中西部地区发展，合理调整地区经济布局，促进地区经济协调发展。

第一节 推进西部大开发

西部大开发要从实际出发，积极进取、量力而行，统筹规划、科学论证，突出重点、分步实施。力争用五到十年时间，使西部地区基础设施和生态环境建设有突破性进展，科技、教育有较大发展。要开拓新思路，采用新机制，着力改善投资环境，扩大对内对外开放，大力发展多种所有制经济，积极吸引社会资金和外资参与西部开发和建设。

加快水利、交通、通信、电网及城市基础设施建设，突出抓好西电东送、西气东输、节水和开发水资源等一批具有战略意义的重点工程。加强生态建设和环境保护，保护天然林资源，因地制宜实施坡耕地退耕还林还草，推进防沙治沙和草原保护，注意发挥生态的自我修复能力。巩固和加强西部地区的农业基础。发展有特色的农牧业、绿色食品、旅游、中草药及生物制药等，推进水电、石油天然气、有色金属、钾盐、磷矿等优势资源合理开发和深度加工，加快资源优势向经济优势的转化。坚持科教先行，重点发展义务教育，大力发展职业教育，积极发展高等教育，做好人才培养、使用和引进的工作。推广应用高新技术和先进适用技术，有重点地发展高新技术产业。依托亚欧大陆桥、长江水道、西南出海通道等交通干线及中心城市，以线串点，以点带面，实行重点开发，促进西陇海兰新线经济带、长江上游经济带和南（宁）贵（阳）昆（明）经济区的形成，提高城镇化水平。国家实行重点支持西部大开发的政策措施，增加对西部地区的财政转移支付和建设资金投入，并在对外开放、税收、土地、资源、人才等方面采取优惠政策。

依据民族区域自治法，支持民族自治地区落实自治权。加大支持力度，加快少数民族和民族地区经济与社会全面发展，重点支持少数民族地区的扶贫开发、牧区建设、民族特需用品生产民族教育和民族文化事业发展。注意支持人口较少的少数民族的发展。促进西部边疆地区与周边国家和地区开展经济技术贸易合作，逐步形成优势互补、互惠互利的国际区域合作新格局。

第二节 加快中部地区发展

充分发挥中部地区承东启西、纵贯南北的区位优势和综合资源优势，加快发展步代，提高工业化和城镇化水平。巩固农业的优势地位，大力发展农业产业化经营，形成区域性、专业化、大规模的农产品生产、流通和加工基地。加快调整工业结构，改造传统产业，建设能源基地，发展有竞争力的制造业和高新技术产业，大力发展服务业。搞好大江大河大湖治理，继续加强交通、通信、仓储等基础设施建设和生态环境建设。以长江、陇海、京广京九、京哈等沿线地区为重点，壮大沿线城市规模，充实中心城市，积极培育新的经济增长点和经济带。

第三节 提高东部地区的发展水平

东部地区要在体制创新、科技创新、对外开放和经济发展中继续走在前列，有条件的地方争取率先基本实现现代化。优化产业结构，优先发展高新技术产业、现代服务业和出口产业。发展外向型经济，广泛参与国际经济竞争。促进经济特区和浦东新区增创新优势，进一步发挥环渤海、长江三角洲、闽东南地区、珠江三角洲等经济区域在全国经济增长中的带动作用。发展黄河三角洲高效生态经济。东部地区要加强与中西部地区全方位的经济技术合作，支持和参与西部开发，更好地发挥对中西部地区的辐射带动作用。

第四节　形成各具特色的区域经济

要打破行政分割，重塑市场经济条件下的新型地区经济关系。改变追求经济门类齐全的做法，发挥比较优势，发展有市场竞争优势的产业和产品，防止结构趋同。通过区域规划和政策，引导和调动地方的积极性，形成各具特色的区域经济，并先行在生态功能保护区、专业化农产品生产基地、旅游经济区等方面取得突破。

第九章　实施城镇化战略，促进城乡共同进步

提高城镇化水平，转移农村人口，有利于农民增收致富，可以为经济发展提供广阔的市场和持久的动力，是优化城乡经济结构，促进国民经济良性循环和社会协调发展的重大措施。随着农业生产力水平的提高和工业化进程的加快，我国推进城镇化的条件已渐成熟，要不失时机地实施城镇化战略。

第一节　形成合理的城镇体系

推进城镇化要遵循客观规律，与经济发展水平和市场发育程度相适应，循序渐进，走符合我国国情、大中小城市和小城镇协调发展的多样化城镇化道路，逐步形成合理的城镇体系。有重点地发展小城镇，积极发展中小城市，完善区域性中心城市功能，发挥大城市的辐射带动作用，引导城镇密集区有序发展。防止盲目扩大城市规模。要大力发展城镇经济，提高城镇吸纳就业的能力。加强城镇基础设施建设，健全城镇居住、公共服务和社区服务等功能。以创良好的人居环境为中心，加强城镇生态建设和污染综合治理，改善城镇环境。加强城镇规划、设计、建设及综合管理，形成各具特色的城市风格，全面提高城镇管理水平。

第二节　有重点地发展小城镇

发展小城镇是推进我国城镇化的重要途径。小城镇建设要合理布局，科学规划，体现特色，规模适度，注重实效。要把发展重点放到县城和部分基础条件好、发展潜力大的建制镇，使之尽快完善功能，集聚人口，发挥农村地域性经济、文化中心的作用。发展小城镇的关键在于繁荣小城镇经济，把引导农村各类企业合理集聚、完善农村市场体系、发展农业产业化经营和社会化服务等与小城镇建设结合起来。

第三节　消除城镇化的体制和政策障碍

打破城乡分割体制，逐步建立市场经济体制下的新型城乡关系。改革城镇户籍制度，形成城乡人口有序流动的机制。取消对农村劳动力进入城镇就业的不合理限制，引导农村富余劳动力在城乡、地区间的有序流动。改革完善城镇用地制度，调整土地利用结构，盘活土地存量，在保护耕地和保障农民合法权益的前提下，妥善解决城镇建设用地。广辟投融资渠道，建立城镇建设投融资新体制，形成投资主体多元化格局。在政府引导下主要通过发挥市场机制作用建设小城镇，鼓励企业和城乡居民投资。科学制定设市、设镇标准，尽快形成符合市场经济体制和城镇化要求的行政管理体制。加强政策协调，改进城镇化的宏观管理。

第三篇　科技、教育和人才

第十章　推进科技进步和创新，提高持续发展能力

要面向经济建设，围绕结构调整，按照有所为、有所不为的方针，总体跟进，重点突破，发展高科技，实现产业化，提高科技持续创新能力，实现技术跨越式发展。力争在主要领域跟住世界先进水平，缩小差距；在有相对优势的部分领域，达到世界先进水平；在局部可跨越领域，实现突破。

第一节　为产业升级提供技术支撑

以企业为技术创新主体，推进技术升级。加快开发能够推动结构升级和促进可持

续发展的共性技术、关键技术和配套技术，重点在农产品加工及转化、节水农业、农作物新品种选育、装备制造、洁净煤、交通运输、纺织印染后整理、资源勘探开发、污水治理等方面取得进展，为产业结构调整特别是传统产业升级提供技术支撑。加强对引进技术的消化吸收和创新。

第二节　推进高技术研究

积极推进高技术研究，在有相对优势或战略必争的关键领域取得突破，在一些关系国家经济命脉和安全的高技术领域，提高自主创新能力，努力实现产业化。重点攻克高速宽带网、高性能计算机、超大规模集成电路、大型应用软件、国家空间信息应用与服务等信息技术，生物芯片、遗传改良动植物、基因工程药物及疫苗等生物技术，特种功能材料、纳米材料、高性能结构材料等新材料技术，现代集成制造系统、机器人制造、飞机制造等先进制造技术和航空航天技术。

第三节　加强基础研究和应用基础研究

加强数学、物理、化学、天文等基础学科重点领域的前沿性、交叉性研究和积累。加强应用基础研究，力争在基因组学、信息科学、纳米科学、生态科学、地球科学和空间科学等方面取得新进展。支持发展新兴学科、边缘学科和交叉学科，促进自然科学与社会科学的融合，推动管理科学发展。重视发展哲学社会科学和人文科学，调整学科布局，加强对重大理论和实践问题的研究，推进学科建设和理论创新。

第四节　建设国家创新体系

要深化科技体制改革，形成符合市场经济要求和科技发展规律的新机制。优化科技资源配置，进一步解决科技与经济脱节问题，解决科研领域内的部门所有和单位分割等问题。建立企业技术创新体系，鼓励并引导企业建立研究开发机构，推动企业成为技术进步和创新的主体。建立为中小企业服务的技术创新支持系统，提高中小企业创新能力。加强产学研结合，建设一批行业共性技术的开发基地，鼓励应用开发型科研院所进入企业或改制为企业。积极推进社会公益性科研机构改革。建立国家知识创新体系，推进知识创新工程，促进大学与科研机构联合，形成一批具有国际影响的科研机构。加强科研基地和科研设施的联合共建，新建并重组部分国家重点实验室，建设重大科学工程，提高科研手段的现代化水平。加强中介服务体系建设，建立社会化的科技中介服务体系。扩大国际科技合作与交流，鼓励外资企业在我国设立研究开发机构。加大国家和全社会的科技投入，鼓励企业增加研究开发资金。加强知识产权保护。

第十一章　加快教育发展，提高全民素质

教育是提高全民素质、培养人才的基础，要面向现代化、面向世界、面向未来，适度超前发展，走改革创新之路。

第一节　发展各级各类教育

着力推进素质教育，重视培养创新精神和实践能力，促进学生德智体美全面发展。把加强基础教育放在重要位置，继续提高国民教育普及程度。基本普及九年义务教育的地区要巩固成果，提高水平，尚未普及的地区要进一步扩大九年义务教育的人口覆盖范围。重点推进西部贫困地区和少数民族地区的义务教育，实施贫困地区义务教育二期工程。扩大高中阶段教育规模，有步骤地在大中城市和经济发达地区普及高中阶段教育。采取多种形式，积极发展高等教育，扩大培养规模，保证教育质量。继续实施“211 工程”，重点加强一批高水平大学和学科的建设。大力发展职业教育和职业培训，发展成人教育和其他继续教育，逐步形成大众化、社会化的终身教育体系。重视发展儿童早期教育。推行弹性学习制度，放宽入学年龄限

制，允许分阶段完成学业。大力发展现代远程教育，提高教育现代化、信息化水平。加强教师队伍建设，提高教师思想和业务素质。加强和改进学校思想政治工作。根据世界经济与科技发展趋势及国内经济结构调整对人才的需求，大力调整教育结构和布局，并在优化学科和专业结构，更新教材，改革考试制度和教学方法等方面取得实质性进展。

第二节　深化教育体制改革

加快办学体制改革，积极鼓励、支持和规范社会力量以多种形式办学，基本形成政府办学为主，公办学校和民办学校共同发展的格局。深化教育管理体制改革，进一步转变管理方式，依法落实高等学校办学自主权，推进高校后勤服务社会化改革。建立职业教育与普通教育相互沟通的教育体系。采取多种措施突破教育投入瓶颈，增加国家对教育的投入，加大中央和省级人民政府对义务教育的支持力度，加强县级人民政府对基础教育的统筹。完善政府对义务教育经费特别是教师工资的保障机制。深化与毕业生就业相关的劳动人事制度改革。健全奖学金、助学金和助学贷款等制度。

第十二章　实施人才战略，壮大人才队伍

人才是最宝贵的资源，要把培养、吸引和用好人才作为一项重大的战略任务切实抓好，按照德才兼备的原则，培养数以亿计高素质的劳动者、数以千万计具有创新精神和创新能力的专门人才。

第一节　开发人才资源

加快培养和选拔适应改革开放和现代化建设需要的各类人才。培养和造就坚持走有中国特色社会主义道路，有较高政治理论素养和开拓精神，掌握现代科学文化和管理知识，并经过实践考验的高素质领导人才队伍。培养具有科学素养、适应经济和社会发展需要的各类专业人才队伍，特别是具有世界前沿水平的学科带头人；具有创新精神和创业能力，适应国际竞争需要的企业家队伍；具有公仆意识，廉洁、勤政、高素质、专业化的公务员队伍；具有较高技术素质的技术工人队伍、农业产业化经营和农业科技队伍。注重在实践中培养和选拔人才。合理利用国外教育资源，拓宽高层次人才培养途径，积极吸引和聘用海外高级人才。继续实行支持留学、鼓励回国，来去自由的方针，鼓励留学人员回国工作或以适当方式为祖国服务。

第二节　营造用好人才和吸引人才的良好环境

加快建立有利于优秀人才脱颖而出、人尽其才的有效机制，形成尊重知识、尊重人才、鼓励企业的社会氛围。进一步解放思想，转变观念，加大干部人事制度改革力度，实行公开招聘、竞争上岗制度，为各类人才特别是年轻优秀领导人才的成长、选拔和任用创造条件。优化人才的专业、年龄结构，促进人才在产业、地区、城乡间的合理流动和分布。完善对人才的激励机制和考核监督机制，为各类人才的创新、创业和发挥才能创造更为宽松的环境。建立和完善机制健全、运行规范、服务周到、指导监督有力的人才市场体系。完善人才使用、管理的法律法规。

第四篇　人口、资源和环境

第十三章　控制人口增长，提高出生人口素质

坚持计划生育的基本国策，稳定现行生育政策，保持低生育水平。重点做好农村特别是中西部地区农村的计划生育工作，加强对流动人口计划生育的管理。落实以宣传教

育、避孕、经常性工作为主的方针，建立依法管理、村（居）民自治、优质服务、政策推动、综合治理的管理机制。继续实行党政领导责任制。加强人口与计划生育工作的法制建设。

提倡优生优育，大力开展计划生育服务，改善基层服务条件，开展生殖健康教育和服务。以预防农村地区高发先天性疾病为重点，明显降低出生缺陷发生率。建立和完善计划生育利益导向机制，对计划生育家庭实行奖励政策。开展农村独生子女户和双女户社会保险试点工作。

第十四章　节约保护资源，实现永续利用

坚持资源开发与节约并举，把节约放在首位，依法保护和合理使用资源，提高资源利用率，实现永续利用。

第一节　重视水资源的可持续利用

坚持开源节流并重，把节水放在突出位置。以提高用水效率为核心，全面推行各种节水技术和措施，发展节水型产业，建立节水型社会。城市建设和工农业布局要充分考虑水资源的承受能力。加大农业节水力度，减少灌溉用水损失，2005 年灌溉用水有效利用系数达到 0.45。按水资源分布调整工业布局，加快企业节水技术改造，2005 年工业用水重复利用率达到 60%。强化城市节水工作，强制淘汰浪费水的器具和设备，推广节水器具和设备。加强节水技术、设备的研究开发和节水设施的建设。加强规划与管理，搞好江河全流域水资源的合理配置，协调生活、生产和生态用水。加强江河源头的水源保护。积极开展人工增雨、污水处理回用、海水淡化。合理利用地下水资源，严格控制超采。多渠道开源，建设一批骨干水源工程，“十五”期间全国新增供水能力400亿立方米。加大水的管理体制改革力度，建立合理的水资源管理体制和水价形成机制。广泛开展节水宣传教育，提高全民节水意识。

第二节　保护土地、森林、草原、海洋和矿产资源

坚持保护耕地的基本国策，实施土地利用总体规划，统筹安排各类建设用地，合理控制新增建设用地规模。加大城乡和工矿用地的整理、复垦力度。根据工业区、城镇密集区、专业化农产品生产基地、生态保护区等不同的土地需求，合理调整土地利用结构。强化森林防火、病虫害防治和采伐管理，完善林业行政执法管理体系和设施。加强草原保护，禁止乱采滥垦，严格实行草场禁牧期、禁牧区和轮牧制度，防止超载过牧。加大海洋资源调查、开发、保护和管理力度，加强海洋利用技术的研究开发，发展海洋产业。加强海域利用和管理，维护国家海权益。加强矿产资源勘探，严格整顿矿业秩序，对重要矿产资源实行强制性保护。深化矿产资源使用制度改革，规范和发展矿业权市场。推进资源综合利用技术研究开发，加强废旧物资回收利用，加快废弃物处理的产业化，促进废弃物转化为可用资源。

第十五章　加强生态建设，保护和治理环境

要把改善生态　保护环境作为经济发展和提高人民生活质量的重要内容，加强生态建设，遏制生态恶化，加大环境保护和治理力度，提高城乡环境质量。

第一节　加强生态建设

组织实施重点地区生态环境建设综合治理工程，长江上游、黄河上中游和东北内蒙古等地区的天然林保护工程，以及退耕还林还草工程。加强以京津风沙源和水源为重点的治理与保护，建设环京津生态圈。在过牧地区实行退牧，封地育草，实施“三化”草地治理工程。加快小流域治理，减少水土流失。推进黔桂滇岩溶地区石漠化综合治理。

加快矿山生态恢复与治理。继续建设“三北”、沿海、珠江等防护林体系，加速营造速生丰产林和工业原料林。加快“绿色通道”建设，大力开展植树种草和城市绿化。加强自然保护区建设。保护珍稀、濒危生物资源和湿地资源，实施野生动物及其栖息地保护建设工程，恢复生物功能和生物多样性。“十五”期间，新增治理水土流失面积2500万公顷，治理“三化”草地面积1650万公倾。

第二节　保护和治理环境

强化环境污染综合治理，使城乡特别是大中城市环境质量得到明显改善。抓紧治理水污染源，巩固“三河”、“三湖”水污染治理成果，启动长江上游、三峡库区、黄河中游和松花江流域水污染综合治理工程。加快城市污水处理设施建设，所有城市都要建设污水处理设施，2005年城市污水集中处理率达到45%。加强近岸海域水质保护，研究预防、控制和治理赤潮，抓好渤海环境综合整治和管理。加强大气污染防治，实施“两控区”和重点城市大气污染控制工程，2005年“两控区”二氧化硫排放量比2000年减少20%。推行垃圾无害化与危险废弃物集中处理。推行清洁生产，抓好重点行业污染防治，控制和治理工业污染源，依法关闭污染严重、危害人民健康的企业。加强噪音污染治理。积极开展农村环境保护工作，防治不合理使用化肥、农药、农膜和超标污灌带来的化学污染及其他面源污染，保护农村饮用水水源。加强环境保护关键技术和工艺设备的研究开发，加快发展环保产业。完善环境标准和法规，修改不合理的污染物排放标准，健全环境监测体系，加强环境保护执法和监督。全面推行污水和垃圾处理收费制度。开展全民环保教育，提高全民环保意识，推行绿色消费方式。

加强防御各种灾害的安全网建设，建立灾害预报预防、灾情监测和紧急救援体系，提高防灾减灾能力。加强气象、地震、测绘等工作，提高服务能力和水平。积极参与全球环境与发展事务，履行义务，实行有利于减缓全球气候变化的政策措施。

第五篇　改革开放

第十六章　推进改革，完善社会主义市场经济体制

要大胆探索，勇于创新，突破影响生产力发展的体制性障碍，逐步完善社会主义市场经济体制。

第一节　深化国有企业改革

进一步深化国有大中型企业改革，基本完成产权清晰、权责明确、政企分开、管理科学的现代企业制度的建设。

健全责权统一、运转协调、有效制衡的公司法人治理结构。对国有大中型企业进行规范的公司制改革，除少数国家垄断经营的企业可改制为国有独资公司外，鼓励其他国有大中型企业通过规范上市、中外合资、相互参股等形式，逐步改制为多元持股的有限责任公司或股份有限公司。建立分工明确的国有资产管理、经营和监督体制，使国有资产出资人尽快到位，探索授权有条件的国有企业或国有资产经营公司行使出资人职能，强化对国有资产经营主体的外部监督。深化企业内部改革，强化科学管理，建立健全行之有效的激励机制和约束机制。进一步放开搞活国有中小企业，对国有小企业继续采取改组、联合、兼并、租赁、承包经营和股份合作制、出售等多种形式，进行产权制度和经营机制改革。完善市场退出机制，积极疏通和逐步规范企业特别是上市亏损公司退出市场的通道。继续执行现行的国有企业兼并破产政策，对长期亏损、资不抵债、扭亏无望的企业依法实施破产。鼓励非国有企业、个人和境外投资者参与国有企业改制，推动

非上市国有企业股权结构的调整和股权交易，形成混合所有制企业。规范国有企业改制行为，完善有关政策规定，强化对国有资产产权交易的监督。

第二节　调整和完善所有制结构

要坚持公有制为主体、多种所有制经济共同发展的基本经济制度。积极探索各种有效方式，有进有退，有所为有所不为，加快国有经济布局的战略性调整。发挥国有经济在国民经济中的主导作用，发展多种形式的集体经济，支持、鼓励和引导私营、个体企业健康发展。关系国家安全和经济命脉的重要企业要由国家控股。鼓励在高新技术产业、中介服务等领域创建无限责任和有限责任相结合的公司。取消一切限制企业和社会投资的不合理规定，在市场准入、土地使用、信贷、税收、上市融资、进出口等各方面，对不同所有制企业实行同等待遇。凡是对外资开放的领域，内资均可进入。依法保护各种所有制企业的合法权益。

第三节　健全市场体系

进一步开放市场，放开价格，继续发展商品市场，重点培育和发展要素市场，建立和完善全国统一、公平竞争、规范有序的市场体系。引入竞争机制，加快电力、铁路、民航、通信、公用事业等垄断行业管理体制改革。破除地方封锁，反对地方保护主义，废除阻碍统一市场形成的各种规定。积极发展大宗商品批发市场，稳步发展期货市场。健全统一、安全、高效、开放的国债市场。疏通储蓄转化为投资的渠道，积极稳妥地发展多种融资方式。加强对证券市场的监管，提高证券市场的透明度，规范和发展证券市场，逐步提高直接融资比重。加快发展企业债券市场，发展产业投资基金。积极培育证券投资基金、养老基金和保险基金等机构投资者。发展票据市场，完善外汇市场，建立黄金交易市场。坚持城乡统筹就业的改革方向，推动城乡劳动力市场逐步一体化。深化土地使用制度改革，全面推行经营性用地招标拍卖制度，规范土地一级市场，活跃房地产二级市场，发展住房租赁市场。改革价格管理体制，进一步完善市场形成价格的机制。建立健全政府价格决策听证等制度，提高政府定价的科学性、时效性和透明度。

第四节　深化金融体制改革

建立和完善金融组织体系、市场体系、监管体系和调控体系。对国有独资商业银行进行综合改革，有条件的国有独资商业银行可以改组为国家控股的股份制商业银行，建立风险防范机制，提高竞争能力。在健全监管体系的基础上，规范发展中小金融机构。完善和发挥政策性银行的功能。推进保险市场主体多元化。完善金融机构内部治理结构，形成严格约束与有效激励相统一的经营机制，完善稳健的会计制度，提高金融资产质量。强化金融监管，防范和化解金融风险。完善金融分业监管构架，加强监管机构之间的协调配合。完善以间接调控为主的中央银行调控体系，积极稳妥地发展货币市场，扩大公开市场业务，稳步推进利率市场化改革。改进人民币汇率形成机制，完善以市场供求为基础的、有管理的浮动汇率制度。

第五节　改革投资体制

确立企业在竞争性领域的投资主体地位，基本形成企业自主决策、自担风险，银行独立审贷，政府宏观调控的新的投资体制。按照“谁投资、谁决策、谁受益、谁承担风险”的原则，改革投资管理方式，减少对企业和社会投资的行政性审批。对企业出资建设国家非限制类项目，实行登记备案制。建立以政策引导、信息发布等间接调控手段为主的投资宏观调控体系。全面实行建设项目法人责任制、工程监理制、招标投标制、合同管理制。建立严格的政府投资项目管理机制，完善国家重大投资项目稽察制度。推动投资中介组织的市场化改革。

第六节 深化财税体制改革

积极稳妥地推进税费改革，清理整顿行政事业性收费和政府性基金，建立政府统一预算。健全税收制度，改革生产型增值税税制，完善消费税和营业税，逐步统一内外资企业所得税，建立综合与分类相结合的个人所得税制度，适时开征社会保障税和遗产税，完善地方税税制。依法加强税收征管，打击偷、漏、骗税的行为，清缴欠税，严禁越权减、免、退税。

增强预算的透明度和约束力。实行部门预算，逐步以“零基预算”取代“基数预算”。改革国库制度，建立以国库单一账户体系为基础的现代国库集中收付制度。规范政府采购行为，全面推行政府采购制度。调整财政支出结构，压缩竞争性领域的支出。合理界定中央和地方政府的事权范围，完善分税制和转移支付制度，加强财政再分配功能。加强审计监督，严肃财经纪律。强化财政监督，防范财政风险，合理控制财政赤字和政府发债规模。保持财政收入稳定增长，提高国家财政收入占国内生产总值的比重和中央财政收入占全国财政收入的比重。逐步建立适应社会主义市场经济要求的公共财政框架，建设稳固、平衡、强大的国家财政。

第七节 推进行政管理体制和政府机构改革

继续推进行政管理体制和政府机构改革，建立廉洁高效、运转协调、行为规范的行政管理体制，推进政府决策的民主化、科学化。按照发展社会主义市场经济的要求，进一步转变政府职能，集中精力搞好宏观调控和创造良好的市场环境，不直接干预企业正常的生产经营活动。加快政府审批制度改革，大幅度减少行政性审批，规范审批行为，强化监督机制。发挥商会、行业协会等中介组织的作用。继续改革和精简政府机构，解决部门职责不清、管理层次多、办事效率不高等问题。完善公务员制度。

第十七章 扩大对外开放，发展开放型经济

要以更加积极的姿态，抓住机遇，迎接挑战，趋利避害，做好加入世界贸易组织的准备和过渡期的各项工作，不断提高企业竞争能力，进一步推动全方位、多层次、宽领域的对外开放。

第一节 提高对外开放水平

根据我国经济和社会发展、结构调整的需要对加入世界贸易组织的承诺，逐步降低关税，有步骤地开放银行、保险、电信、外贸、内贸、旅游等服务领域。对外商投资企业逐步实行国民待遇，制定统一、规范、透明的投资准入政策，除关系国家安全和经济命脉的重要行业或企业必须由国家控股外，取消对其他企业的股比限制。适应加入世界贸易组织的要求，抓紧制定和完善相关涉外法律法规，提高涉外经济工作依法行政的水平。深化改革，建立健全符合国际通行规则和我国国情的对外经济贸易体制。实行外贸经营资格登记注册制度，逐步实现对各类企业进出口贸易的放开经营。建立和完善对外经济贸易促进和服务体系，发挥中介组织的作用。

完善反倾销、反补贴及保障措施等手段。加强对外国反倾销售、反补贴的磋商和应拆，维护我国企业的合法权益。借鉴和采用国际标准，推进技术性贸易措施体系建设，有效实施健康、安全、卫生、环保等方面的检验检疫和疫情监控，防止有害物质和生物入境。积极参与多边贸易体系和国际区域经济合作。加强和改善双边经贸关系，进一步加强与发展中国家的经济技术合作与交流。积极参与国际经济、贸易、金融等方面的规则制定，维护我国作为发展中国家的正当权益。

第二节 积极发展对外贸易

更好地实施以质取胜、市场多元化和科

技兴贸战略，努力扩大货物和服务出口，2005年货物进出口总额达到6800亿美元。积极开拓新的出口市场，优化出口商品结构和市场结构，继续扩大大宗传统产品和劳动密集型工业制成品出口，不断提高其技术含量和附加值，增加高新技术产品和高附加值产品出口，2005年机电产品出口比重提高到50%左右。加强加工贸易管理，提高加工贸易的增值率，扩大加工贸易出口。继续规范发展边境贸易。大力发展承包工程、设计咨询、技术转让、国际旅游、国际运输、航天发射、教育文化和金融保险等领域的服务贸易出口，逐步缩小服务贸易逆差。积极引进先进技术、关键设备，努力实现大宗产品和重要资源进口来源多元化。加强口岸查验、税务、金融、保险和运输等对进出口贸易的服务功能。严厉打击走私、逃套汇、骗取出口退税等不法行为，维护对外经济贸易秩序。

第三节　积极合理有效地利用外资

把吸收外商直接投资作为利用外资的重点，完善利用外资政策，改善投资环境，扩大利用外资规模，提高利用外资质量。鼓励外商特点是跨国公司参与国有企业的改组改造，投资高新技术产业和出口型产业，促进我国产业结构调整和技术水平的提高。鼓励有条件的企业对外发行股票，积极探索采用收购、兼并、风险投资、投资基金等各种方式，促进利用外资和国有企业产权制度改革。鼓励和促进中外中小企业之间的合作。不断提高服务业利用外资的比重。继续发挥经济特区、浦东新区及其他沿海地区的优势，提高利用外资水平。采取鼓励政策，引导外资更多地投向中西部地区，特别是中西部地区的老工业基地改造、基础设施建设、生态建设和环境保护、矿产和旅游资源开发、优势产业发展等。继续合理利用国际金融组织和外国政府贷款，并更多地用于中西部地区。努力降低筹资成本，用好银团贷款、融资租赁、出口信贷等国际商业贷款。强化外债全口径管理，保持合理的外债规模，健全责权利统一的借用还机制，加强外债监测和短期资本监管，优化债务结构，防范债务风险。

第四节　实施“走出去”战略

鼓励能够发挥我国比较优势的对外投资，扩大国际经济技术合作的领域，途径和方式。继续发展对外承包工程和劳务合作，鼓励有竞争优势的企业开展境外加工贸易，带动产品、服务和技术出口。支持到境外合作开发国内短缺资源，促进国内产业结构调整和资源置换。鼓励企业利用国外智力资源，在境外设立研究开发机构和设计中心。支持有实力的企业跨国经营，实现国际化发展。健全对境外投资的服务体系，在金融、保险、外汇、财税、人才、法律、信息服务、出入境管理等方面，为实施“走出去”战略创造条件。完善境外投资企业的法人治理结构和内部约束机制，规范对外投资的监管。

第六篇　人民生活

第十八章　积极扩大就业，健全社会保障制度

扩大就业是促进经济发展和维护社会稳定的重要保证，也是宏观调控的一项重要内容，要努力开拓就业渠道，扩大就业。完善的社会保障制度是社会主义市场经济体制的重要支柱，关系改革、发展、稳定的全局，“十五”期间要基本建成独立于企业事业单位之外，资金来源多元化、保障制度规范化、管理服务社会化的社会保障体系。

第一节　积极扩大就业

保持较快的经济增长速度。创造更多的就业岗位。制定和落实优惠政策，发展具有比较优势的劳动密集型产业，发展就业容量

大的服务企业、中小企业和非公有制企业。加大在职和再就业培训力度，提高从业人员的职业技能，增强失业人员的就业和创业能力。引导劳动者转变就业观念，采取非全日制就业、季节性就业等灵活多样的就业形式，提倡自主就业。努力开拓国际劳务市场，扩大劳务输出。全面推行劳动预备制度和职业资格证书制度，严格执行离退休制度。加强劳动力市场建设，完善就业服务体系，促进劳动力合理流动。

高度重视安全生产，改革安全生产管理体制，加快安全生产法制建设。抓好重点行业的安全整顿，加强安全监察，明显减少重大、特大事故，切实保障劳动者生命安全。

第二节　健全社会保险制度

依法扩大养老保险实施范围，继续完善社会统筹与个人账户相结合的城镇职工基本养老保险制度，在保证离退休人员基本养老金支付的基础上，实现社会统筹基金与个人账户基金的分账管理，确保个人账户的有效积累。按社会统筹和个人账户相结合的模式，全面推行城镇职工基本医疗保险制度，保障职工基本医疗需求。同步推进医疗保险制度、医疗机构和药品生产流通体制改革，建立医疗费用的分担机制、医疗机构的竞争机制和药品流通的市场运行机制。进一步完善失业保险制度，在试点的基础上逐步把国有企业下岗职工基本生活保障纳入失业保险，扩大失业保险覆盖范围。完善工伤保险和生育保险制度，逐步扩大覆盖面。适时改革并完善机关事业单位职工基本养老保险制度。鼓励有条件的用人单位为职工建立企业年金和补充医疗保险，同时发挥商业保险对社会保障体系的补充作用。

建立可靠、稳定的社会保障资金筹措机制，通过加大征缴力度、调整财政支出结构、变现部分国有资产、扩大彩票发行规模等方式多渠道筹集社会保障资金。积极探索并建立规范的社会保障资金投资运营的方式，实现保值增值。提高社会保障资金的管理水平，加强社会保障行政监督和社会监督，推进社会保管管理和服务的社会化。加快社会保障立法步伐。

第三节　发展其他社会保障事业

在健全社会保险制度的同时，继续发展社会福利、社会救济、优抚安置和社会互动等社会保障事业，推进社会福利的社会化进程。完善城市居民最低生活保障制度，扩大覆盖范围，根据经济发展水平和财政承受能力，逐步提高城市贫困人口救济补助标准。建立社会医疗救助制度。发展慈善事业，加强对捐助资金使用的监管。重视人口老龄化趋势，鼓励家庭养老。加强老年人服务设施建设，发展老龄事业和产业。贯彻落实妇女、儿童发展纲要，切实保障妇女、未成年人的合法权益。加强残疾人事业，帮助残疾人康复、就学和就业，创造残疾人平等参与社会生活的条件。

第十九章　增加居民收入，提高人民生活水平

在经济发展的同时，不断增加城乡居民特别是农民和城镇低收入者的收入，努力实现城乡居民收入增长的预期目标。进一步提高城乡居民的消费水平，改善消费环境，优化消费结构。增加对公共服务的投入，为实现人人享有基本公共服务创造条件。

第一节　深化收入分配制度改革

坚持效率优先、兼顾公平的原则，实行按劳分配为主体、多种分配方式并存的分配制度，把按劳分配与按生产要素分配结合起来。发挥市场机制对初次分配的基础性调节作用，健全劳动力价格的市场形成机制，推行职工工资集体协商制度，规范全社会工资性收入的结构和支付行为。建立健全与经济发展水平相适应的最低工资保障制度和最低工资标准调整机制。逐步提高国家机关和事业单位人员的工资待遇。改进和完善国有企

业收入分配制度。建立健全收入分配的激励机制，要提高国有企业高层管理人员、技术人员的工资报酬，充分体现他们的劳动价值，可以试行年薪制。对国有上市公司负责人和技术骨干还可以试行期权制。同时要建立严格的约束、监督和制裁制度。鼓励资本、技术等生产要素参与收益分配。规范社会分配秩序，加强对垄断行业收入分配的监管，对依靠垄断地位获取的不合理收入进行调节。强化税收对收入分配的调节功能。保护合法收入，整顿不合理收入，调节过高收入，取缔非法收入，防止收入分配两极分化。

第二节　拓宽消费领域

在提高居民吃穿用等基本消费水平的基础上，重点改善居民居住和出行条件。完善住房公积金制度，加大以经济适用住房为重点的住房建设力度，建立廉租房供应保障体系。积极发展城乡公共交通，鼓励轿车进入家庭。降低信息服务价格，刺激居民信息消费。提高计算机普及率，2005 年达到 4% 以上。推行职工带薪休假制度，合理调整居民工作和闲暇时间，扩大服务供给，鼓励居民服务性消费。加强城乡供水、供电、供气、供热、信息、环境等基础设施建设，扩大农村基础设施的覆盖面，为改善城乡居民生活质量创造条件。建立个人信用制度，扩大消费信贷规模。

第三节　发展卫生、体育事业

改革和完善卫生服务、医疗保障和卫生监督体系，发展基本医疗、预防保健、康复医疗。实施区域卫生规划，调整和优化卫生资源配置。高度重视卫生防病工作，加强对多发病、地方病、职业病和传染病的预防与控制。大力发展中医药，促进中西医结合。健全农村初级卫生保健服务体系，重点加强农村卫生基础设施建设，因地制宜发展合作医疗，努力解决农民基本卫生医疗问题。加强公共体育设施建设，开展全民健身运动，健全国民体质监测系统。发展竞技体育。

第四节　推进社区建设

推进社区建设是新时期我国经济和社会发展的重要内容。要坚持政府指导与社会参与相结合、建立与社会主义市场经济体制相适应的社区管理体制和运行机制。加强社区组织和队伍建设，扩大社区管理职能，承接企业事业单位、政府机关剥离的部分社会职能和服务职能。以拓展社区服务为龙头，不断丰富社区建设的内容，发展社区卫生，繁荣社区文化，美化社区环境，加强社区治安，完善社区功能。努力建设管理有序、服务完善、环境优美、治安良好、生活便利、人际关系和谐的新型现代化社区。

第七篇　精神文明

第二十章　加强思想道德建设，形成共同理想和精神支柱

把依法治国与以德治国结合起来，大力推进社会主义精神文明建设，满足人民群众日益增长的多方面的精神文化需求，全面提高国民素质，增强民族凝聚力，为改革开放和现代化建设提供强大的思想保证、精神动力和智力支持。

以理想信念教育为核心，坚持不懈地进行党的基本理论、基本路线、基本纲领的教育，巩固和加强马克思主义的指导地位，用马列主义、毛泽东思想、邓小平理论教育人民，弘扬爱国主义、集体主义、社会主义精神，在全社会形成建设有中国特色社会主义的共同理想和精神支柱。发扬自力更生，艰苦奋斗的创业精神，提倡勤俭建国，反对奢侈浪费，形成全民族奋发向上的强大动力。深入开展“三个代表”重要思想的教育，弘扬讲学习、讲政治、讲正气的风气。大力倡导社会公德、家庭美德和职业道德，特别是加强青少年的思想政治、道德品质、心理健

康和法制教育，努力建立适应社会主义市场经济发展的思想道德体系。创造青少年健康成长的社会环境。加强科学知识、科学方法、科学思想、科学精神的宣传教育和普及，反对封建迷信。以提高公民素质、城乡文明程度和居民生活质量为目标，大力开展群众性精神文明创建活动，倡导科学文明健康的生活方式。重视对社会思潮及其表现形式的研究和引导。加强对新闻舆论、国民教育、社会文化、休闲娱乐等各种思想文化阵地尤其是新闻网站的建设和管理。加强烈士陵园等爱国主义教育基地的保护和建设。

第二十一章　繁荣社会主义文化，提高文化生活质量

坚持为人民服务、为社会主义服务的方向和百花齐放、百家争鸣的方针，以繁荣社会主义文化为中心，弘扬民族优秀文化，吸收外国文化有益成果，抵制不良文化，提高全社会的文化生活质量。

把握时代精神，坚持正确方向，发展新闻出版、广播影视等各项事业。加强文艺理论研究，繁荣文学艺术，努力提高精神产品的质量，生产出更多的无愧于时代和人民的优秀作品。加强图书馆、博物馆、文化馆、科技馆、档案馆和青少年活动场所等文化设施建设。努力巩固和拓展社会主义文化阵地，形成健康向上的舆论环境、文明和谐的社会氛围和丰富多彩的文化生活。坚持把社会效益放在首位、社会效益和经济效益相统一的原则，深化文化、广播影视、新闻出版体制改革，建立科学合理、灵活高效的管理体制和文化产品生产经营机制。继续实行支持文化事业发展的有关政策，增加对重要新闻媒体和公益文化事业的投入。加强民族文化遗产保护。积极开展对外文化交流。完善文化产业政策，加强文化市场建设和管理，推动有关文化产业发展。

第八篇　民主法制

第二十二章　加强民主政治建设，发展社会主义民主

适应经济体制改革和现代化建设的要求，继续推进政治体制改革，加强民主政治建设，发展社会主义民主。

继续加强人民代表大会的立法和监督工作，密切人大代表同人民的联系。充分发挥人民政协政治协商、民主监督、参政议政的作用，支持各民主党派工作。各级政府都要自觉接受同级人大的监督，主动听取政协和各社会团体的意见。实行民主选举、民主决策、民主管理和民主监督，保证人民依法享有广泛的权利和自由，尊重和保障人权。加强城乡基层政权机关和群众性自治组织建设，扩大公民有序的政治参与，引导人民群众依法参与经济、文化和社会事务的管理。做好信访工作。完善村民自治，加强社区民主建设，坚持和完善以职工代表大会为基本形式的企业民主管理制度，实行政务、厂务、财务公开。发挥工会、共青团、妇联等群众组织的桥梁和纽带作用。坚持和完善民族区域自治制度，落实党的民族政治，发展平等、团结、互助的社会主义新型民族关系，促进各民族共同繁荣和进步。全面贯彻党的宗教政策，保障公民宗教信仰自由，依法管理宗教事务，积极引导宗教与社会主义社会相适应。贯彻党的侨务政策，广泛发展爱国统一战线。

第二十三章　依法治国，建设社会主义法治国家

坚持有法可依、有法必依、执法必严、违法必究的原则，从立法、司法、行政执法、法律监督、法律服务和普及法律知识等方面全面推进法制建设。

提高立法质量和效率，重点建立和完善适应社会主义市场经济体制的法律体系，规范市场经济条件下的财产关系、信用关系和契约关系。推进规范国家权力运行、社会保障和社会中介组织等方面的法律法规建设。推进司法改革，完善司法体制，健全侦查、检察、审判、执行等制度，强化司法保障和法律监督，支持依法独立行使审判权和检察权。依法办案，反对地方保护主义，严格执法，公正司法。推进政府工作法制化，依法行政，从严行政，从严治政。加快推行执法责任制、评议考核制，提高行政执法水平。健全依法行使权力的制约机制，加强对权力运行的民主监督、群众监督和舆论监督。加快廉政建设法制化步伐，深入开展反腐败斗争，严肃查办违法违纪案件。推进国家各项事业的依法管理，提高社会管理的法制化水平。深入开展法制宣传教育，进一步提高全体公民首先是各级领导干部的法律意识和法律素质。建立法律援助体系。加大政法基础设施建设力度，建设高素质的政法队伍。

认真研究社会稳定面临的新情况新问题，正确处理新时期人民内部矛盾，确保社会稳定。依法打击民族分裂活动、宗教极端势力、暴力恐怖活动、邪教和利用宗教进行非法活动。切实把社会治安综合治理措施落实到基层，严厉打击危害国家安全和社会治安的刑事犯罪活动和各种恶势力，扫除黄赌毒等社会丑恶现象。加强治安防范工作，提高对突发性事件的快速反应和处理能力。

第九篇　国防建设

第二十四章　加强国防建设，保障国家安全

强大的国防是国家安全和现代化建设的基本保证。在集中力量发展国民经济的同时，要积极推进国防建设，增强国防实力。

军队建设是国防建设的主体。要加强军队党的建设和思想政治工作，确保党对军队的绝对领导。加强人民解放军的革命化、现代化、正规化建设。贯彻积极防御的军事战略方针，坚持质量建军，科技强军，勤俭建军，依法治军，积极改革创新。加快军队向质量效能型和科技密集型转变，走有中国特色的精兵之路，提高现代技术特别是高技术条件下防卫作战的能力，做好应付各种复杂情况的准备。加强国防动员体系建设，增强国防后备力量，提高平战转换能力。深化后勤保障改革，提高保障能力。完善国防立法。深入开展国防教育，提高全民国防意识。进一步密切军政军民关系，做好“双拥”工作。

国防科技工业是国家战略性产业。要通过加速调整、改革和发展，坚持军民结合，寓军于民，大力协同，自主创新，建立适应国防建设和市场经济要求的新型国防科技工业体制。发展高新技术武器装备，努力提高现代化水平。发展军民两用技术，促进军工技术的和平利用。

实现祖国统一是中华民族的根本利益。要坚持“和平统一、一国两制”的基本方针，坚决打击“台独”分裂势力，早日完成祖国统一大业。

第十篇　规划实施

第二十五章　改善宏观调控，保持经济稳定增长

要综合运用计划、财政、金融等手段，发挥价格、税收、利率、汇率等杠杆的作用，加强和改善宏观调控，为规划实施创造良好的宏观经济环境。

宏观调控总的要求是：把扩大国内需求作为经济发展的基本立足点和长期战略方针，努力扩大对外贸易，保持经济总量平

衡，引导和促进经济结构优化升级，实现经济稳定增长，扩大就业规模，保持价格总水平基本稳定和国际收支基本平衡。

宏观调控政策的基本取向是：近期要继续实行积极的财政政策，带动企业和社会投资，促进消费。实行稳健的货币政策，灵活运用货币政策工具，适时调节货币供应量，维护人民币币值和汇率基本稳定，支持经济结构调整和经济增长。实行与财政、货币政策相配套的价格政策，稳定价格总水平，警惕和防止通货膨胀。实行鼓励消费的政策，促进消费需求较快增长，使居民消费率提高到50%左右。围绕结构调整，引导投资方向，促进固定资产投资特别是企业和社会投资较快增长，全社会固定资产投资率调控在35%左右。实行支持出口的政策，发挥出口需求对经济增长的拉动作用。宏观调控政策的力度，要根据宏观经济运行态势，进行适时适度的调节。

第二十六章　创新实施机制，保障实现规划目标

适应社会主义市场经济体制的要求，必须创新规划实施机制。政府要切实转变职能，正确履行职责，为规划实施创造良好的体制、政策、市场等环境。

推进体制改革。要在正确处理改革、发展、稳定关系的基础上，加快推进本纲要提出的各项改革，分步实现改革目标。在国家宏观调控下，充分发挥市场配置资源的基础性作用，激发市场主体的积极性和创造性。

制定经济政策。围绕经济结构的战略性调整，制定和实施产业发展政策、地区发展政策、城镇化政策、投资政策等，引导资源配置方向，提高资源配置效率。调整收入分配政策，逐步缩小收入差距。制定消费政策，提高居民生活质量。适应加入世界贸易组织的新形势，完善对外经济政策，发挥比较优势，保障国家经济安全。合理配置财政性资金、政策性金融、国家统借内外债、国家外汇储备以及国家物资储备、国有土地和国有资产存量等公共资源，发挥政府对资源配置的引导和带动作用。

整治市场秩序。制定和完善维护市场秩序的规则，反对垄断和不正当竞争，保证市场竞争机制的有效运行。完善市场监督机制，运用现代科技手段，加大监管力度。严厉打击制售假冒伪劣产品的行为，保护生产者和消费者合法权益。禁止价格欺诈，价格垄断、价格歧视、低价倾销等不正当价格行为。加强对建设项目的监管，加大稽察力度。严肃查处工程建设领域虚假招投标、虚假合同等违法行为。加强质量与标准化、计量基础工作，建立健全质量标准和计量检测体系，强化质量技术监督。严格资质认定，强化行业自律，提高中介组织的质量。在全社会强化信用意识，整肃信用秩序，建立严格的信用制度，依法惩处经济欺诈、逃废债务、不履行合约、侵犯知识产权等不法行为。严禁经济工作中的弄虚作假，保证基础信息、基础统计的真实性、准确性。

提供公共服务。政府配置资源的重点要逐步转向为全社会提供充足优质的公共产品和服务。主要是促进教育发展，加强基础研究和重大应用研究，健全社会保障体系，完善公共基础设施，发展公共事业，保护国土资源，加强生态建设和环境保护，维护社会治安，确保国家安全等。合理划分中央与地方的事权，充分发挥地方政府的积极性。

集中力量办大事。在组织实施城镇化、科技和教育、人口就业和社会保障、生态环境、水利、能源、交通、西部开发、信息化、加入世界贸易组织等重点专项规划时，中央政府将在关系全局的关键领域和薄弱环节，推动或直接投资建设一批重大工程，确需中央政府投资的项目，建设资金纳入中央预算。

政府在关部门要面向社会、面向群众。

广泛宣传本纲要，在全社会形成关心和参与规划实施的氛围。在制定和实施年度计划时，要贯彻落实纲要提出的目标和任务。有关部门要针对所负责领域的任务，制定具体措施。各级地方政府在经济工作中，要从实际出发，贯彻好本纲要的精神。

加强规划实施的跟踪分析，特别要加强对经济增长率、失业率、通货膨胀率、国际收支等宏观调控目标的监测预警，自觉接受人民代表大会及其常务委员会的监督检查。当国内外环境发生重大变化或因其他重要原因使实际经济运行严重偏离本纲要提出的目标时，国务院要提出调整方案，报请全国人民代表大会常务委员会审议批准实施。

继续按照“一国两制”方针和基本法，全力支持香港、澳门特别行政区政府依法施政，维护香港、澳门的长期繁荣稳定。巩固和加强香港国际金融、贸易、航运中心的地位，加强港澳台与内地的经济合作及交流。

“十五”计划是进入新世纪的第一个五年计划，是开始实施现代化建设第三步战略部署的第一个五年计划，也是社会主义市场经济体制初步建立后的第一个五年计划。全国各族人民要在中国共产党的领导下，紧密团结在以江泽民同志为核心的党中央周围，高举邓小平理论伟大旗帜，振奋精神，开拓进取，扎实工作，为实现“十五”计划的目标，为建设富强民主文明的社会主义现代化国家和早日完成祖国统一大业而努力奋斗！

（转载自2001年3月19日《人民日报（海外版）》）

正确认识和对待个体私营经济的地位和作用

田纪云

个体、私营等非公有制经济，在我国经历了一个曲折的发展过程。解放初期，个体私营经济曾有较快的发展，但随着对私营工商业改造的完成，已所剩无几。“文化大革命”时期，在林彪、“四人帮”极左思潮的影响下，个体、私营等非公有制经济几乎被“斩尽杀绝”，到1978年即十一届三中全会前夕，全国只有个体工商业者14万人。长期以来，在思想观念上，总认为社会主义就是经济成份越单一越好，所有制越公越好，把个体、私营等非公有制经济视为建设社会主义的异己和障碍，必欲除之而后快，连个人卖大碗茶的，修修补补的，理发、洗澡的，卖烧饼、油条的都不能容忍，都要作为资本主义的尾巴割掉，不仅给经济的发展造成重大的损失，也给人民生活造成极大的不便。党的十一届三中全会之后，在邓小平理论的指引下，我国个体私营经济也逐步恢复了它的生机与活力。特别是在邓小平同志1992年视察南方谈话的鼓舞下，个体私营经济的发展更进入了一个黄金时期。到1998年，我国个体私营经济从业人员已达7800余万人，注册资金1.1万多亿元，总产值超过11800多亿元，成为国民经济中最具活力的经济成份之一。它不仅对发展我国生产力，促进经济增长，繁荣市场，方便人民生活，为国家提供积累等方面发挥着日益重要的作用，而且吸纳了大量社会闲散人员和下岗职工（1997、1998两年吸纳下岗职工650余万人），为社会的稳定作出了贡献。

党的十三大提出我国尚处在社会主义初级阶段，十四大提出建立社会主义市场经济，十五大明确了邓小平理论是党的指导思想，并以邓小平理论为依据，深刻论述了我国将长期处于社会主义初级阶段及其基本特征和纲领。明确指出："公有制为主体、多种所有制经济共同发展，是我国社会主义初级阶段的一项基本经济制度。""非公有制经济是我国社会主义市场经济的重要组成部分。对个体、私营等非公有制经济要继续鼓励、引导，使之健康发展"。十五大的这些重要论述，已体现在九届全国人民代表大会第二次会议审议通过的宪法修正案中，也就是已载入国家的根本大法，具有十分重大的意义。

社会主义初级阶段，说白了就是生产力不发达的阶段。我国没有经过资本主义工商业的高度发展，就夺取了政权，建立了社会主义制度。先进的社会制度为加快生产力的发展提供了条件，但并不意味着生产力水平有多高。加之，建国后受"左"的思想影响又走了相当长一段弯路，因此，客观上确实存在一个"补课"的问题，补生产力不发达的课，补受"左"的思想影响所走弯路的课，快马加鞭，加快社会主义现代化进程。而改变单一的所有制结构，在公有制为主体的条件下多种经济成份共同发展，特别是放手发展个体私营经济，正是加速发展生产力，加快实现现代化进程的正确有效途径之一。必须了解，个体、私营等非公有制经济在发展社会主义市场经济中具有自己的特点和优势：第一、企业是个人的，产权明晰，只能也必须自负盈亏，自担风险。第二、个体、私营企业可以从劳动力与最简单的生产资料相结合开始，进行原始积累，容易把广大劳动者的积极性调动起来，发挥我国人力资源雄厚的优势，充分和合理利用各种资源，加快社会经济发展。第三、个体、私营企业组织简单，开办容易，经营机制灵活，具有很强的市场适应能力和资本增值能力。第四、个体、私营企业遍布全国城乡、各地区、各产业，能够适应我国经济发展不平衡这样一种国情，有利于资源的合理配置。第五、能够为各类消费层次的人们提供多种多样的商品和服务，拾遗补缺，繁荣城乡市场。第六、发展个体、私营经济，不需要国家投资，国家也不承担风险，企业破产、职工被解雇不会找市长、书记，找政府。当然，它也没有那么多的"婆婆"、"妈妈"。国家要做的，就是依法管理和引导。第七、个体、私营经济发展了，能够推动经济增长，增加财政收入，扩大就业，促进社会稳定。第八、许多个体工商户和私营业主富了不忘家乡，积极赞助社会公益事业，支援城乡建设。总之，个体、私营经济是适应我国的生产力水平、适应发展社会主义市场经济需要的重要经济成份，具有旺盛的生命力和广阔的发展天地。

发展充满活力的社会主义市场经济，既要努力增强公有制经济的实力，又要充分发挥个体、私营等非公有制经济的积极作用。个体、私营等非公有制经济同公有制经济是共同发展的关系，而不是谁优谁劣、谁高谁低、互不相容、互相排斥的关系。我们不能只强调公有制经济而不讲发展个体、私营等非公有制经济，也不能只强调后者不讲前者，否则都会脱离社会主义初级阶段的实际，都不利于生产力的发展。我国是社会主义国家，公有制经济在国民经济中应占主体地位，这种主体地位主要是指公有资产在社会总资产中占优势，是指国有经济控制国民经济命脉，对经济发展起主导作用。这是就全国而言的，有的地方、有的产业可以有所差别。党的十五大报告指出，要"依法保护各类企业的合法权益和公平竞争”。各类企业，既包括国有、集体等公有制企业，又包括个体、私营等非公有制企业。我看，在我们这样一个地区发展很不平衡、生产力水平参差不齐的国家里，必然是公有制为主体、多种经济成份共同发展的局面。公有制经济也好，非公有制经济也好，都有各自的特点和优势。担心发展个体、私营经济会对公有制经济造成损害，是没有必要的。在坚持公有制经济为主体这个前提下，国有经济比重减少一些，不会影响我国的社会主义性质。我国的个体、私营经济发展到一定程度时，很可能要走股份化或股份合作化的路子。这是社会化大生产的需要，是规模经济的需要，是企业在市场求得生存和发展的需要。当然有些行业，如卖大碗茶的、理发美容的、修修补补的，搞手工艺品的，接骨按摩的，开个中医门诊部的，等等，可能永远是个体经营，但这丝毫不影响社会的性质，我们不也正需要这样的拾遗补缺吗？

近二十年来，我国个体、私营经济虽然有很大的发展，但发展得还很不够，潜力远未发挥，现阶段还存在着一些制约个体、私营经济发展的因素，面临不少问题。一是在思想观念上对于个体、私营经济还存在一些模糊甚至错误的认识，比如把非公有制经济看作是社会主义市场经济的异己力量呀，比如把非公有制经济当做边角余料呀，比如认为发展非公有制经济是权宜之计呀，等等。二是缺乏有效的法制环境和平等竞争的市场环境及社会环境。近些年来，有关市场经济的立法步伐加快，但规范和扶持个体、私营经济的法律仍然不够完备，使得这类经济组织的合法权益得不到法律的有效保护，应当享受的优惠和扶持得不到法律的确认，突出的是受到乱收费、乱摊派、乱罚款和强制性的乱集资等“四乱”的侵扰；在市场准入、进入国际市场、财政信贷支持、土地等生产要素分配等方面，受到不平等待遇；在人才流动、人员培训、职称评定、管理服务、水电供应等方面受到诸多限制。三是由于经营策略和经营手段上短期行为严重，使得有些个体工商户、私营企业存在着产品质量差，不依法纳税，环境污染严重，安全事故多，管理水平低，人员素质不高等问题。

由此可见，要使个体、私营经济有一个新的发展，需要做的工作还很多。最重要的是把思想认识迅速地统一到党的十五大精神上来。要进一步深入学习贯彻党的十五大精神，解放思想，坚持以“三个有利于”为标准，采取积极的政策措施，进一步发展个体、私营经济。其次，要加快法制建设，保护个体、私营经济的合法权益和公平竞争。全国人大常委会打算根据修改后的宪法，抓紧制定独资企业法，规范、促进、引导、保障个体、私营经济的发展。第三、要破除所有制歧视，放宽从业限制，拓宽经营领域，强化服务意识，为个体、私营经济创造平等竞争的市场环境和良好的社会环境，让个体、私营经济一展身手。第四、要依法加强监管，兴利除弊，引导个体、私营经济健康发展。

我相信，在邓小平理论的指引下，在以江泽民同志为核心的党中央的领导下，有党的十五大精神作指导，有宪法和法律作保障，有各级党组织和人民政府的高度重视，经过各地方、各部门和个体工商户、私营企业的不懈努力，我国的个体、私营经济今后必定会取得更快发展，并将对我国的改革和发展作出更大的贡献。

(转载自《瞭望》周刊1999年3月29日第13期)

中国私营经济当前的态势和前景

王德宽

一、私营经济的发展和作用

中国的私营企业，截至1998年底已经发展到120万户，雇主263.8万人，雇工1445.3万人，注册资本7198.06亿元，总产值5853.25亿元，销售总额或营业收入5323.75亿元，社会消费品零售额3059.35亿元。中国的私营经济，已经成为社会主义市场经济的重要组成部分，成为国民经济新的增长点，是中国改革开放20年的重要成果之一。

中国在改革开放后形成和发展的私营经济，适应了社会主义初级阶段发展社会生产力的需要，适应了建立社会主义市场经济体制的需要。中华人民共和国成立后的前30年，国家的经济建设和科学技术的发展，较之建国前发生了根本的变化，取得了巨大的成就。但是，由于经济工作曾发生过的失误，经济体制的日趋僵化，特别是遭受10年“文化大革命”大动乱的破坏，就生产力发展水平来讲，远远落后于世界上的发达国家，国际形势的发展和中国社会的实际，决定了中国要在很长的社会主义初级阶段，以发展社会生产力为根本任务，抓住人民日益增长的物质文化需要同落后的社会生产力这一主要矛盾，努力实现工业化和经济的社会化、市场化、现代化，将中国建设成为一个富强、民主、文明的社会主义现代化国家。正是由于国家在初级阶段致力于发展社会生产力这项根本任务，就为作为社会生产力一个方面的私营经济，提供了形成和发展的气候和空间。中国改革开放的总设计师邓小平倡导的改革，是解放和发展社会生产力的动力。这个改革，是全面的改革。要求改变同生产力不适应的生产关系和上层建筑；在经济体制改革方面，要建立和完善社会主义经济体制；要建立以公有制为主体、多种所有制经济共同发展的基本经济制度，等等。中国的私营经济就是在改革的大环境下，随着改革的展开而形成，随着改革的深化而发展。特别是中国共产党和政府，在建立以公有制为主体、多种所有制经济共同发展的基本经济制度的过程中，因势利导，不断鼓励和支持私营经济的发展，致使私营经济经历了从无到有、从少到多、从小到大的几个发展阶段。

（一）从1979年到1982年，私营经济处于开始形成和初步发展的阶段。

中国的改革首先从农村开始，取得了突破性的进展。实行家庭联产承包和创办乡镇企业，解放和发展了农村社会生产力。个体经济随之恢复和发展起来，到1981年底，城乡个体工商户已有91万，从业人员105.6万人，注册资金8.2亿元，营业额100.7亿元。随着个体经济的初步发展，部分个体工商户的资金积累日益增多，生产和经营规模逐步扩大，雇佣了越来越多帮手和工人，于是私营经济开始萌生。当然，在城镇有极少数人一开始就创办私营企业，但属创业的初期行为。这个阶段出现的极少量私营企业，引起了社会上某些人的异议。邓小平及时指出，要采取看一看的态度，应该允许刚刚出现的私营企业的存在。这样，就保障了刚刚萌生的私营企业没有夭折。

（二）从1983年到1991年，私营经济处于快速发展阶段。

80年代初期，改革从农村到城市全面展开，全国人民致力于开创经济建设的新局面。1982年中国共产党召开的十二大，肯定了在很长时期内需要多种经济形式的同时并存。1987年10月中国共产党召开的十三大指出，已经进行的改革，包括以公有制为主体发展多种所有制经济，以至允许私营经济的存在和发展，都是由社会主义初级阶段生产力的实际情况决定的。只有这样做，才能促进生产力的发展。目前全民所有制以外的其他经济成分，不是发展得太多了，而是还很不够。对于城乡合作经济、个体经济和私营经济，都要继续鼓励它们发展。1988年4月，全国人民代表大会通过了宪法修正案，第一次将国家允许私营经济存在和发展，国家保护私营经济的合法的权利和利益，对私营经济实行引导、监督和管理的规定纳入了国家宪法。同年6月，中华人民共和国还出台了《中华人民共和国私营企业暂行条例》。至此，私营经济在中国共产党的方针和国家宪法的保护下，随着改革的深化，迅速地发展。到1991年底，私营企业由1988年的4.1万户发展到10.78万户，雇主和雇工208万人，注册资本123.2亿元，总产值146.6亿元，社会消费品零售总额57.6亿元。

（三）从1992年到1997年，私营经济处于新的发展阶段。

1992年春，邓小平在巡视中国南方时发表谈话，科学地总结了改革开放以来的基本实践和基本经验，明确地回答了许多年来困扰和束缚干部思想的重大认识问题。同年10月，中国共产党召开十四大，决定要加快改革开放和现代化建设的步伐，确定了经济体制改革的目标是在坚持公有制和按劳分配为主体、其他经济成分和分配方式为补充的基础上，建立和完善社会主义市经济体制。以邓小平谈话和中共十四大为标志，中国的现代化建设进入了新的发展时期，经济发展取得了显著成绩，改革开放取得了新的突破。这个时期，私营经济适应建立市场经济体制的要求，适应全面改革和全方位开放的形势，也进入了新的发展阶段。到1997年，私营企业发展到96.07万户，雇主和雇工达1349.26万人，注册资本为5140.12亿元，总产值3922.5亿元，社会消费品零售总额1854.75亿元，分别比1991年增长22.43倍、5.49倍、40.7倍、25.76倍和31.2倍。

（四）1998年，私营经济已开始进入新的大发展时期。

1997年9月，中国共产党召开十五大，主题是高举邓小平理论伟大旗帜，把建设有中国特色社会主义事业全面推向21世纪。大会确立了邓小平理论的指导地位，制定了初级阶段的基本路线和纲领，提出了跨世纪的经济体制改革和经济发展战略，确立了公有制为主体、多种所有制经济共同发展，是中国社会主义初级阶段的一项基本经济制度，规范了非公有制经济是中国社会主义市场经济的重要组成部分，提出对个体、私营等非公有制经济要继续鼓励、引导，使之健康发展，并肯定了个体、私营等非公有制经济对满足人们多样化的需要，增加就业，促进国民经济的发展有重要作用。在这样的形势和任务面前，私营经济仅在1998年内就有了新的发展。1998年同1997年相比，私营企业的户数增长了25.01%，雇主和雇工人数增长了26.67%，注册资本增长了40.04%，总产值增长了49.22%，营业收入增长了71.92%，社会消费品零售总额增长了64.95%。从地区分布来看，西部地区私营企业的户数增长较快，1998年已发展到15.85万户，比1997年增长38.57%，超过全国平均增长率。如西安市1998年新开业的私营企业有4894户，比1997年增长了35.5%。需要指出的是，私营经济的增长率，是在亚洲金融危机的冲击、国内历史罕见的洪涝灾害的影响、国内需求不畅的情况下取得的。这也显示着私营经济将进入一个新的大发展时期。

中国改革开放20年，私营经济发展的实践表明，它对于发展社会生产力、对于增强国家的综合国力、对于改善和提高人民的生活水平，都是有利的。

（五）私营经济集聚了闲散的近900亿美元的资金，吸纳了1400多万社会劳动力

应用科学技术，发挥市场经济的资源配置和竞争机制，形成了一部分社会生产力，有利于促进整个社会生产力的发展。特别应当指出的是，私营经济吸纳社会待业、失业的劳动力，对于不同程度地缓解就业困难和支持国有企业的改革，发挥了不容忽视的积极作用。中国每年都有上千万的劳动力待业，近两年又有大量的国有企业职工下岗，许多私营企业尽力吸纳了部分待业和下岗劳动力。1998年，全国范围的私营企业吸纳就业比1997年新增加了近223万人，增长了29.75%。福建全省在实现下岗再就业的12万职工中，有11万人在私营、个体、外资经济中就业，占再就业总人数的91.7%。

（六）私营经济形成的生产力，创造了社会财富，有利于增强中国的综合国力。

私营企业创造的总产值在国内生产总值的比重，连年地逐渐地提高。1997年占5.25%，1998年增长到7.36%。私营企业向国家交税，增添了国家和地方的财政收入。1997年以前的12年，私营企业和个体工商户向国家交税共近3000亿元。上海市的9.6万家私营企业和30多万户个体工商户在1998年共交税33亿元，比1997年增长了15%。在许多市、县，私营企业的交税成为地方财政收入的主要来源。为国家创汇，增添了外汇储备。1997年，出口创汇的私营企业有5659户，创汇13.6亿美元。1998年，出口创汇的私营企业增加到6082户，创汇22.88亿美元。

（七）私营经济的发展，有利于改善和提高人民生活、满足人们日益增长的物质和文化的需求。

私营企业的投资者和经营者先富裕起来，仅以注册资本来看，1989年户均9.33万元，五年后的1994年户均33.5万元，1998年户均59.9万元。注册资本额500万元以上的有1.7万户，注册资本上亿元以上属个人所有的有几百户，仅四川省就有100户。在私营企业就业的城乡劳动者，生活得到了一定的保障和提高。许多私营企业主，扶贫济困，资助公益事业；到经济欠发达、人民生活贫困的地区办企业、培训经济人才、开发资源，支援这些地区发展经济，脱贫致富。目前，在私营经济中有55.74%的企业从事第三产业，经营同人民生活密切相关的建筑业、餐饮业、旅馆业、文化娱乐服务业等，对于满足人民多样化的需求，发挥着不容忽视的作用。

二、私营企业家的风采

中国在改革的大潮中，涌现出成千上万的私营企业家。他们几乎是白手起家，艰苦创业，开拓进取，学习和运用科学技术和现代企业管理，使企业逐步走向现代化、市场化，取得了较好的经济效益和社会效益；他们的道德品质比较高，先富不忘后富，扶贫济困，资助社会公益事业，支援贫困地区发展经济；他们在改革中脱颖而出，因而拥护并称赞中国共产党和政府建设现代化强国的路线、方针和政策，遵守国家的法律和法规，爱国、敬业、守法；他们乐意同中国共产党和政府合作，参与社会活动，参与国事的讨论和协商。下面，谨介绍几位具有代表性的企业家的概况。

（一）与改革同步大展宏图的东方集团董事局主席兼总裁张宏伟

张宏伟，男，1954年12月生于哈尔滨市，硕士学位，高级经济师。他因父亲蒙受不公正的对待，幼年随父母被下放到农村。1978年10月，张宏伟和50位农民组成建筑工程队，回哈尔滨市承揽小型建筑工程。1984年4月，东方建筑工程公司成立。张宏伟任经理，拥有职工1200名，总资产由700元积累到280万元。这段时期，东方建筑工程公司发挥“优质量、高效率、低成本”的优势，靠信誉赢得了市场。如承建的黑龙江省检察院、商检局15层联合办公楼，以每周建一层的速度，缩短了工期一个月，节约了造价41万元。被《人民日报》誉为“内地的深圳速度”。再如先后完成的哈尔滨量具刃具厂四栋22层住宅楼、哈尔滨国际机场联检厅、黑龙江省博物馆重新装修、市危房棚房区改造开发等六项大型工程，多次获得黑龙江省优质工程奖。1988年5月，东方企业集团公司成立，拥有直属企业24家，联营企业21家，职工4700人，总资产3898万元。东方企业集团公司成立后，张宏伟进一步开拓进取，同时开发国内外两个市场。1989年4月，开始进行股份制改造。1990年，经批准在企业集团内部职工发行股票。1991年2月，按照企业改革方案，实行股份制。1993年10月，经批准企业集团成为黑龙江省首家股票公开发行的企业。1994年1月，东方集团股票在上海证券交易所正式挂牌上市。东方集团在企业改制和股票上市的过程中，逐步形成了以金融为龙头、经贸为纽带、产业为重点的互动体系。东方集团还将企业的开发描向国际市场，进入90年代，东方集团就开辟了对外经济贸易合作的渠道，从1990年到1998年，该集团在历届哈尔滨经贸洽谈会上，同俄罗斯等国外商签署了进出口贸易计10.65亿美元和24.36亿法郎的协议。1991年，国家外经贸部批准授予东方集团全方位的对外经贸权。张宏伟还跨出国门，到国外办公司。1994年收购了美国的三家公司，成立了东方集团美国公司；同年成立了东方企业经营管理公司，由该集团和美国凯菲达国际投资公司合资经营；1997年，该集团在美国发起成立了亚联银行。该集团还先后在美国、南非、西班牙、俄罗斯成立了五个东方集团进出口公司。东方集团的效益和声誉，赢得了国际金融机构的好评，1997年3月，世界银行国际金融公司给以该集团3000万美元的10年低息转借款。目前，东方集团已经成为拥有37家国内外公司，拥国际贸易、金融、港口交通、建筑、工业、旅游服务各业互为一体的跨国集团股份公司，总资产已达70多亿人民币。

张宏伟乐善好施，出资150万元在他的第二故乡办起了4所希望小学和1所希望中学。在1998年发生的历史罕见的洪涝灾害中，东方集团即时损款500万元。

张宏伟开拓办企业、为社会奉献的精神，赢得了社会的肯定和信任，他先后被评选和授予为全国边陲优秀儿女奖、全国十大杰出青年奖、全国银质奖企业家、优秀乡镇企业家、全国优秀民营企业家等等。张宏伟现担任中国人民政治协商会议全国委员会委员、中华全国工商业联合会和中国民间商会的副主席、黑龙江省工商业联合会副会长等，积极参与国家大事和大政方针的协商。

（二）励精图治、兢兢业业的大连华丰企业集团公司董事长任运良

任运良，男，1952年12月生于辽宁省丹东市，大专学历。他初期走向社会时，在工厂当过铸工、供销员，当时某些人“以阶级斗争为纲”、“唯成分论”的影响未消除，对任运良不信任、不重用，因而他难以施展才能。于是，任运良在改革开放大潮的影响下投入了商海。1983 年起，他开始以搞运输起家，逐步地开办了丹东友谊商场。接着，他去沿海开放城市的大连创业。经过十几年的励精图治，目前已发展成大连华丰企业集团公司和丹东友谊集团。这两个集团，是集科、工、贸为一体的大型跨国联合集团公司，共拥有 24 个企业，其中合资企业 8 个，境外注册的公司 4 个，总资产为 16.45 亿元人民币。

任运良和他的贤内助——大连华丰企业集团公司总经理刘淑兰共同创业的主要特点是：(1) 适应改革开放的形势，创办了房地产公司，主要经营开发写字楼、新式商品住宅、高级公寓、标准厂房、豪华别墅和高新技术开发、机械化施工、建筑设计、咨询服务等，为创造良好的投资环境，做出了贡献。(2) 讲究职业道德，注重质量、服务至上、信誉为本。该集团向社会提供的商品和服务，得到社会的好评。(3) 从净化环境、维护人民身体健康出发，创办大连华利国际环保工程有限公司，主要经营国内外环境治理工程、环保设备及仪器的配套制造和进出口及有关环保原材料的生产和进出口，提供环保工程技术咨询、转让和服务等，为保护自然生态平衡、造福子孙后代，做出了一定的贡献。(4) 支持国有企业的改革，同国有企业合作，促进国有企业扭亏为盈。大连 523 军工厂萎缩，拖欠职工工资。华丰集团公司主动同该厂联合开发位于工厂区域内的港口，主要经营港口装卸、货物代理、船泊服务、仓储、运输和商务贸易代购代销代办等项业务。只此一项，华丰集团公司又扩展了业务，同时也促进了国有企业扭亏为盈。(5) 引进外资、先进技术和设备，走出境外办企业，兴办渡假俱乐部，促进中外经贸合作和民间交往及友谊。大连华丰集团公司创办的华利国际环保工程有限公司，就是同美方合作的合资企业，这个企业引进的先进技术和设备，保障了环保工程的质量和效益。大连华丰集团还走出去，在泰国、阿根廷和香港地区创办了公司。华丰集团公司在大连金石滩创办了“友谊高尔夫俱乐部有限公司”，该公司开发的高尔夫球场地和设施，是目前中国规模最大、国际一流水准的。俱乐部内还设有 250 栋高级别墅、网球场、宾馆、公寓、游泳池、餐饮康乐等设施。这个俱乐部不仅是国人渡假的高级场所，而且也吸引国外的政府官员、巨商来度假，促进了中外的交往和友谊。1999 年 2 月，对外经济贸易部第二批批准的 41 家私营企业自营进出口权，包括了华丰企业集团公司。

任运良现任中国人民政治协商会议全国委员会委员、中华全国工商业联合会常务委员、辽宁省工商业联合会副会长、大连市工商业联合会副会长，积极参与国家大事和大政方针的协商。

(三) 描准中国妇女和幼儿广阔市场的恒安集团有限公司董事长许连捷

许连捷，男，1953 年 6 月生于福建泉州，高中学历。在改革开放大潮的影响下，1985 年许连捷辞去了乡镇企业管理工作，毅然创办企业。他最大的特点是，描准市场，选对了开发项目。中国有几亿中青年妇女和上亿的幼儿，由于改革开放以来，中国人民生活水平的日益改善和提高，妇幼都期盼着高质量和价格公道的卫生用品。有鉴于此，许连捷开办了恒安公司，生产和经销妇女卫生袋、幼儿尿布等全新的卫生用品。他注重新技术，先后从日本、意大利引进了 10 套流水线设备，1998 年的生产总值为 8 亿多元，实现利税 4.8 亿元。他注重开拓经销市场，在天津、内蒙古、黑龙江、辽宁、陕西等 22 个省市设有销售公司，销售面几乎涵盖了全中国。他还注意企业的资金融通，该集团公司在内地股票上市 3 亿元，在香港股票上市 17 亿元。许连捷还热心公益事业和扶贫济困，他在广西、陕西等省的贫困地区投资办企业，支持了贫困地区发展经济、增加财政收入。在1998年发生洪涝灾害时，他本人捐款100万元，集团公司捐款300万元。许连捷创业有方和对社会的贡献，赢得社会上的称赞，曾被评选为全国优秀民营企业家。

许连捷现任中国人民政治协商会议全国委员会委员、中华全国工商业联合会执行委员、福建省工商业联合会副会长、泉州市商会会长。他热心参与国家大事和大政方针的协商。

（四）不断开发大型专业化市场的香江集团董事长刘志强

刘志强，男，1964年10月生于广东宝安，大专学历。80年代初期，他在北京创办床垫厂起家，随后回到广州创办金海马傢具企业，生产出来的高中档傢具款式新颖、质量品位高，从而赢得了市场，越办越红火，企业发展成为具有相当经济实力的香江集团。90年代初，刘志强开始向全国范围开发市场，先后在上海、天津、沈阳、武汉、重庆、深圳、南昌等地，投入7亿元以上的资金，建立了近百家大型专业化市场，其中有高中档家具、家居用品和卫生洁具、室内装饰材料、电器和电脑、皮革原料、制鞋设备、汽车和摩托车配件、农业机械等专业市场，市场面积达100多万平方米。香江集团不断开发市场，使自身的发展不断提高档次，经济实力不断增强。同时，为社会不断作出贡献：按市场规律办事，采用"仓储式销售"、"工厂直销中心"的销售新模式，在建立社会主义条件下的市场经济体制和行业变革中，发挥了一定的示范作用；促进了一些地方活跃市场、扩大内需和发展经济；在建立专业化市场过程中，自始至终同困难的国有企事业合作，利用和改造闲置的工厂、仓库，产生的经济效益盘活了这些企事业；由于盘活了困难的国有企事业，保障了离退休职工退休金的来源，吸纳了数千名下岗职工再就业；建立专业化市场的大量铺位，为数万名待业人员提供了就业机会。香江集团开发市场的实践，受到各方的称赞。中共重庆市委书记张德邻表示："香江集团市场扶贫对于推进我市市场体系的建设，发展壮大私营经济都十分有利，市级各有关部门必须坦诚相见，做好服务工作，推进双方合作成功。"全国政协副主席王兆国说："香江集团急国家所急，想国家所想，发挥自身优势，继续沿着光彩事业的道路，通过营造光彩大市场，为再就业工程做出了不少的贡献，为非公有制经济参与再就业工程做出了表率。"

刘志强，计划在2000年前，再开发200万平方米的专业市场，通过相当规模市场的辐射功能，以更快的速度推动区域间的商品流通，拉动地方的工业、交通、通讯、金融和服务等行业的发展，并促进下岗职工再就业、吸纳待业人员就业，以发挥"城市扶贫"的效益。

刘志强现任全国政协委员，广东省政协常务委员，全国工商联常务委员，广东省工商联副会长，广东省私营企业商会副会长，广东省傢具商会会长。

（五）从农村知识青年到"鳗鱼大王"和连锁店集团董事长的黄学敏

黄学敏，男，1956年10月生于广东澄海湾头镇，初中文化。少年辍学后，适值国家实行改革开放政策之机，在集市贸易卖鸡蛋，成为"贩蛋仔"。当时他发现集市贸易上鳗鱼生意有前途，于是于1983年在家乡南湾挖了0.06公顷池塘，试养鳗鱼成功，在国内首创了土池养鳗技术。1987年，他承包了澄海六合围的千亩海滩，大规模地开垦养殖基地。到1989年，海滩涂养殖面积发展到1050亩，成为国内首家最大的海滩涂养基地，黄学敏成了"养鳗大王"。1990年起，他高薪聘请了112名高科技人才，同大专院校和科研单位合作，投入数千万资金，研制成功了昂泰式1—7号鳗鱼、甲鱼，珍珠系列保健食品和美容化妆品，投入市场后获得广大消费者的欢迎和好评。1994年，该集团创产值2亿元，实现利税2000多万元；1995年，创产值3亿元，实现利税3000多万元。经专家鉴定：昂泰式4号、6号达到国际先进水平，昂泰式1、2、3、5、7号达到国内先进水平，且全部获得首届中国特区保健品博览会金杯奖；第二届科技人才技术交流会优秀科技产品金奖；1994年黄学敏被评选为全国优秀民营企业家等。昂泰集团的产品，在海外也闻名，泰国中华总商会特邀黄学敏担任该会顾问。黄学敏不断开拓进取，将其养殖业同科技、加工、贸易融合一体开设连锁店。目前，已是拥有170多家连锁专卖店的连锁企业集团。

黄学敏现任全国工商联执行委员，广东省政协常务委员，广东省工商联副会长，广东省海外联谊会副会长。广东昂泰企业集团有限公司董事长。

（六）跻身国际低压电器先进行列的正泰集团公司董事长南存辉

南存辉，男，1963年7月生，浙江乐清人，大专文化。在温州对外开放、发展多种经济的大潮中，南存辉于1984年7月以5万元作为资本，雇请了8名员工，创办了一个年产值1万元的作坊式开关厂，经营到1991年产值达到1000万元。他励精图志，不断开创，首先同美商合资创办了温州正泰电器有限公司，1994年发展成为正泰集团公司。目前，这个集团公司拥有20个分公司、46家企业，二千余名员工和二百四十余名技术管理人员，制销技术先进、质量上乘的低压电器、汽车电器、家用电器、防暴电器、通讯设备、电源设备、仪器仪表为主和经营第三产业为辅。1996年，该集团公司总资产为3亿多元，商标价值3.8亿元，产值12亿元，外贸出口额1500万美元。它以其占全国低压电器三分之一的产量和产值，被称誉为“中国电器城”。现在，正泰集团公司以实现年销售额50亿元、实现利税6.75亿元为目标，迎接新的世纪。

南存辉创业的主要特点是：(1) 注重发展科学技术生产力。聘用200多位科技专业人才，提供良好的生活待遇和宽松的施展才能的环境，给予取得科研成果的人才以重奖，充分发挥科技人才的优势；先后投资四千多万元，增添了一系列高水平的设备，安装了21条生产流水线；致使集团公司生产的九十多个系列，四千多种产品有70%达到国际先进水平，有许多产品的科技含量在全国名列前茅。(2) 注意产品质量。该集团公司以“质量至高无上，商誉压倒一切”作为办企业的一条准则；投资30多万元，创办教育培训中心，对公司员工已进行了150期、1200人次的培训；企业开展了树质量标兵和评选质量信得过班组、车间活动；投资数百万元设置第一流的低压电器产品试验站，严把质量关，取得了ISO 9001质量体系认证；淘汰产品不合格的企业，“宁肯少创亿元产值，也不允许一件不合格产品出厂”。该集团公司产销的产品，正是由于技术含量高、质量可靠，成为国内外的抢手货，哈尔滨、沈阳、大连、西安、郑州等二十多个城市已对正泰产品实行免检；同时，产品已进入西欧、北美、东南亚等三十多个国家和地区。(3) 注重现代管理。全面推行了标准化管理，实施了CIMS工程，创办微机开发和培训中心，全公司实行生产、销售、财务、文秘等微机联网管理，工程技术部门应用微机进行产品设计、绘图和辅助生产。(4) 注重借鉴和引进国外先进技术为企业所用。注意引进适用的先进的项目，1992年南存辉选择了CJX2系列交流器作为引进、消化的第一个品种，产品质量达到了国际先进水平。近年来，集团公司先后派出100多人到美、德、瑞士、泰、菲、新加坡、澳大利亚等国和香港地区考察和学习。同时，集团公司从振兴民族工业出发，拒绝在中外合资中外商控股和取代中国名牌的要求，在引进、消化国外先进技术中创中国的世界名牌产品。因而得到国际 CB 的安全认证、芬兰的 FI 认证、比利时的 CEBEC 认证等；多项产品先后获得国内外大奖，我国国家、省、市确认为名牌产品。

正泰集团公司发展的成就，赢得了社会的好评。先后被评为“全国百家成功企业”、“浙江十家最佳民营企业”等称号。南存辉本人先后荣获“首届中国机械十大杰出企业家”和浙江省的“优秀企业家”、“明星乡镇企业家”、“优秀青年企业家”、“第二届经营管理大师”等，先后被选为中国高科技产业化研究会理事、中国机械工程学会理事、国际企业家（香港）经贸促进会常务理事以及企业家协会、研究会等 14 个团体的副会长。

南存辉现任全国人大代表，全国工商联常务委员，浙江省工商联副会长，正泰集团公司董事长。

（七）从家庭作坊发展到不断开发科技新产品的浙江传化化学集团公司总裁徐冠巨

徐冠巨，男，1961 年 7 月生于浙江萧山市，高中文化。1986 年，他因病从杭州著名企业退了下来。同时，徐的父亲所在的企业经济效益差又因年龄偏高而提前退休。徐的父亲看准了温州私营工商业发展的形势，凭借在化工厂经历供销的一技之长，用高息向私人借款 2000 元，利用自家的一口大缸和一口铁锅，全家五口人办起了家庭作坊，在聘请的“星期日工程师”的指导下，生产出了民用液体皂，由于产品质量可靠，服务上门，价格合理，很快就赢得了一定的市场，当年还清了全部债务，还盈利近万元。这时，徐冠巨的血液怪病奇迹般地消失了。鉴于靠“星期日工程师”指导，生产难以发展，他因此立志学习化学工业技术，靠科技发展企业。1988 年至 1990 年，徐冠巨夜以继日地学习化工科技知识，废寝忘食地在实验室进行几十次、上百次的实验，终于在 1990 年 4 月实验成功了特效去油灵，并在家庭作坊的基础上演变为私营企业传化化学公司投入生产。这个中国印染助剂和净洗剂中的新品种一投入市场，就受到印染厂家的青睐。经过“特效去油灵”处理过的织物，白度、鲜艳度骤然增加，手感柔软，对纤维无损害；同时印染厂家使用它，使织物染整前处理成本降低一半，按使用每吨计算，可节电 8500 度，节煤 12 吨，并大大提高了劳动效率和设备利用率。“901 特效去油灵”的发明成功和投入市场，给传化公司带来了经济上的飞跃，也产生了重大的社会效益。该产品先后获得了浙江省暨杭州市、萧山市的科学技术进步奖、全国火炬高新技术优秀奖、全国适用技术展览交易会金奖、’92北京国际发明展览会金奖。

徐冠巨依靠科技发展企业，不断创新。传化公司成立了学术委员会，尊重和重用科技人才，充分发挥他们的积极性和创造性，及时将科研成果转化为生产力，采用科技促销、技销合一的经营策略，每年都有几十个化工新产品投入市场。随着生产规模的迅速扩大，徐冠巨破除了家庭化管理，实行用人社会化、管理民主化、分配透明化的企业管理原则。

由于徐冠巨十几年的开创创新、锐意进取精神，他的传化公司的产值和利润年均以翻番的速度递增，已成为具有相当经济实力的私营化学工业集团。徐本人先后荣获“全国优秀民营企业家”、“浙江省十佳民营科技实业家”、“浙江省十佳青年科技实业家”、“浙江省最佳民营企业家”的称号。

徐冠巨现任全国政协委员，全国工商联执行委员，浙江省工商联副会长，浙江传化化学集团有限公司总裁。

三、私营经济长期发展前景广阔

中国改革开放20年的实践证明，在社会主义初期阶段这个很长的历史时期，必须集中精力解放和发展社会生产力，坚定地走建设有中国特色的社会主义道路，必须坚持以公有制为主体、多种经济成分共同发展的基本经济制度。私营经济的发展，已经成为当代中国经济和社会发展的必然。

私营经济的长期、健康发展，有中国共产党和政府的支持和鼓励，有坚定的方针政策和国家法律的保障。1999年3月召开的全国人民代表大会九届二次会议通过的宪法修正案，从国家根本大法上确立了"国家在社会主义初级阶段，坚持公有制为主体、多种所有制经济共同发展的基本经济制度，坚持按劳分配为主体、多种分配方式并存的分配制度。"从根本大法上确定私营经济的地位，即："在法律规定范围内的个体经济、私营经济等非公有制经济，是社会主义市场经济的重要组成部分。"从根本大法上规定保护私营经济的合法权益，即："国家保护个体经济、私营经济的合法的权利和利益。国家对个体经济、私营经济实行引导、监督和管理。"这样，私营经济的长期、健康发展，就得到国家宪法的保障。私营企业家们反响强烈，表示对长期、健康地发展私营经济，充满了信心。

中国共产党十五大和全国人民代表大会闭幕后，各省、市贯彻十五大精神，依法有据，纷纷出台了加快发展个体经济、私营经济等非公有制经济的规划和举措，从各个方面支持和鼓励非公有制经济的大步发展。这也是私营经济长期、健康发展的重要保证。

近年来，政府有关部门、金融机构和有关社会团体，都在为私营经济的进一步发展提供了一些条件。国家对外贸易经济合作部，先后三批批准了16个省市的74家私营企业获得自营进出口权。该部副部长孙振宇曾表示，此举系为私营企业创造进出口平等的竞争环境，将有利于调动私营企业的积极性，开拓国外市场。并表示，当前批准的几十家私营企业有自营进出口权，还仅是私营企业介入外贸进出口的第一步。中华全国工商业联合会主席经叔平认为，这对非公有制经济是一个很大的鼓舞，也是国家对非公有制经济提出更高要求的体现。这一政策将有利于充分发挥非公有制经济的灵活性，为非公有制经济提供了更广阔的发展空间。

金融机构给私营企业的贷款，对支持它们的发展，将继续加大力度。1998年，在全部金融机构的86541亿元贷款中，对于私营等非公有制企业贷款的比例已占42%。中国人民银行行长戴相龙在全国人民代表大会九届二次会议的记者招待会上表示，今后银行系统将进一步加强对非国有企业的信贷支持力度，并特别强调对私营经济、个体经济的支持。还表示，如果商业银行对私营、个体和小型企业提供贷款时资金不足，中央银行可对商业银行提供再贷款支持。

从全国私营经济的总体规模和地区分布来看，私营经济也有更大发展的广阔空间。从总体规模看，截至1998年底，私营企业户均注册资本为59.94万元；注册资本在100万元以下的私营企业有107.62万户，占总户数的89.61%；比较形成规模的企业集团只有1563户，仅占私营企业总户数的1.3%；这都说明绝大多数的私营企业规模不大。从地区分布看，截至1998年底，私营企业在东部地区有77.49万户，占64.52%；在中部地区有26.72万户，占22.25%；在西部地区有15.89万户，私营企业在这片广阔地区仅占13.23%。随着中国国民经济的持续、快速、健康发展，东部地区的私营经济仍会继续发展，中、西部地区的私营经济将会迅速的发展。近几年来中、西部私营经济发展的态势，也可证实。

总之，从中国国民经济发展和改革开放的趋势、中国政策和法律保障以及私营经济自身发展的态势来看，中国私营经济面临着长期、健康发展的广阔前景。

（注：作者生前系中华全国工商业联合会第六届、第七届执行委员会副秘书长）

中国大陆个体私营经济的发展

孙文序

2001年3月5日，第九届全国人民代表大会第四次会议审议通过的“关于国民经济和社会发展第十个五年计划纲要的报告”中，再次提出要“支持、鼓励和引导私营、个体企业健康发展”。把个体私营经济纳入了国家宏观发展规划之中，为个体私营经济的发展提供了广阔的前景。

一、个体经济发展的情况

1. 开业户稳步增长，总户数有所下降。

截止到2000年12月底，全国个体工商户户数为2571.36万户，比上年同期下降了18.63%；从业人员5070.01万人，比上年同期下降了18.76%；注册资金3315.26亿元，比上年同期下降了3.06%。

虽然以上各项指标下降幅度较大，但从开业情况看，仍呈上升趋势。2000年度新开业个体工商户494.23万户，比上年同期增长2.41%；从业人员894.37万人，比上年同期下降1.93%；注册资金693.89亿元，比上年同期增长6.85%。

2000年度个体工商户开业量较大，但注销量激增，以至总户数比上年减少588.7万户。2000年共注销个体工商户1075.23万户，占当年总户数的41.82%。

2. 出口创汇、社会效益增长显著。

2000年全国个体工商业共创产值7161.69亿元，比上年同期增加了1.39%；实现销售总额或营业收入19855.54亿元，比上年同期下降了6.9%；社会消费品零售额11346.81亿元，比上年同期下降了5.54%；出口创汇折合人民币52.32亿元，是上年同期的2.3倍；向社会捐献5.44亿元；安置国有企业下岗职工142.36万人，比上年同期增加了68.69%。

3. 城镇总量比重上升。

到2000年底，全国城镇个体工商户户数1125.12万户，比上年下降10.27%；户数占总量比重43.76%，比上年增长4.08%。从业人员2136.13万人，比上年下降11.52%。注册资金1557.37%亿元，比上年增长0.89%。

农村个体工商户户数1446.24万户，比上年下降24.13%；减少户数459.9万户，占全国总下降量的78.21%；农村户数占总量比重56.24%，比上年下降4.08%。从业人员2933.88万人，比上年下降23.33%。注册资金1757.89亿元，比上年下降7.26%。

4. 东、中部地区下降数量多。

2000年度，东部地区个体工商业下降幅度小于中西部地区，所占比重提升2%。到2000年底，户数为1242.33万户，占总量比重为48.31%，户数比上年下降15.1%，下降户数220.95万户。在东部12省市中，有6个省市户数位居全国前10名。

西部地区个体工商业相对平衡，陕西、西藏继续增长，其中陕西增长12.75%，增幅全国第一，户数已过百万。甘肃降幅最大为47.9%，位居全国第二；四川降幅为29.76%，下降量为51.31万户，占西部地区总下降量的53.34%。到2000年底，西部地区户数455.45万户，比上年下降17.44%，户数点总量比重为17.71%，比上年略有上升。

中部地区个体工商业下降幅度大，数量多，比重下降，除内蒙古、安徽略有增长外，其余7省下降幅度较大，有4个省下降位于全国前7位。到2000年低，中部地区户数873.58万户，比上年下降23.71%，户数占总量比重为33.97%，比上年下降了2.26%。

从地区发展情况看，户数超过百万的省市有10个，分别是河北、浙江、广东、江苏、安徽、辽宁、河南、山东、四川、陕西。有7个省市户数继续增长，分别是陕西、辽宁、内蒙古、上海、河北、西藏、安徽；除陕西外，其余省市增幅较小。

5. 第三产业仍占主体。

从个体工商业的产业结构看，第一、二产业下降幅度较大。到2000年底第一产业即农林牧渔业已登记137.63万户，户数比上年同期下降了22.68%；注册资金3315.26亿元，比上年同期下降了3.6%。第二产业户数为309.68万户，比上年同期下降了20.62%；注册资金626.1亿元，比上年同期下降了2.5%。

第三产业个体工商户虽然总量上有所下降，但其所占比重继续加大。到2000年底，户数为2124.05万户，比上年同期下降了18.05%；注册资金2531.77万元，比上年同期下降了4.23%。第三产业个体工商户户数占同期总数的82.6%，比上年同期增加了0.38%。

从行业分布看，①各行业的户数都有所下降。下降幅度最大的前4位是捕捞业、采掘业、娱乐服务业、日用修理业。从下降数量看，批发和零售贸易、餐饮业下降户数为321.17万户，交通运输业下降55.77万户，两项合计占第三产业下降量的80.57%；其次是制造业下降75.18万户，占第二产业下降量的93.51%。②服务、贸易性行业仍是个体工商户首选。2000年末，批发和零售贸易、餐饮业以及社会服务业个体工商户户数之和为1828.87万户，占总户数的71.12%。

6. 整体素质增强，社会地位提高。

个体劳动者中大学本科以上学历的有27.08万人，比上年增长0.3%；大专学历的有94.74万人，比上年增长0.6%。其中党员55.84万人，团员100万人，各级人大代表11061人，政协委员3.06万人，劳动模范、三八红旗手、新长征突击手、先进个体劳动者共23.38万人。

2000年个体工商户总量下降的原因主要有：

一是工商系统实行省以下垂直管理后，进一步加强了登记、监督和统计工作的规范化管理，逐步将工作重点转移到监督管理上来，借全国统一换发新的《个体工商户营业执照》之机，对原注册的个体工商户进行了清理。对以前出现的登记发照数量多，实际经营户少的“死户”充数的不正常现象予以纠正，逐步使登记发照量与实际经营户相吻合。

二是随着各地城市改造步伐进一步加快，对以路为市、以街为市等影响城市环境的市场进行整顿、拆迁，使得一些个体工商户因移动经营门面、摊点而歇业注销。

三是各级工商管理部门加强了市场监管的力度，年内结合“两整顿”工作对辖区内的粮食市场、药品市场、娱乐服务业等重点行业进行了清理整顿，并结合年检换照、清查档案，取缔了一批违法经营、审批不健全的个体工商户。

二、私营企业发展的情况

1. 持续增长，规模扩大。

到2000年底，全国私营企业已达176.18万户，比上年同期增长16.76%；注册资本13307.69亿元，比上年同期增长29.36%；投资者人数为395.35万人，比上年同期增长21.5%；雇工人数为2011.15万人，比上年同期增长18.36%。私营企业共创产值10739.78亿元，实现销售总额或营业收入9884.06亿元，社会消费品零售额5813.48亿元，分别比上年增长了39.73%、38.25%、38.7%。出口创汇私营企业1.27万户，比上年增加了4294户；出口创汇折合人民币740.96亿元，比上年增加了381.13亿元，增长了105.92%。同社会捐献6.13亿元。

私营经济的快速发展、经营规模的不断扩大、经济效益的稳步提高，使私营企业成为安置国有企业下岗职工、农村剩余劳动力及吸纳社会新增劳动力的重要渠道。到2000年底，全国私营企业从业人员已达2406.5万人，比上年增长了19.04%。全年共安置国有企业下岗位职工106.99万人，比上年增长了159.87%；其中有20.93万下岗职工作为投资人创办了私营企业。

2. 城镇发展快，农村增长慢。

2000年底，城镇私营企业继续保持高发展势头，经营规模不断扩大。到2000年底，其户数为107.92万户，比上年同期增长了20.72%；注册资本9194.7亿元，比上年同期增长了29.84%。投资者人数246.88万人，比上年同期增长24.14%。户均注册资本85.2万元，户均从业人员11.75人。

农村私营企业发展减缓，2000年底户数为68.25万户，比上年同期增长了11.03%，增幅远低于上年同期水平；注册资本4112.99亿元，比上年同期增长了28.08%。户均注册资本60.26万元，户均雇工16.68人。

城乡产业结构特点显著。城镇私营企业以第三产业为主，第三产业户数为70.03万户，占城镇总量的64.89%。农村以第二产业为主，第二产业户数为41.41万户，占农村总量的60.67%。

3. 从地区分布看，东部地区户数多，西部地区增幅大，中部地区发展慢。

从全国私营企业发展情况看，湖南、湖北有所下降，降幅为5.92%和1.13%；其他省市继续增长。增幅超过20%的省市有9个，它们是青海、宁夏、陕西、新疆、江苏、安徽、上海、北京、浙江。户数过10万的省有广东（18.42万户）、浙江（17.88万户）、江苏（17.41万户）、山东（14.12万户）、上海（13.82万户）、北京（10.28万户）。

我国半数以上私营企业集中在东部地区，并继续呈稳定、快速发展的态势。到2000年底，东部地区有私营企业120.62万户，比上年同期增长了19.2%；户数占总量比重为68.46%，比上年增加了1.4%。6个过10万户的省份均集中在东部，其净增长量均在万户以上。

受我国西部大开发政策鼓舞，西部地区私营企业增幅大，所占比重略有提升。其户数为23.6万户，比上年同期增长了21.15%；户数占总量比重为13.4%，比上年增加了0.32%。

中部地区私营企业发展相对缓慢，所占

比重继续下降，其户数为31.95万户，比上年同期增长了5.72%；户数所占比重为18.13%，比上年同期减少了1.9%。

4. 第三产业增长迅速，第一产业稳步发展。

第一产业发展平稳。2000年底，第一产业户数3.96万户，比上年同期增长了12.23%；户数所占比重为2.25%。

第三产业仍占主导。第三产业户数102.74万户，比上年同期增长了19.67%；户数所占比重为58.32%。

第二产业比重略有下降。户数为69.47万户，比上年同期增长了12.96%；户数所占比重为39.43%；比上年同期下降了1.33%。

从行业分布看，2000年度私营企业制造业、批发和零售贸易、餐饮业为主，两行业户数之和为135.05万户，占当年总数的76.65%。信息咨询服务业和计算机应用服务业增幅最大，分别为52.58%和80.31%。显著增长的还有其他行业，其增幅为49.84%，说明私营企业行业分布更为广泛。

5. 有限责任公司为主要形式。

有限责任公司增长显著。到2000年底，私营有限责任公司达108.7万户，比上年同期增长23.44%；注册资本11264.68亿元，比上年同期增长31.39%。

合伙企业增幅较大。合伙企业户数17.47%万户，比上年同期增长30.86%。注册资本648.99亿元，比上年同期增长51.25%。

独资企业发展缓慢。独资企业户数49.98万户，比上年同期增长1.03%。注册资本1318.09亿元，比上年同期增长6.38%。投资者人数51.18万人，比上年同期增长3.46%。

三、《个人独资企业法》的颁布，标志着我国社会主义市场主体法律体系的完善。

1999年8月30日，九届全国人大常委会第十一次会议审议通过了《个人独资企业法》，定于2000年1月1日起施行。《个人独资企业法》是一部专门调整我国公民自然人投资的个人独资企业的法律。它与《公司法》、《合伙企业法》共同组成了我国市场主体法律体系。个人独资企业是指由一个自然人投资，财产为投资人所有，投资人以其个人财产对企业债务承担无限责任的经营实体。个人独资企业与个体工商户的区别主要有四点：一是个人独资企业必须有合法的企业名称。个体工商户按《民法通则》的规定，可以起字号，也可以不起字号。二是个人独资企业必须有固定的生产经营场所和必要的生产经营条件。个体工商户的经营场所可以是固定的，也可以是流动的。三是个人独资企业应有必要的从业人员，人数没有限制。个体工商户规定请帮手、带学徒包括自己本人在内不得超过8个人。四是个人独资企业应当依法设置会计帐簿，进行会计核算。个体工商户则没有这方面要求。《个人独资企业法》的实施。对于规范个人独资企业行为，保护个人独资企业投资人和债权人的合法权益，维护社会主义经济秩序，促进社会主义市场经济的健康发展具有重要意义。一是《个人独资企业法》调整的对象是由一个自然人投资设立的企业，这些企业主要是中小企业。中小企业在我国国民经济中的地位日益重要，它在安置劳动力就业，增加地方财政收入等方面发挥着重要的作用。这个法律的出台，有利于促进我国中小企业的发展。二是《个人独资企业法》实施以前，独资企业主要是由《私营企业暂行条例》进行规范，该条例是一部行政法规。因此，制定《个人独资企业法》就显得非常必要。三是《个人独资企业法》对投资人利益做了有力的保护性规定。如，规定了国家依法保护个人独资企业的财产和其他合法权益，任何单位和个人不得违反法律、行政法规的规定，以任何方式强制个人独资企业提供财力、物力、人力。这些规定有利于个人独资企业的发展。

四、国家首次赋予私营企业自营进出口权，使我国的私营企业走向国际市场。

为了更好地发挥非公有制经济的积极作用，1998年10月，外经贸部发布了《关于赋予私营生产企业和科研院所自营进出口权的暂行规定》，明确了私营企业申请自营进出口权的审批标准和申报程序，并从1999年1月开始批准符合条件的私营企业从事自营进出口业务。规定具备下列条件的私营生产企业可申请自营进出口权：

1. 已经在生产企业所在地工商行政管理机关依法登记注册，领取营业执照，注册资金和净资产均在850万元人民币以上；

2. 连续两年外销售收入、出口供货额分别在5000万元人民币和100万美元（机电产品生产企业年销收入、出口供货额分别在3000万元人民币和50万元美元）以上；

3. 具有自营进出口业务所必需的专业人员。

具备下列条件的私营科研院所（包括高新技术企业）可申请自营进出口权：

1. 已经在科研院所所在地工商行政管理机关登记注册、领取了营业执照，注册资本和净资产均在850万元人民币以上；

2. 科研院所年销售收入在300万元人民币以上，经过省级科技主管部门认定的高新技术企业年销售收入在300万人民币（开发型高新技术企业年销售收入在1000万元人民币以上）；

3. 具有自营进出口业务所必需的专业人员。

1999年1月1日我国赋予了首批20家私营企业自营进出口经营权，在全国引起了积极的反响。自此，私营企业开始自主地向国际市场，参与国际竞争。私营企业获得自营进出口权以后，享有与国有、集体自营进出口生产企业同等待遇。这有利于企业更快更及时获得海内外经贸信息，降低产品成本，有利于增加企业效益和出口竞争力。首批获得进出口经营权的20家私营生产企业注册资本总额达13.62亿元，平均每家为6800万元，涉及饲料、食品、农业开发，医药、金属冶炼、建材、纺织、服装、轻工、机电和计算机软件开发等行业。这20家企业是：希望集团有限公司、四川新希望集团有限公司、四川禾嘉实业（集团）有限公司、四川省华都特殊钢集团股份有限公司、北京大北农饲料科技有限责任公司、北京科利华教育软件技术有限责任公司、广东金阳集团有限公司、大余县伟良钨业有限公司、通威集团有限责任公司、成都佳禾食品有限公司、成都双流霸洋实业有限责任公司、四川省敦煌集团公司、四川省金广实业（集团）有限责任公司、四川华侨凤凰集团股份有限公司、四川省峨眉嵘高生化制品有限公司、上海中路实业有限公司、上海复兴实业股份有限公司、上海兄妹（集团）有限公司、上海奥力福实业有限公司、上海题桥纺织染纱有限公司。

一年来，从事自营进出口业务的私营企业不断增加，在我国对外贸易发展中崭露头角。据统计，到1999年底，全国共有438家私营企业经外贸易部批准获得了自营进出口经营权。据海关统计，1999年私营企业共完成进出口额1.56亿美元，其中出口额1.3亿美元。

五、坚持以公有制为主体，多种所有制共同发展的方针。

我们国家是社会主义国家，这就决定了国家经济的主体必须是公有制。它是指生产资料由全体劳动者或部分劳动共同占有的制度。在我国主要采取两种形式：一是全民所有制，即国家所有制，二是劳动群众集体所有制。生产资料的社会主义公有制是我国社会主义经济制度的基础。由于生产资料所有制是各个社会经济形态的主要标志，是社会主义同资本主义的根据区别，因此，公有制为主体是我国社会主义制度的必然要求。在任何时候、任何情况下，我们必须坚定不移地坚持公有制在我国经济生活中的主体地位。这个主体地位集中体现在国家所有和集体所有的资产，在社会总资产中占优势；体现在国有经济控制国家的经济命脉；体现在国有经济对整个国民经济发展起主导作用。在坚持公有制为主体的同时，还必须坚持多种所有制共同发展。这是由我国现阶段生产力发展状况决定的。党的十一届三中全会以前，我们实行公有制单一形式，搞“一大二公”，严重挫伤了广大人民群众的生产积极性，束缚了生产力的发展。

1999年9月，党的十五届四中全会通过的《中共中央关于国有企业改革和发展若干问题的决定》，总结了近几年来国有企业改革和发展的成功经验，提出了到2010年国有企业改革和发展的主要目标、指导方针和一系列重大措施。中央决定从战略上调整国有经济的布局，对国有企业实行战略性改组，这是中央的重大战略决策。这对于国有企业的改革与发展具有深远的意义。决定指出：在社会主义市场经济条件下，国有经济在国民经济中的主导作用主要体现在控制力上。主要表现在以下三个方面：第一，国有经济的作用除了通过国有独资企业来实现，还要通过发展股份制，通过控股参股来实现。第二，国有经济在关系国民经济命脉的重要行业和关键领导占支配地位。这些行业和领域有四类：一是涉及国家安全的行业，如军工企业等；二是自然垄断的行业，如烟草行业等；三是提供重要公共产品和服务的行业，如煤气、自来水行业等；四是支柱产业和高新技术产业中的重要骨干企业，如宝钢、燕山石化等企业。第三，在经济发展的不同阶段，国有经济在不同产业和地区的比重可以有所差别。

改革开放二十年来，我国的所有制结构、资金积累方式、市场供求关系发生了根本变化，个体、私营、外资等非公有制经济有了很大的发展，在市场化程度高的行业已经替代或部分替代国有经济的作用。许多商品出现供大于求的局面，国有企业退出这些行业，不会影响市场的稳定。因此，坚持“有进有退，有所为有所不为”的方针，通过资产流动、重组，可以使国有资本集中到关键领域和经济命脉行业，使国有经济能够真正发挥主导作用。同时也为非公有制经济在一般性、竞争性领域充分发展，拓宽了更加广阔和空间。

（作者单位：中国个体劳动者协会）

图书在版编目（CIP）数据

华人经济年鉴：2000～2001/葛兰主编．—北京：朝华出版社，2001
ISBN 7－5054－0740－6

Ⅰ．华… Ⅱ．葛… Ⅲ．华人－经济－世界－2000～2001－年鉴 Ⅳ．F112－54

中国版本图书馆 CIP 数据核字（2001）第 061369 号

华人经济年鉴（2000～2001）

编　　著：华人经济年鉴编委会
责任编辑：傅　眉
封面设计：韩帮荣　王书利
责任印制：赵　岭

出版发行：朝华出版社
北京市车公庄西路 35 号　邮编：100044　电话：(010)68411973
经　　销：全国新华书店
印　　刷：化学工业出版社印刷厂
印　　数：0001—5000

开　　本：889×1194 毫米　1/16 开
印　　张：37.5
字　　数：876 千字
版　　次：2001 年 9 月第 1 版　2001 年 9 月第 1 次印刷

ISBN 7－5054－0740－6/G.0215　定价：260.00 元